U0556898

主　编　厉　声

副主编　李　方（常务）　李国强

编委会成员（按姓氏笔画排列）

于　永　于逢春　马品彦　方　铁　厉　声　冯建勇　毕奥男
许建英　孙宏年　孙振玉　李　方　李国强　张永攀　周建新
孟　楠　段光达　倪邦贵　高　月　崔振东　翟国强

中国社会科学院中国边疆史地研究中心　厉声 主编

当代中国边疆·民族地区典型百村调查：云南卷（第一辑）

分卷主编：方　铁　翟国强

桥头乡纸厂口岸远眺（2008年8月17日 何作庆摄）

中（国）越（南）国境线的边境巡逻道俯视（2008年8月16日 赵旭峰摄）

盐水河畔的防空洞一角（2008年8月13日 赵旭峰摄）

雷区警示碑（2008年8月17日 何作庆摄）

农贸集市上狗市交易一角（2008年8月18日 何作庆摄）

老汪山村民赶桥头集市购买的黄烟丝摊位一角（2008年8月16 赵旭峰摄）

桥头乡卫生院参加新农合医疗的爷孙（2008年8月14日 赵旭峰摄）

2004年河口县桥头乡布依族牛王节会场（罗红庆提供）

布依族夹板秋千（罗红庆提供）

欢度节日中轱辘秋千上的布依族妇女（罗红庆提供）

布依族少女服饰（罗红庆提供）

布依族老年妇女服饰（罗红庆提供）

绣花的布依族妇女（罗红庆提供）

布依族中青年男子服饰（罗红庆提供）

布依族老年男子服饰（罗红庆提供）

传承和使用贵州故乡的传统担物工具——秧箩（罗红庆提供）

布依族农户喜欢的草药之一———"过江龙"（2008年8月16日　赵旭峰摄）

调研小组在老汪山村坪子寨问卷调查一瞥

中国社会科学院中国边疆史地研究中心　厉　声　主编

当代中国边疆·民族地区典型百村调查：云南卷（第一辑）

边境布依家园

——云南省河口县桥头乡老汪山村社会与经济发展调查报告

赵旭峰

何作庆◎著

社会科学文献出版社

SOCIAL SCIENCES ACADEMIC PRESS (CHINA)

总　序

　　深入实际、开展国情调研，是中国社会科学院肩负的重要科研任务，也是中国社会科学院履行好党中央、国务院赋予的"思想库"、"智囊团"职能的重要方式。中国边疆省区占国土面积的60%以上，边疆区情及当地的民族社会调研（边疆调研）是中国国情调研的重要组成部分。正如一位边疆工作者所说：不了解少数民族，就不了解中华民族；不了解边疆，就不了解中国。1983年中国社会科学院中国边疆史地研究中心建立后，特别是1990年以来，一直将边疆调研作为学科研究的重点之一。

　　2004年，中国边疆史地研究中心承担国家哲学与社会科学基金特别项目"新疆历史与现状综合研究"（简称"新疆项目"）。2006年，中国边疆史地研究中心牵头，立项开展"当代中国边疆·民族地区典型百村调查"（简称"百村调查"），作为此特别项目的子课题。"百村调查"以新疆为重点，在全国新疆、西藏、内蒙、宁夏、广西五个民族自治区和云南、吉林、黑龙江三省基层地区同时开展，共调查100个边疆基层村落。调查工作在"新疆项目"领导小组和专家委员会指导下，由"百村调

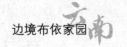

查"专家委员会暨编委会组织实施。在中国边疆史地研究中心主持拟定的调查大纲框架下，发挥每个省区的优势，体现各自的特色。

本项目的实施得到了边疆地区各级地方党政部门的支持。首先，调查工作注意与地方党政部门的相关工作衔接、听取意见，在实施调查之前，主动向各级党政部门汇报情况，听取指示和意见。其次，调查组主动让各级党政部门了解调研的全过程，在调研过程中出现问题时及时向相关党政部门请示。再次，调研阶段成果和最终成果的副本同时提供地方党政部门参考。

"百村调查"的调研主题是：改革开放30年来中国边疆基层村落的民族社会和经济发展的历史与现状。具体内容包括：乡村概况、基层组织、经济发展、社会生活、民族、宗教、文教卫生、民俗风情等。项目调研的时间是：2007～2008年（资料下限至2007年底或适当延长）。

"百村调查"的调研对象为：100个具有典型意义与特色的中国边疆基层村落。课题以基层乡、村两级为调查基点，大致每个省区选择2个地州，每个地州选择1～2个县，每个县选择2个乡，每个乡选择2个村。新疆共调查22个村，其他地区均为13个村（辽宁、吉林、黑龙江以东北边疆为单元，共调查13个村）。调查点的选择要求：

（1）本地区社会稳定与经济发展中具有典型意义的基层乡和村。

（2）存在边疆现实政治、社会或经济发展的热点、难点问题。

（3）与 20 世纪 50 年代全国边疆民族调查能有一定的衔接。

"百村调查"采取学术调查与现实政治相结合的方法，以社会人类学入村入户调研方法为主，同时关注现实政治、社会与经济发展中的热点、难点问题：一般共性调查与专题专访调查相结合，在一般综合性调查的基础上，选择好专访或专题调研的"切入点"——总结经验与完善不足相结合，在总结各项工作经验的同时，善于发现问题和提出解决问题的对策与建议。调研注重入户访谈和小范围座谈的专访调查。在一般性问卷和统计资料收集的基础上，注重对基层干部、群众典型、教师、宗教人士等特定人员的专题访谈，倾听和收集他们对基层社会稳定与经济发展的看法、意见和建议，形成能说明问题的专访或专题调研报告。

"百村调查"的成果形式分为调查综合报告与专题报告两大类。

（1）调查综合报告：依据大纲规定，撰写有关乡村经济社会等发展状况的综合报告，课题结项后分期公开出版。专题报告及调查资料可以公开发表的，在篇幅允许的情况下，作为附录附在综合报告末尾。

（2）专题报告：内容较敏感、不适宜公开出版的专题报告，集成《专题报告集》，内部刊印。

"百村调查"主编　厉声　谨识
2009 年 8 月 25 日

目录
CONTENTS

图目录
FIGURE CONTENTS

表目录
TABLE CONTENTS

序言
FOREWORD

一

云南地处祖国西南边陲，全省东西横贯864.9公里，南北纵跨990公里，总面积38.3万多平方公里，居全国第八位。境内绝大部分是山地，矿藏丰富，有25种矿产资源保有储量居全国前三位。不仅动植物资源呈多样性，而且少数民族文化也是复杂多样的。云南是个多民族的省份，有52个少数民族，其中5000人以上的世居少数民族有25个，是全国边疆少数民族种类最多的省区。云南历史悠久，公元前五六世纪，滇池地区已出现创造了灿烂青铜文化的滇国，两汉时云南正式进入中央王朝的版图。

19世纪后期，英法殖民者以缅甸、越南为基地，把侵略矛头指向云南。传教士进入云南传教，随后开埠通商和修筑滇越铁路，蒙自、河口、思茅与腾越是最早设立的商埠。英法殖民者大量掠取锡等矿藏资源，云南封闭的状况也逐渐改变。

1950年云南和平解放。1952年至1956年，中央政府在少数民族地区进行民主改革。在白族、回族、纳西族和壮族聚居的地区，采取政策略宽于汉族地区的土改方式；在处于封建领主制和奴隶制阶段的傣族、藏族、哈尼族、普

米族以及一部分纳西族、彝族的地区,采取和平协商土改的方式;在保留原始公社制度残余的傈僳族、景颇族、佤族、布朗族、基诺族、怒族、独龙族以及一部分拉祜族的地区,不进行土改,通过发展生产直接过渡到社会主义社会。土地改革与民主改革完成后,各族农民分到耕地和生产资料,农业生产获得较大发展。

新中国成立60年来,特别是十一届三中全会后,云南在农业、工业、贸易、文教卫生等诸领域都发生了巨大的变化。但目前与内地其他地区相比仍存在一些困难和问题。

据调查,云南边境县市地区有以下特点:一是社会经济发展速度普遍缓慢,总体上与先进地区的差距仍在扩大。二是基础设施与基本建设滞后,严重制约当地社会经济的发展。三是影响社会稳定的问题突出,治理难度很大。四是跨境民族境内外不同部分往来密切,本民族自我统一意识增强,并呈现继续发展的趋势。五是与邻国相比,云南边境县市一些地区获得国家支持的力度不够,与越南等国的优惠政策形成反差。六是地方财政较困难,难以落实国家规定的脱贫项目的配套经费。七是地方教育、卫生保健、文化事业等发展水平偏低。

因此,云南边境县市地区目前的状况,与建设和谐边疆的目标很不适应。最近中国与东盟10国共同签署中国—东盟自贸区《投资协议》。双方已成功完成自贸区协议的主要谈判,自贸区将如期在2010年全面建成。中国—东盟自贸区合作的高速进展,对云南边境县市地区以及当地少数民族的稳定与发展提出了更高要求。

在这一背景下,对国情、区情作进一步了解,以制定相应的政策、措施,显得十分必要。

中国社会科学院中国边疆史地研究中心主持的国家社科基金特别项目"当代中国边疆·民族地区典型百村调查"（简称"百村调查"），是一项涉及广西、云南、西藏、新疆、内蒙古、宁夏、吉林、黑龙江等 8 省区 100 个村寨的大型调研项目。云南省作为中国边疆少数民族种类最多的省，在本次调查中共选点 13 个，主要集中在云南沿边一线的各民族边疆村寨，个别分布在非边境县市地区。

二

在中国近现代发展史上，对于边疆地区的关注，主要出现在 19 世纪末 20 世纪初。一批学者对中国边疆尤其是西南边疆地区进行了调查研究，取得了一定成果。新中国建立后，在相关政府部门、研究机构的推动下，开展了对国内各民族社会历史的调查活动。20 世纪五六十年代，根据党中央和国务院的部署，国家有关部门在全国范围内进行了大规模的少数民族社会历史调查，其中也对云南各民族社会历史发展情况进行了全面的调查。该次调查为云南少数民族地区的社会、经济、文化发展起到了重要的推动作用，也为后来的学术研究积累了大量的历史学、民族学、人类学、社会学资料。2003 年 7 月至 8 月，云南大学组织力量对全国 32 个少数民族村寨进行了调查，其中包括云南各民族村寨调查。这次调查，也是一次典型的少数民族村寨调查，获得了 21 世纪初中国各民族典型村寨的珍贵资料，具有重要学术价值。

与历次少数民族社会历史调查不同的是，本次由中国社会科学院中国边疆史地研究中心发起的边疆"百村调查"项目，主要是从边疆学的角度考虑，突出了边疆、村落和

现实发展状况三个要点，期望通过深入的田野调查，面向中国边疆农村地区，真实反映现实的中国边疆村寨客观发展状况，为国家宏观把握边疆发展现状，构建和谐、安全、富裕边疆提供参考资料。此次调查虽然并未把少数民族因素作为关键内容予以突出，但由于中国历史上形成的边疆社会人口结构，决定了调查的内容必定要涉及大量的少数民族村寨。因此，云南的调查点与全国其他边疆地区的情况一样，涵盖了大量的少数民族村寨。

云南在本次调查中所选择的13个调查点，是根据总体项目的设计，选择具有代表性的4个地州，在每个地州选1~2个县，每个县选择1~2个乡，每个乡选择1~2个村（农场），最后完成12份村寨调查报告，以及相关的若干份调研咨询报告。通过调研和提交的研究成果，较全面地反映云南省尤其是沿边地区社会与经济发展的状况，以及存在的主要问题，并提出解决问题的基本思路和切实可行的对策建议。

选择什么样的村寨作为调查对象？云南项目组遵循以下原则：第一，尽量顾及民族特点，选择自治州、县的自治民族，即壮族、苗族、彝族、瑶族等；第二，尽量选择不同类型的乡镇、村寨，距离不能太近，避免雷同；第三，所选村寨要尽量大一些，以便进行50户问卷抽样。根据上述原则，我们分别选取以下13个村寨作为调查对象。

红河哈尼族彝族自治州所属河口瑶族自治县桥头乡下湾子村和老汪山村、河口南溪镇芹菜塘村和红河县迤萨镇跑马路社区安邦村；文山壮族苗族自治州所属麻栗坡县猛硐瑶族乡坝子村和丫口寨、麻栗坡县董干镇八里坪村和马崩村；临沧市沧源佤族自治县勐董镇永和社区和白塔社区、

沧源佤族自治县勐角乡控角村和翁丁村以及玉溪市元江哈尼族彝族傣族自治县甘庄华侨农场。

这些村寨各具特点，例如下湾子村和老汪山村分别是苗族和布依族的村寨，是多元文化融合的典型。在这里我们可以看到内地汉儒文化与边疆苗族、布依族等少数民族文化的融合，是中华民族文化"和谐"与"多元"的实例见证。红河县迤萨镇跑马路社区安邦村素有"侨乡"之称，该村侨眷占绝大多数，分别与老挝、美国、法国、加拿大、泰国、越南等国有侨眷关系，逐渐成为中国看世界和世界看中国的一个窗口。

除以上所说的13个少数民族聚居村寨以外，3个子课题组还对所调研地州的其他一些地区，选择较突出的一些问题进行了调研，并撰写相应的调研咨询报告。

三

本项目的调查和研究，拟在以下方面有所突破：一是云南边疆地区社会经济发展状况的总体评价；二是云南边疆地区社会经济发展趋势预测；三是云南边疆地区社会经济发展存在的突出问题；四是解决云南边疆地区社会经济发展中存在问题的基本思路；五是解决云南边疆地区社会经济发展中存在问题的对策建议；六是对包括云南在内的中国边疆地区，当前和今后一段时期存在的问题及解决办法的思考；七是对今后在边疆地区进行社会经济可持续发展调研的建议。

研究的方法，主要是采取社会学、人类学的基层调查方法，系统收集和整理相关的资料和数据，尤其重视新资料和经过调查得来的第一手资料，同时结合历史学的分析、

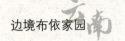

演绎和归纳的方法，在此基础上进行全面深入的分析和研究，形成具有较高水平的研究成果。

在调查和研究的过程中，以云南大学西南边疆少数民族研究中心（教育部人文社科重点研究基地）以及云南省的红河学院、文山学院、临沧高等师范专科学校等高校的教师和研究生为基本力量，同时吸收相关地州民族研究所的研究人员和各级政府的有关人员参加。共同协作，博采众长。在调研的过程中，注重依靠各级政府有关部门和乡村两级干部，深入村寨进行调研，实施问卷调查，细心倾听各民族干部和群众的意见，在此基础上形成真实客观、有一定的深度和广度、符合科研规范、有较高学术含量的研究成果。可以说，通过参加者的共同努力，基本上达到了项目所设计的预期目标。

"当代中国边疆·民族地区典型百村调查·云南部分"项目，由以下人员分别担任项目组及子课题组的负责人。

课题主持人：方铁（云南大学西南边疆少数民族研究中心教授，该中心原主任）

课题副主持人：翟国强（中国社会科学院中国边疆史地研究中心副研究员）

红河哈尼族彝族自治州子课题组

组长：金少萍（云南大学西南边疆少数民族研究中心教授）

副组长：何作庆（云南省红河学院教授）

文山壮族苗族自治州子课题组

组长：杨永福（云南省文山学院教授）

副组长：杨磊（云南省文山学院教授，副校长）

临沧市子课题组

组长：邹建达（云南师范大学教授）

副组长：杨宝康（云南省临沧高等师范专科学校教授，副校长）

在调查研究的过程中，得到了云南省政府有关部门、红河哈尼族彝族自治州、文山壮族苗族自治州、临沧市、玉溪市及所属县乡各级政府的大力支持和有效帮助，谨此表示衷心的感谢！

最后，本课题能以专著的形式出版发行，应该感谢中国边疆史地研究中心、社会科学文献出版社等单位提供的机会和付出的努力。在审阅本书稿的过程中，中国边疆史地研究中心李方研究员付出了辛勤劳动，一并表示感谢。

主持人（分卷主编）：方铁　翟国强

2009 年 8 月 20 日

第一章 概况

布依族是红河哈尼族彝族自治州河口瑶族自治县独有的少数民族，其民族语言属汉藏语系壮侗语族壮傣语支，是由古代百越族群中的骆越一支发展而来的，原先并不定居于河口县。清朝嘉庆三年（1798年），贵州王阿崇（女）和韦朝元领导布依族农民起义失败后，为躲避官兵的追杀，从贵州进入师宗、罗平，再迁徙到红河州境内；也有一部分是嘉庆十二年（1807年）以后投亲访友而来陆续定居的。至于河口布依族的迁入路线，是转道广西进入云南文山地区。据当地人介绍说，河口县布依族是以王、杨、罗三姓为主的一支，是先进入文山壮族苗族自治州马关县木厂区杨茂松村落籍，后因人口繁衍、土地不敷耕种、租税加重而逐渐迁往河口桥头河流域，主要聚居在河口桥头区的老董寨、老汪山、坪子寨、夹马石村寨一带。因人口少，多与其他民族杂居，本民族语言失传，风俗习惯近于壮族，历次人口统计都被归入壮族。1982年第三次人口普查时正式恢复布依族称呼。

第一节 河口县及桥头乡概况

一 河口县概况

河口县所在地在汉代属牂牁郡进桑县，明代为临安府王弄山长官司地，清光绪二十三年（1897年）设河口对汛督办公署，1926年河口划为特别行政区，中华人民共和国成立后的1950年，成立河口县人民政府，隶属文山行署，同年设立河口市，改隶属蒙自专区，1955年河口县人民政府成立，1958年设立河口瑶族自治县，1960年与屏边合并成立河口瑶族苗族自治县，1962年恢复河口瑶族自治县、屏边苗族自治县，隶属红河州。河口瑶族自治县的成立，标志着民族区域自治制度在河口的最终实现。河口县各民族一律平等，在政治、经济、文化等各方面都享有同等待遇。

全县辖河口镇、南溪镇、瑶山乡、桥头乡、莲花滩乡、老范寨乡，共4乡2镇、27个村委会和3个社区。全县土地详查面积198.5万亩，共有耕地面积4423公顷，其中：水田29634亩，旱地30012亩。2005年在县辖区内还驻有农垦河口农场、蚂蟥堡农场、南溪农场、坝洒农场、沙坝热带作物研究所、农垦第三医院等。

河口县是云南省唯一的瑶族自治县，2002年末全县总人口77015人。其中：农业人口41301人，占总人口的53.6%；非农业人口35714人，占总人口的46.4%。境内居住着瑶、苗、壮、彝、布依、傣等世居民族，少数民族人口4.86万人，占总人口的63.1%，其中世居民族：汉族人口25627人，占总人口的33.3%；瑶族人口20490人，占总人口的26.6%；

苗族人口 13798 人，占总人口的 18.1%；壮族人口 8304 人，占总人口的 10.8%；布依族人口 1965 人，占总人口的 2.6%；傣族人口 1708 人，占总人口的 2.2%；彝族人口 1650 人，占总人口的 2.1%。人口自然增长率 7.35‰。2004 年末全县总户数 24245 户，总人口 79185 人。其中：农业人口 42676 人，占总人口的 53.89%；非农业人口 36509 人，占总人口的 46.1%。少数民族人口 50513 人，占总人口的 63.79%。

　　河口的经济发展主要以农业、边贸、旅游、热区开发为主，工业基础较为薄弱。2002 年，全县实现国内生产总值（GDP）46048 万元，较上年增长 8.2%；地方财政收入 4069 万元，较上年增长 10.8%；粮食总产量 16579 吨，农民人均有粮 313 千克，农民人均纯收入 1298 元。2004 年，全县实现国内生产总值 61546 万元，按可比价计算同比增长 10.8%；地方财政收入 9641 万元，较上年增长 39.2%；粮食总产量 1633 万公斤，较上年增长 0.1%；农民人均有粮 392 千克，农民人均纯收入 1549 元，较上年增长 15.7%。[①]

二　桥头乡概况

　　河口瑶族自治县下设乡、镇，乡下设村公所，是乡的行政派出机构。桥头原名者果，清嘉庆七年（1802 年），为便利生产和人马往来，群众集资在桥头河上建造"公安桥"，始有桥头街之称。桥头苗族壮族乡，地处滇东南，位于河口县东北部，介于北纬 22°27′~22°45′、东经 104°~104°17′之间。西北两端与文山壮族苗族自治州马关县接壤，南面与南溪镇为邻，东面与越南猛康县山水相连，边境线

---

① 数据由河口瑶族自治县人民政府办公室提供资料整理所得。

长 81 公里，全乡国土面积 175 平方公里，有 35 座界碑。全乡辖下湾子、老街子、东瓜岭、中寨、桥头、老汪山、薄竹箐、竹林寨 8 个村民委员会，115 个村民小组，其中有 26 个村民小组分布在国境线上，通往越南的陆地口岸有纸厂、老卡两个省级口岸，有着十分重要的国防战略地位和对外通商口岸的优势区位（见图 1-1）。

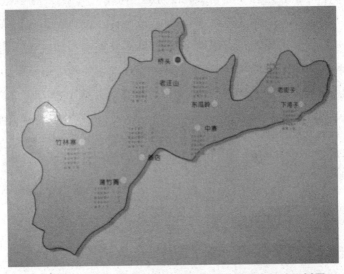

图 1-1 云南省河口瑶族自治县桥头苗族壮族乡行政区划图

全乡森林面积 39292.3 亩，森林覆盖率为 15%；有 34285 亩荒山、荒坡可开发利用；境内有国家一二级野生保护动物蜂猴、穿山甲、野鸡、猫头鹰等，还有一定储量的金、锑等矿藏资源，已有开发商到此进行开发；当地盛产水果、甘蔗、玉米酒和风味独特的"老猪脚"等特产；桥头是多民族聚居的地方，这里有热闹的苗族"踩花山"、浓情的壮族"六月年"、风趣的瑶族"三月三"、独特的布依族"牛王节"等丰富多彩的民族传统节日。桥头乡人力资源丰富，有劳动力8809人，回乡的大中专生近100人。

　　乡人民政府所在地桥头，距河口县城78公里，桥头苗族壮族乡是河口县人口最多的乡，也是最大的农村集镇（见图1-2）。桥头乡有3826户人家，2007年总人口17045人[①]。其中农业人口15918人，占总人口的94%。全乡居住着汉、苗、壮、瑶、布依、傣、彝等13个民族，汉族人口5446人，占总人口的32%；少数民族人口11599人，占总人口的68%。其中：苗族人口4262人，占总人口的25%；壮族人口2210人，占总人口的13%；瑶族人口1662人，占总人口的10%；布依族人口1558人，占总人口的9%；傣族人口1071人，占总人口的6%；彝族人口692人，占总人口的4%；其他民族人口143人，占总人口的0.8%（其中蒙古族8户，拉祜族1户4人）。

图1-2　桥头乡政府所在地桥头村远眺图

全乡以农业为主，境内主要粮食作物有玉米、稻谷、大豆、花生、荞等，有耕地面积26818亩，其中水田9024亩，旱地17794亩；2002年粮食总产6993吨，农民人均有粮499千克；主要经济作物有八角、草果、甘蔗、砂仁、三七、花生、茶叶、肉桂等，还种有柑橘、番石榴、李、桃等水果。2002年全乡经济总收入1347万元，人均纯收入631元，地方财政总收入60.5万元。工业企业基本属于空白，只有一个年产值20余万元的"桥粮香"酒厂，全乡95%的农户家里都养殖生猪，年生猪出栏9500头，存栏12518头，只有居住在集镇的少部分农民从事着饮食和百货业、交通运输等服务行业。

全乡有1所初级中学、9所完全小学、3所初级小学、13个教学点，有教师146人，目前在校生3155人，共112个教学班，适龄儿童入学率99.7%，巩固率99.7%。有计生服务站1所，卫生院1所、门诊3个、村卫生室8个，有医生20人、护士7人、村医8人。全乡有1个州级文明村、7个县级文明村、16个文明村小组、5个县级文明单位。

1999年，桥头乡完成了总投资838万元、全长42公里的35KV输变电工程，实现了"大电并网"；解决和改造了115村组照明和人畜饮水工程，境内有老街子水库，蓄水量可达128万立方米，修筑1公里以上长的三面光沟20余条，新修大小水沟1200余条共40余万米；全乡共开挖长达76公里的公路，现8个村委会和73个村民小组已通公路；境内有3座900兆移动电话信号发射塔，移动电话的使用覆盖到了周边数十个村组。电视覆盖率达到95%。

中越关系正常化后，双边贸易不断发展，2002年，边贸进出口总额为65万元，边民互市为25.2万元。桥头乡有两个省级通道——纸厂口岸和老卡口岸,且有公路与马(关)河(口)公路相连,越方已挖通了至口岸的公路(纸厂至猛康已改成柏油路面),还有中越边民互市贸易的重要场所老卡、纸厂、岔河、老街子等集市,现正多方筹集资金对四个集市进行改造。1995年10月完成了桥头农贸市场一期工程的建设,1998年完成了桥头集镇"卫生一条街"的建设,2001年完成了人行铁桥、自动集镇饮水工程和冲水公厕一座,从而改善了城镇和街道的拥挤状况,现街道灯光工程和农贸市场二期工程已动工建设,跌马槛小区的开发将使集镇功能得到不断完善。①

第二节 老汪山村历史沿革与行政区划

一 老汪山村概况

桥头乡老汪山村东与桥头村毗邻,西与竹林寨相连,北与马关县箐厂乡相接,南与中寨村、薄竹箐村相接,总面积为23平方公里。境内最高海拔1361米,最低海拔1010米,地处低纬度地带,属亚热带季风气候,光照条件好,年日照时数1610小时,最高气温33℃,最低气温7℃,平均气温19℃,年降雨量1916毫米。境内主要有盐水河一条水系,盐水河流经桥头乡与桥头河汇合后流入越南,盐水河流域是全村主要产粮区。图1-3为布依族村寨一角。

老汪山村民委员会基本情况:

桥头乡老汪山村民委员会辖16个村民小组。截至2007

---

① 相关数据由桥头乡政府办公室提供。

图1-3 晨雾缭绕中的布依族村寨一角

年7月，有农户460户，2075人；有劳动力1075人，占总人口的51.8%，其中，男劳动力560人，女劳动力515人。该村为布依族、傣族、汉族、苗族等世居民族杂居的山区。少数民族人口占总人口的86%。老汪山村位于距河口县城78公里、距桥头乡政府3.5公里处的马（关）河（口）公路边，辖区土地总面积28平方公里。

（一）老汪山村农业资源条件

山区土地资源丰富，农耕地少，林地荒坡比重大。老汪山村土地总面积41972亩，人均土地20.2亩。耕地面积2948亩，占土地总面积7%，人均耕地1.42亩。在耕地中，有水田1302亩，占耕地面积44%；有旱地1646亩，占耕地面积56%。全村土地总面积中，有森林面积1716亩，人均0.83亩，森林覆盖率为4.08%，珍稀树种有东京木、沙椤树、苏铁、木棉、含笑、榕树、董棕等，经济林木主要有杉树、八角树、肉桂，荒山 36260 亩。

（二）山原立体气候，宜于多种作物生长

老汪山村是一个典型的山区村民委员会，老汪山村 16 个自然村山高坡陡，平均海拔 1100 米，属温凉的南亚热带季雨林立体气候，山地土壤多为棕壤、黄壤，土地深厚，肥力中等。有耕地面积 2948 亩，人均耕地面积 1.42 亩，种植的农作物有水稻、玉米、洋芋、蚕豆、大豆等，也适于八角、杉树、板栗、水果等多种经济林果生长。盛产有名的脆皮水果甘蔗和旱熟的水果黄瓜，现在已经从原来的家庭小规模承包种植，发展为沿马鞍田—河头线村组进行规模种植，仅两项特产每户农民收入可达 2000 余元。只要因地制宜进行立体布局种植，科学合理利用资源发展立体农业，增产潜力仍然较大。

（三）农村经济水平

第一，老汪山村属于河口县一个典型的多民族杂居的山区。农村经济仍然是传统以种、养为主的农业经济。全村劳动力中，从事农业生产的人员 1044 人，占总人口的 97.1%；从事商业和餐饮业的 16 人，占 1.5%；从事运输业的 9 人，占 0.8%；从事加工业的 6 人，占 0.6%。

2000 年全村经济总收入 1840016 元，其中，农业种植业收入 549021 元，占 29.8%；畜牧业收入 730666 元，占 39.7%；林业收入 148835 元，占 8.1%；渔业收入 150 元，占 0.01%。加工业收入 51000 元，占总收入 2.8%；交通运输业收入 43600 元，餐饮业收入 7513 元，服务业收入 10005 元，合计 61118 元，占经济总收入 3.3%。人均经济纯收入

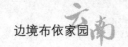
561 元。2002 年，全村经济总收入 192 万元，粮食总产量 953 吨，人均有粮 470 千克，农民人均纯收入 639 元。近年来，酿酒业得到迅猛发展，并促进了生猪养殖业的发展，年生猪存栏 1750 头，出栏 1816 头。[①]

第二，2000 年全村粮食总产量 948340 公斤，人均生产粮食 457 公斤。全村已种植经济林果 4522 亩，人均 2.18 亩；主要种类有草果 2162 亩、杉树 1233 亩、八角 833 亩、茶叶 216 亩，以及其他林木 78 亩，为发展绿色产业打下了基础。全村大牲畜存栏 418 头，生猪存栏 1290 头。畜牧业是农民经济收入的重要来源。

第三，交通和通信状况。老汪山村交通道路纵横交错，16 个村民小组中有 12 个通公路，剩下的 4 个村民小组只能依靠人背马驮的崎岖山路。从村委会到乡政府所在地有 3.5 公里柏油路，通往县城有 75 公里的柏油路，通往村民小组的乡村公路均为土路，总里程为 23 公里。16 个村民小组已全部解决了照明用电和人畜用水问题，用电覆盖农户 445 户，达 100%，现有水沟 158 条 63780 米，可解决水田灌溉 600 亩。有线电视覆盖率为 100%，已有 14 个小组可使用移动电话。

（四）教育、卫生水平

全村有六年制完全小学 1 所，教室面积 1603 平方米，教学点 1 个，教师 16 人，在校学生 230 人（包括在附近小学和初中读书的学生），寄宿住校生占 23.7%。有村卫生室 1 个，房屋面积 18 平方米，卫生员 2 人。村民中，有中专文化水平

---

① 相关数据由老汪山村委会提供。

15 人、高中文化水平 30 人、初中文化水平 403 人、小学文化水平 1115 人。

（五）农业基础设施

全村新建大小水沟 4500 米，解决农田灌溉面积 185 亩，占耕地总面积 4.6%。冬春干旱季节有 1108 人和 209 头大牲畜饮水困难，制约着全村经济发展。老汪山村由于水利设施差、农业基础仍然滞后，农村经济单一，农民收入总体不高。

二　建制沿革

河口县桥头乡的布依族人原居住在贵州省都匀府，清朝嘉庆三年至十七年分三批迁徙到文山壮族苗族自治州马关县木厂镇，清咸丰至民国年间，逐渐迁徙到河口县桥头乡，分布在桥头村、老汪山村。

老汪山是布依族语言，意思为森林茂密无人烟的地方。清咸丰六年（1856 年）马关县大坝几户布依族迁来此建村，因为周围无人烟，而得名老汪山。后来，当地原有民族傣族，再加上其他民族也迁来建村定居，人烟逐渐多了起来。解放初期，老汪山行政村下辖老汪山、河头、老苏箐、老许寨、夹马石、麻栗山、拉基寨、坪子寨、半坡、歇场坡、冷水沟、老刘冲、大竹棚、马鞍田、石岩脚、白泥寨共 16 个自然村。

1950 年 1 月，成立桥头镇人民政府，老汪山村属桥头镇；同年 5 月，桥头建立桥头区，属桥头新卡区二村；1954 年，老汪山村改为老汪山乡；1958 年，改为老汪山大队；1984 年恢复老汪山乡的村名，成立老汪山布依族傣族乡；

11

1987年改为老汪山行政村，属桥头乡。1992年，经上级政府批准，改桥头乡为桥头苗族壮族乡，老汪山成为桥头苗族壮族乡的一个村级基层组织。后实行村民自治，改称老汪山村民委员会。老汪山村委会所在地为老汪山村寨，靠近公路，交通便利，是一个以汉族、布侬族为主的寨子，有22户人家，共90人。村委会大楼是2003年12月建成并投入使用的，建筑面积280平方米，共三层，为钢筋混砖结构（见图1-4）。

图1-4 老汪山村委会大楼

调研中，我们走访了老汪山村的16个自然村，现就其余15个村寨相关情况简单介绍如下（各自然村人口土地基本情况见表1-1）：

表 1-1　老汪山村民委员会各自然村人口土地基本情况表

项目 村名	户数 （户）	人口 （人）	稻田 （亩）	旱地 （亩）	劳动力	家庭规模 （人/户）
夹马石	42	194	101.93	128.96	110	4.51
老许寨	7	32	24.7	25.7	18	6.16
老苏箐	28	131	72.8	85.42	75	4.36
麻栗山	38	183	77.6	152.7	91	4.94
拉基寨	14	52	47.4	37.31	30	4.38
老汪山	22	88	53.4	54.93	49	
河　头	16	70	38.4	37.9	34	4.37
歇场坡	38	167	55.9	148.38	84	
坪子寨	44	196	102.3	111.65	104	4.31
半坡寨	14	64	34	33	38	4.6
冷水沟	33	147	102	137.4	89	4.86
大竹棚	24	112	39.94	106.07	47	5.22
马鞍田	35	167	95.4	116.8	75	5.78
老刘冲	13	53	12.2	51.4	30	3.92
石岩脚	56	249	158.4	195.82	132	4.56
白泥寨	36	168	150	181.8	83	5.06
合　计	460	2144*	1166.37	1605.24	1089	

* 　老汪山人口总数包含部分已婚外嫁女子和死亡人员。

河　头

清光绪三十一年（1905 年）建村。因位处盐水河头而得名。

位于桥头苗族壮族乡人民政府驻地南部 3.2 公里、老汪山村公所驻地西部 0.7 公里。属老汪山行政村，村舍依山呈不规则块状聚落，驻地海拔 1010 米。现有 16 户，70 口人，

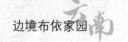

系汉、傣、布依等民族居住。主产水稻、玉米、大豆、八角、甘蔗等。通公路，通电。

老苏箐

清光绪三十年（1904 年）建村。因先驱苏氏在山箐中建村，故得名老苏箐。

位于桥头苗族壮族乡人民政府驻地南部 1.8 公里、老汪山村公所驻地西部 0.9 公里。属老汪山行政村，村舍依山呈不规则块状聚落，驻地海拔 1013 米。现有 28 户，131 口人，系汉、布依、彝等民族居住。主产水稻、玉米、大豆、八角、甘蔗等。通公路，通电。

老许寨

清道光二年（1822 年）建村。因建村先驱姓许而得名老许寨。

位于桥头苗族壮族乡人民政府驻地南部 1.6 公里、老汪山村公所驻地东北部 1.5 公里。属老汪山行政村，村舍依山呈不规则块状聚落，驻地海拔 1018 米。现有 7 户，32 口人，系壮族居住。主产水稻、玉米、大豆、八角、甘蔗等。通公路，通电。

夹马石

清咸丰六年（1856 年）建村。因位处驮马难通行的夹石路边，故得名夹马石。

位于桥头苗族壮族乡人民政府驻地南部 1.3 公里、老汪山村公所驻地东北部 1.6 公里。属老汪山行政村，村舍依山呈不规则块状聚落。现有 42 户，194 口人，系汉、布依等民族居住。主产水稻、玉米、大豆、八角、甘蔗等。通公路，通电。

麻栗山

清光绪七年（1882年）建村。因坐落在麻栗树较多的山坡上而得名麻栗山。

位于桥头苗族壮族乡人民政府驻地南部3公里、老汪山村公所驻地东部1.1公里。属老汪山行政村，村舍依山呈不规则块状聚落，驻地海拔1201米。现有38户，183口人，系汉、苗、布依等民族居住。主产水稻、玉米、大豆、八角、甘蔗等。现已通公路，通电。

拉基寨

清道光十一年（1831年）彝族支系"拉基族"迁来此建村，故得名拉基寨。

位于桥头苗族壮族乡人民政府驻地南部2.1公里、老汪山村公所驻地北部0.5公里。属老汪山行政村，村舍依山呈不规则块状聚落，驻地海拔1010米。现有14户，52口人，系壮、傣、彝等民族居住。主产水稻、玉米、大豆、八角、甘蔗等。通公路，通电。

坪子寨

清咸丰六年（1856年）建村，因位处地点较平而得名。

位于桥头苗族壮族乡人民政府驻地南部3.7公里、老汪山村公所驻地西南部1.1公里。属老汪山行政村，村舍依山呈不规则块状聚落，驻地海拔1116米。现有44户，196口人，系布依、彝、汉等民族居住。主产水稻、玉米、大豆、

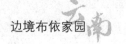
八角、甘蔗等。通公路，通电。

半　坡

1916 年建村。因位处山半坡而得名半坡。

位于桥头苗族壮族乡人民政府驻地南部 3.9 公里、老汪山村公所驻地南部 1.1 公里。属老汪山行政村，村舍依山呈不规则块状聚落，驻地海拔 1188 米。现有 14 户、64 口人，系汉、布依等民族居住。主产水稻、玉米、大豆、八角、甘蔗等。通公路，通电。

歇场坡

1912 年建村。因位处行人歇脚的地点而得名歇场坡。

位于桥头苗族壮族乡人民政府驻地南部 3.5 公里、老汪山村公所驻地南部 0.8 公里。属老汪山行政村，村舍依山呈不规则块状聚落，驻地海拔 1268 米。现有 38 户、167 口人，系汉、布依、壮等民族居住。主产水稻、玉米、大豆、八角、甘蔗、茶叶等。通公路，通电。

冷水沟

1951 年建村。因坐落在一条小水沟边而得名冷水沟。

位于桥头苗族壮族乡人民政府驻地南部 5.8 公里、老汪山村公所驻地南部 3.1 公里。属老汪山行政村，村舍依山呈不规则块状聚落，驻地海拔 1222 米。现有 33 户、147 口人，系汉、布依等民族居住。主产水稻、玉米、大豆、八角、甘蔗等。现已通公路，通电。

老刘冲

1918 年建村。因位处刘氏地界的山冲中而得名老刘冲。

位于桥头苗族壮族乡人民政府驻地西南部 5.9 公里、老汪山村公所驻地西南部 3.4 公里。属老汪山行政村，村舍依山呈不规则块状聚落，驻地海拔 1193 米。现有 13 户，53 口人，布依族居住。主产水稻、玉米、大豆、八角、甘蔗等。不通公路，通电。

大竹棚

清宣统三年（1911 年）建村。因位处一棚粗大的竹子边而得名大竹棚。

位于桥头苗族壮族乡人民政府驻地西南部 6.2 公里、老汪山村公所驻地西南部 3.8 公里。属老汪山行政村，村舍依山呈不规则块状聚落，驻地海拔 1203 米。现有 24 户，112 口人，布依族居住。主产水稻、玉米、大豆、八角、甘蔗等。现已通公路，通电。

马鞍田

1932 年建村。因位处一丘马鞍形田边而得名马鞍田。

位于桥头苗族壮族乡人民政府驻地西南部 5 公里、老汪山村公所驻地西南部 2.5 公里。属老汪山行政村，村舍依山呈不规则块状聚落，驻地海拔 1094 米。现有 35 户，167 口人，系汉、布依等民族居住。主产水稻、玉米、大豆、八角、甘蔗等。不通公路，通电。

17

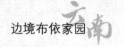

石岩脚

清嘉庆十一年（1806年）建村。因位处一堵大石岩下而得名石岩脚。

位于桥头苗族壮族乡人民政府驻地西南部2.7公里、老汪山村公所驻地西北部1公里。属老汪山行政村，村舍依山呈不规则块状聚落，驻地海拔1163米。现有56户，249口人，系傣、彝等民族居住。主产水稻、玉米、大豆、八角、甘蔗等。有小学1所，教师2人，在校学生38人。现已通公路，通电。

白泥寨

清乾隆六十年（1795年）建村。因村中多白泥土而得名白泥寨。

位于桥头苗族壮族乡人民政府驻地西南部4.1公里、老汪山村公所驻地西部2.4公里。属老汪山行政村，村舍依山呈不规则块状聚落，驻地海拔1293米。现有36户，168口人，傣族居住。主产水稻、玉米、大豆、八角、甘蔗等。不通公路，通电。①

三　人口状况

老汪山村下辖16个村民小组，农户460户，人口2075人。主要民族有布依族、傣族、汉族、壮族、彝族、苗族；少数民族人口占总人口数的86%；布依族人口1092人，占

---

① 村寨情况介绍参考河口瑶族自治县人民政府编《云南省河口瑶族自治县地名志》，河口：河口瑶族自治县人民政府，内部版，1999，第32~35页；户口数字由老汪山村委会办公室提供。

全村总人口数的 52.6%；傣族 454 人，占 21.9%；汉族 288 人，占 14%；苗族 62 人，占 3%；其他民族 165 人，占 8%（见图 1－5）。

图 1－5　抽烟的布依族男子

由于历史等原因，老汪山村的布依族和其他民族多居住在半山坡以上，山高坡陡，交通不便，村民出行能力、学习能力、信息交流能力也随着山区海拔的升高而不断降低，甚至有部分布依族村民几乎与外界隔绝。由于缺少与外界交流，农民接受教育的机会很少，传统的文化观念占统治地位，妨碍了村民对新知识、新技术的吸收能力，人口的整体素质偏低。在调查中，我们发现老汪山村绝大多数村民接受的教育年限太短。2075 名村民中，有中专文化水平 15 人，高中文化水平 30 人，初中文化水平 403 人，小学文化水平 1115 人，根本没有读过书的就有 581 人。小学文化水平的和文盲共占村民总数的 79%，初中及以上文化水

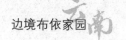

平的只占有不到21%。大专及以上学历的为0人。①

　　农民是农村的主体，农民素质的高低直接影响到农业的发展水平。然而，教育与文化的滞后，决定了老汪山村农民综合素质、能力的形成与发展的滞后。直到今天，大多数农村妇女仍不会写自己的名字，相当一部分男子也不能阅读报刊书籍。农民素质低下，严重制约了农村经济的发展。由于农民不懂文化，接受技术技能的能力就差，很多农业技术得不到推广，农民成为不会做农活的"农盲"，从事非农产业和外出打工也缺乏主动性和积极性。全村劳动力中，从事农业生产的人员1044人，占97.1%；从事商业和餐饮业的16人，占1.5%；从事运输的9人，占0.8%；从事加工业的6人，占0.6%。农民接受教育的年限少、整体素质低，给山区农业发展带来了严峻的后果。

---

　　①　数字来源：2008年度老汪山村人口报表。

第二章 政权组织

第一节 基层组织

老汪山村1982年后都推行了家庭联产承包责任制，村民获得了生产经营自主权，利益分配发生了一定的变化，原有的基层组织不能适应经济改革的要求。所以当时无论是政府还是村民，都有加强村民自治以促进农村经济快速发展的要求。在这种情况下，乡、村根据上级的有关要求，逐步理顺和扩大了村民自治制度，将原来的乡级行政派出机构村公所改为村民委员会，由村民自己行使自治权。村民自治的形式主要是：由村民通过民主选举，选出自己的村民委员会干部；以民主监督的方式监督村民委员会及其干部开展工作；乡级政府对村民委员会只有指导的权利；在村民委员会里设立党总支，党总支与村民委员会共同决定村民委员会的公共事务。

一 老汪山村民委员会

目前，老汪山村民委员会设支书1名，主任1名，副主任1名，委员5名。具体是：

村支书：袁美贵

村主任：陆成昆（见图2－1）

图2－1　老汪山村村委会主任陆成昆

副主任：罗永金

村委会委员：袁美贵　陆成昆　罗永金　普兴华　杨方丽

村民委员会的工作比较繁杂，涉及整个村政治、经济、文化、教育、农科、计生、卫生、妇幼保健等。但各项工作都有人专门负责。在村民委员会中制定了很多相关的制度，明确各项工作的职责和义务。如《干部管理制度》、《干部分工制度》、《村民调解制度》、《妇代工作制度》、《民兵工作制度》、《村务公开制度》等。各项工作的开展，采取集体领导与个人分工相结合的原则，重大问题集体讨论，一般问题由分管或联系领导统一负责或安排。

表2－1为老汪山村村民小组组长花名册。

表 2 - 1　老汪山村村民小组组长花名册

序号	村民小组	村民小组组长	性别	民族	出生年月	备注
1	夹马石	韦转庆	男	布依族	1973.5	
2	老许寨	权沈余	男	壮族	1976.10	
3	老苏箐	罗绍成	男	布依族	1953.7	中共党员
4	麻栗山	罗殿华	男	布依族	1962.9	中共党员
5	拉基寨	杨永寿	男	彝族	1974.1	
6	老汪山	杨春祥	男	彝族	1976.6	
7	河头	袁美富	男	汉族	1962.7	中共党员
8	歇场坡	邓邦林	男	汉族	1963.12	
9	坪子寨	罗天才	男	布依族	1971.7	中共党员
10	半坡寨	王寿堂	男	布依族	1976.5	预备党员
11	冷水沟	罗应华	男	布依族	1951.6	中共党员
12	大竹棚	罗万刚	男	布依族	1958.8	中共党员
13	马鞍田	高德才	男	布依族	1977.6	
14	老刘冲	杨春福	男	布依族	1969.3	中共党员
15	石岩脚	普兴华	男	彝族	1966.9	中共党员
16	白泥寨	李发力	男	傣族	1966.4	

资料来源：本花名册于 2008 年 8 月由老汪山村委会主任陆成昆提供。

二　老汪山村党支部

老汪山村设一个党总支，下分 8 个党支部。总支共有党员 53 名，其中女党员 5 名，30 岁以下党员 4 人，30～45 岁党员有 16 名，45 岁以上党员 33 名，从年龄结构上来看，党员队伍呈现老龄化。今后，在发展党员的时候，应该注意吸收年轻人加入到党的组织中来，更好地发挥党员在群众中的先锋模范作用。过去，党员的党费每年缴两次，支部生活时缴一次，民主评议党员时缴一次。支部生活一年

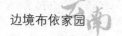
过两次，总支生活一年过一次。内容主要是学习党的章程和县、乡有关党的建设方面的文件。

现任总支书记是袁美贵（见图2－2），总支委员包括：袁美贵、陆成昆、罗永金、普兴华、杨方丽，总支中没有宣传委员与组织委员的具体分工。下设8个支部，支部书记分别是：董昌美、普兴发、刘金寿、罗应华、杨立华、杨朝波、王宗全、罗绍成。

图2－2　老汪山村党支部书记袁美贵

老汪山村党支部自成立之日起，支部全体党员严格要求自己，在布依族等各族人们心目中树立自己的威望，展示出自己的先锋模范作用。改革开放以来，老汪山村党支部在带领和帮助当地各族人民勤劳致富的路途上做出了重大成绩，多次受到上级部门的表扬（图2－3为老汪山村党支部获奖证书）。如今，为适应新形势发展的要求，以便更好地开展社会主义新农村建设，老汪山党支部按照桥头乡党委和上级党组织的规定，制定了具体的党建目标。

图 2 - 3 老汪山村党支部获奖证书

(一) 老汪山村党总支的自身建设目标

（1）总支部成员按照上级党委关于加强基层组织建设的总体要求，以"三个代表"重要思想为指导，结合总支的工作实际，明确责任，按目标管理的制度，制定了相应的工作制度和措施，每个支委班子成员按照分工各负其责，总支书记负总责协调各方面，组织委员负责发展新党员的协调工作方面，纪检委员负责党员违纪的调查落实工作，宣传委员负责贯彻宣传党的方针、政策工作，使党建目标管理工作能正常实施。

（2）党总支班子能团结合作，互相配合，工作上互相协调，并根据实际工作搞好各方面的学习，以班子成员的行为带动全体党员干部，使党员干部在作风、党风等方面有了很好的转变。

（3）总支班子作风民主，有重大问题能集体研究决定，按照新制定的制度定期召开支委会、总支部大会和民主生

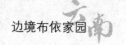

活会，积极开展批评和自我批评，在班子成员和全体党员中没有出现违纪行为。

（4）总支建立健全了党内各项规章制度，一年中能按照新制定的规章制度开展工作。

（5）党总支班子和支部班子成员在党性作风上都起了表率作用，能团结协作，把思想政治工作列入重要议事日程抓紧抓好，发挥班子成员的监督作用和带头作用，在各方面能虚心听取党员干部群众所提出的意见和建议，能及时采取广大党员干部群众提出的合理化建议，并及时解决问题。

（6）在班子自身的党风廉政建设中，能廉洁自律，坚持民主生活会制度，对党员干部提出的意见和建议及时采纳，有问题及时纠正。没有出现过以权谋私、官僚主义、个人主义等不正之风的违纪行为。

（7）班子成员始终密切联系群众，结合广大群众提出的问题和困难，围绕全村的工作实际，开展各方面的服务指导，为广大党员干部群众树立了良好的形象。

（二）党务工作

（1）总支、支部始终坚持三会一课制度，认真组织全体党员学习党章准则和邓小平理论及"三个代表"重要思想。一年平均召开总支部委员会及总支部大会 15 次。全村党员在工作岗位上发挥了一定的先锋模范作用，在各项工作中能起到表率作用，带头遵纪守法，做好事、办实事，为全村各项事业的发展做出应有的贡献。

（2）总支、支部按照《中国共产党发展党员工作细则》规定和"坚持标准，保持质量，改善结构，慎重发展"的十六字方针，做好党员发展工作，按照规定程序发展预备党员、入党积极分子。

（3）总支坚持半年对全体党员进行一次思想状况的分析，并就群众提出的问题有针对性地抓好党员教育管理工作，化解党员与党员之间、党员与群众之间的矛盾，使党群关系得到了进一步改善。

（4）按照县委和乡党委的统一部署，坚持在党员中实行目标管理，取得了明显效果，按照规定坚持一年一次的民主评议党员和开展"创先争优"活动。

（5）总支重视共青团、妇代会工作，定期或不定期地听取工作汇报，及时进行协调指导和支持，按照各自所制定的制度开展工作和活动。一年来共青团和妇代会能正常开展活动。

（6）坚持党管干部的原则，党总支按照有关规定，培养和推荐干部，并积极抽调干部参加各种学习培训。

（7）总支的党员登记表准确无误，接转组织关系没有失误，能按时收缴党费并及时上交乡党委组织干事处，同时积极完成党报党刊的订阅工作。

（三）精神文明建设情况

（1）在精神文明建设中，积极拟订计划，并认真贯彻落实，严格按上级有关规定抓好精神文明建设。今年共评出十星级文明户43户。

（2）积极对广大党员干部群众进行职业道德、社会风尚、法律法规的教育，在全村广大党员干部群众中没有出现违法违纪行为。

（3）总支部委员会能认真听取广大党员干部群众的意

见和建议，尽职尽责地采纳和解决了群众所提出的合理意见和要求。一年来，全村群众思想稳定，无聚众闹事和集体上访事件的发生。

（4）积极采用召开会议和走访的形式，认真宣传贯彻党在农村的各项方针政策和农业科技知识，使各族群众在生活、作风等各方面都取得了较大的变化。

（5）党总支重视社会治安综合治理工作，把综治工作列入重要议事日程，抓紧抓好，对突发事件采取了一定的防范措施，严格要求广大干部群众对突发事件及时上报并调处。一年来，全村没有发现大的突发事件。

（四）党建工作努力的方向

老汪山村党总支严格按照上级有关规定，在带领群众发家致富的过程中发挥了积极的作用，做了不少工作，取得了一定的成绩，但也有不足和差距。在谈到今后党总支如何更好地开展工作时，村总支书记袁美贵介绍说，今后主要抓好以下几项工作：第一，进一步健全和落实党建的一些制度，做好发展党员的工作，尤其在青年中发展党员，改变目前老汪山村党员结构老龄化问题；第二，按照上级要求，基层党支部规范化建设有待进一步加强，严格执行民主生活会议，不使党组织生活流于形式，加强对党员的思想政治教育；第三，各党支部的战斗堡垒作用和党员的先锋模范作用有待进一步发挥，联系村民委员会和调节委员会，负责好村里的社会治安工作；第四，照顾好村里生活比较困难的贫困农户。

在采访袁美贵书记时，他最后谈到总支工作中遇到的困难有以下五点。

第一，农村基层党组织的战斗堡垒作用不强，在农村有部分党员意识不强，召开会议没心劲，甚至不参加民主生活会。

第二，由于主客观因素的制约，在带领群众发家致富上不能发挥应有的模范带头作用，因此，村民认为干部工作不得力，不努力为他们说话。

第三，老龄化趋向严重。青年一代入党积极性不高，很多青年外出打工，尤其优秀的青年很难被吸收到党的队伍里，党员年龄结构老龄化严重。

第四，党员整体文化素质不高，办事能力有限，相互之间的联系和学习又比较少，甚至出现同一村开党员大会有许多党员互不认识的情况。

第五，党群关系也不如以前，群众只是在有事情的时候才找我们帮忙，平时很少关注党的活动。

如何使基层党组织战斗堡垒作用在新农村建设中充分发挥，使党员先锋模范作用切实体现，最终能使村民自我管理、自我教育、自我服务将是基层党组织迫切需要解决的一个问题。

面对这些困难，袁美贵依然表现出他的乐观。他相信这些情况会得到解决的。作为一名老党员、一个党总支的负责人，在今后的工作中，将进一步巩固先进性教育成果，加强理论学习，夯实思想能力基础；以"五好"要求抓好基层党支部建设，进一步夯实组织基础；狠抓党风廉政建设，进一步夯实作风基础；加强精神文明建设，进一步夯实群众基础；提高党员干部素质，加强党的自身建设，开创全村党建工作的新局面。

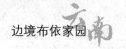
三 老汪山村人民调解委员会

（一）概况

老汪山村现有人民调解委员会1个，调解委主任由村委会主任陆成昆兼任，调解委副主任由村警务室民警刘江兼任。全村16个村民小组都建有调解小组，共有调解人员20人。近年来，老汪山村民委员会加大了村级人民调解委员会的建设力度，按照因地制宜、因陋就简原则规范地建设了老汪山村人民调解室，并健全和完善了调委会的各项规章制度，规范了相关的台账，特别是人民调解卷宗得到进一步规范。调解室内的各种设施摆放使纠纷当事人双方、调解员以及旁听者们置身于平等、和谐、轻松和愉快的气氛中，从很大程度上为化解当事人之间的矛盾纠纷创造了良好氛围。

近年来，老汪山村人民调解委员会大胆创新调处模式，以调委会为主，党支部、村委会干部形成合力，充分发挥群调群处的作用，调处了发生在老汪山村的涉及婚姻家庭、继承、赡养、山林、土地等纠纷，连续几年无刑事案件，无涉诉案件，无越级上访案件，村风正，面貌新，民调组织真正发挥了化解矛盾的第一道防线作用，为社会主义新农村建设发挥着积极的作用。

经过几年的努力，老汪山村人民调解委员会组织正在逐步完善，组织队伍素质正在逐步提高，形成了一支有丰富的调解经验、不计得失、甘于奉献、不怕困难、知难而上的人民调解队伍，他们产生于基层，生活在熟人社会，与人民群众联系密切，他们解决纠纷时与矛盾双方比较熟悉，与双方有一定的亲和力，对矛盾的来龙去脉比较了解，对化解矛盾有着极大的便利条件，在解决矛盾、化解纠纷中有其不可替代的作用。

（二）机构组成

老汪山村人民调解委员会人员名单如下①：

调解委主任：陆成昆（村委会主任）

调解委副主任：刘　江（村警务室民警）

成　员：罗永金（村委会副主任）

张绍兵（村团委书记）

杨芳丽（村妇代会主任）

熊国生（村武装助理）

马兴明（村完小校长）

韦转庆（夹马石小组组长）

权浓余（老许寨小组组长）

罗启华（麻栗山小组组长）

罗绍成（老苏箐小组组长）

杨永寿（拉基寨小组组长）

邓帮林（歇场坡小组组长）

王寿堂（半坡小组组长）

杨春祥（老汪山小组组长）

袁美富（河头小组组长）

王元帅（坪子寨小组组长）

罗应华（冷水沟小组组长）

罗登卫（大竹棚小组组长）

---

① 本名单由老汪山村委会提供。

杨春富（老刘冲小组组长）

陶金能（石岩脚小组组长）

李发离（白泥寨小组组长）

由于老汪山村地处红河州河口县和越南的交界处，老汪山村所属桥头乡境内又安置有越南难民，各种复杂疑难的重大接边矛盾纠纷在老汪山村时有发生，而绝大多数的矛盾纠纷调解工作则是老汪山村人民调解委员会独立完成的。但也有部分纠纷涉及面广、解决难度大，需要桥头乡司法局，甚至县一级司法部门协调解决。

老汪山村大多数案件是由村民土地界权纠纷引起的，以前土地利用价值不大，纷争相对较少；现在土地少、人口多，出现因为小块土地而引起的纠纷事件很多。2008 年，老汪山村委会在乡司法部门的协调和配合下，处理和解决因地界、树权而引起的纠纷 6 起。据桥头乡林站站长吕开举提供的数据显示：近几年，在当地司法部门和村委会的调解下，一共处理林权纠纷案件 21 起，涉及面积 41.6 亩。其中村际林权纠纷 2 起，涉及面积 33 亩；老汪山村民小组之间林权纠纷事件 9 起，涉及面积 1.3 亩；村民与村民小组之间的林权纠纷 2 起，涉及面积 2.3 亩；村民与村民之间的林权纠纷 8 起，涉及面积 5 亩。无民族纠纷。

（三）案例

案例　民事纠纷案例

2008 年 6 月 28 日，家住老汪山村老许寨的壮族村民陆兴贵（女），请冬瓜岭村毛草寨小组村民王付卫在集市上帮自己买一头耕牛。在集市上，王付卫选好牛之后，陆兴贵付了 1700 元钱给卖主把牛买下。但在牵牛回去的路上，耕牛不知道何故死亡。陆兴贵返回集市，卖牛人已经离去，落了一个财、牛两空的结局。陆兴贵越想越郁闷，认为是王付卫和卖牛人合伙欺骗自己，找到王付卫论理并要求其赔偿她 850 元的经济损失。而王付卫则认为，买牛是陆兴贵请他去帮忙选择并征得陆兴贵的同意才成交的，牛也是陆拉回去的，自己也根本不认识卖牛的人，不存在合伙欺骗陆兴贵的事实，不同意承担责任。

在老汪山村民委员会的调解下，双方各抒己见，争执不下。最后到桥头乡人民调解委员会去寻求解决的办法。2008 年 8 月 1 日，在桥头乡人民调解委员会的协调下，双方自愿达成如下协议：陆兴贵不再要求 850 元的赔偿金，也不坚持王付卫合伙行骗的说法；由王付卫支付给陆兴贵 200 元的损失费。2008 年 7 月 6 日，乡人民调解委员会对该纠纷事件进行回访，双方均无大的意见，并且王付卫已经把 200 元钱交给陆兴贵了。

（四）改进建议

老汪山村人民调解委员会是解决村民纠纷的一种有效机制，也是解决纠纷、化解矛盾的村社力量，为维护农村社会稳定、建设社会主义新农村、构建和谐社会作出了巨大的贡献。在今后的工作中，应该继续发挥其功效，并在以下几个方面完善：

（1）加强领导，提高对人民调解工作的认识。人民调解制度是我国社会主义政治民主的组成部分，是人民群众自己组织起来，化解自身矛盾，参与社会事务、国家事务管理的一种重要形式，是我国多层次社会矛盾解决机制体

系中的重要组成部分，人民调解组织处于矛盾纠纷的最前沿，是社会矛盾纠纷的第一道防线，基层矛盾处理不及时、不得当，容易引发更大的矛盾，引起社会的不稳定。通过民调组织解决纠纷容易为广大群众接受。

（2）抓好组织落实。村委会应当把建立健全民调组织列入工作议事日程，支持基层把那些具有一定法律知识和工作能力、群众威望高、有一定经验的同志选调到调解组织中来。

（3）抓好工作制度的落实。应当建立健全各项工作制度，明确工作责任和任务，确立工作章程，使民调工作更加制度化、规范化。

（4）抓好民调干部的待遇落实。村委会要多想办法多方筹措，向乡政府争取资金，落实民调人员的报酬，以调动民调干部的工作积极性。

（5）抓好民调干部素质的提高。要采取多种形式加强对调委会业务的指导，司法行政机关、人民法庭负有对民调工作的业务指导任务。司法行政机关可以采取集中培训的形式组织民调人员学习有关法律、法规，总结民调工作经验，提高民调人员的业务水平。人民法庭可以选择典型案例，采取以案代训和观摩开庭的方式进行业务指导，以提高民调干部的调解技能和法律水平。

第二节　选举

2007年3月以后，老汪山村委会在桥头乡政府及驻村新农村指导员的指导和帮助下，根据该村的实际情况，开始进行该村第三届"两委"的改选工作，2008年8月桥头乡乡长王智强、副书记盘建军及红河学院驻村新农村指导员党晓军给我们调研组提供了该村第三届"两委"改选工作的具体情况，现摘要介绍如下：

老汪山村第三届"两委"换届选举基本方案

方案1：成立老汪山村村民委员会换届选举工作领导小组

　　组　　长：盘建军（桥头乡党委副书记）

　　副组长：盘春华（县劳动就业局副局长）

　　成　　员：熊国权（桥头乡农广校校长）

　　　　　　　熊　艳（桥头乡文化站站长）

　　　　　　　胡元鸿（桥头乡农技站站长）

　　　　　　　吕开阳（老汪山村党总支书记）

　　　　　　　陆成昆（老汪山村委会主任）

　　　　　　　罗永军（老汪山村委会副主任）

　　　　　　　袁美贵（老汪山村武装助理）

　　领导小组下设办公室在老汪山村委会，负责处理换届的日常工作，办公室主任由盘春华同志兼任。

方案2：2007年老汪山村第三届"两委"换届选举工作日程

　　第一阶段：选举实施阶段

　　（1）做好民主推荐选举村民代表工作；

　　（2）做好选民登记工作；

　　（3）做好推选村民代表工作；

　　（4）确定村"两委"候选人提名工作；

　　（5）投票正式选举；

　　（6）宣布选举结果。

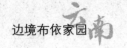

第二阶段：工作交接阶段

（1）工作交移；

（2）成员分工和推选村民小组长；

（3）建立完善各项规章制度。

第三阶段：总结验收阶段

（1）检查验收；

（2）做好换届选举资料立卷归档工作；

（3）总结表彰。

3月13日：做好上届"两委"的财务清理审计工作，按规定要求进行清理、公布、接受监督。

方案3：老汪山村第三届"两委"换届选举工作实施议案

（一）第一阶段：选举实施阶段（3月14日至4月25日）

3月14日：召开群众大会，宣传法律法规，公布村民选举委员任职资格。组织村民推选村民选举委员会成员（村民选举委员会由主任、副主任和委员共5~9人组成），由村委会发布公告。同时组织广大农村党员认真学习《党章》、《中国共产党农村基层组织工作条例》、《中国共产党基层组织选举工作暂行条例》等有关文件内容，统一党员的思想认识，为做好换届选举工作奠定思想基础。

3月15日：①各工作汇报群众推选村民选举委员会成员情况。②召开村民选举委员会第一次会议，推荐村民选举委员会主任、副主任。③村民委员会发布村民选举委员会成员公告。

3月16日：培训村民选举委员会成员。①与村民选举委员会研究制订《选举实施方案》。②确定选民登记员。

③发布村民选举委员会第一号公告（公告选举日、选民登记日）。

3月17～19日：深入各寨张贴村民选举委员会第一号公告，宣传有关政策，明确选民登记对象；开展选民登记工作，对未在家中的选民发《通知》。

3月20日：各工作组核实选民。①各工作组再次核实选民登记情况；②各工作队员到村委会汇报选民登记情况。

3月21日：①登记遗漏的选民。②确定选民名单。③各工作组抄写选民名单。

3月22日：各工作组深入村寨张贴村民选举委员会第二号公告（公布选民名单）、宣传有关法律。

3月23日：听取村民意见，颁发选民证，划分选区，推选村民代表。

3月24日：召开村民代表第一次会议。①确定村委会职位、职数。②确定监票员、计票员、唱票员、选举工作人员。③通过预选办法。④通过候选人资格。⑤决定候选人的提名方式。⑥选举投票方式、投票地点、投票时间。

3月25～30日：①各工作组安排人员抄写村民选举委员会第三号公告（公告村民委员会成员候选人资格），第四号公告（公布村委会的职位和职数），第五号公告（公告预选时间、地点）；工作队员深入村寨张贴选举委员会第三号公告、第四号公告、第五号公告。②宣传村委会成员任职资格，职位，职数，预选时间，地点。③发放《村民委员会成员预选选票》。④准备投票物品，动员选民积极参加预选投票。

3月31日：①各村民小组设投票站进行投票预选。②汇集票箱到村选举委员会集中开箱唱票、计票。③村民

选举委员会根据"简单多数"原则，依据村民委员会的职位、职数要求，差额确定正式候选人。④被确定为村民委员会正式候选人的村民选举委员会成员退出村民选举委员会，根据实际情况递补村民选举委员会成员。

4月1~10日：①村选举委员会整理村民委员会正式候选人的介绍材料（包括正式候选人的简历、文化程度、家庭经济状况、本人工作能力、本人特长、优缺点等）。②抄写村选举委员会第六号公告（公告预选结果）、第七号公告（公布村民委员会主任、副主任、委员正式候选人名单）。③各工作组组织学习有关介绍候选人的方法及注意事项。

4月11日：深入村寨张贴村民选举委员会第六号公告（公告预选结果）、第七号公告（公告村民委员会主任、副主任、委员正式候选人名单）。

4月12~14日：村民委员会主任、副主任、委员正式候选人随工作队员入村向村民发表治村演说。

4月15日：①抄写村民选举委员会第八号公告（公布投票时间、投票方式、投票地点）。②深入村寨张贴第八号公告，宣布投票时间、投票方式、投票地点。③具体落实外出选民情况，对外出的选民发出《通知》（通知外出选民，使他们知道村民选举委员会确定的正式候选人名单，投票选举的时间、投票方式、投票地点，能按时回来参加投票或委托他人代为投票）。④继续介绍候选人的基本情况和发表治村演说。

4月16日：①各工作组集中汇报宣传发动情况。②具体落实到选举时不能参加投票的选民，让他们填写委托书投票证。

4月17日：继续宣传正式候选人的基本情况，宣传换届选举的重要性，动员选民积极参加投票。

4 月 18 日：填写选票。

4 月 19 日：①准备投票的有关物品。②深入村寨作好宣传发动工作，动员选民积极参加投票选举。

4 月 20 日：①投票选举（主会场的设置由各选举委员会确定）。②各村民小组设投票站的将票箱护送到村民选举委员会主场集中开箱唱票、计票。

4 月 21 日：①宣布选举结果。②宣布当选名单。③颁发当选证。④张贴村选举委员会第九号公告（公告当选的第三届村民委员会主任、副主任、委员名单）。

4 月 21～22 日：民主推荐工作全面实行"两推"，即：党员、群众差额提名推荐村党支委员候选人，初步差额为应选数的 20%。一是在党内推荐时，要注意发扬党内民主，把推荐工作与民主评议党员、民主评议村干部工作有机结合起来，在党内先形成统一的意见；二是在群众中推荐时，各村可根据实际情况确定，可以是有选举权的全体村民，也可以组织村民代表、户代表进行推荐，通过群众推荐，真正把群众公认的优秀党员推荐出来。群众推荐票和党员推荐票分别统计，按照干部标准和优化班子结构的要求，综合考虑。各村将推荐结果上报乡党委。

4 月 23～24 日：乡党委根据"两推"的推荐情况，以"两推"推荐票之和为重要依据，召开党委会议，研究提出候选人考察人名单，并组织力量进行严格考察。根据考察情况及时召开党委会研究提出候选人预备人选。在选举时，以上届党总支委员会的名义，提交全体党员进行酝酿和讨论，并根据多数党员的意见确定候选人，在党员大会上进行选举。

4月25日：召开党员大会，进行选举时，有选举权的到会人数要超过应到会的4/5，以无名差额选举的方法，选举产生村党总支委员会。委员候选人的差额为应选人数的20%，委员会书记、副书记的候选人由上届总支委员会提出候选人，报党委审查同意后，在委员会全体会议上进行等额选举产生。选举结束后，选出的委员、书记、副书记，报乡党委批准。

（二）第二阶段：工作交接阶段（4月26日至4月30日）

4月26日：新旧"两委"班子办理换届交接工作，移交公章、办公设施、档案财务等资料和物品。

4月27日：①召开新一届村"两委"第一会议，确定委员分工。②制定任期目标。③研究制定有关规定制度。④建立健全各项组织，推选村民小组。

（三）第三阶段：总验收阶段（5月1日至5月15日）

5月1~5日，对村"两委"换届选举工作进行认真总结，按照有关要求填写选举情况统计表，写出总结报告，上报县换届选举工作领导小组办公室，做好选举材料的立卷归档工作。

5月6~15日，迎接县村级换届领导小组对乡换届选举工作的检查验收。

经过2007年老汪山村第三届两委换届选举工作的选举，目前，老汪山村民委员会设支书1名，主任1名，副主任1名，委员5名。具体是：

村支书：袁美贵

村主任：陆成昆

副主任：罗永金

村委会委员：袁美贵、陆成昆、罗永金、普兴华、杨方丽

总支中没有宣传委员与组织委员的具体分工。下设八个支部，支部书记分别是：董昌美、普兴发、刘金寿、罗应华、杨立华、杨朝波、王宗全、罗绍成。

第三节　村规民约及财务制度

一　村规民约

2008 年 8 月，老汪山村委会改选后第三届"两委"负责人村支书袁美贵、村主任陆成昆、副主任罗永金（以及红河学院驻村新农村指导员党晓军）给我们调研组提供了该村的村规民约，现介绍如下：

（一）社会治安

第一条　每个村民都要学法、知法、守法，自觉地维护法律的权威和尊严，同一切违法犯罪行为作斗争。

第二条　村民之间应团结友爱，和睦相处，不打架斗殴，不酗酒滋事，严禁侮辱、诽谤他人，严禁造谣惑众、拨弄是非。

第三条　自觉维护社会秩序和公共安全，不扰乱公共秩序，不阻碍公务人员执行公务。

第四条　严禁偷盗、敲诈、哄抢国家、集体、个人财物，严禁赌博，严禁替罪犯隐藏赃物。

第五条　严禁非法生产、运输、储存和买卖爆炸物品；生产、销售烟火、爆竹和购置各种枪支，须经公安机关批

准；捡拾枪支弹药、爆炸危险物品后，要及时上缴公安机关。

第六条 爱护公共财产，不得损坏水利、交通、供电、生产等公共设施，不得任意在居民区内安装噪声大的机械，如粉碎机等。

第七条 不得在公路上打场晒粮、挖沟开渠、堆积粪土、摆摊设点，不得以任何理由妨碍交通秩序。

第八条 不制作、出售、传播淫秽物品，不调戏妇女，遵守社会公德。

第九条 严禁非法限制他人人身自由，或者非法侵犯他人住宅，不准隐匿、毁弃、私拆他人邮件。

第十条 严禁私自砍伐国家、集体或他人的林木，不准在村附近或田边路旁乱挖土，严禁损害庄稼、瓜果及其他农作物，严禁牛羊啃青。

第十一条 严格用水、用电管理，不经批准，不准私自安装用水用电设施，要切实爱护水电设施，节约用水用电，严禁偷水偷电。

第十二条 认真遵守户口管理规定，出生、死亡要及时申报和注销；外来人员需要在本村短期居留的，应向村治保汇报办理临时手续。

第十三条 对违反上述社会治巡条款者，按以下办法处理：

（1）触犯法律法规的，报送司法机关处理。

（2）情节严重，但尚未触犯刑法和治安处罚条例的，由村委会批评、教育外，酌情罚款。

（二）村风民俗

第十四条　提倡社会主义精神文明，移风易俗，反对封建迷信及其他不文明行为，树立良好的社会风尚。

第十五条　喜事新办，不铺张浪费；丧事从俭，不搞陈规旧俗。

第十六条　不请神弄鬼，不算卦相面，不看风水，不听、看、传迷信和淫秽的书刊、音像。

第十七条　建立正常的人际关系，不搞宗派和宗族活动。

第十八条　搞好公共卫生和村容整洁，不随地倒垃圾、秽物；修房盖屋余下的垃圾碎片及时清理，柴草、粪土按指定地点堆放。

（1）各村民小组定期和不定期组织开展环境卫生大扫除。农户每周也要进行一次房前屋后的卫生清扫，清除边角垃圾、阴沟污泥，打扫厕所，进行经常性的消毒灭菌。消灭老鼠、苍蝇、蚊子、臭虫等病媒生物。

（2）村、寨内主要路面应保持清洁干净，排水设施应完好通畅。严禁向排水设施或厕所内乱倒垃圾、乱扔杂物。

（3）主要路面两侧应整洁、干净、无杂草。严禁向道路两侧乱倒垃圾、粪便，乱排乱泼污水，乱放乱堆柴草、砂石，不乱贴乱画。

（4）生活垃圾、非生活垃圾的堆放应设有固定的垃圾堆放地点，便于集中处理、焚烧。坚持做到垃圾日产日清。

（5）家畜、家禽实行圈养，不随意或违章放养。

（6）每周一进行一次义务清扫活动。

第十九条　服从村镇建房规划，不扩占，不超高，搬

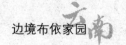

迁拆迁不提过分要求；拆旧翻新须经村委会批准，统一安排，不准擅自动工。

第二十条 违反上述规定的给予批评教育，写出检讨书，情节较重的加以罚款。

（三）相邻关系

第二十一条 村民之间要相互尊重，相互理解，相互帮助，和睦相处，建立良好的相邻关系。

第二十二条 在经营、生活、借贷、社会交往过程中，应遵循平等、自愿、互利的原则，在生产过程中，自觉服从村委会安排，不争水、争电、争农具，不随意更换、移动地界标志；发扬共产主义风格，小事不斤斤计较。

第二十三条 依法使用宅基地，老宅基要尊重历史状况，新宅基严格按村、镇规划执行，不得损害整体规划和四邻利益。

第二十四条 村民饲养的动物、家畜对他人造成损害的，动物饲养人或管理人负经济责任；没有或限制行为能力的人给他人造成损害的，监护人应负经济责任。

第二十五条 邻里发生纠纷，能自行调解的自行调解处理，不能自行处理的要依靠组织解决，不能仗势欺人，强加他人。对不听劝阻制造纠纷的当事人，情节轻微的予以教育，造成人身或财产损坏的，必须承担医疗费用。返还或修理、重作、更换被损害的财物，并按实际损失的两倍以上进行罚款。

（四）婚姻家庭

第二十六条 全村村民要遵循婚姻自由、男女平等、一夫一妻、尊老爱幼的原则，建立团结和睦的新家庭。

第二十七条　婚姻大事由本人做主，反对他人包办干涉，不借婚姻索取财物。

第二十八条　自觉做到计划生育，晚婚晚育。

第二十九条　夫妻双方在家庭中的地位平等，反对男尊女卑，不准打骂妻子，夫妻双方共同承担家务劳动，共同管理家庭财产。

第三十条　对丧失劳动能力、无固定收入的老人，其子女必须尽赡养义务，保证老人每人每年 400 斤口粮、200 元零花钱、两套衣服，生病就医、生活服务由子女负担或承担费用。

第三十一条　父母、继父母承担未成年或无生活能力子女的抚养教育。不准虐待病残儿、继子女和收养的子女，不准使小学生辍学。

第三十二条　对父母的遗产，男女有平等的继承权。

第三十三条　本村村规民约经村民代表二零零七年四月三十日讨论通过，即日起生效施行。

二　财务制度

2008 年 8 月，老汪山村委会负责人村支书袁美贵、村主任陆成昆、副主任罗永金（以及红河学院驻村新农村指导员党晓军）给我们调研组提供了该村的财务制度情况，现介绍如下：

老汪山村财务公开制度

（1）为了加强本村集体资产、资金的管理，坚持自力更生、勤俭办事业的原则，切实做到财务工作民主化、制度化和规范化，健全完善村务公开和民主管理，结合本村实际，制定本制度。

（2）财务管理实行村务公开和民主管理制度。

（3）接受上级和本村干部、群众的村务公开和民主管理工作的指导监督。

（4）配备财务负责人，村委会大小会议、外出办事等开支，由村委会主任负责签名，村总支书记审核，副主任管理账目，武装助理管理财务。

（5）从上级划拨给村委会和小组的各种建设资金，按一账一单入账，按一账一单开支，做到账目清楚。

（6）大力推行财务公开制度，每半年将本村委会的财务收支情况向全村通报或张榜公布，增加财务收支透明度，真正使财务在阳光下运作。

第四节　社会治安

老汪山村地处边疆，村内民族众多。解放以前，土匪猖獗，社会治安极差，各族人民渴望安居乐业。改革以来，既要富裕又要平安成为老汪山各族人民的共识。多年来，老汪山村两委班子带领全村各族人民，认真抓好社会治安综合治理工作，创建和谐社会，使布依族等各族人民的生产生活得到健康稳步的发展。

2007年，桥头乡党委、政府与老汪山村签订《社会治安综合治理目标责任书》，村两委班子更是把此项工作摆在重要议事日程上，及时召开16个村民小组群众大会，认真安排部署，进行宣传教育，使广大干部群众提高了社会治安综合治理工作防范思想的认识。

为响应乡党委的号召，老汪山村提出创建"平安村寨"的目标，本着"以人为本、统筹兼顾、标本兼治、协力推进"的原则，科学筹划，深入落实，切实加强组织领导，强化平安创建保障，坚持"打防结合、预防为主"的方针，严厉打击和防范控制犯罪，强化社会公共安全监督管理，全力维护社会政治经济秩序稳定。

调研组在采访过程中，明显能感觉到老汪山村人们的热情、邻里关系的和睦、民族之间的团结、社会的稳定，人们外出不锁门也不会发生失窃事件，俨然给人一种世外桃源的感觉。陪同我们的陆成昆告诉我们，当地民风原本就很淳朴，再加上正确的引导和管理，各种违法事件很少发生。即便有一些事件发生，也是由于人们意识不到那触犯法律，只要加以教育，很快就可以杜绝。为防患于未然，村委会做了大量的工作，确保"平安村寨"目标的实现。

一 老汪山村"平安村寨"措施

（一）建立健全创建工作机构，统一思想，达成共识

村党总支、村委会结合县、乡平安创建工作有关精神，围绕"平安村寨"建设这一主题，专题研究平安创建工作部署，出台《创建"平安村寨"实施意见》，制订本年度工作计划，建立由村党总支书记任组长，村主任任副组长，村副主任、武装助理、计生宣传员、人民调解员为成员的"平安村寨"创建领导小组，并落实责任到人，确保经费到位。2007年6月20日，召开创建"平安村寨"动员大会，传达了乡党委创建"平安桥头"的精神，明确创建工作的

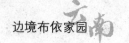

指导思想、工作目标和重点内容。同时采取横幅标语、宣传栏等多种形式，开展有分量、有深度、有重点的宣传工作。把村委会全体同志、村干部以及广大群众的思想统一到创建"平安村寨"工作中。

（二）高点定位，确定创建目标

自平安创建活动开始后，党总支、村委会就决心从低点起步，按照分类指导、分步实施的原则和"强化基层、落实责任"的工作方针，从创建的基础抓起，对照创建标准，比照创建目标，全力创建，全民创建，确定"平安村寨"创建目标为：通过创建，使老汪山村社会更加稳定、经济更加繁荣协调、政治更加安定团结、生活更加文明安康，成为稳定、安全、文明的村寨。

（三）有序推进，突出创建重点

平安创建活动开展以来，紧紧围绕创建指标，排难点，查症结，找问题，保证社会治安综合治理、劳动安全生产、便民服务机制等重点工作的落实，使各项工作有序推进，取得了显著成绩。主要是：

1. 加强社会治安综合治理，营造良好的治安环境

（1）强化不稳定因素的排查和矛盾调解工作。

（2）建立健全打击和防控机制。

（3）健全特殊群体管理机制。

（4）努力开展禁毒工作。

（5）深入开展普法教育工作。

2. 加强社会公共安全管理，营造正常的生产生活秩序

（1）认真落实对出租房的整改措施。针对老汪山村有出租房存在安全隐患的实际情况，把安全生产工作重点切实转到隐患整改上。一是对存在隐患不整改的租赁户，由村治保会采取坚决措施，确保整改到位；二是对存在隐患的出租房，村治保会向房东发放"禁止出租"的通知书，做好出租户的思想工作。

（2）完善公共卫生等突发事件应急预案。一是建立健全由20多人组成的反应快速、运转高效的民兵应急小分队，切实提高应对突发事件的能力。二是加强公共卫生建设，抓好公共卫生服务网络建设，建立传染病防治、食物中毒等的预警和长效机制，做好禽流感、畜牧5号病、狂犬病等重大传染性疾病的防治工作。并投入大量资金，积极开展灭鼠、灭蟑、灭蝇等爱国卫生运动。三是坚持"谁主办、谁负责，谁审批、谁监管"的原则，加强了对重大节庆活动、民间活动的安全管理，落实各类活动的安全责任和防范措施，确保万无一失。

3. 加强为民服务机制建设，营造亲民的民主政治氛围

（1）着力解决问题，为群众谋取利益。一是牢固树立"群众利益无小事"的观念，建立农村"五保"对象（老苏箐村民小组80岁以上女性老人）的生活起居制度并狠抓落实。二是继续开展为民谋利的参与工程、让利工程、基础工程、示范工程、爱心工程"五大工程"，开展多种形式的扶贫帮困活动，切实关心和保护弱势群体、困难群众的利益。

（2）依法治理，完善各类规章制度。

二 巩固创建成果的下一步措施

下一步，将以"富我村百姓，保我村平安"为己任，

不断创新工作思路，提升创建理念，突破创建难点。

第一，加大宣传造势的力度。利用各种宣传载体，齐抓共建，营造"全民创建"的氛围，不断扩大平安创建的覆盖面。

第二，加快构建平安创建的长效机制建设。

第三，加强平安创建的实战队伍建设。

第三章　经济

第一节　村寨经济

一　阶段划分

1. 1949 年以前

清嘉庆初年，布依族从贵州迁入云南开化府（今文山州）辖地逢春里杨茂松一带居住，已经进入地主经济制，政治是府、里、甲制。当时杨茂松的地名为"云南省开化府逢春里下四甲腊哈杨茂松"。地租分固定租、活租两种。固定租即租田地时将交租额说定，无论是丰年歉年都必须如数交够。另一种称"平半分"，由出租土地方和承租土地方经过自愿协商，由承租方提供种子、肥料等并耕种该土地，当年所收获的粮食双方平分。有大牲畜的农户只占百分之五十左右。到了春季，无牲畜的农户都去帮富裕户做工，劳动报酬以粮食为价，劳动一天得玉米或稻谷 1～2 斤。待有大牲畜的农户播种完才去租牛耕种，如错过最佳节令，收入会很微薄。1948 年，布依族的人均口粮只有 150 千克，加之国民党税收名目繁多，有征兵谷、学校谷、运弹谷、乡丁谷、飞机谷、客机谷等。有许多贫困户过日子是半年

糠菜半年粮，衣不遮体，食不饱腹。为避抓兵派款，有的迁往越南，有80%的布依族都住草房，只有20%的人家住瓦房。经济来源靠卖工，卖鸡，卖甘蔗、红糖，别无其他出路。①

2. 1949 年以后

河口县于 1949 年 12 月 25 日解放，1950 年 1 月 1 日建立新的人民政权。但新政权面临新的考验，经过 1950 ～ 1953 年春的平息土匪暴动、镇压反革命、剿匪，河口县境内的社会秩序基本稳定。1950 年到 1954 年 11 月，河口市召开过 10 次各族各界代表会议，每一届都有布依族代表参加，不少布依族人士担任过政协委员，河口市共培养民族干部 596 人，其中布依族 17 人。

河口是边境县，又是少数民族地区，当时汉族仅占总人口的 18.2%，少数民族占 81.8%。为了迅速发展生产，党和人民政府在经济上给了各族人民大力支持，1950 年发放了耕牛、生猪、农具、种子等方面的物资或贷款，发放救济款 4 万元，对特困户还救济大米和衣服。布依族也和其他民族一样得到国家贷款和救济款。1952 年 6 月，民族贸易公司成立，由民族贸易公司组织马班队运输农具、棉花、丝线、食盐、种子等生产生活资料供应农民，当时有三个布依族人第一批进入供销社工作。县委和县政府还号召组织变工组、互助组兴修水利，首批在布依族寨修建了 5 公里的水渠，有数百亩稻田受益至今，促进了农业的发展。1953年，布依族的人均口粮达 200 千克。

---

① 云南民族学会布依学研究委员会河口瑶族自治县民族事务局编著《云南河口布依族文化》，昆明：云南民族出版社，2007，第 101 页。

1955 年实行和平协商土地改革，土改时首先召开民族头人、开明地主座谈会协商，再召开各族各界人民代表大会，建立土改委员会，培训土改工作队，建立基层政权和武装，划清阶级界限，收回土地，废除高利贷和剥削制度，然后解决土地定亩、评产、分配问题。1956 年成立合作社，合作社以自然村为单位，设社长、副社长、会计、出纳。实行统一劳动、统一生产、统一实行评工记分。现金和粮食按工分分配，生活水平比新中国成立前有所提高，缺粮户也大大减少。1956 年，布依族人均有粮 270 千克，经济收入每个劳动日 0.30 元。但由于 1958 年的生产大跃进，实行一平二调，瞎指挥，虚报浮夸，又出现普遍缺粮现象，1961 年中央调整政策，形势有很大好转。后来开展"文化大革命"，天天搞批斗，停工"闹革命"，又出现缺粮现象。

1978 年 12 月，中央召开十一届三中全会，全面纠正了"文化大革命"及其以前的"左"倾错误，批判了"两个凡是"，作出了把工作重点转移到社会主义现代化建设上的决定，提出了要解决好国民经济比例严重失调的问题。1980 年，河口县实行农业联产承包责任制，将土地、产量、公余粮承包到户，大大促进了农业生产的发展，基本消灭了缺粮户，富余劳动力都外出打工。出现了万斤粮户、种植户、运输户、万元户，生活水平大大提高。在农业方面，实行科学种田，推广种植杂交稻、杂交玉米，水稻产量由原来的亩产 150～200 千克提高到 300～400 千克，玉米由原来的亩产 150～200 千克提高到 200～250 千克，有的农户种一年粮够吃两年。但各农户经济收入落差很大，有的农户人均年收入达 2000 元以上，有的农户人均年收入仅有 200

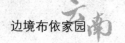

元。1999 年以后，实行产业结构调整，由原来的单纯种粮食，改为重点抓经济收入。有的专养猪、有的专养鸡。有的青壮年实行季节性打工，将粮食种下就去打工，留守老人在家管理，粮食成熟回家收割。有部分布依族人因离不开家，就在本寨内或附近的村寨打工，把自己的庄稼播种完，就去给他户做农业工，犁田耙地插秧，每天工钱 10～20 元，甚至包工每天可收入 40～50 元。还有部分富余劳动力长年在外打工，一年回家一次，有的两三年才回家一次。根据 2005 年的统计，桥头乡以老汪山村为主有布依族 460户 2075 人，1075 个劳动力。做生意的有 12 户，占总农户的 2.6%。专种橡胶的有 12 户，专种香蕉的有 19 户，专种菜的有 7 户，专养猪的有 4 户。如村民陆成定酿酒养猪，生猪每年出栏达 60 头，纯收入 1 万多元。外出打工的 282 人，占总劳动力的 26%。其中到省外打工的 68 人，占打工人数的 24.1%，在省内打工的 214 人（其中在本村打工的有 50人）。在布依族农户中有农用车 4 辆，微型车 1 辆，港田车4 辆，拖拉机 1 台，摩托车 38 辆，电视机 200 台。该村委会内布依族农户收入高的村寨年人均收入 1254 元，最低的村寨年人均收入 700 元，中等村寨年人均收入 800 多元。①

二 种植业

老汪山村属于河口县一个典型的多民族杂居的山区。农村经济仍然是传统以种、养为主的农业经济。老汪山村16 个自然村山高坡陡，平均海拔 1100 米，属温凉的南亚热带季雨林立体气候，山地土壤多为棕壤、黄壤，土地深厚，

———————

① 《云南河口布依族文化》，第 102～103 页。

肥力中等。有耕地面积 2948 亩，人均耕地面积 1.37 亩，种植的农作物有水稻、玉米、洋芋、蚕豆、大豆等，也适于八角、杉树、板栗、水果等多种经济林果生长。虽然资源丰富，但长期以来，农业耕种方式原始，生产力水平低下，广种薄收、粗放经营是农民的主要生产方式，农业产出无法满足人民的温饱需求。改革开放以来，农村经济有了一定的发展，2007 年，全村粮食产量 950 吨，农民人均有粮470 千克。[①]

1986 年老汪山村增种八角 43958 株、砂仁 2330 株、三七 778100 株、草果 110490 株、肉桂 472 株、杉树 97608株、香蕉 13593 株等，该村种植业初具规模，为发展农村商品经济打下了基础。三七种植专业户罗福平由于采用科学管理方法，变成年收入万元的富裕户。近年来，按照"因地制宜，突出特色，力求一村一品"的工作思路，各村结合实际，积极发展特色产业。老汪山的柑橘种植也正以村民小组为主进行推广，另外村民小组尝试发展甘蔗及茶叶种植也初见成效。

1. 粮食品种

该村委会内粮食的传统品种主要有水稻、玉米、小红米、绿谷。水稻有小白谷、大白谷、红谷、蚂蚱谷、绿毛谷、东京谷、团糯、酒糯、紫糯、黄糯等。水稻耕作方法：犁耙两道；种白水秧，薅一道，芟一次田埂草。玉米的品种有黄玉、白玉、紫玉、乌玉、红玉等。耕作方法粗放，耙薅一道，施农家肥，薅两道。

20 世纪 80 年代以后，全县推广杂交水稻、杂交玉米。

---

① 相关数字来自老汪山村党支部发展规划和农民的访谈。

杂交稻产量高、耐肥、株矮不倒伏，颇受布依族农民欢迎，其品种有汕优22、63等十多种。杂交玉米有兴黄单、屏单4号、屏单5号等，亩产200～250千克。余粮户占80%，基本消除了缺粮户。

2. 甘蔗与柑橘

该村委会内的传统甘蔗有脆皮和黄皮两种，都属于水果甘蔗。

近几年，各村民小组涌现出专业户并产生明显的示范效益。老汪山村河头小组甘蔗种植示范作用明显，全村18户2006年甘蔗产量近千吨，户年均收入1.5万元。[①] 老汪山村坪子寨某王姓村民种植柑橘致富事迹作为发挥党员模范作用的典范在村民中已是广为人知。

3. 茶叶

案例3－1 茶叶栽种余加工

1978年，老汪山村在县人民政府的资助下，办起全县第一个茶叶种植场栽培茶叶，从1979年开始在市场上出售毛茶。随后又购置了揉茶机、粉碎机、青料机等设备，但之后连遇干旱，加之经营管理不善，收入连年下降。实行家庭承包责任制后，茶场包给社员，经营稍有起色，但茶叶价格猛跌，承包者无利可图还亏本，种茶、制茶积极性锐减。后茶场关闭。

此外，2007年3月至2008年初红河学院驻老汪山新农村指导员党晓军依托派出单位红河学院的专业技术优势，在村子里开展了发展茶叶种植产业化的调研，并针对现有

---

① 相关资料均来自对村民的访谈的整理数据。

农户技术工艺水平不高的情况拟由红河学院提供专业技术人员进行指导，目前此项工作正在进行之中。

三 畜牧业

该村委会内的畜牧业依然是传统的一家一户的养殖模式，一般经济条件较好的村民都会饲养一头水牛或者一匹马，作为山区生产生活中的耕牛或者运输工具；如果繁殖出小水牛或者小马，在适当的时候会转让或者出售，以贴补家用；作为商品饲养和出售的主要是猪和鸡鸭等，一般在逢年过节时自家杀吃，或者在集市上出售，所获得的钱一般用来贴补家用，或者储蓄起来以备大用急用。这种分散的小规模的养殖模式，只能养家，不能致富。近年来，当地政府组织农民发展养殖业，许多村民开始进行规模养殖，主要养殖鸡、鸭，并初步形成效益。

案例3－2 老汪山村坪子寨村民陆成林经济状况

陆成林，男，45岁，小学学历，已婚，现有家庭成员6人，9亩地，100平方米的瓦房。60年代聘礼与嫁妆实物为给女方家钱物，领进家门即可办婚礼。收入来源：种植3400元，养殖5000元。支出：食品200元，衣服400元。农作物年收入：稻谷4000斤，玉米3400斤。经济作物：种植松树700棵，八角200棵，养猪1头，用于自食，收入200元，养马一匹、牛一头在生产生活中自用。电视一台，支出1500元。

四 加工业

老汪山村村委会内的不少村民还记得传统的土法制糖方法——木榨，他们给我们调研组作了一些讲述，现简介

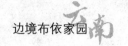
如下（该方法早已废弃）。

木榨指榨甘蔗汁时使用的木制工具。1957年以前的木榨属私人财产，小的村寨有一通，大的村寨有两通。1957年成立高级社全部折价入社。过去只有那些富裕户才有木榨。制作时要请木匠师傅，选择相当坚硬的巨树制作，树价和工价都比较高。一通木榨的全部构造分为主榨、副榨、榨齿、榨桩、榨方、榨杆，以挤压的方式榨甘蔗汁。榨甘蔗时要用大犍牛拉，一般的小个子牛和母牛拉不动。

木榨的安装：平约30平方米一块场地，在场中掘4个土洞，将榨柱插入土洞固定，下榨方锁稳，主副榨合拢置于下榨方之上固定，又将上榨方卡榨头，上紧楔子。又把榨杆夹在主榨头，榨杆的另一端担于牛脖上，榨的下端距地面20厘米处安置接水板和竹槽。牛拉主榨时，主榨齿扳动副榨齿，主榨和副榨同时滚动，将甘蔗挤压出汁。汁水往下流经竹槽进入木缸内。

红糖土制法：蔗水经过滤，舀入大铁锅内。糖灶是一条龙的土灶，灶上有五个眼，置五口铁锅，五口锅同时烧。汁水舀入锅内加火烧沸，将杂质、沫子除尽后，继续烧猛火，将汁水中的水分蒸发，剩下黏稠的糖液，放适量香油，搅匀后舀入糖桶中用棍棒不停地搅动，使糖液变沙状，舀入垫有叶子的糖碗中，冷却后即为红糖。

糖房：建在甘蔗地旁，为竹木草结构，使用面积约有20平方米，内设糖灶、行道槽、糖桌、糖碗、糖桶等，每天可生产120～150千克红糖。由于时代的发展，20世纪80年代出现机榨，逐步取消木榨，21世纪以后木榨全部被淘汰。①

---

① 《云南河口布依族文化》，第107页。

第二节 耕作农具与技术

老汪山村经济发展相对落后，是红河州的一个集山区、边疆、少数民族三位一体的农村，农业耕地少、林地荒坡面积占全村总面积的大部分。这样，山地不仅成为绝大多数农民的基本生存空间，而且也是其农事活动赖以进行的基本作业空间。由于山区交通不便、通信困难、能源短缺、耕地少、坡度大、农田基础设施差，直至今天，当地农民的耕作农具与技术仍然以传统农具和技术为主。

一 传统农具

在传统的稻田农耕过程中，老汪山村的村民使用的农具主要有如下几种。

木犁：取耐腐蚀、韧性好、变形性小的木料制作。木犁的构造分为犁杆、犁柱、夹千、木闩、犁板、犁铧、牛打脚、牛千斤等。犁杆长 133 厘米，犁柱长 133 厘米，夹千长 66 厘米，牛打脚长 50 厘米，牛千斤长 30 厘米。

木耙：分踩耙、手耙两种。踩耙使用时有人站于耙上，牛在前拖。结构分为耙方、耙头、耙齿。前耙方长 90 厘米，后耙方长 100 厘米，耙头长 80 厘米，耙齿长 22 厘米。前耙方安齿 7 颗，后耙方安齿 8 颗，用于耙旱地泥饼土团和水田。手耙使用时两手扶，牛在前拖。手耙由撑杆、滚筒、耙手、耙齿组成。扶手长 90 厘米，撑杆长 100 厘米，滚筒长 110 厘米，耙手长 45 厘米，耙齿长 24 厘米，用于耙水田插秧。

弯刀：弯刀又称剽刀，刀叶长 30 厘米，刀柄长 70 厘

米，用于剽草、开荒。

镰刀：为半圆形，无统一规格，刀叶有大有小，刀柄有长有短。一般刀叶长 15 厘米，刀薄而窄；刀柄长 20 厘米。用于刈割水稻和旱稻。

锯镰：收割谷子用，长约 10 厘米，刀口带齿，只锯割谷穗。

摘刀：体积小，长 10 厘米，宽 8 厘米，刀背有孔穿绳，用时将刀捏在手中，刀绳子套于手指，用于割猪草、红米穗、谷穗。

此外，加工农具还有水碓、木碓、石碓、石磨、杵臼（有木与石两种）、风车、簸箕、箕垫等，以及其他旱地耕作的锄头（板楚）、砍刀等，本文暂不作介绍。①

二　现代技术的采用

近年来，为了在新农村建设中寻找新的经济增长点，提高群众收入，桥头乡政府提出了新的发展思路：以市场为导向，农林牧为基础，科技为先导，以提高农业综合生产力为重点，以增加农民收入为出发点和落脚点，合理调整农业产业结构，促进全村社会经济的全面发展。

1. 培训

据桥头乡政府的农业技术推广服务中心主任胡原鸿、副主任吕选国等人介绍，县农业技术推广与培训中心在有了项目和资金以后，一般会主动与乡联系，每年都会举办 2~3 次培训，通知乡里具体的培训内容、时间、人数规模等，由乡负责通知农民，培训地点一般选在老汪山村的拉基寨，每次培训 1~2 个小时，先后培训过的主要内容有甘

---

① 《云南河口布依族文化》，第 106 页。

蔗培训、蜜本南瓜培训、稻病虫防治等。

由河口县农业局负责举办了多次栽种甘蔗的蔗农培训，乡农业技术推广站给予了积极的协作，主要针对老汪山村民，培训了38人，取得较好的效果，有助于老汪山村民发展甘蔗种植与产业化。

2008年7月中旬，栽种柑橘受冰冻害后的老汪山村农民主动提出接受由河口县农业局负责举办的栽种柑橘种植培训，乡农业技术推广站给予了积极的协作，负责通知老汪山村栽种柑橘的农民参加，杨永寿、罗天成、王林卫等38人接受培训。

此外，桥头乡培训示范点一般设在老汪山村，因为老汪山村距离乡政府近，便于管理，群众积极性高，县、乡两级培训机构相继在老汪山村举办了茶叶、柑橘、包谷种植、冬季农业开发等内容的培训，冬季的蔬菜取得了较好的经济效益，包谷培训的新品种，如建水"兴黄单"、"禾王"、贵州"兴黄单"等，农民在栽种之后产量大大提高，农民得到了实惠。

2. 案例

案例3-3 县科技局在桥头乡的示范

县科技局引入河口县绿健农业科技有限公司到该乡发展种桑养蚕示范。公司从2008年2月份开始，在桥头乡投入资金20万元，扶持示范户65户，现已初见成效。老汪山村的气候、土壤条件非常适宜该项目的发展，目前，该村已有数户农户开始进行示范性的种桑养蚕。以示范户沈兴祥家测算，到年底每亩桑苗和蚕茧销售收入可达到1500元，当年可收回全部投资。

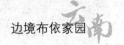

第三节　农业发展中存在的问题

一　农业综合开发和规模开发的空间狭小

由于文化素质太低，老汪山村的绝大多数务农者科技意识淡薄，接受、运用、推广科技知识的能力很差，科技观念落后，致使本已困窘的山区农业生产后劲严重不足，大大缩小了农业综合开发的空间，对土地的使用只能是传统的、粗放的、单一的低效经营。土地联产承包虽然在一定程度上解放了生产力，但这解放的只是农民个人简单的手工操作的生产力，是小农经济、低层次的生产力。农村生产力的更大解放，务必要实现由一家一户的经营转变为规模经营。然而，传统农业的发展一直把土地视为纯粹的生产资料，限制了土地的流转。在老汪山，大量低素质的农民视土、守土如命，将生存的主要希望寄托在土地上，能够完全脱离土地，靠外出打工等劳务活动，靠做生意等商业活动，靠农产品加工、饮食服务等第三产业的经营活动去生存发展的农户太少，因而为规模开发提供出来的土地十分有限。富余出来的土地太少，土地重新自发组合的空间太小，就必然缺乏刺激农户规模种植、改变产业结构调整的因素，这造成两个难题：第一，种粮专业户太少。在460户中，以种粮为发展之本、除了种好自己的承包田还租种别人的田地者太少；年产稻谷近5000公斤、可以称得上种粮专业户的只有1户。第二，改变产业结构太难。在16个自然村中，部分村民开始种植橡胶和蔬菜，却没有一块规模化的效益良好的种植园，许多农民连最起码的嫁接技术都不会，更谈不上经济树种的栽培与管理。有些农民栽种了一些橡胶树，不仅栽得疏密不当，而且不会改良品质，处在纯"自然"化生长的状态，根本见不到效益。高层次、高效益的创新型的不受企业或老板决定命运的产业结构调整几乎为零。许多农户只能实施顺应大流的命运掌握在企业或老板手中的高风险结构调整，如栽甘蔗、木薯、芭蕉芋等，但达到规模化的也不多。在 460 户中，专门从事甘蔗、香蕉和蔬菜种植者仅有 38 户，占农户的 8.3%。就这样，广大农民依赖于土地，又无法综合利用好土地，年复一年地重复着务农的单调、劳苦、贫穷，阻碍着新型农业生产力的发展。

二 农业增收和农民改善生活的难度大

粗放地养殖少量鸡、鸭、猪、牛、马等禽类和畜牧类，理应是农民最基本的能力素质，也是每个家庭生产、生活、生存所必需。然而，在老汪山村一些农户连这点能力都没有。在 460 户中，只有很少的农户养了牛，养马的农户更少，16 个自然村养猪专业户仅 4 户。更令人费解的是有 100 多户农户什么都没有饲养，其他的是饲养了少量家禽的不良饲养户。这些无饲养户和不良饲养户全靠山地里辛苦种植出来的那点粮食度日，家境贫寒，生活困苦不堪。我们问个别不饲养畜禽的农民："为什么不养点猪、牛、鸡？"这个农民回答得很直白也很无奈："不会养，养也养不活。"简单回答的背后，是深沉的低素质的无奈。一个农民家庭，连猪鸡鸭牛马等喘气的动物都没有，还能指望什么？近年来，河口县政府在当地鼓励农民种植茶叶、烤烟、菌子，推广优质杂交水稻，以增加农民收入，改善农民生活状况，

但由于农民知识的缺失、科技素质的低下，结果却是产量低、质量差、效益不高。生活的过度贫困又造成营养不良，羸病缠身，劳动能力下降，进一步加剧贫困。真是素质越低越贫穷。穷者益穷，这是一个难以挣脱的由低素质构成的贫穷的怪圈。图3－1为农贸集市上的情景。

图3－1　农贸集市上猫狗市交易一角

三　发展的回旋空间太小

农民发展的回旋空间，在很大程度上靠的是一技之长。全村劳动力中，从事农业生产的人员1044人，占97.1%；从事商业和餐饮业的16人，占1.5%；从事运输业的9人，占0.8%；从事加工业的6人，占0.6%。

由于文化素质低下，老汪山村大多数农民缺乏一技之长，只能依赖那点田地，减少了更多生存、致富、发展的渠道。虽有部分农民走出大山去打工，但由于缺少一技之长，劳动竞争力差，只能从事苦、累、重、险、脏的体力活，主要集中在建筑业、工业、餐饮业等行业中，又造成竞争激烈，工资水平低下，生活水平难以得到提高。

四　农业将后继无人

老汪山村是以布依族为主各少数民族共同的家园。生长在这块土地上的人们世世代代用自己辛勤的劳动耕耘着脚下的农田，而如今，青壮年劳动力纷纷摆脱务农另谋生路，农业发展面临后继无人的困境。

没有一流的农民，就不会有一流的农业和农村。在发达地区，农民的科学文化、技术水平、生产实践经验和技能都很高，硕士、博士从事农业生产的也不在少数，一旦新技术出现，就千方百计地去争取、吸收、消化，将技术转化为直接生产力。而在老汪山村，由于山区条件较为艰苦，传统农业利润又较小，山区有一定知识和文化的青壮年纷纷到山外务工，留在山区的农民普遍素质较为低下且年龄偏大，接受和应用新技术的能力较差。在 1075 名劳动力中，外出打工的有 282 人，占总劳动力的 26%。可从岁数和体力上看，这 26% 却集中了农村劳动力的绝大部分精华。打工者平均年龄只有 26.3 岁，可务农者平均年龄竟高达 44 岁。有相当一部分家庭的务农者年龄都在 50 岁、60 岁以上，甚至高达 70 岁以上，日益暴露出体力不支、力不从心的状况。绝大部分初中毕业的年轻人刚走出校门就进城务工，很多人都没有去过自家的承包田，甚至自家的承包田在何处都不知道，挖田、栽秧等消耗体力的劳动，就更不敢奢望了。高中生、大专生、大学本科生就更不用说了。

孩子读书是现代教育发展和社会进步的标志。读书人

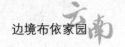

不种田，似乎成为现代农村的一种时尚、一种势不可挡的潮流。一个村委会就有 282 人的庞大的青壮年打工队伍，这让我们惊讶地看到农村的年轻人正在疯狂地放弃务农，离开农村。这些人由于走出校门就弃农而去，无论从理念上，还是从体魄、技能上，以后都无法成为农业的接班人。通过教育使农村人口大量向城镇转移，向非农转移，这是减少农村发展压力、实现农村小康社会建设的必由之路，但农村人口的去留须有一个协调的比率。目前这个比率严重地不协调。正因如此，田地里由于没有年富力强者的接替，更缺少掌握知识的高素质农民，许多家庭早已劳苦不堪，部分田地开始放荒，无人耕种。这样下去，要不了几年，农业后继无人的矛盾就会凸显出来。

五　生产的路途艰辛

老汪山村交通道路纵横交错，16 个村民小组中只有 12 个通公路。从村委会到乡政府所在地有 3.5 公里柏油路，通往县城有 75 公里的柏油路，通往村民小组的乡村公路均为土路，总里程为 23 公里。除少数几个自然村靠近公路，与外界联系比较便利外，其余的都分散在半山腰上，与外界相通的道路是泥巴路、砂石路，一遇大雨就被冲毁，给农民的出行和运输带来了极大的不便，严重制约了他们的生产和运输活动。

毋庸置疑，在尚未实现现代化的情况下，农业生产劳动肯定是艰辛的，"粒粒皆辛苦"的现实是难以改变的。然而，河口南部山区里的务农者，不仅要承受着生产本身的艰辛，还要承受着路途的艰辛，他们处在双重的艰难困苦之中。人住山头，田地在山脚，山头和山脚之间尽是几公里甚至十几公里的大坡。早晨下到田里需两个多小时，傍晚返回家中需三个多小时。一天在路上就要消磨四五个小时的时间。劳累了一天，还要爬几公里的大坡，那种汗干力竭的艰辛，那种生命力的消磨，是无法想象的。一天到晚，一年四季，不知多少山里人在山头和山脚之间忍耐着磨难，承受着贫穷，消磨着生命。

道路导致的不只是路途的艰辛，更给劳动成果的搬运带来极大的障碍。四五十岁的男女背着上百斤重的背筐，一步一步地爬坡，这种情景呈现在人们眼前的就是两个字："苦、累!"2007年由于雨水太多，道路泥泞，有的农户的谷子收到家时都已不同程度地发芽或霉变。2008年，我们去调研时，正好遇到雨季，沿途道路泥泞，给我们的调研工作带来了诸多不便。

在农业生产劳动如此艰难、回报又十分微薄的情况下，在人们活动的自由度和空间无限扩大的天地里，许多农民的后代走出农村，将生存、发展的空间选择在务农以外的各行各业，选择在大山以外的都市，就不足为奇了。然而，这样下去农业便埋伏了潜在的危机——后继无人。

第四节　农村低保

一　概况

2006年以前，老汪山村布依族主要是以家庭为主的养老和其他社会职能保障;2007年1月1日以后，国家在农村地区开始实施农村低保的相关政策和措施，实行农村低保分四个层次;老汪山村共计有54户127人获得了农村低保的补助，其中五保户5户5人，每人每月60元;2007年农民

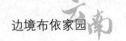

投保 5 元补 5000 元/年, 2008 年投保 10 元补 10000 元/年。

二 具体实施

表 3 – 1 和表 3 – 2 分别说明了老汪山村低保情况和最低生活保障分类情况。

表 3 – 1 桥头苗族壮族乡老汪山村 2008 年 8 月份
农村低保（新）发放名单

序号	姓名	人口	银行账号	每人每月补助（元）	发放金额（元）
1	沈传兴	1	3900001466857889	60	60
2	赵选云	1	3900001466690889	60	60
3	李兴方	1	3900001466692889	60	60
4	王玉光	1	3900001466943889	60	60

表 3 – 2 桥头苗族壮族乡农村居民（老汪山村）
最低生活保障分档分类情况表

户数	人数	分档分类				合计
54	127	25 元	30 元	35 元	60 元	
		71 人	29 人	14 人	13 人	
每月		1775 元	870 元	490 元	780 元	3915 元

资料来源：桥头苗族壮族乡人民政府于 2007 年 6 月 24 日提供。

从表 3 – 1 和表 3 – 2 中我们可以看出，2007 年 6 月，在桥头乡老汪山村布依族农村地区开始具体实施的农村低保分 25 元、30 元、35 元、60 元四个层次，四个层次享受的金额、人数分别为 1775 元/71 人、870 元/29 人、490 元/14 人、780 元/13 人；表 3 – 1 中为五保户 4 户 4 人，每人每月 60 元。

第四章　工艺

第一节　刺绣编织工艺

一　纺织

1949 年以前，布依族一般自己种植棉花自己织布，他们在棉花成熟后，将棉花采摘回家，先把棉花纺成线，再织成棉布。布依族家庭纺织的主要程序有：除棉子、搓棉条、纺棉线、煮棉线、绕棉线包、拉棉线、织布等。纺织需要制作木纺车和土织布机。木纺车拉棉条抽线时，左手摇纺车，在线圈转动时，右手粘棉花条，向后拉扯，使之在旋转过程中逐步变成棉线；随后，右手放松，将棉线绕在线轴线棍上，达到一定长度后，又将线轴线棍的棉线绕在线帮上，同时，另纺线，使之达到自己所需要的数量。煮线时，将线板上的棉线汇总后，用小红米面搅拌成糊状煮棉线，捞起后再将棉线晒干，然后再根据自己的爱好和需要用蓝靛、闷布叶制成染料，将棉线染色晒干，分出经线和纬线，将经线固定在织布机上，纬线绕在线签上，插入梭子里，织出来的布即成为花布。[①]

---

① 《云南河口布依族文化》，第 86 页。

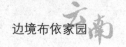
手摇纺车的全部构造分为纺车架、大小轴、大轴辐条、手摇柄、大轴辐条连线、大小轴麻线带、线棍、线签等。织布机全部构造分为机架、坐板、踩板、扣子、梭子、行腔、线筒等，选择硬度好、耐磨耐腐、虫不会蛀的木料制作。中华人民共和国成立后，国家非常重视对少数民族地区的布匹供给，20世纪五六十年代以后，布依族织布的人逐步减少，60年代中期以后，因土法织布效率低，同时，与合作社劳动的用地种植与用工冲突较大，开垦农田、兴修水利、以粮为纲安排种植品种，都由社长按国家的需要掌握和安排，人们按劳动评工记分，年终按总工分分红，妇女没有多余的时间和原料来从事纺织，大多数布依族已基本停止自己纺织，而是购买供销社供应的布匹，以满足生活的需要。70年代以后，土法织布已基本被放弃，布依族一般采用商品交换的方式购买机织布满足生活的需要。

二 服装

（一）童装

儿童在3岁前，服装不分性别，头戴花帽，花帽有帽耳、帽尾，前额钉银制品帽老倌9个，似尖头形人头，帽后缀9个银制帽铃，帽铃有圆铃、鱼铃、瓜米铃3种。帽铃扣在3厘米长的银链上，银链钉在帽上。上穿对襟衣，下穿开裆裤。3岁后，男女童服有别，女童头戴风帽，帽尾较长，前额绣花，左右两侧上有帽耳；身穿斜襟衣，胸挎围腰，围腰上端有耳，圆肩上有布纽，围腰带绣花，下身穿蒙裆裤。3岁的男童，头戴线帽，上身穿对襟衣，下身穿长裤。

（二）青年妇女服装

头包帕，头发编独辫绕在头帕外，耳戴环，称为银耳柱。上身穿斜襟衣，两侧有衣衩，衩深长。颜色多为蓝、绿、粉红、黑色等。衣袖分为大衣袖、小衣袖两段。大衣袖镶 4 种颜色布，与衣服连为整体，小衣袖绣花，绣花图案有 20 余种，小衣袖可拆下，可放长或缩短。胸系花条围腰，围腰上端有花条，围腰左右侧各钉一条带，围腰带宽 5 厘米，长约 67 厘米，围腰带上绣花。使用时将两条带在腰后打结。围腰链有 3 条，同时使用，有 2 条称链，有 1 条称黄鳝骨。两端各有一块围腰牌，使用时挂在颈上，两端围腰牌扣在围腰上。左侧围腰牌缀辉千，辉千由银链、银针铜、挖耳、圆珠、鱼铃等组成。下身着长裤。有的人还在裤脚绣花。手戴镯，手镯有排扣镯、瓦片镯、琨镯、扭丝镯。手指戴戒指一道。结婚之日，新娘穿上述盛装。新郎装为蓝色长袍，衣长至踝关节。此衣仅拜堂时穿，过后收藏至死亡时穿入棺材。

（三）中老年妇女服装

中年妇女服装与青年妇女服装大同小异，只有老年妇女的服装区别大，包尖头，头顶有别簪。耳缀环，衣服颜色较素。围腰无花条，一般只戴一条围腰链（见图 4 - 1、4 - 2）。

（四）男装

新中国成立前，青年男子头缠青色帕，身着自织自染的青布或花格布对襟衣，下身穿青色大裆长裤；老年男装

图 4 - 1　布依族老年妇女　　　图 4 - 2　布依族老年妇女
　　　　　服饰（正面）　　　　　　　　　服饰（背面）

头缠帕，身着斜襟长衣，下身穿长裤。20 世纪 80 年代后，又出现缝制绣花男褂，衣领、胸襟、荷包绣花，穿着较美观。① 目前，大多数男人都穿汉族服装了，我们在桥头乡调研期间，很少见到男性穿布依族传统服饰，就连陪同我们的本地人，也难以从服饰上辨别本地汉族与布依族。

三　挑花刺绣

工艺方面以蜡染（布依语叫"胲典"）和刺绣最为突出，其次是石雕和竹、棕、草的编织，工艺精巧而实用。

河口县桥头乡的布依族妇女善于挑花刺绣，第一类是绣花，主要用于妇女的衣袖、裤脚、围腰、凉鞋、满帮鞋、童帽、女童围腰、背带、摩公龙裙等。仅衣袖花就有大香吊、小香吊、七盘、花瓶、单蝴蝶、双蝴蝶、四蝴蝶、草篮花、大牡丹、剪刀花、竹叶花、银钩花、大葡萄、小葡萄、三葡萄、四葡萄、螃蟹花、小牡丹、木槿

---

① 《云南河口布依族文化》，第 23 ~ 24 页。

花、半丫盒子等 20 多种。凉鞋、满帮鞋的花样较多，基本上是随心所欲，喜欢什么花就绣什么花。背带花的背带由三部分组成，即背带口、背带腰、背带脚。绣的图案有扣花、芽子花、栀子花等多种。衣袖花都是绣在土线布上，过去是用自纺自织的棉土布，绣时无须画图，依经纬线走针，有红、黄、绿、蓝、白等颜色相配，属于刺绣。刺绣品有妇女衣袖花、围腰带花、女童围腰带。第二类是挑花，如妇女的凉鞋、满帮鞋、围腰上的花朵，材料用绸缎、布帛和现代纤维，先画图样后挑花。表 4 - 1 为老汪山村刺绣能手情况。①

表 4 - 1 老汪山村挑花刺绣能手一览表

序号	姓名	性别	出生年月	住址	备注
1	高自英	女	1940	夹马石	2006 年已亡
2	韦应美	女	1956	夹马石	
3	单洪双	女	1954	夹马石	
4	唐开仙	女	1955	夹马石	
5	杨兴秀	女	1944	坪子寨	
6	贺翠娣	女	1942	坪子寨	
7	蓝茂芬	女	1959	马鞍田	
8	张焕应	女	1949	马鞍田	
9	蓝茂花	女	1969	老刘冲	

目前，除中老年妇女和小孩的服饰还保持挑花刺绣的传统工艺外，其他年轻人和男子的服饰基本采用汉族服饰了。

---

① 《云南河口布依族文化》，第 84 页。

四 编织

（一）稻草床垫与草凳

布依族用稻草编织草连子，一般用麻线作经线、稻草作纬线编织，经线的多少根据草连子的宽窄而定，草连子的宽窄根据床的宽窄而定，草连子的主要用途是作床垫。

布依族用稻草编织草凳，他们用稻草先编织 3~5 公分宽窄的草辫子，再把草辫子绕成 25~35 公分高、直径大约 35~40 公分的柱形即可。这种稻草做的草凳，人们在冬天坐着时比较温暖，这是布依族对稻草生态的一种用法。

（二）竹篾用品

布依族将选好的竹子砍好扛回家后，将竹子削去绿色层，破成薄篾，用来编织饭箩、饭盒、甑盖、针线箩、筛子、晒谷篾、米簸、米撮、甑底、篾箱、囤箩、背箩、挑箩、箩筐、竹篓（见图 4-3）、筲箕等①。

图 4-3 布依族用来装猪崽的竹篓

---

① 《云南河口布依族文化》，第 85 页。

布依族还用竹子制作纸伞，他们一般以竹子破成竹篾制作伞的骨架，用纸、桐油做原料，先在纸上画花、鸟、人、禽兽等图案，然后用桐油刷于纸上，绷于伞架上粘稳，待纸干即成花雨伞。现在，随着市场经济的发展，内地先进的雨伞进入布依族生活的地区销售，布依族的花雨伞已无人制作和销售了。

第二节　饮食工艺

河口县桥头乡老汪山村布依族居住在 900~1100 米的海拔地区（有少数居住在 400 米的海拔地区），粮食作物主要有稻谷和玉米，次种六谷、小红米、荞子、高粱，经济作物有甘蔗、黄豆。水稻有十多个品种，主要分粳米和糯米两大类。粳米分为大白谷、小白谷、勐松谷、红谷、蚂蚱谷、长毛谷。糯米有团糯、酒糯、黑糯、采糯等。布依族以大米为主食，喜吃糯食，节日都染糯饭、做粑粑。肉类喜食猪肉、鸡肉、鸭肉、野兽肉、羊肉、狗肉、鱼、虾、蜂等。味喜食酸、甜、香、辣。调料有酸笋、酸汤、酸菜。酸可避暑、消毒、开胃。

一　主食品种及工艺

布依族同本地的其他民族一样主食大米、玉米等。过去传统的大米加工工具有：木碓、碾子、水碓、擂子等。木碓即打制石碓窝、碓叉，制木碓一张，木碓由碓嘴、碓滚子、碓尾巴组成。碓嘴长约 50~60 厘米，碓滚子是嵌在碓叉里，碓尾巴是人踩的部位。水碓与木碓是同样原理，不同的是木碓用人力，水碓用水力。碾子，布依族称

为石碾。即选石灰石打成槽，镶成圆形，又打一个大石轮，轮边放于石槽内，并在石轮中央钻一四方石孔，石孔中穿方木，有的用马拉动石滚，有的用水力冲动。稻谷倒入石槽中，石轮滚动压在稻谷上，将稻谷压脱壳。有一种是木擂子，木擂子是用又硬又重的大圆木做成石磨形，用于推稻谷，可将稻壳脱粒成粗糙大米。加工玉米面都用石磨推。20 世纪八九十年代以后，由于农村逐步普及用电，碾米逐步实现机械加工，碾米机的碾米效率和质量得到农民的认可和普及，石磨、木碓、水碓、碾子等渐渐被淘汰，成为历史痕迹。

（一）大米饭

大米饭的传统做法有三种：一种是煮蒸法，根据大米数量，掺水于铁锅中，烧开后将淘洗净的大米倒入锅中煮，至半成熟时，将筲箕放于盆上，将米和米汤舀入筲箕中滤水，再倒入甑里蒸。二是直煮法，将大米淘洗后倒入鼎锅或铜锅中，掺入适量水烧火煮干，此法必须掌握水量和火候，水少了会煮成夹生饭，水多了会煮成粥，火大了会煮成焦饭。水量和火候掌握得好会煮成香甜可口的大米饭。三是泡蒸法，将大米倒入大盆中泡 4 小时，用器具将水滤干，倒入甑中蒸熟，又舀入篾器中冷却，又立即倒入清水盆中搅动，及时将水滤干倒入甑中蒸熟，此方法用于煮上百人的饭。

现在，随着农村生活水平的提高，现代电器进入了布依族农家，不少老汪山村的布依族农户已经使用电饭煲做饭了，尤其是核心家庭使用电饭煲做饭的比例较高。

此外，河口县桥头乡老汪山村布依族人在长期的生产生活中，创造出了特别的大米饮食方法，主要有以下两种。

酸炸饭：水于锅中烧沸，洗适量青菜切成小段投入沸水中煮至八成熟，加入酸汤或酸醋及熟饭于锅中搅匀烧开，出锅盛于碗中食用。此酸炸饭味道特别，一般在暑热天吃，既解渴解暑，又是醒酒的佳品。

饵块粑：用大米制作，将大米放入盆中或缸中浸泡6小时，滤水后倒入甑中蒸熟晾冷，又倒入水中搅匀滤水，再倒入甑中蒸第二次，熟后放入石碓窝中舂成粑，取出后在桌上用力搓揉成长方无棱形的饵块，食用时用刀切成丝，可放油放菜煮食，又可放糖煮食。

（二）玉米饭

玉米饭的制作有两种：一是面饭，将玉米脱粒，除去杂质，加工成面，除去糠皮，倒入簸箕中，掺水搅匀，用力搓揉（水量的掌握十分重要），打散放入甑中蒸熟，味又香又甜（见图4-4）。二是玉米饭，将玉米加工成米粒状，除去糠皮，食用时倒入铁锅中煮，掺入适量大米，煮熟后过滤水倒入甑中煮熟即可食用。

此外，河口县桥头乡老汪山村布依族在长期的生产生活中，创造出了特别的玉米饮食方法，主要

图4-4 玉米面做成的三角饼

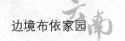

有以下两种。

玉米酸粑：用玉米制作。将玉米脱粒去杂质，用石磨磨成面，筛成糠麸。视面的数量掺适量清水于铁锅中煮沸，取玉米面撒入锅里调成糊，舀出装入盆里，待温度降至40度时，又撒入适量生面和酒曲搅匀，盖上白布，12小时后发酵，可用刺桐树叶包着蒸熟食。其味又甜又酸又香。

玉米凉粉：将玉米磨碎成米粒状，又将草木灰放入清水中搅动，让其澄清后，将清灰水泡碎玉米。约一天一夜后，淘洗一遍，又放入清水磨成浆，放入大铁锅中煮，边煮边搅动成糊，用水瓢舀入簸箕中冷却，食用时用刀切成条放入碗中，拌豆豉、面酱、葱、芫荽、大蒜水、辣椒酱、酸汤即可，味香且酸，别有一番风味。

目前，酸炸饭、饵块粑在日常生活中已较少制作，仅仅在节假日时偶尔制作，仅供自己家人食用；玉米酸粑、玉米凉粉等在桥头乡定期的农贸集市上还有个体店家制作和出售，生意还好。

二 副食品种及风俗

布依族的菜谱丰富多彩，别有风味，菜的主要口味为酸、辣、香，以番茄、豆豉、姜、酸笋、酸汤、蒜和辣椒为主要烹调配料，制作方法有炸、蒸、腌、煮、春、剁等。经常种植的蔬菜有青菜、白菜、金白菜、芹菜、茴香、韭菜、豌豆、蚕豆、黄豆、米豆、菠菜等。常吃的野菜有野阳荷、水厥苔、白花苦菜、飞花菜、野青菜、苦笋、甜笋等。

（一）糯米食类

用糯米制作，这是布依族最喜爱的食品之一。五色花米饭是布依族的特色糯米饮食。五色花米饭是四月八、六月六的佳品，将糯米染成五色蒸熟，色艳、味美，又有食疗作用。染料用天然绿色植物制作，颜色有红、黄、绿、蓝、紫。红、蓝、绿、紫色用野辣子叶配制，黄色用染饭花煮水制作。用上述染料制成染料水，将糯米倒入染料水中浸泡数小时，滤干水舀入甑中蒸熟即成。除五色花米饭外布依族的特色糯米饮食还有：

1. 糍粑

将糯米泡于清水中若干小时，滤水后放入甑中蒸熟，将石碓窝洗净擦干，用木碓舂成糍粑，放入簸箕中揉搓，做成圆形可用火烤食，又可用铁锅煎食。其做法还有，将米豆煮熟烂滤水，放猪油、盐、蒜叶、姜米等炒香后做馅，包于糯米粑的中间，称之为"包豆粑"。另一种做法是，将准备好的红糖粉拌入蒸熟的糯米饭中舂成糖糍粑，先制成月亮粑，待冷却后切成3厘米见方的薄片晒干，食用时用猪油煎炸，味香甜可口。

2. 汤圆

用糯米制作，方法有两种：一是将糯米淘洗泡水4小时以上，用石磨磨成浆，装入布袋中吊着使其滤水，故又称为吊浆粑。吊浆粑滤去水分即可揉成汤圆，既可放入糖水中煮食，又可将黄豆、芝麻、苏子炒至熟脆，加工成末拌红糖，将煮熟的汤圆捞出放入上述苏子末中滚黏，味香甜可口，布依族称"豆面团"、"马打滚"。另一种制作方法是将糯米浸泡于水中若干小时，滤干后倒入石碓窝里用木碓

舂成米面，掏出过筛，又将粗面倒入碓窝中舂，这样三四次，将米面装入盆中，食用时拌适量水揉搓成汤圆，食用方法与上相同。

3. 粽粑品种

老汪山村布依族的粽粑制作一般是将优质糯米放入清水中淘洗滤干，用榨木柴烧成木炭，碾成粉末拌入糯米中（助消化作用），将瘦猪肉切成条，拌上适量草果粉、盐，包于粽中间煮熟食用，其味又香又不会出现消化不良现象。老汪山村布依族的粽粑虽有四种形状，但原料基本一致，具体如下：

（1）枕头粽：因其形似枕头，故称为"枕头粽"。长约30厘米，直径约6厘米。

（2）三角粽：形状为三角形，用一种名为粑叶竹的竹叶包扎。此竹最高约150厘米，一般高100厘米，竹竿细如毛笔，叶长26厘米、宽8厘米，又称家乡叶，据说是由贵州带来的竹种，此竹叶包三角粽又干又香。

（3）四丫粽：将家乡叶取来放入清水中洗净擦干，放入粽米包成长条形，长约25厘米，直径约3厘米，将4条合在一起捆扎（但必须是长度相等、直径相等）投入锅中煮熟即成。食用时解开绳索，4人共食1个，每人食1条，不用刀切，食用方便。

（4）八角粽：取金竹壳擦净，折叠成正方形，又将4片折成正方形的竹壳片镶成正方形盒子，将糯米装入盒内封口煮熟即成八角粽。

（二）鲊面

农历腊月制作，将糯玉米加工成面，除去糠质备用。

宰杀年猪时用大锅熬猪油，舀出猪油后，锅粘的油比较多，这时将糯玉米面倒入锅中炒熟至黄色，出锅冷却后装入洗净擦干的坛中封口。食用时，掺水入锅中烧沸，将茴香切成小段倒入沸水中加适量盐，再撒鲊面混合搅匀，使之变成茴香糊，这既是一道美味菜，也是胃病食疗的佳肴。①

目前，糍粑、汤圆、粽粑等在传统生活中还保留着，一般在节假日时制作，供自己家人食用，随着商品市场经济观念的深入，不少布依族在节令时，也会制作糍粑、汤圆、粽粑等在农贸市场内出售。

三　酿酒

布依族几乎每户人家都会酿酒，做法是将玉米脱粒除去杂质，用清水浸涨后舀入篾器中滤水，倒入锅中掺水煮熟，又舀入大簸箕中冷却，拌入适量酒曲装入木缸中盖严发酵，这时舀入大瓮中密封，使之转化成酒。加水在大铁锅里，又将大木甑置放于锅内，舀酒饭装于甑中，甑口放天锅一口，酒甑的上部凿一个四方孔，将酒笕放于天锅底中央，酒笕约长70厘米，有一端接天锅，一端由甑孔中伸出，笕口末端置放酒坛。灶中烧猛火，天锅中放流动冷水，一进一出。酒遇高温变水蒸气上升，黏附在天锅下面，但天锅是冷的，水蒸气遇冷即结成液体往下滴入笕中流入坛中。② 目前，老汪山村除少数几户布依族还保持传统的酿酒方式供自己食用和出售外，大部分村民一般从市场上购买自己需要的白酒，尤其是在"红白"大事时更是如此。

---

① 《云南河口布依族文化》，第 47~53 页。
② 《云南河口布依族文化》，第 55 页。

四　特色饮食工艺

1. 特色酸类菜品类

布依族特色菜有酸笋鱼、酸汤氽瘦肉、干巴菜煮豌豆、番茄辣椒酱等。

酸笋煮鱼即将鱼剖腹取出肚肠，刮鳞洗净撒细盐腌约1小时，放入锅中稍煎，掺入适量水和酸笋煮熟即可食。

酸汤氽瘦肉，即在锅中加适量水和酸汤，取瘦猪肉切薄片，待锅中水沸时倒肉片入锅，水开时立即出锅，味酸且鲜嫩，十分可口。

干巴菜煮豌豆，制作简单，取青菜晒半干，用水洗净撒盐搓揉，捂一天，又晒一天，取回稍洗，挤干水渍，又晒一天，收回扭成把，每把约重3公斤，装入坛内盖严。待豌豆成熟时，剥壳取粒和盐菜混合煮。豆菜熟时出锅食用，别有一番风味。

番茄辣椒酱的制作，取红色小番茄、鲜辣椒适量洗净，用竹签串着烧熟，取出后除去灰尘拌盐放入臼中加蒜杵成酱，味酸中带香辣。

2. 腌骨头类

杀年猪时，将部分猪肉剔下，放在硬度较好的菜板上用砍刀剁细成骨泥，拌细盐、姜末，放入石碓中春细，装入坛内腌2~3个月即可食用，食用时舀入锅中，拌剁碎的鲜辣椒炒食，味香且辣，风味特别，既可补钙又能治胃病。

3. 油炸昆虫类

油炸食用的昆虫分为蜂蛹、竹虫、冬瓜虫3种。布依族地区的可食蜂类有大黑蜂、黄土甲、麻栗蜂、葫芦蜂、七里蜻、夜黑蜂、夜黄蜂、厚皮蜂8种。其中前3种筑巢于土洞中，后5种筑巢于树上，用火将蜂娘烧死后，取下蜂巢将巢中之蜂蛹用油炸至黄色，其味独特香鲜，是一道营养价值很高的美味菜。冬瓜虫即为活冬瓜树中的寄生虫，布依族称老木虫，冬瓜树内有冬瓜虫，树就不会长了，甚至会干枯。有经验的人可到森林中识别有虫的树，将其砍伐修枝扛回家破开树干，取虫以油煎炸，也是一道美味菜。竹虫，即大龙竹中的竹虫，一月龄的竹子被长翅飞翔的笋子虫（大如手指，嘴长，形似象鼻，其鼻硬）用鼻将竹笋凿通，产卵于竹中，孵化成幼虫在竹筒中生活数月，待竹子三月龄时将其竹砍下破开，竹虫多的有500克。用油炸食，味佳可口。①

现在，由于生态的日益恶化，竹木逐步减少，蜂蛹、竹虫、冬瓜虫等已大幅减少，人们也很难在餐桌上吃到这些野味了。

五　节日婚丧饮食

（一）贺新房餐饮

贺新房，即建新房时亲友来庆贺，大摆宴席，木匠师傅举行祭祖师仪式，祭品有蒸糕粑、伞和毛巾、糯米饭、酒肉。建新房落成之日，村中的劳动力都来协助，早餐食糯米饭，无菜无酒。中餐和晚餐有条子、炖子，条子即油炸肉切成长条和油炸豆腐条拌在一起，炖子即猪肉切成方片及油炸豆腐切成方片混合染红色煮熟即可。还有炒豆芽、鸡肉、鱼肉、山药、粉丝、萝卜煮排骨、白豆腐等。白酒

---

① 《云南河口布依族文化》，第52～53页。

是必不可少的。

（二）丧葬餐饮

老人去世那天开始，丧家吃素忌荤。由上祭之日起，全村男女劳动力全部来帮厨治丧。丧葬主要有白肉片、炒瘦肉、鸡肉、鱼、排骨煮萝卜、吊瓜、粉丝、山药等。清酒也不可少。

（三）结婚餐饮

布依族结婚，男方家摆宴席 3 天，女方家摆宴席 2 天。宴会菜肴主要有条子、炖子、猪脚、鱼、鸡肉、豆芽、粉丝、萝卜、豆腐、山药、花生、白菜等。

（四）牛王节餐饮

牛王节必须染五色糯饭和红绿鸡蛋。染制的数量根据请客的人数而定，因客人走时要包五色糯饭和红绿鸡蛋赠送。此节日，孩子们还用棕叶或麻线编织蛋网背鸡蛋去玩，并当做零食。此节日的宴会菜肴主要有老猪脚、腊肉、鸡肉、鱼肉、鲊面、洋芋、酥肉、青菜、白菜等。

（五）六月六餐饮

六月六节，此节主要是祭田公地母，要到田边搭祭台祭献，祭品有猪、鸡、鸭肉、酒和三色饭。主要菜肴有腊肉、鸡、鸭、豆腐和鲜瓜等。①

---

① 《云南河口布依族文化》，第 53～54 页。

第五章　文教卫生体育

第一节　民间艺术

一　民族艺术形式

在长期的生产劳动中，布依族人民创造了丰富的文化。虽然没有文字记载的作品，但口碑流传的有关本民族历史、歌颂英雄业绩、揭露阶级社会黑暗、追求自由光明的神话、诗歌、故事等很多。其中很多被老汪山村的布依族人民用歌舞的形式记录下来，既传承了本民族的文化，同时也形成了一些独具民族特色和风格的艺术表演形式。

布依族花灯是河口县桥头乡老汪山村布依族的一种传统民间艺术，由该民族青年边唱调子边扭花灯步子跳，人数不限，人越多气氛越热烈，人们就越喜欢。会拉二胡者在旁边用二胡演奏众舞者所唱曲调做伴奏。若无伴奏，则由表演者自唱自舞。表演者所穿戴服饰是布依族节日穿的新式的传统服装，由村民自己按传统布依服饰裁剪、缝制、手工刺绣而成。女装以蓝色的衬底点缀艳丽的花边，头饰是以发辫缠头，外包花条围腰；男装为布纽扣对襟棉布衣。双手各拿红绸花或者现采的野花作道具。

布依族花灯历史年代没有文字记载，据该族老艺人罗

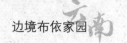

昌先介绍，河口县的布依族花灯从该族迁徙到桥头乡就一直存在，所唱的音调与布依族宗教祭祀中所用的"戏书"唱段音调非常接近。

桥头乡老汪山村的布依族花灯，是当地人们喜闻乐见的传统文化活动形式，只要有传统习俗活动，例如贺新房、节庆、丧葬仪式等活动，各村寨就会组织表演，年轻人由会表演的中老年人教习。其舞蹈动作来源于生产劳作，形象化的表演给表演者和观众都带来了美的享受，所以喜爱者很多，传承也比较容易。

布依族花灯唱腔有该族宗教音乐乐汇素材，歌词是布依族传统句法形式，服饰具有民族特点，有别于其他花灯，形成自己独特的风格。

现在老汪山村有一批布依族花灯骨干队伍，以中青年为主，还有能拉二胡伴奏的人才。以大竹棚村的罗万刚为主的一批花灯骨干，如罗万柒、杨正华、宋保等艺人平时都在一起练唱腔、拉胡琴、编唱词。只要有传统习俗和庆贺需要，就能及时组织起花灯队伍进行表演。花灯队伍受邀表演花灯是有偿服务，一般表演一场可以得到160元左右的报酬。他们经常应邀到别的村寨表演，连马关县的布依族人都慕名邀请他们前去表演。

河口县桥头乡老汪山村布依族花灯，群众基础十分广泛，有较高的艺术性、观赏性和实用性，具有突出的民族风格和地方特点，在河口县和红河州都有较大的影响。河口县桥头乡老汪山村已申报民族民间传统文艺之乡予以保护。①

① 中共红河州委宣传部红河州文化局编《红河州民族民间传统文化保护名录》，昆明：云南人民出版社，2007，第456～457页。

二　民间非物质文化遗产传承人

民间乐器有唢呐、月琴、箫、笛、巴乌、锣、鼓、钹等。布依族唢呐尤负盛名，有大、小调之分，按不同场合吹奏，喜庆时热闹欢腾，悲哀时如泣如诉，激愤时高昂奔放。更令人叫绝的是当地唢呐艺人的"唢呐抬碗"技艺，表演者事先将酒碗盛酒于桌上，然后一边吹唢呐，一边用唢呐盘将酒碗倒扣于唢呐盘上，边吹边走路，甚至在表演者上下梯子时酒碗保持平衡不掉。我们在调研期间，正好老汪山村的民间艺人外出，所以就只好从当地村委会悬挂的唢呐艺人"唢呐抬碗"图片中翻拍，以便让更多的人知晓老汪山布依人民的绝技。

2007 年，河口瑶族自治县人民政府颁布了《关于命名河口县非物质文化遗产传承人的决定》，为认真贯彻落实《云南省民族民间传统文化保护条例》，有效地保护和传承非物质文化遗产，按省、州的要求和部署，县人民政府在全县开展了民族民间文化资源普查工作，对杨兴华等非物质文化遗产（民族民间传统文化）传承人进行了表彰。希望被表彰的优秀传承人发扬成绩，再接再厉，培养后继人才，为保护、继承、弘扬各民族民间优秀文化作出新的贡献。河口县命名的 170 名非物质文化遗产（民族民间传统文化）传承人中，老汪山村就有 12 人（见表 5－1）。

表 5-1　老汪山村非物质文化遗产（民族民间传统文化）
传承人情况表

序号	姓名	性别	民族	专长	所属村寨
1	韩兴才	男	苗 族	音乐（吹唢呐表演）	麻栗山
2	罗德真	男	布依族	音乐（短号抬酒碗）	麻栗山
3	罗德开	男	布依族	音乐（短号抬酒碗）	麻栗山
4	罗万周	男	布依族	音乐（短号抬酒碗）	歇场坡
5	罗万柒	男	布依族	音乐	大竹棚
6	罗万良	男	布依族	音乐（短号抬酒碗）	歇场坡
7	谷金权	男	布依族	音乐（短号抬酒碗）	麻栗山
8	罗来华	男	布依族	音乐（吹唢呐表演）	麻栗山
9	董品福	男	傣 族	音乐	石岩脚
10	杨兴华	男	布依族	主持祭祀民俗活动	老刘冲
11	罗万刚	男	布依族	音乐（布依族花灯）	大竹棚
12	罗绍强	男	布依族	音乐	大竹棚

资料来源：2007 年 27 号文件《河口瑶族自治县人民政府关于命名河口县非物质文化遗产传承人的决定》。

三　案例

案例 5-1　老汪山村老刘冲寨民族民间传统文化代表人物
——杨兴华

杨兴华，布依族，男，生于 1941 年 8 月 17 日，小学文化，河口县桥头乡老汪山村老刘冲寨人。他是布依族习俗祭祀、丧葬仪式的主持人，当地叫"先生"。

1981 年杨兴华拜马鞍田的罗芝良和难民管理区的余宗贤为师，学习祭祀、丧葬、做斋、散花、招山，结婚的退车马，民间的打保福，过刀关、搭桥、添粮、扫保寨、扫家、开财门等。1990 年成师，能在布依族民间主持上述仪式。

杨兴华对上述祭祀活动的内涵及程序、仪式掌握娴熟、全面。在祭祀活动中能做摩文化"开红沙"、"过刀关"、"下火海"。

杨兴华还能唱布依族生产、生活、谈情说爱的歌谣，会做木匠，加工木料盖房，择各种吉日，掐时，写婚联、春联、新房联、祖宗牌位。

杨兴华是其师傅最成器的徒弟，已独立主持祭祀，在本地区影响较广；现有徒弟罗如堂、李朝文，二人都学有所成。

杨兴华曾在2004年河口县牛王节的庆典活动中向来自贵州省和本省的本民族同胞、专家学者、各级领导表演他的绝技，赢得全场热烈的掌声。

杨兴华全面掌握布依族的民间传统习俗、节日庆典、祭祀礼仪等知识，是本地布依族群众公认的传统文化代表人物，不仅他所在的乡村，就连越南的布依族有时也来请他去主持活动，在布依族中有较大的影响和知名度。[①]

案例5-2 老汪山村大竹棚寨音乐艺人——罗万刚

罗万刚，布依族，男，生于1958年8月4日，河口县桥头乡老汪山村委会大竹寨人，是布依族花灯的传承人，当地叫"花灯师"。

1990年罗万刚拜马关县牧场镇杨茂松办事处多依树寨陆绍基为师，学习唱跳花灯。后来经常到桥头乡布依族村

---

① 中共红河州委宣传部红河州文化局编《红河州民族民间传统文化保护名录》，云南人民出版社，2007，第526页。

寨为布依族民俗活动演出。

布依族花灯反映的是为丧葬、立碑、建新房跳唱。凡是布依族民间有老人死亡，在出丧的前一天，亲戚要请唢呐、鼓锣打击乐队、花灯队抬着祭文和祭品来丧家吊孝。罗万刚的花灯队曾被邀请去为丧葬、立碑、建新房演出。罗万刚会创作各种场合使用的花灯词，能指导排练花灯，他还会唱布依族山歌、酒歌，吹木叶。

罗万刚是师傅最好的徒弟之一，有师传，有独立辅导花灯队唱花灯、跳花灯，组织花灯队去演出的能力。现有徒弟罗登能、罗永东二人，均是本村布依族人。

罗万刚全面掌握布依族花灯的舞蹈动作、唱腔等知识，能在丧葬、立碑、建新房、节庆等各种场合组织群众演出，是群众公认的本民族传统文化活动的代表人物，有较大的影响力和知名度。[1]

第二节　教育事业

一　概况

新中国成立前，河口县桥头乡老汪山村是一个典型的"边、山、少、穷、闭、疾"俱全的地方。历代统治者只知道搜刮民脂民膏，使人民长期处于受奴役的地位，极不重视地方文化教育事业的发展。由于布依族长期无文字，所以只有走"学汉字"的道路，清代就有部分家庭经济条件

---

[1]《红河州民族民间传统文化保护名录》，第581页。

较好的男子到学堂或私塾学习汉字，用汉字记事记歌、写家谱，并学汉族的墓文化，即用石灰石打制墓门石，雕刻龙凤、动物、花草、人等图案，在墓门石上雕刻死者的名字、出生地址和时间、死亡的地址及时间及孝子、孝孙的名字。此外，还用汉字写契约、春联、经书、摩公书，但用布依族语法组词，并用布依族语读音。

布依族有自己的语言而无文字，但有摩公文，可是不通用。国家在贵州省于 1956 年创造了以拉丁字母为基础的布依族文字，出版了布依族文字课本，并在一些地区进行过双语教学和布依族文字扫盲。虽然该行为取得了一定的成效，但现在识布依族文字的人还不到 1%。

二 民族传统教育

长期以来，布依族非常重视对后代的传统教育，除在学堂学习外，在本民族内部还以社会教育和家庭教育的形式进行。

社会教育以长辈教育小辈为主，以口耳相传的方法，由寨中长老对后代讲述民族历史、生产知识、社会礼仪、社会道德等内容，有的以讲故事的方式教育。民间常说："父母去世后，由哥嫂抚养弟妹成人，长兄为父，长嫂为母。"骑马路遇人对面而来，必须下马。除亲戚外，青年男女间不论年龄大小，皆男称女为姐，女称男为哥，这是尊称，忌指名道姓。

家庭教育一般是鼓励子女勤劳、诚实，不好吃懒做，不能偷盗和做不道德的事，对父母要赡养，对长辈要尊敬，对朋友要诚实守信，与人要和睦相处，接待客人要热情。平时父亲偏重教育儿子，母亲偏重教育女儿。特别教育儿

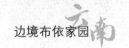

子对女青年说话要客气，要互相尊重，不准讲不文明的话。提亲后要进行婚教，母亲教育女儿做饭菜、尊重公婆、与丈夫和睦相处等做媳妇的知识；父亲教育儿子做女婿以及与妻子和睦相处的知识。

对后代的教育可分为故事教、餐教、婚教、丧教等，其中以丧教最具有特色。

故事教即讲一些尊老爱幼、兄弟相爱的故事教育孩子，如《神仙岩治恶人》、《狗犁田的故事》、《张李与张笑》都是讲孝敬父母、照顾弟弟的好处，苛刻父母、虐待弟兄的恶果。

餐教一般是长辈或者父母在家庭吃饭时对子女的教育。平时就餐，父母总是教育孩子，要让老人坐上席，年少的为年长的盛饭、揸菜，吃饭时要叫老人，特别是对外来客或外出做客时，自己吃饱要交代别人慢吃。吃饭时或平时在老人面前不跷腿，女主人不得从男客人的面前走过，实在无处绕道时，必须说清楚。

婚教一般是长辈或者父母对子女进行关于婚姻及其关系处理的相关教育。青年男女确定婚事以后，母亲教育女儿结婚之后要孝敬公婆，说话要和蔼，尽妻子应尽的责任，不说不利于团结的话等。父亲教育儿子要称岳父母为爹妈，岳父母有困难，做姑爷的要帮助，因为自己也是他们的儿女。平时要注意关心妻子，特别是在有困难的时候。

丧教一般在老人去世时，以唱孝歌的形式教育后代，如一首孝歌唱："谯楼打鼓一更天，记得父母生时言，教训儿孙行正道，勤耕苦读莫贪闲。孝悌忠言家声好，为善积德子孙贤。"丧教的方法有两种：一是先生唱二十四孝，教育后代和参加丧葬的人；二是以唱丧葬花灯的形式教育后代和众人孝敬父母，如丧葬花灯的一段唱："说母亲来想母亲，想到母亲我伤心。母亲养我一生苦，一生奔波累沉沉。一岁二岁娘背我，三岁四岁还操心。儿女长大要孝母，不孝母亲不是人。"音乐十分低沉，催人泪下。

三　私塾教育

（一）民国时期的学堂或私塾教育

1. 私塾教育

布依族历来有读书的习惯，就民国时期而言，每个村寨都有几个识字的人，并能写一手漂亮的毛笔字。每出生一个小孩，打三朝后都要请识字的人来记录年庚八字。

1913～1914 年，老董上寨罗氏办私塾，布依族学生有 7 人，还有其他民族学生 5 人。布依族吴延品在老董麻栗箐寨本宅办私塾 5 年，布依族学生有 8 人，壮族学生有 3 人，共计 10 多名学生。1940 年和 1944 年，月亮田布依族罗氏先后两次办私塾；1946～1947 年，吴延品在月亮田第三次办私塾，学生有 10 多人。1948 年，老董中寨沈占培在本宅办私塾，有壮族学生 6 人，布依族学生 10 人，傣族学生 5 人。1949 年，老董下寨王氏办私塾。老汪山村的布依族学生都到上述这些私塾学习汉文。

1949 年，布依族村坪子寨罗芝跃办私塾，有 10 余名布依族学生就读。学费为每个学生交 62 千克稻谷。课本有《三字经》、《百家姓》、《中庸》、《大学》、《告子》等。上课是单教，老师教的课，要求能背诵、能默写，并要求天天学新内容，同时巩固旧课，读完一本书时，要求背诵全书。除课本外，还开设书法、作文、体育等课。因为地理

位置较近的关系，老汪山村的布依族学生大部分都到罗芝跃办的私塾学习汉文，但因时局混乱，罗芝跃办私塾时间不长。

总之，布依族因长期无文字，只有家族或者富户个人办私塾学习汉文化，老汪山村的布依族人想要学习汉文化只能参加附近的布依族村寨办的私塾或者自办私塾，以教育子女，因此，近现代史上布依族深受汉儒文化的影响。但是布依族中的文盲率还是很高，识字率相当低。特别是妇女，百分之百都是文盲，男尊女卑的思想严重，认为读书是男性的事。布依族民间常说：生男孩是生得一个读书的，生女孩是生得一个讨菜的。

2. 学堂教育

1933 年，河口县桥头街首次办学堂。1935 年，云南省政府在河口对汛督办署的老卡对汛老街子办省立小学。1936年3月迁桥头街办学，正式命名为"省立河口民族小学"，设一至五年级，6 个教学班。学生名额分配到各村寨，并落实到人，不愿去读的罚款，所有民族生每年免费发校服一套、帽一顶。每个班评出 15 名贫困生享受公费。虽然各少数民族都分配有学生名额，但多数人还是靠读私塾。1944年，省立河口民族小学新增一个师资培训班，有学生 52 名，其中有 15 名学生享受公费，其余学生享受助学金。1948年，因社会动荡土匪猖獗而停办。

虽然近现代学堂兴起，但是，老汪山村的布依族只有富户子弟能够上得起学堂，学习汉文化，以教育子女。

（二）中华人民共和国成立后

1953 年 3 月，人民政府在布依族聚居区老汪山村办学，当时招收学生 232 名，分为 5 个班，有 5 名教师，布依族学生占 60%。1957 年，培养出 1 名布依族中学生在河口县城读初中。1958 年，有 3 名布依族学生入初中读书。1961 年，第一名布依族中专生毕业。[①]

四　现代教育

（一）老汪山村小学概况

老汪山村小学是一所六年制的全日制小学，校址位于桥头乡通往县城的公路边，距离乡政府大约 4 公里，交通条件优越。整个学校包括教学大楼、学生宿舍、教师宿舍以及教师宿舍后面的一个供学生活动的篮球场（见图 5 - 1）。教学大楼是前几年新建钢筋混凝土结构的三层大楼，每层 4 个教室，一共 12 个教室。学生主要在一楼二楼上课，三楼作为办公室和会议室。学生宿舍是土木结构的平房，是以

图 5 - 1　老汪山村小学教学楼（三层白色建筑物）、
　　　　　教师宿舍（红色瓦房）及校园篮球场

---

① 《云南河口布依族文化》，第 93 页。

前的旧教室，后经改造成为寄宿的学生宿舍。教职员工的住房也是平房。1990年，教师住房地基沉落，造成房子内部地板、墙壁出现裂痕，且房屋裂痕呈现逐年增大迹象。经县城建局房屋鉴定专家于2008年5月28日实地调查、鉴定，确定其属于D级危房，现在已经禁止住人。2008年前大多数教师住学校教工宿舍，现在出于安全考虑，一些教师搬出学校住在村寨子里。现在仅剩下三户职工依然住在学校的职工宿舍（裂痕不大的房子），负责看护学校和照料学生。整个校园整洁、教学条件较好，又有便利的交通条件，在当地小有名气。因此，除老汪山村儿童外，周边村寨的适龄儿童也有在这里就读的（见图5-2）。老汪山村有村级完全小学1所，1个教学点（分布在石岩脚村），在校学生共134人，一年级20人，二年级26人，三年级16

图5-2 一脸稚气的小学生

人，四年级23人，五年级21人，六年级28人。女学生67人，男生67人，比例相当；其中布依族学生有75人，傣族学生19人，壮族学生14人，汉族学生13人，苗族学生7人，彝族学生6人，学生中大部分是布依族，占在校学生总数的56%。

学校办公经费由省财政厅下拨给河口县教育局，然后由县教育局以每生每学期35元的标准下拨给中心学校；再由中心学校统筹。学校对学生实行全免学杂费和课本教材费，并对住校学生补助生活费。2007 年以前实行的标准是每生每月补助 17 元，2007 年 9 月起增加为每生每月 25 元，到 2008 年 3 月，又增加为每生每月 50 元。

为了便于管理，同时也为学生安全考虑，老汪山村小学实行半封闭教学。离学校比较近的同学在家吃住，离学校比较远的学生在学校吃住，周六、日学生休息。住校学生的宿舍是原来的教室，吃由学校统一安排管理，享受国家补助。

尽管条件比较艰苦，但孩子们在校学习很刻苦，很少有辍学现象，小学毕业之后有部分学生升入初中，到 4 公里之外的河口二中（校址在桥头乡）或者到县城的中学继续读书。但也有部分学生就不再读书，在家里帮父母做活，待年龄大些时候外出打工谋生。尽管国家一直在推行普九教育，但由于就业形势的不乐观和家境的贫困，还是有少部分学生辍学在家，这直接影响到村民文化素质的提高。

（二）师资

老汪山村村级完全小学现有 14 名教师，2 名为聘用职工，现任校长为马兴民，教师基本本地化，多数毕业于红河州民族师范学校，也有部分教师学历不合格，主要是由原来的代课教师转化而来。为了更好地开展教学工作，在学校的要求和鼓励下，这部分教师先后在云南广播电视大学红河分校或蒙自师范专科学校进修大专学历。较之前几年，教师队伍素质有了很大的提高，学历提高较快，专业技术职称也比较合理，合格率达到 100%（见表 5-2），上课使用普通话，开设语文、数学、社会、劳动、美术、体

育等课程。教师工作认真负责、爱岗敬业，学生的成绩有了很大的提高，教育质量也有了明显的提高，在校学生人数也比以前逐渐增加。

教师工资由国家财政支付，根据教龄和职称略有差别，大部分教师月工资收入在1400元左右。作为校长的马兴民老师月工资收入1700余元。在老汪山村村民眼里，这已经是一笔不菲的收入，但很多教师的配偶没有工作，生活都显得清贫。为了生计，教师在学校的空地上和周边的荒坡上开辟小块菜园，自己种植蔬菜以贴补家用。2008年8月20日，我们离开老汪山村时，专门看望留守学校依然住在危房的几名教师（见图5-3）。一位已经在当地工作10年的教师硬是把他们自家种植的蜜本南瓜送给我们，希望我们能把他们的情况向县、州有关部门反映，解决他们的实际问题。当时，我和何作庆老师都不知道如何回答，又不能如实回答他们。

图5-3 老汪山村小学教师住的危房

表5-2 河口县桥头乡老汪山村老汪山学校教师情况一览表

姓名	性别	民族	政治面貌	出生年月	参加工作时间	教龄	属于何种教师				学历	专业技术职称	行政职务
							公办	民办	代课	合同			
庞兴华	男	傣族		1963.11	1984.2	24	公办				中专	小学高级	
陆昌树	男	布依族		1958.10	1977.9	31	公办				初中	小学高级	
田占全	男	壮族		1964.2	1985.8	23	公办				中专	小学高级	
沈明会	男	汉族		1974.9	1993.9	15	公办				大专	小学高级	工会主席
赵应娟	女	汉族		1965.5	1985.9	23	公办				大专	小学高级	
黄娟	女	壮族	党员	1977.9	1996.9	12	公办				大专	小学高级	
杨朝萍	女	汉族		1979.1	1999.9	9	公办				大专	小学高级	教导主任
罗宗文	男	布依族		1975.4	1996.9	12				合同	高中	小学高级	
马兴民	男	苗族	党员	1968.1	1987.8	21	公办				大专	小学三级	校长
罗明花	女	布依		1982.9	2000.9	8	公办				大专	小学一级	
陆金卫	男	壮族		1970.8	1988.9	20	公办				大专	小学高级	
杨志宏	男	汉族		1982.12	2004.3	4	公办				中专	小学二级	
任加梅	女	汉族		1979.9	2000.9		公办				中专	小学一级	

从以上的几组数字不难看出，老汪山村学校教师积极向上、努力提高学历、提高自身素质的积极性很高，主动提高学历层次的教师人数呈逐年递增的趋势，这是令人欣慰的，因为"教师要给学生一碗水，首先自己得有一桶水"，然而，自2003年以来，学校的教师数量在减少，教师工作调动频繁。据马兴民校长介绍说，老汪山村在2003年时，有17名教师，现在只有14名教师；原来有2名教师的石岩脚教学点，现在只剩下1名教师在坚持上课（见表5-3）。这个中的原因，主要是近些年来，学校教师改行频繁、"跳槽"现象严重，一些教师申请调往桥头、河口方

向，尤其优秀教师流失更加严重，如果这种势头得不到控制，任其发展下去，要想保证并提升教育教学质量，形势并不令人乐观。

表5-3 河口县桥头乡老汪山村石岩脚教学点教师情况一览表

姓名	性别	民族	政治面貌	出生年月	参加工作时间	教龄	属于何种教师				学历	专业技术职称	行政职务
							公办	民办	代课	合同			
董高友	男	傣族		1962.9	1984.9	24	公办				高中	小学一级	

资料来源：桥头乡小学中心校办公室提供。

（三）学校管理

老汪山学校自2005年实行聘任制以来，依据乡中心学校制定的《桥头乡中心小学教职工聘任制实施方案》、《各类人员岗位职责》、《教学质量奖惩办法》、《桥头乡中心小学突发事件应急预案》及十二种安全管理制度对学校进行管理建设。每学年在教师队伍中进行德、能、勤、绩等各方面的综合考核，那些以往工作积极主动、表现较好、成绩相对比较突出的教师优先被聘用；成绩不突出、学生意见大的教师就有可能不被聘用，处于"待岗"状态；严重者可能被解聘不再任用。可谓制度健全，要求严格，以制度来管理学校。

为提高教师的技能和学历，学校鼓励和支持教师利用节假日外出进修；为激发学生学习的兴趣和积极性，学校制定了一系列教学规则，如《学生学习五环节规范》、《三好学生校规》等制度。同时，学校在经费较紧张的情况下，每年都要挤出相当数额的资金用来奖励工作成绩突出的教师和学习成绩优秀的学生，仅2006～2007学年下学期，老汪山小学就拿出了 1000 元用于奖励教师和学生。在多次教师讲课比赛中，老汪山学校都有教师在乡、县获奖，学生的成绩在全乡同年级学生排名中也居前列。

自 2003 年以来，老汪山校积极投入资金争取资金改善办学条件：① 争取县教育局投入资金新建教学楼一座；② 向乡、村两级政府争取资金，硬化了学校的篮球场；③ 投入资金 0.2 万元，修缮学生校舍；④ 积极争取资金和贷款，修缮教师危房，改善教师居住环境。

（四）教育收费

教育收费是一项关乎千家万户的大事，是社会关心的热点问题，因此，历年来，老汪山学校在学校收费的问题上一直是"严"字当头，坚决贯彻执行上级关于学校收费的各项政策和规定，即贯彻执行省政府关于教育收费的云政发（2001）172 号文件和省计委、省财政厅、省教育厅云计收费（2002）798 号文件及州发改委、州财政局、州教育局红发改收费（2005）250 号文件等精神，严格按照县物价局为该校核定的价格收取各项费用，坚持"一证"（收费许可证）、"三统一"（统一用财政部门印制的教育专用发票、统一由学校财务人员收费、统一交学校财务部门设立专户储存）、"四不准"（不准擅自设立收费项目、不准提高收费标准、不准搞账外账、不准公款私存）、"一坚持"（坚持收支两条线），严格规范收费行为。老汪山村小学 2007～2008 学年秋季学期的收费项目和标准如下：

（1）学校对学生实行全免学杂费和课本教材费，并对寄宿住校的学生补助生活费。2007 年以前实行的标准是每生每月补助 17 元，2007 年 9 月起增加为每生每月 25 元，

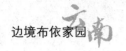

2008 年 3 月，又增加为每生每月 50 元。

（2）享受"两免一补"的学生交教辅资料费 40 元；作业本费 5 元；保险费 50 元或 75 元（自愿）。

（3）借读生（非本县户口）交借读费 200 元/学期；课本费：一、二年级 40 元，三年级 50 元，四、五年级 55 元，六年级 50 元；保险费 50 元或 75 元（自愿）。

（五）义务教育中存在的主要问题

（1）目前严峻的就业形势使村民产生"读书无用论"的观念，对子女的读书不关心，甚至认为是一种负担。

当今，大中专院校的分配办法改变，上大学已经不是出路。对于山里的村民来说，读书已经不是摆脱贫困和落后的途径，反而是一种负担，农村家庭在经济上还十分困难，有的家庭学生到目前为止还连每学期开学之初的住宿费（每生每学期 35 元）和生活费（每生每月 15 元）都交不起，每学期特向学校申请免费。由于看不到教育的意义和作用所在，村民对教育的重视程度已经大不如以前。他们认为读书就是为了认识几个字，既然国家现在实行"两免一补"的好政策，当然还是送子女到学校读书为好。至于子女在学校里成绩的好坏，许多家长漠不关心，有的家长还与教师谈论过对子女教育的矛盾心理：子女学好了，不供吧，又怕子女长大后会抱怨自己；供吧，又要花一大笔钱，以后学出来了我们当父母的又没有能力帮他们找工作，相反，他们毕业回家后，什么农活都不会做，如同养了一个活神仙。而对学生来说，学习压力的增大，前途的渺茫，"读书出来找工也难"，致使部分学生产生厌学情绪，不思进取，得过且过，任凭教师如何开导，都无济于事，这是目前令教师最头疼的问题，也是在实施义务教育当中存在的主要问题和难点。

（2）中等教育费用高，农民生活困难，实在难以支付这笔费用。

在实施义务教育的过程中，大部分学生已属享受"两免一补"对象，课本费和杂费全免，大大减轻了学生家庭的负担，便于学生在学校安心学习，这一点，学生和家长都比较满意。但根据乡中心校的相关规定，为更好开展教学，学校还向学生收取40元的教辅费。但有少数贫困的学生连40元的教辅费都交不起，在这种情况下，学校只能建议贫困学生家长到当地村委会出具相关证明，并为其免除教辅费，这也是学校唯一能办到的。但是，学生在学校住宿、读书总是一笔不小的花费。老汪山村地处边疆，是集边疆、民族、贫穷、落后于一体的地区，部分农民生活的确很困难，难以支付这笔费用。

（3）老汪山村多数社会生产活动的专业化程度很低，生产力水平不高，初级义务教育甚至小学教育已经可以满足现阶段人们对教育的需求，再加上他们中普遍存在满足于现状的心态，影响了教育的进一步发展。

（4）教育机构不健全，学校离学生家远，学生年幼不适应在外的生活且成绩太差时，容易产生厌学情绪。目前，我国实行的是集中点办学，有利于师资力量和教育经费的集中使用。但在农村，尤其一些偏远的山区，学生年幼却要远离家人外出求学，生活难以自理；而且饮食结构不合理，营养严重不良，学习成绩难以提高，又容易造成学生辍学。

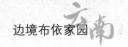

第三节　民间医药

一　地方病

新中国成立前，老汪山地区地广人稀，被外地人视为不毛之地、瘴疠之区，内地人到此地不死也要脱一层皮，本地人脸黄肚大，健康者甚少，当地缺医少药，医疗全靠民间草药。布依族治病全靠本民族的草药，草医有外科、妇幼科、传染科等。外科主要治跌打损伤、疮疡和皮肤病；妇幼科主要治小孩病、妇女病、难产、胎盘不下、月经不调、感染；传染科主要治天花病、肝炎、肺结核的防治和伤风感冒等。平时草医会串寨作疾病预防，给人们开预防药。如1948年，有一个名为张发万的布依族草医，走村串寨开展天花病的预防；还有一名姓罗的布依族草医专治破伤风。

中华人民共和国成立以后，党和人民政府十分重视人民群众的医疗卫生，于1952年建立了桥头乡卫生所，1956年先后成立了卫生防疫站等基层医疗机构。本着"预防为主，治病为辅，防治结合"的方针，当地医疗机构发动群众开展消灭疾病的人民战争，城乡卫生面貌大为改观，医疗卫生条件有所改善，地方性传染病得到有效控制和根治，人民健康水平有所提高。

老汪山村设有村委会卫生室一个，有乡村医生两人（见表5-4），在全县医疗卫生人员中有布依族医生五人，护士三人。曾在老汪山村地区布依族行医的民间中草药医生有杨德珍、关成珍、陆昌定、罗兴科、王立志、王春田、赵兴兰等。他们主治妇女月经不调、子宫脱垂、神经病、麻疹、难产、风湿病、肝炎、肺结核、皮肤病、跌打损伤、破伤风、刀枪伤等疾病。

表5-4　老汪山村卫生室医务人员基本情况一览表

姓名	性别	民族	年龄（岁）	行医方式	行医时间（年）	学历
杨春芬	女	彝族	38	西医	11	高中
陶兴坤	男	傣族	51	中、草、民族医	7	初中

资料来源：由桥头乡卫生院于2008年8月提供。

二　民间医药

新中国成立前，布依族治病全靠民间传统中草药。新中国成立后虽然县有医院、乡有卫生院、村有村医，但是老汪山村地区的布依族一般生病先服草药，病情较重时才进医院治疗。草医草药还在发挥着重要作用。

在21世纪的新农村建设中，老汪山村逐步完善了村卫生室医务人员的配备及其制度建设。2003年，村里建了卫生室，在一定程度上便于开展医务工作，但因距离桥头乡卫生院较近，很多村民生病直接到乡卫生院去治疗，大病重病才进县医院治疗。所以，老汪山村卫生室基本处于关闭状态，只是在打预防针和配合乡、县医院进行传染病防治工作时才工作。我们在调研时，经常路过村卫生室，一直是大门紧闭（见图5-4）。

老汪山村地区的布依族在长期与地方病魔的抗争过程中，积累了治疗的本土经验，有一些独特的民间草药配方。

案例5-3　老汪山村民间草医罗兴科

罗兴科（1925～1994），男，云南省河口县桥头乡歌场

图5-4 老汪山村的卫生室

坡人（罗福定二子）。自幼随父采药行医，到35岁就成为一名草药医生，他走遍了河口、马关两县的布依族村寨，爬了几十座山寻找草药，认识草药数百种，他把父亲所教的草药、治病方法全部学会后，又在其基础上有所发展和创新。他能治马呛水，牛马生疮、骨折。人的疾病他能医疟疾、偏头痛、骨折、刀创伤、小儿疳积、胃病、肠胃炎、消化不良、支气管哮喘、肝炎、肺结核、甲状腺肿大、伤风感冒、发高烧、风湿病等。1980年以后，他基本上是上山采药，走村串寨行医。

第四节 民间传统体育

一 传统体育

布依族体育随着时代的变迁而不断发展，因此，在不同的时期布依族体育有不同的项目。新中国成立以前，布依族传统民间体育主要有夹板秋、轱辘秋、秋千、鸡毛毽、仙茅球、陀螺、弓箭、香包等。上述民间项目一般在正月间开展，轱辘秋、秋千、鸡毛毽、香包为男女混合项目，陀螺和弓箭主要是男人的项目。

（一）轱辘秋

轱辘秋，是布依族青少年正月间喜玩耍的一种民间体育与娱乐融为一体的游戏活动。制作时，选平地掘两个距离约 1.3 米、深 1 米的四方土洞，将两段长度相等的方木插入洞中固定稳，称为秋桩，秋桩上端各有一个圆孔。秋是一个大木轮，大木轮的中央是一根承轴，轴的两端穿入桩孔，轮上按比例缀 5 个座板，每个座板上坐 1 人。5 人坐定后，轮子不停地转动。布依族称轮子为轱辘，故把此秋命名为轱辘秋。

（二）夹板秋

夹板秋即磨秋，布依族称之为夹板秋，因秋千杆中附加一条长约 60 厘米的木料，并将秋杆闩稳。在附木和秋杆的结合处凿一个圆孔，在平地上掘一个 100 厘米深的圆土洞，取一根直径 20 厘米、长 250 厘米的圆木，将其一端制成锥形，然后将无锥形的一端插入土洞中固稳，称为秋桩。又将秋千杆孔套入秋千桩的上端。打秋时，秋千杆的两端各坐 1 人，1 人升空 1 人坠地如磨旋转，并发出叽嘎叽嘎的声音。打夹板秋也是布依族在正月间喜爱的体育娱乐活动。

（三）秋千

秋千，布依族称之为甩秋，主要是牧童的体育娱乐项目。人们都是在山上放牧时就地取材，到山中取韧性好、耐磨性强的野藤，将藤中央套在树枝上，再取50厘米长、直径6厘米的圆木，将藤子的两端拴在圆木的两端，人坐在圆木上，两手抓藤子拉稳，在空中荡。以荡得高、荡得远为胜。

（四）鸡毛毽

鸡毛毽，一般都是节日期间的体育项目。人们取一节直径1.5厘米、长7厘米的中空竹子，拔雄鸡的翅膀毛插在竹筒内。拍板的制作类似乒乓球拍。打法与打羽毛球大同小异，以鸡毛毽为球对打，但打鸡毛毽的距离较近。打时划一条中线、两条边线，以接鸡毛毽失误较多者为输。

（五）仙茅球

仙茅球，布依族称之为抛球。制作材料是大仙茅叶，布依族称抛球叶，属多年生草本，生于阴湿林下和沟旁，根茎块状多须根，叶根生，具长柄，矩形圆状披针形，长50~100厘米，宽7~15厘米，折叠状全缘。叶的韧性强，取其叶裹成球形固稳，在宽敞的场子里当做球踢，可4人踢，以接得准、踢得准者为胜。

（六）香包

香包，主要在节日期间玩，地点可以在村中的场子里，也可以在山坡较平坦的草皮上，玩时多为男对女或女对男。

分单抛和双抛两种。单抛，即男女各拿一个香包，双方同时抛出，男抛女接，女抛男接。双抛，即男女左右手各拿一个香包，双方连续抛出，连续接，以接得稳、抛得准为胜。丢香包，是青年男女喜爱的一种联系感情的方法，又是一种民间体育玩乐形式。

香包的制作方法：取一块 25 厘米见方的花布，缝一个布袋，留一个口，将细沙拌糠和玫瑰花装入袋内，并将接口缝合，又在包上钉花色小布条即可。

（七）陀螺

陀螺，主要是布依族男子的民间体育和娱乐活动项目，成年人一般都在节日期间玩，儿童在节日、秋、冬、春季节玩。陀螺，对打时可以 2～10 人不限，但必须是偶数。打时要旋转久、打得准，击中后还要赛旋转，既要击中、又要转赢才算为胜。比赛时还要划界线，不得超越界线打击。

陀螺分尖头陀螺和平头陀螺两类。尖头陀螺多为小孩玩，平头陀螺多为成年人玩。尖头陀螺，一般长 12～13 厘米，直径 6～7 厘米，用坚硬而重的木料制作，着地的一端为螺形，顶端似尖头帽，使用时以线由帽檐下开始缠绕至螺腰，一端缠于右手二指，用力猛抛出去又往后拉线，使陀螺在预定的地点旋转。

平头陀螺，下端为螺锥形，上端是平的，使用时有一条长约 300 厘米的软绳，将其一端拴在长约 30 厘米的棍头上，将另一端绕在螺腰，绳绕完后，右手叉在棍和螺的结合部，陀螺在手心，左手拿棍，右手将陀螺抛出后用力拉绳，陀螺着地旋转。

（八）水枪

布依族有水家、水户之称，玩水为乐也是布依族的习俗之一，有时以打水枪为乐，插秧还有打水架的习俗。水枪是用吊竹制作，制作时取竹龄老、节长的竹子，一端留节，一端去节，用竹锥将节端的中央锥一小孔，取竹棍一根，并在竹棍的一端裹拴棉布，大小与竹筒的内直径相等。使用时将留竹节锥孔的一端插入水中吸水，水吸满后瞄准目标快推竹棍，竹筒中的水向目标喷出，射程一般都有20~30米远。儿童喜爱以水枪对射为乐。

（九）弓箭

弓箭，制作时取老吊竹剖开，削成竹片，长约50厘米，宽约2厘米，并在竹片两端钻孔做弓，用韧性强的麻线做弦，用芭茅杆作箭，制作箭头，箭头长约3~4厘米，直径约1厘米，主要用于射鸟和射靶比赛，以射得准为胜。①

二 现代体育

新中国成立以来，布依族体育事业同其他事业一样得到发展，尤其是学校内的新式现代学校体育项目得到普及。1953~1966年，文教科在布依族地区的学校中开展篮球、康乐球、乒乓球、田径、跳高、跳远等体育项目活动，使布依族学生和其他民族学生一样得到锻炼。20世纪60年代以后，有的村寨增加了篮球和羽毛球项目。

同时，一批布依族青少年在现代体育中逐步成长起

---

① 《云南河口布依族文化》，第96~99页。

来，成为体育战线上的骨干和生力军。例如：河口县第二中学体育教师王成仙毕业于建水民族师范体育班；罗宗文毕业于河口县职高体育班，现在河口县老汪山小学任体育教师。

第六章　婚姻家庭

第一节　婚丧习俗

一　婚姻

婚姻是人生中的一件大事，老汪山村的布依族对婚姻极为重视。但在中华人民共和国成立前，受宗法礼教根深蒂固的影响，婚姻制度采取的是封建包办，多是父母替儿女做主，男女青年必须服从。在这种情况下，当然谈不上征求当事人的意见。但也有冲破封建礼教束缚自由恋爱，然后征得父母同意操办婚礼的。无论是哪种形式都必须请媒，媒人是主人的代表，按主人的意图行事。今天，随着《婚姻法》的宣传和教育，再加上布依族女子地位的提高，青年男女一般是自由恋爱，然后由父母操办婚礼。

在婚姻制度的演变过程中，布依族也意识到近亲结婚的危害，所以，老汪山村布依族自迁徙到河口就有同宗不通婚的习俗，异姓亲戚中不同辈分也不能通婚。据老汪山老一代村民回忆，在1956年以前，布依族中存在"姑舅表婚"和"两换亲"的习俗，"姑舅表婚"即姑妈家的儿子或女儿与舅家的女儿或儿子结亲；"两换亲"即姑妈家的女儿嫁舅家的儿子，舅家的女儿嫁姑妈家的儿子，双方对换。此外，还有"背带亲"的习俗，当地汉族称之为"娃娃亲"，即小孩子在三四岁时候，就由父母包办说定亲事，待到十五六岁才结婚。在调查中，一些布依族夫妻就是通过以上形式结合成新家庭的。

　　但今天，青年人已经不受传统的影响，更向往自由恋爱，追求幸福生活。布依族的自由婚姻，多数是通过"浪哨"来实现的，即利用赶集、节日、参加别人的婚礼、串寨的机会对歌。姑娘中意小伙子，会千方百计寻找机会对歌；小伙子中意姑娘，则与父母商议请媒说亲。对歌择偶与封建包办相比，更能使双方找到自己的知心爱人，婚姻一般也很幸福。当然任何事物都必须有个"度"，这种自由并非绝对的超自然的自由，而是必须遵守一定的乡规民约。如布依族青年男女对歌选择的地点必须是向阳不背阴处，两者之间要讲究一定的距离，语言上互相尊敬，行为规矩。

　　青年男女一旦选择了自己的知心人，经过多次的相会，相互爱慕时，他们可以公开地把自己的心愿倾诉于父母，父母就会请媒人前去提亲。媒人分小脚媒和大媒，做媒不收钱，是义务。小脚媒只需一个女人，即在请大媒之前，先请一个小脚媒去询问姑娘母亲是否同意这门亲事，如果同意才请大媒去说亲。大媒一定要请两女或两男，条件是身体健康、能说会道、五官端正、夫妻健在、儿女双全的人，不能请寡妇或光棍汉做媒。问亲一般都要行媒四次。行第一次媒，对方只能表态同意与否；第二次行媒，女方提出礼金数量；第三次行媒，媒人回去将女方提出的礼金数反馈给主人，主人又将意见告知媒人，主媒共同商定礼金，又反馈给女方；第四次行媒是向女方报结婚日期。20

世纪 90 年代，礼金一般要一套银首饰，价值 2000 元；8～10 套民族衣服，价值约 1500 元；猪、鸡、酒，价值约 1500 元。今天，受周边一些民族的影响，布依族结婚的花费越来越大，已经超出人们的承受力，费用多达 3 万元左右。对于刚刚实现温饱的布依族人来说，这是相当大的一笔费用。仅仅为了展示婚礼那天的"荣华富贵"而向男方要求天价的礼金，致使男方为了筹足这笔彩金可能耗掉全部家产，甚至会因此欠下一大笔债，从而影响婚后的生活。

老汪山村布依族的婚庆非常热闹。我们在调研期间，并没有遇到举办婚庆活动的布依族人家，只是在老汪山村办公室遇到乡文化站站长熊艳，她具体给我们介绍了整个过程。布依族的婚席一般举办三天，首日称"拢帮忙"，做饭菜、摆碗筷的人集中搬运餐具、杀猪等。由"过礼队"吹唢呐送运衣服、猪、鸡、酒去女方家，押礼先生和媒人一同去，女方验收礼金后，又将陪嫁物连同男方的银首饰、衣服一起由押礼先生和媒人一一作记录，装入箱柜上锁，运回男方家，并在男方家公开摆出来给亲戚看。次日，才组织接亲队去接亲，接亲队由两男两女四个未婚青年、两个唢呐匠、两个接客去接新娘（唢呐的作用一是增加热闹气氛，二是起通信作用，女方听到唢呐声，即做接待准备，男方听到唢呐声，新郎穿婚服站于堂屋等待新娘进去磕头）。四个未婚男女青年的任务是接新娘，两位接客必须是懂礼节的中年妇女，负责请女方最亲的亲戚来男方家做客。过去接新娘有三种形式，男方富裕者抬轿（现改为坐车），男方不富裕者骑马，贫穷者步行。无论是哪种形式都是双方预先商定的。婚俗中有五条礼规：

（1）新郎不去接新娘；

（2）新娘接到时必须在大门外举行退车马仪式；

（3）新郎和新娘磕头时，男方的直系亲属要回避，堂屋忌放铁器；

（4）拜堂时，只拜天地和家神，不拜父母，夫妻也不对拜；

（5）结婚之日，夫妻不能同房，须由伴娘陪新娘宿夜。

布依族婚后有"不落夫家"的习俗。婚夜由伴娘陪新娘宿，夫妻不同房，散客之日亦返娘家，节日、农忙期间以及丈夫或公婆生病才去接来，直到新娘身怀有孕才来坐家，一般都需要3~5年。虽然如此，有父母的监督，严禁有婚外恋，孩子绝对是丈夫的。

如果夫家属多子家庭，妻子坐家之后，夫妻二人要另立锅灶，分家独立生活，如果弟弟还未成年的可多待几年再分灶。一般分家时，已婚者分的财产最少，因还要考虑老人的抚养、弟弟结婚时的开支。按惯例老人都是与最小的儿子居住，由小儿子负责送终。新中国成立前，如果兄婚后死亡弟未婚，可以将嫂转房给弟弟，弟弟死亡不可将弟媳转给兄。另外如果儿子死亡，公婆也可将儿媳当姑娘出嫁。无嗣户可以招婿，招婿的礼物不多收，婿从妻姓，按妻的字辈排名，三代后转祖，恢复姓氏，但顶两姓。

布依族重视家庭，珍惜婚姻，婚后夫妻相敬如宾，在布依族村寨离婚率很低。布依族历来把离婚视为不光彩、不吉利的事。过去离婚均由族中老人或亲戚朋友调解，出具离婚字据生效。现在均由乡政府民政办调解，调解失败则由人民法院判决。

布依族的家庭多是一夫一妻制的小家庭，在未实行计划生育前，只要有两个儿子以上的家庭，婚后有了小孩都

要分家。家庭中三代同堂的多，四代同堂的少。布依族家庭过去有一种好的风气，即兄死嫂出嫁，其儿女由叔抚养成人成婚；弟死弟媳出嫁，其儿女由伯父抚养成人成婚。①

二　生育

(一) 生育

布依族女孩子结婚生育都比较早。在过去，由于不重视对女孩子的教育，她们很少读书或者仅仅读完小学后就待在家，待到一定年龄就谈婚论嫁。由此，布依族妇女生育年龄也比较早，这是不利于布依族女性健康成长的。现在，布依族妇女读书识字，积极参与社会、生产活动，社会地位大大提高，早婚早育现象已经很少。但由于生活的贫穷和人们观念的落后，在老汪山村依然有年龄很小就结婚并生育的布依族女孩子（见图 6-1）。

图 6-1　早婚的布依族母亲

布依族的生育观念，旧时代有重男轻女的思想。没有生儿子就要修阴功做好事，不会生育，就夫妻双双去烧香焚纸拜菩萨。如果妻子生儿子，就告诉别人是"读书的"或是"放牛的"；如果生女儿就说是"讨菜的"。女孩子一般被剥夺接受教育的权利，只能在家洗衣、做饭、挑水、砍柴、割草及在田间劳动，上学是

① 本节部分内容由采访和参阅《云南河口布依族文化》整理所得。

男孩的权利。若无子，可招婿上门，但在女方家里地位比较低，易受人歧视，民间有句俗语说："招姑爷耍把戏，抱养儿子大淘气。"另外，布依族也认为怀孕的妇女总有鬼缠身，有人结婚不能去接亲，新郎新娘拜堂时孕妇不能在堂屋，平时不去串客。如果难产死亡，必须火化，实行火葬，去安埋的人要搞"水火炼度，过火坑"。意思是有恶鬼附身，要除掉附身的恶鬼。正常生产后，一个月之内旁人禁入产妇家，产妇也不能入别人家，还不能从别人家的房子旁走过，防止影子射入别人家的屋内。随着科学知识的普及，这种思想在20世纪90年代以后逐渐消除了。

布依族妇女生了小孩后，按本民族的习俗，亲戚朋友都要给产妇送礼以示祝贺。送礼必须送双数，如两包糖、二十元钱、两顶小帽子等。布依族认为，双数是一个喜庆、吉祥的数字。孕妇生孩子的第三天为"更三罕"，汉意即"吃三朝"，请最亲的宗族来吃饭，取名字。过去，如果妻子不会生儿子就纳妾。今天，随着计划生育工作的实施以及人们观念的改变，生男生女已经不再重要。由于女儿通常更孝顺，所以很多人家更喜欢生育女孩子。

（二）满月

小孩满一个月时，要吃"月米酒"，亲戚朋友带着礼物来祝贺，礼物有小孩衣服、布、大米、鸡蛋、鞋、帽。产妇的娘家除送大米、鸡蛋等礼物外，还特意送花背带。在摆下"月米酒"后，产妇会用娘家送的背带把孩子背到众宾客面前，宾客就会一边赞美背带的美丽精致，一边把最真挚的祝福送给新生的孩子。满月过后，布依族母亲就用这块背带背着孩子在田间地头开始忙碌了。

（三）周岁

布依族小孩子满一周岁时，父母要为其办周岁酒，这种酒席也要请客，不仅亲戚朋友要来祝贺，街坊邻居也前来帮忙道喜。酒席少则十多桌，多则三十多桌。邻居来帮做菜做饭，亲友来做客，送的礼物有衣服、裤子、帽子。宴席菜肴很是丰盛。在酒席开始之前，父母要让小孩"抓周"，即将笔、算盘、称等用具摆在面前，让小孩摸，若先摸笔就说明他爱读书，将来可以出人头地。其次，在小孩能吃食物时要开荤，在开荤前，小孩一律吃素，开荤后才能吃油。开荤时即用肉喂小孩，并限用猪肉、鸡肉。

（四）"保爷"

小孩三岁前，如果经常生病，父母就要给他寻找保护人，布依族人称之为"保爷"。寻找"保爷"有两种方法：一是择吉日在家等候，三天内第一个登门的人，请他做"保爷"，为小孩拴五色线、取一个名字，主人杀鸡请吃一餐饭；另一种是到路边杀鸡，预备酒肉，遇到穿扣纽扣衣服的男人过路即请为小孩拴五色线、取名，并就地就餐。如果有多人同行，由主人请其中扣纽扣的男人为"保爷"，其余人都请共餐。其小孩称"保爷"为亲爹，春节期间由父亲带着去亲爹家拜年。

（五）"搭桥"

布依族民间的"搭桥"是一种风俗。布依族认为，夫妻生育孩子多胎都在 20 天以内死亡，就要举行搭桥仪式。

搭桥即请先生来敲锣打鼓念经，在堂屋设神台香案，将楼板拆除一个大孔，用一匹长约十多米的白布，由房顶牵至神台香案处，又牵入房间的床上，神台桌上摆有祭品和五色糯米饭，由主家夫妻二人在房里坐于床上拉布，一位先生在房上拉着一只小狗，另一位先生在神台处念经，并在堂屋中大声问："天上的，是不是天狗吃某家的小孩?"提狗者在房上回答："是!"又说："把它放下来!"答："好!"这样重复三遍，即将小狗用绳子系着放下来，并将此狗固稳不让其逃跑。主人请一个光棍男子来背天狗，背天狗之人独自吃一桌菜饭，桌上摆八个小碗、八碗菜、八双筷子、一碗红绿鸡蛋，一箩三色糯米饭。八碗菜中有四碗肉，还另有一市斤酒。用餐毕，他将吃剩的饭菜、酒和碗筷全部装入背箩内，背着"天狗"，抬着主人送给的锄头就出发返回家，出发时，主人安排两人扛枪追赶，并向着空中打朝天炮，背天狗者不得扭头往后看，只能朝前走。打枪者追约100米远又返回主家就餐。背天狗者到了十字路上就掘坑将天狗活埋。其余物品全部背回其家中。

从搭桥之日起，这夫妻二人的房间实行封闭，除了他们之外，其他人一律不得入内。搭桥之日，大摆宴席，亲朋好友来做客。①

三　祝寿（也称做生）

老人到了60岁以后，其子女可为他们办高寿（布依族称为做生），嫁出门的妹子或姑娘请唢呐来庆贺。亲友带衣服、雄鸡、钱来祝贺。主人设宴款待。办高寿都是选择60岁、70岁、80岁、90岁、100岁时举办。

---

① 《云南河口布依族文化》，第25～26页。

四 丧葬

（一）仪式

老汪山村的布依族老人死亡时，都要接气、理发、洗澡、伸凉床。成年人死亡都要通知亲友，按入棺、停丧、散花、出殡、安葬等程序进行，富裕人家还要做斋。

老人生病时都由子女服侍，临终之时在旁的子女接气，即用衣袖接在嘴鼻处，待断气才缩手。这时点燃鞭炮报丧信。若死者是男性则须剃头，是女性则须梳头，然后洗尸更衣，换上新鞋袜。死者的衣服可穿3~5件，穿单不穿双，又在堂屋中央铺床，其床用200厘米长的木板，床架高40厘米，将死者抬于床上，此床称为凉床。多数人家停丧时，头朝神龛脚朝大门，有少数人家顺梁停，在死者身上搭衣禄线，有几岁搭几根，天地各搭一根。如有60岁就搭62根。搭衣禄线后，点一盏香油灯在凉床下，此灯称地龙灯，即死者的照明灯。死者的盖身布俗称盖脸布，由已出嫁的亲生女带来，若无亲生女可由侄女承担，数量不限，有多盖多有少盖少，但只能盖单不能盖双。这时祖宗牌位用土纸贴 X 形，意思是死者的灵魂不能占据活神位，所以要封门神和家神。死者的双脚要用糯米草拴捆，灵牌立在脚前，并煮一碗半生半熟的饭，一块两公斤重的肉置放于灵牌处祭献，即为死者的阴路食。

布依族实行土葬，没有公墓，通过看风水选中葬地，可能需要与别人更换土地。

1. 报丧

凡是成年以上的人亡故，都要向舅家和宗族报丧，让其来探望吊亲。来吊亲者，按班辈而论，凡属小辈都要戴孝。主孝是亲生儿子、儿媳、女儿、亲侄儿、亲侄媳等。孝布的长度亲疏有别，主孝腰间还束白布带和麻丝，麻丝表示麻烦寨邻来效力。凡是小字辈来吊唁都要在灵牌位处烧香、焚纸、磕头。

2. 入棺

棺木选用上土漆的杉树，棺用木姜树叶春成泥状拌糯米饭勾缝，用松香熔化倒入棺内晾干后，才将死者放入棺内封盖。入棺前放一点银子在死者口里，称含口银。入棺前棺底铺土纸，后放死者枕头，枕头内放大米和茅草，米是一个儿子放一碗，儿子多的用小碗，儿子少的用大碗。茅草用刀切成与枕头的长度相等，装入枕内，入棺须择吉时，燃鞭炮。入棺后还要做棺罩，棺罩前端书写丧联，上联写"亲存棺内儿存世"，下联写"××在阴子在阳"，横联是"孝当大事"。大门左右还要贴丧联。

3. 停丧　守灵　做斋

死者入棺后，请先生择吉日出殡，停丧期长的停月余，最短的停三天，特别忌土黄天下葬，所谓土黄天即从霜降的前三天开始计算，进出十八天。如果亡在土黄天要等出土后才能埋葬。重丧日和红沙日禁出丧，传说此时下葬会有人受伤或死亡。在停丧期间部分村邻好友夜间都会来参加守灵，停丧期不长的不下田劳动。若是停十日以上者可以下田劳动。临近出殡日期停止生产，请先生来做斋，做斋的长短视经济而定，富裕者做七天七夜，中等者三天三夜，贫者一天一夜或早起晚散，在做斋和未安埋之前，主人和先生都吃素，安埋过后举行开荤仪式才能吃油。并且在停丧期间，孝子们不得睡高床、坐高凳和上楼，认为睡

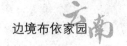

高床、坐高凳、上楼、吃荤都属不孝，将来会患神经病。

布依族先生做斋主要是依佛教而行。做斋七天七夜或三天三夜所用的书经有《金刚宝忏》、《南北斗经》、《关申九奏》、《关告土地》、《观音品经》、《上品经》、《报恩经》、《生神经》、《九幽经》、《烧香经》、《回熟造斗》、《血河经》。早起晚散的经书用《报恩经》、《慈灵》、《散灵》、《招花》、《买地》等。

4. 上祭

出殡日期确定后，通知亲友。出殡的前一天，丧家杀猪宰鸡，村中全部劳动力停止生产，全力以赴帮忙，主人任命一个总管，由总管对所有劳动力进行安排，任务到人，并用毛笔书写张榜公布，分为若干组，每一组都任命组长，一般分为丧葬组、采购组、饮食组、烧火组等。这一天，舅舅、姑表、姨表、女婿、侄女婿要来上祭。亲多之户多达十多个祭头，每个祭头有祭幡、金山、银山、金童玉女、祭盘、锣鼓队，有的还有花灯队。每队少者 8 人，多者 20人左右，祭幡上写字，但男女有别，亡者是女即写"泰水东流"，亡者是男即写"驾鹤登仙"，对亡者要用尊称，落上与祭者的亲戚关系和姓名。祭盘中摆三碗红色糯饭，一只熟全鸡，一块熟猪肉（称刀头），一碗红鸡蛋和两碗糖，人民币 100～200 元不等。有的女婿还拉羊或猪来祭。花灯队一般要表演四场，来到之时不休息，先在院内表演，后到堂屋停丧处表演，丧葬花灯词都是说亡者生前的艰苦奋斗、抚养子女的艰辛，音调凄凉，催人泪下。上祭的当天晚餐后，各祭头的锣鼓队打鼓约一小时，花灯接着表演。

5. 孝歌

散花即在上祭之日的夜间进行，并且是围棺而转。此仪式开始前，在丧家大门外屋檐内置桌一张，桌上撑伞遮着，用草席围三方，空的一方用长条凳接到灵牌处，凳上铺白布和土纸，灵柩上空拉一条线至门外的伞顶，将燃火的香悬空吊在线上，每隔20厘米一炷。并在围席桌上置祭品。这时，先生敲锣念开路经，孝男孝女跪在棺旁，时起时跪若干次。开路经念完之后，由先生唱散花经书，孝男孝女们跟着先生绕棺，称为散花。散花前，先生在灵牌处敲木鱼念词安慰死者。散花时用五色纸剪成各种各样的花装于筛中，灵牌前放一碗五谷，这样，先生边走边唱十二月季经书，孝男孝女随后跟，每转一圈贴一次棺面花，撮几颗粮放在空瓶里，十二月季经书唱毕时，花贴完，五谷撮完，即收悬空线、长条凳。散花结束收场后，亲戚朋友们来棺旁唱孝歌（即哭歌）。

布依族孝歌比较多，可唱几天几夜，但有时限，只能唱到夜里4时。早晨5时就将棺移至院子里停放，移出时要小心谨慎，不能碰着门，停稳之后须用毡子盖丧，不能见天，也不能沾露水，并将灵牌移至棺前。

6. 出殡

次日上午9时许，在灵牌处置桌一张，摆祭品，出发须择时辰，如是中午1时下葬，必须上午10时就餐，从11时开始出丧。就餐时由一人戴主孝逐桌下跪磕头，意思是请众人饭后帮忙送亡人上山安葬。

出丧时将一袋粮、一只雄鸡放于棺上，来八个男子汉抬丧，起丧时有一人手拿桃树枝，边拍打棺材边喊："生魂出！生魂出！"如此重复若干遍，孝子们跪在出丧路上，抬棺由他们身上越过，称为"搭桥"，并用一条布系在棺上由孝女在前面拉，称为"拉次"。出丧时由祭头在前，祭头是

按亲疏排顺序。若亡人是女，必将娘家的祭头排在前，亡人是男，必须以亲生女的祭头排在前。各祭头的锣鼓同时击，鞭炮同时鸣，排成一条长长的队伍。到途中还要在一平地上停丧绕棺，即先生念经带头走，孝子随后跟，围棺转圈，孝子跪在灵牌前请邻居一位女性老人梳头，绕棺后孝媳们立即返回家中抢石磨坐。抬丧者继续抬丧往坟地去。在未下葬前，棺不能着地，置于两条长凳上。

葬坑掘好之后，先生在坑中央用米点成八卦，并掏一个放碗的小坑放入一点银，再用碗盛水放入坑内，先生手提红色雄鸡一只，口中念经，边念边用鸡扫坑，接着用牙咬破鸡冠，以鸡血滴四方，然后将鸡放坑内，待鸡便后才让它走出坑（此鸡谁抢得谁要），这时抬棺下葬，将棺摆对象山，由先生抽生魂后，令亲生长子用后衣角兜三次土盖棺，众人才掏土埋葬。边掏土边砌坟石，并立墓门一块作为死者的大门供其出入，又立山神一座，男左女右。这时先生开始用祭品祭死者和山神，帮死者招山买地，敲锣念经，在坟周围点五方，埋五谷和鸡蛋，请土地神，烧地契给死者。返回家后，先生还要为孝家安慰家神，举行开荤仪式，这样，孝子们就可以吃油荤了。

7. 打花猫

布依族丧葬兴打花猫，即染黑脸。时间是埋葬死者堆毕坟土砌毕石后。染黑脸不是自染，而是男染女，女染男。即将锅底黑刮下，拌上猪油，用厚纸或小瓶装着，藏于身上，趁别人不防之时偷袭抹于脸上。打花猫还要论班辈，论对象，即表兄表妹、表姐表弟和无亲无故的同辈男女，可以互相追逐，可一群男的对一群女的，也可以一个男的对一个女的，到处是笑声和喝彩声，有的人被染得难以辨认。布依族认为人们追逐到什么地方，死者的地盘就到什么地方。

8. 烧五七

丧葬结束后，由安葬之日算起，每逢七天按祭献一次，共计五次等于三十五天，所以称为烧五七，即第七天的早晚各祭一次，祭时，烧香焚纸摆祭品，祭最后一次时，所有的孝男孝女都集中，无论是已嫁出门的姑娘还是分居住外村的亲生子和侄男侄女都要来，这一次的仪式比前四次的隆重，人也多，并且还要烧孝帕和吊魂索，每个孝男孝女都要喝石灰水，解除孝期。①

案例 6－1　民间原始宗教人士罗芝良简介

罗芝良（1914～1996），男，1914 年出生在云南省马关县杨茂松，1918 年迁老阴山，1923 年迁河口县老汪山半坡寨，1949 年前往越南董棕坡居住，1979 年由越南迁居河口县桥头乡马鞍田居住，1996 年去世。青少年时拜坪子寨王春安为师，学习做斋、打保福、搭桥、扫保寨、添粮、解关、过刀关、下火海、开红沙，主持丧葬、婚礼等仪式。他读过的经书有：《开经谱》、《悬帛》、《功课》、《散花》、《一品经》、《三品经》、《三元经》、《问法经》、《通用告回向》、《报恩忏》、《观音忏》、《救苦经》、《妙少经》、《灶王经》、《十千忏》、《引法同内》、《三元忏》、《三官忏》、《诸齐去云规》、《三品忏》、《丰都忏》、《资王法忏》、《偿车仪》、《开坛启教》、《请神法疏》、《立楼排兵》、《差兵遣将》、《定八卦搭桥》、《占七娘》、《造茅》、《祭茅》、《拜星

① 《云南河口布依族文化》，第 41～46 页。

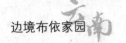

宿》、《回熟递保状》、《造斗宗》、《送神》、《堂安慰》等。经师傅考核度职合格发给证书。在布依族民间，经常被请去做各种仪式。

（二）丧教

老人去世，要举行散花仪式，由先生带着孝男孝女围绕棺木而行，时而下跪，时而行走，先生边敲锣边唱《二十四孝》对孝子们进行教育。散花过后，家人和亲友就唱《孝歌》。《孝歌》中有《十月怀胎》唱母亲怀胎、育养孩子的艰辛。亲友孝歌中有这么一段唱："知心父母古来多，养儿老来有着落。养儿不教父之过，养女不教母之错。小时若是不管教，大来你就管不着。"媳妇唱："我是儿媳来养你，你为何归阴不在阳。你把我当做亲生女，我把你当做亲生娘。你今归世我心痛，喊声妈来喊声娘。"这些歌谣对后代的教育很有意义。若有人不孝敬祖父母和父母，会受到左邻右舍的谴责，一般在分家时都要划出养老田、养老地，老人与谁居住（指儿子），就由谁负责安埋，养老田和养老地就归谁所有，安埋老人的费用不分摊给其他兄弟。

第二节　家庭构成

一　家庭

在老汪山村布依族家庭中，孝悌和睦是家庭成员的守则。但长久以来，"男尊女卑"的意识很突出，父亲是一家之主，有权支配一切。妇女在家族中的地位较低，家中有客人来，不能陪男客吃饭，甚至儿媳不与公婆同桌吃饭，公婆和丈夫在楼下时媳妇不能上楼,妇女衣物不能晾晒在路口,等等。男女感情不和,男方提出离婚时,只需家族寨老议决即可,而女方则无权提出离婚,故又有"男嫌女,一张纸,女嫌男,等到死"的俗语。

布依族家庭的劳动分工,主要按性别、年龄、体力等情况决定。男子是家中主要劳动力,一般耕田种地、兴修水利、运肥打谷及起房建屋等重体力劳动多由男子负担。女子也是重要劳动力,除从事担水、煮饭、饲养牲畜、纺纱织布、缝衣做鞋等家务劳动外,农忙季节也参加拔秧、插秧、锄草、施肥、割稻、收棉等农活。老人、小孩则承担放牛、割草及烧火、喂鸡等辅助性劳动,各尽所能,同心协力。

家庭结构多是三代人在一起的小家庭,一般五六口人。也有四代同堂的大家庭。父母对儿女有抚养、教育的义务,儿子对父母有赡养、安葬的职责,这是布依族的传统习惯。父亲去世后,长兄就是一家之主;分家时,除留给父母养老田外,要分给一份"长哥田",分房时大哥要住正房;族中处理什么问题都要征求长子的意见,故有"风吹吹大坡,有事找大哥"的俗语。分家后,父母大多跟随最小的儿子住,以便帮助照料家务,有的也乐意和自己喜爱的儿子一起居住。

布依族非常重视家庭,百分之九十的人家都有家谱,家谱字辈多者56个字,少者16个字,一般有28个字。如夹马石韦氏字辈为:"光明正大,应转朝堂,贤金毕显,永世荣昌"。顺着字辈往下开,由于各人结婚早晚不同的原因,七八代以后,有时会出现孙子有60岁、祖父才有10岁的现象。布依族只论字辈不论年龄,只要字辈相合就是一

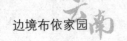

家人，即使相隔几十代都是一个家族，有了困难还要互相照顾。如果有外族的欺侮，本家族都出来示威。其次，还有一种"共得三十天"的说法，即在五代之内的堂弟兄，兄的妻子可以在弟家生孩子，弟的妻子可以在兄家生孩子。

二 亲属

对亲属的称谓，布依族由于与汉族的交往比较密切，所以在很大程度上受汉族的影响，但因布依族的婚姻习俗、家庭结构、民族风情与汉族有所不同，因此尽管借用了不少汉语的称谓，但在亲属称谓上也反映出与汉族不同的特点。

布依族的称谓（括号内为汉意，下同）：老祖（曾祖父、曾祖母），爷（父之父亲、父之叔、伯父），奶（父之母亲、父之叔、伯母），老爹（相隔五代的祖父），奶（相隔五代的祖母），公（母之父亲），婆（母之母亲），爹（父亲），妈（母亲），大爹（父之兄），大妈（父之嫂），姨（父之弟），婶（父之弟媳），爹（岳父），妈（岳母），爹（丈夫之父），妈（丈夫之母），哥（兄），嫂（兄之妻），呼其名（弟），呼其名（弟媳），亲爹（兄、弟之岳父），亲妈（兄、弟之岳母），舅爷（母之兄），舅妈（母之嫂），舅（母之弟），舅妈（母之弟媳），姑妈（父之姐），姑爹（父之姐夫），娘（父之妹），姑爹（父之妹夫），姨妈（母之姐），姨爹（母之姐夫），姨娘（母之妹），姨爹（母之妹夫），表哥表弟（姑妈的儿子），表姐表妹（姑妈的女儿），表哥表弟（姨妈的儿子），表姐表妹（姨妈的女儿），等等。

三　民居

如今河口县老汪山村布依族由于环境的变化，多依山傍水而居，海拔在 800～1100 米之间，最大的村寨有 50 多户，最小的村寨不到 10 户。

传统住房分为木结构干栏式吊脚楼、厦子式干栏楼房两种（见图 6-2）。干栏式吊脚楼分为两类：一类是楼下住人，楼上堆放粮食和杂物，安排未婚者的宿舍；另一类是一楼关牲畜，二楼住人和堆放粮食。人与牲畜住在一起，容易引发疾病，现在这类房子已经不多见。还有一类是厦子式干栏房，分为上下两层，上层堆粮和家具，下层一般都是三间，一间为宿舍，一间为磨房、厨房，中间为堂屋、神台，又是客厅。调研小组在调研中，征得主人同意，走进一布依人家，里面摆设比较简陋，房子的二层堆放着一些包谷和放稻谷的竹筐。门向，过去都要请先生择算，1990

图 6-2　老汪山村布依族房屋一瞥

年以后，有部分人已经不择算，依山形而定。大多数人家
选择靠山、面对流水的方向，主人卧室设在东方，楼梯设
在室内（见图6－3）。

图6－3　老汪山村布依族房屋内部一瞥

传统建房用木都是主人上山选择，原则是不弯曲、不
断尖，未遭过雷击的杉树。伐木和平整地基要择日。房架
的制作，少数人自做，多数人家是请木工。柱子分为中柱、
二柱、厦柱或吊脚柱。各根木柱的长短按物理比例切断、
刨光，按尺寸比例画线凿眼，穿梁木、木柱方斗架，木柱
立竖在平滑的石脚上，一幢房子一般立四排柱，组合成三
格，用刻好的木方扣稳加楔子，房架全部固定后上檩，檩
由媳妇娘家制作染成红色，吹唢呐送来。上檩时担一袋米
在其上，将一只雄鸡用酒灌醉，挂檩时用绳子往上吊，燃
鞭炮。上檩扣稳在柱头上，由木匠吟诗一首，然后撒梁粑，
梁粑用大米制作，染成红色，量约有数百个，每个约重200
克，其中制作两个大糯粑，每个约重3000克。撒梁粑时，

将上述梁粑背上房，先传来主人夫妇两人接大梁粑，然后将小梁粑从房架上往下撒，方向朝东南西北中轮着撒去，人们凭自己的力气快速去抢，谁抢得谁要，称为"撒梁粑"。立房之日，杀猪摆宴席，亲友们有的请唢呐，有的请花灯队，前来祝贺做客。

除此之外，布依族住房还有一种叫活树空中房。据家谱记载，清乾隆五十九年至清嘉庆十二年（1794～1807年），布依族由贵州迁来云南省时，这一带的森林覆盖率高，人烟稀少。常有虎、豹、熊、野猪、猴子、黄鼠狼、野狗、麂子、岩羊、獐子、花狸猫、刺猬等出没。特别是虎和豹，不但会捕食野生动物，而且还会捕食家畜，有时还会袭击人。先驱者为防止野兽袭击，就建盖了活树空中房，即在森林中选择恰当的地方，以活树为柱，在树腰盖房，成为一种空中楼，楼距地面约500厘米。人住在空中楼上，制作木梯或竹梯用来上下。

建盖方法，选择树稠密的地方，按距离留6棵活树为空中房支柱，将多余的树木砍伐，所留的活树木柱分为两排，每排三棵，又在各排活树距地面500厘米相等的部位固定横树一根，又用三根木料做牵梁固稳，然后抬上楼楞，在楼楞上铺竹掌笆，人在其上做饭、休息、放食物、铺床。用树或竹子将四周围固定，留门一道，房顶与普通房子相似，分为屋脊、脊檀、椽子，屋面盖竹瓦或茅草。

1990年以后，老汪山村有一部分富裕的布依族人已经不用木料，而是采用钢筋水泥建房，依山形打桩而定，房屋功能结构与汉族大体相同。①

---

① 《云南河口布依族文化》，第15～19页。

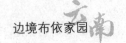
四 禁忌

(一) 禁忌习俗的特点

(1) 在长期的历史发展过程中，汉、布依、壮、傣等民族相互学习，相互影响，致使其禁忌有不少相似之处。

(2) 河口县老汪山村布依族人们深受长期与自然界抗争的影响，大部分禁忌来源于对山区经常发生的风、雨、雷、电、冰雹、霜、雪、山洪等无法理解和战胜的自然现象、灾害以及瘟疫疾病的恐惧和驾驭愿望。

(3) 保护自然环境，保持生态平衡。例如，忌砍村寨周围的树林、在龙山与山神及坟旁禁大小便等都对保护自然环境、保持生态平衡有积极的意义。

(4) 部分禁忌反映了老汪山村布依族人们的美好理想和共同愿望。侨乡人们勤劳勇敢、追求幸福生活，热切盼望人间平等、团结、美满的心理特点在禁忌中都有一再体现。

(5) 众多忌讳是要求人们生活"循规蹈矩"和思想统一的意识体现。禁忌最基本的东西都包含着人们对美好事物的向往和对丑恶事物的忌讳，这与要求人们生活"循规蹈矩"和思想统一是一致的。

(6) 老汪山村布依族人们禁忌种类齐全、名目繁多，涉及生产、生活、爱情、婚姻、为人处世等各方面。

(二) 禁忌习俗的内容

1. 生活方面

老汪山村布依族人们禁忌习俗中，包括许多日常生活

132

中"不能做什么"、"能做什么"、"怎样去做"等一些禁忌习俗。如节日生活方面的禁忌：除夕忌食辣椒；正月初一禁开箱柜、串家、扫地、做针线活、动土、梳头；正月初一和十五上午禁吃油荤；正月初一至初三禁米下锅（除夕需煮年庚饭）；正月初一至十五禁推磨、碓舂，住房周围禁晒衣服，禁借物；神龛上禁放中草药、桐油；扫保寨三天内禁外寨人入村，禁水火出寨。

2. 生产方面

老汪山村布依族人们从事山地农耕，涉及生产方面的禁忌也浩繁多样，如正月、二月禁酉（鸡）日、亥（狗）日下种；家里屋出时禁扛锄；村寨内禁人用牛拖犁过村寨中；牛、马、猪等禁入他人宅内等。

3. 礼仪方面

老汪山村布依族人们非常懂得礼貌，尤其对长者，走路要让长者先行，说话要让长者先说，座位要让长者先坐，对长者说话皆用敬语；儿媳房间，公公及其他男人禁入内；唱情歌男回避母、姐，女回避父、叔、伯、兄；外来夫妇禁在主家同房等。

4. 婚姻方面

老汪山村布依族人们一般以传统婚姻方式为主流，实行一夫一妻制，严禁同宗婚配，奉行"父母之命，媒妁之言"，早恋早婚，禁止三代以内的近亲结婚，同时一些婚姻风俗也吸纳周边民族的部分观念和方式。

5. 生育方面

老汪山村布依族人们非常重视生育，重视繁衍后代，因此，在这方面也有许多禁忌习俗。如禁本家人在自己家中唱情歌；农历三月至八月禁结婚（防止结婚之日打

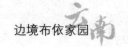

雷）；产妇禁上楼，禁串家，禁在娘家生孩子；家有产妇，一月之内禁外人入宅。

6. 丧葬方面

老汪山村布依族人们普遍信仰以万物有灵为核心的原婚宗教，自然崇拜、祖先崇拜和灵魂观念构成信仰的主要内容，认为天、地、山、水、风、雷、雨、电、地震、日食、月食、冰雹和人类自身的生老病死现象为神灵所主宰，一年间固定的宗教祭祀活动主要有祭祖先神等。如未出嫁的姑娘死亡，禁从大门抬出；父母死亡未出丧前，禁坐高凳、睡高床、食油荤；在村外死的人禁抬入寨内。

（三）禁忌习俗的功能

（1）具有法律的警示、扼制、保护功能。无论何类禁忌，都在提醒人们从事生产劳动、婚姻丧葬、祭祀仪式时必须小心行事，千万不能乱来。它就像一个危险的符号随时指令人们的行动模式，警戒人们采取禁止、回避的方式，尽量不与某些危险的事物相冲突或者发生接触，要适当作妥协、让步，否则将导致灾难，受到报应和惩罚。

（2）具有法律的惩罚功能。各种被禁止的行为向人们设置了无数警戒线，虽然没有任何形式和公告，却没有人可以逃脱它。如有违反，就必须付出代价，遭到惩罚。

（3）具有法律的社会协调、整合功能。禁忌作为一种较低级的社会控制形式，是一种约束面最广的社会行为规范。从吃穿住行到心理活动，从行为到语言，人们都自觉地遵从禁忌的命令。禁忌像一只看不见的手，暗中支配着人们的行为，起着一种社会协调、整合的功能作用，从而有助于红河县侨乡人民社会关系以及社会秩序的建立和延续。

（4）具有调整人和社会的关系、维护公共秩序和社会秩序、保障私有财产不受侵犯的功能。如：忌近亲结婚，忌用凶器指人，忌坐门槛，忌在屋里煮蛇肉，等等。禁忌明确将人的行为划分为应当做的和不应当做的两类，从而在一个群体中建立起一定的秩序，使人们有规可循，有规必依，违规必究。

（5）具有严格两性道德规范和促进优生的功能。如男女之间、翁媳之间的禁忌。

（6）具有调整人与人之间民事关系的功能。

（7）具有传播和延续生活经验和生产知识的功能。禁忌在其发展的初期，并不仅仅是纯粹的迷信活动，它更多地包含着先民们在漫长的岁月中所获得的生活、生产经验，以及对自然界和人类生命的初步认识。

老汪山村布依族人们的禁忌习俗是其政治、经济和文化生活的一种反映，同时又反过来对他们的社会、经济和文化生活产生了一定的影响。但是，一个民族的风俗习惯和禁忌不是一成不变的，它随着社会的进步和历史的发展，以及各民族的相互影响而不断发生变化，这种变化趋势肯定会向着科学、文明、进步和社会道德规范化的方向发展，而某些不利于社会生产发展、有碍人民群众正常生活的禁忌活动，也将逐步消失。

第三节 传统节日

一 概况

　　河口县桥头乡老汪山村布依族保持的传统节日主要有四月八牛王节、六月六等，受汉族主流文化的影响，也过春节、正月十五、二月二、清明、端午节、七月半等节日，布依族在节假日表演的"唢呐表演"和"唢呐抬碗"很有名。

　　此外，老汪山村委会境内的石岩脚村傣族（俗称"摆依"，当地名称有叫红、白两种"摆依"）也过自己的传统节日，石岩脚傣族的"红摆依武术表演"在县、乡两级非常有名；其他村寨的苗族也过自己的传统节日，喜欢用竹筒敬酒，如"花山节"，花山场内的"打鸡毛毽"、"斗鸡"、"斗鸟"、"对歌"等节目也很吸引人。

二 老汪山村布依族的主要节日

（一）四月八牛王节

　　四月八即夏历四月八日，此节是由贵州带来的传统节日，四月八的名称各地称呼不一，老汪山村布依族称为牛王节。节日这一天，家家户户都染五色糯饭和红绿鸡蛋，杀鸡宰鸭，煮猪脚，将牛身洗净，祭祖、祭牛王，并用一束青草包五色糯饭喂牛，让牛休息一天，表示对牛的慰劳。节日期间，青年男女成群结队上山对歌。

　　关于牛王节有一种传说。古时候布依族没有牛犁田耙地，耕田种地靠人一锄一锄地挖，又累，工效又低。一天，一位上年岁的老人说："要是有什么来代替人拉犁拖耙该多好啊，我们就不会这么苦了！"一位 13 岁的男童阿牛听后觉得很有道理，就天天动脑筋想办法，究竟有何动物力气又大，又可以驯化为人出力，并且只吃草不吃肉呢？他想了几天，把山上所有见过的大动物都分析过了：老虎力气大，但只吃肉不吃草，个头又矮又凶猛；野马是吃草的，但是走得太快，脚又细力气不够大。最后，见野牛只会吃草，走路又慢，也比较温顺，所以决定选择牛来驯化为人代劳。可是他上山去找到野牛，却无法拉回来，找了 5 个青年男子去都拉不回来。于是阿牛决定去寻找驯牛的方法，可是没有人能说得出来。有一天，他在一口水井边看见一面铜鼓，连敲了几下，鼓声传到了天上，天王就出来问："阿牛，你想做什么？"阿牛说："我想让天王赐教驯牛的方法，驯化以后用它来为人犁田耙地。"天王说："你在山上支套索，套着牛后邀约 10 个男子汉把它绊倒在地，用索子穿它的鼻子拴在树上，天天割草喂它，使它知道人是善良的，它就会顺从，人就可以任意摆布它了。"阿牛到山上找到一头健壮的大牯牛，照着天王说的去做，牛果真被阿牛征服了，阿牛用牛犁田的消息很快就传出方圆几百里，一个叫纳达王的头人要买阿牛的牛，阿牛不卖，纳达王说："我要你 10 天把我家的田全部犁耙完，如果你犁耙不完，我就要这头牛。"阿牛才 8 天就把纳达王的田犁耙完了。那天恰巧是夏历四月初八。纳达王很敬佩阿牛的大牯牛，并称那牛为牛王，将牛洗干净，染五色糯饭和红绿鸡蛋、杀鸡宰鸭庆贺阿牛，并邀请周围的布依族村民来做客。从那时起，人们都学阿牛去山上套野牛来驯化犁田耙地，每年

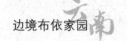

夏历四月初八都染五色糯饭和红绿鸡蛋来纪念牛王。

还有一个传说。相传古时候布依族在一次抗暴斗争中，义军转入山林时，路上干旱缺水，许多人都因口渴倒下了。于是，义军将一头驮伤员的水牛放去寻找水源。后来，水牛找到水救了布依族义军，使义军反败为胜，于是布依族称那头牛为牛王。这一天正是夏历四月初八，为了纪念牛王，此后每年这一天布依族都过牛王节。

此外，还有传说四月初八是牛的生日，故牛王节又有神牛节、牧童节、开秧节等说法。

在老汪山村，由于地势原因并没有专门的节日活动场地。当地政府为了让布依族群众过好自己的民族节日，在桥头的老董下寨专门投资修建活动场地。2004 年，在桥头乡组织布依族牛王节活动，来观看表演的群众有近万人。

（二）六月六节

即夏历六月初六祭田公与地母。节日之际，染黄、红、紫、绿、青五色糯饭，杀鸡宰鸭，在田边搭祭台，以鸡、鸭、猪肉、饭、酒祭田，同时在稻田里插秧标。祭稻田后，又回家祭家神，祭毕，全家人团聚就节日餐。还有的说六月六是祭天王神的节日。

传说远古洪荒年代，天上、人间、地狱都可以通婚。布依族寨里有一个凉水井，可通地下十二层龙宫。一天，一个名唤六六的人去井边打水洗菜，发现水里游来一只浩岜鸟（布依族称大白虾），就把它带回家放在水缸里。这天晚上六六梦见天上的月神婆下凡到人间寻找她失落的月亮公主，清早，六六下田做活，边劳动边想，昨晚做的梦是否与自己带回家的浩岜鸟有关呢？于是六六放下手中的活，立即赶回家。到了家里，见一个漂亮姑娘在为他做饭，六六说："你是哪家的表姐，为哪样来帮我做饭？"姑娘说："昨晚你不是梦见我妈来找我了？"六六惊诧地说："啊！你是月亮公主？"后来，月亮公主和六六相爱成亲，一年后生了一个儿子。这个儿子聪明过人，他三天就会说话，七天就会走路，十天就会放牧。左邻右舍都把他称作天王。

六六娶月亮公主做妻子的消息传到了国王的耳朵里，国王想娶她做第九个妻子，于是就派大臣带领一帮武士去抢月亮公主。六六砍柴回家不见妻子，儿子对他说："妈妈被恶人抢走了。"六六去找妻子，到河边遇一白发老翁，就问："公公，你见到几个男人抢走一个女人没有？"老翁说："我看到几个男人推一个女人到河边，那女人含一口水喷上天，大河水猛涨，天上出现一道彩虹，那几个男人被水卷入大河里淹死了，那女人乘着彩虹上天了。"六六赶到河边，看见月亮公主的飘带掉在河边，当他捡起来看时，自己随即飘了起来，他就上天去找月亮公主了。

后来，一个名叫然苏的土官来霸占六六的良田，趁天王挑水不备之机，用铁锅将天王沉入井底。过了几天，又见天王在塘子里洗澡，土官又派人去将天王拴起来，拴在嘎金弯的一块大石头上，想让他在夜里被老虎吃掉。可是，过了几天又见天王在田里插秧。土官又派人把天王绑在树上，后来又被寨里的好心人放走了。天王说："到六月初六你们在稻田里插秧标，一定要记住。"过了两天，月亮公主下凡将天王接上天。到了六月初六那天，家家户户都在稻田里插秧标。天王派许多蝗虫下界，土官的稻田未插秧标，全部被蝗虫吃光。从那时起，每年六月初六布依族都要祭田公与地母，在水稻田里插秧标，防水稻受虫灾。

（三）二月二

即时间为夏历二月初二，也叫二月忌工。正月三十日祭龙，先确定森林中的一棵巨树为龙树，每年正月三十都要买猪到那里杀，祭龙树。祭龙的当天，全村每户去一名男人聚餐，制定护林、防盗、防抢劫、防牛马吃庄稼等村规民约。祭龙后忌工三天，二月初二去祭山神，全村每户去一男子掌家人，有的拿猪肉、有的拿鸡肉到山神那里去煮，祭山神后聚餐。二月二节主食面粑粑。

（四）三月三

三月三是清明节，要染三色糯饭，杀鸡、炒腊肉祭祖，白天上山芟祖坟草，插坟标，称为挂清。挂清，要确定在一个古老的坟墓旁杀鸡煮肉，以糯饭、酒肉祭献。家人家族都在坟旁聚餐。

（五）春节

春节布依族称过年，此节日非常隆重。筹备近一个月，要砍年柴，缝新衣服，杀猪，舂饵块粑、糯米粑，少者舂100斤大米，多者舂200斤大米。备够15天吃的大米，正月十五前不得舂碓推磨。

腊月二十四日打扫屋内屋外的卫生，称扫阳春，腊月三十要打扫屋外的卫生。除夕称三十夜，三十夜要煮年庚饭、长菜祭家神。当天晚上要洗澡，换新衣服，烧一棵大柴，称三十夜的火老母。正月初一早上寅时开财门，开财门时是两人对话，一人在门外，一人在门内。正月初一上午吃素，并用素祭神，下午才吃油荤。初二早上天未亮之前要"打牙祭"即祭家神。用一只冠又红又大的雄鸡，拿在手上拜家神、门神和天神，口中念念有词，念后杀鸡。

春节期间的娱乐活动，年轻人上山对歌，小孩和中年人打陀螺、打秋。春节期间村村寨寨都制作轱辘秋和夹板秋。

正月十五，停止生产一天，中老年人休息，青年人上山对歌，小孩去看热闹。餐饮，上午吃素，以素祭神，下午吃荤，以荤祭神。

（六）新米节

此节不定期、不统一，各户各自安排。水稻在八成熟时适量收割回家脱粒，晒干加工大米，吃第一餐新米饭称新米节，这一餐饭，必须杀鸡祭祀家神，就餐时先以新米饭喂狗。传说古时候水稻种子是狗带回来的，所以，吃第一餐新米要先喂狗。

（七）其他

端午节，过法与汉族大同小异。

七月半，此节过两天，有的过七月十二、十三，有的过十三、十四。第一天做豆腐、杀猪（一寨杀 1 ~ 2 头）。第二天早晚各祭祖一次，到晚上九点到十点钟送祖，这时以酒肉饭第三次祭祖公，并同时在院坝遍地插香，泼水饭给野鬼吃。①

---

① 《云南河口布依族文化》，第 19 ~ 23 页。

第七章 民族与宗教

第一节 世居民族

一 世居民族概况

老汪山村下辖 16 个村民小组，农户 460 户，人口 2061 人。世居民族除汉族、布依族外，主要民族有傣族、壮族、彝族、苗族等，少数民族人口占总人口数的 86%。其中布依族人口 1092 人，占全村总人口数的 52.6%；汉族 288 人，占 14%；傣族 454 人，占 21.9%；苗族 62 人，占 3%；其他民族 165 人，占 8%（见图 7 - 1）。老汪山村的布依族占全村人口的一半以上，是一个以布依族为主的村寨。布依族主要聚居在坪子寨、歇

图 7 - 1　石岩脚苗族妇女

场坡、大竹棚、马鞍田、老刘冲等村寨。布依族原来有自己的语言，由于迁来时间已有200多年，人口少，与其他民族通婚和杂居等原因致使民族语言失传，现在河口县布依族所用语言是带有布依族语言腔调的汉语。布依族无文字，但有摩公文①，可是不通用。

傣族也是老汪山主体民族之一，主要生活在石岩脚和白泥寨村寨，也有部分分散在其余15个村民小组，共454人。老汪山石岩脚傣族与同一语族的壮族、侗族、水族、布依族、黎族同源于古代的"百越"，以"文身断发"为共同习俗，而又相互杂处，"各有种姓"。秦汉时期傣族先民就已经生息在红河地区，居住在河口县桥头乡傣族至今仍自称"傣"，他称"红傣"、"黑傣"。

傣族为最早居住河口的民族之一，因红河经常泛滥成灾西迁。据当地傣族人介绍说，现在分布在桥头的傣族多是乾隆五年自阿迷州土老寨和开化府的马塘、麻栗坡、那岭冲、田湾、老头寨等处迁来的。嘉庆七年，桥头募捐"公安桥"，功德碑上刻有傣族19人。主要姓氏有刀、白、陶、董、柏、张、李、王等，语言属于汉藏语系壮侗语族傣族支。② 傣族实行一夫一妻制的个体家庭，家族中一般有父母和子女两代，也有祖孙三代同堂的。儿女长大结婚以后，便与父母分居另立家庭。父母大多随幼子或幼女同住，家庭财产由幼子（女）继承，幼子（女）负责赡养父母；已分居的儿女也可以得到部分财产，数量很少。家庭中男女平等，经济独立，妇女在结婚前就开始有个人积蓄，结

---

① 巫师祭祀用的文字。
② 《河口县志》，第115页。

婚时带入男方家的财物，一旦离婚可以携带回娘家；男方到女方家上门期间，若夫妻关系破裂，男子也可以搬着自己的东西回父母处。寡妇可以改嫁，也可以招男子上门。如果男方离家数月没有音信，女方可以另找配偶。夫妇一方死去，不管年纪多大，对方都要办离婚手续，手续简单，将一对蜡烛放在亡者棺上，即表示与死者离异。傣族禁忌很多。诸如男人所用衣物和工具妇女不得跨过；媳妇不能与公公、叔伯直接传递东西，必须传递时，媳妇要把传递的物品放在桌上或适当的地方，再请公公、叔伯去取；男女相遇，女的让路于下方；路遇公婆，媳妇要把裙子拉紧躬身让路；祭龙时，外族人不能参加祭典；参加祭典者不能抽烟，不得讲外族话，不得作农活，不得带一枝一叶进村寨；住房正中的柱子不能靠。石岩脚傣族绝大部分崇拜鬼神和祖先，认为人世间的一切物品都有灵魂，普遍崇拜龙树、龙神、水神、天神、地神、寨神等，对诸神都要定期祭祀，祈求保佑吉泰平安。

汉族也是老汪山村主要民族之一，据乾隆《开化府志》记载，乾隆初年，河口县地区尚无汉族。乾隆后期，已经有部分汉人由于生计或别的原因迁居河口。据当地汉族人介绍，早些时候从古墓出土的一些碑刻中可以得知，至少在乾隆后期（乾隆五十年）已经有汉人从南京和四川等地进入云南开化府的逢春里（今河口老卡），但人数不多。晚清时期，刘永福黑旗军撤离中越边境过程中部分战士留了下来，他们很多是两广的汉族。滇越铁路修建时期和通车后，更多的汉人充作民夫或者经商来到这里，汉人逐渐增多。[①] 如

---

① 《河口县志》，第 121 页。

今，老汪山村汉族有 288 人，分布在老汪山、半坡、冷水沟、麻栗山等寨子里，占全村人口的 14%。

二　民族关系

河口县桥头乡老汪山村委会，是一个以布依族为主体，傣族、汉族等民族占少数的民族聚居区。在长期的经济和文化交往中，各族人民平等往来，相互帮助，民族关系融洽，很少有民族之间纷争和斗争，各族人民和平共处在脚下的土地上，热爱自己的家园。综而观之，其民族关系的主要特点体现在如下方面：

第一，老汪山村民族以布依族为主，其他民族傣族、汉族、壮族、彝族、苗族为辅；当地民风淳朴，人们安居乐业，所有村寨都很少发生偷盗、斗殴事件，社会治安良好。

第二，各少数民族"大杂居、小聚居"，和睦共处；老汪山各村寨、各民族之间和睦相处，很少发生民族之间的纷争，形成一种"我离不开你，你离不开我"的新型民族关系。

第三，随着时代的发展、各民族之间交流的频繁，各民族之间的通婚现象日益增多，民族融合速度加快。现在，在老汪山 16 个民族村寨中，没有一个是单一民族居住的。

第四，各民族之间传统的跨国婚姻在改革开放之后，尤其在中国与越南关系恢复正常以后，逐步恢复并呈现加速的趋势。由于中越边境两侧的民族很多是同源同宗，生活习俗相近，语言文字相同，跨境婚姻一直存在，这对增强两国人民感情和发展两国关系应该说是有益的。但跨境婚姻也存在一些棘手问题，诸如国家认同、子女国籍问题。

第五，目前仍面临越南难民问题的困扰。中越关系已经恢复正常近 20 年，但战争期间产生的难民问题依然存在，在老汪山村附近就有一个名叫"一八九"的难民村。由于没有中国国籍，难民接受教育和外出做工都受到诸多限制，生存条件比较困难。为了生计，很多难民被迫走上偷盗打劫的违法道路。近年来，老汪山发生的一些盗窃活动就与难民有关系。

第二节　宗教信仰

一　多神信仰

河口县桥头乡老汪山村布依族的信仰文化呈现出开放性与包容性相结合的特点，除原始的多神信仰外，还信奉道教、佛教。在老汪山村，几乎每户都供奉祖先牌位，家设灶神、门神、娘娘妈神等神位。

自然崇拜和鬼神观念，在布依族原始观念中占有十分重要的位置，信仰多神，崇拜自然物，其中以敬奉山神、水神、石神、树神最为普遍。布依族信奉多神教，这是由原始社会传下来的。原始社会的布依族先民，生产力低下，对自然现象不理解，有恐惧和崇拜的心理，对日月星辰、风雨雷电不认识，对自然灾害无法摆脱，由恐惧变为崇拜，认为万物有灵，高大的树木、奇形怪状的岩石、山泉、深潭等都被当做神来看待。所以，认为树有树神、山有山神等。他们甚至认为自然物与祖先有血缘关系，从而产生了图腾崇拜。直到今天，许多布依人家还供奉雷神、门神、灶神、龙王神等。相信龙脉风水，起房建屋、动工、上梁、婚丧、外出等要择"吉日"，人们遇上天灾人祸、疾病缠身等要请"摩公"打卦，并请"摩公"①退鬼。

布依族在家中祭土地神、门神、灶神、娘娘妈神。土地神设在神龛下，写有神位；灶神称灶君老爷；门神写门对。上述三种神祇每个节日都要焚香祭献。娘娘妈神是孩童神，有十二个，并设有牌位。布依族认为每个人的生母是阳间母亲，而娘娘妈神则是人的阴间母亲即阴妈，阴妈是儿童的保护神，不但每个节日都要祭献，而且凡小孩生病都要祭献。平时，小孩的父母骂小孩都必须注意，不得骂脏话、不吉利的话、歹话，不然，娘娘妈神听到后就会发怒不管小孩，孩子就会生病。若是小孩生病，就认为可能是得罪了娘娘妈神，就要焚香烧纸，以饭菜祭献作道歉，请保佑小孩安康。娘娘妈神一直祭到小孩 12 岁为止。

室外神，有厕神、山神、树神、田公地母。厕神，由正月初一至十五早晚都要烧香。山神即本境神，管寨中各户家畜家禽，有说山神老爷不开口，野猫不会拉鸡、虎豹不会进寨抬猪。除节日祭献外，每年夏历二月初二全村还要集中大祭一次。树神，即选定一片森林茂盛的地方为龙山，并在其中选一棵树龄长的巨树作为龙树，每年夏历正月三十日全村买一头猪在龙山宰杀祭龙聚餐，称为"吃龙"，吃龙过后，忌工三天，忌工期间，不允许在室外及田里动刀、动锄。地主富农都要执行。有的地方是三寨联合祭龙。田公地母，是每年夏历六月初六到田边祭献。

在与汉族的交往过程中，老汪山村布依族还在家中供奉祖先牌位，每家堂屋都供有祖先牌位或已故父母的灵牌，

① 摩公是布依族社会的神职人员，非常受人尊敬。

几乎家家户户供桌上都写有"天地国君师之位"牌位，以供祭奠，逢年过节要献饭祭"家神"。祖先牌位摆放之处被认为最神圣之处，不许外人触动，也不准置放杂物。受汉族的影响，老汪山村布依族还信奉汉族道教的一些神仙。在桥头乡另外一个同样以布依族为主的老董上寨发现的一本《打保符开坛书》中，所列举的神就有玉皇大帝、三清大道拾极高真神、敕封解斗母娘娘、下坛五猖兵马神、太白星君、文昌帝君、关胜帝君、山神、土地、灶君、姜子牙等。但在老汪山村寨中找不到一座寺庙，也没有专业的神职人员。

图7-2 老汪山布依人家供奉的
"天地国君师之位"牌位

除此之外，老汪山村布依族也信奉佛教。佛教信仰主要是在摩公的摩文化和丧葬中表现比较明显（见图7-2）。摩公，布依族称"先生"，他们识汉字，并能写一手较好的毛笔字。他们使用的经书有《金刚宝忏》、《南北斗经》、《关申九奏》、《观音品经》、《诸斋坛规》、《上品经》、《报恩经》、《生神经》、《九幽经》、《烧香经》、《回熟造斗》、《血河经》等。人死要为亡魂超度，平时不化斋，以信奉多神为主。摩公的活动有："开财门"、"叫魂"、"扫寨"、"添粮"、"打保福"、"搭桥"、"扫家"等。

二　仪式

河口县桥头乡老汪山村布依族多神信奉仪式主要有如下几种。

（一）扫寨

为了防病防灾，老汪山村布依族中还有"扫寨"的习俗，大约是在每年夏历二月择吉日举行。据当地老人介绍，很早的时候，布依族人的祖先遭受灾害的侵袭，全寨的青年男女就拿起武器，驱邪除魔，使山寨得到平安，村民们安居乐业。从此，为纪念祖先的英勇行动就有了扫寨的习俗。扫寨有各寨扫各寨的，也有若干寨子联合组织一起扫的。

扫寨时，寨子里的青年男子都要装扮成布依族武士，拿起刀枪，女子则装扮成女神，一家一户地驱扫，扫尽寨中的污秽，保佑风调雨顺村寨平安，驱除病魔灾害。以前，扫寨时还有先生念经送咒语，但现在扫寨仪式已经简略。扫毕，全队人马聚餐。

（二）扫家

过去，老汪山村布依族还有扫家的仪式。若自家屋基过去有人住过，并死过人，或者家里常有人生病、有夜游症，就必须扫家。扫家时要用荞面炒黄，晚餐后，由一人敲锣，先生念经，一人抬火把，一人撒荞面，荞面撒在火把上犹如火药燃烧，发出呼呼的声音，整幢房子的一楼都用这种方法去扫，不能遗漏，把瘟神驱赶出屋外，使家里清洁平安。由于烧死了一些细菌，加上心理作用，这种方

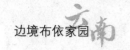

法确实会有一定效果。现在，由于生活条件不断改善，医疗水平不断提高，人们的思想观念得到了更新，扫家的人越来越少了。

（三）叫魂

布依族认为人是由躯体和魂魄组成，魂魄依附在躯体上，才能支撑人的生命。家里如果有人因跌跤、野兽吓着、恶人吓着、落水吓着，魂都会落，只要少了一个魂，人就会生病，气质就不好，脸色不正常，家人和亲戚都会追问被何东西吓着，并要为其叫魂。叫魂有两种方法，一种简易的方法是由家人抬一碗大米，米内放鸡蛋，手拿一炷燃火的香，到被吓着的地方喊魂，连续去喊三天，一天一次，每喊一次都要喊到家，喊魂人在途中遇人不得讲话。另一种方法，是请先生到家里念经、祭献，这种方法复杂。如果认为是花树歪或倒，就由先生念经扶正；如果认为是粮少，就添粮，请先生念经祭献，本村的好友、亲戚，甚至外村的亲友都带点粮来参加仪式，用微型小布袋若干个装粮吊在一棵取自家中的小竹上，然后插在病人的床头。

（四）开财门

布依族的开财门，分为大年初一开财门、立碑开财门、二月间开财门三种。

1. 大年初一开财门

大年初一开财门，即春节初一寅时许起床献神，此时开财门由两名男子配合进行，一青年男子在门外，一壮年男子在屋内，关闭大门，青年男子在门外敲喊："开门！开门！"屋内问："你是哪里来的人？"屋外答："干路也走，水路也来。"内问:"干路遇着哪样山,水路遇着哪样潭?"外答:"干路遇着九十九座山,水路遇着九十九个潭。"内打开大门,外抱吉祥物说:"大门大大开,金银财宝滚进来,滚进不滚出,滚进你家正堂屋。"将吉祥物置于堂屋中间,焚纸钱,燃鞭炮。

2. 立碑开财门

立碑开财门是为已死亡的父母或者祖父母打制刻字石碑,需大操大办,亲戚好友来庆贺,舅舅、姑姑、姨娘、女婿等亲戚到时请唢呐、花灯队抬祭品来,花灯队来到时首先在院子表演,然后到家里表演。表演时先将大门关闭,一人在大门外,若干人在屋内,内外对话,有唱有跳有对白,并有二胡、板胡伴奏。

3. 二月间开财门

二月间开财门是家庭财源不佳,猪鸡常遭瘟疫,为求财源广进、百依百顺、福气满门,就于农历二月择吉日开财门。

开财门要请先生(摩公)来进行,同时要请阴师(即已去世的每一代师傅),还要告知祖先,念经,背咒语,敲锣打鼓,点香烛,以酒、茶、饭、菜作祭品,书写财门联,上联:开过财门年年胜;下联:运转乾坤步步高;横批:广财喜进。并由先生吩咐男主人在大门内,另有一男子提长流水(到野外寻来的常年不断流之五条沟的水)在门外等候,家里关闭大门,提长流水者在外敲门:"我是天上来的财白星。"屋内打开大门,门外人提着流水边进屋边洒水,洒至神龛处又转身洒向大门,此时燃鞭炮。先生接着念咒语,其中一段说:"东方一朵白云起,西方一朵白云开。好年好月好时辰,玉皇大帝开财门。"此时将一只红色

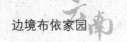

雄鸡冠咬出血，在门上点血，口中念："一点开门财源广流，二点门神财源广进。"之后，杀雄鸡拔干毛蘸水贴门、扫门、用120厘米长的红布画八卦钉在大门头上，用小土罐装五谷、一枚银子、五根针穿五根丝线入罐，再倒长流水在罐里，用红布封口，倒挂在门头上。罐内之水不会下流。然后封大门，三天内不得开，主人由小门进出，外人三天不得入内，若误入，要封红包给主人。

（五）摩文化

河口县布依族的摩文化有上刀山、过刀光、下火海、开红沙，尤其是上刀山堪称一绝。摩公做斋、打保福都要六个人合作。能独立指挥做斋七天七夜和打保福的亦为大先生，大先生都带有徒弟，徒弟跟师傅一般都要5～8年，甚至十多年才能成师。徒弟能独立操作大事时，得到师傅的认可后，要举行度职仪式，杀猪宰鸡大办两天，三亲六戚、亲朋好友来庆贺。度职者当众指挥敲锣打鼓、念经，由师傅发给证书。度职最精彩的一幕是上刀山，消息传出去后，十里以内的布依族和其他民族群众都来看热闹。上刀山时，在野外宽阔地带选择场地，置一把筛子在地上，筛内放石磨一盘，磨上立木杆，杆上嵌距离相等的36把锋利刀，刀口朝上，用3根稻草绳固稳木杆。度职者念经、念咒语、焚香烧纸后，将脚洗净，赤脚踩刀口往上爬，爬至杆顶时坐在上面念经，烧了文书才下刀山。下刀山时比上刀山还难，因要边下边拆刀背于身上，要将36把刀拆尽，拆刀时脚踩刀口上，又无保险带系在身上，个别胆小的观众会被吓得昏倒在地。民国时期一位叫罗福海的布依族先生度职上刀山，法国人看到了感到十分惊奇，万分佩服，当众给罗福海银子。可惜的是20世纪70年代时罗福海已去世。"文化大革命"时期上刀山、过刀关都被视为封建迷信，先生的道具、经书、打击乐都被没收。党的十一届三中全会以后，这些才慢慢得到恢复。但是一些老先生年事已高，未来得及培养徒弟就去世了。另外，摩公制作一套道具需要几千元，投资较大，没经费。因此，堪称一绝的布依族上刀山已失传。现在留存的摩文化只有"过刀关"、"下火海"、"开红沙"。

1. 过刀关

过刀关在布依族民间常有人举行，农村一些农户的小孩若经常生病，父母就去找先生瞧书（小孩本人不去），先生能说出小孩生病的时间和病情，并且说出是哪一类病，如果属于"犯刀关"，先生可以交代治病方法，同时许愿过刀关，病孩的父母回去照先生的吩咐去做，病果然好了，就择吉日过刀关。过刀关时杀鸡宰鸭祭献，念经敲打击乐，仪式在白天举行，程序分为请师作证、关师、封刀、上刀杆（过刀关）等。先生头戴鸡冠帽，腰系罗裙，手握师刀，口念咒语。全场由四人主持，一人敲打击乐，一人提鸡，一人跳唱，一人做助手。具体做法：选一根长4米的方木，按相等距离刻12个口，每个口嵌入一把钢刀，刀口露外朝天2~3厘米，两把刀的中间距离约3厘米（一市寸）。过刀关时置两条凳子在地上作支架，将刀杆置于凳上，刀口朝上，先生脱鞋洗脚，赤脚踩刀口走过去（左右脚都必须踩刀口），这样反复走三次，由主人抱着小孩走三转。这时，旁观者也可以去过刀关，但必须包红封给先生，多者5.60元，少者3.60元。先生保证过刀关者"不见红"（不受伤）。

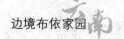

2. 开红沙

开红沙属摩文化,民间一般年龄 40 岁以上的人生病,反复不能治愈者,请先生看病,治愈后择吉日为其打保福。打保福要六个人,三人敲打击乐,两人念经,一人跳傩戏。打保福都在夜间举行,全过程需八小时才能完成,程序分为开坛启教、请神发疏、立楼排兵、差兵遣将、钉八卦(开红沙)、搭桥、占娘娘、造茅、祭茅、拜星宿、回熟递保状、造斗宗、送神、家堂安慰十四坛。其中第五坛钉八卦就是开红沙,时间约一小时,开红沙这一坛的步骤分为请师作证、祭水碗、师刀绕病人、点符章、点红封。开红沙时,先生将八卦放于桌上,然后将自己手腕置于八卦上,用一把普通刀尖将手腕肉皮戳穿,刀尖钉在八卦上,刀柄担于肩上跳舞,拔刀时流出少量鲜血,将血擦于符章上,称为点符章。刀不消毒,伤痕不需敷药,但是不会发炎,也不会得破伤风。先生经常这样做,除布依族外,汉族也经常请布依族摩公去打保福开红沙。做这样一场事的工钱,富者收 660 元,贫者收 360 元。村中许多人都来看热闹,帮忙,一般都要摆十多桌宴席。

3. 下火海

下火海先生称"水火炼度",这是布依族民间所谓有人死得不干净必须举行的仪式。人死得不干净指的是妇女死于月子里、生传染病死、枪打死、刀杀死、妇女难产死亡之类。人死后要做斋,做斋的长短视经济而定,富者做七天七夜,贫者做三天三夜。如果死于不干净一类,还要火葬。参加葬礼的人都要下火海。下火海的目的,按先生的说法是"走过火海,炼过身体,洗净身子,佛国天堂去超生"。纯粹是指为死者超度。除此之外,还有为活人消毒的意思。

下火海是夜间举行，程序是祭水碗、拜五方、跳马舞、骑竹马、鸡扫火坑、下火海等，其中还要敲打击乐和念经。完成上述六个程序大约需要一小时。火坑的具体做法是选一块平地，在中央掘一土坑，坑长320厘米（9尺6寸），宽45厘米（1尺5寸），深40厘米（1尺2寸），在坑内铺木炭，用火将木炭点燃，令两个男人用簸箕将火扇得通红，同时在火坑的末端置一口铁锅，锅内盛香油，烧火煮沸，先生做五个程序后赤脚由火坑中走过，走到火坑末端时有人向油锅中喷酒，一刹那间火焰升起丈余高，先生由大火中跳过去，这样反复三次后，众人排队跟着下火海，每人反复三次，扇火者不停地扇，因是夜间进行，一片红彤彤的火海十分壮观。除主人之外，其他人下火海每人要包5.6元的红封给先生。

（六）奠土

布依族人家中如果经常有人生病久不痊愈或者是养家畜不顺、牛马遭瘟疫、养猪鸡不成器，则认为是户主的八字不好，或者是地基不佳，就必须要奠土，奠土时要择吉日，并且只能择在每年夏历的二月或八月。奠土须请先生（摩公）来做，需要的物品有五色饭、红色雄鸡和白色雄鸡各一只，蜡烛十二支，土纸六叠，香油一斤，灯心草一把，还有稻谷、玉米、高粱、红豆、荞各50克。奠土时要写对联、请师、请神、念经（奠土科仪、启香赞），扫东、南、西、北、中五方。中方指土地神位。奠土仪式未开始之前要写对联，即奠联，奠联用五色纸写，规格为宽9厘米，长39厘米。对联中要加八卦、符章，按对应的方向粘贴。并

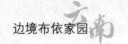
用桃树枝做弓箭，用颜色纸剪成梳齿状，裹在弓箭上挂于屋中。还裁 40 厘米宽、60 厘米长的颜色布画八卦贴于屋堂中央楼楞上。

　　先生做奠土，要请阴师到场，通拍祖宗到位，玉皇诰，在祖宗牌位点香烛，摆酒、茶、饭、菜作祭品。念经后还要到厨房敬请灶君，念咒语焚纸钱。又回正堂屋恭跪拜，在五方点香烛、七星灯。念咒语请五方官神财，撒五谷。接着扫五方妖魔鬼怪，消除缠魔，口念咒语手取对联，用桃弓桃箭射八卦，边射边贴红白雄鸡毛。焚纸，最后安慰祖宗神位，告知鬼魔已被除掉，请祖宗执正，不容许妖魔窜入，让家庭清洁财顺，出入平安，大吉大利。①

　　① 　参阅了《云南河口布依族文化》，第 31～39 页。

第八章　新农村建设

第一节　新农村建设规划

一　新农村建设规划

（一）政策措施

河口县桥头乡老汪山村，是一个以布依族为主体，傣族、汉族占少数的民族聚居区。老汪山村地处红河州的最南端，东与桥头村毗邻，西与竹林寨相连，北与马关县篾厂乡相接，南与中寨村、薄竹箐村相接，是靠近越南的一个边疆村寨，总面积为 23 平方公里。由于处在群山环绕之中，山高坡陡，交通不发达、资源不充足，文化素质相对低下，生产方式较落后，人们生活水平还不高。尽管多年来，老汪山村各族人民为改变贫穷落后的境况倾注了很大的精力和物力，但受自然地理条件的影响，其发展水平与内地，甚至周边各村的差距依然很大，直至 2000 年，老汪山村人们生活贫困现象还十分突出。

党和国家一直高度关注边疆民族地区人民的生产生活问题。在建设社会主义新农村的过程中，政府推出"惠民

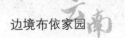

"实边"政策并要求各地政府采取措施，花大力气改善边民的生活水平，让边民过上小康生活。红河州成立社会主义新农村建设小组，并派驻扶贫工作队和指导员进村蹲点指导扶贫开发工作，推进新农村建设的切实实行。在上级各级部门和社会主义新农村建设小组的指导下，老汪山村民委员会结合本村实际、依托党的政策、引进外援、因地制宜，制定出台了关于新农村建设的相关政策和措施。

第一，努力推进农村"三个转变方式"。按照"生产发展、生活宽裕、乡风文明、村容整洁、管理民主"的要求，扎实推进新农村建设，明显改善农村生产生活条件和整体面貌。

第二，加快农业产业化经营。把加快发展农业产业化经营作为推进农业现代化的重要途径，延伸农业产业链，提高农业经济效益。

第三，深化农村体制改革。稳定并完善以家庭承包经营为基础、统分结合的双层经营体制，根据自愿有偿原则依法流转土地承包经营权，发展多种形式的适度规模经营。

第四，大力发展农村公共事业。

第五，千方百计增加农民收入。

（二）措施

在认真执行上述政策的过程中，根据上级党政部门的文件精神，主要采取了下列措施。

第一，认真做好重点村的建设规划。一是要深入进行调查摸底，按照整村推进的标准，确定重点自然村。二是坚持先难后易的原则，优先安排贫困人口多、贫困度深、农民人均收入低、尚未解决安居温饱问题的特困村，实行整村推进工作。三是全面掌握贫困基本情况，分析贫困原因，搞好重点村的建设规划。

第二，认真组织引导村民广泛参与，激发贫困户脱贫的内在动力。贫困村民是新农村建设的对象之一，也是新农村建设的主力军。要向村民讲清楚整村推进的目的和意义，增强改变家乡面貌的责任感，充分发挥他们的主动性和积极性，使重点村村民参与整个推进工作过程。规划内容要充分听取村民的意见，并向村民公示。一经批准要保持相对稳定。在争取各方面的资金投入时，要积极发动村民投工投劳、献资献料，参与整个项目的实施工作。

第三，整合资金，努力增加对整村推进的投入。按照统一规划、统一安排，渠道不乱、用途不变，各司其职、各负其责、各记其功，相互配套、形成合力的原则，通过事前项目计划的编报，整合各种资金，集中投入重点村建设，最大限度地提高扶贫资金综合效益。

第四，加强项目和资金的管理，提高工作效益。建立工作目标责任制，做好跟踪督查和服务，使各项任务落到实处。建立项目资金公示制度，在项目实施前后，采取适当的形式将项目规划、内容、资金使用、项目质量和效果等向村民和社会公示，接受村民和社会监督。

第五，加强组织领导，扎实工作，加快新农村建设进度。实施整村推进是新农村建设的一项综合性工程，工作涉及面广，任务重，责任大，村委班子、上级党政部门要高度重视，精心组织，确保各项工作顺利开展，争取早日实现社会主义新农村欣欣向荣的和谐目标。

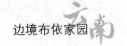

（三）预计取得的成效

（1）农村经济快速增长，农民经济生活水平有了显著提高。

（2）农村基础设施日臻完善，服务功能明显增强。

（3）各项支农惠农政策得到落实，整村推进工作顺利开展。

（4）农村环境卫生整治工作逐步推进，村容村貌明显改观。

（5）文化教育条件得到改善，学校教育质量和村民整体文化素质有了较大提高。

（6）民主法制建设得到加强，民主管理意识和管理技能得到提高。

二　综合开发总体规划设计

（一）老汪山村民委员会基本情况

桥头乡老汪山村民委员会下辖 16 个村民小组。2000 年末，有农户 445 户，2075 人；有劳动力 1075 人，占总人口 51.8%，其中，男劳动力 560 人，女劳动力 515 人。该村为布依族、傣族、汉族、苗族等 10 个民族杂居的山区。少数民族人口占总人口 85.4%。老汪山村位于距河口县城 78 公里、距桥头乡政府 3 公里处的马河公路边，辖区土地总面积 28 平方公里。

1. 老汪山村农业资源条件

山区土地资源丰富，农耕地少，林地荒坡比重大。老汪山村土地总面积 41972 亩，人均土地 20.2 亩。耕地面积

2948 亩，占土地总面积 7.0%，人均耕地 1.42 亩。在耕地中，有水田 1302 亩，占耕地面积 44%；有旱地 1646 亩，占耕地面积 56%。全村土地总面积中，有森林面积 1716 亩，人均 0.83 亩，森林覆盖率为 4.08%，珍稀树种有东京木、桫椤树、苏铁、木棉、含笑、榕树、董棕等，经济林木主要有杉树、八角树、肉桂，荒山 36260 亩。

2. 山原立体气候，宜于多种作物生长

老汪山村 16 个自然村山高坡陡，平均海拔 1100 米，属温凉的南亚热带季雨林立体气候，山地土壤多为棕壤、黄壤，土地深厚，肥力中等。种植的农作物有水稻、玉米、洋芋、蚕豆、大豆等。也适于八角、杉树、板栗、橘子、梨等多种经济林果生长。只要因地制宜进行立体布局种植，科学合理利用资源发展立体农业，增产潜力仍然较大。

3. 农村经济水平

第一，老汪山村属于河口县一个典型的多民族杂居的山区。农村经济仍然是传统以种、养为主的农业经济。全村劳动力中，从事农业生产的人员 1044 人，占 97.1%；从事商业和餐饮业的 16 人，占 1.5%；从事运输业 9 人，占 0.8%；从事加工业 6 人，占 0.6%。

2000 年全村经济总收入 1840016 元，其中，农业种植业收入 549021 元，占 29.8%；畜牧业收入 730666 元，占 39.7%；林业收入 148835 元，占 8.1%；渔业收入 150 元，占 0.01%。加工业收入 51000 元，占总收入 2.8%。交通运输业收入 43600 元，餐饮业收入 7513 元，服务业收入 10005 元，合计 61118 元，占经济总收入 3.3%。

第二，2000 年全村粮食总产量 948340 公斤，人均生产粮食 457 公斤。全村已种植经济林果 4522 亩，人均 2.18

亩；主要种类有草果 2162 亩，杉树 1233 亩，八角 833 亩，茶叶 216 亩。为发展绿色产业打下了基础。

全村大牲畜存栏 418 头，生猪存栏 1290 头。畜牧业是农民经济收入的重要来源。

第三，交通和通信状况：目前全村 16 个自然村中，有 4 个自然村不通简易公路。村委员会与外界的通信仅为一部程控电话。16 个村民小组已通照明用电，覆盖农户 445 户，占 100%。

4. 教育、卫生水平

全村有六年制完全小学 1 所，教室面积 1603 平方米，教学点 1 个，教师 16 人，在校学生 230 人，寄宿住校生占 23.7%。有村卫生室 1 个，房屋面积 18 平方米，卫生员 2 人。村民中，有中专文化水平 15 人，高中文化水平 30 人，初中文化水平 403 人，小学文化水平 1115 人。

5. 农业基础设施

全村新建大小水沟 4500 米，解决农田灌溉面积 185 亩，占耕地总面积 4.6%。冬春干旱季节有 1108 人和 209 头大牲畜饮水困难，制约着全村经济发展。

6. 经济发展有利条件

第一，具有发展经济的资源环境。

老汪山村农业资源的人均占有水平较高，为发展农、业、牧生产提供了基础保障条件。

第二，农民群众积累了一定的生产经验，迫切希望早日脱贫致富。

通过多年的扶贫攻坚，农民群众积累了一定的发展生产、脱贫致富的经验，但农业基础设施薄弱、农民农业科技素质低等因素，制约着该村的经济发展，只要投入一定的资金，加强技术培训，对传统的种植业、养殖业进行技术改造，用新的科技知识武装农民，农业综合生产能力就会得到迅速提高，农民群众脱贫致富的愿望就能早日实现。

（二）综合开发总体规划设计

2007 年老汪山村委会在桥头乡政府及驻村新农村指导员的指导和帮助下，制定了该村的综合开发总体规划，桥头乡政府领导及红河学院驻村新农村指导员党晓军给我们调研组提供了该计划，现摘要介绍如下。

老汪山村委会扶贫综合开发规划的基本指导思想是：坚持开发式扶贫的方针，以经济建设为中心，在国家和省、州、县扶持帮助下，以市场为导向，农林牧为基础，科技为先导，以提高农业综合生产力为重点，以增加农民收入为出发点和落脚点，开发当地资源，发展商品生产，大力推广和应用沼气，改善生产生活条件，走出一条适合当地实际的脱贫致富路子，逐步实现农村经济和生态环境的可持续发展。

老汪山村委会扶贫综合开发规划的总体思路是：进一步巩固和完善贫困农户各项生产生活基础设施条件，加强农业基础设施建设，加大科技推广力度，稳定粮食面积，提高粮食单产，发展畜牧业，开展多种经营，稳定农民经济收入，加大产业结构调整力度，采取积极措施有效保护森林，维持生态平衡。

老汪山村委会扶贫综合开发规划的主要内容是：采取综合措施，实施乡村道路、治水和兴修水利工程等基础设施建设项目，以稳定粮食面积、提高粮食单产、稳定和增加农民经济收入为核心，大力发展八角、杉树、板栗及柑橘等经济林果种植项目和以养猪、养鸡为主的养殖业项目，实施封山育林，营造以八角为主的经济林，推广沼气等生态环境建设项目。

老汪山村委会扶贫综合开发规划目标：通过项目建设，基础设施建设得到加强，实现各村民小组通达简易公路，解决全村人畜饮水困难问题，群众的生产生活条件得到改善，产业结构调整基本协调，人均 1 亩基本农田，户均 3 亩经济林，提高粮食单产，实现增产增收，在 2008 年人均纯收入达到 805 元的基础上，以后每年递增 7.5% 以上，人均有粮增加 300 公斤以上。

1. 开发项目、内容及规模

老汪山村委会扶贫综合开发规划了三大类项目，即基础设施建设项目，以种植、养殖业为主的经济开发项目，生态环境保护与建设项目。

2. 项目布局和农户参与情况

老汪山村委会共有 16 个自然村，八角、杉树、板栗、水果种植，养鸡、养猪等 8 个子项目都覆盖所有自然村。

老汪山村委会共有农户 445 户，按分户经营的原则，农户参与种养项目情况如表 8 - 1 所示。

表 8 - 1   项目布局和农户参与表

参与项目	水果	板栗	八角	杉树	养猪	养鸡
户　数	178	112	284	146	445	445
占全村（%）	40	25.1	63.8	32.8	100	100

注：本表由老汪山村委会提供，老汪山村现有户数 460 户，本表户数为 445 户（包括已经另立门户的 5 户人家）。

（三）投资概算和实施计划

1. 投资规模

老汪山村委会扶贫综合规划总投资为 236.5 万元人民币，其中财政资金 100 万元，信贷资金 100 万元，投工投劳 36.5 万元。基础设施项目投资为 80.2 万元，占总投资 33.9%；经济发展项目投资 100 万元，占总投资 42.3%；生态环境保护建设项目投资 54 万元，占总投资 22.8%，科技投资 2.3 万元，占 1.0%。

2. 年度资金安排

2005 年初步规划如下：2006 年投资总额为 111.3 万元，占资金总投资的 55.6%；2007 年总额为 88.7 万元，占资金总投资的 44.4%，主要投入基础设施建设项目，种植、养殖业经济开发项目，生态环境建设项目。

（四）项目效益分析

1. 社会效益

老汪山村委会扶贫综合开发规划了基础设施、经济发展、生态环境三大建设项目。到各类项目设施的第五年末，经济、社会、生态效益显著。

通过实施以乡村道路、人畜饮水、农田水利、坝塘为主要内容的基础设施建设项目，全村委会各自然村通简易公路，解决 236 户 1108 人、209 头大牲畜的饮水困难问题，增加蓄水量 10 万立方米，可实现农田灌溉面积 580 亩。实施以种养业为主要内容的经济发展后，全村有高产玉米 450 亩，高产水稻 800 亩，利用荒山荒坡种植八角、杉树、板栗、水果，户均增加经济林木面积 3.8 亩，增加

养猪 8 头、养鸡 45 只。实施生态环境项目，极大地改善了生态环境。

综上所述，采取综合措施，进一步巩固和完善了农户各项生产生活基础设施条件，加大了科技推广力度，提高了粮食单产，增加了农民的经济收入，使全村经济社会向着可持续协调发展方向迈进。

2. 生态环境评价

老汪山村委会原有森林面积 1716 亩，林地覆盖率高，通过营造以八角为主的经济林 1520 亩，从而增加森林面积 1520 亩，结合推广沼气项目，有效保护森林资源。通过实施生态建设项目能有效保持该村水土，涵养水源，改善生态，改善群众的生产生活条件，促进各业发展，对该村的生产与生态环境保护协调发展起着重要作用。

3. 经济效益分析

第一，项目产品与收入分析。

根据项目设计规划，项目实施建成后，可有效增加粮食产量、经济林果数量，增加牧业收入。种植业项目实施的第五年后，八角净增纯收入 950000 元，户均达 3345 元；杉树净增纯收入 140000 元，户均 958 元；板栗净增纯收入 90000 元，户均 780 元；柑橘净增 125000 元，户均 700 元。此前四年对经济林果木的种植可达到保水护土、绿化荒山的作用。养殖业项目实施的第一年后，养猪净增纯收入 525000 元，人均收入 1200 元；养鸡净增纯收入 256000 元，人均增收 576 元。各项目共计净增纯收入 2086000 元，人均净增纯收入 1005 元。

第二，典型农户收益分析。

老汪山村委会大部分农户选择 6 个项目，项目实施第五年，进行 5 类典型农户的收益情况分析。

（五）村级扶贫开发规划的组织机构

1. 村组织管理机构及其职责

为保证村级扶贫综合开发规划建设项目的顺利实施，确保规划目标的实现，老汪山村民委员会成立了村级扶贫综合开发规划领导小组。组长由村委会主任担任，副主任为副组长。成员由村委会辖区内的各小组组长组成。其领导小组的职责为，协助县扶贫办按规划的年度项目实施计划，落实具体项目，组织动员农户参与；对物资和资金进行合理的分配使用；做好技术服务，深入现场指导，帮助解决项目实施中遇到的困难和问题。

2. 村监督机构及其职责

成立以村委会总支书记为组长、各支委委员为成员的村级扶贫综合开发规划监督领导小组。其职责为，监督检查项目的执行情况，狠抓项目建设质量和进度；按上级规定，完成各项统计报表和总结工作；制定好村规民约，搞好项目的后续管理，使项目长期有效地发挥作用。

三　实施案例

2007 年老汪山村委会在桥头乡政府及驻村新农村指导员的指导和帮助下，制订了该村的综合开发总体规划，桥头乡政府领导及红河学院驻村新农村指导员党晓军给我们调研组提供了该计划部分项目的具体实施情况，现摘要介绍如下。

（一）单项工程

案例 8-1　桥头乡老汪山村大箐沟三面光建设工程

1. 项目建设单位

桥头乡人民政府。

2. 建设项目的必要性和可行性

随着水资源的日趋紧张，提高农田用水的利用率显得尤为重要。桥头乡老汪山村的大箐沟总长 1300 米，可灌溉该村的锡厂坡、老汪山、河头三个村民小组的农田面积 560 亩，但由于该沟渠的渠道长且狭窄，而且均为土沟，经常出现塌方断流造成输水不畅，有效灌溉效能低下。为提高水的利用率，增加粮食产量，切实减轻农民负担，进行水沟三面光建设已迫在眉睫，势在必行。

3. 建设地点和条件

桥头乡老汪山村委会。

4. 建设内容和规模

新建三面光水沟总长 1300 米。

5. 投资及资金来源

总投资 17 万元，其中申请国家补助 15 万元，自筹 2 万元。建设期为 2007 年一年。

6. 效益分析

该项目的实施将使锡厂坡、老汪山、河头三个村小组 75 户农户 360 余人受益，有效地改善当地的农业生产条件，增强农业发展后劲，增加农民的收入，加快农民致富奔小康的步伐，促进当地农村经济的快速发展。项目完工后，可最大限度地发挥水沟的有效灌溉能力，可每亩年增加粮食产量 20 公斤，为农业增效、农民增收发挥重要作用。

附注：该工程已按期完工，产生了相应的社会和经济效益。

（二）整村推进工程

案例 8 - 2　老汪山村委会石岩脚村民小组整村推进实施规划

整村推进是构建社会主义和谐社会的有效途径，是一项综合性扶贫工程，是以自然村为单元，以自然村经济、社会全面发展为目标，以发展经济和增加贫困人口收入为中心，力求山、水、田、林、路综合治理，教育、文化、卫生、科技、农村精神文明建设共同发展为目的，最终实现脱贫致富奔小康的一项社会工程。按照《中国农村扶贫开发纲要（2001~2010 年）》，《河口瑶族自治县十年扶贫开发规划》，《整村推进规划及项目管理》和中央、省、州、县农村扶贫开发工作会议精神，结合该村民小组的实际，制订项目规划如下：

1. 小组基本情况

桥头乡老汪山村石岩脚村民小组位于河口县东北部，距乡政府所在地 2.7 公里，距河口县城 84 公里。全小组共有农户 56 户 236 人，其中男性 124 人，女性 112 人，有劳动力 176 个，有残疾人 4 人。目前小组仍有贫困户 16 户。有少数民族人口 236 人，占人口的 100%，是一个以傣族聚居为主的山区贫困民族村民小组。

全组耕地面积 350 亩，其中水田 174 亩，旱地 176 亩，有经济林木面积 56 亩，荒山面积 213 亩，主要粮食作物有

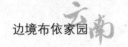

水稻、玉米、黄豆等，经济作物有柑橘、甘蔗等。2005年底，全村人均有粮430公斤，人均年纯收入924元。

多年来，石岩脚小组由于交通不便，经济发展十分滞后，从1997年起，全组村民同心协力，努力向上级争取资金，积极投工投劳，于2003年完成了农村电网改造，农户的生产生活条件有了较大改善；经过8年的共同奋斗，终于于2005年修通了乡村简易公路。但多年来由于农业基础设施落后、基础条件差、农业结构单一、经济发展不平衡等原因，致使农民经济仍然困难，自我发展能力较低，村民的生活水平仍然低下。

2. 项目规划的具体目标

项目坚持扶贫开发的方针，按照解决温饱、巩固温饱和脱贫致富三个层次的发展目标，以市场为导向，以提高农业综合生产能力为基础，以增加农民收入为出发点和落脚点，不断优化农业产业结构，完善农村基础设施建设，发展社会事业，提高农民的生产生活条件，逐步实现农村经济社会和生态环境的可持续发展。通过项目的实施，人均年纯收入达到1050元，人均有粮460公斤，小组内普遍建有"三配套"沼气池，彻底消除小组"脏、乱、差"现象，努力建设社会主义新农村。

3. 项目投资的具体内容及预算

项目投资预算根据国家有关规定，结合桥头乡当地的材料、运费及建设内容、规模、技术需要等实际情况，在保证工程质量的前提下，进行项目投资预算，力求节约。经实地踏勘测算，石岩脚小组项目规划主要为基础设施、生态建设、社会公益事业三个方面的内容，项目总投资为51.94万元，其中国家补助22万元，帮扶联系单位及群众投工投劳 29.94 万元。

（1）卫生路建设（村间道路硬化）。主线全长 675 米，宽 3 米，支线全长 725 米，宽 1.2 米，共计 2895 平方米，预计总投资 23.16 万元，其中国家补助 9 万元，群众投工投劳 14.16 万元。

（2）"三配套"沼气池建设。小组共需建设"三配套"沼气池 48 口，每口需 3500 元，购置节能灶 48 个，每个需 100 元，共计投资 17.28 万元，其中国家补助 9 万元，群众投工投劳 8.28 万元。

（3）人畜饮水工程建设。小组现在共建有蓄水池 2 个，但由于水源供水不足，经常缺水，给群众生产生活带来极大不便，需从 2 公里以外重新架设引水管道引水，预计总投资 4.5 万元，其中国家补助 2 万元，群众投工投劳 2.5 万元。

（4）教学点校舍重建工程。小组内建有小学教学点 1 个，为石木结构，因年久失修，已成危房，计划重建为砖混结构，共 120 平方米，共计投资 7 万元，其中国家补助 2 万元，挂钩帮扶部门补助 4 万元，群众投工投劳 1 万元。

4. 项目规划的实施时间

项目具体实施时间计划为：

（1）卫生路建设：2006 年 6～10 月。

（2）"三配套"沼气池建设：2006 年 8～11 月。

（3）人畜饮水工程建设：2006 年 7～9 月。

（4）教学点校舍建设：2006 年 10～12 月。

5. 项目规划的支持体系

为确保项目的顺利实施及项目目标的落实，将从资金、技术、信息等方面给予支持。

（1）资金支持。项目资金的来源主要是 2008 年州级重点扶贫村项目的专项资金及群众自筹资金两方面，另外还动员社会各界和挂钩帮扶部门及群众投工投劳参与建设。

（2）技术支持。乡人民政府安排有关技术人员定期到小组对农户进行各类技术指导及培训，解决农户在建设及生产过程中遇到的技术问题，向农户提供正确的技术引导。

（3）信息支持。乡人民政府安排相关信息人员深入市场，掌握行情动态，以各类形式将最新的市场动态传送到农户手中，同时实施项目公示制，按项目实际实施进展情况进行张榜公示。

6. 项目实施后的效益分析

（1）经济效益。

第一，农村生产生活条件明显改善。通过项目的实施，集中资金投入建设卫生路、沼气池等基础项目，将能改善基础设施薄弱、抵御自然灾害能力差等实际情况。

第二，改善村容村貌，提高群众素质。通过卫生路、沼气池等项目的实施，能进一步改善小组脏、乱、差现象，使村容村貌焕然一新，营造农民学科学、比致富的良好氛围，提高脱贫致富的积极性。

第三，农民人均纯收入将明显提高。项目实施后，石岩脚小组的人均年纯收入将达到 1050 元，比项目实施前增加 126 元，农民人均有粮 460 公斤，比项目实施前增加 30 公斤，将全面实现脱贫目标。

（2）社会生态效益。

通过项目的实施，能进一步加强小组的农村基础设施建设和生态环境建设，特别是沼气池项目的实施，能减少对森林资源的破坏。项目实施后，能帮助大家提高自我脱贫能力，并能有效带动农村科技、卫生、文化事业的发展。同时能有效调整产业结构和劳动力结构，提高小组的经济发展能力；对缓解各种社会矛盾及不稳定因素等方面具有重大意义。

　　附注：据介绍，该村整村推进工程虽因各种原因，部分工程推迟或者延期，但到 2008 年上半年，大部分项目都已实施和完工，产生了相应的社会和经济效益。

第二节　问题与对策

一　问题及成因分析

　　社会主义新农村建设是一项宏大而艰巨的民生工程，在实施的过程中必然存在这样那样的困难和问题。老汪山村委会主要存在以下主要困难和问题。

　　（一）农村经济基础薄弱，地势崎岖，交通闭塞，经济停滞严重

　　该村的水田面积仅为耕地面积的 44%，有 4500 米的沟渠均是土沟，渗漏严重，不能保证正常灌溉。还有 53% 的农户、50% 的大牲畜没有解决饮水困难。这是桥头乡老汪山村委会之类的很多农村普遍存在的一个难题，这种状况严重影响村民的商品生产和商品流通，制约着村民的社会主义市场经济建设。通信设施滞后，老汪山村如今依然有两个自然村不通电话，与外界联系跟不上，信息传达速度很慢。交通路况差，老汪山村所辖的 16 个自然村，依然有 4 个自然村没有一条像样的公路，与外界交往极其不方便，

其余 12 村虽然有公路通向外界，但基本是土路，一遇到雨季，道路泥泞不堪，与外面联系非常困难。信息滞后导致商品意识观念不强；交通的不便又使得很少有商人到老汪山村收购农产品，农民必须背着自己的产品到 4 公里以外的乡镇集市去出售，这就大大增加了村民的商品生产成本；甚至有的村民的农产品根本运送不出去，不能变成商品。

（二）村民整体文化素质低，思想观念落后

到 2008 年 8 月止，老汪山村布依族中还没有一个大学生，村民文化程度以小学和初中为主，高中生不多。村民文化程度的普遍低下严重制约了村民进一步学习科技知识的热情和积极性，农业生产中的科技含量低；部分村民对致富无动于衷，表现为得过且过，"等、靠、要"思想严重，缺乏忧患意识和紧迫感，在思想上也没有能形成开拓进取、竞争创新、积极向上的精神状态，阻碍着村民的进一步发展。经调查发现，在老汪山村，除少数村寨是因为自然条件差、交通不便等原因导致贫困外，还有部分贫困村贫穷的直接原因是村民文化素质低，思想观念落后。

（三）农业产业结构调整难度大，导致农民增收渠道狭窄，增收难度大

桥头乡地处边疆，由于受中越战争、军事对峙的影响，到 20 世纪 90 年代初才开始发展经济，比内地发达地区整整晚了 40 年，因此，贫困程度严重。

全村经济总收入中，农业和牧业收入占 69.5%，农业收入以粮食为主，牧业收入以出售猪为主；山区资源潜力大的林果业收入比重小；第三产业尚处于萌芽状态。由于

农业科技推广及使用水平较低，导致农作物产量低；已发展种植的经济林果，由于缺乏投入、粗放管理、产量低、质量差，缺乏市场竞争力，效益不好。全村农产品尚未走出自给自足的自然经济状态。

多年来，尽管州、县、乡级政府在老汪山村积极推进农业产业结构调整，帮助农民脱贫致富，但由于受传统的农业种植习惯、小富即安的农本思想、单打独斗的经营格局等因素影响，农民对市场变化、效益比较和技术进步的反应相对比较迟钝，尤其是对政府推广的新兴产业和先进技术容易产生排斥心理，农村特色产业发展和现代科学技术应用只能依赖于各级政府的行政推动，工作难度大、速度慢、效果差，导致增收效果不够明显。直到 2008 年 8 月，老汪山村农业结构依然单一，以种植粮食为主，虽然有当地及邻村少数农民开始尝试种植香蕉、种桑养蚕等新型产业，但大部分村民的思想中只要有粮食就会有一切的思想还很多牢固，还看不到产业调整带来的好处，对农业结构调整还束手无策。

（四）医疗卫生条件差，农民生活环境也有待改善

老汪山村在公共医疗卫生方面存在许多问题，需要做的工作还很多、很艰巨。老汪山村在公共医疗卫生方面的主要问题有：农村赤足医生仅两名并且技术有限，不能满足人们的看病需求，"农民看病难"；村级卫生所的医疗条件差、药品供应不足，基本处于半瘫痪状态，形同虚设；村民的医疗意识还不强、村民的迷信思想还在一定程度上存在等。与医疗卫生问题相伴随的是农村农民的生活环境问题。在老汪山村，有的自然村没有一个公共厕所，道路上

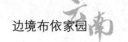

家畜粪便随处可见；更多的是由于盗窃现象而导致的家畜与人同在一个屋檐下的状况还较为严重。这样，生病率高便是自然的了。如果村寨离医院较远，公路不通，交通不方便，医药费用又高，那么，村民"看病难"的状况就可想而知。

（五）农村基层组织在新农村建设中发挥的作用不明显

具体表现在部分村委会成员及村民小组负责人对"三农"问题的认识不够和在新农村建设中的积极性与主动性不高，缺乏务实精神，工作流于形式。出现这种状况的原因除个别人因党性不强和业务水平低外，最主要的原因是缺资金、缺人才。村干部的另一个身份是农民，得养家糊口，遇上农忙以及"自家"与"大家"的利益冲突时，往往会先为自己着想。又由于待遇偏低，有的农村精英并不屑于村干部这个岗位，所以往往形成待遇低、素质低、工作成效也低的局面。

（六）农村剩余劳动力转移难度大

人口增加、耕地面积减少，导致剩余劳动力增多。截至 2007 年底，老汪山村人口已经达到 2075 人，人均耕地 1.4 亩，产生了大量的农业剩余劳动力，但由于整个河口县，乃至红河州工业基础较薄弱，小城镇规模有限，第二、第三产业发展滞后，不能为他们提供转移就业，大多数农民将打工谋生的主渠道重点放在了省城和东南沿海；另一方面由于教育的缺失，人口文化素质低下，决定了农村剩余劳动力不可能长期、大规模在大中城市创业发展，一旦他们返乡归来就无处就业。

（七）民族传统文化面临失传

在以经济收入为评价标准的时代，传统文化的经济价值一时体现不来，年轻人很少有人愿意学习民族优秀传统文化。目前掌握民族传统文化的，都是四五十岁的中老年人，不久的将来肯定逐步失传。

（八）土地林权纠纷日益突出

因人多地少，土地林权纠纷日益突出。2008 年，老汪山村委会在乡司法部门的协调和配合下，处理和解决因地界、树权而引起的纠纷 6 起。据桥头乡林业站站长吕开举提供的数据显示：近几年，在当地司法部门和村委会的调节下，一共处理林权纠纷案件 21 起，涉及面积 55.6 亩。其中村际林权纠纷 2 起，涉及面积 33 亩；老汪山村民小组之间林权纠纷事件 9 起，涉及面积 15.3 亩；村民与村民小组之间的林权纠纷 2 起，涉及面积 2.3 亩；村民与村民之间的林权纠纷 8 起，涉及面积 5 亩。民族纠纷无。

二 对策和建议

（一）加强农村基础设施建设，改善社会主义新农村建设的物质条件

基础设施建设，是发展农村经济和改善农民生产生活的必备条件，是推进农村地区社会主义新农村建设的物质基础。纵观农村地区经济的发展状况，基础设施落后是制约经济发展和社会进步的一个主要因素。特别是交通设施、

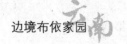

农田水利设施、能源建设设施、生态环境保护设施等。直到现在，有些农村地区吃饭问题都未能完全解决，经济收入非常低下，其中一个重要的原因就是基础设施落后。因此，贫困农村地区的基础设施建设非常重要。老汪山村同样存在基础设施落后的状况。

对老汪山村来说，首要的是继续推进乡村公路建设，广开资金渠道，采取向上级争取、群众筹集、个人捐助等多种形式，切实解决乡村公路建设资金不足的问题。同时，老汪山村民委员会也应该充分调动村民的修路积极性，克服困难，发扬愚公移山精神，采取积极有效的措施，加快边疆乡、村公路等级改造，实现村村通公路，让人流、物流畅通无阻，以利于农村商品经济的快速发展。二是把改善村民的基本生产生活条件放在优先的位置上，认真抓好水、电建设工作，切实解决包括老汪山村在内的农村地区人、畜饮水问题和农业灌溉用水问题等。要加快水利工程建设，加大对贫困山区"五小"水利工程的建设力度，以治水改土为重点搞好土地开发整理，加快荒山荒坡的综合治理，积极开展中、低产田地的改造。三是在村寨建设中，要坚持统一规划、统筹发展的原则，因地制宜地开展村容村貌的整治工作，帮助每个自然村努力实现每村有一条宽敞的道路、一间明亮的文化活动室、一股清洁卫生的饮用水，加强以改水、改路、改厨、改厕、改厩为重点的村寨环境整治。改变不文明、不卫生的不良习惯，改变生产、生活、消费方式，提高农村群众的文明水平和生活质量。

（二）认真解决老汪山村教育发展和人的发展关系

人的素质高低对建设社会主义新农村至关重要，而人的素质的提高、人的全面发展，首先要靠教育。但是，由于种种原因，老汪山村的教育还存在许多问题。如对教育的重要性认识还不够，教育投入不足，办学条件差，九年义务教育的普及和巩固还有待加强，教育管理体制不适应新形势下经济社会的发展需要，师资不足且配置不合理，教育质量迟迟得不到提高，应试教育阻碍技能的提高等。这一系列问题的结果是文盲率高，人的素质得不到提高，人才总量不足。这对建设社会主义新农村是十分不利的。

如何解决老汪山村的教育发展和人的发展问题呢？国务院在《关于深化改革加快发展民族教育的决定》中已经明确指出："民族教育的改革和发展，要坚持实事求是、从实际出发，在发展规划、改革步骤、目标要求、教学用语、课程设置、学制安排等方面因民族、因地制宜；坚持观念创新、体制创新和机制创新。"[①] 这就有了明确的方向。当地政府要进一步加强对教育的认识，提出强有力的具体措施，切实抓好当地的教育。就当前来看，关键是要充分利用好党中央、国务院的政策，用好民族教育专项资金，抓紧建设民族地区的现代国民教育体系，优化教育结构和教育资源配置；进一步落实"两免一补"政策，重视巩固和普及九年义务教育，尽量推广高中阶段教育，政府鼓励少数民族子弟读高中；大力发展农村技术教育、培训。利用科技活动室进行宣传、教育和培训，内容主要包括种植、养殖业知识、卫生医疗常识、经营基本技能和理念等，也可播放一些农民致富的专题片和故事片。有条件的地区政府还可以组织村干部和积极性高的村民到示范村参观学习。

---

① 《关于深化改革加快发展民族教育的决定》国务院（2002 – 8 – 19）。

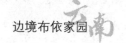

只有这样，老汪山村的教育才会有突破性进展，才能跃上一个新的台阶，人的整体素质才能得到提高，建设社会主义新农村才不是一句空话。

（三）调整农村产业结构，培育新的经济增长点，增加农民收入

目前，老汪山村除种植粮食外，主要经济作物以甘蔗、草果、八角、黄豆等为主，少部分农户饲养生猪和鸡等。既没有形成规模种植和经营，更谈不上特色产业，农民的收入增长受到极大的限制。作为基层的老汪山村委会应该从实际出发，找准自己的比较优势，优化区域布局，形成自己的亮点，找准自己的卖点，然后，引领村民大力发展新兴特色产业，拓宽农民增收渠道，把一批有地方特色的经济作物，如香蕉、甘蔗、草果等培植为当地新的经济增长点和农民增收的新亮点。

（四）妥善处理医疗卫生和生活环境问题

老汪山村在公共医疗卫生方面存在许多问题，是当今中国农村社会普遍存在的一个问题，关系到农民的身心健康和民族素质的提高。党中央、国务院已高度关注这个问题，并采取了一系列措施来解决这些问题。

我们可以在建立新型的农村合作医疗制度上采取这样一些措施：第一，加强政府行为的以公共医疗卫生为主的服务性医院建设，重点做好预防、保健和基本医疗服务工作；对贫困村民就医和妇女住院分娩收费实行最高限价。第二，建立发达地区与老汪山村对口支援和巡回医疗制度。第三，逐步分层次实行大病或重病保险。第四，逐步筹建

慈善基金，建立医疗非赢利体系。第五，加强乡村医生的技能和职业道德培训。第六，鼓励不同所有制形式的医疗机构参与老汪山村医疗卫生事业建设。第七，加大对老汪山村乡村医生的培训，提高他们的业务水平。通过多种切合实际的措施，让更多的村民都能像城里人一样，更好、更快地看病治疗。

（五）适当提高村干部待遇，吸引"精英"服务基层，巩固和发展新农村建设成果

基于村委会干部待遇低、工作积极性不高、在新农村建设工作中发挥的作用不明显等现实，建议适当提高村委会干部待遇，吸引农村"精英"服务基层，同时加强培训，提高业务知识水平。通过调查我们也发现，村干部大部分为本村居民，村民们比较信任本地干部，凡是村干部得力的村庄，在他们的模范作用下，村民的积极性都很高，新农村建设的进度也很快。所以，在新农村建设过程中，要积极引导和鼓励村干部舍"自家"、顾"大家"，要多想多做，敢干敢闯，多在宏观指导和服务引导上下工夫，树立开拓创新、以大开放促大发展的意识，积极带动当地村民发展致富，带头推进新农村建设，并进一步巩固和发展新农村建设成果。

（六）鼓励劳动力输出与吸引人才回乡相结合

为真正解决农村剩余劳动力转移问题，老汪山村委会采取鼓励劳动力输出与吸引人才回乡相结合的政策。具体来讲，一方面要鼓励年轻人外出务工。因为年轻人有年龄优势，更有闯劲，如果自身勤奋好学则会前途无量；同时年轻人学习能力和

接受新事物的能力相对较强，农村与城市毕竟差距很大，在城市拥有更多的学习和锻炼机会。另一方面，又要吸引学有所成和劳有所获的在外务工者或"精英"回乡创业。因为他们积累了一定的经验和财富，回乡后具备从事专业种植、养殖或经营的能力，其回乡还可解决儿童教育缺管、农村劳动力不足等问题；所以，积极鼓励和吸引"精英"回乡带头致富，有利于发展农村产业，为村民提供就业机会和致富门路，实现共同富裕，统筹城乡发展，构建和谐社会。

（七）正确处理民族传统文化建设和先进文化建设的关系

民族优秀传统文化是一个民族在长期的社会历史发展中不断总结和积累下来的智慧结晶，是民族的精神支柱和精神食粮。一个民族如果失去了她的优秀传统文化，就失去了她存在的意义。在社会主义新农村建设当中，如何处理少数民族传统文化建设，如何让少数民族的传统文化得以真实地合乎实际地传承和弘扬，是我们整个社会的责任。老汪山村是一个以布依族为主的民族聚居村，以布依族为主的民族优秀传统文化还十分浓厚，如何处理这些优秀的民族传统文化与先进文化之间的关系，对建设社会主义新农村有着十分重要的意义。

老汪山村在处理民族传统文化建设和先进文化建设上，存在诸多不可忽视的问题。如民族传统文化流失严重，民族民间文化保护投入严重不足；对民族传统文化如何抢救和保护，如何继承和弘扬，如何开发和利用，如何将文化建设和经济建设有机结合起来，传统文化如何产业化，所有这些问题，都没有处理好。当然，这不仅仅是老汪山村的问题，而是整个社会的问题。这些问题都是我国在处理民族文化建设和先进文化建设上共同存在的问题，是应该引起高度重视的。

民族优秀传统文化建设与当前建设中国先进文化并不矛盾，相反，二者是相辅相成的。把民族优秀传统文化建设好，必然为先进文化建设注入新的活力，丰富先进文化的内容，增强先进文化的生命力。因此正确处理好民族优秀传统文化建设与先进文化建设的关系，是"发展面向现代化、面向世界、面向未来的民族的科学的大众的社会主义先进文化"的关键，也是社会主义新农村建设的重点。

第九章　林改

第一节　概况

一　变迁脉络

1949 年以前，老汪山村布依族聚居地区森林茂密，无主林地较多，一般村民对森林及其生产生活用材可以自行砍伐，正所谓"只砍不种"。

新中国成立初期，基本延续了传统的方式。合作化运动以后，一般经用材单位或者个人申请，相关单位批准，即可砍伐，砍伐量大大超过了木材的生长量，森林面积逐步减少。1958 年"大跃进"和"文化大革命"期间，乱砍滥伐严重，森林资源毁坏无法估计。

1965 年以后，国家根据需要，在桥头乡发展杉木种植，老汪山各大队、生产队积极集体营造，农民个人也积极在房前屋后和自留地里种植，国家从资金、种苗、技术等方面给予扶持。20 世纪末 21 世纪初，国家实行退耕还林政策，鼓励保护农民生态环境，生态环境逐步好转。

二　基本情况

老汪山村现有人口 2075 人，共有 460 户，16 个村民小组。林地总面积 3887. 43 亩，其中自留山 1346. 83 亩，责任山 1088 亩，集体统一经营 1076 亩，其他承包经营的旱地 300 亩，荒山地 76. 6 亩（见表 9 − 1）。[①]

表 9 − 1　老汪山村各村民小组现有林地情况统计

时间：2007 年 6 月 13 日　单位：亩

小　组	责任山	自留山	水源林	备　注
老刘冲	20	40. 8		
石岩脚	73. 5	129. 7		
白泥寨	205	110		
拉基寨	46	47. 2		
坪子寨	111	33. 88		
半坡寨	101. 5	24. 6		
老许寨	7	19. 6		
河　头	不详	32. 8		
麻栗山	65	167. 9		
老汪山	75	93. 85		
冷水沟	105	121. 3		
老苏箐	35	54. 6		
大竹棚	111	117. 8		
夹马石	34	114. 8		
歇场坡	75. 6	75. 6		
马鞍田	23. 4	162. 4		
合　计	1088	1346. 83		

注：水源林各小组无法确定；材料员为党晓军；另有村经济林（茶地）100 亩位于老苏箐背后，村有林 200 亩位于小凸桥。

[①]　老汪山村委会提供资料。

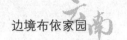

从 2007 年 5 月份开始林改工作以来，老汪山村高度重视林改工作，把林改工作作为铁任务、硬任务来抓，较好地完成了林改各项工作任务。

第二节　林改范围和内容

2007 年 5 月，老汪山村委会在桥头乡政府林改办及驻村新农村指导员的指导和帮助下，根据该村的实际情况，进行了林改，2008 年 8 月桥头乡乡长王智强及红河学院驻村新农村指导员党晓军给我们调研组提供了该村林改的具体实施情况，现摘要介绍如下。

一　林改范围

老汪山村林改的范围是集体商品林（含宜林荒山、荒地）。对权属尚未明晰的集体林中的商品林木、林地，要依法明晰，确权发证；对已明晰权属的自留山、责任山，实行家庭承包经营的林木，国有、外资、民营、企事业单位和个人依据合同取得集体林地使用权或林木使用权、所有权的，应予稳定完善。权属有争议的山林，要积极进行调处，能通过协商明确权属的，进行确权发证，不能达成协议的，暂不纳入改革范围。县人民政府界定的生态公益林不列入本次改革范围，但应换发全国统一的林权证，继续执行公益林管护政策。

二　林改内容

落实经营主体的"四权"是深化集体林权制度改革的核心内容。

明确林木林地所有权或使用权。在稳定完善林业"三定"的基础上,通过承包经营、折股量化、股权到户(联户)等形式,把集体林木所有权和林木、林地使用权明晰到户(联户)或其他经营主体,进行林权登记,换发、核发林权证,切实维护林权证的法律效力。

放活林地经营权。遵循林地所有权和使用权相分离的原则,在集体林地所有权性质、林地用途不变的前提下,按照"依法、自愿、有偿、规范"的原则,鼓励林木所有权、林地使用权有序流转,通过承包、租赁、转让、拍卖、股份合作等多种形式,建立以林农为主的多元化市场经营主体,开展多种经营,推进林业生产的规模化。

落实林木处置权。对已明晰权属的自留山,责任山及外资、民营企业等单位和个人营造的林木及附着物、林下资源,依法落实业主的处置权益。对集体、个人、企业经营林木的采伐许可证,由业主申请,县级林业主管部门对符合条件的即报即批。全面实行采伐指标分配公示制,把木材采伐指标的分配纳入政务公开、村务公开的主要内容,接受群众监督。林地和林木使用权可依法继承、抵押、担保、入股,可作为合资、合作的出资或合作条件。

保障业主收益权。依法保护林权所有者的林地使用权、林木所有权、林木采伐处置权、林地林木流转权、森林景观经营权、林下资源开发利用和林产品收益权等合法权益。鼓励林产品产销直接见面,减少中间环节,打破垄断经营和地区封锁。严格执行国家和省的各项林业税费优惠政策,取消林农和其他林木经营者的各种不合理收费,切实减轻经营者的负担。

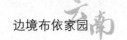
三　林改方法步骤

老汪山村民委员会林权制度改革按如下步骤开展：

1. 准备工作　宣传发动

成立由村委会党总支书记袁美贵同志任组长、村委会主任陆成昆任副组长、副主任罗永金任办公室主任、各村委委员为成员的老汪山村集体林权制度改革领导小组，负责统筹本村委会的集体林权制度改革工作。同时积极主动地配合开展了有关"耕者有其山、耕山有其责、务林有其利、致富有其道"、"深化集体林权制度改革，促进社会主义新农村建设"等方面的宣传。

2. 调查摸底　制订方案

召开村两委、村小组干部、老党员、村民代表会，了解全村集体林权状况，宣传政策，统一思想，制订本村集体林权改革实施工作方案。

工作组进组入户，成立由村小组干部、老干部、老党员组成的5~7人的村小组集体林权制度改革领导班子，召开小组会议，宣传林改政策，通过个别走访了解群众对林改的意见，同时做好摸底调查，了解村小组林权状况，在此基础上形成本小组林权改革草案。分别在各小组召开村民或户代表会对本小组林改方案进行表决。对表决通过的小组林改方案进行公示，公示时间7天。在各小组林改方案基础上制订《老汪山村委会集体林权制度改革实施方案》。召开村代表会对制订的村实施方案进行讨论，并进行表决。表决通过的实施方案进行公示，公示期为7天。同时上报乡人民政府审批。

开展摸底调查的各村小组林权状况在小组内公示，公示期 7 天。

3. 组织实施　确权发证

老汪山村集体林权制度改革领导小组根据需要全部或部分或个别召集村小组集体林权制度改革小组实地划分宗地地界、勘查、勾图。同时调解纠纷。

村领导小组对各宗地进行复查，确定权属，审查并公示 30 天。同时签订补充和完善各相关合同书。

村林改领导小组根据有关规定上报各种材料、表格。乡林改办进行审查。乡、村林改领导小组上报林权材料逐级审批。

4. 检查验收　总结完善

改革工作结束后，在乡林改办的指导下由村林改领导小组按《红河州集体林权制度改革确权发证阶段性检查验收办法》对全村的林改工作进行自查，完成一个小组检查一个小组，严格把关，确保改革质量。检查内容包括：组织机构、操作过程是否合法规范，资料档案是否规范齐全；各类改革步骤、权利归属是否明晰落实；改革过程涉及的人、地、证、表、图、卡等是否准确无误；林权确认中出现的纠纷、争议调解处理是否公平公正；改革中涉及的各类财务收支账目是否相符，票据使用是否合法有效等。

5. 建立档案

对于本次改革相关的成果资料建立档案。档案主要包括如下内容：村委会林改领导小组成立的文字材料；村民林改领导小组成立的文字材料；村、组召开村委会党员、干部及群众林改工作会议的文字记录；林改宣传情况记录；集体林权制度改革现状摸底表；第一、二、三榜公示的相关情况记录；村委会林改《实施方案》及村小组有关方案

通过的会议记录、票决记录；全村林木林地权属纠纷登记及调解记录；有关改革成果的林权申请表、登记表、审批表等图、表、卡；农村林地承包的合同书、股权证等相关材料；集体林权制度改革的各类总结资料等。

四 取得成效

（1）做好林改各项工作，取得良好效果。据河口县森林资源二类调查情况显示，桥头乡森林总面积129201.7亩，其中退耕还林面积30557.3亩，通过实地勘查核实，现已确权林地面积87156.65亩，应确权面积为91399.4亩，确权率为95.4%。其中老汪山村完成指标达到100%。

（2）维护了林农的合法权益，提高了森林资源保护力度。通过林改，进一步明晰了林地、林木的产权，维护了林农的合法利益，广大群众保护森林资源的意识和积极性明显提高。同时，林权明晰到位，有利于林政资源管理，有利于森林资源的管护，提高了森林资源的保护力度。

（3）解放了生产力，提高了群众的造林积极性。通过林改，广大林农对林地资源越来越重视，造林育林护林积极性得到提高。

（4）基层组织建设得到进一步加强。在林改工作中桥头乡始终坚持"公平、公开、公正"的民主决策，村民有了充分的知情权和参与权，在充分尊重群众意愿的前提下处理村集体内部事务。群众依法行政、民主决策的意识得到增强，民主建设进一步加强。同时，干群一起进行村界的界定、调解林权界的争议和纠纷，进一步密切了党群、干群关系，基层组织进一步得到加强。

（5）有利社会的长期稳定。通过林改，林地、林木权属不清等历史遗留问题得到进一步解决，减少了涉林纠纷所带来的不利影响，有利于农村社会安定稳定。

（6）促进林业分类经营的实施，有利于商品林的灵活经营。这次林改，明晰了生态公益林、商品林的产权，加强了生态公益林的管护，有利于放活商品林的管理，促进了林业分类经营的实施。同时，为林地、林木的流转创造了条件，有利商品林的灵活经营。

（7）林改工作队伍整体素质得到提高。通过林改工作，进一步锻炼了桥头乡广大干部职工的坚强意志，人民群众整体素质得到了提高。经过实际的考验，全乡广大干部职工不仅能按时完成林改各项工作任务，而且学会了做深入细致的群众工作。

五　存在问题

（1）林改工作进展不够平衡。由于前期缺乏技术力量，开展林改期间恰逢雨季，工作外业勾绘及复核工作进展缓慢；后期由于缺乏各类相关工作及查缺补漏内容较多，致使林改工作开展滞后。

（2）林权纠纷多属于历史遗留问题，个别纠纷调解难度大。

（3）乡镇各项中心工作多，工作量大，而林改工作时间紧、任务重，导致工作开展困难。

六　解决途径

搞好集体林权制度改革是一件造福林农、促进林业生产发展、维持生态平衡和可持续发展的重要举措。在下一步的工作中，桥头乡将认真总结经验，增强信心，正视困难，以高度的责任感和使命感，扎实工作，做好收尾工作，巩固林改成果。

（1）进一步加强组织领导。在上级有关部门的指导和支持下，认真做好林改的善后工作，实事求是，先易后难，通过完善合同，逐步规范管理，达到促进林业的发展。

（2）进一步加强对林改工作中存在的问题进行查缺补漏的工作，完善档案材料。

（3）进一步做好思想工作。本着尊重历史、尊重事实、依法依规的原则，加强法制宣传，广泛听取各方意见，积极引导、加强协商、妥善解决林改工作中因利益的调整而出现的各种矛盾，特别是引导群众通过法律途径，逐起解决承包合同及林地纠纷案件，把矛盾解决在萌芽中，维护好全乡社会的安定稳定。

（4）进一步抓好配套改革。一是要培育一批规模大、带动力强、技术含量高、市场前景好的龙头企业，提高林业产业化水平。同时，培育一批新型的林业合作经济组织，促进林业增效林农增收。二是要以企业办基地带动资源的培育，用工业化的理念、手段、方式培育林业资源，促进传统林业向现代林业转变。三是要建立林业可持续发展的保护体系，完善村规民约，提高林农自律意识和自我管理水平。

据河口县集体林权制度改革"二调"数据统计表，老汪山村在这次林改过程中要确权面积是 9343 亩（林改前已经确权面积 535.2 亩），已经确权面积 9169 亩（本次确权商品林面积 1647.2 亩，本次确权公益林面积 6986.6 亩），未确权面积 174 亩，确权率达到 98.1%。

据桥头乡林业站站长吕开举反映，经过林改，林权清晰，群众意识提高，林业案件越来越少。

第十章　边境特色

第一节　边境国防

一　概况

　　桥头乡辖区内边境线长 81 公里，有 35 座界碑，通往越南的陆地口岸有纸厂、老卡两个省级口岸，东南部与越南猛康县接壤，在 8 个村委会中有 6 个村属边境村委会，有 26 个村民小组分布在国境线上，有着十分重要的国防战略地位和对外通商口岸的优势区位。

　　桥头乡辖区地势险要，无论是国民党时期还是新中国以来，境内都驻有军、警。1949 年以前，河口就有地方武装——民众自卫常备队，由督办公署军事科统一指挥。解放之初，河口地区内有国民党暗藏的特务，外有法帝国主义支持的国民党残余势力及逃亡越南的地霸、惯匪，敌人内外联合，遥相呼应，妄图颠覆新生的人民政权。为确保人民政权以及人民财产生命安全和社会秩序稳定，人民政府于 1950 年 1 月将接收的自卫常备队改编为"红河护乡大队"。7 月后在桥头乡等区发动群众，以村为单位共组建民族联防中队 23 个、分队 74 个、小队 200 个。联防队员从开

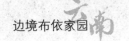

始的几百人发展到 1954 年的 3405 人。联防队用火药枪、弯刀装备自己，采用各种方式，利用熟悉的地形地物，同土匪展开坚决斗争。配合地方部队站岗放哨，甚至单独执行任务。1954 年根据边防形势的需要，联防队改编为民兵。

目前桥头乡境内驻扎的部队为某部四团下辖的四营，营下辖 3 个连队。有营级武警边防工作站 2 个，1 个营级武警边防公安派出所。境外的越南也十分重视该地区的国防建设，在猛康县有 1 个边防公安囤，猛康县花龙区有 1 个边防公安囤，2 个边防工作站。

1991 年以来，中越关系虽然缓和，但边境并不安宁，边境沿线越方仍然不断地修筑边境巡逻道，纵火烧毁我国边境一线森林等事故经常发生。因此，桥头乡除了组织民兵积极参与地方建设和维护社会稳定外，还积极地组织民兵和界务员随时观察边境动态，加强与当地驻军、驻警的协调和联系，做到随时互通情报，组织民兵配合部队对边境进行巡逻，加强对边境的管控。2005 年以来，共组织民兵配合部队进行边境巡逻 2 次，出动民兵 16 人次，并将在巡逻中发现的问题和落实的问题及时整理上报，积极维护边境地区安宁，捍卫了祖国领土的完整。

二　专职武装干部

民兵是国防后备力量的主力军，战争时期要担负参战支前任务，和平时期要参加地方经济建设、维护地区稳定、保护广大群众的生命财产安全，要做好民兵组织各方面的工作，没有党委、政府和上级人武部的领导，没有当地驻军、驻警的关心和支持是不可能的，因此，从党管武装的原则出发，武装部在开展工作中，无论哪项工作，都做到了向党委、政府及主要领导汇报，使各项工作得到党政领导的重视，同时在加强向上级人武部请示报告的基础上，加强了与驻军、驻警的协调和联系，通过做好以上这些工作，各方面的工作得到了党委、政府领导的重视和驻军、驻警的关心与支持，武装工作进一步顺利进行。

桥头乡由于边境线过长（81公里），边境沿线村组密集（6个边境村，26个边境村民小组），贩枪、贩毒、走私等活动频繁，全乡共配有专职武装干部9人，其中乡级专武干部3人，村级武装助理6人，他们负责指挥乡里机动的野战工程抢修员约30人、村设边境联防分队40人。

桥头乡武装专干一般在乡政府人武部办公室上班，平时对基干民兵开展国防教育、政治教育等，村级武装助理同时兼任村委会干部，在各自的村委会办公室值班，村平时对民兵骨干进行教育，其内容为国防教育、国防信息通报等；村委会干部或者村级武装助理兼任各个村委会的民兵连指导员，每个连人数为80人。同时，在边境村民小组设一个民兵信息员，以便及时上报边境情况。

三　民兵组织建制

（一）组织建制

根据县人武部指示精神，2005年经过民兵整组后，全乡民兵建制为：基干民兵建制为3个连，1个民兵应急独立排，2个民兵观察哨，1个民兵信息网，人员共318人。具体编制为一个步兵侦查连100人，由下湾子、老街子、冬瓜岭3个村组成；一个六零炮连75人，由中寨、桥头2个村组成；一个高射机枪连75人，由老汪山、竹林寨、薄竹箐

3个村组成；一个民兵应急独立排40人，由桥头村、乡机关组成；两个观察哨20人，由东瓜岭村、薄竹村各组成一个10人的民兵观察哨；一个民兵信息网（组）8人，由8个村，各村1人组成。普通民兵建制为8个连，人员640人，具体编制为8个村委会各村组编为一个连，每个连80人。

民兵实行"劳武结合、以劳为主、军政并重、不脱离农业、工业生产和各项正常工作"的训练方针，训练以基层干部和基干民兵为主，由县乡人民武装部集训或由蒙自军分区教导队培训。坚持严格要求，严格训练，提高民兵的素质。

目前，老汪山村有一个民兵营，营长由老汪山村主任陆成昆兼任，还有一个民兵独立排，排长由罗永金充任。

（二）开展工作情况

2008年以来主要做了几方面的工作：

（1）组织民兵参与地方建设，围绕新时期民兵工作要以为经济建设和地区发展作贡献的原则，动员民兵参加地区的经济建设、保卫边疆安全，共组织出动民兵2次34人，义务植树400余株；参与抢修竹林寨大沟10余米，清除塌方70余立方；疏通沟渠道105米，帮助农民栽插秧苗等。

（2）组织民兵参与处置突发治安案件，确保群众生命财产安全，按照战时参战、和平时期维护地区稳定的要求，为使民兵组织在维护社会稳定、打击违法犯罪活动中发挥作用，共组织、出动民兵5次21人，配合干警抓获走私犯罪分子5人，收缴走私烟叶60余吨，抓获赌博人员5人，收缴赌资2480余元，民用火药枪1支，大大打击了赌博行为的滋生蔓延。

此外，还出动了民兵25人，参加扑火抢险一次，从火堆中抢出粮食1000公斤，挽回了群众的部分损失。

（3）加强与驻军、驻警的协调联系，加强边境巡逻，维护边境安宁和国家领土完整。

除了组织民兵积极参与地方建设和维护社会稳定外，还积极地组织界务员和民兵随时观察边境动态，加强与当地驻军、驻警的协调与联系，做到随时互通情报，凡边境上出现的情况，及时向县人武部请示汇报，在得到县人武部的指示后，及时将情况向部队进行通报，组织民兵配合部队对边境进行巡逻，加强对边境的管控。2008年以来共组织民兵配合部队进行边境巡逻4次，出动民兵13人次，并将在巡逻中落实的问题和所发现的问题及时整理上报，经有关部门与越方会晤，问题都得到解决，有力地打击了越方对我国领土的侵犯，维护了边境地区的安宁，捍卫了祖国领土的完整。

四　外事界务员

桥头乡国境线长达81公里，中越边境联勘之前，国境线上有老界碑17座；边境联勘后，设立了新界碑36座（132~167号界碑）。边界管理是一项庞杂的系统工程，关系到国家主权、领土完整和边境地区的稳定。

为适应边境界务工作需要，桥头乡按照省、州、县的部署和要求，积极发动边境地区人民群众及时组建了外事界务员队伍，目前桥头乡外事界务员近7人。

2003年3月，李正云同志担任桥头乡武装部部长后，由于武装工作与边管工作相互依赖等性质，河口外事部门确定李正云同志为桥头乡负责界务管理的主要负责人（见图 10 – 1）。

图 10 – 1　桥头乡外事界务主要负责人李正云同志

李正云担任桥头乡界务主要负责人以来，为了全面了解和掌握辖区内 81 公里边境线的边境走向及各座界碑的确切位置和现状，多次与各个界务员一道深入到边境一线，在全面了解情况的基础上，结合桥头地区边管工作的实际情况，针对一些长期不管事和情况汇报不上来的界务员通过请示县外办后进行了调换；并召集新老界务员进行培训，进一步提高边境外事界务员的业务水平和综合素质，增强国界意识和领土意识，全力维护好边境地区的和平与稳定。同时，加强了对界务员和边境的管理力度，明确了各个界务员的职责，通过对界务员的调整和职责的明确，桥头辖区内的边境管理得到了很好的改进，界务员的作用也得到了发挥，边境违规和界碑受损等问题的信息传递得到了加快，五年多来，共向外事部门书面汇报边境情况 21 次，其中越方边民过耕 3 次，越方纵火烧毁我方林地 4 次，界碑受损 4 次，边境地区地雷炸伤人畜 6 次，越方砍巡逻道旁树木和测量巡逻道进入我境内 3 次，越方巡逻道修进我方 1 次，这些情况的及时上报，为外事部门与越方的交涉提供了可靠的依据，同时也给中越边境联勘争取了主动。

据桥头乡武装部部长李正云同志向调研组介绍：桥头乡老汪山村的界务员一般由民兵骨干担任，目前每人每月薪酬 50 元，一年共计 600 元。这是多次向上级领导和部门反映边境困难情况，他们给予关怀和积极支持的结果。从待遇来看，比原来界务员每人每月二三十元已经提高了很多，调动了界务员的工作积极性。但是，目前界务员的数量还远远不能满足边境国防的实际需要，我们计划再增加 4 个界务员，达到 11 个左右，若没有特殊情况，每个界务员每周巡查一次边境沿线。

今天，广大外事界务员在当地党委、政府领导下，克服边界情况复杂、工作和生活条件艰苦等困难，同心协力、真抓实干、无私奉献，切实做好边界日常管理和维护工作，基本保持了中越边界线走向清晰、界桩及界线标志完好，切实维护了国家主权和领土完整。

案例　桥头乡界边境情况汇报材料

河口县人民武装部、外事办：

根据界务员李朝林、李家才报告，161 号界碑被破坏，具体为越南方面一侧左上角被敲击，裂痕长约 3 厘米，宽约 2.5 厘米，深约 0.4 厘米。152 号界碑我方一侧距边境线约 2 米处挖了一条壕沟，长约 30 米，宽约 70 厘米，深约 30 厘米。

以上情况，经实地调查了解，161 号界碑是周边村寨放牛小孩所为，152 号碑是村民陶升贵所为，我部已经专门找了陶本人进行教育，并要求其尽快恢复原状。

桥头乡武装部

2008 年 8 月 12 日

五　应急方案

在和平时期开展民兵工作，必须树立居安思危的思想，做到招之即来，来之能战，战之能胜，为保证民兵在各种应急事件中能及时发挥作用，围绕基层武装部正规建设的要求，明确各村民兵组织在各种应急事件中的职责和任务，结合当前形势发展的需要，桥头乡制订了三个应急方案，即《桥头乡战争应急动员方案》、《桥头乡民兵战备执勤方案》和《桥头乡民兵防汛抢险方案》，并将方案发至各村，使各村民兵组织明确了自己在各种应急事件中的职责和任务。这些方案的制订不仅明确了村级民兵组织的职责任务，而且也为今后基层武装部的正规化建设打下了坚实的基础。

六　实例：奥运安保

据桥头乡纪委书记盘文明和副乡长王绅介绍，为贯彻上级指示精神，确保奥运举行期间的安全，严防境外敌对势力从桥头乡渗透，桥头乡党委政府主要开展的工作有：① 制定了《桥头苗族壮族乡奥运安保工作方案》；② 桥头乡党委政府和各个村委会签订了《奥运安保工作责任书》；③ 桥头乡和各个村委会在奥运会进行期间严格按《2008 年奥运会期间值班表》值班和巡查；④ 制定了各种应急预案，建立了应急机动分队。

老汪山村主任陆成昆和副主任罗永金向我们调研组介绍，老汪山村奥运会进行期间的安保主要由武装助理具体负责，老汪山村委会 2008 年奥运会期间值班表具体如表10－1所示。

表 10－1 老汪山村委会 2008 年奥运会期间值班表

值班时间	值班负责人	备 注
2008 年 8 月 5～10 日	袁美贵	
2008 年 8 月 11～15 日	陆成昆	
2008 年 8 月 16～20 日	罗永金	
2008 年 8 月 21～25 日	熊国生	
2008 年 8 月 26～31 日	袁美贵	
2008 年 9 月 1～6 日	陆成昆	
2008 年 9 月 7～12 日	罗永金	
2008 年 9 月 13～18 日	熊国生	
2008 年 9 月 19～24 日	袁美贵	
2008 年 9 月 25～30 日	陆成昆	
2008 年 10 月 1～5 日	罗永金	
2008 年 10 月 6～10 日	熊国生	
2008 年 10 月 11～15 日	袁美贵	

资料来源：老汪山村委会于 2008 年 8 月 7 日提供。

七 存在的隐患

桥头乡在上级人民武装部和桥头乡党委、政府的领导下，做了大量基础性的武装工作，为地方经济建设、社会稳定、边疆巩固作出了巨大贡献。但与其实现保卫边疆安定、建设边疆经济的总目标和任务还有相当一段距离，工作中还存在着不少问题和困难，具体表现在以下几个方面：

（1）现代科技的飞速发展使边防工作也日益艰巨，而桥头乡武装部办公室办公设施配套跟不上，科技化管理水平无法提高。

（2）桥头乡地处边疆山区，经济基础较为薄弱，桥头乡政府的经费无法满足开展武装工作所需费用。

（3）随着农村生产体制的不断变化，外出务工的民兵过多，给开展工作带来了一定的困难。

（4）民兵缺乏必要的训练教材和器材，使开展民兵军事训练工作受到一定的影响。

（5）缺乏必要的学习资料（如《云南国防》、《西南民兵》等杂志），武装干部在借鉴经验、提高业务水平方面得不到改善。

以上存在的这些困难和问题，还需要相关政府和上级人民武装部给予足够的重视，给像桥头乡这样的民兵组织应有的关心与支持，以便更好地发扬他们在经济建设和国防安全方面的作用。

第二节　存在的问题

一　雷区

桥头乡是一个边境乡，全乡国境线长达 81 公里，山连山、水连水的中越边境线上处处群山环抱。当年，中越关系紧张、发生冲突的时候，双方都在边界线上埋设了大量的地雷。尽管中越边界从 1989 年起就停止了枪炮声，两国边民恢复了以前的友好和热闹，但是有些东西却一直没有改变，那就是双方在边境漫山遍野埋下的地雷。据桥头乡武装部工作人员介绍，埋设在桥头乡中越边境两侧的地雷有防步兵雷、松发雷、绊发雷、跳雷等至少数十种，埋在石隙里，掩于小溪边……让人防不胜防。由于埋雷时间长、地形变化大，再加上当年的雷区如今已经是草茂林深，使一些地方的地雷可能永远都无法清除了。

　　我们调研组乘车从桥头乡政府所在地出发，在大山里弯弯拐拐走了二十公里，跑了半个多小时。在上山的路上，每隔几十米就竖立一块警示牌："雷区，严禁入内"（见图 10-2）。这让我们不禁感慨这个中越边界的咽喉之处曾经的战火纷飞。如今在附近的一座山上依然驻守着一个边防连队。陪同我们的是乡政府的一名工作人员，

图 10-2　雷区警示碑

同时也兼任我们的司机，我们称他为小张或者张师傅，他是当地人，对沿途地形很是熟悉。一路上，小张给我们讲解了当年发生在这里的一些小战事，并带我们观看了一些已经废弃的防空洞和防御工事。当年，越南特工渗透到我方境内，在我们走的这条路上经常会发生越南特工枪杀我方百姓的事件。战后，解放军来扫过雷，但是并没有完全清除。究竟还有多少地雷埋在下面，谁也说不清楚。而这些遗留在山上的地雷一般有效期为五六十年，所以这些地区就成了当地人的禁区，尽管有参天的林木和珍贵的药材，人们也不敢去采摘。在 20 世纪 90 年代，附近的村民有因上山砍柴或者放牛被地雷炸伤的情况，多次惨痛的教训之后，

村民已经不进入那些禁区了。但还是有一些牲畜误入雷区吃草而引爆地雷。

沿着简易公路继续往前走，经过一段碎石路，弯弯曲曲一路攀爬，就可以到达中越边界线了。这条弯曲且狭窄的简易公路是最近两年才修建的，是专门方便驻防部队巡逻的国防道。行车十多分钟后到中越边界处。小张带我们看了两处 2001 年新立的界碑：一方为越方立，为 146 - 1 号界碑；一方为中方所立，为 146 - 2 号界碑（见图 10 - 3）。站在 146 - 2 号界碑前，往南望去，那就是越南了。山脚下，有梯田、树林、不多的几栋房屋，房屋顶上有一面越旗迎风飘扬，那是纸厂贸易口岸越方的关卡哨所。值得注意的是，越方也修建和我们一样的巡逻道。"下方就算是越南的

图 10 - 3　中越边界线上中方所立的 146 - 2 号界碑

国土了，有房子的地方是越南人的村庄，都是战争结束后迁来的。"小张指着远处的房屋热情地给我们讲解。顺着小张所指，不远处有一个越南村寨，边民现在都安居乐业，边贸也迅速发展起来，曾经的战火纷飞，如今已被和平、宁静所取代。

二 跨国婚姻

众所周知，中国与越南交往甚早，有很长一段时间，越南曾作为中国的藩属国，受中国政府的保护。中越边境各族人民由于地理相近，民族相似，文化相通，相互交往和通婚由来已久。自中国和越南先后实行"改革开放"政策和"革新开放"政策以来，尤其是1991年中越关系正常化以来，云南边境出现不少越南妇女跨国婚嫁到我国的现象，中越边境通婚数量逐年上升。

老汪山各村的村民小组均处在距中越边境界线不远的地方，村民们历来都有与越南边境村民通婚的现象，居住在中越边境地区的布依族同为一个民族，早在20世纪60年代通婚现象就有发生。近年来，跨境婚姻更是时有发生。据当地的村民反映，由于语言相通、习俗相同、居住毗邻，经济文化交流频繁，通婚的内驱力非常强大。此外，之所以有这么多的越南妇女嫁到桥头乡这边，一个重要的原因是当地百姓生活条件相对艰苦些，而且越南女性人数远多于男性，有女难嫁的现象也常见。与此形成鲜明对比的是，我国边境地区近年来变化很快，边民生活水平在逐年提高，使与我边民常年往来的越南边民倍加向往，不少越南家庭都希望自己的子女能到中国生活，这不但解决婚嫁问题，还可以改变子女的命运。

　　陪同我们的桥头乡乡长王智强对我们说："在整个桥头乡，嫁到我们（中国）这边的越南女人很多，越是接近边境的几个村寨越多。对于那些中越跨境婚姻的夫妇来说，无非是由一个村寨嫁到另外一个村寨而已，他们感情非常好，没有一对闹过离婚的。一般来说，男女双方结婚后，通常是女方落户到男方，也就是来中国这边居住，但在桥头乡的跨国婚姻中，除了他们的孩子可以落户到中国外，嫁到中国这边的越南女人要落户中国来却很困难。"在王智强乡长的特意安排下，我们在老汪山村还特意走访了几对中越跨境婚姻的夫妇。

　　在桥头乡政府会议室，我们见到了老汪山村委会甲马石村民韦转良，他是布依族，今年45岁。当我们说明来意，想了解边境移民和跨国婚姻的事实时，他回答道："我们这边很多，我的老婆就是越南人。"在谈话中，我们了解到，他妻子是越南布依族，年龄小他4岁。中越关系正常化的第二年他们结的婚，生育有一男一女，并且都已经落户中国，夫妻感情良好。当问及怎么会想到去越南找媳妇，韦转良的回答简单而形象："那个年头，在越南的老丈人吃都吃不饱，我们这边还是好些；所以她们愿意过来。"在谈及对方的国家认同问题上，他对我们说："早年，女方的国家观念还是比较强烈的，但不至于影响到家庭生活。如今，由于长期生活在中国，（她）对我们国家的认同度越来越高。"当天下午，韦转良带我们回到他家，见到他的妻子——来自越南平潭的布依族女子罗明凤。

　　由于长期生活在中国，罗明凤已经能说一些汉语，和我们能进行一些简单的沟通。我们问了她一些关于越南的问题。她告诉我们：这边的日子要好过些，能吃饱饭，交通也相对方便，通水通电。

　　在谈话中我们也了解到，像罗明凤这样嫁到中国人的很多，光在老汪山村委会石岩脚村民小组就有五个人娶了越南媳妇，生活过得也不错，但是办理结婚证不太方便，一些越南姑娘嫁到中国来，也不到当地公安机关落户，她们所生的子女也难于落户。由于没有任何身份证明，办理户口需到红河州、县办理，通常手续繁杂，花费也不小，加之越南方面的政策经常变化，她们就成了无国籍的新娘。虽然这些远嫁中国的跨境新娘不少已经习惯了中国的生活，但她们漂亮的盖头下却暗藏非法的身份，她们长居中国却难以取得中国国籍，也不能享受中国的合法权利，而且随时面临被遣送的境遇，整天生活在担惊受怕之中。与此同时，由于老汪山村地处偏僻之地，经济条件不算富裕，许多女性都去往外地打工并远嫁广东、四川以及云南内地经济条件好的地方，不少当地男子只好翻过一座山，去到越南找媳妇。显然，在边民的眼中，"国界"似乎仅仅是一个名词。界碑的竖立并没有阻碍两国边民的交流，也许在他们看来，这根本不是一个难以跨越的问题。

三　边境贸易

　　自古以来，桥头乡就是内地通往越南的主要通道之一，纸厂口岸是中越边民互市的重要口岸（见图10-4）。史籍记载，1895年，桥头设立两个对讯公署，其中之一就在纸厂，隶属河口督办管辖，主要负责外事交涉。当时，经过桥头的老卡、纸厂两个主要口岸的物流，有从内地运来的茶叶、烟丝、药材、大锡等，从越南驮回的有来自美国、法国和我国上海的食盐、布匹、肥皂、火柴等工业

图 10 - 4　中越边界线上的云南省级口岸纸厂

品，市场呈现出一定的繁荣。但到后来，由于太平洋战争、越南抗法战争、抗美战争、中越战争的战场都靠近这里，战事频频、雷区密布，谁也不敢也不想来这里做生意，纸厂再也见不到贸易的繁荣景象，这个地方渐渐为人们所遗忘。直到 1991 年，双边关系恢复正常之后，这里的边境贸易才又慢慢恢复了往日的繁荣。每遇赶集之时，总会有大量的附近村民在这里与越南人进行贸易，交易的商品多为初级农产品。一天交易下来，成交额可达 3 万元左右。

　　作为河口县唯一的一个民族乡，桥头苗族壮族乡至今仍是省级扶贫攻坚乡。老汪山村虽然靠近省级通道纸厂，但因为当地群众本身就没有什么产业基础，参与交易的大多还是农副产品和极少量的传统手工业产品，外贸对当地经济的拉动作用不可能在短时间里完全显现。边民生活水平依然处在相对贫困的状态；还有不少民族群众还没有解决温饱问题，生活在贫困线以下。

究其根本，一方面是种种历史原因造成了民族地区的长期封闭，使少数民族群众丧失了许许多多的发展机遇，导致他们机会的贫困；而今，封闭被打破了，机遇来到面前了，却又因长期封闭带来的落后观念造成了素质上的贫困。对于经济发展程度和综合素质都不高的边疆各族群众来说，如何扶持他们在全面开放的新格局中，抓住这个"稍纵即逝"的历史性机遇来发展经济，全面建设小康，将是今后云南民族工作中的一项迫切任务，也是我们今后还将继续关注的一个焦点问题。

另一方面，双边农村地区地处偏远，交通发展滞后，多为泥土道路，晴通雨阻，大宗贸易运输比较困难；商品运输成本也相对高，大部分商品没能在这里上市交易，农副产品周转慢，周转成本高，经营费用大。纸厂虽是省级通商口岸，但边境贸易环境差，集市还存在以路为市的现象，交易场合狭窄而破旧，连风雨都很难遮挡，商品凌乱地摆在地上，导致边贸仅限于边民互市零星交易，互市贸易不活跃，商品流通没有新的突破，边民互市贸易成效不明显。为改变这种局面，真正使互市贸易给双边边民生活带来便利和实惠，国家和云南省地方相关部门应该将这里列为"兴边富民行动"点，加大道路等基础设施建设的投入，扶持建起新的边贸市场，引导和帮助边疆民族地区群众学会利用市场，增强他们的竞争意识、商品意识，学会走出去、引进来，拓展视野，找到致富门路，真正在商品贸易中得到实惠。

第三节　边境沿线存在的问题以及
分析与对策

　　桥头乡辖区内国境线长 81 公里，有 26 个村民小组分布在国境线上，其中有 20 个村民小组为少数民族村，边境一线主要居住着瑶、苗、壮等少数民族，由于中越边境少数民族基本相同，且语言相通，陆路边境线过长，越南边民政策相对突出，以及历史遗留下的难民问题，给中越边境线管理带来一系列的困难和问题。图 10 - 5 为调研人员采访的情况。

图 10 - 5　何作庆教授在采访——界务问题

一　边境沿线存在的问题

　　（1）非法出入境情况突出。桥头辖区边境线有 81 公里，只有两个正规口岸，陆路边境线过长，造成边境沿线出入管理困难，边境农村群众国防意识较弱，加上民族语言互通，因此中越非法出入境情况突出，来往频繁，中方人员与越方人员相互通婚现象较多，在走亲访友中言谈时会无意中透露我国军事、政治、经济等各方面情况。同时，由于边境沿线出入境管理困难，造成一些贩毒、贩枪、走私等违法行为不时发生。

（2）边境难民难以管理。目前桥头辖区内实有难民108户421人，其中男193人，女228人。这部分人是因在自卫反击战中他们或是他们的老一辈为中国军队带路，在自卫反击战结束后，越南政府对这部分人员进行抓捕，他们就跑到中国境内来居住，但当时中国没有相关政策来对待这些人员，造成中越边境难民比较多的现象。难民因无户籍，在村里也就不可能分到土地，同时我国法律对非我国国民所犯较轻刑法的罪不进行处理，导致一部分难民没有法律约束，为牟利肆无忌惮地经常偷盗、打架。

（3）无国籍儿童读书难。难民与中国公民所生儿童或中越通婚家庭所生小孩，经过婚姻登记，并在中国生活的，都会给予落户。但难民与难民所生儿童、难民与越南公民所生儿童或中越私自通婚（没有经过登记的）家庭所生儿童，在中国区域内生活的，落不了户。这部分孩子读书问题突出，因为没有户籍，在越南读不了书，在中国学习只能读到初中毕业。造成难民部分儿童自暴自弃，影响全班其他学生，成年后也给社会带来一定影响。

（4）越南法律不健全，处理边境事项混乱。越方对我国非法出境边民采取了强硬措施，我方非法出境边民一旦在越南被抓获，越南公安常向中方被抓获人员索取高额罚

款（500~1000元人民币每人、800~2000元人民币每头牛、马）。同时，越方对部分抓获的我国非法出境人员以越南法律处理，例如，我方某村一个小伙子在2009年到越南过苗族"花山节"，在找对象时被越南公安抓获，被抓获后越方以拐卖妇女罪论处（该事情结果笔者只知道给了中方人员一个函）。越南正处于经济社会发展阶段，法律不健全，连政策也是朝令夕改，在一定程度上导致管理松散，部队、公安等部门权力大，采取的不合理高额罚款制度的出处和罚款款项归属受到置疑。

（5）越南对边民实行优惠政策，变相加强边境土地管理。对越自卫反击战前中国曾无偿帮助过越南，边民对中国军队印象较好，战争中出现了大部分边民帮助中国军队的现象，因此越南十分重视边境沿线的管理。越南实行优惠政策，鼓励边民到边境沿线居住，凡是搬迁到边境沿线居住的，每户奖励折合人民币1万元的越盾，并且这部分居民在越南就医、孩子读书实行免费政策，孩子读书在1册到12册（相当于中国小学至高中）学费免交，这样的政策吸引了许多越南群众搬迁到边境线居住。在农村，农民土地意识很强，对自家土地是分毫必争，正是这样运用越南农民对自家土地的管理，逐步形成越南对边境土地的群防群治工作。

（6）越南重视边境沿线民族文化生活，对中方边境沿线居民造成一定文化渗透。在越南猛康县对壮族"六月节"、苗族"花山节"和瑶族"盘王节"，国家都投入资金建设有固定的场地，并由越南县文化局等单位牵头进行组织和指导，场地悬挂国旗等。另外宗教庙宇建设也很多，而桥头乡只有老街子五公区建设有"花山节"场地。每到民族节日或者宗教节日，一些中方农村群众就到越南过节，因此在一定程度上越南对中方边境地区造成一定的文化渗透。

（7）越方边境沿线边民中开展国防意识教育相对较强。越方在优惠政策吸引、民族文化生活关心、加强国防意识教育等多种形式下，越南边境沿线边民国防意识教育取得了较好成绩。越方也禁止边民透露出越方情况，大部分边民在交谈时体现出口风紧现象。

二　目前采取的措施

（1）为有效遏制边境沿线非法出入境现象，桥头乡组建了民兵队伍，同时乡党委、政府与边防驻军、驻警队伍积极协调、联系和沟通，加强国防意识和法律知识宣传教育，共同做好边境沿线非法出入境现象遏制工作。但目前由于乡镇财政紧张，乡基层武装建设资金来源渠道少，基层武力量建设体系难以完善。

（2）中国对边境地区也实行了如"兴边富民工程"等一系列优惠政策，目前虽然没有细化到边境沿线村民的政策，但按中国对边疆地区民众政策越来越好的趋势，相信边境沿线村民也将会得到更大的实惠。

（3）为对现有难民进行有效管理，利用村民自治的方式，对难民问题突出的地区，联合现有民众对难民问题进行群防群治，有效遏制了难民犯罪给中国居民带来的不利影响，对进一步稳定边境沿线治安起到了很大作用。

（4）自农村税改和乡财政上划县级管理以来，桥头乡收支不平衡，财政困难，但桥头乡仍然建设了苗族"花山节"场地，以缓解边境民族文化生活的迫切需要。

　　边疆稳就是内陆稳，边境沿线稳就是边疆稳。中国与越南都是发展中国家，以上存在问题有法治不同造成的，也有民族生活差异造成的，有主观的，也有客观的，但只要我们相信，在国家惠民实边政策的推动和当地各级部门的指导关心下，再加上当地驻军、驻警、基层武装力量的共同努力，这些困难和问题将逐步得到解决。

后　记

　　这是红河学院何作庆教授主持的四个村寨调查点之一，主要由赵旭峰、何作庆等人完成调研和撰写初稿，赵旭峰撰写了书稿初稿的大部分章节，何作庆撰写了书稿初稿的部分章节，并对部分章节补充了相应的材料，最后由何作庆教授统稿和定稿。

　　云南省河口县桥头乡老汪山村是中国与越南边境线上的一个和谐多元文化的布依族村寨，它体现了：① 内地汉儒文化与边疆布依族为主的少数民族文化的融合；② 跨界民族文化与国外原住民族文化的交汇、碰撞、沉积和沉淀；③ 生物多样性突出，社会和谐，是适合人类居住的区域，它是充分体现中华民族"和谐"与"多元"的实例见证。

　　红河学院有志于中国边疆布依家园——河口县桥头乡老汪山村研究的调研小组，在接受中国社科院中国边疆史地研究中心的调研任务以后，在云南省片区负责人云南大学方铁教授的指导下，认真完成了调研，撰写了《边境布依家园——云南省河口县桥头乡老汪山村社会与经济发展调查报告》书稿，本书作者们力图从科学发展观出发，总结新中国成立六十年来，尤其是改革开放以来的河口县桥头乡老汪山村政治、社会、经济、民族、宗教、文化等的变迁，展示其边境布依家园的风貌，探讨中国与越南边境

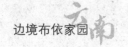

线上的一个和谐多元文化的布依族村寨的未来，起到资政、育人、团结、和谐的作用；同时，它对与时俱进地探索和处理好当前我国新时期西部边疆——中国与越南边境段建设中的少数民族问题、增强中华民族的凝聚力，有着重要的借鉴作用，有深刻的理论意义和现实意义。

谨以本书献给中华人民共和国成立六十周年，以及那些长期关注、支持和从事边疆布依族研究的人们，他们使这门边疆民族学科不断发展和完善。我们要感谢中国社科院中国边疆史地研究中心、云南大学西南边疆少数民族研究中心等单位的领导和同志们，在他们的关心、支持和帮助下，该项目的调研、撰写和出版得以顺利进行；我们也要感谢红河州民委，河口县民委，河口县桥头乡党委、人大、人民政府等单位及其所属各部门的领导和同志们的关心和支持，调研小组尤其得到了桥头乡老汪山村委会的积极配合与支持，王智强、陆成昆、熊国生、驾驶员小张等亲自陪同了调研工作，他们长期以来对我们的调研给予诸多的关怀和支持。借此机会向一切帮助和支持过我们调研的领导、老师、朋友、学生、村民和同志们，一并表示谢忱。

我们还要感谢红河学院及其下属的人文学院（原红河流域社会发展研究中心）、科技处等单位的领导和教师及其他人所给予我们的鼓励和支持，红河学院新农村指导员党晓军提供了驻老汪山村工作日志等一系列珍贵的资料，尤其是校纪委书记黄初雄同志等人给予我们调研小组的关心、鼓励和支持令人难以忘怀。

我们还要感谢河口县布依学研究会、桥头乡老汪山村民间给予的积极的理解与支持，他们对调研组成员给予了热情的接待、介绍、讲解，为我们的参观等活动提供了各种方便，并向我们介绍了家人的基本情况，尤其是红河州民族事务局李更能副主任、河口县布依学研究会罗红庆会长提供了部分资料和图片。

我们也要感谢云南大学的方铁教授，中国社会科学院中国边疆史地研究中心的翟国强、李方老师，他们多次仔细审阅了本书，提出了许多有益的修改建议，使我们能够不断修改完善本书。

我们也要感谢社会科学文献出版社的领导、专家学者和相关工作人员付出的辛勤劳动，他们的关心、帮助和支持使这一成果能够最终面世。

最后，尤其要感谢的是课题组成员的家属们，他们为我们调研小组的调研和撰写完成本书稿作出了许多牺牲，我相信他们的支持和爱是我课题组人员终身难以忘怀的。

由于作者才疏学浅，资料有限，本书中不足和错误之处在所难免，恳请学界各位同仁及读者不吝赐教。

何作庆

2009 年 8 月 10 日

图书在版编目（CIP）数据

边境布依家园：云南省河口县桥头乡老汪山村社会
与经济发展调查报告/赵旭峰，何作庆著. —北京：社
会科学文献出版社，2010. 5
（当代中国边疆·民族地区典型百村调查/厉声主
编. 云南卷. 第 1 辑）
ISBN 978 – 7 – 5097 – 1268 – 9

Ⅰ. ①边… Ⅱ. ①赵… ②何… Ⅲ. ①乡村 – 社会调
查 – 调查报告 – 河口县②乡村 – 地区经济 – 调查报告 – 河
口县 Ⅳ. ①D668②F127. 745

中国版本图书馆 CIP 数据核字（2010）第 036445 号

当代中国边疆·民族地区典型百村调查：云南卷（第一辑）

边境布依家园

——云南省河口县桥头乡老汪山村社会与经济发展调查报告

著　　者／赵旭峰　何作庆

出 版 人／谢寿光
总 编 辑／邹东涛
出 版 者／社会科学文献出版社
地　　址／北京市西城区北三环中路甲 29 号院 3 号楼华龙大厦
邮政编码／100029
网　　址／http：//www. ssap. com. cn
网站支持／（010）59367077
责任部门／编译中心（010）59367139
电子信箱／bianyibu@ ssap. cn
项目经理／祝得彬
责任编辑／陶盈竹
责任校对／谢　敏
责任印制／蔡　静　董　然　米　扬

总 经 销／社会科学文献出版社发行部
　　　　　（010）59367080　59367097
经　　销／各地书店
读者服务／读者服务中心（010）59367028
排　　版／北京宝蕾元科技发展有限公司
印　　刷／北京美通印刷有限公司

开　　本／889mm×1194mm　1/32
印　　张／7.5　插图印张／0.25
字　　数／163 千字
版　　次／2010 年 5 月第 1 版
印　　次／2010 年 5 月第 1 次印刷
书　　号／ISBN 978 – 7 – 5097 – 1268 – 9
定　　价／138.00 元（共 4 册）

本书如有破损、缺页、装订错误，请与本社读者服务中心联系更换

 版权所有　翻印必究

主　编　厉　声

副主编　李　方（常务）　李国强

编委会成员（按姓氏笔画排列）

于　永　于逢春　马品彦　方　铁　厉　声　冯建勇　毕奥男
许建英　孙宏年　孙振玉　李　方　李国强　张永攀　周建新
孟　楠　段光达　倪邦贵　高　月　崔振东　翟国强

中国社会科学院中国边疆史地研究中心　**厉声 主编**

当代中国边疆·民族地区典型百村调查：**云南卷（第一辑）**

分卷主编：**方　铁　翟国强**

下湾子河谷俯视（2008年7月24日 罗有亮摄）

中越（河口—老街）公路大桥一角

下湾子村委会办公室

下湾子被河口县委县政府授予"文明村"称号

留守苗族老人正在做饭

下湾子村民房一瞥

中越边境上的21号旧界碑

河口县老卡村通向边境哨所的道路

下湾子村放牧途中肩背小孩的老年妇女

苗族种植的生物染料——蓝靛草

野生苦山药（2009年6月25日 罗有亮摄）

野生草莓（2009年7月22日 罗有亮摄）

支架上丰收在望的南瓜（2009年6月24日 罗有亮摄 ）

苗族服饰常用点蜡的实物图案之一——蕨叶（2008年4月11日 罗有亮摄 ）

中（国）越（南）第163号新界碑

农户家养的蜜蜂（窝）一角（2009年6月23日 罗有亮摄）

苗族百褶裙

苗族蜡染图案

苗族裙系带

苗族百褶裙（2008年7月26日 罗有亮摄）

中国社会科学院中国边疆史地研究中心　厉　声　主编

当代中国边疆·民族地区典型百村调查：云南卷（第一辑）

■罗有亮◎著

国境苗族新村

——云南省河口县桥头乡下湾子村社会经济调查报告

社会科学文献出版社
SOCIAL SCIENCES ACADEMIC PRESS (CHINA)

　　深入实际、开展国情调研，是中国社会科学院肩负的重要科研任务，也是中国社会科学院履行好党中央、国务院赋予的"思想库"、"智囊团"职能的重要方式。中国边疆省区占国土面积的 60% 以上，边疆区情及当地的民族社会调研（边疆调研）是中国国情调研的重要组成部分。正如一位边疆工作者所说：不了解少数民族，就不了解中华民族；不了解边疆，就不了解中国。1983年中国社会科学院中国边疆史地研究中心建立后，特别是 1990 年以来，一直将边疆调研作为学科研究的重点之一。

　　2004 年，中国边疆史地研究中心承担国家哲学与社会科学基金特别项目"新疆历史与现状综合研究"（简称"新疆项目"）。2006 年，中国边疆史地研究中心牵头，立项开展"当代中国边疆·民族地区典型百村调查"（简称"百村调查"），作为此特别项目的子课题。"百村调查"以新疆为重点，在全国新疆、西藏、内蒙、宁夏、广西五个民族自治区和云南、吉林、黑龙江三省基层地区同时开展，共调查 100 个边疆基层村落。调查工作在"新疆项目"领导小组和专家委员会指导下，由"百村调

1

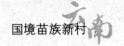
查"专家委员会暨编委会组织实施。在中国边疆史地研究中心主持拟定的调查大纲框架下，发挥每个省区的优势，体现各自的特色。

本项目的实施得到了边疆地区各级地方党政部门的支持。首先，调查工作注意与地方党政部门的相关工作衔接、听取意见，在实施调查之前，主动向各级党政部门汇报情况，听取指示和意见。其次，调查组主动让各级党政部门了解调研的全过程，在调研过程中出现问题时及时向相关党政部门请示。再次，调研阶段成果和最终成果的副本同时提供地方党政部门参考。

"百村调查"的调研主题是：改革开放30年来中国边疆基层村落的民族社会和经济发展的历史与现状。具体内容包括：乡村概况、基层组织、经济发展、社会生活、民族、宗教、文教卫生、民俗风情等。项目调研的时间是：2007~2008年（资料下限至2007年底或适当延长）。

"百村调查"的调研对象为：100个具有典型意义与特色的中国边疆基层村落。课题以基层乡、村两级为调查基点，大致每个省区选择2个地州，每个地州选择1~2个县，每个县选择2个乡，每个乡选择2个村。新疆共调查22个村，其他地区均为13个村（辽宁、吉林、黑龙江以东北边疆为单元，共调查13个村）。调查点的选择要求：

（1）本地区社会稳定与经济发展中具有典型意义的基层乡和村。

（2）存在边疆现实政治、社会或经济发展的热点、难点问题。

（3）与20世纪50年代全国边疆民族调查能有一定的衔接。

"百村调查"采取学术调查与现实政治相结合的方法，以社会人类学入村入户调研方法为主，同时关注现实政治、社会与经济发展中的热点、难点问题：一般共性调查与专题专访调查相结合，在一般综合性调查的基础上，选择好专访或专题调研的"切入点"——总结经验与完善不足相结合，在总结各项工作经验的同时，善于发现问题和提出解决问题的对策与建议。调研注重入户访谈和小范围座谈的专访调查。在一般性问卷和统计资料收集的基础上，注重对基层干部、群众典型、教师、宗教人士等特定人员的专题访谈，倾听和收集他们对基层社会稳定与经济发展的看法、意见和建议，形成能说明问题的专访或专题调研报告。

"百村调查"的成果形式分为调查综合报告与专题报告两大类。

（1）调查综合报告：依据大纲规定，撰写有关乡村经济社会等发展状况的综合报告，课题结项后分期公开出版。专题报告及调查资料可以公开发表的，在篇幅允许的情况下，作为附录附在综合报告末尾。

（2）专题报告：内容较敏感、不适宜公开出版的专题报告，集成《专题报告集》，内部刊印。

"百村调查"主编 厉声 谨识
2009年8月25日

目录
CONTENTS

图目录
FIGURE CONTENTS

表目录
TABLE CONTENTS

序言
FOREWORD

一

云南地处祖国西南边陲,全省东西横贯 864.9 公里,南北纵跨 990 公里,总面积 38.3 万多平方公里,居全国第八位。境内绝大部分是山地,矿藏丰富,有 25 种矿产资源保有储量居全国前三位。不仅动植物资源呈多样性,而且少数民族文化也是复杂多样的。云南是个多民族的省份,有 52 个少数民族,其中 5000 人以上的世居少数民族有 25 个,是全国边疆少数民族种类最多的省区。云南历史悠久,公元前五六世纪,滇池地区已出现创造了灿烂青铜文化的滇国,两汉时云南正式进入中央王朝的版图。

19 世纪后期,英法殖民者以缅甸、越南为基地,把侵略矛头指向云南。传教士进入云南传教,随后开埠通商和修筑滇越铁路,蒙自、河口、思茅与腾越是最早设立的商埠。英法殖民者大量掠取锡等矿藏资源,云南封闭的状况也逐渐改变。

1950 年云南和平解放。1952 年至 1956 年,中央政府在少数民族地区进行民主改革。在白族、回族、纳西族和壮族聚居的地区,采取政策略宽于汉族地区的土改方式;在处于封建领主制和奴隶制阶段的傣族、藏族、哈尼族、普米族以及一部分纳西族、彝族的地区，采取和平协商土改的方式；在保留原始公社制度残余的傈僳族、景颇族、佤族、布朗族、基诺族、怒族、独龙族以及一部分拉祜族的地区，不进行土改，通过发展生产直接过渡到社会主义社会。土地改革与民主改革完成后，各族农民分到耕地和生产资料，农业生产获得较大发展。

新中国成立 60 年来，特别是十一届三中全会后，云南在农业、工业、贸易、文教卫生等诸领域都发生了巨大的变化。但目前与内地其他地区相比仍存在一些困难和问题。

据调查，云南边境县市地区有以下特点：一是社会经济发展速度普遍缓慢，总体上与先进地区的差距仍在扩大。二是基础设施与基本建设滞后，严重制约当地社会经济的发展。三是影响社会稳定的问题突出，治理难度很大。四是跨境民族境内外不同部分往来密切，本民族自我统一意识增强，并呈现继续发展的趋势。五是与邻国相比，云南边境县市一些地区获得国家支持的力度不够，与越南等国的优惠政策形成反差。六是地方财政较困难，难以落实国家规定的脱贫项目的配套经费。七是地方教育、卫生保健、文化事业等发展水平偏低。

因此，云南边境县市地区目前的状况，与建设和谐边疆的目标很不适应。最近中国与东盟 10 国共同签署中国—东盟自贸区《投资协议》。双方已成功完成自贸区协议的主要谈判，自贸区将如期在 2010 年全面建成。中国—东盟自贸区合作的高速进展，对云南边境县市地区以及当地少数民族的稳定与发展提出了更高要求。

在这一背景下，对国情、区情作进一步了解，以制定相应的政策、措施，显得十分必要。

中国社会科学院中国边疆史地研究中心主持的国家社科基金特别项目"当代中国边疆·民族地区典型百村调查"（简称"百村调查"），是一项涉及广西、云南、西藏、新疆、内蒙古、宁夏、吉林、黑龙江等8省区100个村寨的大型调研项目。云南省作为中国边疆少数民族种类最多的省，在本次调查中共选点13个，主要集中在云南沿边一线的各民族边疆村寨，个别分布在非边境县市地区。

二

在中国近现代发展史上，对于边疆地区的关注，主要出现在19世纪末20世纪初。一批学者对中国边疆尤其是西南边疆地区进行了调查研究，取得了一定成果。新中国建立后，在相关政府部门、研究机构的推动下，开展了对国内各民族社会历史的调查活动。20世纪五六十年代，根据党中央和国务院的部署，国家有关部门在全国范围内进行了大规模的少数民族社会历史调查，其中也对云南各民族社会历史发展情况进行了全面的调查。该次调查为云南少数民族地区的社会、经济、文化发展起到了重要的推动作用，也为后来的学术研究积累了大量的历史学、民族学、人类学、社会学资料。2003年7月至8月，云南大学组织力量对全国32个少数民族村寨进行了调查，其中包括云南各民族村寨调查。这次调查，也是一次典型的少数民族村寨调查，获得了21世纪初中国各民族典型村寨的珍贵资料，具有重要学术价值。

与历次少数民族社会历史调查不同的是，本次由中国社会科学院中国边疆史地研究中心发起的边疆"百村调查"项目，主要是从边疆学的角度考虑，突出了边疆、村落和

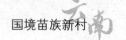

现实发展状况三个要点，期望通过深入的田野调查，面向中国边疆农村地区，真实反映现实的中国边疆村寨客观发展状况，为国家宏观把握边疆发展现状，构建和谐、安全、富裕边疆提供参考资料。此次调查虽然并未把少数民族因素作为关键内容予以突出，但由于中国历史上形成的边疆社会人口结构，决定了调查的内容必定要涉及大量的少数民族村寨。因此，云南的调查点与全国其他边疆地区的情况一样，涵盖了大量的少数民族村寨。

云南在本次调查中所选择的 13 个调查点，是根据总体项目的设计，选择具有代表性的 4 个地州，在每个地州选 1~2 个县，每个县选择 1~2 个乡，每个乡选择 1~2 个村（农场），最后完成 12 份村寨调查报告，以及相关的若干份调研咨询报告。通过调研和提交的研究成果，较全面地反映云南省尤其是沿边地区社会与经济发展的状况，以及存在的主要问题，并提出解决问题的基本思路和切实可行的对策建议。

选择什么样的村寨作为调查对象？云南项目组遵循以下原则：第一，尽量顾及民族特点，选择自治州、县的自治民族，即壮族、苗族、彝族、瑶族等；第二，尽量选择不同类型的乡镇、村寨，距离不能太近，避免雷同；第三，所选村寨要尽量大一些，以便进行 50 户问卷抽样。根据上述原则，我们分别选取以下 13 个村寨作为调查对象。

红河哈尼族彝族自治州所属河口瑶族自治县桥头乡下湾子村和老汪山村、河口南溪镇芹菜塘村和红河县迤萨镇跑马路社区安邦村；文山壮族苗族自治州所属麻栗坡县猛硐瑶族乡坝子村和丫口寨、麻栗坡县董干镇八里坪村和马崩村；临沧市沧源佤族自治县勐董镇永和社区和白塔社区、

沧源佤族自治县勐角乡控角村和翁丁村以及玉溪市元江哈尼族彝族傣族自治县甘庄华侨农场。

这些村寨各具特点，例如下湾子村和老汪山村分别是苗族和布依族的村寨，是多元文化融合的典型。在这里我们可以看到内地汉儒文化与边疆苗族、布依族等少数民族文化的融合，是中华民族文化"和谐"与"多元"的实例见证。红河县迤萨镇跑马路社区安邦村素有"侨乡"之称，该村侨眷占绝大多数，分别与老挝、美国、法国、加拿大、泰国、越南等国有侨眷关系，逐渐成为中国看世界和世界看中国的一个窗口。

除以上所说的 13 个少数民族聚居村寨以外，3 个子课题组还对所调研地州的其他一些地区，选择较突出的一些问题进行了调研，并撰写相应的调研咨询报告。

三

本项目的调查和研究，拟在以下方面有所突破：一是云南边疆地区社会经济发展状况的总体评价；二是云南边疆地区社会经济发展趋势预测；三是云南边疆地区社会经济发展存在的突出问题；四是解决云南边疆地区社会经济发展中存在问题的基本思路；五是解决云南边疆地区社会经济发展中存在问题的对策建议；六是对包括云南在内的中国边疆地区，当前和今后一段时期存在的问题及解决办法的思考；七是对今后在边疆地区进行社会经济可持续发展调研的建议。

研究的方法，主要是采取社会学、人类学的基层调查方法，系统收集和整理相关的资料和数据，尤其重视新资料和经过调查得来的第一手资料，同时结合历史学的分析、

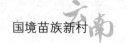

演绎和归纳的方法，在此基础上进行全面深入的分析和研究，形成具有较高水平的研究成果。

在调查和研究的过程中，以云南大学西南边疆少数民族研究中心（教育部人文社科重点研究基地）以及云南省的红河学院、文山学院、临沧高等师范专科学校等高校的教师和研究生为基本力量，同时吸收相关地州民族研究所的研究人员和各级政府的有关人员参加。共同协作，博采众长。在调研的过程中，注重依靠各级政府有关部门和乡村两级干部，深入村寨进行调研，实施问卷调查，细心倾听各民族干部和群众的意见，在此基础上形成真实客观、有一定的深度和广度、符合科研规范、有较高学术含量的研究成果。可以说，通过参加者的共同努力，基本上达到了项目所设计的预期目标。

"当代中国边疆·民族地区典型百村调查·云南部分"项目，由以下人员分别担任项目组及子课题组的负责人。

课题主持人：方铁（云南大学西南边疆少数民族研究中心教授，该中心原主任）

课题副主持人：翟国强（中国社会科学院中国边疆史地研究中心副研究员）

红河哈尼族彝族自治州子课题组

组长：金少萍（云南大学西南边疆少数民族研究中心教授）

副组长：何作庆（云南省红河学院教授）

文山壮族苗族自治州子课题组

组长：杨永福（云南省文山学院教授）

副组长：杨磊（云南省文山学院教授，副校长）

临沧市子课题组

组长：邹建达（云南师范大学教授）

副组长：杨宝康（云南省临沧高等师范专科学校教授，副校长）

在调查研究的过程中，得到了云南省政府有关部门、红河哈尼族彝族自治州、文山壮族苗族自治州、临沧市、玉溪市及所属县乡各级政府的大力支持和有效帮助，谨此表示衷心的感谢！

最后，本课题能以专著的形式出版发行，应该感谢中国边疆史地研究中心、社会科学文献出版社等单位提供的机会和付出的努力。在审阅本书稿的过程中，中国边疆史地研究中心李方研究员付出了辛勤劳动，一并表示感谢。

主持人（分卷主编）：方铁　翟国强

2009 年 8 月 20 日

第一章　概况

第一节　自然

一　地理位置

河口瑶族自治县是云南省红河哈尼族彝族自治州下辖的一个民族自治县。红河哈尼族彝族自治州位于云南省东南部，地处东经101°47′～104°16′、北纬22°26′～24°45′，北部与昆明市相临，西北部与玉溪市相连，东北部与曲靖市相连，西南部与思茅地区接壤，南部与越南社会主义共和国毗邻。该州下设蒙自县、个旧市、开远市、建水县、石屏县、弥勒县、泸西县、屏边苗族自治县、金平苗族瑶族傣族自治县、元阳县、绿春县、红河县、河口瑶族自治县13个县市。河口瑶族自治县（下称河口）位于云南省南部，红河哈尼族彝族自治州南端，东经103°23′～104°17′、北纬22°30′～23°02′之间。东北与文山壮族苗族自治州马关县接壤，西隔红河与金平苗族瑶族自治县相望，北靠屏边苗族自治县，南与越南社会主义共和国的老街省相邻，全县总面积1332平方千米，国境线长193千米。自治县所在地河口距云南省会昆明市469千米，距州府蒙自县160千

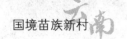

米，距越南首都河内295千米，隔红河与越南老街省相望。河口县下辖4乡2镇，即瑶山乡、桥头乡、莲花滩乡、老范寨乡、河口镇、南溪镇；共27个村委会、3个社区居委会、275个村民小组；另还有河口、坝洒、蚂蟥堡、南溪4个省属国有农场。河口县居住着瑶族、苗族、壮族、傣族、彝族、布依族等24个民族，其中少数民族人口占总人口的64%。

桥头乡是河口县的一个民族乡，主体民族是苗族和壮族。另外，还居住着汉族、瑶族、傣族、布依族、拉祜族、彝族等13个民族。少数民族人口占总人口的70%。桥头乡政府所在地桥头（见图1-1），位于河口县城的东北方向，距河口县城78千米，其东南部与越南社会主义共和国的猛康县接壤，西部与文山壮族苗族自治州的马关县相连，有一条省级公路由河口县城通往桥头乡。全乡辖8个村民委员

图1-1 桥头乡政府所在地桥头

会 116 个村民小组，共 3826 户 16988 人。其中农业人口 15965 人，占全乡人口的 95%；贫困人口 9003 人，占总人口的 52%。2007 年，全乡农村经济总收入 2379 万元，农民人均纯收入 1185 元；粮食总产量 676 万千克，人均有粮 423 千克。

下湾子村位于桥头乡东北部（见图 1－2），距乡政府所在地 22 千米，北与文山的马关县木厂乡、仁和乡、夹寒箐、小坝子接壤，西与本乡的老街子村委会相连，东南与越南猛康县花龙区为邻，国境线长 8.9 千米，国土面积 18.2 平方千米，下辖 12 个村民小组，共 389 户 1824 人，居住着苗族、壮族、彝族、汉族四个民族。下湾子村委会所在地下湾子自然村共 66 户 290 人，居住着苗族和汉族，其中苗族 39 户 193 人，

图 1－2　下湾子村一角

汉族 25 户 97 人。桥头与下湾子之间，沿桥头河而下修建了一条公路。这是一条国防公路，1978 年修建并通车，直通老卡自然村。但由于多年失修，现在到处烂陷，车子通行困难。老卡是一个省级对外边境贸易口岸，有专门的贸易市场。另外，还设有老卡边防检查站。①

---

① 河口瑶族自治县地方志编纂委员会编《河口县志》，生活、读书、新知三联出版社，第 33、39 页，1994 年 6 月。

二 地形地貌

河口县地势呈阶梯状，北高南低，逐渐向东南倾斜。县城处在红河（元江）与南溪河相交的三角洲内，地势狭窄，一些建筑依山而建，以县城为中心，沿红河、南溪河向东北方向作扇形扩散。全县最低海拔76.4米，最高海拔2354.1米。[①] 下湾子处在河口的东北方向，地势呈阶梯状，南高北低。南部是一排高低不等的山，以山顶为界，北为中国，南为越南。从山顶到中国一侧的山脚，形成倾斜度约为45度的坡地。山顶以下500米是石头山，生长着树木丛林；除此而外的坡地，就是下湾子人居住和生产生活的地方。零碎的农用耕地可种植各种作物。在山与山之间，形成了大小不等的山谷，谷深的形成沟壑，谷浅的可种植粮食。最大的山谷是西方老街子村委会木城新寨后山与前山之间的沟谷。发源于木城新寨与碉楼之间的木城河顺山谷而下，经老街子村委会的木城新寨、上木城、中木城、

图1-3 下湾子河谷

下木城四个村地盘，经下湾子村脚与新安寨村脚，流入桥头河谷（见图1-3）。桥头河是本地最大的河流，下游经下湾子地盘，流入越南社会主义共和国的大戈索河。

① 《河口县志》，第45~46页。

4

三　水文气候

河口县属热带
季风雨林气候，年平均气温 23℃。冬春季节冷暖起伏变化
大，夏秋季节相对稳定。年内极端高温在 5 月中旬，气温为
40℃；极端最低气温在 1 月初，气温为 5℃。年降雨量为
2078 毫米。2007 年为 2090 毫米，比往年的平均值偏高。降
水时间分布极不均匀：1～3 月和 9～11 月降水明显减少；
5～8 月特别多，4 月和 12 月较接近平均值。2007 年年总日
照时数为 1508 小时，较历年平均值有所下降。各时段日照
分布也不均匀，3～4 月和 8～12 月相对少，5 月相对多，其
他月份接近平均值。2007 年河口县总体气温较历年偏低，
降雨量比历年偏多，冬春气温起伏变化大，汛期相对较多，
旱涝兼有，山体滑坡较为严重，南溪、河口两镇都受到旱
涝破坏。下湾子地处热带季风气候带的山区，山高谷深，
沟谷纵横，最高处在老刘寨山顶，海拔 1350 米；最低处在
桥头河注入越南的河口，海拔 420 米。下湾子属热带高山立
方体气候，年降雨量 1600 毫米。年平均气温 19.5℃，最高
气温 30℃，最低气温 6℃。年日照时数 1800 小时，无霜期
达 360 天。冬春季节冷暖起伏不明显，夏秋季节相对稳定。
年内最高气温出现在 5 月间，最低气温出现在 12 月间。降
水时间分布很不均匀，10 月到第二年的 3 月份雨水相对减
少，4～10 月雨水相对增多。图 1 - 4 为下湾子老卡森林
一角。

四　物产资源

下湾子村物产资源相对丰富，但都未形成规模。最具

图1-4 老卡森林一角

优势的是土地资源，现有国土面积18.2平方千米，人均耕地面积2.8亩。另还有可开发利用的荒山近千亩。2000年以前，当地群众主要种植包谷、水稻、黄豆、白豆等；包谷是当地最丰富的农产品，自从实行家庭联产承包责任制以后，几乎每家每户都有足够的包谷。20世纪80～90年代，因为包谷的产量丰富，下湾子村的农民才基本解决了温饱问题，除了少数农户由于耕地相对少或特殊原因外，大家都有了积余。从90年代后，有的家庭开始用包谷换大米吃了，并将积余的包谷饲养各种畜禽。目前，有的家庭的包谷由于市场价格不好，只好堆放在楼上两三年甚至更长时间。可以说，如果能在当地直接投产对包谷进行加工，以当地丰富的资源为基础，提高资源的利用率，不仅可以使企业获得丰厚的利润，而且可以促进当地群众发家致富。

21世纪之后，在当地党委政府的积极指导下，下湾子村大力调整产业结构，在高山地区除仍然保留传统产业外，还种植八角（见图1-5）、核桃、板栗、梨、李子、花椒等，在矮山河谷逐步推广热带经济作物香蕉、荔枝、龙眼、柑橘、西瓜等，但由于农民的科技能力有限，这些物产还未形成规模性产业。当地群众的支柱产业是木薯。当地木薯的质量很好，只是因木薯加工厂规模较小，收购量不太大，农民们不敢大面积栽种。不过，仅此一项，农民们都

图1-5　下湾子村民种植的八角

从中增加了经济收入。除此而外，村寨的四周都种植大量的杉木和大棚竹。但由于交通运输不便，价格不是很理想。而且因杉木的砍伐要经有关部门审批，即使村民栽种，也很少能够自由砍伐。大棚竹原来常常用来编织各种竹篮或盖房等，但现在房屋已发展成了砖瓦房，编织的器皿也很少用，所以它们的价格也不很好。由于几乎家家都有竹笋，硕大的竹笋在市场上也很少卖出去，只好留在棚内任其长大（见图1-6）。其他的农产品都很丰富，只是由于交通不便，很少有外地老板来收这些农产品，故种植都没有形成规模。

第二节　社会

一　村落布局

下湾子村民委员会处于桥头乡所在地的东北方向。从桥头小镇沿桥头河

图1-6　下湾子村民种植的
长势良好的竹笋

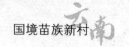

而下，顺着桥（头）—老（卡）国防公路向东北行走 22 千米，就到达下湾子。下湾子自然村坐落在桥老公路下方，北距文山壮族苗族自治州马关县边界约 2 千米，以桥头河为界与之相邻；南距中越边界约 0.8 千米，中越边境以山顶为界，上、下湾子后山，方山后山，老刘寨后山，老卡山，几座山相连成排，山顶北方为中国，山顶南方为越南。下湾子之南约 0.6 千米为上湾子自然村；下湾子之东分布着方山、新寨、老刘寨、老卡、牛场、中寨、竹林寨、老卡寨；下湾子之北的桥头河岸为新安寨；下湾子之西为老街子村民委员会的上、下木城和木城新寨。下湾子自然村就处在这些自然村的中间，是下湾子村民委员会所在地。自然村分为两个村民小组，共 66 户。1996 年，从桥头河公路边挖了一条致富路穿过村子，到达老卡寨。户与户之间已铺设了卫生路，极大地方便了村民的相互来往。由于村子在半山腰上，所以是坐南朝北的，每个农户也是坐南朝北；村子的对面是马关

图 1 - 7 下湾子优美的自然风光

的仁和镇；站在下湾子村，仁和的许多地方尽收眼底（见图 1 - 7）。

二　人口构成

　　中华人民共和国成立后，无论是红河州的人口还是河

口县的人口都在不断增加，人口素质也在不断提高。由于人口的增长与经济增长都在不断变化，所以尽管经济总量不断提高，但实际人均经济收入提高并不明显。近几年来，由于人们的生育观念有了较大的改变，独生子女不断增多，育龄妇女人均生育的孩子数在下降，人口的增长速度放缓。2000 年第五次人口普查统计，河口县总人口为 79891 人，其中，男性 41495 人，女性 38396 人。农业人口 64137 人，占人口总数的 81%；非农业人口 15754 人，占人口总数的 19%。劳动力人口 47918 人，占人口总数的 60%。2007 年，河口县人口增长到 86615 人，其中，男性 45294 人，女性 41321 人。农业人口 69756 人，占总人口的 80.5%；非农业人口 16859 人，占总人口的 19.5%。年内人口出生率为 7.4‰，死亡率为 5.38‰，人口自然增长率 2‰。同年，桥头乡共有 115 个村民小组，3782 户 16859 人。其中，男性 8766 人，女性 8093 人；农业人口 16057 人，占乡人口总数的 95.2%；非农业人口只有 802 人。

下湾子村民委员会下辖 11 个自然村 12 个村民小组，11 个自然村分别是下湾子、上湾子、方山、新寨、老刘寨、老卡、牛场、竹林湾、中寨、老卡寨、新安寨。除下湾子村分为上、下两个村民小组外，其他每个自然村自成为一个村民小组。2007 年，整个村民委员会有 389 户农户，1828 人。其中，男性 933 人，女性 895 人。农业人口 1755 人，非农业人口只有 73 人。整个村民委员会各自然村的人口结构如表 1 – 1 所示。

这些数据是指在册的人口。实际上，下湾子村的人口与此数据略有差异，主要原因是有些成年妇女已嫁到浙江、山东、四川等地，她们在嫁出时，是男方来到女方家后，稍跟女方父母商量，出一定的费用给女方父母，就将姑娘领走；有的则先将姑娘领走后，再通知女方父母并汇出一定的人民币给女方家。在当地，这两种方式都被称为姑娘跟外方人跑了，很不光彩，所以父母亲也就不去当地公安机关取消户口。另一方面，由于下湾子各村都处在距中越边境线不远的地方，村中历来都有与越南村民通婚的现象，一些越南姑娘嫁到中国来，她们中的一部分也不到当地公安机关落户，她们所生的子女也难以落户。

表1-1　下湾子村民委员会各自然村人口情况表

村名＼项目	户数	人口	男性	女性	劳动力	家庭规模
老卡寨	63	298	152	146	136	4.7
中寨	20	100	51	48	56	4.9
竹林湾	23	107	54	53	58	4.6
牛场	34	170	87	83	86	4.9
老卡	14	64	33	32	40	4.6
老刘寨	59	281	143	138	132	4.7
新寨	14	76	39	37	35	5.4
方山	30	130	67	63	74	4.3
上湾子	41	192	98	94	106	4.6
下湾子一	39	183	91	92	98	4.7
下湾子二	25	97	50	47	60	3.8
新安寨	27	130	68	62	64	4.8
合计	389	1828	933	895	945	

资料来源：2007年下湾子农村经济收支情况统计年报表。

总体来看，人口的男女比例相当，虽然男性比女性稍多，但其结构相对合理，男女比例为100∶97。主要原因是近几年来人们的思想观念有了较大的改观，生男生女都一样，很多妇女怀孕后很少到医院检查，特别是很少专门检查是生男还是生女，直到分娩时生什么就算什么。同时，党和政府的计划生育政策已深入人心，一些育龄夫妻只生一个孩子，所以无论生男生女都不再计较什么。

农村劳动力相对丰富。在总人口1828人中，就有劳动力人口945人，占人口数的52%。在调查当中，有的家庭的剩余劳动力都外出打工，有的家庭，特别是从大家庭中分出来的家庭，整家都外出打工。但只因文化技术落后，他们外出打工的地方都不是很远，多数都在本乡、县内。

从年龄结构看，调查组没有作深入的统计，当地政府也提供不出详细的数据。不过，由下湾子自然村的调查统计中可以推算出整个村民委员会的人口年龄结构。下湾子村共有280人，其中，16岁以上的人口有230人，占82%；15岁以下的有50人，占18%。在16岁以上人口中，60岁以上的有32人，占14%；40～59岁的有98人，占42%；30～39的有52人，占27%；16～29岁的有38人，占16%。在15岁以下的人口中，7～15岁的38人，占14%；0～6岁的有12人，占4%。

由此，整个村民委员会1828人中，60岁以上有237人；40～59岁的有677人；30～39岁的有366人；16～29岁的有220人；7～15岁的有255人；0～6岁的有73人。显然，40岁以上人口占了绝大多数，共914人，占到49.9%。一个老龄化的基层村委会将在不久的将来出现。

从人口的身体素质来看，体质的发展是不够理想的。这主要是历史造成的。下湾子村委会的12个村民小组当中，有6个小组是苗族。由于历史上苗族是一个受压迫和剥削很深的民族，吃不饱穿不暖，营养十分缺乏，使苗族人身体长不高，形成了个子普遍矮小的状况；加上苗族历史潮流上有早婚现象，一些还不成熟的青少年早早地成家，所生的子女也就矮小。直到现在，这种体质状况还没有得到改变。而苗族人口在村民委员会人口中占了绝大部分。

文化素质是人口素质的一个重要方面。在中华人民共和国成立以前，下湾子村除了汉族的几个富家子弟上过学外，其他民族的人几乎没有上过学。1950年，河口解放，成立了县人民政府和乡、村各级政府。各级政府比较重视民族经济和民族教育的发展，设立了各类中小学，一些农民的子女才得以上学读书，人口素质从而得到一定的提高。党的十届三中全会后，教育得到进一步的发展，下湾子村设立了一所完全小学和一所初级小学，有教师15人。在各级政府的关心帮助下，各民族的文化素质都有了提高。到1979年，下湾子行政村出现了第一个大学本科生。这个大学本科生出在老刘寨，是一个苗族农民的儿子。当时河口县教育局派车和专人亲自来接，请他到河口领取通知书，并上大学。这个苗族大学生当时从老刘寨步行6个小时走了26公里到达桥头，才从桥头乘车到河口。今天，这个大学生就是曾经当过桥头乡乡长、河口县统计局局长、河口县教育局党委书记的河口县现任科协主席。

整个下湾子村民委员会人口的文化结构，村民委员会的干部没法提供出全面的统计材料。我们在调查中，对6个苗族村民小组作了调查，这6个小组的情况基本能反映整个村民委员会的情况。这6个村民小组共227户1070人，其中，大学文化1人，占0.09%；中专文化水平68人，占6.3%；高中文化水平71人，占6.6%；初中文化水平221人，占20.6%；小学文化水平411人，占38.4%；文盲和半文盲245人，占22.8%。其他有0～6岁幼儿53人，占4.9%。

村民委员会所在的下湾子一组共有 39 户，193 人，全部是苗族。其文化结构是：中专文化 14 人，占 7%；高中文化 16 人，占 8%；初中文化 41 人，占 22%；小学文化 45 人，占 25%；文盲半文盲 67 人，占 35%。其他有 0～6 岁的幼儿 10 人，占 5%。

在当地，无论是哪个民族，其文化结构都比较接近。由此，整个村民委员会人口的文化结构大致是：在 1828 人中，大学文化水平的有 2 人，中专文化水平的 115 人，高中文化水平的有 122 人，初中文化水平的有 377 人，小学文化水平的有 703 人，文盲和半文盲有 418 人，0～6 岁的有 91 人。文盲率高达 23%。若加上一部分小学文化的人因多年在家务农而成为半文盲的在内，文盲率将会更高。

三　民族构成

红河哈尼族彝族自治州是一个以哈尼族彝族为主体的民族区域自治地方，居住着哈尼族、彝族、苗族、壮族、傣族、瑶族、回族、拉祜族、布依族、汉族和尚未确定族称的莽人。而河口县则是一个以瑶族为主体的民族自治县，县内居住着瑶族、苗族、傣族、彝族等。2007 年，河口常住人口 86615 人，少数民族人口 57759 人，占总人口的 66.4%。

桥头苗族壮族乡辖 8 个村民委员会 116 个村民小组，共 3826 户，16988 人，其中有苗族、壮族、瑶族、布依族、汉族等 13 个民族。苗族人口有 1948 人，壮族人口有 2220 人，布依族人口有 1426 人，瑶族人口有 1863 人，另外还有傣族、彝族、拉祜族，少数民族民族人口 13080 人，占全乡总人口的 77%（见图 1－8）。

图1-8 当地苗族姑娘

作为桥头乡的一个基层行政村的下湾子村民委员会，辖12个村民小组，居住着苗族、壮族、彝族、汉族四个民族，共1828人。其中，苗族1070人，占全乡总人口的58.5%；壮族159人，占8.7%；彝族166人，占9.1%；汉族有433人，占23.7%。

四 人口流动

下湾子村人口流动情况不十分复杂，但一直处在不断的变化之中。在20世纪50年代以前，人口的流动主要是以迁徙和嫁娶的方式。当时，老街子村有一家朱姓地主，势力虽然不大，但也对当地的下层人民收取各种地租，因此，当地的一些农户为了逃避这家地主的剥削，就逃到下湾子等地，使下湾子的人口逐渐增多。其他一些地方的农户，有的也为了投亲靠友而逐步搬到下湾子，这样，下湾子的人口逐渐增多。另一方面，农户之间的婚姻娶嫁也使下湾子的人口处在流动当中。60～70年代末，由于实行较为严格的户籍管理，加上刚刚建立社会主义合作社，每个生产合作社都有自己管辖和经营的土地，而且以记工分的方式分配粮食和其他收入，大家都在为工分努力，所以这个时期除了嫁娶流动之外，几乎没有其他流动的人口。到80年代，实行家庭联产承包责任制，大家都有自己的承包地，所以流动的人口更少；到了 90 年代，由于一些家庭分家，新独立出来的农户一般分得的土地都不多，随着人口的增长，土地不够的人家或是开始出去打工，或是举家搬迁到土地多的地方。这个时期人口流动较大，不过，只是人口迁出，户籍并没有迁出。迁出的人口在迁入地则成了所谓的"黑户"。21 世纪以来，由于社会主义市场经济影响到了边疆民族地区，下湾子这个比较偏僻的地方也受到了冲击，农民们除解决了温饱问题外，几乎没有经济收入，楼上有吃不完的包谷和稻谷，但口袋里却没有几文钱。看着城市的人富了，河口附近及交通方便的地方的人富了，下湾子的人也骚动起来，出去打工的人增多了，有的甚至是举家搬出去打工，有的则只留下老少照看家园。这个时期，人口流动相对多了起来。据调查，2000 年以来，在外打工的人当中，一年到头都在外的长期打工者约有 20 人；举家搬出去打工的约有七八家；大多数打工者都是在农闲时出去打工，农忙时又回来。在下湾子，打工只能维持在外的生活，或只有小部分收入。以打工来提高生活水平的农户并不多，当地村干部也没有把打工作为一项产业来抓。[1]

第三节　历史沿革

一　历史发展

当地居民迁入下湾子村的历史大约只有 400 多年。约在

---

[1]　中共红河州委政策研究室编《红河州乡村概况》（内部版，红新出 2003 准印字第 98 号），第 703～704 页。

清朝初期，当时这里森林密布，原始的自然生态还较为完好。而由于内地很多地区已被封建地主或民族土司霸占，人民不堪忍受他们的政治压迫和经济剥削，就迁徙到了这些人迹罕至的地方。到这里以后，他们开荒辟土，建立自己的家园。但是不久，清王朝统治者就把统治的皮鞭伸到这里，要当地群众交租纳税。并委任当地的地主为土司，为统治阶级服务，帮助他们收取各种田租赋税。这些地主土司一方面为统治阶级服务，一方面把收取的田租赋税截留下来一部分作为自己的收入。于是，当地群众受到了双重的压迫和剥削，生产生活水平得不到提高，一直过着牛马不如的生活。解放战争时期，中共滇南工委在红河地区开展了反封建、反压迫的武装斗争。1950～1956年，中共蒙自地委和蒙自专署在取得对境内外敌人斗争胜利的基础上，推行了民族区域自治政策，成立了红河哈尼民族自治区，并按各地区的不同情况，制定了不同的具体政策。主要是针对当时"复杂的民族关系和紧张的阶级关系交织在一起，内地的阶级斗争和境外帝国主义威胁同时存在"的局面，把全区分为邻近国境的边疆地区和内地两种地区，实行分类指导。红河（元江）以南的红河、金平、河口及石屏的牛街区划为边疆，红河以北的地区划为内地。边疆地区在经济上还处于领主经济，部分地区刚刚进入地主经济；内地已普遍进入地主经济。两种地区在工作方针、步骤和政策上都有严格的区分。同时还在两者之间划出建水、个旧紧靠红河一带的部分地区及屏边作为缓冲地区，在方针政策上宽于内地一般地区的政策。这样，红河州社会经济才逐渐朝健康有序的方向发展。

作为红河州边疆地区的河口，早在两千多年前就被纳入了中央政权的管辖范围，可以说河口具有悠久的历史。西汉元鼎六年（公元前111年），河口就归入进桑县，隶属于牂牁郡；晋朝时（公元265～公元420年）改进桑县为进乘县；南朝时（公元421～公元429年），分属建宁州的梁水郡和兴古郡的新丰县和西中县；隋朝时没有改变；唐朝时改属剑南道戎州都督府品州八秤县，即今天的蒙自；南诏时期（公元779～公元959年）属通海郡；宋朝时改为秀山郡的舍资、屈中、河月、贾涌等部；元朝时（1280～1368年）改属临安宣慰司的舍资千户；明朝时（1368～1661）归属临安府王弄山长官司；清康熙四年（1665年），临安府析置开化府，河口改属开化府的安平厅，即今天的文山马关县，设河口卡；清光绪二十三年（1897年）设河口副督办，隶属于临开广道；1914年改副督办为督办，由云南省政府直辖。1949年12月，河口获得和平解放，1950年1月1日成立河口县人民政府，隶属于滇东南行署。同年，改为河口市，隶属蒙自专区。1955年2月3日撤销河口市，转设河口县，仍属蒙自专区。1963年7月11日，经国务院批准，成立河口瑶族自治县，隶属于红河哈尼族彝族自治区州。河口瑶族自治县的成立，使河口县各族人民特别是瑶族人民有了决定本民族事务的更大的权力。目前党和政府正在加强民主法制建设，加强基层组织建设，加强民族地区基础设施建设，自治县各族人民正在努力向小康社会迈进。

下湾子村隶属于桥头乡。1950年，河口县成立后，下设区、行政村、自然村，桥头建立桥头区。1970年改区为公社，称桥头人民公社。1983年改公社为区，称桥头区。1987年撤区改成乡，称桥头乡。1992年，经上级政府批准，

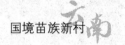

改桥头乡为桥头苗族壮族乡。

下湾子村委会属于桥头苗族壮族乡的一个村级基层组织。1950年桥头区成立时，下湾子成立行政村，称下湾子乡；1970年后改为下湾子大队；1983年改称下湾子村公所；1992年后实行村民自治，改称下湾子村民委员，下辖11个自然村12个村民小组。

二　相关的传说

有关下湾子的传说，主要反映的是下湾子苗族的来源。传说很久很久以前，苗族的祖先是生活在大平原的地方，那里土地肥沃，水草丰富，苗族的首领蒙支尤带领大家共同劳动共同生活，过着自由自在的生活。后来"满刷"的皇帝率领他的士兵来攻打蒙支尤的地盘，对苗族进行烧杀抢劫。蒙支尤率领自己的臣民进行了艰苦激烈的反抗，最终寡不敌众，被"满刷"打败。蒙支尤被杀，他的臣民们也死的死，逃的逃。逃的这一部分最后逃到了山里，靠着野果野菜充饥。多少年过去了，山里的野果野菜渐渐少了，苗族在山里实在过不下去，他们就派一个年轻人先去探路，寻找可以生活的好地方。这个年轻人走呀走呀，翻了88座山，过了99条河，才来到了下湾子这个地方。他先在这里栽种了一季包谷和南瓜，长得很好，包谷秆有锄头把那么粗，可以作扁担挑水；南瓜有囤包那么大，野猪把南瓜掏空后可以在里面做窝下崽儿。于是这个年轻人回去对家里人一说，大家就扶老携幼地朝这个方向来了。但是由于路途遥远，好多人在路途中死了，一些人又迷失了方向，跟不着前面的人，最后只来了两兄妹。两兄妹就在这里安家落户。过了几年，不知从哪里又搬来了一家汉族，两兄妹就在那汉族家里做小工。后来，那家汉族人看小伙子既勤劳又勇敢，就把姑娘嫁给了他，并另立家室，后来发展成了苗族。小姑娘也嫁给了那家汉族的小伙子，逐渐变成了会说苗族话的汉族。所以，今天，下湾子村才有苗族和汉族两个民族居住，而且所有的汉族都会说流利的苗语。由于刚搬来时，这里林海莽莽，是一个前后是山的大湾子，所以就将这里取名为大湾子。再后来，有几家汉族搬到大湾子的上面居住，形成了村寨。人们就习惯把上面的那个寨子称为上湾子，把原来的大湾子称为下湾子。

第二章 基层组织机构

第一节 行政制度

河口瑶族自治县的成立，标志着民族区域自治制度在河口的最终实现。河口县各民族一律平等，在政治、经济、文化等各方面都享有同等待遇。

河口瑶族自治县下设4乡2镇，镇下设办事处，乡下设村公所，都是镇、乡的行政派出机构。实行村民自治以后，村公所改为村民委员会。

村民自治是指在农村由群众依法办理自己的事务，自主行使管理村级政治、经济、文化和社会事务权利的一种民主形式。这种形式始于20世纪80年代末期，是农村经济体制改革的必然产物。下湾子村1982年后都推行了家庭联产承包责任制，村民获得了生产经营自主权，利益分配发生了一定的变化，原有的基层组织越来越不能适应经济改革的要求。所以当时无论是政府还是村民，都有加强村民自治以促进农村经济快速发展的要求。在这种情况下，乡、村根据上级的有关要求，逐步理顺和扩大了村民自治制度，将原来的乡级行政派出机构村公所改为村民委员会（见图2-1），由村民自己行使自治权。村民自治的形式主要是：

图 2 - 1　下湾子村民委员会部分党政班子成员

由村民通过民主选举，选出自己的村民委员会干部；以民主监督的方式监督村民委员会及其干部开展工作；乡级政府对村民委员会只有指导的权利；在村民委员会里设立党总支，党总支与村民委员会共同决定村民委员会的公共事务。2008 年，下湾子村民委员会设主任 1 名，副主任 1 名（兼文书），委员 6 名。具体是：

　　主任：董光发

　　副主任（兼文书）：陶金云

　　委员：胡贵友（兼武装干事）

　　　　　马顺林（兼计划生育宣传员）

　　　　　龙开兰（女，兼妇代会主任）

　　　　　黄忠喜

　　　　　陆云学

　　　　　陶兴福

村民委员会的工作比较繁杂，涉及整个村政治、经济、文化、教育、农科、计生、卫生、妇幼保健等。但各项工作都有人专门负责。在村民委员会中制定了很多相关的制度，明确各项工作的职责和义务。如《干部管理制度》、《干部分工制度》、《村民调解制度》、《妇代工作制度》、《民兵工作制度》、《村务公开制度》等。各项工作的开展，采取集体领导与个人分工相结合的原则，重大问题集体讨论，一般问题由分管或联系领导统一负责或安排。

在村民委员会以下的各自然村，村子大的分为多个小组，村子小的就是一个小组。在下湾子村民委员会，只有下湾子自然村分为 2 个村民小组。共为 11 个自然村 12 个村民小组。各村民小组设有小组长 1 人，副组长 1 人，调解员 1 人，会计 1 人，自保员 1 人，共同负责本村的工作。

第二节　党团组织

一　党组织

党组织是领导地方经济社会发展的核心。2007 年，包括桥头乡党委在内的整个河口县共有党委 9 个（中共河口镇委员会、中共南溪镇委员会、中共桥头乡委员会、中共瑶山乡委员会、中共莲花滩乡委员会、中共老范寨乡委员会、县直机关工委、县公安局党委、县教育局党委）、党组 9 个、党总支 45 个、党支部 288 个，共有党员 3300 多人。下湾子村党总支隶属于中共桥头乡委员会。

下湾子村党总支下辖党支部 9 个，共有正式党员 69 人，其中女党员 5 人；有预备党员 3 人。另外，有入党积极分子

10 人。

近几年来，下湾子村党总支以"三个代表"重要思想为指导，努力践行科学发展观，紧紧围绕全村的经济建设，正确处理党建与经济建设的关系，把村民的利益放在第一位，把经济发展作为推进党的工作的着力点，开拓创新，扎实工作，使下湾子村经济社会得到顺利发展。

2006 年，新一届党总支委产生以来，认真按照上级党委的要求，紧密结合本地的实际，重新制定和修改了党总支的工作制度和措施，每个支委成员按照分工各负其责，总支书记负总责，并协调各方面的工作；组织委员负责发展新党员的协调工作；纪检委员负责党员的违纪调查落实工作；宣传委员负责贯彻党的方针政策。通过各方的协调配合，保证总支工作目标管理得以正常开展。村党总支与村民委员会积极配合、团结合作，率领全村村民努力推进社会主义新农村建设。

（一）党总支部的自身建设

下湾子党总支部成员按照上级党委关于基层组织建设的总体要求，以"三个代表"重要思想为指导，结合总支部的工作实际，切实加强自身建设。特别是总支部班子成员能团结合作，相互配合，根据工作需要搞好各方面的学习，处处以身作则、模范带头，带动着广大党员干部在作风、党风等方面的好转。总支部班子成员作风民主，有重大问题集体研究决定，按目标制度管理的要求定期召开支委会、支部大会和民主生活会，积极开展批评与自我批评，使班子成员和全体党员都没有出现违纪行为。在党风廉政建设中，总支部成员和所有党员都能廉洁自律，以党

员的高标准严格要求自己，几年来没有出现过以权谋私、官僚主义、个人主义等不正之风的违纪行为。总支部班子成员和广大党员始终密切联系群众，以广大群众提出的问题和困难为工作突破口，围绕全村的工作实际，认真开展好各方面的工作，使党在广大干部群众中树立了良好的形象。

（二）党务工作

无论是党总支部还是各支部都始终坚持"三会一课"制度，认真组织全体党员学习党的章程、学习中国特色社会主义理论、学习和践行科学发展观，以人为本，切实为广大干部群众服务，带头遵纪守法，做好事、办实事，使党务工作得到顺利开展。党总支还坚持每半年对全体党员进行一次思想状况的分析，并结合群众提出的问题有针对性地抓好党员教育管理工作，化解党员与党员之间、党员与群众之间的误会与矛盾，党群关系一直以来比较良好。总支部还按照乡、县党委的统一部署坚持一年一次的民主评议党员，开展"创先争优"活动。通过这些活动，下湾子总支部的党员在桥头乡党员中树立了良好的形象，有的党员还被乡党委、县党委评为优秀共产党员。同时，总支部不忘积极发展党员，认真按照"坚持标准、保证质量、改善结构、慎重发展"的方针，在广大群众中发现和发展争取入党的积极分子，仅2007年，就按照规定程序发展了预备党员4名、入党积极分子10名。

（三）精神文明建设

总支部有明确的开展精神文明建设的规划和具体措施，

按照规划和措施认真开展各项工作，特别是经常性地对党员、群众进行形势政策、职业道德、社会公德、法律法规的教育，整个村委会的宣传面达到了100%。总支部还注重并解决党员、群众中出现的各种误会和矛盾，认真听取广大党员、群众的意见和建议，尽职尽责地对待党员、群众提出的合理化建议和要求，使党员、群众思想稳定，社会安定、团结，没有违法违纪的现象发生。总支部还在群众家庭中开展"十星级文明户"评选活动，达到几"星"，就评出相应的"星"级，这一举措使全村农户出现了积极争"星"的良好现象。

党总支通过各方面的努力，使全村在经济、社会、文化、教育、卫生、生态等方面都得到了稳步发展。

2007年下湾子村党总支委成员有5人。

总支书记：邹朝福（见图2-2）。出生于1969年5月，男，苗族，高中学历。1990年5月～1995年6月，任下湾子村文书；1995年7月～1997年8月，任下湾子村民委员会主任；1997年9月开始任

图2-2　下湾子村民委员会
党总支书记邹朝福

下湾子村党总支书记至今，兼任组织委员。

纪检委员：陶金云。出生于1967年8月，男，苗族，初中学历。1984年7月毕业于河口县第二中学，毕业后回家务农；1995～2007年任中寨自然村小组组长。2007年4月，在村民委员会换届选举中被选为下湾子村副主任，并

兼下湾子村党总支纪检
委员。

宣传委员：马顺林
（见图 2 - 3）。出生于
1962 年 10 月，男，苗
族，初中学历。1978 年
初中毕业回家务农，
1979 年在老街子水库任
管理员；1980 ~ 1983 年

图 2 - 3　下湾子村民委员会计划生育
宣传委员马顺林

加入民兵连驻守放马哨所；1984 年 2 月被选为下湾子村计
划生育宣传委员至今，兼任下湾子村党总支宣传委员。

委员：董光发（见图 2 - 4）。出生于 1961 年 10 月，
男，汉族，初中学历。1995 ~ 2000 年任老寨小组组长，由
于领导有方，2000 年
10 月被选为下湾子村
民委员会副主任；2007
年 4 月至今，任下湾子
村民委员会主任，兼任
村党总支委员。

委员：胡贵友（见
图 2 - 5）。出生于 1968
年 12 月，男，汉族，

图 2 - 4　下湾子村民委员会主任董光发

初中学历。1987 年毕业于河口县第二中学，毕业后回家务
农；1991 ~ 2000 年任上湾子村村组长；1998 年被选为河口
县桥头乡第六届人大代表；1999 年被选为中共桥头乡委优
秀党员；2001 年被选为桥头乡第七届人大代表；2007 年 4
月被选为下湾子村民委员会武装干事，兼任下湾子党总支

委员。

村党总支在村级工作中起着关键性作用。具体为：第一，领导核心作用。村民委员会的公共事务一般都由村党总支和村民委员会联合决定，党总支起核心作用。一般情况下，在作

图 2 –5　下湾子村民委员会
武装干事胡贵友

出决定前，都要召开联席会议，进行民主讨论。在讨论决策过程中，总支书记和村主任起决定性作用。团组织的发展和活动中，党总支也起核心作用。在经济社会发展中，一般先由村党总支提出发展规划和精神文明建设的设想和意见，通过村民委员会的工作，最终将党的路线方针政策变为村民的自觉行动，以实现整个村的全面协调发展。第二，战斗堡垒作用。在讨论村内的重大问题时，党总支总是先召开党员大会，充分发挥党员的先锋模范作用；对村民委员会的意见，党总支在民主的基础上一般采取尊重支持的态度，并加强监督指导和考核。第三，保障作用。村民委员会的工作计划、工作制度等，由村民委员研究决定后，在执行过程中，党总支往往站在全局的高度，支持和保障村民委员依照法律规定独立负责开展活动，行使应有的职权，保障村民委员会的合法权益，维护群众的利益。

二　共青团组织

下湾子村团组织比较健全。有团支部 1 个，团员 37 人，其中，苗族 20 人，汉族 7 人，彝族 3 人，壮族 7 人；女团

员 10 人。设有团支部书记 1 人，副书记 1 人；建立健全了各种制度，如团组织活动制度、团组织学习制度、青年文明号创建活动制度等。在建立健全各种制度的基础上，争取村党总支和乡团委的支持和帮助，积极开展各种有意义的活动，做好团的自身建设工作。特别是在开展建设新农村青年行动环境整治行动、倡导社会主义荣辱观活动、青少年思想教育活动、希望工程活动中，团组织都发挥了积极的作用。

第三节　其他组织

在下湾子村，除了党、团组织外，还有妇代会、民兵连、看界组和治保委员会等组织。妇代会主要是做好妇女工作，切实维护妇女儿童的合法权益。民兵连主要是团结青年民兵，做好民兵训练、民兵活动、安全宣传等工作。看界组主要是不定期地对边境地界进行看守和勘察，维护边界的稳定。治保委员会主要对整个村和各村民小组的社会安全、稳定进行管理和维护，调理各种矛盾和纠纷。这些组织在各自的工作范围内都起了积极的作用。

下湾子村治保委员会主要结构如下。

治保委员会主任：邹朝福（村总支书记）

治保委员会副主任：何刘斐（村警务室民警）

成员：陶金云（村委会副主任）

陶金明（村团委书记）

龙开兰（村妇代会主任）

胡贵友（村武装助理）

熊开保（村完小校长）

古兴祥（老卡寨小组组长）

杨树林（中寨小组组长）

熊开正（竹林湾小组组长）

杨朝斌（牛场小组组长）

朱朝祥（老卡小组组长）

李正东（老刘寨小组组长）

王祖元（新寨小组组长）

熊万祥（方山小组组长）

黄忠喜（上湾子小组组长）

李有昌（下湾子一组组长）

唐孝武（下湾子二组组长）

卢万学（新安寨小组组长）

第三章　经济

第一节　农业

河口县是一个农业县，农业在国民经济中占着重要的地位。近几年，河口县党委政府认真贯彻落实中央"强化公益性职能，放开经营性服务"的农业体系改革要求，紧紧围绕农业增效、农民增收这两大目标，坚持开放、开发与保护并举，积极稳妥地实施地区开发，不断加大扶贫力度，实施重点扶贫村、安居温饱村、安居工程，民族特困乡综合开发建设，有效开展整村推进、产业扶贫、劳动力转移、信贷扶贫和社会帮扶等工作，改善了农村农民群众的生产生活条件，有力地促进了农村经济的发展。

桥头乡是河口县的一个农业大乡，全乡耕地面积22978亩，其中农田8053亩，旱地14925亩。旱地面积占总耕地的65%，农田面积只占35%。2007年，乡党委政府认真做好全乡的农业工作，在农业产业结构调整中，尽量改变农村产业结构单一、以粮食经济为主的传统种植方式，认真调整和优化农业产业结构，认真培育新农业经济增长点，实施农业综合开发，提高农业综合效率，逐步将传统农业向现代农业转变，实现由弱质农业向较强的高新农业转变，全乡的农业生产得到了持续、快速、健康发展，农村经济和农民收入有了较大提高。全乡农村经济总收入达到2371万元，农民人均纯收入1185元；粮食总产量676万千克，农民人均有粮为423千克；经济作物种植面积2618亩，生猪存栏11849头，出栏11810头；实现边境贸易进出口总额245万元。年内加大了冬季农业开发调整力度，实施农业区域战略，形成品种优良化、种植规模化、栽培规范化、效益市场化。农村经济得到了较快发展。

同样，农业也是下湾子村民的命根子。历史以来，下湾子村民都以种粮为生，即使到现在都没有一家工业。几百年来，他们为农业生产的发展，为改善生活条件、提高生活水平，作出了巨大的努力，对下湾子及整个河口县的经济社会发展作出了应有的贡献。2007年，下湾子村在上级党委政府的积极支持和帮助下，仍然以农业为基础，以边民互市为支撑，大力调整农业产业结构，扶持八角产业和砂仁产业，发展畜牧业，扩大农民经济收入来源，使当年的经济总收入达206万元，人均收入达980元，粮食总产量69万千克，人均有粮380千克。农田水利设施、农业产业结构调整都得到了改善和发展（见图3－1）；政府还加强对农民科技文化的培训和扶持，使农民

图3－1 下湾子村种植的包谷

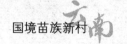
素质有了一定的提高。

一　农业经济生产类型

农业生产类型是指农业生产单位根据农业生产地区的地理条件和资源状况在一定时期内所进行的具有不同规模和方式的生产类型。下湾子村由于地处山区和半山区，生产类型有一定差异，加上长期的历史发展结果和地理条件以及自然资源状况的不同，它们的生产类型呈现两种基本类型：山区的旱地种植类型和半山区的田间种植类型。

图 3 - 2　下湾子村民种植的旱谷

山区的旱地种植类型是当地农民农耕生产较早的方式（见图 3 - 2）。过去，旱地种植主要表现为刀耕火种，其方法是在每年的冬季或早春，用砍刀或弯刀砍下一片山林或草丛，晒干后放火烧光，直接点种农作物。在农作物生长过程中，不用施肥，只是简单地除除杂草，即可待成熟后收获。这种做法，由于庄稼依赖的是土壤有限的肥力和草木过火后余下的草木灰，一般一块地只能重复种植两三年，之后就要放荒而另选取地方，待几年后杂草树木长旺，才能再次进行种植。随着人口的增长，能够进行刀耕火种的地方显然不足，只能进行旱地定耕。定耕与刀耕火种不同的是，每年要用牛进行犁耕，或用锄翻挖，有的还需要把细，才能下种。由于年年耕种，土地肥力逐渐降低，为此，耕种时一般都要加放底肥。在作物生长过程中，需要薅锄两道以上才能保证有收获。在 20 世纪 80 年代以前，旱地种植所施底肥主要是草木灰和牲畜粪肥。之后，由于生态环境恶化，能长草木的地方渐少，草木灰也就渐少，只好改用化工肥料。种植时，苗族一般是先把旱地犁耕好，铲好地埂，把肥料运到地边，然后在连片的地方，一名男子用耕牛在前耕出种植沟，一名女子跟在后，一手点种，一手施肥，同时放入植窝中，其他人员用锄盖好细土即可。在不连片的地方，须用锄一个一个地挖出植窝，再施肥点种盖土。为了提高土地的利用率，苗族还常常在同一种作物地中套种其他作物，如在包谷地里套种黄瓜、南瓜、豆，旱谷地里套种稗、小米等。

山区旱地种植类型所种植的农作物主要有包谷（见图 3 - 3）、旱谷、荞麦、豆类、瓜类。由于土地资源有限，集中连片地块很少，家庭联产承包责任制又将少量的连片地块分得七零八落，

图 3 - 3　山间耕地及种植的包谷

加上这些地区的交通运输不发达、农民文化素质低等原因，种植的农作物都未形成规模，甚至仅仅是为了自给自足。虽然个别家庭有少量农产品进入市场，但还谈不上有经济收入。

图 3-4　下湾子梯田及种植的水稻

居住在半山区的村寨的居民，凭借自己勤劳的双手，在有水源的坡地上开垦出了许多梯田（见图 3-4），所以半山区的田间种植也成了下湾子村的一种生产类型。田间种植主要分为两种，一种是种植水稻，一种是种植豆类、蔬菜类、荞麦等。整田种植水稻的方法是，冬季农闲时将田翻犁，等到第二年雨水到来时，引水到田里浸泡，进行第一次耕耙；再浸泡五六天，进行第二次耕耙。第二次耕耙完成，待泥浆沉淀即可插秧。秧苗事先在水田里或旱田地里育好，插时移来栽插。过去，插秧前不用施底肥，从20世纪70年代后，插秧前需要在田里施用底肥。在秧苗成长过程中，要注意保水和除草，一般需追加一次肥料，除草一次，即可等待收割。为了有效利用珍贵有限的田，农民们常在收割后在田里种上豆、荞、麦、蔬菜等短期作物。

对于下湾子村的人来说，旱地种植类型和田间种植类型不是严格区分开来的，而是相互交错的，只不过各地有不同侧重而已。田多的地方主要侧重于田间种植，旱地多的地方则侧重于旱地种植。这主要是由他们居住的地理条件和自然资源的差异而导致的。尽管如此，作为一个地区或一个村寨，其农耕生产方式和劳动分工等都具有相似性。

从当地农村的农耕生产发展过程来看，其生产形式主要历经了三个阶段，即中华人民共和国成立以前的以家庭为单位的生产形式；实行合作化和人民公社时期的以生产队（小组）为单位的生产形式；实行家庭联产承包责任制以后以家庭为单位的生产形式。但是，以家庭为单位的生产形式在中华人民共和国成立前后其性质是截然不同的。中华人民共和国成立以前，以家庭为单位的生产形式是建立在生产资料私有制基础上的，生产劳动成果有阶级、阶层之分。大部分苗族家庭都属于下层家庭，其劳动成果大多归统治阶级和当地豪族所有。中华人民共和国成立后，以家庭为单位的生产形式是建立在耕地公有制基础上的家庭承包生产，生产劳动成果除少部分公粮外，都归生产家庭所有。在贫困的村寨，农耕生产还得到国家的无偿或有偿扶持。而在中华人民共和国成立后的一段时期内，中国农村实行的是合作化和人民公社，农业生产劳动是以生产队（小组）为基本单位，一个生产队（小组）共同劳动，共同分配劳动成果。分配的方法是：根据家庭成员出工计分的总额来核算应得的粮食收入和经济收入。

无论过去还是现在，下湾子村村民们的农耕生产都有换工的形式。

在劳动分工上，劳动的内容依性别和年龄分工而不同。青壮年男子主要负责耕田犁地，开挖田地、水沟以及糊田埂、扛木头等重劳力农活；青壮年女子主要负责点种、栽秧、薅草、背肥、饲养等相对较轻的农活；老年男子主要负责放养牲口、编竹器工具、修工具、拾柴火等；老年女子主要负责带小孩、纺织、喂养家禽牲畜等。

二　农田水利

农田水利建设与农业的发展紧密相连，农田水利建设的科学和规范对农业生产有着重要的作用。但是在过去，无论是桥头乡还是下湾子村，农田水利建设都十分薄弱。农业生产用水几乎全靠天下雨，如果当年雨水多，就会造成自然灾害，如垮山淹埋田地，水沟冲垮良田，农作物只长高、长粗，但不结籽等；如果雨水过少，就会造成旱灾，作物长不大等。20 世纪 80 年代前，对于这些自然灾害，当地农民是无能为力的。在农业合作社时期，党和政府为了缓解这些问题，曾组织当地村民修建老街子大坝，70 年代末，这个大坝建成，其蓄水量可以供给老街子和下湾子十多个自然村的农田用水。但是，由于大坝渗漏，水一直蓄不起来，虽经多次堵塞和修补，都未能奏效；所修的大坝水沟有小打拉水沟和牛场水沟，也大部分废弃。同时期，在老街子木城新寨，上、下木城的寨脚，修筑了三条农田用水水沟，称为上沟、中沟、下沟。这三条水沟除了供给木城新寨，上、下木城三个自然村的农田用水外，还供给上、下湾子村的部分农田用水，浇灌面积达千亩以上。三条大沟在历史上起到了重大的作用。20 世纪 90 年代之后，一方面由于包产到户，集体力量分散，管理方式不当和管理水平不高，另一方面，由于生态环境遭到严重破坏，森林面积大大减少，水口的出水量大减，除了在雨季，三条大沟都变成了干沟，而且有很多地方已完全堵塞或塌方，农田用水十分困难。

近几年来，当地党委政府加大了农田水利建设。从河口县来讲，除了进行河堤工程修筑外，最大的水利工程是槟榔寨水库的建设。该工程设计总库容为 248 万立方米，总投资 3200 万元，设计年供水量为 306 万立方米。工程于 2002 年 8 月开工，2007 年完成工程竣工验收。另外，还对全县的小型农田水利工程进行了修建和改造。其中 2007 年就进行沟渠修建 200 多处，水毁修复 180 多处，发放水泥近 500 吨，一定程度上改善了农田水利设施条件。

桥头乡是一个农业大乡，农田水利的建设与农民的生产生活紧密相连。全乡有大大小小水沟 1300 多条。2007年，桥头乡共投入农田水利建设资金 600 多万元，完成农田水利工程 78 件，改善了农田浇灌面积 7100 多亩。下湾子村在上级政府部门的支持帮助下，投资 6 万多元，对下湾子自然村、竹林寨、老刘寨等自然村的大小水沟进行了修复。同年，通过政府引进资金 600 多万元，对下湾子村民委员会 11 个自然村的 3000 多亩土地进行整理和改造，并在一定范围内修建一定容量的蓄水池，以保证农田的用水供应。通过政府部门的积极帮助和村民们的投工投劳，下湾子村的农田水利设施得到了一定的改善。但是，总体上的农田用水困难问题还没有得到根本解决。而解决的最根本的办法，应该是恢复和保持生态平衡，恢复 20 世纪六七十年代的山清水秀的生态环境，促进水源的出水量恢复到当年的出水量，才能最终改善农田用水和人畜饮水问题。

三　作物种植与耕作技术

由于历史、地理、文化等因素的影响，下湾子村的农耕生产技术相对处于低层次阶段。从农业结构来看，这一地区种植的作物主要是包谷、水稻、荞、麦子、豆类、瓜类，其他农副产品有白菜、青菜、辣椒、番茄、茄子、花生等（见图 3 - 5）。除了包谷和水稻有一定规模外，其他的作物都零星种植，农产品主要供自己消费，即使有少部分如包谷、水稻、大豆、辣椒等作为商品出售，但因数量不

图3-5　包谷种到山顶上

大，所得收入并不多。从耕作技术来看，当地农民的耕作技术还比较落后。旱地耕作中，包谷一般只进行二犁后就种植，即秋收后，将长的草和农作物秆剔倒在地里，晒两三天后，掀作一堆放火烧掉，然后将土地犁翻过来，将小草和烧后的草灰埋进土里。这是第一犁。到第二年开春准备种植时，将土埂铲干净，又犁第二犁。因第一犁已将土进行疏松并将小草埋在土里腐烂，所以这第二犁的土相对要疏松得多，就可以直接种植了。如果种植旱谷，要进行二犁二耙，即在犁完第一次时，就要耙一次，犁第二次时，也要耙第二次，而且要将杂草和硬秆捡出去。在荞麦种植中仍然采取播撒的方式，让荞麦自然长大成熟。在水田耕作中，一般也只进行二犁二耙后就插秧；秧苗在成长过程中，除草一到两次就等待收割。

由于耕作技术还较落后，加上农用科技的推广力度不大，所以一些较为落后的生产生活方式还存在，如采集和渔猎。下湾子村村民在生产生活发展过程中经历了采集、渔猎和农耕生产两大阶段，即使到了农耕生产阶段，采集与渔猎也仍然存在了相当长的时间。到现在，村民还时不时采集和渔猎。

最初，村民采集和渔猎的东西并不多，只是野果、嫩叶和鱼虾。随着社会的不断发展，他们对自然界的认识也不断加深，采集和渔猎的东西也逐渐多了起来。从延续到今天的采集情况来看，采集的种类主要有菌类、果类、叶类、茎类、花类、虫类等，各类中又包括了许多种。渔猎的种类主要有鱼和各种飞禽走兽。

在漫长的历史长河中，由于下湾子村民一直是被统治和压迫的对象，过着食不果腹、衣不暖身的生活。为了填饱肚子，采集和渔猎一直是村民生活的必要补充。由于采集和渔猎的历史悠久，一些行为往往演变为习惯。如一些男子喜欢养鸟，并视其为手中宝贝，上山下地劳动，手中总是提着唱眉、画眉、竹鸡等各种鸟。女子则常在田边地头采集一些能食用的野菜、野果等。当然，随着经济生活水平的逐步提高，采集和渔猎已经更多地表现为一种休闲中的娱乐了。如农闲时，几个男子提着自己养的鸟，拿着"林扣"（一种捕鸟工具），一起到山野里一边支鸟，一边玩乐。

四　时间安排

在农村，农作物的栽种时间是很讲究的，稍微提前或拖后对庄稼的成长与成熟都会有影响。所以，村民们常常说，在农村没有一天是闲的。

整个下湾子村村民的劳作时间基本相同。只是苗族与其他民族有一定的差异。苗族的劳作时间大体是：早上6点起床，男子打扫院内卫生，并准备劳动工具，若劳动工具不锋利，就要拿到石磨上去磨；女子做早饭。8点左右吃早饭，吃好早饭就下地劳动。若田地较远的，就要把晌午饭准备好带去田地里。到中午2点钟左右休息吃午饭。吃完午饭继续劳动。直到下午7~8点才收工回家。其他民族，如

彝族、壮族，他们的劳作时间大体是：早上天一亮就起床，准备好一切后就下田地劳动，到10点钟左右，回家煮早饭吃，在家休息到中午1点钟左右，再下田地劳动，到下午5~6点钟回家做晚饭吃。

主要作物的栽种时间大体是：包谷矮山地区的在1月底2月初播种，3~4月间薅除和施肥，6~7月收获；高山地区2月底3月初播种，4~5月间薅除和施肥，8~9月收获。水稻矮山地区的在3~4月插秧，5~6月间薅除和施肥，7~8月收获；高山地区在3~4月播种，5~7月薅除和施肥，8~9月收获。在插秧前，要经过育苗。育苗时间在12月底或者1月初；大约一个月时间即可移植。育秧分两种，一种是水育秧，一种是旱育秧。黄豆分两季，第一季在1月初播种，2~3月除草，3~4月收获；第二季在7~8月播种，9月除草，10月收获。黄瓜、南瓜、白豆等，常与包谷套种，时间与之相当。以前，在高山地区还种荞籽。荞籽也分两季，第一季是1月播种，自然生长成熟，6月可收获；第二季在7月播种，11~12月收获；但现在除个别家庭栽种外已很少有人栽种。菜类中，白菜在春、夏季均可栽种；青菜在春、夏季栽种，从栽种时到秋冬都可收获。辣椒、茄子、番茄等的播种收获时间略同，一般在2~3月间栽种，6~9月间均有收获。木薯在开春发芽前的2~3月间栽种，冬季收获。

其他的如竹子、八角、李子、梨等则是长年生木本，一般都在要开春前栽进土里，到春天时自然发芽生长，除竹子每年都长笋外，其他的要三四年才会结果收获。

在家庭联产承包责任制实施以前，农业生产经营是由合作社或生产小组的领导班子在上级政府的指导下统一指挥进行。之后，则由家庭自己安排。家庭成员都从事生产劳动，在共同协商的基础上分工合作。由于所处自然环境的限制，农业耕作还大量依赖畜力，机械力还使用不上。在时间安排、作物选择导向等各方面都由家庭自己决定，一年中栽种什么、怎样栽种、什么时候栽种、怎样进行管理、如何分工等也由自己决定，村民委员会在农业生产经营中不起直接作用，只起引导、示范和提供政策和维持治安等作用。

近几年来，在党委政府的帮助和支持下，农业产业结构得到了一定的调整，除传统的农作物外，有的村寨已在河谷地带栽种了香蕉、西瓜等热区作物。在农用科技方面，当地党委政府也尽量为农民提供科技知识读物，并举行一些简单的实用技术培训，农民的科技知识和能力都有一定的提高。

五　农用工具

目前，下湾子村民所用农用生产工具仍然是传统的刀、锄头、斧头、犁、耙等（见图3-6）。尽管生产工具是随着生产生活水平的提高而不断发展的，不过，从20世纪六七十年代到现在，下湾子村村民的劳动生产工具并没有多少发展。现在最明显的发展是，除了传统的农用工具

图3-6　下湾子苗族妇女用锄挖地

外，有的家庭用上了较现代化的工具，如剁食机、碾米机和拖拉机、汽车等。

传统的刀包括砍刀、弯刀、菜刀、铡刀。砍刀用于砍削木头、破竹篾、砍柴等。弯刀主要用于砍山地、砍杂草、剔田地等。菜刀分砍菜刀、切菜刀两种，砍菜刀主要用于砍骨头等；切菜刀主要用于切菜、切肉等。铡刀主要用于铡马草或将各种杂草铡成短截，做成肥料。锄头分为四种，即挖锄、铲锄、耙锄、斧锄。挖锄用于挖土坑、开荒地、挖田地等；铲锄主要用于铲田埂、铲杂草、薅包谷等；耙锄主要用于铲厩肥、耙杂草；斧锄又称秧参斧，一端为斧，一端为锄，既可砍也可挖。各种锄头又有大小之分。镰有手镰和锯镰之分，主要用于割草或收割农作物。斧分砍斧和锛斧两种，砍斧用于砍柴、破柴、劈柴；锛斧用于修削木头枋。犁有两种，即单犁和双犁。单犁既可以犁地也可以犁田；双犁主要用来犁田。无论是单犁还是双犁，都由犁架和犁铧组成。犁架又由扶手、犁辕、犁托组成，用木制成；犁铧用钢、铁制成。各种工具在生产生活中起着不同的作用。

另外，下湾子村村民在长期的社会发展中还能制造各种用石头、竹子、动物皮等制造的生产生活用具，如石磨、盐臼、碓、缸、背皮、皮绳、扁担、枷、篮、囤、桶、簸箕、筛等。过去，这些简单实用的生产生活工具较为普遍，成为村民们必不可少的用品。但随着社会的发展进步，特别是农业机械工具的逐步使用和推广，一些传统的生产生活工具已逐渐退出历史舞台，而一些机械化、半机械化的农用工具得到了普及。

六 投入与产出

农资投入是指农民在农业生产中所投入的成本。下湾子村村民对农业生产投入的成本并没有进行过确切的统计，一是因为历来村民们都没有结算生产成本并进行统计的习惯，对投入多少并不在乎，在乎的仅仅是毛收入的多少，只要看到收获时不减产，他们就高兴了；二是因为农业投入的成本确实难于统计，一些细微的投入是难于计算的。如包谷种植，从开始耕地到收获时所投入的劳动力、化肥等，所用的劳动力、所花的时间都无法折合成价值成本，只有化肥，村民才有一个大概的估计。所以如果真正要把劳动力投入都算作成本，那收入是不高的，甚至是没有收入。下湾子村民主要栽种包谷，一亩地栽种包谷的成本，从一开始到收获，共计需要 12 个劳动力（360 元），2 包化肥（160 元），1 斤种子（6 元），共计成本约为 526 元。收获时平均一亩地收获 300 千克，按市场价 1 千克 1.8 元计，收入只有 540 元。所以，村民们在投入上是不太计较的，他们认为只要收获时有一个整体的收入，即一堆不小的包谷就行了。

按照这种方法计算投入成本，平均每户农民家庭有 10 亩耕地，需投入成本 5260 元，而收获只有 5400 元。如果是种植水稻或其他经济作物，那成本就更高了。当地政府在统计时，往往都是不计成本的。这个家庭以 5400 元收获计，以 5 人为家庭成员，那么，这个家庭的年人均收入就是 1080 元了。

从表 3-1 中可以看出，整个下湾子村民委员会的生产投入成本为 716178 元，平均每个自然村投入 59681.5 元，

平均每户投入 1841 元。正如在调研中所见，村民们对投入的劳动力成本是不计算在内的。在他们的观念中，成本仅仅是指投入进去的经费，即购买化肥、农药、种子的经费。

表 3 - 1　下湾子各自然村农业投入表

单位：元

项目 村名	总费用	生产费用	种植费用	养殖费用	运输费用	其他费用	备注
老卡寨	104738	36600	20600	11240	1200	35098	
中　寨	43048	15600	13600	3420		10428	
竹林湾	48703	16800	15400	4200	1400	10903	
牛　场	40688	2200	16500	3220		18768	
老　卡	37035	13400	9600	4100	1200	8735	
老刘寨	101771	34000	21600	11120	1600	33451	
新　寨	33376	10400	8600	3600	1000	9776	
方　山	41920	12600	10700	2120	2400	14100	
上湾子	100179	42000	25000	11020		22159	
下湾子一组	64283	21400	15600	5020		22263	
下湾子二组	42337	16300	12000	3620		10417	
新安寨	58100	22600	15600	4120	800	14980	
合　计	716178	243900	184800	66800	9600	211078	

资料来源：2007 年下湾子农村经济收支情况统计年报表。

整个下湾子村的农业总收入和粮食收入情况如表 3 - 2 所示。

从农业收入来看，整个下湾子村的农业总收入为 2272900 元，平均每个自然村为 189408 元，平均每户 5843 元。仅从下湾子自然村来看，如果不计劳动力成本，2007 年的农业生产成本为 106630 元，平均每户为 1545 元；农业总收入为 294705 元，平均每户 4271 元。如果将劳动力成本都算在内，那纯收入是相当低的。

表3－2　下湾子各自然村农业总收入和粮食收入表

单位：元，千克

项目\村名	总收入	其中：粮食收入				备注
		总产	收入	出售	收入	
老卡寨	332862	120855	157111	13500	17550	
中　寨	137400	50021	65027	4500	5850	
竹林湾	171085	51253	66629	4800	6240	
牛　场	158545	55100	71630	5500	7150	总收入中所包含的其他收入如甘蔗、黄豆等未列表中。
老　卡	146143	33647	43741	3200	4160	
老刘寨	371115	96360	125268	2500	3250	
新　寨	108119	43936	57117	3800	4940	
方　山	161405	35050	45565	6000	7800	
上湾子	211872	78315	101809	8000	101100	
下湾子一组	174215	34779	45213	7000	9100	
下湾子二组	120490	29189	37946	4600	5980	
新安寨	179649	67399	87619	6500	8450	
合　计	2272900	695904	904675	69900	181570	

资料来源：2007年下湾子农村经济收支情况统计年报表。

七　劳动力交换

自从农村家庭联产承包责任制实施以来，劳动力交换关系就以各种不同的形式出现在农村。最近几年来，社会主义市场经济的发展又使农村的各类市场发挥了它的功能和配置作用，从而使劳动力交换的形式更趋于多样化和复杂化。同样，在下湾子村，这种交换相当普遍。

劳动力交换在中华人民共和国成立前就已经普遍存在，不过，那时的交换必定带有很大的不公平性，具有压迫和剥削的性质。从20世纪50年代到70年代末，农村中实行的是由公社、乡指导下的合作社或生产小组的村民共同劳动，共同按照劳动日所记的工分分配劳动成果的制度。这

个时期，很少或几乎没有劳动力交换。1980年9月，党中央把在此以前一直处于局部试行的生产责任制正式作为国家的政策，从而开始了农村改革这一重大的新阶段。于是，农村家庭联产承包责任制在80年代初期的几年内迅速在农村普及，全国农村98%的农户变成了家庭联产承包责任制的基本单位。为了适应缺乏劳动力的农户的需要，特别是为了适应那些有条件承包更多土地的农民的需要，1983年后的几年里，政府又颁布了一些新的政策，允许农民更多地承包土地。这样，劳动力的交换就随之再现了。

随着家庭联产承包责任制的发展，一些农民在自己的土地上经营着不同的有利可图的行业，那些有科技能力或经验丰富的农户先富裕起来了，有的把积累下来的财富投入到其他行业上，如开办小加工厂、小修理厂或投入到各种各样的贸易、商业贩运等行业中，他们原先的土地或雇工经营或在农忙时临时请工帮忙，这样，就为劳动力交换的多样化和复杂化创造了条件。

党的十四大以后，社会主义市场经济的作用影响到农村，市场在劳动力资源配置中起了不可低估的作用。一部分富裕了的农民有条件购买劳动力为其服务；一部分农民则出于自己的各种需要而心甘情愿出卖劳动力。同时，由于农民的文化素质参差不齐，农业生产技能也各有高低，为了相互弥补生产过程中的技术需要和劳动，也情愿实行劳动力交换。在下湾子村，村民之间的劳动力交换延续到现在，并在生产劳动中起着不可低估的作用。

下湾子村的劳动力交换有以下几种形式。

（1）出资购买劳动力。在农忙季节，特别是某一作物在生产过程中的劳动需要几天内完成，为了不耽误作物的栽种时间或经营管理时间，一方出资购买附近愿意出卖的劳动力。这种形式主要在富裕农户和普通农户、贫穷农户之间进行。劳动力的价格由双方协商决定，视劳动力水平高低和劳动强度而定，一般有两种情况：一是一天三餐包吃的 10～15 元；二是不包吃的 15～20 元。不包吃的，在劳动的最后一天由购买方无偿供吃一餐。双方在欢快的气氛中结束这次劳动交换关系。有的时候，如果购方对出卖方的劳动力比较满意的话，他们就会在这一餐中协商确定下一次的劳动力交换关系。

（2）以借贷形式出现的劳动力交换。这种形式主要在富裕农户与贫穷农户之间进行。贫穷人家为了解决生产生活中因经济紧缺而出现的困难，就向富裕人家借用，一是借人民币，二是借粮食。这要视对方的困难和需要而定。在偏僻的比较落后的村寨，有的农户还未能解决温饱问题，到了青黄不接的季节，往往有一两个月的粮食不够维持生活，这些农户就向粮食较多的农户借粮食；有的农户虽然粮食能够维持生活，但没有人民币使用，在栽种而急需购买种子或化肥、农药的时期，手里人民币紧缺，他们就要向富裕人家借。无论借的是人民币还是粮食，贷方往往不需要借方偿还相应的人民币或粮食，但是，当贷方需要劳动力的时候，借方要及时向贷方提供劳动力。至于一个劳动力的价格等于多少粮食或多少人民币，要由借贷双方商定。一般情况下，一天三餐包吃的，一个劳动力抵 10～15 元人民币或 5～10 斤粮食；一天三餐不包吃的，一个劳动力抵 15～20 元人民币或 10～15 斤粮食。这种交换关系在时间上比较灵活，提前或延迟结束劳动力交换关系都没有多大影响。但只有当借方的劳动力价格抵消完他所借的人民币

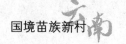

或粮食之后，劳动力交换关系才算结束。

（3）以交换劳动力形式出现的劳动交换关系。双方相互交换劳动力，以弥补双方劳动力在急需时候的不足，表象上没有购买和出卖劳动力的形式，似乎不是劳动力交换，可实际上，在提供或接受劳动力时，其所包含的劳动力价格已蕴含在劳动力交换之中。即当甲方急需劳动力的时候，请求乙方出劳动力；劳动过程完成后，甲方不出体现劳动力价格的钱给乙方，待乙方急需劳动力时，也就请甲方出劳动力，以交换乙方所出的劳动力。这种交换不要求在同一时间内完成，只要求双方在急需劳动力时相互提供。所提供的劳动力，不管其劳动强度或劳动力水平高低的不同，其劳动力价格差别都不太明显。村民们并不计较这一点，皆以一天作为劳动工时单位，相互交换完成劳动工时为止，在交换过程中，有的愿意一天包吃三餐，有的不愿意包吃。如果双方都愿意包吃或不包吃，那么交换劳动力过程就按双方的意愿进行；如果甲方愿意包吃，乙方不愿意包吃，那么在交换劳动力完成后，乙方还得补偿一定的生活费用，一般是一天补偿 5 ~ 10 元人民币。

（4）以出资购买畜役力形式出现的劳动力交换关系。出资购买畜役力似乎不属于劳动力交换关系，但当畜役力作为劳动力出卖或交换时，它就成了劳动力交换。这种形式出现在贫穷农户与富裕农户之间。贫穷农户主要是刚从大家庭中分离出来的年轻夫妇家庭或是贫穷得养不起牲畜的家庭。这些家庭，当到了农忙季节，就得出资购买牲畜来耕地犁田，或驮运粮食、肥料等。购买的牲畜主要是牛、马、骡三种。各畜役力的劳动力价格又有所不同，各村寨也有差异；即使同一村寨，也要视亲戚关系或友好程度来商定。一般情况下，一个畜役力一天的劳动力价格与一个人一天的劳动力价格相当，15～20元不等，也正因为如此，畜役力作为劳动力之后，它可以与劳动力交换，即使用一个畜役力可以补偿一个劳动力。在购买了畜役力之后，牲畜的喂养、看管均由购方负责，牲畜出现什么偶然的问题，如斗架致死或不幸滚坡致死等，也由购方负责或双方协商解决。

下湾子村的劳动力交换及其多样化、复杂化，可以说是商品经济时代特别是社会主义市场经济时代的必然产物，它具有商品经济的本质属性，即劳动力交换双方的关系是通过商品货币表现出来的。通过二十多年的发展和演化，下湾子村的劳动力交换对农业生产和社会发展有着不可低估的影响：一是弥补了急需劳动力的不足，促进了生产的顺利发展。二是促进了农业生产效率的提高。通过劳动力交换，能够使农业生产不误农时，如期完成，农作物能够按季节适时生长成熟。三是导致农户贫富差距拉大。劳动力交换本身是一种商品交换，而商品交换关系必然产生盈利和非盈利两种结果。劳动力交换过程中，除了以人的劳动力交换形式出现外，其他的形式都是在贫、富两个家庭中进行，有的家庭是因为非常缺乏劳动力而被迫交换的，有的是因为贫穷而养不起牲畜而被迫购买畜役力的。这两种情况，在劳动力交换中必然产生不公平的现象。这样，年复一年，其结果是贫穷的更加贫穷、富裕的更加富裕，贫富差距进一步扩大。

八　土地承包工作

下湾子村的土地承包工作始于1980年。当年，整个河

口县逐步推广农村家庭联产承包责任制，将原先的合作社或生产队的土地按家庭人口比例承包给每一个家庭。在此后的两年中，家庭联产承包责任制在下湾子村顺利完成。二十多年后，为了巩固这种制度，各级政府又采取措施进一步加以完善，对每个家庭承包户颁发土地承包经营权证书，让村民们都安心经营自己的承包地，使家庭承包制发挥出更大的效益。随着时间的推移和人口的变化，有必要对土地承包关系做进一步完善和规范，于是从 2007 年起，下湾子村在上级党委政府的领导下，又进行了对农村土地承包经营权证的补、换发工作。2007 年底，整个村委会补换发土地承包经营权证的工作顺利完成。

农村土地承包经营权证补换发工作原则和要求

工作原则

一、依照法律法规和政策办事的原则。严格执行《农村土地承包法》、《土地管理法》、《合同法》、《农村土地承包经营权证管理办法》、《云南省实施中华人民共和国农村土地承包法的办法》等法律法规以及党中央、国务院、省委省政府关于稳定和完善农村土地承包关系的一系列政策文件规定，依法行政，按法律法规和政策办事。

二、稳定承包关系不变的原则。此次补换发农村土地承包经营权证，是对二轮延包的完善和规范，不是重新调整农民的承包地，不得推倒重来，不得重新发包。因此，必须在稳定农村土地二轮延包关系的基础上，将新的农村土地承包经营权证全部落到实处。

三、公开、公平、公正的原则。要阳光操作，充分保障群众的知情权、决策权、参与权和监督权。对此次补、换发经营权证的目的、意义、要求等要进行广泛的宣传，做到家喻户晓。

四、民主协商、群众满意的原则。要依靠广大农民群众，遇到问题要与农民群众充分协商，重大的、复杂的、涉及面广的疑难问题，要及时召开村民大会或村民代表大会讨论决定。要通过民主协商方式，解决各种矛盾和困难，做到让绝大多数农民群众满意。

五、先确权、后发证原则。要坚持先确定承包地块权属，然后再补、换发经营权证的原则，保证此项工作依法、有序、平稳进行。原签订的承包合同和发放的农村土地承包经营权证是证明农户承包权属的原始凭据，在给农民补、换发新的农村土地承包经营权证时，凡农户能够出示二轮延包合同或农村土地承包经营权证的，应作为补、换发新农村土地承包经营权证的依据。不能出示二轮延包合同的，要充分尊重事实，坚持在搞清楚二轮延包真实情况的基础上，重新补签承包合同，补、换发农村土地承包经营权证。

六、稳步推进的原则。要始终在党委、政府的统一领导下，各有关部门各负其责、各司其职地开展工作。妥善处理好各类土地纠纷，应按先易后难、质量优先、稳步有序的原则推进补、换发证工作。要把矛盾化解在基层，不留隐患，不得把矛盾上交。要保证正常的生产秩序，不能耽误农时、影响生产。

工作要求

一、补、换发证工作做到"三个集中"，坚决杜绝产生新的矛盾。即集中领导、集中人员、集中时间，为平稳有序地开展补、换发经营权证工作提供有力的组织保障。要严

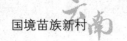
肃工作纪律，实行乡长负总责、分级负责、责任到人的制度。补、换发经营权证过程中不得向农民附加任何条件，严禁向农民收取任何费用，违者追究直接责任人和领导者责任。

二、经营权证登记做到"四个相符"。即经营权证登记内容与实际承包地块相符、与上级划定的基本农田相符、与签订的承包合同面积相符、与村级调查摸底的底册及汇总台账相符。

三、经营权证填写达到"四个标准"。即填写准确、书写规范、项目齐全、整洁清晰，保证权证的规范性和严肃性。

四、经营权证管理做到"四个有"。即农户有合同和经营权证、村民小组有登记底册、村委会有登记台账、乡上有专门档案。

五、注销收回的农村土地承包经营权证。补、换发新的农村土地承包经营权证后，原有的农村土地承包经营权证由乡人民政府收回，然后会同县农业部门共同注销。

桥头乡人民政府下湾子村民委员会
二〇〇七年四月一日

九　成就及设想

河口县是一个农业县，它对农业的发展十分重视。2004年，河口县全年国内生产总值（GDP）达 61546 万元，按可比价计算同比增长 10.8%；财政总收入和地方财政收入分别达 9641 万元和 7821 万元，同比增长 39.2% 和 38.3%，县属农业总产值达 24930 万元，同比增长 3.7%。桥头乡作为河口县的一个农业大乡，也不甘落后，狠抓农业生产，以发展新产业、建设新农村、培育新农民、树立新形象为工作目标，以科学发展观为指导，抢抓机遇，乘势而上，取得了良好的成绩。2007 年，桥头乡农村经济总收入达2371 万元，年均增长 10%；农民人均纯收入 1185 元，同比增长 11.5%；粮食总产量 675 万千克，人均有粮 423 千克；经济作物种植面积达 2618 亩。在河口县第十一届人民代表大会上，河口县人民政府在原来取得的成绩基础上，又提出了发展河口的新指导思想，即：狠抓贸易龙头，搞活旅游产业，夯实农业基础，重视科技教育，合理利用资源，强化基础设施建设，发展加工业，扩大对外开放，把河口建设成为社会主义物质文明、精神文明、政治文明成果显著的商贸旅游农业县。根据这一指导思想，河口县、桥头乡不仅高度重视对外贸易和旅游业的发展，而且高度重视农业的发展，提出了一系列的农业稳县、农业稳乡战略。

河口县提出的农业稳县战略是：

大力加强农民职业教育和技术培训，做好农村科技普及工作，提高农民接受新技术的能力和生产技术水平。在抓好香蕉等热带水果新品种引进、改良的同时，着力推广"两杂"，加快畜禽品种改良、科学养殖及疫病防治技术的推广，推动农业生产向优质高效迈进。

加大热区资源开发力度。充分依托县热区多物种资源优势，以市场为导向，因地制宜，分类指导，统筹规划，合理布局，在稳定传统的橡胶、香蕉种植面积的基础上，以绿色食品开发为重点，建设无公害绿色食品基地，以质量求效益。按照生态建设产业化、产业发展生态化的要求，鼓励开发宜林荒山，建设农产品产业带，发展橡胶、肉桂、竹子等经济用材林，拓宽农民增收渠道。

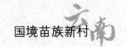

切实加强农业农村基础设施建设。以建设高产农田为重点，积极争取省州支持，通过实施整村推进、扶贫安居工程，以工代赈、兴边富民、小额信贷扶贫等工作，集中力量对生存环境恶化地区的贫困群众进行扶持，扎实稳步推进新农村建设。

桥头乡提出的农业稳乡战略是：

以邓小平理论和"三个代表"重要思想为指导，以科学发展观统领全局，始终把解决"三农"问题作为各项工作的重中之重，认真贯彻"多予少取放活"的方针，因地制宜，循序渐进，扎实工作，推动由传统农业向现代农业转变。要切实抓好农村基层组织建设，不断增强农村基层党组织的凝聚力和战斗力；积极调整农业产业结构，培植带动农民增收致富的新的支撑点；加强农业基础设施建设，改善农村生产生活条件，提高农业综合生产能力；为促进桥头经济社会全面协调发展而努力奋斗。

下湾子村提出的农业稳乡战略及 2007 年的成就：

（一）加大产业调整力度，多渠道促农增收成效显著

（1）加强冬季农业开发力度。在大春稳粮和充分尊重农民意愿的前提下，加强冬季农业生产科技、效益、市场"三引导"，在有限的土地上扩增农民收入。2007 年全村冬季农业开发面积达 832 亩，其中冬玉米 120 亩，冬大豆 216 亩，冬早蔬菜 432 亩，蜜本南瓜示范种植 21 亩，甜杂 1 号辣椒示范种植 43 亩，全村冬季农业产值达 97 万元。

（2）实施区域农业战略，因地制宜培育优势农业产业。针对各区域海拔的高低不同，在热区依托全县香蕉产业发

展的大好形势发展香蕉产业，目前种植香蕉 90 余亩，产值达 20 多万元；在温带区主要发展柑橘等林果产业，目前种植柑橘 20 亩，产值达 19 万元；在高寒或土地贫瘠的地区主要发展八角、杉树等林木产业。全村在气候带相同的区域内逐步形成一村一品或一品多村的局面，促进农业产业逐步形成，农民增收。

（3）强化畜牧业科技扶持，积极培育畜牧产业。立足"大力发展优质肉猪，突破性发展草食型畜禽，积极发展小家禽"的发展思路，加大高致病性禽流感等疫病的防治和宣传，引导农民大力发展优质畜牧业。2007 年全村出售牛 21 头，收入 3.8 万元；出售生猪 261 头，收入 2.7 万元；出售家禽 2440 只，收入 4 万元。养殖业现已成为仅次于种植业的一大产业。

（4）加大劳务输出，增强农民工法律维权意识。在桥头乡党委政府的精心组织下，近两年共组织了 6 批 12 人前往广东、北京、江苏等省市务工，加上自发外出的，全乡劳务输出已达 160 人左右，年创收可达 60 余万元。为增强农民工法律维权意识，下湾子村民委员会共派出 30 多人参加了桥头乡举办的 5 期维权知识培训班。外出打工的村民维权意识有了一定的提高。

（二）加大农业基础设施建设，改善农业生产条件

主要表现为：

（1）农村农田水利和人畜饮水设施建设不断加强。2007 年共完成农田水利工程 8 件，改善农田灌溉面积近千亩。共建下湾子、上湾子、老刘寨、竹林寨四个村民小组的人畜饮水工程，解决了各村村民和大牲畜的饮水问题。

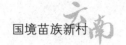

全村通水率达 100%，安全用水率达 85%。同年还引进资金600 万元对下湾子 5000 亩土地进行整理，项目涉及下湾子村和老街子村两个村委会 15 个村民小组。

（2）乡村道路建设稳步推进。现在，除了新安寨外，另外的 11 个村民小组均已通公路，通路率达 91%。雕楼至下湾子公路已挖通，目前正在填实固基之中；下湾子至老寨的致富路已经投入使用，并对村民的生产生活产生了极大的作用。

（3）乡村供电、通信、供能能力显著提高。2007 年，全村通电率已达 100%，全村农网改造率达 100%。全村移动电话信号覆盖率达 98%。全乡现建有沼气池 103 口，进一步保护了生态，促进了农村经济的发展。

（4）完善口岸服务功能，促进边境贸易。在完善口岸服务功能的前提下，加强与海关和联检部门的协调联系，争取支持，发挥老卡这个省级口岸优势，充分用好用活边民互市政策，激发边民参与积极性，做活边民互市，增加农民收入。积极引进公司做好进出口贸易，规范管理，严格收费，带动全村经济发展。2007 年实现边境进出口贸易总额 145 万元，其中，进口总额 92 万元，出口总额 53 万元。

（三）落实惠农支农政策，加强示范村建设

下湾子村按照县、乡政府的要求，结合实际，根据"落实政策，精心组织，规范操作，务求实效"的原则，较好地完成了 2006 年种粮农户直接补贴工作，每亩农田地补助 5 元，共发放 389 户补助资金 1.2 万余元。另外，还积极争取扶贫资金，对竹林寨、老刘寨等村进行新农村示范点建设；争取资金对村委会的卫生室进行改造建设，使村级医疗条件得到明显改善，有力促进了农村经济的持续快速健康发展。2008 年以来，下湾子村还按照《河口县 2008 年度农村合作医疗宣传发动工作方案》的具体要求，以农户自愿为前提，通过多形式、多层次、全方位的宣传，促使广大农民踊跃参加。全乡 1828 名农业人口中，有 1699 人参加合作医疗，全村参合率达 92%。

（四）继续抓好集体林权制度改革，促进林权制度改革工作进展顺利

集体林权制度改革是发展林业的一项重大举措，为明晰集体林木所有权、放活经营权、落实处置权、确保收益权，建立合作经营、科技服务、资源保护、规范流转体系，调动林农和社会各界参与林业建设的积极性，把林业建设成桥头乡国民经济的重要产业，促进生态、经济和社会的健康发展，桥头乡在县委、县政府的领导下，切实加强领导，采取多种形式，大力宣传林权改革的目的、意义、做法以及有关法律、法规、政策，使广大农户了解改革、支持改革、参与改革。自该项工作开展以来，全村共召开各种培训会 32 场，召开村、组工作会议 50 多次，发放宣传资料 430 份，出黑板报、简报等共计 20 期次。林改以来，通过实地勘查核实，全村应明确权限面积 9139 亩，确权面积 8715 亩，全村林地确权率为 95.3%。

（五）千方百计增加农民收入

从各自然村农民区域分布状况、主要收入来源、不同生产力发展水平等方面综合分析，农民大致可划分为三种

类型，第一是集镇及周围的农民，第二是热区以种植香蕉、甘蔗等热带水果为主要收入来源的农民，第三是山区、半山区以畜牧业、林业、粮食种植为主要收入来源的农民，这三种类型的农民赖以获得收入的产业发展状况各不相同，所处的自然环境和占有的生产要素千差万别，影响农民增收的原因多种多样，如果只靠一个办法来解决当前农民增收难的问题，是难以奏效的。因此我们必须坚持具体问题具体分析的原则，强化分类指导，针对农民增收中遇到的不同困难、不同的农业产业发展状况、不同地区的生产力水平，深入实际，调查研究，不断完善发展思路，制定有力的对策措施，千方百计增加农民收入。

第二节　养殖业

一　概况

养殖业无论在河口县还是在其所辖的各乡镇，都在其经济社会发展中占有重要的地位。在当地村民看来，一个家庭如果没有养殖业就不能成为一个完整的家庭。所以无论一个家庭如何贫穷，都必须养殖少量的畜禽，至少在房前屋后时常看到有几只鸡在来回走动，才能显示出这个家庭充满生机。当然，从 20 世纪五六十年代开始到 90 年代初，由于经济还不十分发达，很多村民的家庭收入都只能靠养殖这一行业来创造，比如很多苗族群众为了供孩子读书，总是要千方百计养一两只母鸡，让其产蛋，再将蛋拿到市场上去出售，以换取孩子读书的费用。即使没有孩子读书的家庭，也仍然靠这些少量的鸡蛋来换取生活用品，如食盐、电池、肥皂等。从农业生产上来说，养殖大牲畜，更是为了使用畜力进行农业生产。在河口县农村，包括桥头、下湾子等地区，由于山高坡陡，耕地坡度大，交通又不方便，没有畜力参与农业生产，农业发展是完全不行的。另一方面，当地村民都有一些简单的原始宗教习俗，如丧葬、祭祀、叫魂等都需要杀牲，而畜禽就是最好的牺牲品。再者，下湾子村各自然村的村民都十分热情好客，相互来往较为密切，而且大多数都可以论为亲戚。如果朋友亲戚或有客人来往，能杀上只把鸡、鸭招待，那脸上更是比无肉无菜的人家光彩。正是如此种种因素，才使养殖业一直是下湾子村的一大行业。近几年来，当地党委政府在没有找到更为合适的农业产业之前，总是把这一产业作为一项富民产业来抓，而恰恰这一产业是村民们无需培训就能进行的，因为他们已积累了丰富的传统经验。所以党委政府的提倡得到了村民的肯定，养殖业始终长盛不衰。不过，也正因为靠的是传统经验，而且养殖业的成本相对高，所以下湾子村的养殖业一直都不成规模。为了鼓励村民养殖，当地政府还采取了一些措施给予养殖户补助，如养殖母猪的农户，政府就给予一定的补贴。但是，值得注意的是，一方面由于农用耕地扩大，草地和草场减少，造成生态环境恶化；另一方面，交通相对方便，运输上可以靠一些简单的机械工具，如拖拉机、摩托车等，所以靠牲畜运输的情况已相对减少，这样，牛马的饲养也随之减少。到21世纪初，马已基本不再养了。

二　养殖种类

从2007年下湾子村的养殖情况来看，全村养殖业收入为 53.9 万元，平均每村只有 4.49 万元，人均只有 294 元。可见，村村寨寨都有养殖，但并没有形成致富产业，出售量还相对较少，收入也不多。

包括下湾子村民委员会在内的所有桥头乡辖区内，村民们所养殖的畜禽种类比较多。大牲畜主要有牛、马、骡；家禽主要有猪、鸡、鸭、狗、羊、鹅等（见图 3 - 7）。牛包括两种，即水牛和黄牛。水牛主要用于耕地犁田；黄牛主要用于耙田或出售。因黄牛的力气没有水牛的大，耕地犁田一般都由水牛承担，黄牛只能用于耙田或耕犁相对松软的田地，所以一些农户饲养黄牛也以拿到市场上出售为目的。饲养马主要是为了运输，驮运化肥、粮食及其他生产生活用品。在 20 世纪 50 ~ 80 年代，饲养牛马都很普遍，每家每户都有一两头（匹），饲养多的农户达四五头（匹）。90 年代后，马的饲养逐渐减少，原因主要是生态环境恶化，化肥农药

图 3 - 7　下湾子村村民养殖的鸭子

过多，马经常受到疾病的袭击，突然间在一天就死去的不少，这样，农户就会受到突然的损失；另外，由于交通相对方便起来，运输较过去方便，为了减轻劳动量，农户们逐渐放弃了马的饲养。骡和牛的饲养一直坚持到现在。这是因为农户们生产生活不能离开它们，牛在耕田犁地当中是不可或缺的。骡是运输的最好工具，不仅运输能力比马

强，而且抗病能力也比马强。猪、鸡是每家每户必养的家畜。由于大部分农户的温饱问题已解决，有的农户还出现了大量的粮食剩余，而粮食的价格又不好，所以养猪、鸡是最好的价值转化方式。将粮食喂猪、鸡，再出售猪、鸡，这样，价格相对要好一些，利润也要高一些。另一方面，农户们每年都要杀猪、鸡过年，杀不起猪、鸡过年的，将被视为懒惰，所以每家每户都尽量饲养猪、鸡。当然现在一些农户饲养猪、鸡也不仅是为了宰杀，而是为了出售。有些农户每年已能出栏猪2~4头。村民们所饲养的猪有两种，一种是传统的本地猪，一种是普遍饲养的杂交猪。本地猪体型小，肉嫩而香；杂交猪体型大，长得快，适合于饲养商品猪的农户饲养。鸡分为土鸡、肉鸡、火鸡、斗鸡四种，下湾子村以土鸡最多。鸭、羊、鹅的饲养，要看农户的喜好和所处的自然环境情况而定，只有水资源丰富的村寨或农户才饲养鸭，也只有水草相对丰富的村寨或农户才饲养羊。饲养鸭不需要很高的饲养技术，鸭在水池或水田里可以觅食，足以让其成长，所以水资源丰富的村寨还是比较喜欢饲养鸭。饲养羊的农户不多，原因主要是草场不多，养得少难以产生经济效益，养得多则没有足够的草场，而且难以预防疾病。在下湾子村，养羊的只有八九户农户。几乎家家户户都饲养狗，有的农户还饲养两三只。狗既可以看家，也可以出售或自宰自食。

三 方法与工具

养殖的方法多种多样。据一些老人讲，很早以前，养殖的方法主要是拴养或关养，即把刚获猎的野物拴或关起来饲养。随着养殖业的发展，由于刚生产出来的小牲畜容

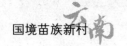

易驯服，并且能听从人们的呼唤，放养后它们都能自觉地回来，所以就由关养逐渐发展成为放养。放养方法在养殖业发展史上经历了相当长的时期。而以放养为主的这个漫长的历史时期，拴或关养一直与之相伴随。在 20 世纪 50 ～ 70 年代末，即使是合作社或生产队（小组），所饲养的牛、羊也是放养的；由生产队或合作社中抽出两三个人专门放牧，从早上八九点钟放出，"吆"到山上，下午五六点钟再"吆"回来。农户自己饲养的牛马也放出去，让其自行觅食。特别是庄稼收割后，草场宽阔，有的农户将牛马放到山上，几天都不吆回来。当时社会风气很好，牛马放到山上几天也没有人偷盗。当然有的牛、马到天黑时能自觉回来。

从目前下湾子村养殖业的情况来看，养殖方法基本可以分为两种，即放养和厩养。除了猪和肉鸡基本是厩养外，其他的以放养为主。

放养就是除特殊情况和晚上在家里喂养外，大部分时间都放开，让牲禽自己在外觅食。在过去，由于放养的地方宽阔，很多情况下，早上将牲畜赶到野外，晚上吆回来即可；有的甚至放上几个星期或几个月才去吆回来。这就是平时所说的"放野"。家庭联产承包责任制后，一方面农作物多了起来，放养的地方少了；一方面盗窃行为多了，即使放养，都需要有人专管，所以放养的形式就多了起来。

厩养就是大部分时间都将牲畜家禽关在厩里喂养。这种方法主要是针对猪或肉鸡。因为养猪的目的是为了养肥宰食或出售，养肥猪宰杀过年是每个家庭一年中的重要活动之一，而要使猪快长、快肥的方法就是让猪吃了睡、睡了吃。因此，喂养是最好的方法。肉鸡养殖是近几年新发展起来的。在农科部门的帮助下，部分农户开始饲养肉鸡。因为肉鸡长得快，一两个月就可以出售，而且个大体重，出产率较高，所以政府部门提倡农户饲养。不过，因为肉鸡饲养的技术相对要求高，而且需要买现成的鸡饲料，成本较高，农户们并不太接受。

无论是放养还是厩养，在过去的合作社或生产队时期，都属于集体管理，牲畜归集体所有，由集体派专人放牧或喂养。食用牲畜统一分配，商品牲畜统一买卖。家庭联产承包责任制以后，养殖业属于家庭所有，自己经营，自己所有，并成为每个农户家庭的收入来源之一。

在20世纪70年代以前，养殖业中还出现过"伙养"和"借养"的形式。"伙养"就是几户农户合伙共同饲养一两头牛、马或猪、羊等的方法。几户农户轮流看管，共同使用，共同分配。"借养"就是买不起牛、马、猪、羊的农户，向已饲养有母牛、母马、母猪、母羊的农户借来饲养，饲养后所产的幼仔由主、客各分一半，所借养母畜归还原户主人。有的村寨或农户，借养户只分得幼仔的三分之一或更少。

党的十一届三中全会以后，农户饲养的牲畜家禽归自己所有，增强了农户的饲养信心和责任感，除了传统的饲养经验外，一些农户采取了较为科学的饲养方法和技术，在育种、喂养、管理等方面都采用了新的技术，饲养的规模也相对大了起来。不过，由于各自然村的经济发展水平或技术水平不一样，养殖的数量也就不一样。经济生活水平较高或文化水平稍高的自然村，养殖的数量要多一些，采用的技术也高一些；而经济发展水平较低或文化水平较低的自然村，所饲养的数量也少一些，采用的技术也落后一些。

　　一般情况下，牛的喂养方法是：早上将牛从厩中牵出，让其自由活动，当户主吃了早饭，就用牛草与饲料混合喂牛，再拉下地劳动或放养，到傍晚时吆回来（见图3－8）。

图3－8　下湾子村老人在公路边放牧

马、骡的喂养方法与牛的喂养略同，只是马、骡在整个晚上也要喂食，食以牛草、马草为主，加上一些粗饲料。猪的喂养方法是：一日三餐，时间与人的一日三餐基本相同；猪食主要是猪草、精饲料或从市场上购买的混合饲料。鸡食主要是包谷、谷子、饭及各种菜叶，早上喂养一次，放养后让其自行觅食，晚上不再喂养。肉鸡主要采取厩养，用混合饲料喂食。鸭有水鸭和旱鸭两种，都是放养，食物主要是包谷、谷子及菜叶。其中水鸭数量相对较多，放养时可以赶到水田里或河、塘中让其自由觅食，产蛋期间常在食料中加些红糖，以便多产。鹅也采用放养的方法饲养，晚上关在厩中，一般不宰杀、不出售，饲养的主要目的是看管家园，因为鹅一看见生人就会大声地叫，以引起人们的注意。当然，饲养得多的人家也可宰食。

另外，有的农户还喜欢养蜂。所养的蜂主要有蜜蜂、大黑土蜂、葫芦蜂、大黄蜂等。蜜蜂的蜂窝用掏空的树干做成，长约2尺。养时把在野外发现的蜜蜂移到准备好的蜂窝内，放置在房前屋后的墙壁上管理好即可。养蜂所产的蜂蜜多数自己食用，有多余的才拿到市场上出售。大黑土蜂和大黄蜂主要养在房前屋后向阳的土里。即事先在土里挖好洞坑，然后将在野外发现的蜂移到洞坑中，管理好。葫芦蜂则养在树上，即将野外发现的还小的蜂窝移到自家附近的树上拴稳即可。这些蜂一般一窝可售价100元左右，大的可售300~400元。近几年来，随着生态环境的日益恶化，养蜂业也逐渐萎缩。

四 投入与产出

从下湾子村的总体情况来看，由于养殖业采用的大多数是传统的技术和经验，所以养殖业的投入实际上较大，没有可观的经济利润。比如一只土鸡，饲养时间大约要一年才能出售或宰杀，而在一年当中，所需的饲料大约为15千克精粮，按1千克1元计，至少也需投入30元，这还不算管理费等。但一只土鸡在市场上的市价也只是30元左右。同样，饲养一头本地土猪，按一年计，它的成本也需要2000元左右，而出售的市价也只是2000多元，利润也相当少。一头牛，从幼仔到可以使用，至少需要三年时间，不仅要投入大量的劳动力和相应的管理，驯服其学会耕耙，而且要投入一定的粮食成本，总计成本不低于4000元。但是，一头成品牛的市价一般也只是4000~5000元，利润也不大。所以，在不进行规模饲养的情况下，养殖业的投入和产出相差不大，利润并不可观。在自然生态环境限制和投入资本限制的情况下，下湾子村的养殖业一直没有形成带动村民致富的骨干产业，也正是这个原因。

不过，村民们考虑的是，养殖业是一项积少成多的产业，他们很不计较成本投入多少，只要最后得到的是一笔较为可观的收入即可。比如一只鸡，一方面它自然会长大，一方面一天的投入也只不过几分钱，而且不是钱，只是粮食。但是，一只鸡如果拿到市场上出售，一次性可以带来30元的收入，这就是眼见为实的收入。这一收入，在农户们最需要的时候，能解决一些实实在在的事情。如最起码可以给孩子交一个星期的生活费（小学和初中）；过年时为孩子买一件漂亮的衣服；或能买到一把锄头、一个犁铧。所以在下湾子村，养殖业既没有形成大的产业，也没有停止，一直是村民们源源不断的不可或缺的生产生活补贴。当然，我们在调查中也发现，有个别头脑灵活或因土地少而不得不为之的人，会从一个地方（村寨）买来一两头牛或骡，拉到另一个地方（村寨）去出售，从中赚取差额。在当地，人们把这部分人称为牛（马）老板。特别是中越边境开放，边境贸易活跃，这些人可以到越南市场上购买，再拉到中国来出售，其间的利润更为可观。

下湾子村各自然村的养殖业收入并不高，在经济总收入中所占的比例不大。但在农村，这种收入必不可少，它能补贴生产生活中所需费用的不足，虽然不多，却是源源不断的。如什么时候需要一点钱，就将所养成的十几只鸡中的一两只拿去市场上出售，得到所需要的钱。各自然村养殖业收入情况如表3-3所示。

表3－3　下湾子村民委员会养殖业收入情况表

收入 \ 村名 \ 项目	牛马		生猪		鸡鸭		小计（元）
	头（匹）	元	头	元	只	元	
老卡寨	3	5400	25	25000	290	5800	36200
中　寨	1	1800	15	15000	125	2500	19300
竹林湾	1	1800	25	25000	155	3100	29900
牛　场	2	3600	20	20000	240	4800	28400
老　卡	2	3600	25	25000	210	4200	32800
老刘寨	4	7200	30	30000	310	6200	43400
新　寨			15	15000	100	2000	17000
方　山	1	1800	20	20000	160	3200	25000
上湾子	2	3600	25	25000	300	6000	34600
下湾子一	1	1800	25	25000	210	4200	31000
下湾子二	2	3600	16	16000	160	3200	22800
新安寨	2	3600	20	20000	180	3600	27200
合　计	21	37800	261	261000	2440	48800	347600

资料来源：2007年下湾子农村经济收情况统计年报表。

第三节　手工业

一　手工业种类

下湾子村手工业生产种类较多，品种繁杂。在现代生产生活中，主要涉及木竹类、纺织类、酿造类、石类、铁银类、陶器类、皮制类、乳品类等。品种主要有碗、甑、桶、桌、犁、耙、槽、弦、帽、箩、篮、笼、衣、裤、磨、礁、臼、犁铧、锄、镰、银器装饰品等。

（一）木竹类

木竹类主要指用木头、竹子作为原料进行手工业生产

的类型。以木头为原料制作的品种主要有：桌、椅、碗、臼、盆、勺、甄、桶、槽、弦、犁、耙等。以竹子为原料制作的品种主要有桌、椅、碗、篮、笼、箩、筷、帽、斗笠、烟筒、扇、签筒、签片等。这些品种繁多的木、竹器，经过苗族工匠们的精心制作，不仅美观，而且精致耐用；有的木、竹制品甚至还成为专用的祭祀神器。

（二）纺织类

纺织类主要指用自种的棉、麻制成的线或从集市上买回的各种棉、丝线作为原料进行纺织的手工业生产类型。下湾子村纺织包括土布纺织、麻布纺织、背带和花边纺织。土布纺织主要是用自种的棉花纺成纱线，通过经、纬线的排列，绕在织布机上织成。织成的布主要用于制作服装。麻布是用自种的麻纺成纱线，通过煮、洗、理、编等程序，绕在织布机上织成。织成的布主要用于缝制大口袋以装谷物、肥料等。过去，下湾子的苗族、彝族在丧礼中，要用麻布或棉布制成孝布，让孝子们披戴，以示对逝者的哀悼。

背带和花边带纺织是用集市上或商店里买来的开司米线或丝线织成。织时，按所需宽度和长度编排成相宜的经线，绕在织机上织成。背带纺织的成品，用于各种乐器、背包、背裳的背带；花边纺织的成品用于妇女衣裤边沿、衣襟等的装饰。

下湾子苗族的麻纺织很有特色。它的整套方法如下：

1. 麻的种植时间和方法

苗族种麻的时间约在农历正月下旬到二月上旬。一般情况下，每个苗族家庭都有一两处种麻的地方，苗族称之为"麻塘"。麻塘选在比较平缓潮湿且肥沃的旱地中，或者选在肥沃的以沙质土为主的水田中，要求不要处在风口上，目的是待麻长高后，不至于被风刮倒。春节刚过，有的地方踩花山节还没有结束，大姑娘小伙子们还没有回到家里来，父母就迫不及待地整理麻塘了。他们扛着犁耙、锄头、土捶，吆喝着牛，就到麻塘里把麻塘深翻耙平，把各个小土块捶成细土，让太阳透晒一两天，然后又重新翻犁，耙细捶细，等待儿女们回来一起播种。

播种前，将早已准备好的土木灰、发酵的牛马粪抬到一平地中，一边搅拌均匀，一边敲碎较大的土粪块。拌细后和成堆，在中间处开一大口，把浓浓的猪粪水倒入其中，再搅拌均匀。这就可以作为播种基肥了。麻种是上一年收藏下来的，这时要通过簸、筛、捡等过程，除去杂质和不饱满的种子，选择光滑饱满的种子为麻种。

播种时，要男女配合。男子用锄头在前浅浅地挖沟，一边挖一边退，从一边挖到另一边；女子左腰系盛种的小笓，右腰斜挎盛基肥的撮箕，紧跟在男子后面，左手播种，右手施肥，同时点播到浅沟里。当男子从这边挖过去时，正好将挖出的细土盖在第一行上；从那边挖过来时，也同时将挖出的细土盖在第二行上。这样一行一行地播种，非常均匀地把整块麻塘播种完毕。

播种完毕，女主人要到箐边去砍几根如手指头粗细的长约2米左右的小棍来，相隔几米地插在麻塘里，插完后马上说："今天播种的麻呀，要快快出芽，快快长高，长得有这些木棍那样高。"男主人也要在麻塘中央插上一两根木棍，木棍上端用布包成人头样，"头"下横置一根木棍，用旧衣服套上去，做成"人"的样子。此"人"手持飘带，迎风摇动，其目的是吓走飞鸟，使之不敢飞来麻塘里寻食

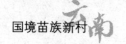

播下的麻种。

2. 麻的管理

实际上，上述做"人"的方法和目的，就属于对麻的管理的范畴，只不过，此时麻种尚未长出麻苗而已。

因为麻种播下后出芽快，长势也快，所以对麻的成长无需进行多方细致的管理。麻种播下后两三天，麻芽就冒出地面，六七天就长出 3~4 厘米高，因几乎没有杂草能长过它，也就不用除草了。但是要非常注意除虫。一般情况下，当麻长到 30 厘米高时，就要在嫩麻叶上撒上薄薄的一层草木灰。撒草木灰的目的，一是为了除虫，二是为了施肥，一举两得。这样每隔一段时间就要撒一次，一般撒三次，麻即可长成 100 厘米左右高了，这时就不用再撒，直到长成收割。另外，要注意防鼠。当麻长出 2~3 厘米高时，老鼠常将嫩麻拦腰咬断。防鼠的方法是将麻塘边缘地带杂草铲干净，适当放一些六六粉等即可。

3. 麻的收割方法

麻从播种到长成熟，大约有两个月时间。满两个月后要选择天晴时去收割。

收割用的主要工具是镰刀，其次是棕叶。收割当天，男子起早就把镰刀磨快备用，并割来几片棕叶，撕成若干小片。收割时，男子用镰刀齐地面平割麻秆根部，整齐地放在一边；女子站立于割倒的麻堆旁，左手轻握麻秆尖部，右手将尖部以下的麻叶除掉。当左手握满一握时，就用棕叶扎好，割去尖头嫩尖，再整齐地一堆一堆地放好。

当整个麻塘的麻收割完后，就将放好的这一堆堆麻立起来，使根部平整，再放到稍高的地方，从其尖部筛选麻的长短，分别捆成长、中、短三类。之后，看天气情况晾晒。若天气晴，麻可以放在麻塘里晾晒；若天将下雨，就要把麻扛到家里晾晒在楼上，或扛到野外的大岩脚（斜岩，可避风雨）晾晒。晾晒时，在麻秆尖头以下三分之一处捆好，再把根部均匀地摆开，使之形成圆形的"X"形站立于地上。在晾晒过程中，尽量不要让雨淋，以避免麻皮发霉甚至腐烂。晾晒到麻秆呈淡黄色，水分干透，就可以收回家，放于干燥处保存，为剥麻作准备。

4. 剥麻（刮麻）

麻晾晒干透以后，正值整田、拔秧、栽秧、薅玉米等农忙季节，剥麻只有在这农忙季节中抽空进行了。在传统的苗族家庭里，除四五岁以下的小孩外，其他家庭成员都是剥麻的能手。每天忙完地里的农活，天黑回家来再忙完家里的活计，大家就坐下来剥麻了，此时一般已是晚上九点多钟。只有此时，才有时间剥麻。

剥麻的方法是：左手拿稳麻秆中部，右手拇指与食指将麻秆中部捏炸，连杆带皮撕出大约2~3毫米宽的麻片来，将秆除去，再用食指沿着麻秆与麻皮之间向麻秆尖部剥去。如此将麻秆自中部到尖部的麻皮全部剥完，形成若干均匀的麻片。接着，左手拇指轻轻按稳根部的麻秆与麻片，右手拖住尖部剥好的麻片往上剥，直剥到距根部约有5厘米长之处，使之挂稳。这样剥完一根后才将麻片同时剥下，整齐地夹于左手中指、食指和无名指之间的间隔中。夹满后，取出来，在麻片头部约5厘米处拧紧，使之不散乱。这样，一小绺麻线就剥好了。

所有麻片剥好后，约10小绺拴作一大绺，放入专门舂麻的麻碓中舂。舂时，舂棍要一点一点地将麻片舂入碓窝中。舂紧后取出敨散，再一次一点一点地舂入碓窝中舂紧，取出敲散再舂。如此重复四五次，使麻片均匀皱折，形成蓬松流顺的麻片。此时，可以轻扭成团置于干燥处，或长长地挂在通风透气的地方，待绩麻时一小绺一小绺地取出来绩。

5. 绩麻

绩麻，就是把舂好的麻片一片一片地连接起来。其方法是，先把头一片麻片接近尾部处稍稍撕开，开口约 2～3 厘米长，再将另一片的尾部搭入其中，搓扭紧使之牢固，又将这一片的头部同样撕开，搭入第三片的头部搓扭紧。这样一片一片地，头部接头部、尾部接尾部地接下去，一边接一边绕在一个可套于手掌心、又插有一根细棍的竹圈上。这个竹圈是绩麻专用的工具，苗族称为"抵打"。有时走在路上绩麻，没有带着这个"抵打"，也可以直接绕于以左手的大拇指和小指为支撑的手背上，形成"8"字形状，待回家来有空时，再以"8"字形绕于竹圈上。由于绩麻要一片一片地绩，耗时较多，一个妇女一天绩不了多少，因而妇女们即使步行时，甚至背着较重的背篮时，也要不停地绩，只要双手空闲，都不停地绩。技术娴熟的妇女，不用眼睛看，都绩得很好。为了减少妇女的绩麻负担，一些七八岁的小姑娘，甚至一些男子也加入绩麻的行列当中。通过大家的努力，把需要绩的麻片（够作纺织用）全部绩完，才开始纺线。

6. 纺线

在纺线之前，要将绩好的麻片浸泡，待吸收水分后，拿到锅里煮，使麻线柔软舒顺。这叫煮麻。煮好后捞出晾凉，才拿去纺线。

纺线要在专门的纺机上进行。苗族的纺机，主要由脚架、支架、机头、转轮、纺线轴、脚踏杆等组成。脚架呈横向的"工"字形，长约 2 米，宽约 0.5 米，置于地上；主体支架固定于脚架上右端，高约 1.5 米；支架头顶安置机头，机头主体为拱形，两端稍高；机头中挖有槽口，以利于皮带转动；拱形机头边缘留有 4 个安插纺线轴的小圆槽。纺线轴是用竹片削成铅笔大小的圆柱形，其一端安一个圆竹节，以利于皮带的带动。在脚架稍靠左处，固定一个带有叉枝的小柱，形成"Y"形；在小柱的叉枝处安置脚踏杆。脚踏杆的作用在于带动转轮转动。

纺线时，将煮好的麻片四圈以一定的间隔置于纺机左边约 50 厘米处，抽出麻片头，系于纺线轴上，人坐于纺机侧面的高桌上，脚踏横杆，横杆带动转轮，转轮带动皮带（实际上是用麻片编织而成），皮带带动纺线轴，纺线轴飞速转动，就使麻片迅速扭成麻线。在脚踏横杆时，左手五指之间分别夹好四根系好的麻片，轻轻拉直；右手持一竹棍，将四根麻片轻轻压下，以保持麻片松紧一致，不至于扭成疙瘩或双线。待麻片扭成线，并达到一定的度时，双手就要同时慢慢地向机头方向收，使扭好的线绕在纺线轴上。接着左手又慢慢地向外伸展，将麻片拉长。如此反复进行，直到将绩好的麻片纺成一个个饱满的纺锤为止。纺好的纺锤麻线要放在水里浸泡，不要让麻线过于干燥。如果麻线过于干燥，一方面不方便盘线，一方面容易脆断。

7. 盘线

盘线是将纺好的麻线盘绕在盘机上，使之拉开，便于浸煮。用于盘线的盘机，主要是用竹子制成。即用一节 1 米长的大竹，其上端四分之一处要留有竹节，在竹节上端分别对应地凿出四个孔，在孔内安插两根长约 8 米的竹竿，竹

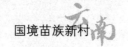

竿尾端留有竹枝，根端凿出眼孔，在孔内插稳一根长约 20 厘米的小棍，所留的小枝和安插的小棍是作为挂线之用。这样制成一个形如十字架的盘线机。盘线时，在宽敞平缓之地立一木柱，将盘线机中间的大竹节套入柱子中，形成可以灵活旋转的盘线机。人站在盘线机旁，将浸泡过的饱满的纺锤线线头系于小竹枝上，纺锤置于一个专用作盘线的小篾里，右手提着小篾，左手大拇指与食指之间挂着线，同时转动盘线机。这样纺好的线就可以盘在机上了。苗族根据织布需要，当盘到一定数量，就要取下来，再继续盘。每取下来一次的线的数量，苗族称为"主"。十"主"就足够用来织布了。

8. 浸煮与清洗

盘好的线以"主"为单位系牢，用灰白色的木柴灰兑水形成木灰水浸泡。浸泡约 5 个小时，倒入铁锅里煮。煮时，不要让麻线粘贴锅底，以免被烧糊。即水涨后要以微火慢煮，并注意翻动麻线。煮约 2 小时后捞出，拿到平而宽的水沟里清洗。清洗时，不仅要清除线里的木灰渍和脱出来的麻皮，而且要将零乱的麻线理顺。因此，清洗时，一般要两个人进行，一人在一端，两手握住麻线，放在水里不停地抖动，使麻线在水里如波浪似的抖动。清洗干净后，再一次放到木灰水中煮。这样煮、洗 3～4 次，麻线即可变白了。

9. 滚线与回线

麻线煮最后一次清洗干净后，拿到通风透光的地方晾晒，待干透后就可以拿去滚线了。滚线是将线以"主"为单位，拿到滚机上滚压。滚机是用大圆木制成，长约 100 厘米，直径约 40 厘米，头部留有一握柄；另需一块平滑的长约 100 厘米、厚约 5 厘米的石块，作为压线之用。滚线时，将线的一头分散地放入滚机上，再压上石块；人的双脚踩在石块的两端，左右滚动滚机。滚好一处，再移动线，继续滚压直到滚完。滚好的线平滑光亮，舒顺美观。之后，就要进行回线了。

回线用的工具是盘线机，只不过回线是按相反的方向转动。回线时，将滚好的线一"主"置放到盘线机上，找出线尾，左手握线，同时向相反的方向转动盘线机，使线慢慢地抽回过来；右手将抽回过来的线以圆圈似的收回到篮子里或小团箕里。每回完一"主"线，要在线头处绕一小圆圈疙瘩置于中间，这样，回过来的线才不会零乱。

10. 编排操作

织布前的编排操作是麻纺织技术中最精华最重要的部分。编排所显示的技能可以充分展示妇女的智慧和才华，从而体现妇女在社会生活中的价值作用和社会地位。编排技术超群的妇女在村子里常常受到特别的尊重，常常被邀请作编排技术指导，帮助年轻的妇女进行编排。此时，村子里的许多妇女就会围拢在她的周围，一边学习编排技术，一边闲聊着各种有趣的事，大家在欢乐愉快的气氛中度过充满浓厚民族文化氛围的一天。

编排操作需要一些看似简单而作用特殊的操作工具。如插棍、眼棍、分筒、滚轴、撑棒、线梳等。插棍多用拇指大小的竹节制成，长约尺余，下端削尖，其作用在于拉线时扣稳两头的线。眼棍也是用竹节制成，形同插棍，其作用在于拉线时分眼。分筒是用大竹节制成，长约 40 ~ 50 厘米，即比布幅宽出 2 ~ 3 厘米；竹节两端分别留有 1 厘米左右的宽度，中间削去一部分，用于置放分眼分出来的上下

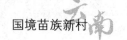

线。滚轴是由木头制成，长约 50 厘米，圆柱形，直径约 4 厘米；根据布幅宽度在滚轴两端分别打出对应的眼孔，在眼孔内插紧宽约 2 厘米、厚约 0.5 厘米、长约 40 厘米的木片；滚轴用作滚紧编排好的线。撑棒是用小圆竹制成，长约 1 米，粗细如手指，用作滚线时一边滚线一边打压拉好的线，使线保持舒顺，不致混乱。线梳的制作较为考究，需划、削、折、拴等技术，要专门的制作师傅制作。其作用一是梳理经线，二是在纺织时压紧纬线。另外，还有一些叫不出名字的小工具。

编排时，在长约 50 米左右的平地的两边分别钉稳插棍，在一边的五分之一处钉稳眼棍，就在插棍之间来回编排了。每来回一次，都要在眼棍处设线眼。线眼要相互交叉穿过，不能重复编排，否则编排出来的经线就会出现双线。编排拉线时，要在原来回好的线里放入少量荞籽壳，轻轻地压住线，使之不出现混乱。编排结束，要找出线头，在线梳上一线一线地穿线眼。穿好后，分出上经线和下经线，在它们之间放入分筒，再把线头理顺，结一个小结，系稳在滚轴上。这时，编排操作的人就把握好滚轴，整齐地理顺排好的线，一边理，一边将线卷到滚轴上。为了方便理排，操作人要不时地拿起撑棒打击线，使线拉撑，不致绞在一起。这样将线卷完，就形成一个可以拿去纺织的线轴。

11. 织布

通过编排操作得到的线轴，就可以连同线梳、线架等一起，摆到织机上进行织布了。

苗族织布所用的织布机有两种，一种是传统型的，一种是现代型的。有的地方将传统型的称为苗族织布机，将现代型的称为汉族织布机。前者是苗族自己制造并长期使用的；后者是苗族学习其他民族的制造法制造出来的。苗族织布机的造型简单，结构简易，只用木质制成一个"H"型织架即可。其中间的横档两端有一与之垂直交叉的木档，作置放线轴之用。织布时，将织机斜立于固定的一柱旁，织机顶部用绳拉住即可固定。线轴置于织机中部的横档上，线头处系一片拱形的软带。软带扣牢在织布者的腰部，织布者端坐于织机前一凳上，脚套在连接线架的布带的套口中，通过脚的后拖，带动布带，布带再带动线架，使经线上下分开。织布者右手持一大木梭，木梭内置一小线轴，线轴上的线作为纬线用。当经线上下分开时，就迅速将木梭从中穿入，随即左手接住，双手用木梭脊背向起织方向弹压。压紧后，左手将木梭接出，然后通过脚的拉动，再使线分开，左手又将木梭从中穿入，右手接住，双手用木梭弹压。如此循环编织，经、纬线扣紧，就织出布来了（见图3－9）。

　　汉族织布机的结构相对复杂，属框架型，六柱支撑，分上、中、下三层横杆。上层用于固定吊杆，中层用于固定线架，下层用于固定织机框架。线梳由两块踏板连接皮带来带动。起织端不系腰间，而是固定在框架上。放有纬线的木梭如鱼形，两头小中间大，内置纬线轴。线梳

图3－9　下湾子苗族自织自染的麻布

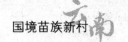

夹于一木板内，木板上缘制成拱形，便于拉动，其上端挂
于上层的横杆上。织布时，左、右脚交替踏踩踏板，带动
两排经线交替分开。同时右手将带有纬线的木梭从中穿过，
左手随即接住，右手迅速拉动线梳向起织方向弹压；接着
左手又将木梭往原方向穿回，右手随即接住，左手再拉动
线梳弹压。如此循环进行，从而织出布来。

比较起来，苗族织布机结构简便，灵活性强，可随时
支随时织，但速度较慢。汉族织布机相对复杂，占地方大，
移动不方便，但织布速度较快。可以说，自从苗族发明了
麻纺织技术，就开始使用苗族织布机了；而汉族织布机是
后来才传入苗族地区的，使用时间较短。但到了后期，特
别是20世纪六七十年代以后，苗族已经普遍使用汉族织布
机了。

12. 染色

织出的原始麻布，除特殊的安排外，都是白色的。根
据各种需要，苗族喜欢将白色的布染成青蓝色。

染色用的原料，主要是蓝靛。苗族种植和制作蓝靛有
自己的特色。蓝靛是喜阴湿植物，必须种植在阴凉潮湿的
地方。过去，苗族村寨周围都是森林，鸟语花香，加上海
拔高，雾气浓，从而为苗族种植蓝靛创造了优越的天然条
件。当时苗族房前屋后都可以种植蓝靛。种植蓝靛，既可
以移植，也可以插植。移植时，可将茂密的一丛蓝靛匀出
一些秧苗来，母株只留一两棵。匀出来的秧苗分成若干株，
移植到事先挖好的株行距都约1米的坑穴中，轻轻培上土即
可。插植时，将一年生的植株砍下来，每两个节为一段，
一株可砍成两段，再把砍好的节段以一窝两段插入到事先
培好土的坑穴中即可。这样，一年后，新植的蓝靛就能长

成。两三年后即长得很茂盛了。

制作蓝靛时，先准备一木缸或土缸，置于宽敞处，把蓝靛砍下来，趁新鲜时放入缸中，再在蓝靛中灌入水，将其浸泡，盖上盖子，让其腐烂。约一周后，将腐烂后剩下的杆和其他残渣捞出，在腐液中加入石灰或木灰，用棍搅拌，使其溶化均匀。待几小时后，腐液分成三层，上层是水，中层是蓝靛，下层是灰渣。把上层的水倒去，把中层的蓝靛倒入桶里；再倒入少许水到下层中搅拌，又可形成不同的三层。这样制出的蓝靛染料就可以拿去染布了。用不完的或需拿去卖的，可适当晾晒，形成软体即可。若要保存，要适当在表层加入少许水，使其保持湿度，以防硬化。

染色时，将染料倒入缸中，加适当的水，搅拌均匀。趁均匀时，把布料放入其中浸泡。到一定时候取出晾干，再一次浸泡，再晾干。如此染到自己满意为止。

需要说明的是，苗族的百褶裙是苗族服饰中最具民族特色和蕴含民族历史文化的裙子，它需要在布上点蜡，然后再进行蜡染，才能染出奇妙美丽的花纹图案来。

13. 滚布

滚布与滚线一样，所使用的工具是同一种滚机，所需要的技术也基本一样，目的也是为了使织好的布柔顺、光亮、平滑。其差别只是滚线时置入的线可以适当散乱；而滚布时，置入的布一点也不能皱折，尽量拉平，否则，越滚布越皱，达不到所需的效果。滚好后将布卷成布筒，置于干燥处，以后根据需要取出使用。

14. 缫丝

苗族的纺织技术，除了麻纺外，还有缫丝。缫丝是为

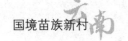

了纺出丝线，以织丝布或作挑花刺绣之用。缫丝首先从养蚕开始。养蚕家庭一般都留有蚕种，每到春季，蚕种生幼蚕，用鸡羽轻轻将幼蚕扫入养蚕工具中，并采来嫩桑叶喂食。桑叶不能着水，有露水的桑叶要待露水干后才能喂。因为蚕吃了有水的桑叶，会泻，将慢慢地死去。当蚕长大到一定的时候，要在养蚕工具上面搭一些稻草，以便让蚕爬到上面作茧。一个一个的茧作好以后，估计蚕变成了蚕蛹时，就取下来，放入缫丝的锣锅中加水煮沸，再微火慢煮，同时用筷子搅动。煮到一定时候，抽出丝头，慢慢缫拉成线，置入簸箕内，晾干即可备用。原始的丝线主要有白、黄两种颜色，可根据需要染上自己喜欢的颜色。

缫丝不属于麻纺织技术，但缫丝与麻纺织技术有着密切的联系。在苗族地区，养蚕缫丝并没有形成一定的规模，纺出的丝线并不多，显得十分珍贵。这珍贵的丝线，大多数就只得用来挑花刺绣了，用以织丝布反而觉得可惜。用丝线挑花刺绣，挑刺出的花纹图案，即使水洗多次也不会变形，仍然如当初刚挑刺出时一样逼真。如果用麻、棉线挑刺，就达不到这种效果了。而苗族的服饰，特别是妇女服饰，很强调花纹图案和颜色的巧妙搭配，这就使缫丝在苗族的麻纺织及服饰中有着不可替代的作用了。

可惜的是，当地公安部门采取行政命令严禁苗族种麻，苗族的这套传统技艺已濒临消失，曾经在民族学中亮丽一时的麻塘文化也如渐渐衰落，苗族传承了上千年的民间技艺将在现代化及行政化的冲击下逐步退出历史舞台。

（三）酿造类

酿造类是指以稻谷、包谷、荞麦、高粱、糯米等为原料，通过发酵、蒸馏等程序制作成各种酒的手工业类型。
下湾子村民酿造的辣酒、甜白酒、苦辣白酒较为有名。而
辣酒中又以大锅酒最有特色。它色香味浓，纯正可口，有
止渴解暑、消除疲劳的功效，是平时用于招待亲朋好友和
祭祀的佳品。甜白酒用糯米或包谷制成，甜美甘醇，味美
清香，是夏天清热止渴的最佳饮品。苦辣白酒是甜白酒的
衍生物，即将甜白酒兑冷开水后再装入罐中密封一个星期
左右即成，其味甜中有苦、苦中有辣，回味无穷。直到今
天，下湾子民间还一直保留这种传统的酿造方法。

（四）石加工类

石类是指用石头作为原料制作成各种生产生活用品的
手工业类型。这一类型的品种主要有石磨、碓、臼及石碑、
石刻、石雕等。在20世纪80年代以前，下湾子各自然村村
民加工粮食都需要石磨、碓来进行；加工各种香料则主要
用臼来进行。石磨由两层带有齿的磨盘组合而成，有的用
人推，有的用马拉，带动磨盘转动，将包谷、荞麦等磨成
粉面。碓和臼相似，都是由石块凿成。在没有现代的粮食
加工工具之前，这些都是下湾子村民最常用的生产生活工
具。下湾子各自然村因此出现了一批较有名气的石匠，为
当地村民打制这些用品。同时，也打制各种石碑、石刻、
石雕等，为当地的建筑、装饰和文化传承作出了一定的贡
献。现在，由于电力的发展和较为现代的农用工具的使用，
磨面机、粉碎机、碾米机等已进入各村各寨，碾米、磨面、
粉碎等已由这些工具所替代，石类工具中的磨、碓等已不
再使用。

（五）铁银加工类

铁银类是指以铁、银为原料加工制作成各种生产用品的手工业生产类型。

图 3 - 10　苗族自制的银首饰

这一类型的品种有犁铧、锄头、镰刀、砍刀、斧头和衣领花、耳环、镯子、戒指等。牛场自然村的彝族铁匠制作的砍刀、斧头等，钢火较好，在当地小有名气。竹林寨的苗族银匠制作的耳环、镯子、戒指等也很有名气（见图 3 - 10）。

（六）编织加工类

苗族的编织工艺主要有两种，一种是竹具编织，一种是花带编织。竹具编织，是以竹子、竹藤为原料编织各种日常生活用品，如背箩、驮笼、谷筐、簸箕、撮箕、筛子、提篮、鸟笼等。其工艺价值在于精密和花样。精密，要从削篾开始，要根据不同的需要削成不同大小、厚薄的篾片。编时，要放得严，拉得紧，必要时还要用其他工具撮紧，使整个用具严实、精巧。在花样上，常用菱形构成中心图案和用经、纬篾片的多少构成纹路，再根据需要，让这些图案、纹路不断变化，这就使整个编织品有了强烈的美感。

花带编织，主要是用不同颜色的线，经过巧妙的编排，然后用专用的织布机织成各种花纹的花带。其成品精美耐用，漂亮秀气，主要用作各种生活用品的带子，如裹脚带、背带、围腰带、背包带等。现在，因市场上出现了很多花边带，可以替代苗族传统的花带，因此，已很少有苗族人再编织花带了。屏边县苗族服装厂生产的花带也很受苗族欢迎。

除上述几类外，下湾子村还有其他一些较有特色的小手工业生产，如造纸、挑花刺绣、做豆腐、榨油、烧石灰、做棕制品等。

下湾子造纸主要在汉族和彝族中进行，主要原料是绵竹、水竹、山草等，通过将原料捣碎、熬煮、药物浸泡、烘压等技术程序，就制造出淡黄色的纸来。目前这些纸主要用于祭祀。烧石灰在很多情况下是三五家联合起来进行的。过去曾用大窑烧，后来都改用小窑烧。烧出的石灰多数是自用于盖房、泡蓝靛等。做棕制品是苗族、彝族的一项传统手工业。长成熟的棕树每月都可以收割一次棕片。苗族、彝族村民就用这些棕片制作棕衣、棕垫、棕绳等出售；有的直接出售棕片，收入也较好。

二 手工业生产状况和特点

下湾子村手工业生产在各村中占有一定的地位，手工业产品涉及生产生活的各个方面，是村民们生产生活中必不可少的产品。例如：如果没有纺织刺绣，就不可能有美丽的苗族服饰；如果没有犁铧生产，就很难从事农业生产劳动；没有民间的造纸业，村民们在节日庆典中就很难进行宗教祭祀等。因而，手工业生产一直存在于民间，充当着现代生产生活难以取代的角色。

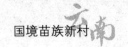

从生产技能来看，每个或每户生产者都有自己专门的生产工具，有自己独到的或在某一方面突出的技能。这些技能和工具，采取父传子、子传孙的方式传承给下一代，一直流传于民间。

从生产规模来看，无论是过去还是现在，手工业的生产规模都相对较小，有的只是一人进行生产，有的只是一户当中的几个人生产。当然，有的已形成一定组织的生产线，有了一定的规模，如老卡的苗族服饰加工厂。但是所有这些手工业，仍然不脱离农业生产劳动。由于规模不大，所生产的产品数量不多，虽然向市场销售，但却未形成自己的品牌。

第四节　商业

一　十二生肖街的遗存

十二生肖街是我国古代西南地区先民们发明的交易方式。即以鼠、牛、虎、兔、龙、蛇、马、羊、猴、鸡、狗、猪属相日为街日。"属相兽"即"生肖兽"。以属相兽命名的街期，就是生肖街期。如以"虎日"为街期的就称为"虎街"，以"狗日"为街期的就称为"狗街"，以"羊日"为街期的就称为"羊街"等。以此类推，依次有以鼠、牛、虎、兔、龙、蛇、马、羊、猴、鸡、狗、猪为街期的街场，称为"十二街场"或"十二生肖街"。下湾子村还保留着这种生肖街方式。如老卡街是每个星期二进行，这天是属龙日，所以也叫龙街；桥头街是星期天进行，这天是属猪日，所以也叫猪街；老街子街是星期三进行，这天是属狗日，所以就叫狗街；星期五赶仁和街，轮着马日，也叫马街等。

中华人民共和国成立前，十二生肖街还与一些简单的草皮街相联系。所谓草皮街，就是到某属相日，当地群众自发地到某个较宽阔的草皮地进行自由交易的商品交易市场。据一些老人讲，以前由于交通不方便，赶集十分困难，所以下湾子村也存在着一些草皮街。甚至在20世纪70年代，这种草皮街仍然存在，一个在下湾子背后的越南境内，一个在中国境内的木城新寨与碉楼两个自然村之间。

党的十一届三中全会后，党和政府非常重视民族地区商业贸易的发展，下湾子村也相继建立了一些初级市场和贸易机构，对下湾子村的商业贸易起到积极的作用。下湾子村原来的"十二生肖街"和"草皮街"逐步退出历史舞台，只是遗存着按星期日数轮流赶集的形式。

目前，下湾子村村民赶集，主要赶老卡街、桥头街、仁和街、木厂街和越南的花龙街、孟康街。

老卡街是下湾子村辖区内的一个集贸市场，逢星期二进行。集市地点在边境自然村老村上。原在村子里的街道上进行交易，约有60个摊位，商品大多数是当地农用产品、各地客商从外部运进来的轻工业品以及各种民族服饰等，人流量在2000人左右，日交易量约5万元。2003年起，通过"兴边富民"工程项目的实施，红河州民委以专项资金投资建设了新的老卡边境贸易市场，将原来在村子街道上的市场搬迁到村子旁宽阔的边境上，设有专门的摊位和铺面，也有自由摆设的摊位，极大地方便了集市交易。扩建后的贸易市场人流量达5000人左右，日交易量扩大到10万元左右。越南边民也将他们的商品拿到市场中来销售，又将中国边民的商品运到越南去，不仅促进了经济贸易的发展，而且增进了两国人民的友好来往（见图 3-11）。

图 3-11　老卡边民正在办理出境签证

桥头街在桥头乡政府所在地桥头镇，距下湾子村 22 公里，有桥老边防公路通过，是下湾子村民赶集中最热闹的一个街市。仁和街和木厂街是下湾子村的邻居街，隶属于文山壮族苗族自治州的马关县，与下湾子村隔河对望，相距约为 20 公里，其热闹和繁华程度与桥头乡街不相上下。

花龙街是越南境内的一个边境集市，距下湾子村约 10 公里，有公路直达我国老卡。孟康街是越南境内的一个边贸市场，是越南孟康县所在地，相对比较繁华，人流物流都较大，距下湾子村约 20 公里（见图 3-12）。图 3-13 显示了新建成的老卡边境贸易市场人们赶集情况。

二　贸易特点

下湾子村商业贸易呈现以下特点：

图 3 - 12　出境赶集的边民

（1）时间间隔短，贸易来往频繁。每个星期轮流赶集，使下湾子的街天（期）活动比较频繁，有的地区一周就有两个街天，有的地区则几乎每

图 3 - 13　新建成的老卡边境贸易市场

天都有不同地点的街天。

（2）交易品种多，民族特需商品占主要部分。除各种小百货外，还有各种民族特需商品，如犁、耙、锄、刀、镰、斧、酒、茶、篮子、挑笼、簸箕、筛子、马鞍、架子、驮篮、花边、丝纱线、纱帽、铜铁锅、陶瓷瓦罐、木盆、木勺等。

（3）小宗交易和民间交易突出。由于长期的交通不便、

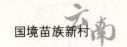

文化落后等，下湾子村村民中间很少出现专门从事商品交换的人，所以平时的交易都以小宗交易和民间交易为主，民间交易又多是以出售自己生产的农产品为主或购买农产品和日常生活用品为主。直到现在，下湾子村村民大多数都是在街天时，背少许东西去街上卖，又买回个别自己需要的物品。

（4）个体贸易得到了前所未有的发展。改革开放后，下湾子村个体商业以其投资少、规模小、分散灵活、方便群众的优势，很快成为商品流通领域中非常重要的部分，促进了商业贸易的发展。

三 群众的商品意识

改革开放以来，特别是实行社会主义市场经济以来，下湾子村村民的商品意识有了明显提高，一些村民已经意识到了市场经济对这样一个偏僻山区的冲击和影响，没有商品经济就没有经济收入，没有商品经济，生活水平就难以提高。于是，在21世纪初，一些聪明的村民已逐步将自己的生产生活纳入商品社会中，努力创造自己的新生活。他们不再只停留在农业生产上，每天起早贪黑、脸朝黄土背朝天地干活，而是走出山去，跑运输，抓贸易，搞餐饮服务、服饰加工等。这些活动，不仅提高了他们的经济收入，改善了他们的生活水平，而且对其他村民也起到了引导示范作用。不过，由于历史、社会、自然生存条件等的制约，他们的整体文化素质还较为低下，由此导致了他们的思想意识观念总体上还不能适应社会的发展要求，村民虽然有致富奔小康的愿望，但却没有相关的方法和能力；虽然有抓经济创收入的要求，但却没有具体的谋略和技巧；

虽然不再是"养猪为过年,养鸡为油盐,养牛为耕田",但还没有想过要去进行科学的规模养殖。下湾子村自给自足的小农经济意识还存在,村民安于现状,进取意识、竞争意识不强;虽然有艰苦创业的精神,但还没有艰苦创业的能力。这种能力包括经济能力和技术能力,也包括了思维能力和谋略能力。这些能力一直制约着他们在社会经济中的速度发展。

第五节 交通运输

一 道路交通状况

下湾子村的交通运输情况是随着其经济社会发展而发展的。在20世纪70年代以前,整个下湾子村没有一条公路,村民们在生产生活中全靠两条腿步行。从下湾子村到乡政府所在地桥头村,步行需要四个多小时,村民们每次赶集都是天不亮就出发,天黑后才赶回家。所以当时即使有少量的农特产品,也很难运到桥头街出售,村民们如果没有特别重要的事情、不需要购买急需的农用工具及生活必需品的话,他们是不会去赶集的。虽然老卡街一直作为边民互市而存在,而且相对较近,从下湾子村到老卡街只有四公里,但最初的边民互市规模是十分有限的,时间也很短,一两个小时就结束,所以有时候村民们背去市场上出售的一小篮菜或一两只鸡还未出售,集市就已结束。也正是因为这样,下湾子村才一直发展不起来。另外作为生产生活的道路,是以山间田野的步道为主,人们出行生产和相互来往,靠的都是步行。这种小路,稍微宽阔的,牛马牲口还可以通过，既窄又陡的，只有人步行了。与之相适应的运输，就只能靠人背、肩扛、马驮了（见图 3 - 14）。

图 3 - 14　下湾子村到老卡边境贸易市场的公路路况

70 年代末，为了适应社会需要，国家从桥头修了一条通往老卡的国防公路。这是下湾子村历史以来修通的第一条公路。虽然这条公路最初是为了国防的需要而修通的，但它对下湾子村民来说，却是一条打通山门的道路，它终于把下湾子和桥头甚至河口连接起来了。

20 世纪 80 年代后，交通运输一直是河口县县委、县政府的重点工作之一，县委县政府力所能及地投入了相应的资金，不断改善交通运输状况。多年来，下湾子村民委员会在桥头乡、河口县等上级的关心支持下，把交通运输建设放在促进村民发展致富的重要位置上来抓，积极争取资金修通村级道路。通过几年的努力，下湾子村的交通运输条件得到了一定的改善，从下湾子到上湾子的公路修通了，从下湾子到竹林寨的公路修通了，各自然村的村级公路也修通了；有的自然村还修通了卫生路。到 2005 年，整个下湾子各自然村基本都修通了公路，大大方便了村民的经济发展和对外交往。

二　国防巡逻道

（一）　国防巡逻道修建占地军民纠纷问题

在越南先修建自己一侧的国防巡逻道后，中国快速完成了在自己一侧对等修建国防巡逻道的任务，但在云南省河口县桥头乡留下了一些未解决的问题，在一定程度上影响了军民团结关系和国防的巩固。这些问题主要有：

（1）占用边境民族村寨土地未作任何处理。

据桥头乡政府和下湾子村委会的调查，在桥头乡修建国防巡逻道占用边境民族村寨土地情况如下：耕地 115.2 亩，其中下湾子村委会 80.2 亩；天然林 222.8 亩，其中下湾子村委会 40 亩；荒山 40 亩，全部为下湾子村委会所有；总计 378 亩。上述占用边境民族村寨土地未作任何处理。

（2）砍伐边境民族村寨村民的经济林木未作补偿。

据桥头乡政府和下湾子村委会的调查，在桥头乡修建国防巡逻道占用边境民族村寨经济林木情况如下：杉树 2418 株，其中下湾子村委会 1438 株；八角 955 株，其中下湾子村委会 55 株；黄柏 25 株，全部为下湾子村委会所有；椿树 15 株，全部为下湾子村委会所有；总计 3413 株。上述砍伐边境民族村寨村民的经济林木未作补偿。

（3）占用边境民族村寨村民的农作物未作赔偿。

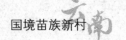

据桥头乡政府和下湾子村委会的调查，在桥头乡修建国防巡逻道占用边境民族村寨农作物情况如下：包谷 26.6 亩，全部为下湾子村委会所有；草果 2245 棚，其中下湾子村委会 595 棚。上述占用边境民族村寨农作物未作任何处理。

（二）军民团结，共同探讨解决境内国防巡逻道占地问题

目前，由于河口县、桥头乡财政紧张，乡政府对解决境内国防巡逻道占地问题的所需补偿金无力解决，建设资金来源渠道少，对国防巡逻道建设在河口县桥头乡留下的一些未解决的问题只能采取"拖"的办法，在一定程度上影响了军民团结关系和国防的巩固。

为加强军民团结关系，巩固边境国防，建议河口县桥头乡政府积极争取国家、省对边境地区实行战后恢复重建、"兴边富民工程"和边境地区解决"五难"等一系列优惠政策，获得项目资金以解决以下问题：①对占用该乡边境民族村寨土地作出土地调换和适当货币补偿等处理；②砍伐边境民族村寨村民的经济林木作出适当折价的货币补偿；③对占用边境民族村寨村民的农作物作出年度折价货币赔偿。

这些问题的解决，能为地方经济建设、社会稳定、边疆巩固作出应有的贡献，从而有利于实现保卫边疆安定、建设边疆经济的总目标和任务。

三 运输业

运输业的发展是随着交通的发展和改善而得到不断发展的。在 20 世纪 70 年代以前，由于下湾子村没有一条公路，交通闭塞，人们出门赶集、下地劳动、上山砍柴、互

通来往等，无不靠步行，来来去去都非常不方便。当时，牛马是最好的运输工具，人背、肩扛、马驮、牛运是最突出的运输方式。有牛，可以拉柴、拉盖房用的木柱等；有马，可以驮肥料、运粮食、驮柴运草。所以，谁家饲养牛马，不仅减轻了很多劳动力和劳动程度，减少了很多生产生活的压力，而且是家庭富裕的体现，脸上总有无限的光彩。80 年代后，从桥头经下湾子到老卡的国防公路修通，但人们的经济还不富裕，还没有一个家庭能买得起车辆。下湾子乡（当时称村为乡）有一辆手扶拖拉机，负责运送下湾子乡各村所用的农资产品。当时人们赶集时能从桥头搭上一趟拖拉机回来，到家时都要给村民们讲"坐车"的乐趣。由于只有这条主干道，村民们赶集时，往往牵上自己的马，从山间的村寨中来到这条平坦的公路上飞跑，形成众马飞奔的场面。此时，谁家小伙子养的马膘肥体壮而又善跑，那他必定受到姑娘们的青睐。

20 世纪 80 年代中期，随着经济生活水平的提高，开始出现了自行车，并一时成为交通运输的时髦工具。90 年代初，开始出现了汽车式的拖拉机和"面的"（当地称为面包车）。沿途的村寨在运输业上第一次有了较大的改变。而离公路较远的村寨，仍然以人背、肩扛、马驮、牛运为主。从 90 年代末开始，随着交通条件的改善和经济生活水平的提高，除了远离公路或公路路况差的自然村仍然以人背、肩扛（由于生态等原因很少有农户养马了）为主要运输方式外，自行车、拖拉机、汽车、面的等现代交通运输工具已进入农家，成为他们的主要运输工具。有的人还专门以交通运输为业，在下湾子、桥头、马关等地跑运输。交通运输业得到了前所未有的发展。

第六节 生产关系

一 行业分层

下湾子村民委员会是一个以农业为主的行政村，在整个经济社会发展中，农业始终占着主要地位，由此决定了下湾子村在行业分层上农业人口也占有主要部分。从发展变化的角度看，在20世纪50～80年代的三十年中，下湾子村的人口行业结构没有多大变化，除了个别人参加工作成为国家干部外，几乎都是从事农业的人员。在这个时期，无论是合作社还是生产队，都将农业视为第一生产任务，以解决温饱问题为目的，大家齐心协力抓农业生产。此外，虽然有家庭手工业，但都只是作为农业的必要补充来进行，从事手工业的人员也不脱离农业生产，仅在农闲时进行，为农业服务。如铁匠在农闲时为村民加工和修理农具，石匠在农闲时为村民打制各种农用石具，编织匠抽空为村民编织各种生产生活用具等。苗族妇女的家庭纺织、彝族妇女的棉纺织，都是为了给家庭成员缝制衣服。80年代初期，作为农业重要补充和经济收入重要来源的养殖业，总体上虽然有了很大的发展，但都没有完全脱离农业，很多家庭养殖家禽更多的是为平时节日庆典或接待亲朋好友时宰食，只有少部分拿到市场上去出售，获得货币，再购买布匹、食盐、锄头等生产生活必需品；而养殖大牲畜，也更多的是为农业生产，所谓的"养牛为耕地，养马为驮运"，养殖人员都不脱离农业生产。所以，这个时期几乎所有的劳动力都是农业人员。

从 80 年代到 90 年代，尽管家庭手工业和养殖业得到了前所未有的发展，但由于村民们总体上商品意识还较薄弱，规模养殖和发展手工业作坊等的生产还没有出现，即使个别劳动力专门从事这些行业，也仍然是农业劳动力。

人口行业结构的显著变化是从 21 世纪开始的。一方面由于改革开放以来，人们通过劳动已积累了一定的原始资本，为从事其他行业创造了物质经济条件；一方面由于社会主义市场经济的冲击，观念有了极大的改变，商品意识和竞争意识有了很大提高，家家户户不仅为解决吃饭问题努力，更是朝着富裕小康目标努力。因此，凡是有经济能力和头脑的人或家庭，都尽量从事其他行业。从这个时候开始，有的人从事商业贸易，有的人从事交通运输，有的人从事餐饮服务业等。2003 年，下湾子村 1828 人中，有 3 人从事交通运输业，有 12 人从事餐饮服务业，有 10 人从事贸易，有 30 余人外出打工。除了从事交通运输业的几乎天天跑车外，其他三个行业的人也时不时从事农业生产。也就是说，即使从事其他行业，他们的身份也仍然是农业人员。

二 借贷关系

下湾子村民之间的借贷关系分三种情况。一是借粮食还劳动力。在下湾子村，还有少部分家庭没有解决吃饭问题，他们在青黄不接的时候，向有粮食的人家借粮食吃，借贷双方协商不再偿还粮食，而是到农忙季节时，借方要向贷方出劳动力。至于多少粮食与多少个劳动力的价格相当，则根据当时的市场价格和双方的亲密关系来商量确定。二是借物还物、借钱还钱。这种情况不复杂，借多少还多少即可。三是借钱还钱加利息。这是比较大宗的借贷方式。

国境苗族新村

个别急需的人需要一笔较大数额的人民币时，向贷方借款，说明借的期限和利率，到期一并偿还。

第七节　劳务状况

一　劳动力状况

下湾子村劳动力相对丰富，剩余劳动力也较多。由于各自然村人口、土地、文化状况等是不同的，因而各自然村的劳动力、剩余劳动力、劳动力转移等情况也就不一样。

下湾子各自然村劳动力情况如表3－4所示。

表3－4　下湾子各自然村劳动力情况一览表

村名	劳动力	剩余劳动力	劳动力输出	备注
老卡寨	136	24	8	4人长期在外
中　寨	56	11	4	4人长期在外
竹林湾	58	12	4	2人长期在外
牛　场	86	22	8	2人长期在外
老　卡	40	10	8	4人长期在外
老刘寨	132	24	10	6人长期在外
新　寨	35	8	3	
方　山	74	14	7	4人长期在外
上湾子	106	20	12	4人长期在外
下湾子一	98	18	8	5人长期在外
下湾子二	60	12	8	4人长期在外
新安寨	64	13	4	2人长期在外
合　计	945	188	84	

资料来源：访谈。

注：备注中"长期在外"指在外打工一年以上者；其余的是指不定期的外出打工者。

96

尽管下湾子村劳动力相对丰富，但是由于劳动力的文化素质都较低，外出打工者并不多，而且有相当一部分外出打工是临时性的，长期在外打工的只有41人。从表中可计算出，下湾子村剩余劳动力占全部劳动力的19.8%，外出打工者只占剩余劳动力的44.6%，在外打工一年以上者只占剩余劳动力的21%。因此，很多剩余劳动力只能在家里从事辅助性生产劳动。

二 劳务输出

如上所述，下湾子村的劳务输出人员即在外长期打工的人并不多，很多剩余劳动力仍然在家从事农业生产，只有少部分在外打工一年以上（见图3-15）。

包括下湾子村在内的整个河口县的务工人员在外打工，主要通过下列渠道：一是通过村民委员会、乡镇劳动服务平台等，把用工信息发送到各村，利用集市日等作为宣传，使务工

图3-15 在苗族服饰加工厂打工的女工

人员及时了解到务工信息，然后选择是否外出打工。二是劳动保障部门有针对性地组织务工人员培训，通过培训后有组织地外出找工。培训内容包括计算机、木工、汽车驾驶维修、家政服务、厨师等技术技能及政策法规、进城务工基本知识等，以提高务工人员的基本素质和劳动技能。

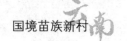
三是劳动保障部门组织工作人员到用工单位考察，与用工单位建立合作关系，更好地维护农民工的切身利益，为劳务输出创造良好条件。2007 年，河口县通过组织劳动力转移就业共输出 1259 人，其中：省外 135 人，省内 81 人，县内 1043 人。近几年来，下湾子村劳动力转移的 41 人中，省外的 1 人，昆明的 4 人，其余的都在河口、开远、蒙自、个旧等州内的各市、县。

此外，河口县还注意加快农村劳动力转移步伐。县委、县政府实施"农村劳动力转移培训阳光工程"、"温暖工程培训计划"和"绿色证书"发放工程，拓宽农民就业渠道。积极与上海、广州、昆明等地劳动就业服务机构联系，在上海等地建立了较为稳定的劳务输出网点。县委、县政府还注重针对用人单位的要求，加强对转移人员的职业培训，提高劳动技能。目前全县在外就业的农村富余劳动力有 2606 人，转移收入达 212 万元。

在云南省、红河州及河口县各级人民政府的领导下，河口县"温暖工程百县百万农民培训计划项目办公室"编制的《云南省河口瑶族自治县"中华职教社温暖工程农民培训计划"实施意见》经报中华职教社审查通过后，2005 年 11 月 25 日河口县人民政府专就部署项目启动实施的有关工作召开会议，并邀请中华职教社总社聘请的苏国兴、杨培根两位督导员亲临会议作指导。苏国兴督导员在会上对河口县实施温暖工程提出了四个要求：一要把河口县的情况作系统调查，然后根据市场需要组织培训；二要根据在省社培训的要求，"温暖工程"的实施主要以转移农村劳动力为主，农村实用技术培训为辅；三要跟踪服务，建立档案；四要加大宣传力度，做好宣传工作，让温暖工程深入人心。此次会议，对促进河口县的劳动力转移工作有重要的作用。河口县人民政府对这项培训作了精心的安排部署。

下湾子村多年来也派出剩余劳动人员4人参加了河口县、桥头乡举办的各种培训。得到培训的人员都有了一定的技能，对他们外出打工有着极大的帮助。不过，由于培训面还较为狭窄，下湾子村派出的人员并不多。很多剩余劳动力由于没有文化、没有技能，又没有得到参加培训的机会，只能待在家里从事生产劳动，或者就近打工，从事一些临时性的体力劳动。

三　劳务输出存在的问题

近年来，包括下湾子村、桥头乡在内的河口县劳务输出工作取得了一定的成绩。它不仅仅直接增加了村民和家庭的收入，而且村民通过进城务工，不断接受新知识、新技术，开阔了视野，提高了村民的综合素质，对他们将来在外谋生或回乡发展生产都有极大的好处。但也应该看到，在取得成绩的同时，劳务输出也存在一些亟待解决的问题。

一是外出务工人员的总体文化素质不高，与劳务输入地日益要求的务工者高素质相互矛盾。目前在外务工的84人中，小学文化程度以下的51人，占外出务工人数的60%；初中文化程度23人，占外出务工人数的27%；高中文化程度为3人，占外出务工人数的3.5%；还有部分是文盲和半文盲人员，约占10%。这些务工人员中真正掌握一技之长的不多，大部分务工人员工种仅限于干工序比较简单、劳动强度比较大的力气活。随着改革开放进一步

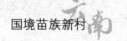

深入发展，经济发达地区对务工者的素质提出了更高的要求，文化素质和技能低下的务工人员将会失去市场。

二是县内劳务输出中介机构不健全，劳务输出信息不灵、输出渠道不畅。当前河口县的劳务输出形式多以自发性、分散式的无序输出为主，造成部分外出务工人员无序输出，他们主要是依靠亲友帮带谋业，普遍存在盲目性。有组织、有计划的劳务输出仅仅是少数。这种情况一定程度上影响了劳务输出的质量和效率。据下湾子村村主任介绍，2000 年以来，下湾子村由于无序输出每年造成务工者外出务工"无工而返"的村民达 30 多人，占外出务工人数 35% 左右。这些人只好就近打一些临时体力工。

三是政府、职能部门服务工作不到位。职能部门、乡镇、村级干部对劳务输出认识不足，服务意识不强，对劳务输出产业培育、引导力度不够。由于劳务输出不是乡镇、村级主要工作，也没有纳入年度目标量化考核内容，各乡镇、村级对劳务输出不够重视，采取的措施不力，没有真正把劳务输出产业培育好、引导好。2004 年以来，下湾子村民委员会各自然村中，由县劳动保障部门组织的劳务输出仅为 2 人，仅占全村外出劳务输出人数的 2%。

四是外出务工人员合法权益难以保障。由于外出务工人员文化素质低下，法律意识不强，法制观念淡薄，不会用法律武器保护自己，致使自身合法权益经常受到侵害。据村干部介绍，下湾子外出务工人员中，很多人员并没有与用工单位签订劳动合同协议，他们有时工作一段时间，觉得不合心意就不领工资而悄悄离开；有的工作一段时间，老板不发工资，为了等发工资，他们只好一直干下去。

　　下湾子村是河口县的一个贫困村，经济发展滞后，除了采取其他措施促进经济发展外，劳务输出是村民们提高经济收入的一个重要渠道。因此，如何培育和发展劳务输出产业应该是下湾子村、桥头乡甚至河口县各级党政部门的重要任务之一。

第四章　社会生活

第一节　婚姻

一　恋爱

下湾子村居住着汉、苗、彝、壮四个民族。过去，每个民族的恋爱方式和恋爱特点都有一定的差别，但是，随着各民族的相互交往和对外交流的增多，除了苗族外，其他三个民族都已趋同或相似，其特色已不明显。由于苗族在下湾子村相对集中，人口也较多，占了整个村的一半以上，而且苗族本身是一个对传统文化比较重视的民族，它对自己的一些传统习俗有自己独特的理解，所以苗族在语言、习俗、生产生活方式上都还保留自己的特色。

苗族人谈恋爱，相对比较自由，而且较为奇特。

苗族历史以来多居箐林山区，这青山绿水、鸟语花香的景色，不仅为苗族的社会生产提供了一个优美的环境，也为苗族的婚恋创造了良好的环境。春天，是大自然最美的季节，也是苗族青年男女谈情说爱的季节。在这个季节的早晨，勤劳的苗族青年男女们早早地到了山间地角，或者挑水，或者砍柴，或者在散发着土壤香味的田地上劳作。

远远望去，苗族姑娘们那漂亮的衣裙点缀在大自然中，犹如一朵朵盛开的鲜花；同样，苗族小伙子们那矫健的身姿，也在大自然中显得英俊潇洒。他们摘一片树叶含在嘴唇边，悠扬动听的山歌便在大山间荡漾。多情的青年男女们就是在这样的景色中开始他们最美好的爱恋。

苗族青年寻找伴侣可以在赶集的路上，可以在劳作的田头地角，也可以在林间或草坪上，只要有情，只要有爱，爱情就会产生。青年男女在集市路上相遇，无论男方或是女方，都会主动问候"小妹，你们来赶集吗"，"大哥，你们去干什么"。这仅仅是开头语，是为进一步的交流打基础的。之后，他们就会相互自我介绍。认识之后，男方会主动提出跟女方去看看女方家乡，而女方便会热情相邀："那么，今天就跟我们走吧。我们的村寨很难看的哟，只怕你们会不习惯。"男方会答："天哪，小妹，有你们这样漂亮的姑娘，会有不漂亮的村寨吗?"这样，当天，男方就会到女方家去。到了女方家，男方会表现出积极、勤劳、能干的看家本领，帮女方家砍柴、挑水等。如果女方对男方有意，她会为男方创造机会，比如找来两只水桶，让男方跟自己去挑水，或者找两个篮子，让男方跟自己去捡猪草等。第二天，女方会起得很早，把早饭煮好，待天亮吃了早饭，女方在准备当天午饭时，会细心地多准备一份，并邀男方一同去劳动。男方在女方家住上三五天，这三五天，不仅是男女双方增进了解、加深感情的过程，而且是女方父母对男方考察和了解的过程。如果在这几天中，双方都比较满意的话，男方就会接二连三地来回几次，待时机成熟时，就双双走进婚姻的殿堂；如果女方不满意的话，会很礼貌地对男方说："大哥，我现在还不想谈婚论嫁，你回去后，

哪方天晴，你就朝哪方吧。"此时，尽管男方有些不舍，但也只好另求他方了。

　　对歌，是苗族相互交流、互通感情、传达爱慕的重要表达方式。花山节实际上就是苗族娱乐对歌的节日，在花山节中，来自四面八方的青年男女，都会在花秆下的人山人海中寻找自己的意中人（见图4-1）。当目标选定后，男方就会主动邀请女方对歌："小妹，跟我们唱山歌了。"接着撑开自己手中的伞，把女方罩住，并首先唱起来。男方第一首唱结束，女方会很谦虚地说："大哥，我不会唱呀。"此时，若女方确实不会唱的话，她就进一步地推辞；若女方也会唱的话，就会接着男方的歌对唱起来。在一天的对唱中，若双方都满意的话，便会约定第二天再唱。唱了三天后，或许就会有难分难舍之情了。这就为以后的交往打下了坚实的基础。

图4-1　相识

　　对歌，不仅是在花山节，平时的"几夺"也经常对歌。"几夺"直接的意思是"窜天地"，实际上是为寻找心中的伴侣而远游他方。每当农闲之际，这个村的小伙子们便约上一两个伙伴到别的村去窜游。到了那个村之后，就与那个村的伙伴或亲戚接上头。白天时，到山上娱乐，或吹笛、或吹木叶，以引起村中姑娘们的注意。到了晚上，趁着天高月明，约上几个伙伴就到了姑娘家的房前屋后，以各种方式让姑娘知道他们的到来。于是姑娘把家务做完后，从后门出去约了自己的伙伴，然后又故意到门外干活，装成突然碰见小伙子们的样子。她们就说："大哥们到这里来玩吗？进屋来坐一坐嘛。"这几个小伙子就随姑娘进了屋。姑娘的父母会礼貌地让出位置，并退到内屋或者厨房中去，让这些青年们在火塘边一起玩乐、对歌。一般情况下小伙子先唱，而且第一首歌中有"我们深夜来打扰，请你们作长辈的多原谅；我们年轻人要对唱山歌，如果歌中有哪里唱不对的地方，请你们作长辈的多指教"之类的内容。唱完第一首后，姑娘仍不对唱，父母亲就会从内室或厨房里走出来，对大家说："你们赶快唱了嘛，不要给自己丢面子。"然后假装拿什么东西似的，又进内屋或厨房中去。这句话就包含了两层意思：一层是说你们放心地唱吧，不要有什么顾虑。这层意思是对小伙子唱歌歌词中的部分回答。另一层是说，姑娘们赶紧快唱了，不要让小伙子们小看。此后，对歌就自然而然地进行了，有时可以一直唱到天亮。天亮之后，小伙子们一般都会跟姑娘们下地劳动并进一步交流感情。

　　通过恋爱，彼此增进了解，加深了感情。到了某一天，或者姑娘会对小伙子说："大哥呀，非常感谢你对我的爱，

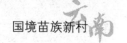

但是我们是不能在一起的了，请你原谅我，以后，天晴在哪方，你就朝哪方吧。"或者姑娘会把她自己亲手绣的心爱的百褶裙、围腰等送给小伙子。前者意味着恋爱到此结束；而后者就意味着姑娘已经接受了小伙子。到此时，小伙子会试探着询问姑娘关于婚姻的形式：是明媒正娶呢，还是抢婚？小伙子从姑娘的回答中得知用哪一种形式后，就好回去加以准备了。

此后，恋爱基本结束。

二 婚姻形式

苗族的婚姻形式分两种：大婚和普婚。根据苗族老人们的说法，大婚才是苗族传统的婚姻形式，而普婚则是受到外来文化冲击影响的结果。

大婚中主要有两个程序：说亲和婚礼。

说亲，苗族称"Hais tshoob"。当小伙子和姑娘通过恋爱，双方都愿意结为夫妻后，小伙子要回家同父母商量，父母要找两个媒人，选定吉日到姑娘家去说亲。这两个媒人一般是当地有名的会唱婚姻歌的人。媒人在主人的嘱咐下，带着主人准备的一壶酒和一把伞，就领着小伙子在吉日到了姑娘家。媒人一行在未进门时要在门口唱"进门歌"，待姑娘家的媒人出来迎接，并唱了"迎亲歌"后，小伙子一行才能进门去。进门后也不马上找凳子坐，而是由媒人向在家里的所有人敬烟。敬烟时也要唱"敬烟歌"。有时姑娘家的父母执意不肯接烟，意思是要考一考小伙子家的诚意，媒人在唱敬烟歌时要把好话说完说尽，姑娘家父母才假装勉强接烟。若父母真的不肯接烟，那说明父母亲对这桩婚姻还不满意。这时，小伙子家的媒人要通过唱婚姻歌的形式，与姑娘家的媒人对唱。待双方的媒人在一唱一答中把所有的问题都说明了以后，父母才肯接上烟，并假意地说："我们真的不会吃烟呀，看你实在诚心诚意的，嘴巴都说干了，那我们还是接下来吧。"到这时，说明姑娘家已经同意坐下来谈婚事了。于是，姑娘家媒人就会把小伙子家媒人带来的酒收好，并把放在正堂中央的伞把朝外，伞顶朝内，表示可以坐下来谈婚事了。若姑娘家父母坚持不接烟，那姑娘家媒人就会把伞按相反的方向放着，表示暂时不同意谈婚事。但一般情况下，姑娘父母最终还是会接上所敬的烟的。

当双方坐下来谈婚事时，姑娘父母一般会退到幕后去，由双方媒人来交涉。但实际上，姑娘家的媒人早已同其父母商量过，因而在交涉时是按姑娘父母的意志进行的。交涉的形式都是通过对唱婚姻歌，小伙子家的媒人若能在对唱婚姻歌时流利地回答姑娘家媒人的问题，提亲就会很顺利地进行。若不能回答的话，姑娘家的媒人就会极力地向小伙子家的媒人劝酒，意思是说：你不能回答就罚酒一杯。所以，如果小伙子家媒人对婚姻歌不太熟悉的话，往往交涉结束时，就已经醉不可支了。

双方媒人对唱婚姻歌结束，也就是双方协商结束。协商的内容主要是婚姻的彩礼、规模、日期等。双方根据各自主人的经济情况，在婚姻歌中进行协商，待双方都比较满意时，就算协商结束。这时，姑娘家的晚饭已经煮好，双方就根据宾主情况上桌，相互劝酒，讲些吉利的话，共祝亲事成功，新人和睦幸福，满堂欢声笑语。酒足饭饱，大家退席而息。至此，说亲才圆满完成。

婚礼，苗族称"paam tshoob"或"paam cawv"。

举行婚礼时，男方要备好彩礼，由主事带领，以媒人、新郎和一对伴郎伴娘为主，另外还有一些帮忙的亲朋好友，一路欢声笑语向女方家走去。在半路上，要吃一顿中午饭。即使男女双方在同一个村子，也要吃这一顿饭。因为在吃这一顿饭之前，要由媒人祭献祖先和山神，以保佑接亲队伍的顺利归来。到达女方家，女方同样由主事、媒人以及一些姐妹朋友来接待。女方早就做好饭菜来等待。当男方到达时，女方家要在门口场子中摆上一张桌子，桌上放好两杯酒和两杯水。由媒人将这些酒水敬给接亲的队伍。此时，男方媒人就要唱婚姻歌中的"谢酒歌"、"开门歌"、"接亲歌"，女方媒人同样以歌来作答，迎接男方一行入屋。入屋后，男方队伍还不能马上找地方坐下，要待媒人唱完"入堂歌"，才能放下背负的东西。而新郎和伴郎还要面对堂屋站着，听候管事请他俩逐一向女方家祖先、父母、大爹大妈、叔叔婶婶、兄弟姐妹、舅舅舅母、亲戚朋友等一一行跪拜礼。行礼完毕，男方媒人要唱"挂伞歌"。唱完"挂伞歌"，女方家才找来桌椅板凳让男方来客坐下。稍作休息，如果饭菜已经摆好，就要入席吃饭。吃饭前，双方媒人也要对唱"共饭歌"。在饭桌上，双方媒人共席；新郎、伴郎由女方的兄弟相陪相认，共祝新婚幸福、生活美满。双方往往相互劝酒，赛赛酒量，喝得新郎、伴郎面红耳赤。吃饭完毕，男方媒人要代男方把所有的彩礼交给女方父母，女方媒人也要代女方父母接收彩礼。双方媒人在交接彩礼时，也要对唱"交接歌"。交接歌中有交礼、交财、交肉、交酒、交服饰、交犁铧等。双方在一唱一对中把交接的彩礼一一过目。与此同时，双方男女青年可以找僻静的地方对歌，热闹非凡。

第二天，女方家要及时做好早饭，让男方早一点吃饭后起程回家。新娘此时就要随男方上路到男方家了。因此，新娘此时无论是真的与娘家人难分难舍，还是假的难分难舍，都要拉着父母、亲戚的手或衣角，放声大哭一场。上路时，媒人要唱"起程歌"和"致谢歌"。唱完歌，新娘的兄弟、叔伯、朋友及媒人组成的送亲队伍，就随接亲队伍回男家了。当接亲和送亲队伍到了半路上，也要休息吃晌午，媒人也要唱"晌午歌"；新娘被接到新郎家，新郎的大嫂或大娘要领着一群人在门口迎接；同时男方媒人要唱"迎亲歌"。新娘家的媒人也要唱"交女歌"和"请帮管女儿歌"等。这一切即将完毕时，以新郎大嫂或大娘为主的迎亲队伍则三五成群地将新娘、伴娘及送亲队伍拉进家门里去，并逐一安排休息场所。

至此，两家人热热闹闹地闲聊，相互祝贺。屋内场外站满了围观的人，房前屋后跳跃着凑热闹的孩子们。晚餐时，主、客人按一定的顺序上席就餐。一般双方媒人共桌，迎亲和送亲人共桌。桌上庆祝之声不绝于耳，满堂欢声笑语。全村男女老幼被邀请就餐，房前屋后摆满餐桌。盛大的婚礼此时此刻达到高潮。或许，此时正是夕阳普照，金色的阳光中透出幸福美满的气息，一对佳人终成眷属，美好的日子又翻开了新的一页。

三天后，父母或媒人又领着新郎新娘回门。回门结束，整个大婚才算结束。

在整个过程中，双方的彩礼都极为丰厚。一般情况下，男方在接待来客方面是要付出很多的，有牛则要杀牛，实在无牛也得杀一两头猪。因而，这种花费对一般家庭来说，是非常困难的。20世纪五六十年代以后，这种大婚形式逐

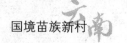

步减少，到80年代几乎退出了历史舞台。从这点来看，大婚退出历史舞台应该是一种历史的进步。

不过，大婚形式中有一个突出的特点，即每一个过程都是媒人通过对唱婚姻歌来进行的。而这些婚姻歌，从其内容、用词及其相应的表达方式来看，都是极为精彩的。据一些苗族老人讲，整个婚姻过程所唱的婚姻歌多达366首。这么多精彩的婚姻歌，应该成为研究苗族社会历史、婚姻演变、风俗习惯等的素材，特别是历史以来一直都没有文字记载而又能口传至今，不能不说它是流芳百世的文化遗产，这应该值得我们去挖掘整理，使它在新时代中不再仅仅以口传的方式传承。

普婚形式是目前比较流行的婚姻形式。普婚形式逐渐成为苗族婚姻主流的最直接的原因，是大婚费用和彩礼的浩繁，以及婚姻礼俗的繁杂，这是很多苗族人无法承受的，而且随着社会的发展和观念的变化，很多苗族人也不愿意为婚姻付出如此夸张的代价。普婚形式虽然与大婚共同存在了一段较长的时间，但是，很明显，普婚形式占有婚姻主流是在大婚之后。由于无法承受大婚费用和彩礼的浩繁，就只好羞羞答答地简单从事，从而普婚逐步被人们接受而沿袭下来，直到最后成为苗族的主要婚姻形式。

普婚的恋爱过程与大婚的过程一样，都是在双方自由接触、自然交流、增进了解后形成的。这一点，是苗族婚恋自由的具体表现。

当恋爱到了可以相互托付终身时，双方约定在哪一天的哪一个地方相见。男方甚至可以告诉女方哪一天"我来等你"。到了约定的那一天，男方就约自己的一两个好友一起去到那个地点。女方也会按约而来。这个地点无论是在赶集的路上，还是在砍柴的坡上，或者是在劳作的田边地角，双方一般都会按约而来。来到之后，男方就会直截了当地说："小妹，早去晚去都是要去的，你不如早跟我们去生活吧。"此时，女方会找出各种理由不愿去。双方七嘴八舌地斗了一会儿嘴之后，男方就抓着女方的手开始拉了起来。几个同去的伙伴也来拉的拉、推的推，把姑娘"抢"了回来。女方假装挣扎了一段时间之后，就半推半就地跟着男方回来了。这就是所谓的"抢婚"。一些不了解苗族婚俗的人总以为苗族婚姻不自主，姑娘往往是被抢婚抢来的。这是不正确的。当然，新中国成立前，一些权贵和不法之徒在女方不同意婚配的情况下也会硬抢，但那些不是苗族的婚姻礼俗。

女方随同男方来到离村不远的地方，男方伙伴中有一人要前来通知家人，而其他人则留在村寨外休息。当估算家人已经接到通知并做好准备后，男方就领着女方进村了。到了门口，大嫂或大娘要在门口迎接，并要把女方拉进门，同时男方也要把女方推进门。这一"推"一"拉"和原先的"抢"，都意味着"我"是被"拉""抢"回来的，以后不要又把"我""轰赶"出去。

这一天，男方要找一个本村的姑娘（一般是自己的表妹）来陪同被"抢"回来的姑娘一起玩耍，领她在本村周围看看、走走，介绍本村的生产生活和自然风光。

在姑娘被"抢"回来的三天内，男方要派媒人到女方家去通知其父母，说您家的姑娘已经被"我们"家领去生活了，望你们作父母的放心，不要到处寻找了。

父母接到通知，当天或者第二天就派叔伯兄弟姐妹扛着木棍一路追寻来了。到了男方家门口外，故意徘徊于房

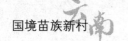

前屋后，假作在四处寻找遗失的"牛"。男方早已料到，便彬彬有礼地将他们一行迎进家里奉茶，然后设丰盛酒席相待，再提儿女们的婚事。此时，被"抢"回来的姑娘早已被陪同她一起玩耍的姑娘领到别家去"躲"起来了。来追寻的人找不到姑娘，吃了饭后就快快而去。去时，男方要说尽好话，并送给他们每人一点"跑脚钱"，意为"你们辛苦了，我们实在抱歉"。

之后，双方就商定结婚的日子和需过的彩礼。

在结婚那些天，由媒人率领着新郎新娘以及伴郎伴娘和几个帮忙的人到女方家去履行娶亲仪式。到女方村寨后，男方媒人唱着婚姻歌领着娶亲的人进了女方父母家门。女方媒人也唱着婚姻歌来迎接。此时一般情况下女方父母已经准备好了酒席，管事高声叫着可以入席了，双方媒人就相互对唱入席歌，大家先后入席。宴毕，管事吩咐帮工布置好桌椅，双方媒人在管事的主持下，于桌椅上过礼。即男方把带来的彩礼一五一十地摆到桌上，由女方媒人来验收。验收后交给女方父母。在过礼时，双方媒人要唱"过礼歌"。过礼毕，新郎、新娘和伴郎、伴娘在媒人的主持下拜堂。拜毕，双方就高高兴兴、海阔天空地闲聊了。夜间，男方一行就在女方家留宿，并与女方兄弟姐妹、叔伯们相认。此时，青年小伙子们、姑娘们又可能在火塘边对起山歌来了。这晚的对山歌，不仅仅是为交流感情、增进友谊，而且有"看你们村的歌手如何"的竞赛味道。无论谁方对赢了，都显得非常光彩。由于娶亲之夜可以对歌，故而往往一对新人刚刚结合，另一对新人又产生了。

第二天，娶亲队伍起程。媒人唱着"婚姻歌"，歌声非常伤感，常使新娘放声哭泣，似与父母难分难舍。新娘在伤心的哭泣中与家人依依惜别。

到了男方家，男方家人已经准备好了酒席翘首等待。娶亲队伍一到，就举行拜堂仪式，然后入席。双方在庆贺声中酒足饭饱、皆大欢喜。

结婚后的第三天，由男方父母或媒人带领新郎新娘回门。回门后即回男方家居住。到此，结婚仪式方为完毕。

三 婚姻范围

从族际范围来看，与过去相比，下湾子村无论哪种民族，婚姻范围都有了明显变化。过去，汉族嫁汉族，汉族娶汉族；同样，苗族、彝族、壮族也只是在自己民族圈里娶嫁，各民族之间几乎没有相互通婚的。但是改革开放以来，各民族之间已经打破了这种界限，相互通婚的现象逐渐多了起来。这种情况是与经济的发展水平相适应的。也就是说，在改革开放之初，开始有汉族男子娶彝族女子、苗族女子，彝族男子娶苗族女子的，但很少有彝族男子娶汉族女子、苗族男子娶汉族女子、苗族男子取彝族女子的。从 20 世纪 90 年代开始，彝族男子能娶到汉族女子，苗族男子也能娶到彝族女子甚至汉族女子了。这主要就是经济生活水平决定的。因为当时彝族、苗族经济发展水平还很低，生活水平不高，那就很少有汉族女子嫁给彝族男子和苗族男子了。90 年代之后，下湾子村各民族的经济生活水平基本一样，所以各民族之间的婚姻关系也就没有多大限制了，呈现出联姻越来越频繁的趋势。这是下湾子村民族之间文化交流最为突出的表现和最重要的交流方式，为少数民族之间进一步加深民族感情、加强文化交流打下了最牢固的

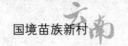

基础。

从地域来看，各民族在婚姻关系上都不再受地域的限制，只要有感情基础，都可以结成婚姻。如在 20 世纪 80 年代以前，很多婚姻的范围只限于下湾子各村及附近的老街子村民委员会，东瓜岭村民委员会，文山壮族苗族自治州马关县的仁和、木厂、夹寒箐等，方圆只不过几十平方公里。但是，从 90 年代后，一方面下湾子村的社会经济有了进一步的发展，对外交流增多，交流范围逐渐扩大；一方面很多外地人已深入到下湾子地区来做生意、打工，特别是四川、山东、浙江、广东等地的来往人员比较多，他们来到下湾子等地修路、盖房、烧砖或承包当地的土地进行种植等，便认识了当地的姑娘。通过一定的了解后，当地的姑娘就跟着这些人跑了。在这个过程中，有的是与姑娘父母商量过的，有的是悄悄地走的。所以后来出现了个别姑娘被拐走的现象。但无论如何，婚姻范围已经大大扩展了，除了更多地扩大到河口、文山、马关等地外，已有相当一部分到了更远的地方。当地村干部既无奈又自豪地说："现在这些姑娘到处都嫁，有到四川的，有到山东的，广西、广东、浙江到处都有。"

值得一提的是，由于下湾子地处边境地带，历史以来中、越两国边民都相互来往，而且无论是哪个民族，在中、越两国内都有自己的亲戚、朋友，在节日庆典、集市贸易时，他们都有经济来往。这种来往的结果之一就是产生了婚姻关系。所以，在目前，下湾子各村中还有至少 20 个家庭是与越南边民联姻而形成的。当然，这都是越南女子嫁给中国男子。

四　择偶标准

下湾子村的几个民族择偶标准基本一样。在感情、品德、经济生活水平、相貌与健康四个要素中，仍将感情视为第一要素。认为双方的感情才是婚姻的基础，是建立稳固家庭最基本的条件，没有感情的男女双方，即使一时走进了婚姻殿堂，家庭也不会幸福美满。根据调查，在这四个要素中，90％的人都将双方的感情作为择偶的首要标准。其次是人的品德。青年男女双方，除了感情也很注重对方的人品，对于那些平时就没有多少好口碑的人，是不会有人相中的；而平时的好口碑，如助人为乐、有孝心、勤劳等，也成为参考的重要因素。第三是人的相貌和健康状况。这是不言而喻的，许多男子都喜欢漂亮、健康而勤劳的女子；许多女子也喜欢身体强壮而品质好的男子。第四才是经济生活水平。经济生活水平放在第四位，可能与下湾子村苗族占绝对多数有关，苗族历史以来都没有相当富裕的家庭，大家都基本一样，过着自由而平淡的生活，所以形成了知足常乐的思想意识，他们要求不高，有饭吃有衣穿即知足，表现在婚姻择偶上的要求也就不高。当然，其他与生产生活相关的要素也在考虑之内。如劳动生产是否方便，交通运输是否方便，生活用水是否方便等。过去，在还没有修通公路之前，下湾子自然村在生产生活方面都比较方便，如耕地离村寨不远，饮水、森林资源及柴草充足等。所以下湾子村的小伙子们在寻找对象时都不太困难，很多姑娘都愿意嫁给他们。而如方山自然村，由于耕地离村寨较远，并且下地劳动要下坡，收工回来时要爬坡等，所以姑娘们也就不太愿意嫁给本村的小伙子。当然，如果

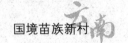

男女双方感情都很好，那也是不太计较的，姑娘们嫁过去时早就做好了吃苦的思想准备。即所谓"只要有个好心郎，吃苦也无妨；只要感情好，宁愿吃青菜蘸辣椒"。

近几年来，随着社会的不断发展和经济生活水平的不断提高，村民们的思想观念有了重大的改变，特别是社会主义市场经济的深入和发展，给下湾子村村民们的思想带来了极大的震撼，才能、知识、文化、金钱、地位等在社会各个方面起了不可替代的作用，有与无之间产生着明显的差别，因此，也成了人们在择偶时的一些重要参考因素。男女青年在交往时除了注重传统的感情、品德、勤劳、孝道等外，也十分注重对方的才能、知识、文化、地位和经济生活水平。如苗族，由于苗族长期以来读书的人较少，有很多青年男女没有文化知识或文化知识水平很低，只有一部分青年男女有文化知识和相应的才能，所以苗族男女青年在择偶时，往往喜欢对方是有文化知识、有一技之长的人。正因此，少数读过书有文化而参加工作的青年男女，他们在找不到与自己一样有文化知识水平的对象时（苗族读书的男性要比女性多得多），就选择了其他民族青年男女作为自己的择偶对象。在下湾子村的各自然村中，还有少数女性，她们长期生活在这里，没有文化知识，经济生活水平又差，为了逃避这种生活，过上好的生活，她们不惜抛弃感情，而嫁给只有一两面之交的来当地打工的四川、山东、广东等地人。在这当中，有的往往成为被拐卖的对象。

五　婚龄

总体上看，下湾子村除了苗族外，其他几个民族的婚

龄都较为接近，基本执行着国家的婚龄标准。大多数苗族
青年男女也基本执行国家的婚龄标准，但有相当一部分向
两个极端发展，有的 13 岁、14 岁就结婚了，有的 37 岁、
38 岁也还没有结婚。在调查访问中，我们作了粗略的口头
统计：整个下湾子村，近几年中 13 岁、14 岁结婚的有 20
多对；15～17 岁结婚的有 30 多对；18～24 岁结婚的有 6
对；而 30～38 岁还没有结婚的（都是男性）有 10 个。据
了解，这主要是经济生活水平不同导致的，其他原因还包
括思想意识、勤劳程度、健康状况、品德等。有的自然
村，生产生活各方面的条件都比较差，经济生活水平也就
差，整个村的村容村貌也差。这样的自然村的小伙子们就
很难娶到媳妇，一年一年过去，他们的年龄就大了，年龄
一大，就更难娶到媳妇。有的大龄青年尽管经济生活水平
较高，但其相貌、人品或者健康状况较差，也很难娶到媳
妇。另一方面，小姑娘嫁得早，相当一部分十三四岁就嫁
了，十六七岁就成了"娃娃妈妈"，她们背小孩时，看上
去就好像是姐姐背妹妹。苗族的传统封建主义思想还较为
严重，有人认为，小姑娘总是要嫁人的，这样不如早早就
嫁；有人认为，你嫁人了，说明你有本事，人家看上你才
来娶你；有人认为早一天嫁，早一天减轻父母的负担。如
此等等，越比较就越嫁得早，越嫁得早就越光彩。村民委
员会的干部、桥头乡的干部都开玩笑地说，二十年前，他
们下乡时，常常看到一群群的小姑娘、小伙子在玩耍，或
对歌、或聊天、或互相打闹嬉戏，还可以跟他们玩乐。而
现在，下乡到村子里，想找一个十七八岁的小姑娘聊天都
找不到了。这是苗族在婚姻方面一个比较突出的现象。

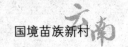
六　离婚与再婚

在下湾子村，离婚和再婚者都很少。一方面，由于各民族都是以自由恋爱方式缔结婚姻的，夫妻感情较好；另一方面，传统的思想道德认为，离婚是伤风败俗的事情。所以感情好的夫妻自然就不会闹离婚；感情不太好的夫妻往往都持着嫁鸡随鸡、嫁狗随狗的态度过下去。偶尔有离婚的，都是各种因素综合造成的。

表4-1显示了下湾子村离婚数及其主要原因。

表4-1　下湾子村2004~2007年离婚数及主要原因表

单位：对

离婚原因	家庭经济差	男方懒、酗酒	女方不孝	与外人私奔
离婚数	0	1	1	6

资料来源：下湾子村民委员会党总支书记邹先生提供。

表4-2显示了下湾子村再婚数及其主要原因。

表4-2　下湾子村2008年再婚数及其主要原因表

单位：对

再婚原因	对方去世	对方私奔	已离婚
再婚数	2	2	2

资料来源：下湾子村民委员会党总支书记邹先生提供。

这里需要说明的是，无论是离婚还是再婚，大都是双方自愿的，在解除婚姻关系时只是根据传统的方法来调解，并不通过离婚的法律程序。这主要是因为在下湾子村有一些男女青年是按传统的方式结婚的，即在自愿结合时宴请村子里的人吃一餐，让大家知道就行了，并不去领取结婚证书。传统的调解离婚的方法是：如果是男方提出离婚，男方就负责赔偿女方的损失；如果是女方提出离婚，则女方负责赔偿男方的损失。在提出赔偿时，双方均请证人作证。所谓证人，就是在村子里或家族里有一定威望的人。这些证人不仅起到"证明"作用，更重要的是起到调解作用。当双方或一方不接受另一方提出的条件而难于断定时，就由证人来调解，赔偿多少、如何赔偿等都由证人说了算。如果是领了结婚证而离婚的，除了按传统的方法调解好后，还要由村民委员会出具证明，然后到乡政府民政部门登记备案。

第二节　家庭

一　家庭结构类型

家庭结构主要有三种类型，即主干家庭、核心家庭和单亲家庭。主干家庭指的是父母及已婚子女和孙子女共同组成的家庭，即三代同堂。核心家庭指的是由一对配偶及其未婚子女共同组成的家庭，即两代同堂。单亲家庭指的是只有父母一方及其子女共同组成的家庭，即父母因离婚或丧偶，只剩一方与子女共同生活的家庭。在下湾子各自然村，以主干家庭和核心家庭居多，单亲家庭只是少数。整个村民委员会只有三户单亲家庭。就下湾子自然村来看，家庭结构如表 4 - 3 所示。

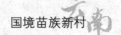

表 4 - 3　下湾子自然村家庭结构类型统计表

家庭类型	户数	比例（%）	备注
核心家庭	44	66.66	主干家庭中有 14 户的父母代只有一方存在。
主干家庭	21	31.82	
单亲家庭	1	1.52	单亲家庭由父亲与子女组成。
合计	66	100	

资料来源：下湾子村民委员会党总支书记邹先生提供。

在核心家庭中，人口最多的为五人，即父母和三个孩子；最少的为三人，即父母和一个孩子。在主干家庭中，人口最多的为六人，即父母、已婚子女和两个孙子；最少的为四人，即父母中一方、已婚子女和一个孙子。单亲家庭是由父亲领着两个孩子共同居住。

二　家庭角色分工

家庭角色及其分工并非有意安排的，而是在长期的生产生活中逐步形成的。下湾子各自然村中，无论哪个民族、哪种家庭，一般都是由当家的男性主人主持整个生产生活活动；家庭内的家务活动则主要由家庭主妇主持。总体上男主外、女主内的传统思想仍然较为浓厚。当然，这种情况也不是严格区分的，有的家庭，如果平时家庭主妇比较有主见的话，整个家庭的主要活动也由主妇来主持。但无论是男主人主持还是女主人主持，在决定某项重要事项之前，都会与对方进行商量。

家庭中，作为家庭主要标志的是"锅"、"灶"。同一个锅灶，就是同一个家庭。家庭成员在主妇的操持下共同煮一锅饭，共同吃一锅菜。因此，在同一个屋檐下，若隔成两间，各有各的锅灶的话，那么在这个屋檐下肯定生活着两个家庭。这样的家庭一般是原大家庭与刚刚从大家庭中分家出来、尚未来得及新建家庭或尚未有能力另建家庭的新家庭。这样的家庭实际上还没有完全从大家庭中脱离出来，不过是另立锅灶，生产另行安排。即使在这样的家庭里，各家庭成员的分工也是比较明确的。一般的，在劳动分工上，劳动内容依性别和年龄来定。壮年男子主要负责耕田犁地，开挖田地、水沟以及糊田埂，扛木头等重体力农活；壮年女子主要负责点种、栽秧、薅草、背肥、饲养等相对较轻的农活；老年男子主要负责放养牲口、编竹器家具、修工具、拾柴火等；老年女子主要负责带小孩、纺织、喂养家禽等。在经济支配上，虽然支配权主要在男主人，但一般由女主人管理，在使用时，双方共同协商确定。重大支出主要有三部分：生产生活开支、子女教育开支、赡养父母开支。这三项开支必须留足留够，由男女主人共同协商确定分配比例。在三项之外，平时的小开支可自行决定。如女主人将一两只鸡拿到市场上出售后，她可自己做主买一套衣服给孩子或买一两件生产工具回来等。

　　家庭内各成员之间关系比较和谐。小辈对长辈尊敬、长辈对小辈爱护，已形成一种社会风尚。小辈对长辈不敬，被视为不孝、品质差；长辈对小辈不爱护，被视为无人性、猪狗不如。由家庭的这种融洽关系延伸到社会，就形成了人与人之间的相互尊重、相互关心、相互爱护、相互礼让的社会道德风尚。特别在苗族家庭内部，由于当初组成家庭时是以感情为主要基础的，双方都有"爱你就爱你全家"的思想，所以成立家庭后，夫妻之间、婆媳之间、叔侄之间、兄弟姐妹之间、妯娌之间都相处较好。

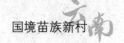

家庭角色分工，除了在劳动分工、财产支配等方面有一定区别外，整个家庭还承担着一定的社会角色，如教育子女的角色。所以无论是主干家庭还是核心家庭或单亲家庭，老一辈不仅要向后辈传授各种生产生活技能，传授待人接物方式、习俗礼仪、伦理道德等，让后辈从中学到立身处世的知识和能力，而且要尽量树立优秀榜样，让后辈在成长或生活中得到潜移默化的教化。当然，一个家庭中作为家庭主人的父母，也尽量为子女提供娱乐的空间和条件，如购置收录机、电视机、录像机、VCD 机等，让子女得以健康快乐地成长。

三　称谓

下湾子自然村居住着两种民族，即汉族和苗族。他们之间都相互能听能说对方的语言。平时交流在当时的情况下哪种语言方便就用哪种语言。在称谓上，两种民族各自有不同的称谓。具体为：

（一）对民族的称谓

汉族称苗族为"苗"、"苗子"、"苗族"，苗族称汉族为"刷"。双方的称谓实际上没有什么特别的含义。汉族自称"汉族"，苗族自称"蒙"，在内部又有三个支系，分别为"蒙施"、"蒙抓"、"蒙背"。在交流时，双方都不忌这些称呼。

汉族对亲属的称谓：

父亲：爸爸

继父：后爸

母亲：妈妈

继母：后妈或后娘

祖父：爷爷

祖母：奶奶

伯父：大爹

叔叔：叔叔

伯母：大妈

叔母：娘娘

岳父：随妻称呼"爸爸"或跟自己的小孩称"外公"

岳母：随妻称呼"妈妈"或跟自己的小孩称"外婆"

丈夫：妻子称"孩子家爸"或直呼其名

妻子：丈夫称老婆或孩子家妈

儿子：直呼其名

姑娘：直呼其名

女儿：女儿

儿媳：媳妇

外祖父：外公

外祖母：外婆或姥姥

夫父：爸爸

夫母：妈妈

夫兄：大伯子

夫姐：大嫂子

夫弟：小叔子

夫弟媳：弟媳或娘娘

夫妹：小姑子

妻兄：大舅子

妻弟：小舅子

妻妹：小姨子或小姨娘

妻姐：大姨妈

苗族对亲属的称谓：

父亲：zaid

继父：zaid chab

母亲：naf

继母：naf chab

祖父：yeuf

祖母：bos

伯父：yeuf loul

叔叔：zid nzeuf

伯母：box loul

叔母：naf nzeuf

岳父：zaid 或 yeuf daik

岳母：naf 或 daik

丈夫：voud

妻子：box

儿子：dob

姑娘：ncaik

女儿：ncaik

儿媳：nyangb

外祖父：yeuf daik

外祖母：daik

夫父：zaid

夫母：naf

夫兄：dix lous

夫姐：box nyangx

夫弟：gud

夫弟媳：naf nzeuf

夫妹：nyangt

妻兄：zid dlangb

妻弟：zid dlangb

妻妹：hluak

妻姐：daik loul

（二）对地名的称谓

汉族对下湾子的称谓就是目前官方和民间都使用的"下湾子"。因为此地是一个三面环山的大湾子，其右是方山、老刘寨诸山，其左是木城后山，其后是上湾子后山，前面开阔空旷，隔着桥头河与文山、马关对望，是一个不折不扣的大湾子。最初汉族称这个村为湾子寨，后来又来了几家汉族定居在湾子寨的上面，为了方便区分，就把上面的村寨称为上湾子，把下面的村寨称为下湾子，一直沿用至今。

苗族称下湾子为"nkhov luav"，意为"兔子洞"。据说，最初有苗族两兄弟来寻找居住地时，一边寻找一边打猎以解决温饱问题。一天，他们在围猎一只兔子时，兔子一直跑到这里来，躲在一个土洞里。这两兄弟就把兔子捉了在洞旁烤着吃。他们发现这个地方地广人稀、土地肥沃、山清水秀，就在这里安了家，并将这里称为"兔子洞"。

另外，下湾子村民委员会的其他自然村中还居住着彝族和壮族。不过，由于他们的人口少，而且长期居住在汉族和苗族之间，所以除了五六十岁的老人外，年青一代已经不再使用本民族的语言了。

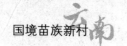

四 分家

无论哪个民族，分家另立家庭都是家庭发展的自然现象。在村民看来，分家更能发挥劳动力的作用。一个大家庭，如果不分家，各个家庭劳动力就会偷懒，每一个都想让另一个做事，最后导致做事效率不高。分家后，为了自己的小家庭，大家就自然地去努力和奋斗。所以，如果有了大家庭，都要分家的。特别是一家当中有几个兄弟的，长兄成家后，都要分家，一般在有了第一个子女后就分家了。在调查中，下湾子村基本上是核心家庭，即父母和子女。大家庭即四世同堂的几乎没有。界于这两者之间的，是三代同堂的家庭，即有爷爷、奶奶、父母和孙子女在一起居住。这种家庭约占四分之一。

分家后，儿子与父母的关系仍然很好，儿子对老人仍然担负赡养的责任，老人对分出去的儿子也仍然关心帮助，除平时经常性对儿子的生产生活提出意见外，在力所能及的情况下，还帮他们照看孩子、家园或做一些家务活计。

分家后，一般都是儿子另盖一处房子，与父母分开两处居住。但也有特殊的，即如果家庭比较穷，儿子分出去后没有能力另盖房子，那他仍然与父母同住在一间房内，将原来的房子稍微隔开，留有相互来去的门，然后另设锅灶。在生产生活上基本上各顾各的，只是在农忙时相互帮忙；哪家有好吃的，会召唤来对方共同享受。农村中称这种形式为"分灶"，即虽然分家，但还在一间房屋里住。"分灶"现象只是一个过程，当分出来的家庭有了一定积蓄，他就会重新盖新房，而且父母也尽量支持，全村人同样给予帮忙。

五　妇女地位与家庭暴力

下湾子各村寨，妇女与男子有平等的地位。在村民看来，某件事由谁说了算，并不代表他（她）的地位就高，只能表明他（她）在这件事上更加英明。更何况一个家庭内部，对某一件事的决定往往是通过协商产生的，在协商基本一致的情况下由谁决定都可以。夫妻之间并不常为一些小事而争吵。

苗族是下湾子村的主要民族，苗族人占了下湾子村人口的一半还多。就是这个民族，妇女地位更是高。在苗族家庭里，妇女的决定权虽然不说代表了一切，但它总在家庭中起着关键的作用，这种关键性作用并不是否定男子的意见或权力，而是在听取男方意见的基础上显示出来的，而且有时夫妻之间会形成自然的分工，形成了妇女在哪些方面多管一些、男子在哪些方面多管一些的状况。如丧葬方面的事多由男子决定，婚姻方面多由女子决定；生产生活方面多由妇女决定，建房修路方面多由男子决定，等等。当然，苗族在历史上一直是一个被统治被压迫的对象，或许是因为贫富差距不大而形成的大家一律平等的局面，甚至可能因为苗族母系制延续了相当长时间的缘故，苗族妇女的地位一直较高，至少与男子平等，这在现代的苗族语言里都还表现出来。苗语称"父母"为"母父"，称"兄妹"为"妹兄"，称"男女"为"女男"，称"爷爷奶奶"为"奶奶爷爷"等，足见苗族一直以来都没有把妇女看得低人一等的现象。目前，苗族中有一些较为严重的现象，如不太让女儿读书、女子早婚等，这是苗族受到经济利益影响所致，苗族认为，女儿长大后就要嫁人，嫁人以后就很少帮得了自己的忙，对自己没有多少贡献了，所以不值得供养她们读书。从某种角度上讲，这并不是我们常说的政治上男女地位不平等的概念。当然，这种观念在苗族中也要彻底根除，因为这样不利于整个民族的发展。

受到苗族的影响，其他民族在男女地位上也是平等的。

在男女地位平等的基础上，下湾子几乎没有家庭暴力的现象。偶尔有男人打老婆的事件，一般都是因为男人闹酒疯。因为下湾子村的很多男子都喜欢喝酒，而有些人又会闹酒疯，不是放声痛哭，就是砸盆摔碗；不是骂骂咧咧，就是回家来打老婆。家庭中因为有矛盾而发生口角以致引发打老婆的现象，近几年都没有发生过。总体上村民们对无故打老婆或者喝酒就回家打老婆的现象都十分痛恨。一旦出现这种情况，都会有隔壁邻居加以劝阻。现在，家家户户都忙于生产生活，家庭恶性暴力也基本没有了。当然磕磕碰碰还是少不了的，如果村里有这种暴力现象，村民、村干部都会主动帮助调节。

六　老人的赡养

分家之后，老人如果有劳动能力，一般也都自己单独生活，子女也很少给东西，因为当老人的一般都不想给儿女添累赘。如果老人丧失了劳动能力，父母一般和最小的儿子住，其他儿女对父母有赡养的责任和义务，有时也给父母粮食及零花钱等。老人一般与最小的儿子一起生活，形成一个完整的主干家庭。还有一种形式是轮流赡养。老人如果儿子比较多，就会轮流到几个儿子家吃住。如果老人有病，子女们一起给父母看。老人去世，子女共同承担丧葬费用。而丧事过程，几乎整个村的大人都参与帮忙。

本村几乎没有父母老年后没人管的现象，即便子女们不愿
意赡养，但碍于别人的闲言碎语及社会的舆论也会管，村
干部们也会帮着调和。村民的态度是老人老了以后就应该
给他吃穿，死后也无需铺张浪费安葬。只有个别低保户没
有儿女，这些低保户中，有的愿意与亲戚过而且亲戚也愿
意收留的话，他们就与亲戚生活在一起；有的如果不跟亲
戚过的话，就由村民委员会照顾。

七 财产继承

对于村民来说，财产一般就是粮食和土地，而这些一
般上了岁数的老人在自己过世之前就分配好了，没有财产
纠纷的问题。老人给某个孩子财产一般不会悄悄给，而是
会跟其他孩子商量。特别是苗族，苗族家庭普遍不富裕，
老辈没有多少东西可分的，平时若有点东西要给哪个儿子，
他们都会对其他的儿子说，要将这个东西给哪个了，这个
儿子也就会说，给就给嘛。这就完事了。或者两个孩子家
境差距较大，老人就多给差的补贴点。或者两个都差不多，
老人就把财产给照顾自己多的孩子。90%以上的家庭没有
遗产。

一般的财产继承，在分家时已经基本明确。无论是汉
族还是苗族、彝族或其他民族，其方法基本一样，即将整
个家庭财产按儿子数量与父母分成相应的等份，分出去的
儿子就带走他应得的份额；其他的仍然留在大家庭中。到
第二个儿子分家时，也按同样的方法进行。当所有的儿子
都成了家，那父母就带着他们自己的份额与他们认为最孝
顺的儿子同住。一般情况下，他们往往与最小的儿子同住。
平时，所有儿子都有赡养父母的责任与义务，有什么大事，

几个儿子一起商量决定。当然，起主要作用的还是与父母同住的儿子。同样，当老人去世，其财产也归同住的儿子继承。若家庭中无儿子，父母会在女儿中选择一个作为招上门女婿，上门女婿及该女儿有父母的财产继承权，而其他嫁出去的女儿没有财产继承权。

另有一种比较特殊的，即寡妇的财产继承权问题。这分几种情况，一种是寡妇招夫的情况，这种情况是新招的丈夫继承寡妇家家庭财产，对整个家庭负责。一种是寡妇改嫁情况，这种情况寡妇没有继承权，改嫁时只能带着必需的生活用品，如她的衣服和鞋子等；家庭财产由子女继承，无子女的，由原公婆继承。一种是既不招夫也不改嫁，这种情况一般是有子女的寡妇，财产即由寡妇及其子女继承。

随着社会的全面进步与发展，下湾子村的一些关于财产继承的习俗也有新的变化。一些大的家庭既不分家也不存在财产继承问题，家庭的财产一直由居住者使用，并传袭下去。如村民罗老一家便是这样。罗老现年66岁，生育有四男一女。罗老是一个相对开明的苗族人，在他那个年代，其他人很少供养子女读书，但他却想方设法将其子女送入学校。其子女也非常刻苦，在校读书的成绩一直很好，大女儿读到了中专师范毕业，这在当时是每个学生和家长都羡慕不已的。大儿子在父母和大姐的供养下又读完了大学。罗老的子女都在认真读书的时候，农村实行了家庭联产承包责任制，每家每户有自己的田地、自己的牛马，为了能够从事生产又能看管牛马，罗老只好将二儿子从学校叫回来。为此，二儿子失去了上学的机会。后来，除了二儿子外，其他的子女都有了工作，并且都各自成家。原来的家庭财产一直不分，由在家当农民的二儿子看管，实际上就是由二儿子继承。在外工作的几个子女也从不为家庭财产的继承提出什么要求。罗老二老名义上与二儿子同住，但实际上经常在子女中轮流居住，大家也都喜欢。原来二老所有的财产已由二儿子的手里传到了孙子手里。这样的家庭在下湾子还有多家，凡是出去工作了的，都不再分父母的财产。

第三节　日常生活

一　服饰

　　服饰是一个民族区别于另一个民族的重要特征之一。在下湾子的几个民族中，汉族服装与其他地方的汉族服装没有多大的区别，彝族和壮族的服装已基本消失，只有六七十岁的老年妇女还时不时在穿，五十岁以下的已经不再穿自己的民族服装了。只有苗族的妇女服装没有多大改变，只是随着时代和审美观的变化而在款式和颜色上稍作变动。所以苗族服饰是下湾子民族服饰的重要代表（见图4－2、4－3）。

　　苗族服饰因其所蕴含的深厚内涵而被人们称为穿在身上的历史与文化。

　　苗族有着多姿

图4－2　当地苗族妇女服饰（正面）

图 4－3　当地苗族妇女服饰（背面）

多彩的服饰款式图案。据当地苗族老人讲，苗族服饰上的图案是苗族最初记载自己民族历程的结果，图案组合就是一部苗族的历史。这也许有些牵强，不过，我们不得不承认，所有的苗族服饰款式及图案中，无论如何变化、如何发展，其中心图案和花纹都没有改变。中心图案主要是衣服手袖上的三道或四道图案和裙子上的三道不同的图案；中心花纹则是点缀在衣服领子、披肩及手袖图案边缘的花纹，裙子上蜡染或刺绣在三道图案边缘的花纹。衣袖上的图案有的苗族有三道，有的苗族有四道，分别从衣肩到衣袖口排列成环形，苗族称之为缀三筒或四筒，在这三筒或四筒边缘绣或缀上各种花纹。裙子上的三道图案主要是点蜡印染后形成的图案，上面两道各苗族支系基本相同，而下摆处的第三道图案，各支系就不完全相同了，有的是用点蜡印染形成图案、再用各色布条按图案的大小点缀上去而形成，有的则是另用一块宽三寸到五寸的布为底，刺绣成绣带、再把这块绣带接在裙的下摆处而成。这块绣带，苗族称之为"当达"，是裙子上最精妙之处。这三道图案沿着裙子形成三道环状，从上到下构成和谐美妙的上下构图方式。在这三道主图案边缘，仍然点缀着不同的花纹饰物。其他服饰如围腰、披肩、托肩、绑腿等，也刺绣着各种花纹图案。

据说，苗族服饰中无论是衣袖上的三道或四道图案，还是裙子上的三道图案，都代表了古代苗族迁徙时所经过的三条大河，但现在没有足够的证据来证明。至于三道图案边缘及其他服饰上的花纹，有水纹波浪式的，也有小山搠叶式的，也有井字形的，已经很少有人能解释明白它的含义，但在苗族的意识中，它们都不能缺少。

在苗族看来，这些花纹图案是自己祖先留下来的，不能更改，如果一更改就不是苗族自己的了。所以，既使他们在现实生活中找到了更美的花纹图案，也不随意运用，而是沿用这种世代传承下来的古老图案。

可见，苗族服饰花纹图案应该是苗族社会历史发展，特别是经济生活变迁的反映，是苗族历史上长期迁徙历程的记载。苗族人民一代传给一代，毫不疲倦地把自己的历史写在衣裙上，穿在身上，直到如今，仍然不忘记在自己的服饰上一笔一画一针一线地刻画着自己永远抹不去的回忆。就是在改革开放、社会经济生活水平得到了显著提高的今天，这种回忆也一直被苗族妇女永刻心间，无论是辛酸还是甜蜜。除了一直在学校读书直到参加工作的苗族姑娘外，因各种原因在家里从事生产劳动的姑娘，到了十二三岁，甚至八、九岁，就得跟着母亲耐心地学这门刻画自己民族历史的技艺，无论她是否真正理解这门技艺的内涵。她们自己也说不清是为了刻画历史，还是为了体现美的价值，或者展示自己的聪明才智，但总是很乐意学习。

苗族妇女服饰，从花纹图案上看，除了具有再现苗族社会历史发展变迁的社会价值外，还具有独特的艺术价值。无论这些服饰花纹图案是通过蜡染手法还是通过挑花刺绣手法构成的，从总体上看，它在艺术审美上都具有共同的

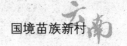

特征。

首先，它从构图上采用抽象性的表现手法，把再现的内容抽象艺术化，使内容和形式达到和谐的统一。这不仅是内容含义的体现，也是美的体现。例如"螺蛳"图案，它本身是螺蛳这个实体的形象化，表达的是螺蛳这个概念，而它表现在平面上就是一种螺旋式的花纹；在花纹周围再点缀上其他修饰色，然后把这些螺旋式花纹排列起来，就从构图上达到了美的和谐。苗族妇女服饰的所有图案，当它表现在服饰上时，并不是独立存在的，而是左右、上下排列或重复出现。这种方法，不仅增强了抽象性，而且使美感得到了深化。

其次，苗族妇女服饰花纹图案具有严格的规整性和对称性，其构图组合方式的规整和对称达到了令人难以置信的程度。所谓规整和对称是指它在挑花、刺绣中的针点或在蜡染中的点染都保持着一定的规格，整个花纹图案结构工整严谨，有一定的变化规律，或等距、或对称、或重复循环，给人以整齐、严谨、规范、紧凑的美感。即使是单独的主体图案，其中心和外围的布局也力求达到完美的和谐，使之在相对独立中体现整体的美感。令人佩服惊叹的是，苗族妇女在这种挑花刺绣和蜡染中表现出精确的数学才能和强大的立体视觉能力。这些花纹图案形式多样，变化无穷，可是，文盲或半文盲的苗族妇女却不需要任何的图案样本，仅凭着感觉构思，采用"十学针法"、"回复针法"、"平绣"、"扣针"等针法和娴熟的蜡染技法，从布料的这一端到那一端，就把一幅幅结构复杂的图案花纹恰到好处地表现出来了。在花纹图案中采取均衡对称构图方式，运用红、绿、花、白等色调面块，或运用黄、红、白等色线条，把花纹图案丰富饱满地统一在一起，充分显示了花纹图案整齐对称、平稳紧凑、浓淡透明、秀丽流畅、粗犷而质朴的艺术效果（见图4-4）。

图4-4　苗族蜡染花纹

其三，苗族妇女服饰花纹图案，充分运用概括、集中、夸张、变形的手法，把原有实体用艺术的方式展示出来，在有限的服饰花纹图案中表现出苗族社会历史和经济文化发展在时间和空间上的大跨度特点。如花纹图案中用一条弯曲的线条来表现水或水波；用一排蜡点或点缀来表现一排排的山；用相互交叉的线条来表示纵横交错的房屋或田埂等。把这些花纹图案有机地结合在一起，就概括了苗族长期艰苦跋涉的迁徙历程。在挑花刺绣中，妇女充分展示了她们丰富的想象力，运用花中有花的手法，在大花中安排小花，来表现花朵竞相争艳的繁茂景象；有的则把一片片花瓣绣成一只只蝴蝶，把一片片叶子挑成一只只小鸟，或是在鸟的头上开一朵花，在鱼的胡须上结一个果等，使花纹图案在自然形态美的基础上产生了抽象形态美的艺术效果。

其四，苗族妇女服饰花纹图案，不仅在构图组合、造型风格上具有鲜明的民族艺术特征，而且与现代绘画、工艺的表现手法有着惊人的相似之处。苗族百褶蜡染裙，在蜡染之初是以白布为底，点染后用蓝靛或其他药物浸染而成，出现美妙的以白、蓝、黑为基调的画面。在制作裙时，

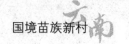
又采用红、蓝、白、花等鲜艳色布点缀其上，从而形成既稳重大方又鲜艳明快的特色。在挑花刺绣中，也是以白色为底，刺绣红、蓝、紫、黄等色，通过花纹图案的和谐构成方式，使各色相互映衬，各显风采，表现出了以鲜艳为基调的颇具苗族风格的自然美。现代绘画工艺也是摒弃了古典写实的表现手法，采用概括、抽象的艺术技巧和鲜明的色彩对比，来展示现代人的思维和审美心理，使人们从艺术上得到心理和精神的满足，达到人从自然中来又回到自然中去的内在统一。苗族妇女服饰花纹图案的来源正是苗族长期经历的自然环境在其意识中的反映。

苗族妇女服饰是苗族服饰中最具特色的服饰之一，在苗族传统文化中占据着重要的地位。它不仅是苗族传统文化和下湾子村民族服饰文化的主要组成部分，而且也是中华民族传统文化的重要内容之一。

二　饮食

由于受自然条件和社会发展的影响，下湾子村各个时代的食物结构有所不同。20 世纪 50～70 年代主粮以包谷、荞、麦、高粱为主，半山区兼有旱谷和水稻。肉食类中，山区除了有饲养的畜禽外，还定期不定期地出猎，猎物成为下湾子村民的肉食品之一。当然，在困难时期，用野菜、野果充饥也是常有的事。

20 世纪 80 年代后，下湾子各村生活水平有了较大提高，饮食结构也发生了重大变化。除了主食中的稻谷、包谷以外，肉类、菜类、饮品类等不仅品种多，而且质量也有了很大提高。随着饮食种类的增多以及对外交流的深入和扩大，下湾子村在饮食内容、饮食习俗方面也得到了补充和丰富。今天，随着社会主义市场经济和社会主义道德的深入，下湾子村饮食中一些过时了的习俗已逐步消失，一些对人类健康有良好作用的现代饮食习俗得到了普及。

（一）饮食种类与饮食工具

1. 饮食种类

下湾子村饮食种类与其居住的地理气候环境有密切的联系。由于该村大部分处在山区，只有个别自然村居住在河谷，因而现代的饮食种类也因居住地的不同而有所差异。居于河谷的壮族以大米为主食，辅之以玉米、红薯等；其他居住于半山区和山区的村民以大米、包谷为主，辅之以红薯、洋芋等。但无论以什么为主食，下湾子村村民的饮食种类大体一致。总体来看，可以分为六类，即饭类、蔬菜类、肉食类、调料类、饮类、水果类。

饭类主要包括大米饭、玉米饭、荞饭。村民们还常常以大米、糯米、玉米等为原料制成有特色的大米粑粑、糯米粑粑、玉米粑粑。蔬菜类主要包括青菜、白菜、萝卜、菠菜、莴笋、茄子、番茄、黄瓜、南瓜、竹笋、豆类以及采集的各种野生菜、花、菌等。肉类主要包括猪肉、牛肉、羊肉、狗肉、鸡肉、鸭肉等。调料类包括生姜、花椒、辣椒、大蒜、葱、芹菜、韭菜、八角、草果及酱、醋等。饮类主要包括辣酒、甜白酒、茶等，其中辣酒又包括稻谷酒、包谷酒、荞酒、高粱酒、糯米酒等；甜白酒又包括糯米甜酒、玉米甜酒等。水果类主要包括梨、桃、李、柿、橘、香蕉、芭蕉、甘蔗、核桃、酸木瓜等。

除了水果类食品外，下湾子村村民还通过自己的双手将这些饮食品种加工，采取蒸、煮、炒、炖、烤、烧等方

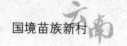

式制成各种美味佳肴，形成了独具特色的彝族饮食风味，受到各民族的喜爱。

2. 饮食工具

饮食工具包括炊具和餐具。炊具主要有锅、甑子、茅草锅盖、锅铲、刀、瓢、桶等。锅又包括土锅、陶锅、铁锅、铜锅、铝锅等。一般家庭都设有灶，而灶的主要组成部分就是锅。通过锅、灶就可以进行各种饮食制作。过去，没有灶的农户也有火塘。在火塘周围放置三个石头作为设灶架锅之物，称之为锅桩。从20世纪初开始，有专门支锅的铁三脚架。今天，很多村民都还是铁三脚架和锅桩并用，前者居多。甑子多用木甑，主要用于蒸饭或其他食物。木甑多用攀枝花树木块拼合，木块中间通小孔，再用竹条连接围圆而成，外用竹片或藤皮绳扎紧；也有用大圆木挖空而成的。由于现在攀枝花树很少，做木甑的材料不多，所以很多农户都改用铝锑甑了。锅铲有木锅铲、铁锅铲，主要用于烹饪。现在，木锅铲已基本消失。刀主要指砍刀和切刀。砍刀用于砍骨；切刀用于切菜、切肉。瓢有木瓢、葫芦瓢和铝瓢。桶主要包括木桶、铁桶、锑桶。过去多用木桶，现在多用铁桶。

餐具包括碗、筷、钵、勺、杯等。这是村民饮食工具中最具民族特色的部分。下湾子地区竹子很丰富，在长期的生活过程中，村民学会了用竹制造各种餐具。如今，下湾子地区餐具中还保持着大量的竹制品，如竹碗、竹勺、竹筷、竹杯等。

碗除了传统使用的木碗、竹碗、陶碗外，今天很多村民都用瓷碗；碗主要用于盛饭、盛菜。钵主要是木钵，由钵身和钵盖两部分组成，常作盛菜之用。勺包括木勺、竹勺、铁勺、铈勺，过去多用前两者，现在四者兼用，主要用于舀汤、舀油盐酱醋等。筷主要有竹筷、木筷两种。杯分酒杯和茶杯，过去曾用木、竹酒杯，现在多用瓷酒杯和玻璃杯。相对而言，酒杯比茶杯小。据说，过去常用小土碗当酒杯。

（二）饮食制作与饮食习俗

1. 饮食制作

下湾子村民饮食品种十分丰富，饮食制作方式方法也多种多样，而饮食习俗又与饮食制作有着密切的联系。所以下湾子村各民族的饮食习俗因其制作方式方法的多样性而呈现出丰富的内容。

总体上看，下湾子村民的饮食制作方式以蒸、炒、煮、煎、炖、烤、烧、炸、熘、生熟凉拌等为主。不同的食品采用不同的制作方式和技法。如蒸、炖、煮、炒多用于居家制作；烤、烧多用于野外制作。所有这些制作方式都因地制宜，因材而取舍。虽然在方式上各民族都相似，但也因民族习惯和饮食环境的不同，而使制作技法、风格显示出自己的特色。其中以彝族和苗族的制作技法和风格最为突出。

彝族的生蒸饭。生蒸饭的做法，是将大米用清水浸泡6个小时左右，然后把水控干，装甑生蒸。蒸至半熟，将甑抬出，把半熟的饭倒在专用的大木盆里，加冷水反复搅拌。所加水被米饭完全吸收后，再进行第二次蒸。蒸透上气后即可抬出食用。做生蒸饭关键在于加水搅拌的时候，水一定要适量，水多了，饭变得太软，达不到生蒸的目的；水少了，饭太硬甚至不熟。做得好的生蒸饭，松软可口，不失营养，抗饿、耐存。由于彝族多聚居于山区，多数田地离家较远，加上山区劳动强度大，因而当地村民特别喜欢这种生蒸饭。另外，生蒸饭还是部分彝族在婚嫁、丧葬、乔迁及节庆期间待客的佳食，能否在这些重要场合做出恰到好处的生蒸饭，不仅是衡量一个家庭生活自理水平的标准之一，而且是衡量一个家庭贫富程度和礼仪程度的标准之一。

彝族的糯米粑粑。糯米粑粑的制作方法是：将糯米浸泡七八个小时后控干，装入甑中蒸熟透，抬出端到碓房中，趁热分数次舀入碓中舂细，然后取出放到簸箕或圆桌上，由若干妇女将其拍捏成圆饼状，并用芭蕉叶一一包好。拍捏时，可根据不同的用途（馈赠、祭祀、自食）拍捏成不同大小的形状。糯米粑粑由于黏性大、香味浓，平时可以放在火塘边烤食，也可以放入锅内煎炒食用。它是彝族人民节日庆典中馈赠亲朋好友的礼仪性食品之一。彝族饮食中有许多极具特色的菜肴。如牛、羊、狗肉汤锅，烧牛干巴，血旺等。

血旺是彝族待客佳肴中必备的一道菜，在婚丧娶嫁及各种节日中必不可少。血旺中，猪旺、鸡旺、羊旺最有特点。制作方法是：在杀猪、鸡、羊时，将其血滴入放冷开水的盆中，一直搅到血冷，再将预先剁细炒好的肺、肝及切细的香菜、大蒜、生姜、辣椒等与味精混合均匀，撒入血盆中，边撒边搅拌。血和各种作料混合在一起，在大蒜、辣椒的催化作用下起小泡点，凝血后，再撒一层捣碎的花生面，即成可食用的美味血旺。

苗族蒸制包谷饭和荞饭有一定的讲究。

蒸制包谷饭。先用石磨把包谷磨成细面，用筛子筛过两道，除去谷皮和粗面，只剩细面，然后把细面倒入和面的簸箕内，用水和面。一边和面一边要用力搓揉，直到面全部吸收水分为止。再把和好的包谷面放入木甑中蒸，待甑盖冒气，揭盖用嘴吹面，能发出卟卟响声即为熟透。然后抬出甑，再次倒入簸箕内，进行二道和面。二道和面时不能用水过多，浸透均匀即可。和好后垒成一堆，让其尽量吸水。到一定时间后，再进行第二次蒸煮，蒸到能吹出响声即可，忌长时期蒸煮。

荞饭蒸制与包谷饭蒸制方法略同。差别在于和面时要一边和，一边搓揉，使荞面滚成如菜子大小的颗粒，再进行二道蒸制。苗族的包谷饭和荞饭，在现在人们普遍追求绿色食品回归自然的趋势下，受到了越来越多的其他民族的青睐。

苗族副食品主要是豆类和瓜菜。豆类中黄豆制作的副食为苗族之佳品，黄豆主要制作成豆腐、连楂涝、豆豉等，其中连楂涝受到各族人民的普遍欢迎。瓜菜类主要是南瓜，黄瓜，洋瓜和青、白菜。苗族包谷地里少不了栽些南瓜、黄瓜之类，路过苗族的包谷地，伸手摘个黄瓜解渴，苗族人民不认为是偷；而南瓜成熟之时，正是青、白菜缺少之时，一家人一甑饭、一碗辣椒蘸水、一盆南瓜煮瓜叶就可以过一天。青菜、白菜更是随处可见，田边地角也就是其种青、白菜之地。家庭联产承包后，温饱有余，苗族方可腾出一些田地来种菜，吃菜不再成为难题。如今尽管苗族生活水平有了提高，但相比其他先进民族来讲，还差一大截，一碗包谷饭、青菜蘸辣子的状况仍随处可见。

苗族虽然平时的生活如此简朴，但招待宾朋好友却非常隆重。最为普遍的是如下几种：以腊肉或罐底肉招待；

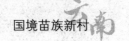

以连楂涝招待；以炒青菜招待。作为苗族来说，并不是以来客的亲密程度来决定招待档次，而是凭着自家的经济水平能力来招待，只要有来客，在苗族看来，必是人家看得起自家才来，既然来了，能同桌饮食就是兄弟朋友。即使来客过后把这次相聚视为过眼烟云，自己也不会放在心里。

苗族腊肉腌制简单而味道独特。过年时所杀的过年猪，除过年时食用外，其余皆沿着胁骨割成条块，连四肢放入大锅或大桶内，腌足食盐，待正月结束时捞出滤干，用棕叶穿孔打结成环，挂吊在火塘边楼顶下，让火烟熏，使肉不生虫，留作日后的节气或有宾客来时拿出来食用。这样腌制的腊肉，肥肉白里透黄，瘦肉红里透鲜，味道中带有淡淡的烤香，真是色香味美。这样的腊肉煮出来的汤呈淡白色，与豆类一同熬制，香气四溢，成了苗族菜肴中之佳品。

连楂涝是苗族颇具特色的菜肴之一。用黄豆浸泡约十二个小时，捞出清洗去皮，用石磨将洗好的豆磨成豆浆。将豆浆倒入大锅内，加入适量的水，用火煮至涨，再放入事先准备好的青菜、南瓜叶之类。在涨的过程中，减小火势，加入酸汤，使豆浆与菜渗合成块，再用烧箕压一下即成。这样制成的连楂涝，汤清、香浓、味纯。若再配以用热灰烤制的干辣椒面蘸水，简直美不能言。

腊肉豆米汤，是苗族的一道特色菜。这是用腊肉和红豆米一起熬炖而成。红豆米要浸泡几个小时，让其吸收部分水分。将腊肉洗净，带皮处要先用豆秆烧烤，刮去表层，呈淡黄色，与豆米一起放入土锅里熬炖，可适当放入一点姜头和草果。待肉烂豆扒，即可舀出食用。这样的腊肉豆米汤以鲜、香、美为特色，成为苗族的桌上佳肴。

苗族副食品当中，还有一种别具一格的酸菜酸汤。苗族喜食酸菜酸汤很普遍，一年四季都吃。这种喜好最直接的原因并不是苗族人的天性，而是由其经济发展水平所决定。由于经济发展水平不高，肉食或油食机会少，而酸菜酸汤又能开胃，增进食欲，这样，久而久之形成喜好。

酸菜有干、汤两种。干酸菜的制作方法是，在农历二、三月青菜抽薹时整株割下，晾干，而后洗净，再晾至两成干，切成丝，放进簸箕内，拌入蒜、姜、辣椒面、红糖、食盐、味精和适当的酒水，拌匀装坛。坛盘耳内装满水，盖上坛盖，一月左右即成。干酸菜平常可用来煮豆、瓜，或凉拌。汤酸菜的制作方法是，把青菜洗净放入锅内，加火烧涨，即刻捞出来滤干，放入坛内，再用米汤或豆腐水灌入其中至淹过菜叶，加入少许老酸汤汁，稍搅拌，盖好坛盖，三五天就成。汤酸菜既可食菜，亦可食汤。

2. 饮食习俗

以酒招待亲朋好友，是下湾子村村民饮食礼仪中最直接的表现形式。过去，多数村民男子都喜欢饮酒，部分妇女也有饮酒的习惯。逢年过节，亲朋好友相聚，酒是必不可少的，而菜肴则是次要的。在村民看来，酒是人们表示礼节、遵守信义、联络感情的纽带。不论在家里，还是在集市、聚会场所，几个朋友相遇在一起，便相邀共饮，聊叙家常。

饮食习俗大多包含在饮食方式当中。尽管各村寨、各民族有所差异，但总体上仍然具有共同特点。这些特点主要表现在节日、婚宴、平时待客等方面。

如彝族在家中吃饭时，长辈坐上席，其他人依次坐在

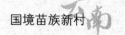

两旁和下方，并侍候长辈，为长辈添菜、添饭、泡汤。儿媳一般不与男性长辈同桌。若杀鸡宰鸭，鸡头鸭头、鸡肝鸭肝要让给长辈。斟酒也要先从长辈开始。

在接待宾客时，普通的宾客杀鸭，贵宾杀狗或羊。鸡头鸡尾、鸭头鸭尾要先拈给客人；客人也会礼貌地让给同桌的长者。斟酒先斟给客人，客人中谁最年长，就要先从谁开始，再依辈分年龄斟给其他人，最后还要斟给最先斟给的人，以示首尾相连、和睦一心。敬酒一般是晚辈敬长辈，依次敬到最后。饭菜吃到一定时候，晚辈要主动给长辈和客人盛饭和夹菜。特别是家庭主妇要时刻注意客人碗中的饭，不待客人吃完就要为客人添饭。

过春节时，腊月二十四日开始杀猪。当天，亲朋好友互相帮忙把猪杀后，主人把一块肥肉和所有的内脏煮好或炒好，大家欢乐共食。大年三十晚上要杀鸡祭祖，饭前要先把狗喂饱，人才能就餐。饭后要煮猪头猪尾，示意来年从头到尾有吃有喝。除夕晚必须洗脚，认为不洗脚会变牛。

大年初一，由男主人挑回新水后，动手煮糯米饭、汤圆吃，并备佳肴祭天地和祖先。初一晚上开始，亲朋好友相约畅饮。当晚不准洗脚，说是怕祖先的魂误饮。如此开怀畅饮几日，到正月十六日，元宵节要杀鸡，全家人再共餐，有的彝族支系在这一餐中用酸菜炒鸡杂吃，春节结束。

农历二月在龙树下祭龙。食俗有三：一是每户出一个男子，把龙头购买的纯黑毛猪抬到龙树下宰杀，食猪五脏，烧香祭龙。祭毕，每户分一块猪肉带回家。二是要在龙树下煮熟一大块三线肉，让两人装扮成"老虎"和"豹子"，从外慢慢绕龙树进入，"抢"了三线肉再绕龙树出去。当出了龙树后，所有年轻人就追逐"老虎"和"豹子"，追上就抢肉吃，追不上就让"老虎"和"豹子"在看不见龙树的地方把肉吃掉。三是龙头要事先捂好一大坛白酒，全村各户要在龙树下向他讨一碗白酒，示意讨福。有的地方，祭龙节的次日全村在祖庙内共吃夹生饭，怀念祖先。

端午节时，有的彝族支系除煮粽子吃外，在饭前还要煮蚕豆芽吃；饭后要炒蚕豆嗑。

六月火把节时，过去在野外固定的祭牧祖山上野炊，杀黄牛、宰鸡献天地神灵，然后全村人共餐。放牧人可得两份食物。现在，由几家或十几家合伙杀黄牛一头，均分牛肉拿回家煮熟献祖先。部分牛肉要剁细，炒酸菜吃。另外，要杀鸡为每一个人招魂，招魂毕，大家共享受鸡肉鸡汤。其间，要煮糯米饭共食。

在十月祭祖节里，食俗有两点讲究：一是要食糯米团，按家族人口每人一团；二是要分所杀祭牲的肉，每户一份。

彝族节日祭礼饮食习俗的共同特点：一是野外祭礼所杀的牲肉，凡是参加的人，无论大小都每人一份；二是凡在野外驱妖除魔所杀的牲肉，要在野外吃完，不得带回家。

彝族较为特殊的食俗还有很多，诸如皮干生、生肉等。

苗族有一个习惯，就是上山下地劳动，都要包晌午去。劳动到下午约两点时，一家人集中于树荫下或草皮上吃晌午。晌午也就是饭、菜、食盐辣椒或豆豉而已，肉类食品很少，故吃凉的也就不会伤身体。他们自己所腌制的干、汤酸菜，与这种生活习惯正好吻合。对苗族而言，这恐怕不是历史以来就有的习惯，而是因为一方面能节省时间，一方面能在晌午时稍作休息。

烟和酒不仅是苗族的副食品，而且是苗族与苗族、苗族与其他民族相互来往的情感桥梁。就苗族与苗族之间而

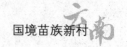

言，婚姻娶嫁是少不了烟酒的，说媒提亲烟酒为先，办酒席及回门，烟酒更是少不了。亲友来访，逢年过节，户户都以烟酒待客。酒席上，烟酒先敬老者，斟酒从老者开始，斟满全桌，结尾也在老者，此所谓有头有尾，有面有目，否则，面目全非，颠倒黑白，将被世人耻笑为不懂礼节。若向他人递烟，无论是烟筒还是卷烟，都要双手同递；若烟筒是自己刚刚吸过，须将烟筒内余烟吹尽，揩干净烟筒口，方能递给他人。无论是斟酒还是递烟，都须站起弓腰斟递，以示礼仪。

酒是苗族办事、待客的必饮品，民间有"无酒不成事"的说法，凡是结婚、丧葬、建房以及平时来来往往，都少不了酒。苗族饮酒，一般用碗而不用杯，或者说用杯是近几年的事；有的隆重场合，也喜欢用牛角、羊角斟酒待客。在酒桌上，要相互邀约，每次饮一口，没有干杯的习惯。碗中的酒饮完，只能说"喝明"，不能说"喝完"，否则会被认为看不起主人。给客人倒酒时，酒瓶底端不能直朝客人。每倒一次酒，所有同桌的人都要倒，无论酒碗中的酒多少，都要表示一点；若有不倒，就说明得不到尊重；因此，对于实在不能喝者，也要倒一点。这叫"过路"。喝不完的，可留在碗中，不能含在嘴里又悄悄吐出去，这样做是对主人的不敬。这是最一般的礼节。

另外，苗族敬酒习俗也较特别。在酒席上，最基本的敬酒有两种，一种是主人向客人敬酒；一种是后辈或媳妇向老辈敬酒。有客来到家里，苗族无论有菜无菜，都要倒酒在桌上，有多少客人，倒多少杯（苗族多用碗）酒。摆好饭菜，倒好酒，就邀客人入席，此时，主人就要先敬酒了。一般的，主人先端起酒杯，邀约大家喝酒，同时说：

"大家到来，实在太好不过了，只是什么菜都没有，大家就随便喝点吧。"然后主人就先喝一口，客人也就跟着喝。喝了这一口，主人要邀约大家吃菜："大家夹菜、夹菜，没有什么菜，随便乱吃了，想吃哪碗就夹哪碗，不要害羞啊。"只有这样敬酒邀约后，大家才能拿起筷子来夹菜。之后，主客之间才谈笑风生地相互敬酒吃饭。在有的自然村，主人会依次给客人敬酒，敬到谁，谁喝酒；不喝就等于瞧不起人，所以即使不能喝酒的人也要接下所敬的酒杯，蘸点嘴皮，表示一下。有个别自然村，大家在喝酒当中，主人的儿子或媳妇也要来向老辈或客人敬酒。这表示全家人都非常喜欢客人的到来。同样敬到谁，谁都要表示一点。

苗族还有一种劝饭习俗，这种习俗可谓苗族的一大优良传统。有客到来，无论有菜无菜，都要问来客吃饭了没有，若是没有，就要摆饭上桌，邀客人吃饭。首先要看来客有多少人，要先在桌上盛好多少碗饭。即使自己刚刚吃过饭，也要陪着客人上桌，并不时叮嘱客人盛饭、吃饱。为了表示对客人的热情，苗家往往在客人还没有吃完第一碗时，就要为他添第二碗饭；没有吃完第二碗时，就要再为他添加第三碗饭，直到对方吃饱为止。有的苗族地区，这种劝饭习俗被青年男女用作加深认识的途径。当小伙子们到某村做客时，如果做客的这一家有姑娘，那姑娘就会去邀约其他姑娘来，专门为小伙子劝饭：当小伙子还没有吃完第一碗饭，姑娘们就在小伙子不注意时为他添了第二碗饭；当第二碗还未吃去一半，又被悄悄地添上了第三碗饭。如此添下去，直到实在吃不消为止。在这当中，姑娘们左边一个握住小伙子的手，右边一个以极快的速度添饭，

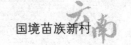

使得小伙子不接受也不行。而在苗家，一般是不准留有剩饭的。因而，遇到这样的劝饭，就只好"吃得撑着"了。同样，若是姑娘们到小伙子家去做客，也会遇到这样的"极品"待遇。这种劝饭习俗给了小伙子和姑娘们不断加深认识的机会。

大家在一起吃饭，如果自己先吃饱了，也要双手拿筷，起身依次对未吃饱的人说："我不等你们了，你们慢慢吃，不要看我。"说完后才能离席。而主人即使早已吃饱了，也要等所有的客人吃饱离席了，自己才能最后离席。在吃的过程中，主人要非常注意每一个客人碗中的饭吃完了没有，要在快吃完时及时给他添饭，并常邀约客人夹菜。若客人是从远方来，并准备到远方去，客人要走时，在挽留的同时，还要为客人包一定的晌午饭，以便客人在路上食用，不至于饿肚子。因而，到苗家做客，不仅不担心饿着，而且要注意被姑娘、小伙子们给"吃得撑着"。

三　居住

下湾子各自然村，都是处在红河州最偏僻的边远山区，一般以十几家或几十家一起组成大小不一的村落。每个村落的房屋结构都大同小异，只因地势、人口或经济状况的不同，每一幢房屋的大小不一而已。

过去，村民们建新房有自己的一套礼俗。主要是择中柱、择屋基、择吉日、立新房、上大梁、设神龛、架楼梯、开财门等。

择中柱。建房户主往往在建房前就已经在山上或自己的杉木林里看准了所需要的柱子，在所看的这些柱子中，要选择最好的一棵为中柱。过去，要砍中柱的这天，户主要请木匠师傅，带着一点米、肉、香、纸和斧子、锯子、尺子等到这棵枝叶茂盛、高大挺拔的大树前，烧香焚纸、敬饭敬肉，祭祀这棵大树。口中念道："哪棵树最大？哪棵树最高？这棵树最大，这棵树最高。大有九抱九，高到云霄外。今天把你砍，作我家中柱，造屋万年牢。"

师傅念毕举起斧头砍三下，然后将斧头递给主人再砍三下，主人再把斧头转给帮忙的人，大家一起将这棵大树砍倒。砍时，要设法让树倒的方向指向东方，并且使树不裂头、不抽心。

树砍倒后，修枝剥皮，按尺寸锯好，抬到家门口放在预先制好的木马上，在其旁置放一张桌子，桌上放一盆米，米上放一把角尺、一个墨斗和一元六角钱，木匠师傅面对横着的大柱，烧香焚纸祭祀木匠老祖鲁班。之后这根大柱就可以按需要修凿为中柱了。

择屋基。在选择屋基时，村民们虽然注重风水，但要求并不严格。最主要是根据地形，有的选择在美丽的山腰，有的选择在平缓的半坡，有的选择在背靠山峰的坡脚。当然，若能选择在左有青龙、右有白虎、后有龙脉、前有龙塘的山势地带，那是再好不过的了。在没有这些地势的地方，只要求选择背阴朝阳、避风开阔的地方即可。屋基选好后，在中间处立香纸，烧香焚纸祭土地灵魂后，就可以开挖屋基了。

择吉日。要立房前，择吉日非常重要。一般秋冬农闲时节是立房建屋的好时期。在这个时期，再选择好日子。首先要从父辈的年庚来推算日子，所选取的日子不能与家人的年庚、属相相克相冲。一般的，大家都喜欢选择丑、亥、巳、未、酉、卯、辰等日子。

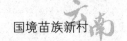

立新房。在立新房的这天早上，房主要在新房基的中央摆上一张桌子，桌子上放米、酒、肉、碗、香、纸以及木匠师傅的墨斗、弯尺、水平尺、凿子、锯子、斧子、推刨等，由掌墨师傅来祭鲁班。祭时，掌墨师傅先烧香焚纸，然后吟诵祭经。

祭完鲁班师祖后，房主拿来一只红公鸡交给掌墨师傅。掌墨师傅左手抱着公鸡，右手握着凿子，给屋基驱鬼撵邪。口中念道："此鸡不是一般鸡，此鸡是神鸡。王母娘娘带来三双六个蛋，孵出三双六只鸡。一只飞到天上去，脱了毛换了衣，取名叫做凤凰鸡；一只飞到山里去，脱了毛换了衣，取名叫做山金鸡；一只飞到田里来，脱了毛换了衣，取名叫做田秧鸡；一只飞到竹林中，脱了毛换了衣，取名叫做小竹鸡；一只飞到屋主家，脱了毛换了衣，取名叫做报晓鸡；这最后的一只鸡，飞到太上老君的钱罐里，脱了毛换了衣，取名叫做撵杀鸡。撵杀鸡，驱鬼驱邪驱疾病，屋主家，老老小小不得病……"

这两个过程做完之后，来帮忙的人已经到齐。于是大家就开始立房，掌撑杆的，拉绳的，顶柱的，掌方向的，一齐呐喊，一齐用力，齐心合力将各排柱子立了起来，并斗拢敲紧。这样房屋的框架结构就立起来了。

上大梁。大梁和中柱是立房建屋中最关键的两部分。大梁的选择和安装被视为一件很严肃的事。大梁一般用杉木、檀木、椿木、梓木等做成。选择好大梁后，砍来削滑、刨光，在中间裹上红布或红缎子。有的地方，用自制的红药水将整个大梁染成红色。屋主要请帮忙的人将大梁小心地抬到立好的屋架上，安装好，然后将事先准备好的那只大红公鸡抱放在安装好的大梁上。若公鸡能在大梁上停留一定时间，甚至站在大梁上叫鸣，那就再好不过了。

设神龛。在神灵观念支配下，下湾子村民们都有崇拜自己的祖先神和其他神的习俗，认为每一个人在世时，都受到各种神的护佑，荣辱祸福，都受神的支配。建新房修新屋，就必然要设神龛了。汉族、彝族、壮族要设天公、地公神位，有的还设王母娘娘、送子观音神位，设关公神位等。只有苗族不设这些神位，而设祖先神位。神位设好后，要请各种神就位，告知其位置，以便日常敬供祭祀。现在，很多苗族都学习汉族的样子，除了设祖先神位外，还设神桌，有的甚至还在神龛、神桌旁边贴对联，贴金字"财"、"福"等。

架楼梯。架楼梯的仪式很简单。楼梯做好后，主人选好吉日，请木匠师傅在楼梯的四耳贴上纸钱，在上端挂上一块红布，待主人家煮好饭、肉，户主就在架楼梯处烧香燃纸，用饭、肉祭祀楼梯神。接着，户主和木匠师傅一起沿新架的楼梯上楼，一边上楼一边吟诵架楼梯经，言："沿着楼梯上新房，新房里面闪金光，五谷丰登丰满楼，牲畜家禽长满圈，主家幸福万年长。"吟毕，呼一声："再好不过了！"架楼梯仪式结束。

开财门。立新房搬新家，大部分村民都要举行开财门仪式。户主要在入住前选择好吉日良辰，邀约亲朋好友来与自己共贺开财门。那天，户主要做好饭菜，估计良辰将到，就把饭菜摆在堂屋中央供奉祖先。同时请一位家族中德高望重的老人，打扮成财神爷，手捧一"财盆"，盆中装米、油、盐、柴、钱钞、碗、筷、锅、瓢、布等，从外面走来，当良辰一到，财神爷就来敲新家的门，并问道：

"主人家，在家不在家？开门，开门。"

主人在门内赶紧回答:"你是哪个人,你来做什么?"

财神爷又答道:"我是仙翁下凡尘,今年有喜庆,今日是良辰,喜庆撞到你家里,你把大门开,我仙翁给你送金银。"

主人就把门打开,双手从财神爷手中接过"财盆",并说:"仙翁下凡尘,财神进家来。"财神爷接着说:"给你送金银,荣华富贵满门庭,子孙万代幸福万万年。"

之后,主人将桌上的一杯酒敬献给财神爷,亲朋好友从大门蜂拥而进,满堂喜庆,共祝立新房搬新家,一片欢声笑语。

现在,随着社会经济的发展和生活水平的提高,建房习俗也简单了很多。特别是建砖混结构的水泥房时,除了选地基习俗外,其他习俗都已从简或不再存在了。

第四节　人生礼俗

一　生育习俗

生育习俗包括了孕期的习俗和接生习俗。

孕期习俗。妇女在孕期不太注意保健,一直参加生产劳动;在饮食结构上与平时没有多少改变,与家人的饮食几乎一样,家人吃什么,她们就吃什么——这原本不是她们的意愿。但她们并不要求丈夫或父母为她们改善饮食。

在怀孕期间有一些特别的禁忌习俗。这些禁忌主要是:孕妇忌从拴牛、马的绳子上跨过;忌踩马鞍上用于捆扎的架绳和牛轭下的犁索;忌吃青菜、白菜和南瓜、冬瓜;忌吃双生瓜果;忌吃老母猪肉;忌吃被牛马或老鼠啃过的包谷、甘蔗；忌倒着烧柴火；忌参加葬礼；忌进入有产妇的人家中等。

接生习俗。村民们都认为妇女生产是很自然的事，是女性的本能，因而对何时生、在哪里生都不太重视，用不着花一笔钱去医院做这种自然的事情。一般把"肚子疼"视为即将生产。此时孕妇就会告诉自家的婆婆（或告诉自己的丈夫，丈夫再去找有接生经验的邻居妇女），婆婆就会作好接生的准备。婆婆在床边把枕头稍微垫高，让产妇斜躺在床边生产。或在床前铺上草垫，再在草垫上铺上柔软的布块或毯子，让产妇在其上生产。婆婆在接生时的工具只是一两块柔软的布或浴巾，一盆温热水，一把剪刀和一根线。当新生儿落地时，婆婆就用事先准备好的一根麻线将脐带扎紧，挽一个结，再把剪刀消毒后剪断脐带，然后用温热水将小孩洗净，用柔软的布块或浴巾包好，抱放在母亲身边。临产时丈夫一般不能在旁边，而在隔壁，当听到小孩的哭声时，才进入产房内给婆婆帮忙。

对产后的处理也较为讲究。小孩生下后，身体虚弱的产妇要由丈夫抱起离开产处；身体稍好的产妇要尽快向别处移动，以避免产血沾到身上。同时要做半碗鸡蛋胡椒汤让产妇喝下。

对胎盘的处理。胎盘被村民们看做是人在肚子里时所穿的衣服，如何处理与孩子以后的命运息息相关。所以村民们对胎盘的处理也就较为慎重。方法是：用干净的麻布把胎盘包好，使其口朝上，置入精心处理过的土坑之中埋好。男孩的胎盘埋在堂屋中柱脚下，表示孩子长大后如中流砥柱一样掌管门户；女孩的胎盘则埋在产妇床底下或火塘边，表示孩子长大后是料理吃穿的能手。

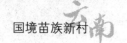

二　取名习俗

下湾子村各民族在为新生孩子取名时，以苗族和彝族的取名方式较有特点。

苗族的姓名，有苗名和汉名之分。苗名中又有乳名和老名之分。苗名是苗族自己用苗语取的名字。乳名是出生后长辈给取的名字；老名是成年结婚生第一子后长辈给取的名字。

苗族取乳名。乳名是出生后第三天早上长辈给取的名字。这一天，新生儿父母要选好一只鸡（新生儿男性，用母鸡；女性，用公鸡），让长辈中奶奶、爷爷或外婆、外公任一人给新生儿取名，取好名后，就抱着这只鸡在门口念着新取的名字为其收魂，呼叫刚取好的名字，叫他快快进家来，同家人一起团聚，表示从此之后婴儿就正式成为家族中人了。这个新取的名字就是乳名。收魂完毕，将鸡宰杀。同时宰杀另外一两只鸡，分别煮熟。煮好后，将用于叫魂的鸡再为婴儿叫一次魂，再连同另外的鸡一起，用于招待临近来参加取名的同族前辈。而前来参加取名的同族前辈们要象征性地给婴儿一两元钱，表示向婴儿祝福。

从婴儿出生那一天起，主人要在门前立一根木棍，然后将一草帽套在木棍上，表示婴儿出生，外人不能冒昧进入。但是，如有不知情者进入了主人家，那么此人就必须为婴儿取名，成为婴儿的干爹，与婴儿的父母亲结为"亲家"。婴儿在成年之前干爹要每年为他买一套衣服；如果由于其他原因，买不到衣服，也要送一些彩礼，一般是6元或16元钱。如果干爹家实在穷，一般也要求三年送一样礼物。

若婴儿取名后，好哭或常生病，婴儿的名字就要另改。

另改的方式是要去接"干爹"，由接到的"干爹"另取名字。接"干爹"是择定好吉日良辰后，由父母带着孩子去村外的岔路口或有小溪经过的路上去接。当日，父母准备好米、酒和一只鸡，到预定的地方，或在岔路口地上安一个木制十字架，同时宰杀带来的那只鸡，煮好饭菜，摆在篾桌上等待过往的行人。谁第一个经过此处，谁就是孩子的"干爹"了。如果来人在两个以上，则要抓第二个为"干爹"。"干爹"要在此同这一家人进餐，给孩子左手或脖子上拴一根红线，为孩子取名。

无论是谁取的乳名，都表示一定的意义。但男女有一定的区别。归纳起来，可以分为以下几类。

表示愿望。男性多取为"Pov"（财宝）、"Yeej"（赢）、"Sawm"（长寿）、"Vaam"（旺盛）、"Yooj"（繁荣）等。女性多取为"Paaj"（花）、"Maiv"（疼爱）、"Tshoob"（聪明）、"Tso"（放出来）、"Kab"（乖巧）等。

表示顺序。男性多用汉语的基数词来取名。如"Duam"（大）、"Yob"（一）、"Lwm"（二）、"Xaab"（三）、"Sim"（四）、"Lwj"（陆）、"Xyaa"（七）、"Cuaj"（九）、"Tsij"（十）等。女性多用"Lwm"（二）来表示。如果已经是最后一个孩子，不再想要子女时，男性常常取名为"Ntxawg"（末），女性常常取名为"Ntxawm"（尾）。男女皆可取为"Tswg"（末尾）。

表示贵金属。男性取为"Nyaj"（银），女性取为"Kub"（金）、"Tooj"（铜）。

表示用具名。一般用于女性，如"Vaab"（簸箕）、"Tshaus"（筛子）、"Choo"（团箕）、"Tsu"（甑子）、

"Kawm"（篮子）、"Lag"（镰刀）、"Yag"（锅）、"Zeb"（磨）、"Txab"（剪刀）、"Kiv"（秤）、"Tswb"（铃）等。

这些是最普遍的乳名取名法，其他还有以植物、族称、动物等的名称来命名的。如"Tsawb"（芭蕉）、"Geeb"（茅草）、"Pos"（豹子）、"suav"（汉族）、"Laag"（壮族）、"Yiv"（傣族）等。

如果是干爹取的名字，则多用干爹的姓氏和"保"字结合而成。如干爹姓"杨"，则取名为"杨保"；干爹姓"陶"，则取名为"陶保"等。

乳名用到成家生育第一个孩子时，就与老名一起用。

苗族取老名。男性长大成家生育第一个孩子后，就要给他取一个老名。老名的取法是在乳名之前加一个具有一定意义的名称而形成的。例如，某某的乳名叫"Yag"，在这个乳名之前加上"Suav"（汉族），就形成了老名"shuad yal"，即这个人以后就像汉族一样有文化能经商。又如某某的乳名"Pos"，在这个乳名之前加上"Nyaj"（银），就形成了老名"Nyaj Pos"，即这个人以后将成为拥有金银财富的人。取老名时，是在给新生儿取乳名之后，即长辈为新生儿叫魂之后，做好饭菜，全家人入席就餐，长辈当中爷爷和公公（双方在世的最大辈分的男性）一边就餐一边互相协商来确定。这个老名的确定有一个标准，即不能与同家族中上三代长辈的老名相同。因为如果相同，待过世后，后辈在祭祖称呼祖灵时容易混淆。协商时爷爷和公公都有权提出自己的看法，只要合意，都可以作为老名。老名一旦取后，人们称呼他时，就常常称呼这个老名与乳名的混合名，甚至只称呼新取的老名了。如上所举到的"Pos"，可以称呼他为"Nyaj Pos"，也可称呼为"Nyaj"。随着年

156

龄的增长和辈分的增大，后辈在称呼他时，往往在这两个名字前面加上"大伯"、"爷爷"，形成"Yawm Laus Nyaj Pos"、"Yaum Laus Nyaj"或者"Yawm Nyaj Pos"、"Yawm Nyaj"的称呼。

至于苗族的汉名，是在入学时或入学之前父母亲给取的。一般由汉姓、字配、名三者结合而成。如苗族的苗姓"Rhib"这一家族，是汉姓中"罗"这一姓。河口县桥头乡苗族姓罗的这一家有字配"开"、"朝"、"有"，分别代表三代。如果罗姓家族中人的名叫"福"、"祥"、"宝"，那么，其汉姓名字就可以分别取为"罗开福"、"罗朝祥"、"罗有保"。其他姓氏的汉名取法基本都是这样。近年来，有的苗族已经不再用字配，只取姓和名，如罗姓中，已经出现"罗燕"、"罗京"等取法。

彝族取名时，有一些特殊的取名方式，这些特殊方式主要因下列情况而决定：一是婴儿出生后被外人闯入家中；二是孩子体弱多病；三是几代独子单传；四是孩子情绪反常，夜间常哭闹不定。出现这些情况就要采取特殊的取名方式。主要包括：踩生取名、修路取名、搭桥取名、拜物（树、山、水、竹、石）取名、登门讨名、拦路要名等。这些方式中，取名者被认作"亲爹"或"亲妈"，与孩子父母认为"亲家"。

踩生取名。婴儿出生后未取名前，外人无故闯入产妇家，被称为踩生。踩生者要给婴儿取名。

修路取名。需取名的孩子父母，带着香、纸和一只鸡到村外十字路口，将路口的路面整修祭拜一番，等待第一个进村的人。这个人就被邀请来为孩子取名。可在十字路口取，也可以回家里来取。

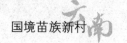
搭桥取名。与修路取名相似。只是地点一般在村外的小河边或小溪边，孩子的父母将小河或小溪整修一番，并在旁边或上面搭一座小木桥。第一个通过桥进村的人就被邀请为孩子取名。

拜物取名。就是将孩子寄拜给树、山、水、石、竹等，通常背孩子去拜，烧香叩头后，把孩儿取名为树生、阿山、水生、石生、小竹等，祈求它们护佑孩子健康成长、聪明顺利。

登门讨名。也称官家取名。父母带着需取名的孩子到官家登门拜访，祈求其为孩子赐名。意为孩子在官家的护佑下，长大后也能像官家一样有一官半职。

拦路取名。有的夫妇生的第一、二胎长到三四岁，都出现了诸如呆痴、残疾或其他疾病，就认为有神在捉弄，要求外人为孩子取名。而外人也认为取名就把福气赐给了别人，一般不意愿为别人取名。此时，孩子的父母就得请毕摩为孩子推算拦路取名的方向，父母就背着子女在推算出的方向上去拦路，第一个经过的人就被请来为孩子取名。请到家里后，主人杀鸡做饭敬献天地、祖先，被请来的人就为孩子取名，并被认作亲爹。在三年内的春节里，父母要带着孩子到亲爹家去拜年、祭祖。

三 丧葬习俗

下湾子各自然村村民在丧葬习俗方面基本相似。基本包括下列几个过程。

（一）坟址选择

在村民看来，一个人虽然死去，但他的灵魂仍然活着。

所以坟址的选择，也要像屋居选址一样讲究吉凶祸福。好的坟址能使灵魂有一个好的居所，灵魂才能很好地护佑在世的人。

最好的坟址，要有稳固的靠山、宽阔的前山、连绵不断的左山、挺拔险峻的右山，在这些山中还要有龙潭水。有稳固的靠山，死者的子孙后代就会有能人提携，步步高升。有宽广开阔的前山，死者的子孙后代就会心胸开阔，广交朋友。有连绵不断的左山（也称青龙山），死者的子孙后代就会富贵兴旺、势压群雄。有挺拔险峻的右山（也称白虎山），死者的子孙后代就会丰衣足食、财源茂盛。有龙潭水的话，此地就是活龙山，死者的子孙后代就会事事顺心、大吉大利、才华出众、官运亨通。

选择坟址的目的是希望死者灵魂进入祖先居住地后，有一个好的住所，无牵无挂，这样才能有时间、有能力来保佑在世的人。否则，死者灵魂会常到世间来打扰在世的人，让活着的人不得安宁。正是出于这样的目的，有的坟建成后，若其后代家中经常有人生病而久治不愈，或生活越来越差，家禽牲畜长不肥不壮，就得将埋葬多年的棺木挖出迁往新选坟地里重新埋葬。

（二）接气

接气是在老人临终时进行的一种仪式。老人临终时，长子要守候在其身边接气。一旦老人断气时，长子要把手拂过老人的嘴边，表示气已接过来，并将气装在米柜中，其意是将接来的气珍藏起来。随后，用手把老人的口目闭合。如果没有人接气，说明老人将后继无人了。接气后，儿孙们立即抬出火药枪朝天鸣放三枪，以告知天神、祖宗

和临近的亲戚朋友。

（三）净身

同宗家族的男子，当听到三声枪响后，无论在家中还是在田地里劳作，都要放下手中的活计，赶回家中帮助生火烧水来为死者净身。净身时，用一块白布浸温开水后，为死者从头到脚擦身三次，刮净胡须，梳理头发（有的支系还要刮净头发），然后替死者换上寿衣裤和寿鞋。

（四）设灵台

穿好寿衣寿裤后，将遗体移至堂屋中央，头朝内脚朝外，身盖白布，头盖黑布。在堂屋前设一灵台，台前置一盏油灯，灯前置一碗米，米上竖置一只鸡蛋，蛋边插有两炷香，香脚置水、酒各一碗，碗边置一炉，内燃香面。

（五）入棺

一般年逾花甲的老人均已在他生前制好了棺材，老人死后为其净身时，也将棺材擦净，在棺材内垫一床棉絮、柏木叶和棉花枕头，撒一些五谷（意为给死者的粮食）。祭司念《入棺经》，儿孙们将遗体抬入棺材，头朝外脚朝内，盖上一块白布，掩好棺盖。

（六）择日出丧

祭司要按死者断气的年、月、日、时及家庭主人出生的年、月、日、时来推算出丧日。日子不相克才能作为出丧的日子，一般以虎、马、猴、兔、鸡日为出丧日。

（七）报丧

出丧日确定后，丧家就要派同宗族中的小辈每组两人去向舅家及其他亲戚报丧，通知他们前来奔丧。若人数不够，报丧人只能去一人时，此人要手持一根棍棒，以示二人。报时，要将死者死因及葬礼情况逐一告诉被报人家。被报的人家要杀鸡招待报丧者。就餐时，桌上要留出一个空位和相应的碗筷，以示死者灵魂与生者最后一次进餐，所以要一边进餐一边为空位中的碗内搛菜，让死者灵魂来吃。

（八）发丧

发丧，是在丧家堂室内外摆设彩纸扎制的男仆、玉女、飞马、葫芦钱、摇钱树、祭经坛等进行祭奠。摇钱树插在大门口，其他摆在灵柩前面。三位祭司主持祭经坛；请两位唢呐师傅或芦笙师傅（苗族）和两位厨师、两位鸣枪手和锣鼓队前来各司其职。祭司负责念诵《释梦经》、《孝经》、《献牲经》等；唢呐手负责吹奏哀乐或者芦笙师傅吹芦笙曲；厨师负责宰杀献牲，并把献牲头脚砍下摆在祭台上；鸣枪手和锣鼓队按时鸣枪、敲锣打鼓。当日一片哀乐沉沉。

（九）吊丧和迎客

亲友接到报丧后，就要组织吊丧队前来吊丧。吊丧队有大小之别。大的吊丧队主要是舅家和姑娘家，其他的宗族亲戚等的吊丧队可大可小。过去，大的吊丧队一般包括两位祭司、两位唢呐手及火药枪队和狮子、锣鼓队，备牛一头、猪一头，还带大摇钱树一对、盖灵柩白布一块和若干酒等，人数在 36 人左右。一般吊丧队包括唢呐手（芦笙手）和火药枪队，有的也有祭司两人，备有猪一头、羊一只，还带小摇钱树一对，盖灵柩白布一块和酒等，人数在 16 人以内。小的吊丧队只带盖灵柩白布一块即可。在吊丧队中，舅家的吊丧队最受尊重。若平时丧家有什么事对不起舅家的话，此时舅家有权进行种种刁难。各吊丧队在出发前，祭司要在门口面朝外念诵《驱魂篇》。念毕，火药枪队朝天鸣枪，一路赶往丧家。到村外，再鸣枪告知丧家。

当丧家听到吊丧队的枪声，就派自家的人到村边迎接。双方见面后，丧家派出的迎接队在前，吊丧队跟后，边吹边跳向丧家走来。此时，丧家直系亲属男子排成行跪在灵柩前，枪声不断，吊丧队中的主人行礼后要将跪着的亲属扶起。丧家毕摩要在门前摆一张桌，上供一升米和五角钱并点燃香，请吊丧队的祭司在桌旁就座，然后开始念诵《迎客经》。念毕，吊丧队祭司也念诵《讼情经》。双方诵毕，吊丧队主人要将盖灵柩布盖在灵柩上，并叩头行礼。一切妥当后，丧家设宴招待吊丧队。

其他来吊丧的人，到了丧家后，只要到灵柩前跪拜，将带来的盖灵柩布盖在灵柩上即可。

（十）夜祭

吊丧的当夜，要进行夜祭，即半夜间给死者献祭品的各项活动。主要包括"后家盖棺"、"开阴路"、"踩尖刀草"、"献晚斋"等内容。均由祭司念经，孝男女及亲友行礼。

（十一）早祭

早祭是给亡灵吃早饭的仪式。出殡日早上，所有吊丧队各自带牛、羊、猪、鸡肉及酒、香火等祭品，跳狮吹乐前来为亡魂献早斋。祭司念《早斋经》，唤亡魂来吃早饭，孝男女行跪拜礼。

（十二）讨墓地

这是挖墓坑的仪式。出殡日早上，祭司带三四个人到坟址那里点香烧纸，摆茶、酒和饭菜，鸣放火药枪，然后吟诵《买地经》，以讨墓地。吟毕，三四个人开始挖墓坑。

（十三）指路

这是毕摩为亡灵指路回到祖先居住地与之团聚的仪式。在出殡时，毕摩要在灵柩前念诵《指路经》等经文，并由孝子跪请东家来钉棺。钉棺后，大孝子背负灵棺头部，其余人帮忙移出。然后又由大女婿扛头杆。孝男女按辈分大小顺序朝家内跪地搭人桥三次、朝外又搭三次，让棺从人桥上通过。《指路经》所指的线路就是该民族或家族的迁徙路线。

（十四）埋葬

灵柩抬到墓地后，祭司用红泡刺或茅草在先挖好的坟坑内轻轻打扫，意为扫除邪魔和不祥之物，再将灵柩缓缓吊入坟坑内，用石块土块垒成墓堆。垒好后用树枝扫除一切印痕，将抬灵柩的工具和死者平时用的碗、筷、烟筒等置于墓顶和墓前。此时，所有参加的人向坟墓叩头后返回。

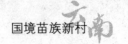

在返回的交叉路口上，祭司用黄泡刺拦于其中，吟道："死魂莫跟我们回来。"人们从上边跨过。到大门口，毕摩在门口准备一盆水，各人洗手后方能进屋休息。

（十五）招魂

埋葬完毕回到家中，要进行招魂仪式。招魂仪式分两种：一种是丧家请祭司为厨师、唢呐手（芦笙师傅）、鸣枪队、抬棺人等招魂；一种是同姓同宗为孝男孝女招魂。前者在埋葬当日晚进行，后者在第二天早上进行。

第五节　节日

下湾子村的节日，按照顺序，依次有春节、踩花山、过大年、祭龙节、清明节、端午节、七月半、尝新米节等。

一　春节

过春节，主要时间是从除夕到初三。但实际上，在农历十二月二十四日就开始过春节了。一般在十二月二十四、二十五、二十六这三天里就要杀过年猪了。在村民来看，能杀过年猪是一件很光彩的事，标志着这一年里有所收获，来年充满希望，所以无论怎样，都要千方百计饲养一头过年猪。杀猪时，约好的几家男子把猪从厩圈里拉出来，抬放在杀猪桌上按好，禁拴绑足腿，一人持刀先敲一下猪腿再杀。在这三天里，一个家族的几个家庭还要轮流舂粑粑。粑粑有糯米粑粑和饭米粑粑，糯米粑粑压成扁圆形，饭米粑粑搓成长四方形。谁家舂的最多，谁家最为光彩。

除夕这天，各家各户就忙碌着准备年饭了，家庭主妇淘米煮饭，男人杀鸡煮肉。年饭做好后，先祭祀祖先神。祭毕，家族各家轮流吃年饭，吃了这家又吃那家，一片热闹非凡。

夜晚来临，老人要抬来一根粗大的柴头，放到火堆里烧，以便守除夕之夜。所烧的柴头越大越好，可烧到第二天，这预示着新年将五谷丰登、兴旺发达。当晚，户主要适时换插烧尽的香，神台上的灯也不能熄灭，表示让祖先通宵达旦过除夕。

正月初一，苗族习惯起早去抢新水。抢新水，只能由男子去做。据说，谁家抢到最新的水，谁家当年就会五谷丰登、家畜兴旺、丰衣足食。所以，很多人都不睡觉地等到鸡叫头遍时去井边抢新水。去时要带一些纸钱和三炷香，在井边烧纸烧香，祭献井神，诵经祈求护佑。祭毕，挑一担水来煮饭，尽量争取在天亮前把饭煮熟。饭菜煮熟后，要用这新水煮的饭菜来祭献祖先。祭毕，在门前鸣放鞭炮或火药枪。然后派小孩去叫族人来吃新年饭。谁家最先放鞭炮或火药枪，谁家最光彩。

在这一天的早晨，禁止叫人起床，谁要睡多久就让他睡多久，不能催叫。据说如果在这一天催叫，那么这人以后就得天天催叫了，若不催叫，他就会不起床，或每天都起得很晚。还说，如果催叫，就会把跳蚤也叫醒，当年跳蚤就会很多。又说，如果这一天起得早，当年就自然地天天起得早；这一天睡懒觉，当年就天天睡懒觉。所以，这一天人们都起得很早。

在这一天里，不准烧粑粑吃，不准喝汤。据说如果这一天烧了粑粑吃，这一年就有可能遭旱灾或火灾。如果喝了汤，这一年每下一次雨，都要遭雨淋。

另外，在这一天，也不准使用各种工具，即不准使用刀、锄、斧、锯、犁、耙、火药枪等，不准推磨，不准铡马草，不准剁猪菜，不准扫地等。

第二天，大家同样玩耍一天，不同的是少了许多禁忌，年轻人可以到别的村寨去玩耍。由于不完全是本村人，姑娘小伙子们就相互开开玩笑，更增加了节日的热闹气氛。这也是各村年轻人们相互认识、寻找伴侣的好时机。

第三天，大部分苗族要举行"放祖先"，苗族称为"Tso bug yawm"。意为除夕时将祖先请来过年，今天要放他们去踩花山，让他们回到阴间去了。"放祖先"时，要做好饭菜，特别是要蒸一块粑粑和一块肉，首先用这块粑粑和肉祭祀祖先，烧纸钱给祖先，嘱咐他们回去过自己的生活，保护好在世的人平安幸福，来年再请他们来过年。"放祖先"后，大家才能吃饭。到此，春节才基本上过完。

二　踩花山

在下湾子村有这样一个传说，老少皆知。相传，苗族的祖先原来居住的地方，有一对夫妻已经五十多岁了，才生了一个小姑娘。小姑娘长得如花似玉。一天，小姑娘到山上放羊，遇上了贪淫残暴的恶鸟。正当恶鸟拦住小姑娘欲行非礼时，有一个勇敢英俊的小伙子出现了，他张开弩弓一箭射死了恶鸟，救下了姑娘。然后又给她烧火取暖，把她送到家门口，但没有留下姓名就走了。姑娘的父母亲知道后十分过意不去，决心找到姑娘的救命恩人。经过几天的寻找，踏遍了多少山，经过了多少河，还是找不到小伙子的踪影。两个老人想了很久，终于想出了一个办法。他们砍一棵松树来，削去枝丫，立在村外的坪地上，让姑娘把坪地打扫干净，在坪地上放一大缸酒，接着传话四方苗族乡亲，让大家在农历正月初二的这一天来这里唱歌，哪一个小伙子的歌唱得好，就把姑娘嫁给他。到了这一天，人们从四面八方汇拢而来，小姑娘就在人群中寻找自己的恩人。找呀找呀，到了第三天，小姑娘终于看见了因顾虑自己贫穷而躲在人群后面的小伙子。因为小伙子不仅武艺超群，山歌也唱得最好，姑娘的父母亲就当众宣布把姑娘嫁给他。为了表示对小伙子的敬意和祝贺他们幸福结合，来唱歌的人们就欢快地跳起了芦笙舞。从此，每年的这几天，苗族人民都要来立杆对歌跳舞，渐渐地就形成了花山节，松树杆成了花秆；很多人非常愿意来立花秆，让青年人有一个娱乐和寻求伴侣的地方（见图4-5）。

　　另外，还有这样的传说。在远古时代，有一对恩爱夫妻，他们一直过着自由幸福的生活，但遗憾的是婚后一直无儿无女。他们到处求医问药，都无济于事。最后，他们只好去问叟（苗族观念中的天神，他神通广大，无所不知），叟对他们说：略娄（主宰天上人间的神）是天上人间的神王，能除暴扬善。善良的人们祈求他什么，他都会赐给。每年正月初三到十五这几天，略娄都要把世间的邪魔鬼怪召到天上去问话，因而这几天人间是最洁净无邪的日子。在这几天，略娄还要下凡，查看世情。叟叫这对夫妻在这几天要在景色秀丽的地方立一花秆，烧香烧纸迎接略娄下凡，并求赐子嗣、风调雨顺、生活幸福美满。这对夫妻回来后，就在正月初三这天选择一个景色优美的地方树立了花秆，烧香焚纸祈求子嗣和平安幸福，并招来男女老幼，吹笙敲锣，唱歌跳舞，共同迎接略娄下凡。之后，这对夫妻果然有了儿女，过上了幸福美满的生活。因此，每

图 4 – 5 苗族花山场一角

年的这几天，都有无子嗣的夫妻来立花秆、求子嗣，对歌跳舞。这样年复一年，就形成了一年一度的花山节。

过去，举办花山节的人（苗族称 Txiv hauv paaj），一般是无子嗣的人。他们在过节之前的十天内，在村外选择一处较为宽敞平缓的地方，立上花秆作为花山场。立花秆时要择好吉日，抱上一只公鸡去举行立秆仪式：在选择好的地点的中心，挖一个约一米深的土坑，将事先准备好的花秆立于其中，筑稳。花秆有的地方用竹子，有的地方用杉树，把枝叶修理干净，留顶端竹尖或树尖的少部分枝叶，在其下约一米处系上红、黄、蓝、白色的布带和一把芦笙。立好后的彩带直垂花秆脚。花秆头就在花秆脚处烧香焚纸，双手抱着公鸡，面向花秆，吟唱祭祀花秆古歌。祭祀的内容，有祈求祖先保佑的，有祈求花秆赐子的，有祈求来年风调雨顺、五谷丰登、家庭幸福美满的等。祭毕，花秆头们收好家什回家，并做些宣传，让周围村寨的人都知道节日的地点。

正月初三到初六（有的地方过到十四）是过节的时间。在这几天，苗族的老老少少、男男女女，总是要精心打扮，穿着盛装，从四面八方赶往花山场。节日的第一天早上，花秆头要准备好芦笙、酒、香、纸等，置于花秆脚，待过节的人基本到齐后，就再一次祭祀花秆，然后燃放鞭炮，宣布花山节正式开始。接着，花秆头要打着一把伞，围绕花秆吟唱花山节歌。唱毕，大声宣布在场的青年男女可以自行对歌了。此时，花秆脚下就开始表演芦笙舞。每当有人表演结束，花秆头就要及时敬上一杯酒，以示谢意。在表演间隙，往往有人背着孩子，带着香纸在花秆脚下祭祀，并绕花秆三圈，祈求保佑孩子健康成长。年轻的姑娘和小伙子们便在花山场上寻找自己对歌乃至恋爱的对象。姑娘们喜欢成群结队地站在一起，小伙子们则四处挑选，看中了谁，就上前去用伞罩住，开始搭讪攀谈，请求与对方对唱山歌。若女方有意，就在伞下对答对唱；若无意或实在不会唱歌，就会走开。对唱山歌即是交流思想感情，也是一种娱乐活动。除了年轻人以外，老年人也可参加。在20世纪七八十年代以前，花山场上对歌的人比较多，一眼看去在花花绿绿的，整个花山场中，凡是打伞的地方都在对歌，此时的花山场才真正变成了歌的海洋。

过去，花山场中主要的活动就是跳芦笙舞和对歌。一般的，各地的芦笙手都云集花山场，在花秆脚下表演芦笙舞，一展自己的舞技，一曲完毕，花秆头给他敬上一杯酒，大赞他的舞技，一旁观看的人也随着啧啧称赞。有的人由

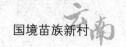

于多次表演，酒过三杯，醉意渐浓，表演起来更加狂放豪迈、流畅自如，赢得了阵阵的掌声。其他更多的人就是对歌。对歌有老对老、少对少、青年对青年，尤以青年居多。年纪大的有五六十岁，最年轻的十五六岁。跳芦笙舞和对歌是花山节最具特色的活动。近几年来，随着改革开放和人民生活水平的提高，花山节的活动内容和形式也走向多样化，除对歌、跳芦笙舞外，还有斗鸡的、斗鸟的；有打秋千的，打鸡毛毽的；也有政府组织的各种表演节目等，其他民族也踊跃地参与进来，形成了丰富多彩的各民族的节日。

花山节结束时，举办人要举行倒花秆仪式。其仪式与立花秆时的仪式略同。

三　过大年

下湾子村每个民族都有过大年的习俗。其中苗族的大年较有特色。苗族称为"Noj nam tsab"，时间是农历正月十五这天。但许多苗族为了抢先，常常会在正月十四这天就过大年了。在当地苗族看来，十二月三十或正月初一过春节只是过老年或过小年，正月十五还要过一次新年或大年。在这天早上，由这一家的男人来煮饭。挑水、起火、杀鸡、拣菜、煮饭等一切家务，都由男人来承担；女人可以一直睡到饭熟后，起来吃饭就可以了，不能干家务，男人们也不希望她们起来干家务。据说这是男人们对妇女一年到头辛勤劳作的一点报答和尊重。过大年并不隆重，各家族甚至各个家庭自己进行。饭菜煮熟后，男主人祭献祖先完毕，请家族的人来一起用餐，或自家人共同用餐就算过大年了。与过春节相比，其过程要简单，规模也小。因此，在苗族民间有"小年大过，大年小过"的说法。

四 祭龙节

下湾子各自然村都有祭龙的节日。一般在二月初二或初四举行，规模不大。祭龙队伍由寨子里的男主人组合而成，有的只由同宗族的几家人组成。他们到寨子边指定一棵长得高大、茂密的树为龙树（一般是万年青树或栗树），在树脚设龙台，台上供烧纸钱和烧香；台边设几个石头为灶，在那里杀鸡煮饭，煮熟后祭祀龙树。祭祀时吟诵祭龙经，祈求龙树保护全村或族人安康，风调雨顺，五谷丰收，家畜兴旺。祭祀所需祭品是猪、鸡、纸钱等；所花的费用由全寨或全族人分担。祭毕，大家把鸡肉饭菜吃完，把龙树围好，就回家了。日后禁止在龙树周围大小便，禁止破坏龙树。按照祭龙习俗，祭龙日不准动土耕种，不准上山劳动，大家在家休息，料理家务即可。

五 清明节

清明节，下湾子村各民族或各家族的具体时间不定。但大多数都赶在汉族的清明节之前。据说这样，祖先灵魂才不会伤心，在天之灵才能很好地保佑子孙兴旺发达，无灾无病。清明那天，同族的所有家庭男主人都必须到野外祖先坟那里修坟，清理杂草。去时有的扛弯刀，有的扛锄头，并带香和纸钱，到了坟地里，要砍去坟上或坟边的小树或杂草，挖土填补坟上缺陷的地方。修好一座，就在坟前烧香、焚纸钱。当天把所有的坟修好后，有的就在最后修好的坟旁边杀鸡煮饭祭献祖先；有的当晚回到家里才杀鸡煮饭祭献祖先。祭献时，主持人要吟诵祭祖经，邀请祖

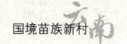
先灵魂来享受祭品，领受后人烧给的纸钱，祈求祖先灵魂
保佑子孙兴旺发达，幸福美满。

六　端午节

端午节的过法与各地差不多。就是一家人在一起包粽
子，煮粽子；同时杀鸡、煮猪肉等。待一切准备好后，男
主人用煮好的粽子和肉一起祭祀祖先，然后大家同吃一餐
团圆饭就可以了。这一天，懂医药的人喜欢上山采药。据
说这一天所采的药，药力大，药效好。也有少部分苗族不
过端午节。

七　七月半

七月半是苗族过的节日。时间是在七月十五这天晚上，
一些人家抢在七月十四就过了。其过法较简单，各家在自
家里进行：杀一两只鸡（有一只必须是红公鸡），煮好饭
菜，在堂屋后壁神台前祭献祖先，邀祖先灵魂一起享受祭
品，共享团圆饭。祭祀祖先时，要吟诵祭祖经，所有的祖
先名字都要点到，并尽量按辈分高低排列，要一一点来同
享祭品。所烧的纸钱、香也较其他节日多，家人还要面朝
神台跪拜祖先。祭拜完毕，家人一起共进晚餐后，节日就
算结束。因为祭祀祖先形式较隆重，有的苗族也称这个节
日为祭祖节。

八　尝新米节

在下湾子村，除了汉族外都过这一节日。在九月初的
哪一天举行都可以，各家自己进行。当日，用刚收获的新
米煮饭，杀鸡，煮熟后，用一点新米饭和鸡肉祭献祖先，

请祖先灵魂来享受丰收的成果。如果新米还未成熟，也要到田里摘三穗新谷穗来放在陈米饭甑里蒸。祭献祖先时要用这三穗新谷穗去祭献，禁用陈米饭去祭献。祭献完毕，一家人欢欢喜喜吃一餐，节日就结束了。

第五章 文教卫生

第一节 宗教信仰

一 民间传统宗教

下湾子村除汉族外，其他各民族多数信仰原始宗教，崇拜自然、鬼神和祖先，相信万物有灵。认为天地间有看不见的鬼、神主宰着。所以，在他们的心目中，生活的每一个角落里都有无形的鬼、神存在。在万物有灵思想的支配下，世间万物，特别是奇特的怪石、威武雄壮的陡岩、深邃的山洞、大而茂密的树等，时时刻刻都有鬼神的护佑，与生产生活相关的东西更是有灵魂存在。所有这些东西，谁要是触犯了它们，谁就要受到惩罚。为了祈求鬼神的护佑，村民们常常用一些方法来祭祀它们。如在那些怪石旁、陡岩边、山洞口、大树下烧香烧纸祭献；在大河边、水源头、花秆脚烧香烧纸祭献等。

有大部分苗族人在过年时，还要把所有的生产生活工具的灵魂叫回来过年，烧纸祭献它们；甚至还要把饭、肉抬去喂给各种果树吃，叫它们来与人一起过年，祈求它们来年长得茂盛、多结果子。正因为这样，苗族在长期的生产生活动中产生了许多祭祀活动，如"祭龙"、"祭田公地母"、"杀敬门猪"、"洗家猪"等。

苗族、彝族对祖先无限崇拜。祖先崇拜是在灵魂不灭观念的基础上产生的。在他们看来，每一个人都有灵魂，而且人死后灵魂不灭，它可以到天上去与天神在一起，可以在坟边守护坟，也可以在家里与家人在一起，护佑家人。祖先灵魂具有无所不能的力量，能给生活在世间的后人带来幸福或危害。如果祖先的坟址选得好，让祖先在阴间过得好，祖先高兴，祖先灵魂就会给后人带来好运；否则，后人的生产生活就不顺。后人如果对祖先灵魂不尊敬，甚至有意触犯了它们，那就会受到相应的惩罚。基于这样的认识，他们对自己的祖先是十分崇拜的，并寄厚望予祖先，希望得到祖先庇佑。逢年过节时也要以美酒佳肴祭祀祖先。除夕、清明、七月半、尝新米是祭祖的大节。祭祖，一般由一个家庭的主人进行。即使是同一个家族，每一独立的家庭也要分别祭祀祖先。祭祀时，由祭祀的人吟唱《祭祖经》，并分别将备好的酒肉分给祖先灵魂享用。所祭祀的祖先，一般是五代以内的祖先；五代以上的祖先，若能清楚记得他们的名字，也可以在《祭祖经》中呼唤他们的名字，一同祭祀。

在苗族、彝族的鬼神观念中，鬼神有善恶之分。善鬼、善神可以护佑人们平平安安、五谷丰登、六畜兴旺、幸福美满；恶鬼、恶神可以给人们带来疾病、灾难和痛苦。基于灵魂不灭的思想，苗族观念中存在着"阴间"和"阳间"两个世界。活人生活在"阳间"，死后生活在"阴间"。两个世界里的人、灵魂和鬼、神可以相互关照和护佑。

在苗族自然村里，能沟通"阳间"与"阴间"两个世

界的是巫师。巫师有自己的神堂，有自己的神兵神将。巫师的职责主要是驱恶鬼恶神、占卜、治病；平时不脱离生产劳动。由于巫师的确掌握着苗族民间的一些占卜术、医术等其他的知识和技能，因而，巫师的一些宗教活动往往会取得一些意想不到的奇效。在彝族自然村里，能沟通"阳间"与"阴间"两个世界的是毕摩。毕摩也有自己的神堂。

原始宗教有其产生、发展和灭亡的过程。随着社会的全面进步和发展，到一定的历史阶段，它也会逐步消亡。现在，专门的巫师和毕摩已淡化，每一个家庭的主人都可以从事祭祀活动。

二　其他宗教

下湾子除大部分崇拜原始宗教外，也有少部分信仰佛教。如供奉王母娘娘、观音、孔子、关公等。

第二节　民间艺术

一　蜡染

蜡染是下湾子苗族服饰技艺之一，是苗族最有名的工艺美术。今天，一提到蜡染，人们首先想到的民族就是苗族。苗族的蜡染历史悠久，而且享誉国内外。1982年在加拿大举办的"中国古代传统技术展览会"上，苗族蜡染服饰被外国朋友们抢购一空，蜡染被西方人称为"东方的民间艺术之花"。而对传统的苗族妇女来说，蜡染是最平常的技艺。苗族民间常说：六月时节点蜡忙，俊男秀女把歌唱。

到了六七月，苗家妇女就趁着阴雨连绵的天气，在家门口支好一盆燃烧的火炭，在里面置一只小碗，碗内放蜂蜡，让蜂蜡慢慢熔化；再在旁边支好一块平滑的点蜡板，搬来小凳，拿来点蜡刀和白而光滑的麻布，就开始点蜡了。点蜡时，用蜡刀蘸着碗中的蜡，轻轻地在碗沿稍作停留，然后就在白布上熟练地点画自己喜欢的、一直被先辈们点画了多少个世纪的图案。这时也是苗家妇女放飞心情、描绘自己美好未来的时候。点蜡完成以后，要拿去染。染的方法是将点好蜡的布慢慢地放入蓝靛汁液中，待布完全浸湿后捞出晒干，再进行第二次浸染，这样反复进行多次，直到自己满意为止。染好后放入热水中稍煮，让蜡脱去。这时，没有点蜡的地方就是所染的颜色，点蜡的地方就是原来的白色，各种花纹图案就无比美妙地显现出来了（见图 5－1）。

苗族蜡染作为服饰的装饰技艺之一，始终与苗族的日常生活密切相关，洋溢着浓郁的生活气息，体现淳朴的民族特色，成为中国文化里古老传统印花工艺中

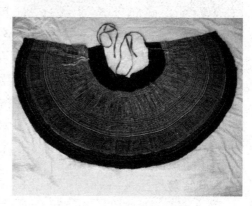

图 5－1　苗族蜡染百褶裙

极为独特的一种。它使苗族女性的艺术才能在其中获得了淋漓尽致的发挥，使苗族这传统艺术得以永存人间并显示出独特的魅力。

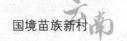

二 挑花刺绣

在下湾子村，除了苗族外，其他民族都已不再进行挑花刺绣了，而苗族的挑花刺绣活动也同样逐渐减少。过去，苗族一般用未染色的麻布作底，用其他颜色的线作挑线，挑时以经、纬线之间的小孔为针孔，按针孔的变化组合，构成不同的花纹图案。这些图案虽没有经过设计，但一旦起针后，所挑出的花纹图案却上下左右皆对称，奇妙无比（见图 5－2）。特别是苗族称为"taab tab"的带式花纹图案，更是精妙漂亮。挑花刺绣的成品，多用于缝制妇女衣裙。特别是苗族妇女上衣手袖上的三道花纹图案和裙子下摆处的大型图案，

图 5－2 苗族刺绣

是必用挑花刺绣成品的。现在，政府禁止苗族种麻，苗族人只好改用其他布来挑花刺绣，用这种布料所制作的衣裙，花纹图案简单得多，也没有过去的文化价值了。

三 芦笙舞

苗族的舞蹈，以芦笙舞最为突出（见图 5－3）。芦笙舞也可以分为两大类，即抒情的娱乐性舞蹈和仪式性的礼仪舞蹈。娱乐性芦笙舞就是平时娱乐时吹跳的芦笙舞。其特点是吹、跳自由，舞蹈自由，想吹、舞什么就吹、舞什么，

图 5 - 3　苗族的双人芦笙舞

想吹、舞哪一段就吹、舞哪一段，全凭吹、舞者的技能而
发挥，没有严格的限定。仪式性芦笙舞是在举行有关仪式
时吹舞的一种芦笙舞。其特点是动作有较强的程序性，什
么时候吹，舞什么，一般都按程序步骤进行。例如丧葬芦
笙舞，就包括了引子、指路、入棺、早饭、中饭、晚饭、
带路、出殡等套路，其程序是不能省略的，舞蹈技法基本
相同，动作难度也不太高。娱乐性芦笙舞蹈虽然吹奏舞蹈
自由，但动作难度较大。有的芦笙手可以一手按芦笙孔，
一手前后左右拍击脚掌，并可朝不同方向旋转，一蹲一立，
笙声不断。有的能手握芦笙前翻后滚，一伸一缩，动作敏
捷。有的能一边吹奏芦笙，一边后仰，弯腰如弓；头顶地
时，可用嘴含着地上的酒碗，将酒一饮而尽。有的可以后
仰头顶地吹着芦笙，翻滚着过酒碗、灯火或刀尖等。有的
能头顶酒碗，在摆有酒碗的板凳上左右吹着芦笙旋转，但

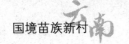

却能使头顶上的酒不洒出，板凳上的酒碗不被掀翻。所有的这些舞蹈，看时无不令人叫绝。除了芦笙舞蹈外，苗族还有其他一些民间舞蹈，如跳链甲舞、板凳舞、开山刀舞等，但跳的人相对不多，有的地方也失传。

四 民间音乐

在下湾子村，只有苗族的传统音乐舞蹈具有较浓郁的民族特色。苗族民间传统音乐主要分为民歌音乐、芦笙乐曲、箫笛乐曲、口弦乐曲、敲击乐曲等。

民歌乐曲内容丰富，包括古歌乐曲、礼仪歌乐曲、情歌乐曲等。古歌乐曲就是唱古歌用的曲调，以深沉悲壮为主旋律，演唱时曲调低沉古朴，表现出对古代英雄和祖先的崇敬和对历史的缅怀。

礼仪歌乐曲是在各种仪式下吟唱的曲调，在不同的仪式下，曲调有所不同，但都以严肃庄重、沉稳明快为特点。

情歌乐曲是苗族歌曲中最为精彩的部分，多为男女青年社交时所唱，其曲调很多，韵律各异，旋律优美，抒情气氛浓厚。无论是曲调或内容，都可以随着演唱者的心情或听众的反应变化而略作改变，即使是同一首歌，不同的歌手所运用的曲调和韵律不同，发挥的情感程度也会有不同，正因此，同一首歌，不同的歌手唱出来，相同的听众就会有不同的反应，或者只是触动一下，或者感动得泪流满面而泣不成声。这类歌曲一般很难为现代的记音符号记下来，音的高低变化往往不确定，而是随歌手的抒情程度和环境变化而变化。

芦笙乐曲是苗族音乐的重要组成部分。它主要分为抒情芦笙曲和丧葬芦笙曲。抒情芦笙曲是青年男女相互交往和日常娱乐时吹奏的，曲调充满欢快活泼，声音洪亮明快；丧葬芦笙曲是在丧葬过程中吹奏的，曲调充满无限的悲哀忧伤，声音低沉凄凉。抒情芦笙的代表人物主要有陶永兴、陶亮武、熊万友、陶亮林、熊万学、杨正和等。

箫笛乐曲主要指横笛和直箫两种乐器的乐曲。横笛中又有用黄铜片作音源和以圆孔作为音源两种。黄铜片作为音源的横笛尤其受到苗族人民的喜爱，它最能体现苗族音乐的风格特色。其曲调旋律优美、委婉忧伤。箫笛乐曲主要是演奏民间音乐中的抒情歌曲，特别是情歌、孤儿歌之类。

口弦乐曲的曲调相对要低沉，只有在静静的夜晚，才能完全领略其独到的韵味。木叶乐曲的曲调与口弦相反，其特点是清脆明亮、悠扬婉转。

敲击乐曲实际上是一种节奏乐。主要以锣和鼓为乐器。锣的节奏，多表现为三音节，并反复进行。鼓的节奏，开始时一般由小到大，反复几遍后再进入正式节奏；正式节奏多表现为三个主音和两个边音。演奏时反复进行。

苗族民间音乐除了祭祀性乐曲和婚姻乐等主要掌握在少数的民间歌手中以外，几乎每一个三十岁以上的人都会唱。其中祭祀性音乐的代表人物较著名的有李正祥、古兴华、古兴荣、李正荣等；情歌音乐的代表人物著名的是熊国美、项石珍。

另处，彝族和壮族也有他们自己的民间音乐，但由于人口相对较少，受汉文化和苗族文化的影响较大，所以现在只有少数的老人才能懂得了。其中，壮族民歌中较有名的代表人物是田业花。田业花不仅能演唱一些传统的壮族民歌，而且能即兴发挥、随口唱出很多动人的情歌来。近

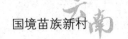
十几年来，随着汉文化的影响和社会经济的全面发展，无论
是彝族、壮族还是传统文化较浓的苗族，三十岁以下的青年
都已经很少掌握这些民间音乐了。

第三节　教育

一　家庭教育

应该说，有了家庭，就开始了最原始的家庭传统教育，
孩子在家庭中学习一些简单的农业种植和粗糙的工具制作。
之后，人们在长期的生产生活中又不断地总结经验，掌握
各种技能，并通过言传身教将之传给子孙后代。随着社会
历史的不断发展，人们才逐步形成了自己的一套传统家庭
教育体系。

从教育场所来看，下湾子村村民生产生活中的各个角
落，都是传统家庭教育的场所，其中的家庭火塘是最突出
的场所。

家庭教育的内容包罗万象。其中，生产生活教育、社
会道德教育、宗教教育、历史教育是传统教育内容的四大
重点。

生产生活教育。一般男孩子六七岁就要在父母的指导
下开始做一些家务和农活，如拾柴、挑水、煮饭、捕鸟、
采猪食、割马草等，十一二岁就要在父亲的指导下学犁地、
耙田、狩猎、编织、驮运等技术。女孩子六七岁就在母亲
的指导下学习带小孩、喂养牲畜、薅草、剥麻积麻、挑花
刺绣等。随着年龄的增长，孩子获得的技能和知识越来越
多，到了十三四岁，已基本能够独立。在这个阶段，父母

主要教授孩子生产生活方面的技能和知识。所以无论男女，孩子们从小就养成了热爱劳动的习惯，他们长到十五六岁就跟大人一样成了家庭的劳动力。

社会道德教育。这里的社会道德指的是在整个下湾子村形成的与社会相适应的一套道德教育标准和规范。如不准偷窃，不准占用别人的东西；兄弟姊妹之间、家庭之间、民族之间甚至人与人之间都要团结协作、相互帮忙；要尊老爱幼、勤俭节约、诚实守信、夫妻恩爱、正直忍让等。在家庭里，首先是父母成为社会道德教育的最直接的教育者和榜样，在平时的一言一行中尽量将上述这些社会道德传授给子女，并一代一代地传授下去。

历史宗教教育。孩子到了十五六岁，就要进行婚姻、丧葬、祭祀、节日方面的教育。这方面的教育内容，可谓民族传统文化中的精华，包括了婚姻歌、古歌、祭祀歌、芦笙歌、节日歌、山歌等。教学方式上，有的学习者要专门投师学习，有的需要学习者多次参加这些活动，多次观摩，从中获得相关的知识和技能。在这些活动场合，我们时常看到有很多青年在观看，这当中，并不单纯是看热闹，有的正是在接受教育，学习相关的礼仪和知识。无论是投师学习，还是观摩学习，全凭眼看心记，学习起来相当困难。所以，几乎每一个男子都掌握一定的这些方面的知识，但真正能学成而成为传统文化传承者的并不多，一个村子中一般只有一两个，有的村子甚至一个都没有。在历史教育方面，父母常常将自己的祖先、历史上的英雄人物、历史事迹等讲给孩子们听，教育他们不要忘记历史，不要忘记自己的民族等。

家庭传统教育方式可以归结为三种：一种是言传身教，

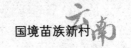

潜移默化；一种是师徒相传；还有一种是通过神话、传说、故事、歌谣、谚语等民间文学来感染。

由于家庭传统教育主要以教授苗族传统文化为内容，所以成为民族传统文化传承和发展的重要途径。即使在学校教育得到初步发展的今天，这种教育仍然在民间存在，并发挥着自己特殊的作用，在一定程度上促进着苗族生产、生活、文化等的发展。

二 学校教育

中华人民共和国成立以前，河口作为一个边陲重镇，无论是经济、社会还是文化、教育等都有一定的发展。但这种发展极不平衡，除了城区外，山区的发展是很有限的。下湾子由于地处山区，社会发展程度低，交通闭塞，文化匮乏，学校教育几乎是一片空白，除了几个地主、富农的子弟能读些私塾外，下层人民的子女很少能读书。1950年，桥头和下湾子获得解放，在党和政府的关心支持下，桥头才开始有自己的学校，同时，下湾子也开始建立自己的小学，下湾子各民族人民才有了上学读书的机会，学校教育翻开了新的一页。

通过五十多年的发展，包括桥头、下湾子等乡镇和村委员会在内的河口教育取得了快速的发展。特别是国家"十五"期间，河口的教育在红河州、云南省及中央的关心支持下，以教育发展为主题，以改革促发展，全面贯彻落实科学发展观，立足县情，做了许多不可忽视的工作，取得了应有的成绩。一是教育管理体制改革不断深化，进一步完善了农村义务教育分级管理。二是"两基"工作不断取得新的进展，高中阶段教育发展加快，高考升学率有了重大突破；教学楼等基础设施得到改善。三是教学改革不断深化，基础教育新课程改革稳步推进。四是学校内部管理体制改革向纵深发展，"三制改革"全面铺开：校长公开选举制全面推行，教师聘任制全面实施，绩效分配制基本实现；新的用人制度、分配制度、激励机制的框架结构初步建立。五是推进教育信息化等教育基础工程明显加快，办学条件明显改善。各方面呈现良好的教育发展态势，初步形成了与河口经济社会发展相适应，基础教育、成人教育、职业教育"三教育统筹"协调发展的学校教育格局。

桥头乡是河口县的一个大乡，它不仅重视社会经济的发展，而且对教育的建设和发展也十分重视。近几年来，整个乡学校的基础设施得到了显著改善：在 9 所完小和 11 个教学点中，大部分学校教学楼和学生宿舍都属于钢混结构，且配有球场等活动场地。桥头中学是河口县第二中学，建于 1975 年，建校之初，只有几间简易房，十几名教师。经过几十年的不懈努力，学校的硬件设施得到了明显的改善，在占地 31 亩的土地上，建有漂亮的教学楼、学生宿舍楼、学生食堂、办公综合楼、教职工宿舍等，实验室、微机室、足球场、篮球场等设施齐全。

桥头乡的教育质量也得到了前所未有的提高。全乡在校小学生 1884 人，其中女生 946 人，男生 938 人；少数民族学生 1499 人，占在校学生总数的 79.56%。有教师 177 人，教师合格率为 100%。在 2007 年的小学毕业考试中，全县总分在 167 分以上的有 102 人，其中，桥头中心校就占了 19 人，名次仅次于河口小学，排名第二；全县个人总分在 180 分以上的有 22 人，仅桥头中心校就占了 7 人，也排

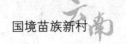

名第二。桥头中学是桥头乡唯一的一所初级中学，现有教职工 77 人，均具有大专学历以上文凭，其中具有本科学历的有 17 人，占 22%。在教师中，具有中学高级教师职称的有 10 人，占 13%；具有中学一级教师职称的有 18 人，占 23%；具有中学二级教师职称的有 8 人，占 10%。其他均为中学三级教师和未定级教师。教师合格率达 100%。在校中学生有 783 人，其中，初一学生 315 人；初二学生 245 人；初三学生 223 人；男生 391 人，女生 392 人；少数民族学生 656 人，占学生总数的 84%。在 2007 年中考中，桥头中学取得河口总成绩第二名。

（一）幼儿教育

从红河州的发展情况来看，幼儿教育始于清宣统元年（1909 年）。到 1953 年，幼儿园已发展到 10 所，1965 年发展到 58 所，到 2003 年发展到 159 所。但从下湾子村的情况看，幼儿能够接受学前教育只是最近几年的事。2003 年，老卡小学开始招收第一个学前班。有教师 1 名，学生 24 名。而在此之前，生活在乡村的更多的幼儿，不仅没有机会接受学前教育，而且还承担着一定的生产生活劳动，许多五六岁的小孩常常帮着大人放牛、采集猪食等（见图 5－4）。

（二）基础教育

1950 年后，红河州基础教育得到了前所未有的发展，下湾子村的基础教育也得到了发展。1952 年，红河州边疆民族地区已有小学校 113 所，1958 年增至 300 多所，在校民族学生 46070 人。到 1985 年，全州已有半寄宿制高小班 300 个。1952 年，河口县建立民族中学。1982 年，一些县

图 5 - 4　放学后还帮大人干活的学生

市恢复和发展民族中学，使全州各县民族中学达 7 所。1984年，红河州在建水开办了州民族中学，面向全州招生。红河州边疆各县、乡、村各级小学的建立，各县民族中学的建立，州民族中学的建立，对包括河口、桥头及下湾子在内的教育发展起了重大的作用。

　　从下湾子村来看，全村共设有老卡小学一所和一个下湾子教学点。老卡小学（见图 5 - 5）设在老卡自然村内，距中越边境线只有百米，学校占地面积约为 2020 平方米，设有教学楼、教师宿舍楼、活动室、球场等。共有 7 个教学班，分别是学前班、一年级、二年级、三年级、四年级、五年级、六年级；共有学生 172 名。其中少数民族学生 161名，占学生总数的 93.6%。在少数民族学生中，苗族 128名，壮族 17 名，彝族 16 名。

图5-5　老卡小学校园一角

学生情况如表5-1所示。

表5-1　下湾子村小学学生基本情况

班　级	学生数	其中：女
学前班	24	13
一年级	18	9
二年级	19	9
三年级	25	13
四年级	26	13
五年级	35	16
六年级	25	12
合　计	172	85

资料来源：老卡小学校长熊开保提供。

　　另外下湾子设有一个教学点。有教学楼，砖墙瓦顶，
两间教室；另有教师厨房一间。共设有一、二、三年级，

26 名学生。其中，一年级 7 人，二年级 11 人，三年级 8 人。三年级读完后，就到老卡小学就读四年级。有教师 2 人，其中 1 人为正式教师，1 人为合同制教师。老卡小学的相关情况如表 5 - 2、5 - 3 所示。

表 5 - 2　老卡小学教师的基本情况表

姓名	性别	民族	出生年月	教龄	教师分属	学历	职称
熊开保	男	苗	1969.8	18	公办	大专	小高
李　丽	女	苗	1969.4	14	公办	大专	小高
马朝兴	男	苗	1974.12	14	合同	高中	小三
杨开林	男	苗	1968.7	20	公办	大专	小高
杨朝华	男	彝	1969.1	19	公办	大专	小高
熊志林	男	苗	1983.3	4	公办	大专	小二
陶金录	男	苗	1967.9	19	公办	大专	小高
唐保芬	女	汉	1972.2	14	公办	大专	小高
杨开兰	女	苗	1983.4	4	公办	大专	小二
李有明	男	汉	1962	23	公办	大专	小高
董泽翠	女	汉	1980.12	3	公办	大专	小二
张力兵	男	汉	1984.8	1	公办	中专	无

注：教师职称中"小高"即小学高级教师；"小二"即小学二级教师，"小三"即小学三级教师。

资料来源：数据于 2008 年 8 月由老卡小学校长熊开保提供。

表 5 - 3　老卡小学下湾子教学点教师的基本情况表

姓名	性别	民族	出生年月	教龄	教师分属	学历	职称
唐年亮	男	布依	1959.12	33	公办	高中	小一
蒋玉中	男	汉	1970.12	14	合同	大专	小一

注：教师职称中"小高"即小学高级教师；"小一"即小学一级教师。

资料来源：数据于 2008 年 8 月由老卡小学校长熊开保提供。

（三）高等教育

接受高等教育是下湾子村人教育状况中最薄弱的环节。虽然中华人民共和国成立后，党和政府非常关心各地的文化教育，采取一些特殊措施鼓励和发展包括河口、桥头、下湾子在内的民族教育，但由于各种原因，特别是经济原因，下湾子人进入高等院校接受教育仍然较少。一直到了1980年，下湾子村才有了第一个大学生，而且是下湾子的第一个苗族大学生。到2007年，在下湾子的近2000人口中，具有大学本科以上学历的只有8人，而且有的还是通过函授和党校毕业的，真正具有普通高校本科学历的只有4人。人口与大学生的比例是250:1，这与全国40:1的比例相比，差距何等之大。

（四）职业教育

一直以来，职业教育的功能还没有充分发挥，以至于边疆地区的村民对职业教育缺乏正确的认识，从而降低了应有的参与率和期望值。同样下湾子的职业教育也不容乐观，多年来都没有多少人参加过职业教育的学习和培训。

这几年来，一方面由于经济发展水平和经济收入的限制，下湾子各村读大学的人也很少，一方面有的读完了大学也不分配工作，给就业增加了极大的压力，所以一部分读完高中或初中的学生为了节省上学开支，减少读书费用上的压力，就在初中或高中毕业时选择了就读职业学校，以此求得掌握一技之长，好在社会上打工。这样，下湾子村职业教育才有了一定的好转。

三　苗文推广和社会扫盲

（一）苗文推广

中华人民共和国成立后，党和政府非常重视少数民族文化的发展，1956 年帮助苗族人民创制了新苗文，同年在贵州民族学院开设了苗文专业，红河州选派了人员参加学习。之后，由于历史原因，民族文字推广被迫停止。1983年，红河州政府恢复了民族文字推广试行工作。从 1984年到 1999 年，包括苗族文字在内的少数民族文字推广试行工作得以轰轰烈烈地开展。在这期间，红河州共举办了苗文师资培训班 20 余期，培养苗文师资 500 多人次；举办苗文扫盲班 780 多个，有 2 万余人基本掌握了苗文。此外，还曾在苗族聚居地区的小学低年级中开展苗、汉双语教学实验班，其教学质量比普通班要高出许多。通过学习苗文，有的苗族青年成了国家干部，有的成了农村中的致富能手。

河口县桥头乡和下湾子村曾在 1986 年、1987 年、1988年、1997 年四年中分别派出人员参加苗族师资培训。培训回来的人员在相关部门的支持下曾在一些苗族自然村中举办了苗文学习班。1996 年 8 月，桥头乡党委政府在河口县教育局和云南省语委的支持下，在桥头乡政府所在地举办了一期苗文师资培训班，这次培训班共有学员 49 人，其中女学员 27 人，男学员 22 人。云南省语委还派专家亲自授课。通过学习培训，这 49 名学员全部取得了合格证书。在这次培训班中，下湾子共派出学员 10 名。这些学员，有的曾在自己村中开展苗文教学，有的虽然没有开展教育，但

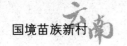

能用自己所学到的苗文从事苗族民间文学的收集工作和诗歌创作工作。据不完全统计，整个下湾子村当时已有 60 余人掌握了苗文。

（二）社会扫盲

下湾子的社会扫盲活动开始于 20 世纪 50 年代。当时，中华人民共和国成立不久，中央提出了"十年内在全国扫除文盲"的计划，红河州也加强了扫盲力度，下湾子村区域的扫盲活动也就慢慢地开展起来。当地政府在各自然村中举办扫盲夜校，开展各式各样的文字扫盲，一些农民通过夜校扫盲开始掌握了简单的汉字，会写自己的名字，会读一些简单的汉文字。1983 年后，苗族文字在红河州试行推广，并迅速铺开。由于在苗族聚居的地区用汉文扫盲的成果不明显，所以苗族文字教学被作为苗族扫盲的一个重要途径，发挥了应有的作用，有的自然村开展了苗文夜校扫盲工作。到 1999 年，下湾子村村民掌握苗族文字的已达 100 余人，有的人还拿到了脱盲证书。但是因苗文读物缺乏，脱盲之后的苗族仍然学不到什么，很多人也因没有读物而逐渐把学到的苗文淡忘了。

四 教育政策与管理

下湾子村的教育政策与管理工作是按照桥头乡、河口县出台的相关政策来进行的。总的来看，下湾子村的教育是以科学发展观为指导，认真贯彻落实红河州关于教育改革发展的相关精神，认真贯彻落实河口县委县政府关于深化教育体制改革、加快教育事业发展的各项决定和要求，按照"巩固成果，深化改革，提高质量，持续发展"的方针，以进一步巩固"两基"成果为基础，大力发展农村教育，以深化教育综合改革为切入点，切实提高教学质量和办学效益；以发展高、中阶段教育，职业教育和幼儿教育为突破口，促进各级各类教育持续健康协调发展，促进教育更好地为当地经济社会发展服务，努力办好让人民满意的教育。

为了又好又快地发展教育，提高教育质量，河口县委、县人民政府出台了《关于深化教育体制改革，加快教育事业发展的决定》、《河口县关于深化教育综合改革，加快教育事业发展工作的实施方案》等政策及相关的多个配套措施，为着力开展教育综合改革，提高教育质量奠定了政策基础。

在教育改革中，近几年主要进行了"三制"改革，即校长公选制改革、教师聘任制改革和绩效分配制改革。"三制"改革的顺利实施，使包括下湾子、桥头等乡村的新的教育用人制度、分配制度和激励机制的框架结构初步建立，学校的办学活力初步显现，整个教育工作呈现昂扬向上的精神状态，整体教育水平和教学质量稳步提高。

在教育管理中，小学和初中阶段认真做好"贫困学生救助工程"，认真落实"两免一补"政策，确保贫困中小学生完成九年义务教育。抓好学生德育工作，做好教师队伍的党建工作和教学科研工作。在高中阶段，除了采取措施引进教师人才外，还制定了对优秀学生实行奖励的三项措施：一是专门设立奖学金，奖励优秀学生。即无论考入高中时的成绩如何，只要在前一学期期末统测中成绩在年级前五名的，就免收下一学期的学费。二是提高中考奖励标准，扩大奖励面。即在中考中取得好成绩并就读河口一中

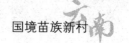

的，都按不同分数段给予不同标准的奖励。三是完善助学措施，积极救助贫困学生。即设立"特困生奖学金"，对成绩优异的特困生减免学杂费并给予奖励；联系"希望工程"、群团组织和热心捐资助学的个人为贫困生排忧解困等。

下湾子村的各项教育工作都是按照河口县、桥头乡的政策和管理来开展的，所以无论小学教育、初中教育或是高中教育都享受相应的政策待遇。

五 教育存在的问题

相比来看，下湾子村的教育发展还很滞后，无论是教育质量还是教育管理体制方面，都存在一些应引起高度重视的问题。主要体现在：一是农民文盲率高，约为30%左右。二是能够读完高中的学生少，只占小学毕业生的10%，有相当一部分学生在小学毕业和初中阶段就离开学校。三是教育体制改革后，并校所导致的失学现象较为严重。有的村寨没有学校，要读书就要让七八岁的小孩子走三四里山路。四是教师流动性大，山村里好的教师调入乡镇，乡镇里好的教师调入县城；从内地特招到边疆的教师也千方百计调回内地。农村里逐渐只剩下一般的教师，教学质量相对较差。五是教师队伍里还存在一定数量的合同教师，他们如何转正、如何提高教学质量都需要认真对待。

第四节　医疗卫生

一　常见病

　　下湾子村大病少有，而常见病时有。常见病主要是感冒、拉肚子、蛔虫病、咳嗽、风湿、毒疮、刀伤、妇女痛经等。对于这些常见病，村民们都有自己的治疗方法，一般不去医院治疗。

二　大病及防治

　　大病主要涉及肺结核、肝炎、疟疾、心脑疾病等。对这些疾病，村民们很少能自己治疗，只有到桥头乡卫生院治疗，甚至到河口县人民医院治疗。不过，出现这种情况时，村民也就由于经济收入水平低而陷入了"看病难"的境地。

三　乡村医生

　　包括下湾子村在内的桥头乡，每一个村民委员会都设有一个卫生所，有两名乡村医生。乡村医生的职责主要是负责对整个村民委员会的大小疾病进行防疫和治疗。下湾子村的卫生所设在老卡。因老卡相对处于中心区，周围都有自然村，村民相对集中，而且老卡是一个边境贸易市场，人流相对较多，所以卫生所设在这里是比较合适的。

　　该卫生所总面积约为100平方米，分隔成三间，设有药房、诊室、病床室。现有药品200多种，价值1万元左右。这些药品是由乡村卫生员自己进货的，由于资金有限，药

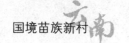
品及数量都不十分齐全。乡卫生所在行政管理上由乡卫生院管理，业务上由乡卫生院指导，但实行自收自支。目前，下湾子卫生所的乡村医生都尽职尽责，除了病患者到卫生所就诊外，平时哪里有病人，他们就往哪里跑，积极为村民的健康服务。调研组在调研期间，乡村医生接连接到多个电话，有妇女难产的、有突然肚子疼痛的，他们就只好背起药箱、骑着摩托车向那里奔去。

两个乡村医生的基本情况如下：

浓开翠，女，37岁。红河州卫生学校毕业，有执业证书。

罗万文，男，24岁。中专毕业。曾在红河州组织的乡村医生培训班中培训，取得乡村医生合格证书。

除乡村医生外，自然村内的村民们大多数都略懂一些草药，平时的常见病，村民们自己找草药治疗。只有实在治疗不好的才去卫生所去找乡村医生。

四　民间医药

下湾子村的民间医药不仅有一定的历史，而且有自己的特色。自从下湾子有了居民，就开始有了民间医药。据说，因为下湾子村的先民们不断迁徙，在恶劣的迁徙环境中与各种疾病作长期的斗争，在到达下湾子时已积累了一些独具特色的医药经验和技能（见图5-6）。

在诊断上，村民们同样采取观察、闻嗅、询问、触摸等办法来进行，也就是人们常说的望、闻、问、切的办法。

在医疗方法上，主要分为两种：一种是不用药的，如刮、捏、放、扎、拔、吸等。另一种是用药的，基本上是草药。"刮"即刮痧。"捏"即揉捏相关的穴道、筋道，捏

图 5 - 6　民间医生在卖药

时，蘸一些烟筒水或烟杆屎，达到消炎的作用。"放"指排毒放血，即将血毒推至指尖，然后刺破放出。"扎"就是扎毒消炎，用火针蘸一些硫黄，烧红扎在患处。"拔"指拔血毒，就是人们常说的拔火罐。"吸"是用泥土捏出一个一头大、一头小的空心圆锥体，将涂有蜂腊的草纸卷成管状插在圆锥体小的一头内，将大的一头罩在肚脐或穴位上，点燃草纸，这样可以吸出体内的寒气。这种方法主要用于治疗小孩风寒感冒。

　　草药用方多为单方、二方、三方，多方的较少，从外形上看并无独特之处，它的独特之处在于药方的疗效上。常见病中的感冒、痢疾、肝炎、哮喘、风湿、毒疮、肺结核、刀伤、妇女痛经、难产、不孕不育等，村民们用自己的草药土方治疗，多有奇特疗效。

　　多年来，村民们在传承中不断探索实践，积累了较丰富的经验和技能，特别是其中的治疗方法和药方，是村民

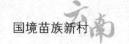

们在现实生活中一笔宝贵的财富，它不仅为村民们在医疗开支上节省了一大笔钱，而且为村民们的健康作出了一定的贡献。可惜的是，它没有形成系统的理论，而且多凭经验传授，影响不大，且有濒临消失的危险。

五　公共卫生

1950 年以后，在党和政府的关心支持下，下湾子村陆续建立起了卫生所、卫生室，医药卫生条件有了根本的转变。当时一些乡村医生凭着全心全意为人民服务的一腔热情，走村串户，为群众治病，使下湾子的卫生事业得到了发展。1970 年后，农村公共医疗卫生渐渐被取消，加之下湾子经济社会发展水平还较低，群众看病难成了一大问题。这时，传统的民间医药在下湾子村甚至其他相邻地区又发挥了重要作用。2003 年后，特别是党的十六届五中全会后，党中央对农村的公共医疗卫生事业十分重视，农村公共医疗卫生建设事业才真正成了政府的重点工作之一。

目前，包括下湾子在内的整个桥头乡建有中心卫生院 1所，卫生服务所 8 所。中心卫生院办公楼建于 2000 年，建筑面积 860 平方米，设有床位 30 个，有在职医务人员 26人。桥头乡所辖的 8 个村民委员会建有卫生所，每个卫生所配备了一男一女 2 个乡村医生，负责对当地村民的常见病进行防疫和治疗。每个村卫生所的工作纳入上级卫生部门的工作目标管理，并列为桥头乡卫生院年终考核评比的条件之一。乡村医生要定期向卫生院报告当地的病疫防治情况。通过县、乡、村三级卫生医疗机构的建立和完善，下湾子村的公共医疗条件得到了明显改善，村民的健康水平得到较大提高。20 世纪 70 年代以前曾出现的流行病如痢疾、百日咳、疟疾等的发病率已大大降低，即使偶尔发病也容易得到控制。一些常见病容易得到治疗，地方疾病预防、妇幼保健工作得到了村民的支持，开展顺利。

自 2008 年初以来，桥头乡在农村合作医疗与医保方面的工作得到了全面提高。该乡照州、县的统一安排布置，以《河口县 2008 年度农村合作医疗宣传发动工作方案》的具体要求为框架，以农户自愿为前提，开展了全方位的宣传，这样，广大村民踊跃参加合作医疗的积极性有了一定的提高。全乡 15969 名农村人口中，有 13052 人参加了合作医疗，村民参合率达 82%。下湾子村民委员会 1828 人中，参加合作医疗的有 1324 人，参合率达 72.4%。

六 村民医疗开支

关于村民医疗开支情况，当地村民委员会和村民自己都没有作过统计，所以在调研中没有得到相应的数据。从入户访谈中了解，村民的医疗情况大致可分为三类：一是小病或患者家庭经济十分困难，都自己采药或求民间草药进行医治，表面上没有产生医疗开支；二是常见病，患者无论经济水平如何都采用民间的药方以草药治疗，只有少部分从诊所或药店购买中、西药进行治疗，这种情况也难以统计医疗开支；三是已把小病拖成大病或本身就是大病而民间医生无法医治的，才到相关的卫生部门就治，这种情况虽少但开支却很大，不到万不得已，村民们不愿意采取这种方法。他们谈到，正常家庭一年只需几百元医疗开支即可，但有的家庭如果家庭成员身体健康状况不太好，那么医疗开支一年可达几千元甚至万元以上。所以有的家庭常常因为就医开支而倾家荡产。总的平均下来，估计每

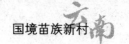

个家庭年医疗开支在 1000 元左右。

七 医疗卫生方面存在的问题

近几年来，尽管疾病预防、保健工作和农村合作医疗工作得到了顺利开展，农村的医疗条件有了明显改善，但由于村民的医疗保健意识和经济发展水平还较低，所以下湾子村在医疗卫生方面还存在着一些不可忽视的问题。

一是村民的就医意识和保健意识还较差。主要表现在群众生病不到医院就医，把一些小病拖成了大病。当然，这主要归因于经济能力。村民们患病比较依赖用民间草药进行治疗，难免因诊断或其他原因导致延误病情，不能康复。另外，村民们不太注重保健工作，卫生习惯较差，家里苍蝇较多，换洗衣服不勤，自我卫生不勤；有的人家牛马关在家里，牲畜粪便遍地，卫生状况差。许多妇女由于经济能力等原因，不太注重妇幼保健工作。

二是村民就医能力还很弱。由于当地经济还不发达，许多家庭的经济收入低，村民生病时，由于经济困难，很少到医院治疗，造成小病拖成大病；有的生病后，找乡村医生看病，没有医药费，只好拿鸡鸭或粮食充抵；更有甚者，没有钱就医，就干脆请巫师来跳神。

三是乡村医生的工资过低，没有能力进药品。目前下湾子的乡村医生每月由政府发给补贴 150 元，其他由他们自己自收自支。由于经费有限，医疗条件简陋，药品品种少，不能满足村民就医的需要。这样的结果是，乡村医生的收入越来越少，医疗条件越来越差。

四是农村合作医疗还有待加强。农村合作医疗是一项惠民政策，很多村民虽然了解这项政策，但由于经济水平限制，有的村民不愿意参加。参加农村合作医疗的村民每人每年交纳 10 元钱，一家四五口人，就要交纳四五十元钱，这对于生活十分困难的家庭，有时的确拿不出来。政府部门一方面要作进一步的宣传动员，一方面要积极引导他们抓好经济建设，提高他们的经济收入。

案例　访谈记录

时间：2008 年 8 月 14 日

地点：下湾子老卡

采访人：罗有亮

被采访人：浓开翠

罗：你认为下湾子村的医疗状况如何？

浓：下湾子村的医疗状况与桥头乡其他村的医疗状况相比，处于中上水平。其他村有的医疗点还没有我们的这个点大，医疗设备和药物也没有我们的多。有的只有一个乡村医生，而我们有两个。

罗：你们这个村的医疗点有多大，药物都有哪些？

浓：下湾子村的医疗点也不算大，有一间药房，一间病房，置有两张床位。药物不多，主要是没有经费，有些好的药物、针剂，我们无法购买。药房里的药都是治疗一般的感冒、发热、止泄等小病的药物。

罗：乡里没有药物配送的吗？

浓：一般都没有。因为医疗点主要是自收自支，进多少药、进哪些药都是自己做主。

罗：那你们的工资是多少？

浓：我们没有工资。我们挣多少就是多少，这不算是工资的。

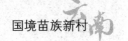

罗：那会不会存在多收费的情况？

浓：不会。我们的药物价格都与乡上、县上的药物价格相同，我们一般只收取一点手续费，收多了不仅要被上级追究责任，而且群众也不会来这里看病了。

罗：农民群众看病积极性高吗？

浓：谁生病了都希望治好。这里的群众看病积极性不算高，原因主要是他们都很穷，没有钱看病；再者就是他们也懂得治一些简单的病。

罗：现在不是实行农村合作医疗吗？看病可以报账呀！

浓：农村人看病不像你们城里，是要先交钱治好病才凭票据报账。他们是没有钱交的，再说有时十多元钱，谁还为这点钱跑上跑下呢？

罗：农村参加合作医疗的积极性高吗？

浓：具体的情况我不太清楚，但总的情况还是好的，下湾子大概有90%左右都参加了吧。

罗：农村都有些草药医生吗？

浓：你是知道的，这里的农村是少数民族的多，少数民族都懂得自己的一些草药，他们有一些偏方，可以治疗一些简单的疾病。几乎每个人都懂草药，只是有的多点，有的少点，但至少每个村子都有一两个。

罗：他们以卖药为生吗？

浓：不是。他们平时都参加农业生产。

罗：好了。谢谢你。

第六章　新农村建设

第一节　近年来新农村建设成就

一　政策措施

　　党的十六届五中全会明确提出了建设社会主义新农村的目标，这是以胡锦涛为总书记的党中央审时度势作出的重大决策。它要求将农村建设成为"生产发展、生活宽裕、乡风文明、村容整洁、管理民主"的社会主义新农村。这集中反映了党中央解决"三农"问题的信心和决心，对于加强农村基础设施建设、改变农村落后面貌、推进社会主义现代化建设事业，具有十分重要的现实意义和长远的历史意义。河口县桥头乡下湾子村不仅位于红河州的最南端，也位于我国的最南端，地处最偏远的农村山区，山高坡陡，交通不发达，资源不充足，文化素质相对低下，生产生活水平还不高。尽管多年来党和政府对下湾子村倾注了很大的精力和物力，但其发展水平与内地和其他发达地区相比，差距仍然很大，贫困现象还十分突出。在建设社会主义新农村的过程中，还有许许多多的困难和问题不可回避。为了更好地建设下湾子村，下湾子村民委员会根据各级党委

政府的要求，结合实际、因地制宜，制定出台了关于新农村建设的相关政策和措施。

一是努力推进农村"三个转变"。按照"生产发展、生活宽裕、乡风文明、村容整洁、管理民主"的要求，扎实推进新农村建设，明显改善农村生产生活条件和整体面貌。要推进农村发展方式的转变，促进农村生产方式的市场化，提高农村发展的市场化程度，促进生产要素流向农业、农村，使土地、劳动力等资源转化为农民的财富。要推进农村生活方式的转变，大力发展农村教育、科技、法律，改变不文明、不卫生的不良习惯，改变生产、生活、消费方式，提高农村群众的文明水平和生活质量。要推进农村管理方式的转变，加强农村的科学管理、民主管理、系统管理，提高农民的组织化程度，促进农村政治文明建设。

二是加快农业产业化经营。把加快发展农业产业化经营作为推进农业现代化的重要途径，延伸农业产业链，提高农业经济效益。在保证农村粮食自给有余的前提下，大力发展特色农业，进一步扩大经济作物种植面积，优化农业产业结构，促进农业专业化、规模化发展。培育科技型农业龙头企业，加强农业生产基地建设，加大冬季农业开发力度，加快山区综合开发力度。发展各类专业合作经济组织，逐步建立多渠道、多层次、多形式的农业科技推广体系，积极开拓农产品市场，规范农产品市场秩序。

三是深化农村体制改革。稳定并完善以家庭承包经营为基础、统分结合的双层经营体制，根据自愿有偿原则依法流转土地承包经营权，发展多种形式的适度规模经营。巩固农村税费改革成果，全面推进农村综合改革。不断推进农村义务教育、财政体制改革，深化农村信用社改革，坚持严格的耕地保护制度，健全征地合理补偿机制，深化农村流通体制改革，积极开拓农村市场。加强农村基层政权建设，实行村务公开、民主管理制度，建立和完善村民自治制度。

四是大力发展农村公共事业。加大农村基础设施建设投入，建设高稳产农田，加快村寨道路建设，解决农村饮水困难和安全问题，实现农村通讯和广播电视"村村通"，大力普及沼气等清洁能源，加强农村环境卫生整治。改善农村办学条件，巩固九年义务教育，提高教育质量和水平。促进农村文化事业发展，丰富农村群众精神生活。建立健全新型农村合作医疗制度，加强人畜共患疾病的防治，提高农村医疗卫生水平。继续落实农村计划生育"奖优免补"政策，实施"少生快富"工程，控制人口增长，提高人口素质。多方筹集资金，为少数民族改善生产生活条件。

五是千方百计增加农民收入。坚持"围绕增收调结构，突出特色闯市场，依靠科技增效益"的方针不动摇，充分挖掘农业内部增收潜力，加快推进农业产业化经营，积极开拓农产品市场，拓宽农民增收渠道。以市场为导向，加大热区资源开发力度，不断壮大生物资源开发创新产业。认真贯彻执行党在农村的各项方针政策，探索促农增收新途径。进一步加大农村扶贫开发力度，努力使贫困山区的教育、卫生、居住环境和生活条件得到明显改善，促进农村经济的快速发展。

在认真执行上述政策的过程中，下湾子村村民委员会根据上级党政部门的文件精神，主要采取了下列措施：

（1）认真做好重点村的建设规划。一是要深入进行调查摸底，按照整村推进的标准，确定重点自然村。二是坚

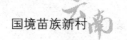

持先难后易的原则，优先安排贫困人口多、贫困度深、农民人均收入低、尚未解决安居温饱问题的特困村，实行整村推进工作。三是全面掌握贫困基本情况，分析贫困原因，搞好重点村的建设规划。

（2）认真组织引导村民广泛参与，激发贫困户脱贫的内在动力。贫困村民是新农村建设的对象之一，也是新农村建设的主力军。要向村民讲清楚整村推进的目的和意义，增强改变家乡面貌的责任感，充分发挥他们的主动性和积极性，使重点村村民参与整个推进工作过程。规划内容要充分听取村民的意见，并向村民公示。一经批准要保持相对稳定。在争取各方面的资金投入时，要积极发动村民投工投劳、献资献料，参与整个项目的实施工作。

（3）整合资金，努力增加对整村推进的投入。按照统一规划、统一安排，渠道不乱、用途不变，各司其职、各负其责、各记其功，相互配套、形成合力的原则，通过事前项目计划的编报，整合各种资金，集中投入重点村建设，最大限度地提高扶贫资金的综合效益。

（4）加强项目和资金的管理，提高工作效率。建立工作目标责任制，做好跟踪督察和服务，使各项任务落到实处。建立项目资金公示制度，在项目实施前后，采取适当的形式将项目规划、内容、资金使用、项目质量和效果等向村民和社会公示，接受村民和社会监督。

（5）加强组织领导，扎实工作，加快新农村建设进度。实施整村推进是新农村建设的一项综合性工程，工作涉及面广，任务重，责任大，村委班子、上级党政部门要高度重视，精心组织，确保各项工作顺利开展，争取早日实现社会主义新农村欣欣向荣的和谐目标。

二　取得的成就

（1）农村经济快速增长，农民经济生活水平有了显著提高。

（2）农村基础设施日臻完善，服务功能明显增强。

（3）各项支农惠农政策得到落实，整村推进工作顺利开展。

（4）农村环境卫生整治工作逐步推进，村容村貌明显改观。

（5）文化教育条件得到改善，学校教育质量和村民整体文化素质有了较大提高。

（6）民主法制建设得到加强，民主管理意识和管理技能得到提高。

第二节　新农村建设规划

一　资源条件

（一）土地资源丰富，农耕地多，森林覆盖少

下湾子村土地总面积 18 平方公里，人均有土地 6.98 亩。耕地面积 4140 亩，占土地总面积的 34.5%，人均有耕地 2.41 亩。在农耕地中，有旱地 3291 亩，占耕地面积的 79.5%，水田 849 亩，占耕地面积的 20.5%。全村土地总面积中，有森林面积 320 亩，森林覆盖率为 27%，有荒山 4290 亩（其中，宜林地 1800 亩，宜牧地 650 亩），人均 2.49 亩。

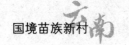

（二）高山立体气候，适宜多种作物生长

下湾子村最高海拔 1350 米，最低海拔 420 米，属高山立体气候，年降雨量 1600 毫米，年平均气温 20.5℃，年日照时数 1800 小时，无霜期 360 天。土地土壤多为棕黑壤、黄壤，土层深厚，肥力中等。种植的农作物有水稻、玉米、大豆、洋芋、小麦等。接近山顶的气候宜种植核桃、板栗、八角、梨、花椒等经济林果，接近河谷的气候宜种植荔枝、龙眼、柑橘、西瓜以及香蕉、菠萝等热带经济水果。由于属高山立体气候，只要能合理利用土地资源，下湾子村在发展种植上有很大的潜力。

（三）发展家庭养殖（养猪）有基础，有经验，潜力大

下湾子村各村组家庭的经济来源主要是养殖，即主要是养猪。近几年来，科学养猪技术在广大农户家庭中逐步得到推广和运用，农户对养猪有一定的基础和经验。

二　总体规划

（一）指导思想

一要与乡、县的经济社会发展思路相衔接，在服从全县、全乡规划的前提下，按照新农村建设的要求，充分发挥"十五"期间已建成的各项生产生活基础设施的优势，实现科学发展；二要遵循社会主义市场经济的基本规律，让下湾子村委会经济发展与乡内外、县内外、省内外以至国际市场接轨；三要用产业化的思想来研究和指导生产，

破除"小而全"的小农经济思想，实现全村经济的可持续
发展。

（二）总体思路

进一步巩固和完善农户各项生产生活基础设施，加大
科技推广力度，稳定粮食面积，提高粮食单产，保证自给
有余；大力培植八角种植产业和砂仁种植产业，鼓励发展
畜牧业和开展多种经营，稳定农民经济收入来源；积极发
展乡镇企业和第三产业，加大产业结构调整力度；采取积
极措施有效保护森林，维护生态平衡；加大民主管理，切
实维护村民的合法权益。

（三）主要内容

采取综合措施，以稳定粮食面积、提高粮食单产、稳
定和增加农民经济收入为核心，实施乡村道路、治水工程
等基础设施建设项目，综合开发八角、砂仁、柑橘、荔枝、
核桃、花椒、板栗等种植项目和以养猪、养牛、养鸡为主
的养殖业项目，退耕还林，营造以八角为主的经济林，推
广沼气等生态环境保护建设。加强科技推广和科技培训力
度，争取在项目实施后，各项发展符合新农村建设规定的
各项目标。在项目上分为四大项，即基础设施建设项目、
以种植业养殖业为主的经济开发项目、生态环境保护与建
设项目、科技培训。

（四）项目布局与农户参与

下湾子村委会共有 12 个村民小组，八角种植、砂仁种
植、柑橘种植、荔枝种植、柏树种植、花椒种植、核桃种

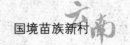

植、板栗种植，养猪、养牛、养鸡等项目覆盖所有村民小组。

（五）目标与任务

1. 目标

到项目实施结束时，预计达到如下目标：

（1）全村人均有粮450公斤，人均纯收入达1600元；

（2）全村森林覆盖率达30%；

（3）科技普及率达90%以上；

（4）全村社会、生态、经济效益呈良性发展，民族团结，边防巩固，人民安居乐业，脱贫致富奔小康。

2. 任务

（1）实现村村通公路；

（2）解决村民小组人畜饮水困难问题；

（3）新建7条三面光水沟；

（4）改造高产稳产农田1000亩；

（5）发展种植业、养殖业，解决农民群众增收问题；

（6）加大科技培训力度，户均掌握一门实用技术。

（六）投资概算

下湾子村委会扶贫综合规划总投资为464.44万元，其中国家投入200万元，农户投工投劳和集资264.44万元。基础设施项目投资为139.94万元，占总投资的30.1%；经济发展项目投资245.8万元，占总投资的52.9%；生态环境保护建设项目投资为81.5万元，占总投资的17.55%；科技培训投资为1.2万元，占总投资的0.25%。

（七）项目效益分析

1. 经济效益分析

种植业：砂仁种植，第二年产出，亩产鲜砂仁 30 公斤，500 亩可生产鲜砂仁 15000 公斤，按 8 元/公斤计算，销售收入 12 万元；八角种植，第五年可产出，亩产鲜八角 50 公斤，1000 亩八角可生产鲜八角 50000 公斤，按 4 元/公斤计算，销售收入 20 万元；黄柏树种植，第五年可产出，亩栽 500 棵，按 5 元/公斤计算，亩销售收入 0.25 万元，1500 亩柏树销售收入达 375 万元；荔枝、柑橘等水果种植，第五年可产出，按 600 元/亩计算，销售收入达 162 万元。以上几项合计收入达 569 万元以上。

养殖业：养猪，第二年出栏，按 600 元/头计算，700 头生猪销售收入 42 万元；养牛，第二年出栏，按 1200 元/头计算，152 头牛销售收入 18.24 万元；养鸡，按 20 元/只计算，7200 只鸡销售收入 14.4 万元。合计收入 76.64 万元。

2. 社会效益

项目实施后，一是解决了 3 个村民小组不通乡村公路的问题；二是解决了 103 户 510 人、79 头大牲畜饮水困难的问题；三是增加了经济收入，提高了人民群众的生活水平；四是科技知识得到推广和运用。

3. 生态效益

八角生态林及荔枝、柑橘等项目的实施，有效增加了下湾子森林面积 6200 亩，保持了水土，涵养了水源，改善了自然生态；沼气建设改善了人民群众生活卫生条件，保护了森林资源。

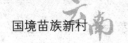

（八）组织机构

为确保新农村建设顺利开展，下湾子村成立了由党总支书记为组长，主任为副组长，副主任、武装助理及"两委"班子成员为项目领导成员的小组，并成立办公室，由村委会副主任任办公室主任，对各项目进行具体安排，组织实施，明确分工，分层管理，责任到人，严格把好质量关。

第三节　存在问题及建议

一　存在问题

社会主义新农村建设是一项宏大而艰巨的民生工程，在实施的过程中必然存在这样那样的困难和问题。这些困难和问题主要是以下七点。

（1）基础设施建设滞后。这种状况严重影响村民的商品生产和商品流通，制约着村民的社会主义市场经济建设。特别是交通状况差，一方面增加了村民的商品生产成本；另一方面村民有东西运送不出去，农家产品成不了商品。

（2）村民整体文化素质低。这种情况严重制约了村民进一步学习科技知识，使整个农业科技含量低；村民在思想上没有形成开拓进取、竞争创新、积极向上的精神状态，阻碍着自身的进一步发展。

（3）增收渠道狭窄，增收难度大。农业基础设施、农田水利化程度、农业发展规模、农业科技投入、地方资源状况等因素共同制约着农民增收状况。增收难度大反过来又影响经济的进一步发展造成恶性循环。

（4）农业产业结构调整难度大。下湾子村传统农业结构单一，以种植粮食为主，村民的头脑中只要有粮食就会有一切的思想还很牢固，看不到产业调整带来的好处。最为重要的是，村民们对农业产业结构调整束手无策。

（5）生态环境日益恶化。森林面积逐渐缩小，林木地变成荒坡地，水源林逐渐被蚕食，水资源减少，出现了新的饮水困难和农田用水困难。

（6）民族传统文化面临失传。在以经济收入为评价标准的时代，传统文化的经济价值一时体现不来，年青一代很少有人愿意学习民间民族传统文化。目前掌握民族传统文化的都是四五十岁的中老年人，传统文化面临失传。

（7）剩余劳动力转移难度大。一方面人口增加，耕地面积减少，剩余劳动力增多；另一方面教育缺失，人口文化素质低下。这种状况导致剩余劳动力转移难度大。

二　对策建议

（一）高度重视农村经济的发展建设

农村经济发展状况是本地区社会主义新农村建设的物质基础，只有经济得到一定的发展，人们的生活水平有了一定的提高，吃、穿、住、行等基本生活条件得到了一定的满足，才能搞好社会主义新农村建设。如果最基本的生活条件都得不到满足，那新农村建设将无从谈起。随着党的支农惠农政策进一步落实，下湾子村经济社会得到了一定的发展，群众的生产、生活水平有了一定提高。但是，这种发展与其他先进地区相比、与东部地区的发展相比，

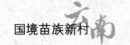

还存在很大的差距。逐步缩小这种差距，实现区域协调发展，最终实现全国人民的共同富裕，共同奔向小康，是我国社会主义制度的本质要求，是党领导各族人民建设中国特色社会主义的根本出发点和目标。因此，要高度重视和加强下湾子村经济发展建设，要用科学的发展观和政绩观来指导各项工作，按照以人为本、统筹区域、统筹城乡的原则，着力开创下湾子村经济发展的新局面。

各级政府和领导干部要多想多做，敢干敢闯，多在宏观指导和服务引导上下工夫，树立开拓创新、以大开放促大发展的意识，积极带动当地村民发展致富。要引领村民大力发展新兴特色产业，培植本地区增收的新亮点；积极发展农村第二、三产业，拓宽农民增收渠道，以促进下湾子村经济社会的快速发展。

（二）认真抓好民主政治建设

民主政治建设关系到一个地区的团结稳定和发展繁荣，因此，认真抓好该地区的民主政治建设显得非常重要。我国党和政府历来都非常重视民主政治建设，使我国这个多民族的国家逐步走向团结一致、共同发展的道路。但是，由于下湾子村的整体文化素质相对较低，村民对一些民主法制方面的政策或条款理解得不够深，有时，自己的一些思想或行为已经与政策或法律法规相冲突了还不知道。如国家实行的计划生育政策、收缴民用枪支政策、禁止捕杀野生动物政策等，有些村民还不够理解。这些，都需要我们认真地去做好工作。

现代民主政治既是新农村建设的基本要求，又是新农村建设的基本动力。村民们直接或间接地参与国家的政治生活与社会管理，对国家重大事务享有知情权，就各项重大决策和立法建议进行充分表达和交流，就能更好地反映村民的根本利益和共同意志。因此在当今时代，没有民主，就不能解决社会矛盾；有了矛盾，就会影响经济发展。只有认真抓紧、抓好民主政治建设，抓紧、抓好法治建设，才能为建设社会主义新农村提供政治基础和保证。因此，要加强民主法制建设，杜绝一切腐败现象，提高当地的民主管理意识和管理技能。

（三）切实加强基础设施建设

基础设施建设，是发展农村经济和改善农民生产生活的必备条件，是推进农村地区社会主义新农村建设的物质基础。纵观农村地区经济的发展状况，基础设施落后是制约经济发展和社会进步的一个主要因素。特别是交通设施、农田水利设施、能源建设设施、生态环境保护设施等。直到现在，有些农村地区的吃饭问题都未能完全解决，经济收入水平非常低下，其中一个重要的原因就是基础设施落后。因此，贫困农村地区的基础设施建设非常重要。下湾子村是河口县、红河州，甚至我国的一个山区贫困村，同样存在基础设施落后的状况。

各级政府要从建设新农村的高度出发，把改善村民的基本生产生活条件放在优先的位置上，认真抓好交通、水、电建设工作。要围绕村村通公路的目标，从兴农富民的大局出发，采取积极有效的措施，加快边疆乡、村公路等级改造，实现村村通公路，让人流、物流畅通无阻，以利于农村商品经济的快速发展。要加快水利工程建设，加大对贫困山区"五小"水利工程的建设力度，以治水改土为重点搞好土地开发整理，加快荒山荒坡的综合治理，积极开展中、低产田地的改造，切实解决包括下湾子在内的农村地区人、畜饮水问题和农业灌溉用水问题等。在村寨建设中，要坚持统一规划、统筹发展的原则，因地制宜地开展村容村貌的整治工作，帮助每个自然村努力实现有一条宽敞的道路、一间明亮的文化活动室、一股清洁卫生的饮用水的目标，加强以改水、改路、改厨、改厕、改厩为重点的村寨环境整治。这样，才能让农村也有一个舒适的生产生活环境，新农村建设的步伐才能加快。

（四）认真解决下湾子村区域内教育和人的发展问题

人的素质的高低对建设社会主义新农村至关重要。而人的素质的提高、人的全面发展，首先要靠教育。但是，由于种种原因，下湾子村的教育还存在许多问题。如对教育的重要性认识还不够，教育投入不足，办学条件差，九年义务教育的普及和巩固还有待加强，教育管理体制不适应新形势下经济社会的发展需要，师资不足且配置不合理，教育质量迟迟得不到提高，应试教育阻碍技能的提高等。这一系列问题的结果是文盲率高，人的素质得不到提高，人才总量不足。这对建设社会主义新农村是十分不利的。

如何解决下湾子村的教育和人的发展问题呢？国务院在《关于深化改革加快发展民族教育的决定》中已经明确指出："民族教育的改革和发展，要坚持实事求是、从实际出发，在发展规划、改革步骤、目标要求、教学用语、课程设置、学制安排等方面因民族、因地制宜；坚持观念创新、体制创新和机制创新。"这就有了明确的方向。当地政府要进一步加强对教育的认识，提出强有力的具体措施，切实抓好当地的教育。就当前来看，关键是要充分利用好党中央、国务院确定的政策，用好民族教育专项资金，抓紧建设民族地区的现代国民教育体系，优化教育结构和教育资源配置；进一步落实"两免一补"政策，重视巩固和普及九年义务教育，尽量普及高中阶段教育；大力发展民族教育和民办教育，加强职业教育和高等教育。只有这样，下湾子村的教育才会有突破性进展，才能跃上一个新的台阶，人的整体素质才能得到提高，建设社会主义新农村才不是一句空话。

（五）妥善处理医疗卫生和生活环境问题

下湾子村在公共医疗卫生方面存在许多问题，需要做的工作还很多、很艰巨。由此使得社会主义新农村建设也更加艰巨。

下湾子村在公共医疗卫生方面的主要问题有：村民的医疗意识还不强、"农民看病难"、村级卫生所的医疗条件差、药品供应不足、村民还存在一定程度的迷信思想等。与医疗卫生问题相伴随的是农村农民的生活环境问题。在下湾子村，有的自然村连一个公共厕所都没有，有的村家畜粪便随处可见；更多的是因盗窃现象导致的家畜与人同在一个屋檐下的状况还较为严重。这样，生病率高便是自然的了。如果村寨离医院较远，公路不通，交通不方便，医药费用又高，那么，村民"看病难"的状况就可想而知。

现在，各级政府要切实抓住党中央、国务院已高度关注这个问题的极好机遇，为解决这些问题而努力。我们可以在建立新型农村合作医疗制度上采取这样一些措施：①加强政府行为以公共医疗卫生为主的服务性医院建设，重点做好预防、保健和基本医疗服务工作；对贫困村民就医和妇女住院分娩收费实行最高限价。②建立发达地区与下湾子村对口支援和巡回医疗制度。③逐步分层次实行大病或重病保险。④逐步筹建慈善基金，建立医疗非牟利体系。⑤加强乡村医生的技能和职业道德培训。⑥鼓励不同所有制形式的医疗机构参与下湾子村医疗卫生事业建设。通过多种切合实际的措施，让更多的村民都能像城里人一样，更好、更快地看病治疗。

（六）高度重视人与自然和谐相处的生态环境建设

人与自然和谐相处是社会主义新农村的基本特征之一。没有人与自然和谐相处的农村，就不是全面发展的新农村。近几年来，下湾子村的森林资源和水资源已遭到一定的破坏，对村民的生产生活已造成了一定的影响。因此，建设人与自然和谐相处的生态环境已显得十分重要。实际上，在社会还不能提供充分的生产生活条件的情况下，自然生态环境的日益恶化，将使长期依赖大自然赐予的下湾子村逐渐丧失生产、生活的资源基础，贫困的阴影将长期笼罩他们。因此，建设人与自然和谐相处的生存环境，是下湾子村建设社会主义新农村的必然选择。

（七）正确处理民族传统文化建设和先进文化建设的关系

民族优秀传统文化是一个民族在长期的社会历史发展中不断总结和积累下来的智慧结晶，是一个民族珍贵的精神食粮。在社会主义新农村建设当中，如何进行少数民族传统文化建设，如何让少数民族的传统文化更好地传承和弘扬，是我们整个社会的责任。下湾子村是一个以苗族为主的民族聚居村，以苗族为主的民族优秀传统文化还十分浓厚。正确处理这些优秀的民族传统文化与先进文化之间的关系，对建设社会主义新农村有着十分重要的意义。

下湾子村在处理民族传统文化建设和先进文化建设的关系上，存在诸多不可忽视的问题。如：民族传统文化流失严重，民族民间文化保护投入严重不足；对民族传统文化如何抢救和保护，如何继承和弘扬，如何开发和利用，如何将文化建设和经济建设有机结合起来，传统文化如何产业化。所有这些问题，都没有处理好。当然，这不仅仅是下湾子村的问题，而是整个社会的问题。这些问题都是我国在处理民族文化建设和先进文化建设关系中共同存在的问题。这是应该引起高度重视的。

搞好民族优秀传统文化建设与当前建设中国先进文化并不矛盾，相反，民族优秀传统文化建设与中国先进文化建设是相辅相成的。把民族优秀传统文化建设好，必然为先进文化建设注入新的活力，丰富先进文化的内容，增强先进文化的生命力。因此正确处理好民族优秀传统文化建设与先进文化建设的关系，是"发展面向现代化、面向世界、面向未来的民族的科学的大众的社会主义先进文化"的关键，也是社会主义新农村建设的重点。

附录1 下湾子村民委员会村规民约

根据《中华人民共和国村民委员会组织法》、《云南省实施〈中华人民共和国村民委员会组织法〉办法》和有关规定，结合本村实际制定本村的村规民约，望全村村民遵照执行。

一、每个村民要学法、守法，自觉维护法律的权威和尊严，同一切违法犯罪行为作斗争。

二、村民之间要团结友爱，和睦相处，不打架斗殴，严禁造谣和拨弄是非。

三、自觉维护社会秩序和公共安全，不得扰乱公共秩序，不阻碍公务人员执行公务。

四、严禁偷盗，敲诈，哄抢国家、集体和他人财物。

五、严禁赌博，严禁替犯罪人员隐藏赃物。

六、要爱护公共财产，不得损坏水利、交通、供电生产等公共设施。

七、不调戏妇女，遵守社会公德。

八、严禁乱砍滥伐国家、集体和他人的林木。

九、严格用水、用电管理。未经批准，不得乱安装用水用电设施，要爱护水电，要节约用水、用电，严禁偷水偷电。

十、要搞好军警民团结关系。

十一、为创造洁净和谐的农村生活环境，搞好村民的卫生意识，养成人人讲卫生、人人尽责任的良好习惯，使环境卫生工作得以民主化管理。

1. 各村民小组定期和不定期组织开展环境卫生大扫除。农户每周也要进行一次房前屋后的卫生清扫，清除边角垃圾、阴沟污泥，打扫厕所，进行经常性的消毒灭菌。消灭老鼠、苍蝇、蚊子、臭虫等病媒生物。

2. 村、寨内主要路面应保持清洁干净，排水设施应完好通畅。严禁向排水设施或厕所内乱倒垃圾、乱扔杂物。

3. 主要路面两侧应整洁、干净，无杂草。严禁向道路两侧乱倒垃圾、粪便，乱排乱泼污水，乱放乱堆柴草、砂石，不乱贴乱画。

4. 生活垃圾、非生活垃圾的堆放应设有固定的垃圾堆放地点，便于集中处理、焚烧。坚持做到垃圾日产日清。

5. 家畜、家禽实行圈养，不随意或违章放养。

6. 每周一进行一次义务清扫活动。

十二、本村村规民约经村民代表二〇〇七年五月六日讨论通过，即日起生效施行。

下湾子村民委员会
2007 年 5 月 6 日

附录2 下湾子村深化集体林权制度改革自查报告

根据省、州、县集体林权制度改革的有关精神要求，按照《红河州集体林权制度改革确权发证阶段性检查验收办法》认真开展了自查工作，现将下湾子村集体林权制度改革自查工作汇报如下。

一 基本情况

下湾子村有农户 389 户，林地 886 块，面积 8059.3 亩。其中，统一经营 6239.2 亩，自留山 1740.4 亩。

二 自查情况

1. 组织机构（标准 1 分，实得 1 分）

为确保我村集体林权制度改革工作的顺利开展，5 月 24 日召开会议，成立了以总支书记为组长，村委会主任为副组长的集体林权制度改革领导小组，为开展林改工作提供了组织保障。

2. 及时制订实施方案（标准 3 分，实得 3 分）

根据《河口县林改工作流程表》的要求，2007 年 6 月起，工作组通过走访群众、实地勘察等形式开展摸底调查工作，同时各村民小组安排熟悉山地情况、有经验的村民配合做好调查工作，详细掌握了全村列入林改范围的林地现状、划分状况、经营状况和纠纷情况。6 月 20 日公示了第一榜摸底调查表。根据要求，工作队员在征求农民群众意见的基础上制订了村民小组的林改实施方案，并于 6 月 22 日召开了村民代表参加的会议，讨论投票表决，应到会 30 人，实到会 23 人，会议发出表决票 23 张，收回表决票 23 张，有效票 23 张。结果为同意票 23 张。经投票表决，通过了《下湾子深化集体林权制度改革实施方案》。

3. 召开党员、干部、村民代表会议（标准 1 分，实得 1 分）

农村广大群众是林改工作的主体，群众积极参与是确保改革顺利推进的关键。为此，我村坚持舆论先行，营造浓厚的舆论氛围。2007 年 6 月 22 日召开小组村民代表会议（应到会 30 人，实到会 23 人），宣传林改的目的、意义、内容、方法步骤、工作程序和有关法律知识，为林改工作的开展打下了良好的基础。

4. 信息及时反馈（标准 1 分，实得 1 分）

及时反馈林改工作动态信息，是上级了解我村工作进展情况、针对工作情况布置我村工作的重要依据。我村在林改工作期间总是能及时将信息反馈给村里安排的材料员。

5. 多种形式宣传（标准 1 分，实得 1 分）

我村采取边改边宣传的方式，使林改宣传工作更有深度和广度。全村共召开动员大会、村民会议、村代表会议等各类会议 12 次，参加人数达 1600 人次，走访村民 600 人次。粘贴标语 12 条。通过多方面、多角度、多形式进行全方位宣传，使全村村民进一步了解林改政策，充分认识林改所能带来的好处，消除思想顾虑，进一步激发农民群众

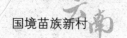

参与林改工作的热情，使群众了解林改、支持林改、参加林改，为林改工作的开展打下了良好的基础。

6. 纠纷调解（标准 2 分，实得 2 分）

村与村共有 1 起纠纷，调解了 1 起，纠纷调解率达 100%。

7. 会议记录、台账等资料齐全（标准 1 分，实得 1 分）

我村自林改工作开始就注重原始资料的收集，会议记录、台账等资料都有专人负责收集管理，并且全部都通过电脑打印保存，做到了资料完整，归档规范。

总之，经过半年多的努力，我村的林改工作顺利完成了，并取得了一定的成绩。根据《红河州集体林权制度改革确权发证阶段性检查验收办法》的规定，县林改办的检查验收项目及标准，总分 10 分。我村对照开展自查，自查得分 10 分，圆满完成了全村的林改工作任务。

下湾子村民委员会

2008 年 5 月 28 日

附录3　关于桥头乡新型农村合作医疗工作情况的汇报

桥头乡人民政府：

根据河人办〔2008〕7号文件《关于对县人民政府贯彻实施有关法律情况进行检查及对我县安全饮水、新型农村合作医疗工作情况进行调查的通知》，现就我乡的情况做如下汇报。

一　宣传贯彻新型农村合作医疗政策

（一）政策宣传

紧紧围绕《河口县新型农村合作医疗知识问答》进行宣传，对以下相关的问题进行解释：

第一，新型农村合作医疗制度含义；

第二，我县新型农村合作医疗具体报销标准；

第三，我县目前确定的定点医疗机构；

第四，办理转院手续的相关问题；

第五，哪些住院病人不能享受新型农村合作医疗住院医疗费的补偿；

第六，新型农村合作医疗住院报销程序；

第七，门诊医药费的报销；

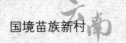

第八，新型农村合作医疗的运行如何接受农民的民主监督。

（二）建立制度

河口县新型农村合作医疗自 2006 年 1 月 1 日启动以来，我乡就相应的建立了相关制度：新农合医疗管理工作制度、新农合处方管理制度、新农合财务管理制度、新农合公示制度、乡（镇）新农合办公室主任岗位职责、新农合定点医疗机构职责、新农合计算机管理人员职责、新农合办公室医疗管理人员职责等。

以上管理制度的制定有效地保障了我乡新型农村合作医疗工作的开展。

合作医疗资金按中央、省、州、县 40 元/人，个人 10 元/人的方案筹集完成；报账业务由经办人员完成，审批由主任把关，就诊按照合作医疗的流程进行操作；住院补偿和门诊减免情况每月在卫生院及村卫生室进行公示，以便参合农民有效监督。

（三）机构的设置、管理、人员培训

（1）桥头乡合管站设在乡卫生院，下属管理 8 个村定点医疗机构（即桥头村卫生室、老汪山村卫生室等），办公地点分别设在乡卫生院财务室、各村卫生室。

（2）乡合管站经办人员有主任一人（林仁发，卫生院院长兼任）；两名业务经办人员，由卫生院财务人员兼任（王玲、朱忠仙）。

（3）人员培训由主任负责，利用职工大会的时间对全院的医护人员进行新农合的业务培训，重点培训新型农村合作医疗制度的相关业务知识，新型农村合作医疗具体报销标准，哪些住院病人不能享受新型农村合作医疗住院医疗费的补偿，新型农村合作医疗住院报销程序，门诊医药费的报销。

（四）机构经费补助

乡合管办自 2006 年 1 月 1 日成立运行以来没有任何经费补助，其办公经费由乡卫生院负担。

二 开展新型农村合作医疗工作情况

农村参加新农合现状

桥头乡 8 个行政村参加合作医疗情况（2008 年）：

（1）东瓜林参合率 82.5%。

（2）桥头村参合率 79.8%。

（3）下湾子村参合率 72.4%。

（4）中寨村参合率 92.7%。

（5）老汪山村参合率 72.4%。

（6）老街子村参合率 88.1%。

（7）竹林寨村参合率 69.6%。

（8）簿竹箐村参合率 78%。

三 桥头乡参合人员到外地打工住院补偿情况

（1）自成立合作医疗以来，在外地住院的医疗费用为 59558.46 元，在我院报销补偿金额为 12841.6 元。

（2）在县、乡级门诊、住院情况：2006～2008 年门诊住院人数 985 人，产生医疗费用 980978.9 元，补偿患者金

额为 408035.9 元。

四 农村医疗体系的建设情况

网络建设的软件、硬件设备良好，现有两台专用电脑用来办理新农合的报账业务、日常参合农民的信息变更和修改业务；2006～2007 年的参合农民档案已登记造册，处方、台账、门诊账本和住院账本由经办人员每月装订成册归档，并保存在财务室。病历由院长负责审核、管理、存档；统计、审计、账目公开、年度报告工作由经办人员严格照 2006 年和 2007 年的实施方案执行，并定期进行公示。

（一）医护人员的管理、技术培训

医护人员的管理、技术培训由院长负责指导，并定期进行业务培训。

（二）医疗基金的建立、管理、使用

医疗基金的建立、管理、使用由县合管办统一进行调配、统筹规划。

（三）定点医疗机构的监管与费用收取

坚持县合管办监管乡合管站、乡合管站监管村卫生室的体系；费用收取严格执行县发改局核定的标准（即收费许可证上的项目标准）。

（四）医疗项目实施

医疗项目的实施由院长领导相关的医疗人员进行。

五   开展新型农村合作医疗的经费投入

自新型农村合作医疗启动进入第三个年头以来我院陆续投入资金 5 万元（包括购买电脑、网络设施的建设、网络维护费、人员培训费等）。

六   目前工作进展

（1）进一步抓好医疗服务工作，提高医疗技术水平。

（2）加强新型农村合作医疗政策的宣传工作。

（3）提高经费的投入，进一步改善医疗环境。

（4）加强对医护管理人员的培训工作。

（5）搞好院务管理，提高办事效率。

七   开展新型农村合作医疗工作的经验、做法及采取的措施

（一）效果与体会

1. 提高了工作效率，降低了管理成本

通过合作医疗信息化建设，所有参合农民的参合信息、药品目录和病种目录等资料全部输入了电脑，参合患者住院资料、用药清单、住院补助情况等上报工作均可通过网络完成，同时，参合农民住院期间所有医疗费用支出情况可直接导入合作医疗信息管理系统，系统在瞬间就能按照设定的报销范围、报销比例自动计算出补偿费用，从而提高了工作效率，降低了管理成本，受到了参合农民的普遍欢迎。

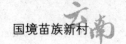

2. 做到了实时监控，保障了资金安全

通过合作医疗信息化建设，实现了对定点医疗机构诊疗服务行为的实时监控，县合管办能实时从网上审查参合患者住院资料、用药清单、费用清单、住院补助情况等，发现有不合理用药、不合理检查、不合理收费等违规现象立即通知该定点医疗机构进行改正，否则将不予拨付该项资金，使对定点医疗机构的监管由事后监督变为事前防范和事中监督。同时，由于实行了信息化，参合农民报销时微机自动计算补偿费用，实现封顶预警及封顶线以外资金的自动截留，有效堵住传统方式的漏洞，使资金的管理、使用、审核、报销等更加合理、更加公平、更加安全。

3. 实现了资源共享，提供了决策依据

通过合作医疗信息化建设，及时在网上发布有关信息，使社会各界能在自己权限范围内了解情况，掌握动态；开通了信息查询通道，参合农民可以随时上网查询费用补助情况；预留了数据接口，可逐步实现与政府、银行、社保和医院、上级卫生行政部门的连接，真正实现信息互通、资源共享。同时，通过合作医疗信息化建设，能准确有效地提供各项数据资料，对医疗服务质量有关指标进行统计分析，为政府科学决策提供及时、准确的依据。

（二）主要做法

1. 夯实基础，成功开发新农合信息管理系统

信息管理系统是做好新型农村合作医疗工作的基础。我乡被确定为新型农村合作医疗试点乡以来，就一直把信息管理系统建设放在突出位置，采取多项措施，认真抓实抓好，制定规范，明确标准。通过上网学习、外出考察、

实地观摩、分析研究，并针对易发问题，借鉴成功经验，制定了一系列新型农村合作医疗信息管理系统制度，对信息管理系统硬件的基本配置、所用功能和软件的技术标准、模块设计提出了详细要求，做到了有条不紊。

2. 抓住重点，切实搞好信息录入和网络建设

信息录入和网络建设是做好新型农村合作医疗工作的重点。在这个方面，我们科学安排，统筹兼顾，坚持两个"两手抓"：一手抓信息录入，一手抓网络建设；一手抓录入质量，一手抓建设进度。一是数据录入，确保准确。二是网络建设，确保进度。

3. 把握关键，成功实现新农合与医院管理系统对接

系统对接是做好新型农村合作医疗工作的关键。为做好这项工作，我们高度重视，集中力量，周密组织，精心协调，确保了对接顺利，运转流畅。

4. 强化保障，顺利启动新农合审核报销程序

管理人员素质是做好新型农村合作医疗工作的保障。为了增强人员素质，提高管理水平和服务质量，我们先后三次举办新型农村合作医疗信息管理系统培训班，强化对合作医疗经办机构、定点医疗机构管理人员和微机操作人员的培训，在培训中全面讲解了新农合信息管理系统的模块功能、工作流程、操作步骤和相关要求等内容，并逐人模拟演练，现场操作考试，有效提高了工作人员的操作技能、业务素质和工作水平，为我乡新型农村合作医疗审核报销程序正式启动提供了有力保障。

总之，通过新型农村合作医疗信息化建设，我乡新型农村合作医疗工作实现了管理规范化、监督透明化、统计上报自动化、审核报销公平化，提高了工作效率、管理水

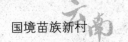

平和服务质量，有力促进和保障了我乡新型农村合作医疗工作平稳、持续、健康运行。

八　开展新型农村合作医疗存在的困难、问题

从总体上看，我乡新型农村合作医疗工作进展顺利、运行平稳，但也面临一些困难和问题。

（1）对建立新型农村合作医疗制度的艰巨性、复杂性和长期性仍然认识不足，表现为急于求成，工作还不够细致到位，有关政策宣传不够。

（2）新型农村合作医疗筹资水平较低，筹资成本偏高，尚未建立稳定、长效的筹资机制。农民自愿缴费筹资困难目前仍是新型农村合作医疗工作的难点。由于筹资水平低，目前新型农村合作医疗的总体保障水平还不高。

（3）还没有形成规范的统筹补偿方案，存在模式过多、方案设计不够科学、农民受益程度小等问题。

（4）随着新型农村合作医疗工作的不断推进，监管任务越来越重，新农合管理经办机构不健全，工作经费缺乏，县外医院住院报账无固定周转资金，给医院正常运行带来不便，信息化发展不平衡，管理能力不强的问题日渐突出。

（5）由于补偿机制不合理，财政投入不足，医疗机构过度依赖业务收入维持运行和发展，医疗机构的趋利性带来不规范的医疗行为，医疗费存在不合理上涨。

（6）新形势下的新问题给新农合工作带来挑战，如取消农业户口对新型农村合作医疗的影响，失地农民、农民工和非农业人口的参合问题。

（7）我乡的医务人员严重缺乏，存在着一人兼数职的情况，严重影响新型农村合作医疗的工作效率。

（8）村卫生室的设备不够健全，网络设施没有建立起来，没有配备相应的硬件设施，使网络录入、报账工作得不到改善，时常出现补偿金额不准确、不及时等。

九 今后工作的意见和建议

（1）高度重视，切实履行政府职责。要科学认识"新农合"制度的地位，实事求是地，辩证、发展地看待这项制度，充分认识"新农合"制度建设的长期性、艰巨性和复杂性，按全国"新农合"会议提出的要求，进一步提高认识，加强领导。2006年，全县全面推行"新农合"制度，管理任务越来越繁重，加强合作医疗工作机构的能力建设，解决机构、人员编制，尽快建立工作经费保障机制是各级政府加强"新农合"工作的当务之急。

（2）宣传到位，使"新农合"政策和实施办法深入人心。各级各部门要充分利用广播、电视、传单、标语、板报、文艺演出等多种形式进行宣传动员，采用通俗易懂的语言、农民群众能接受的方式，把"新农合"政策和实施办法讲清楚、说明白。同时，要做好正面宣传，让那些实实在在得到实惠的农民进行现身说法，让广大农民群众看到参加"新农合"的好处，认识到"新农合"制度对保障自身健康、救助重病大病的重要作用，从而主动支持和参与"新农合"，促进"新农合"制度的完善。

（3）监管经办机构要实行责任制。要尽快建立和完善各项工作制度，实行经办机构责任制，避免因工作制度不落实、工作检查监督不到位、工作责任心不强和管理措施不到位而出现问题。对在监管过程中不负责任，有问题查不出来或查出问题不按照规章制度办理的，要严肃处理，追究有关人员的责任；对思想素质、业务素质长期提不高，不能胜任工作的要考虑更换人员。

（4）强化乡村卫生服务一体化管理，提高服务能力。乡村卫生服务一体化管理工作是新农合制度顺利实施的基础。要继续加强和巩固乡村卫生服务一体化管理工作，按每个村卫生室配两名村医的要求，配齐人员。继续实施对口支援和巡回医疗制度。

（5）建立完善信息化管理制度。为提高"新农合"的科学管理水平，保障和促进"新农合"制度持续健康发展，要按照《卫生部关于新型农村合作医疗信息系统建设的指导意见》的要求，加快实现计算机网络管理，加强信息资料的收集、整理、分析和利用，加快合作医疗管理信息化和网络化建设。

（6）提高"新农合"经办机构、定点医疗机构人员的素质。要把加强人才队伍建设摆在重要位置，坚定不移地抓下去。首先在人员挑选上要把关，选配精兵强将；同时要加强培训，不断提高业务能力。对定点医疗机构的人员，要抓好培养、吸引和使用人才三个环节，建设一支与农村卫生发展需要相适应的下得去、用得上、留得住的农村卫生人才队伍，改善卫生队伍的人才结构，提高服务质量和水平。

（7）建立和完善农村合作医疗工作的"四个机制"，即稳定的筹资机制、科学合理的补偿机制、严格的监督管理机制、有效的费用控制机制。

在筹资机制方面，要使财政扶持合作医疗和筹资缴款工作制度化，积极探索筹资方式，有效降低筹资成本。

在补偿机制方面，要合理利用合作医疗基金，提高保障水平。要进一步扩大合作医疗受益面，进一步完善"新农合"医疗保障救助制度，将农村贫困人口纳入合作医疗制度保障范围，对由"新农合"补偿后仍有较大困难的特困户给予医疗救助。为方便群众，要逐步统一补偿标准。

在监督管理机制方面，要建立长效机制，规范运作，使监管工作制度化。加强对合作医疗基金使用情况的监督和审计，基金的使用必须公开、公示。重点要落实好"新农合"基金财务管理制度和会计制度、"新农合"补偿制度、"新农合"政务公开制度及定点医疗机构的管理制度。

在费用控制机制方面，重点要加快单病种付费制的推行，有效控制医疗费用的不合理增长。加强对定点医疗机构的管理，进一步规范医疗行为，把加强医疗机构的监管与完善"新农合"工作机制结合起来。对违反承诺、违反"新农合"政策和医疗机构管理规定的定点医疗机构和个人，要严肃追究相关责任。

河口县桥头乡人民政府

2008 年 3 月 20 日

后　记

　　这是红河学院何作庆教授主持的四个村寨调查点之一，主要由罗有亮、何作庆等人共同策划和完成调研，罗有亮负责撰写书稿初稿，何作庆审阅了书稿初稿并提出了详细的修改意见和建议，补充了部分章节内容材料、参考书目和注释，规范了全书的体例，撰写了后记，最后由何作庆教授统稿和定稿。

　　云南省河口县桥头乡下湾子村是中国与越南国境线上的一个和谐多元文化的苗族村寨，它体现了：①内地汉儒文化与边疆苗族为主的少数民族文化的融合；②跨界民族文化与国外原住民族文化的交汇、碰撞和沉淀；③生物多样性突出，社会和谐，它是充分体现中华民族"和谐"与"多元"的实例见证。

　　红河学院联合红河州民族研究所有志于中国边境苗族村寨——河口县桥头乡下湾子村研究的调研小组，在接受中国社科院中国边疆史地研究中心的调研任务以后，在云南省片区负责人——云南大学方铁教授的指导下，精心策划，认真完成了调研，撰写了《国境苗族新村——云南省河口县桥头乡下湾子村社会经济调查报告》书稿，本书作者们力图从科学发展观出发，总结新中国成立六十年来，尤其是改革开放以来的河口县桥头乡下湾子村政治、社会、经济、民族、宗教、文化等的变迁，展示一个边境村寨的过去和现在的风貌，探讨中国与越南国境线上的一个和谐多元文化的苗族村寨的未来，起到资政、育人、团结、和谐的作用，这对增强中华民族的凝聚力有着重要的理论意义和现实意义。

谨以本书献给中华人民共和国成立六十周年，以及那些长期关注、支持和从事边疆苗族研究的人们，他们使这门边疆民族学科不断发展和完善。我们要感谢中国社科院中国边疆史地研究中心、云南大学西南边疆少数民族研究中心等单位的领导和同志们，在他们的关心、支持和帮助下，该项目的策划、调研、撰写和出版得以顺利进行；我们也要感谢河口县桥头乡党委、人大、人民政府等单位及其所属各部门的领导和同志们。调研小组尤其是得到了桥头乡下湾子村委会的积极配合与支持，王智强、刘应秀、邹朝福、熊开保、驾驶员小张等陪同进行调研工作，他们长期以来对我们的调研给予了诸多的关怀和支持；借此机会向一切帮助和支持过我们调研的领导、教师、朋友、村民和同志们，一并表示谢忱。

我们还要感谢红河学院及其下属的人文学院（原红河流域社会发展研究中心）、科技处以及红河州民族研究所等单位的领导和教师及其他人所给予我们的鼓励和支持，以及红河学院纪委书记黄初雄同志等人在前期的调研筹备过程中给予我们调研小组的关心、鼓励和支持。

我们还要感谢河口县桥头乡下湾子村民间给予了积极的理解与支持，他们对调研组苗族成员给予了热情的接待。

我们也要感谢云南大学的方铁教授、中国社科院中国边疆史地研究中心的翟国强、李方老师，他们多次仔细审阅了本书，提出了许多有益的修改建议，使我们能够不断修改完善本书。

我们也要感谢社会科学文献出版社的领导、专家学者和相关工作人员付出的辛勤劳动，他们的关心、帮助和支持使这一成果能够最终面世。

最后，尤其要感谢的是课题组成员的家属们，他们为我们调研小组的书稿策划、调研、撰写、修改、完善和最后定稿作出了许多牺牲，我相信他们的支持和爱是我课题组人员终身难以忘怀的。

由于作者才疏学浅，资料条件有限，水平参差不齐，本书不足和错误之处在所难免，恳请学界各位同仁及读者不吝赐教。

何作庆

2009 年 8 月 10 日

图书在版编目（CIP）数据

国境苗族新村：云南省河口县桥头乡下湾子村社会
经济调查报告/罗有亮著. —北京：社会科学文献出
版社，2010.5
（当代中国边疆·民族地区典型百村调查/厉声主
编. 云南卷. 第1辑）
ISBN 978 - 7 - 5097 - 1268 - 9

Ⅰ. ①国… Ⅱ. ①罗… Ⅲ. ①乡村 - 社会调查 - 调查
报告 - 河口县②乡村 - 地区经济 - 调查报告 - 河口县
Ⅳ. ①D668②F127. 745

中国版本图书馆 CIP 数据核字（2010）第 036464 号

当代中国边疆·民族地区典型百村调查：云南卷（第一辑）

国境苗族新村

—— 云南省河口县桥头乡下湾子村社会经济调查报告

著　　者／罗有亮

出 版 人／谢寿光
总 编 辑／邹东涛
出 版 者／社会科学文献出版社
地　　址／北京市西城区北三环中路甲 29 号院 3 号楼华龙大厦
邮政编码／100029
网　　址／http：//www. ssap. com. cn
网站支持／（010）59367077
责任部门／编译中心（010）59367139
电子信箱／bianyibu@ ssap. cn
项目经理／祝得彬
责任编辑／陶盈竹
责任校对／胡秀玲
责任印制／蔡　静　董　然　米　扬

总 经 销／社会科学文献出版社发行部
　　　　　（010）59367080　59367097
经　　销／各地书店
读者服务／读者服务中心（010）59367028
排　　版／北京宝蕾元科技发展有限公司
印　　刷／北京美通印刷有限公司

开　　本／889mm×1194mm　1/32
印　　张／8. 125　　插图印张／0. 25
字　　数／177 千字
版　　次／2010 年 5 月第 1 版
印　　次／2010 年 5 月第 1 次印刷

书　　号／ISBN 978 - 7 - 5097 - 1268 - 9
定　　价／138. 00 元（共 4 册）

本书如有破损、缺页、装订错误，请与本社读者服务中心联系更换

版权所有　翻印必究

主　编　厉　声

副主编　李　方（常务）　李国强

编委会成员（按姓氏笔画排列）

于　永　于逢春　马品彦　方　铁　厉　声　冯建勇　毕奥男
许建英　孙宏年　孙振玉　李　方　李国强　张永攀　周建新
孟　楠　段光达　倪邦贵　高　月　崔振东　翟国强

中国社会科学院中国边疆史地研究中心　**厉声 主编**

当代中国边疆·民族地区典型百村调查：**云南卷（第一辑）**

分卷主编：**方　铁　翟国强**

坝子村委会（盖彩瓦处）与岩坝村部分人家

大塘小学与大塘村部分人家

猪圈

山溪边的水碓棚屋

在猛硐街卖民族服装的坝子村妇女

百年老茶树

猛硐街上的越南边民

坝子瑶传道教师公着装之一

坝子瑶传道教师公着装之二

坝子瑶传道教师公着装之三

过法仪式

瑶童

在翻家谱的瑶族老人

放牛归来

坝子瑶族银饰

草果花

大塘和上垮土村的梯田

坝子小学的操场

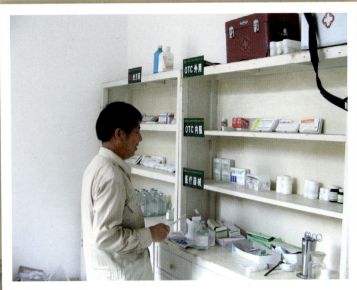

卫生室药器柜

文明村牌

中国社会科学院中国边疆史地研究中心 厉 声 主编

当代中国边疆·民族地区典型百村调查·云南卷（第一辑）

嬗变中的瑶村苗寨

——云南省文山州麻栗坡县猛硐瑶族乡坝子村调查报告

娄自昌 浦加旗◎著

社会科学文献出版社

SOCIAL SCIENCES ACADEMIC PRESS (CHINA)

总 序

  深入实际、开展国情调研，是中国社会科学院肩负的重要科研任务，也是中国社会科学院履行好党中央、国务院赋予的"思想库"、"智囊团"职能的重要方式。中国边疆省区占国土面积的 60% 以上，边疆区情及当地的民族社会调研（边疆调研）是中国国情调研的重要组成部分。正如一位边疆工作者所说：不了解少数民族，就不了解中华民族；不了解边疆，就不了解中国。1983年中国社会科学院中国边疆史地研究中心建立后，特别是 1990 年以来，一直将边疆调研作为学科研究的重点之一。

  2004 年，中国边疆史地研究中心承担国家哲学与社会科学基金特别项目"新疆历史与现状综合研究"（简称"新疆项目"）。2006 年，中国边疆史地研究中心牵头，立项开展"当代中国边疆·民族地区典型百村调查"（简称"百村调查"），作为此特别项目的子课题。"百村调查"以新疆为重点，在全国新疆、西藏、内蒙、宁夏、广西五个民族自治区和云南、吉林、黑龙江三省基层地区同时开展，共调查 100 个边疆基层村落。调查工作在"新疆项目"领导小组和专家委员会指导下，由"百村调查"专家委员会暨编委会组织实施。在中国边疆史地研究中心主持拟定的调查大纲框架下，发挥每个省区的优势，体现各自的特色。

本项目的实施得到了边疆地区各级地方党政部门的支持。首先，调查工作注意与地方党政部门的相关工作衔接、听取意见，在实施调查之前，主动向各级党政部门汇报情况，听取指示和意见。其次，调查组主动让各级党政部门了解调研的全过程，在调研过程中出现问题时及时向相关党政部门请示。再次，调研阶段成果和最终成果的副本同时提供地方党政部门参考。

"百村调查"的调研主题是：改革开放30年来中国边疆基层村落的民族社会和经济发展的历史与现状。具体内容包括：乡村概况、基层组织、经济发展、社会生活、民族、宗教、文教卫生、民俗风情等。项目调研的时间是：2007～2008年（资料下限至2007年底或适当延长）。

"百村调查"的调研对象为：100个具有典型意义与特色的中国边疆基层村落。课题以基层乡、村两级为调查基点，大致每个省区选择2个地州，每个地州选择1～2个县，每个县选择2个乡，每个乡选择2个村。新疆共调查22个村，其他地区均为13个村（辽宁、吉林、黑龙江以东北边疆为单元，共调查13个村）。调查点的选择要求：

（1）本地区社会稳定与经济发展中具有典型意义的基层乡和村。

（2）存在边疆现实政治、社会或经济发展的热点、难点问题。

（3）与 20 世纪 50 年代全国边疆民族调查能有一定的衔接。

"百村调查"采取学术调查与现实政治相结合的方法，以社会人类学入村入户调研方法为主，同时关注现实政治、社会与经济发展中的热点、难点问题：一般共性调查与专题专访调查相结合，在一般综合性调查的基础上，选择好专访或专题调研的"切入点"——总结经验与完善不足相结合，在总结各项工作经验的同时，善于发现问题和提出解决问题的对策与建议。调研注重入户访谈和小范围座谈的专访调查。在一般性问卷和统计资料收集的基础上，注重对基层干部、群众典型、教师、宗教人士等特定人员的专题访谈，倾听和收集他们对基层社会稳定与经济发展的看法、意见和建议，形成能说明问题的专访或专题调研报告。

"百村调查"的成果形式分为调查综合报告与专题报告两大类。

（1）调查综合报告：依据大纲规定，撰写有关乡村经济社会等发展状况的综合报告，课题结项后分期公开出版。专题报告及调查资料可以公开发表的，在篇幅允许的情况下，作为附录附在综合报告末尾。

（2）专题报告：内容较敏感、不适宜公开出版的专题报告，集成《专题报告集》，内部刊印。

"百村调查"主编 厉声 谨识
2009 年 8 月 25 日

目录
CONTENTS

图目录
FIGURE CONTENTS

表目录
TABLE CONTENTS

序言
FOREWORD

一

　　云南地处祖国西南边陲，全省东西横贯 864.9 公里，南北纵跨 990 公里，总面积 38.3 万多平方公里，居全国第八位。境内绝大部分是山地，矿藏丰富，有 25 种矿产资源保有储量居全国前三位。不仅动植物资源呈多样性，而且少数民族文化也是复杂多样的。云南是个多民族的省份，有 52 个少数民族，其中 5000 人以上的世居少数民族有 25 个，是全国边疆少数民族种类最多的省区。云南历史悠久，公元前五六世纪，滇池地区已出现创造了灿烂青铜文化的滇国，两汉时云南正式进入中央王朝的版图。

　　19 世纪后期，英法殖民者以缅甸、越南为基地，把侵略矛头指向云南。传教士进入云南传教，随后开埠通商和修筑滇越铁路，蒙自、河口、思茅与腾越是最早设立的商埠。英法殖民者大量掠取锡等矿藏资源，云南封闭的状况也逐渐改变。

　　1950 年云南和平解放。1952 年至 1956 年，中央政府在少数民族地区进行民主改革。在白族、回族、纳西族和壮族聚居的地区，采取政策略宽于汉族地区的土改方式；在处于封建领主制和奴隶制阶段的傣族、藏族、哈尼族、普

1

米族以及一部分纳西族、彝族的地区，采取和平协商土改的方式；在保留原始公社制度残余的傈僳族、景颇族、佤族、布朗族、基诺族、怒族、独龙族以及一部分拉祜族的地区，不进行土改，通过发展生产直接过渡到社会主义社会。土地改革与民主改革完成后，各族农民分到耕地和生产资料，农业生产获得较大发展。

新中国成立60年来，特别是十一届三中全会后，云南在农业、工业、贸易、文教卫生等诸领域都发生了巨大的变化。但目前与内地其他地区相比仍存在一些困难和问题。

据调查，云南边境县市地区有以下特点：一是社会经济发展速度普遍缓慢，总体上与先进地区的差距仍在扩大。二是基础设施与基本建设滞后，严重制约当地社会经济的发展。三是影响社会稳定的问题突出，治理难度很大。四是跨境民族境内外不同部分往来密切，本民族自我统一意识增强，并呈现继续发展的趋势。五是与邻国相比，云南边境县市一些地区获得国家支持的力度不够，与越南等国的优惠政策形成反差。六是地方财政较困难，难以落实国家规定的脱贫项目的配套经费。七是地方教育、卫生保健、文化事业等发展水平偏低。

因此，云南边境县市地区目前的状况，与建设和谐边疆的目标很不适应。最近中国与东盟10国共同签署中国—东盟自贸区《投资协议》。双方已成功完成自贸区协议的主要谈判，自贸区将如期在2010年全面建成。中国—东盟自贸区合作的高速进展，对云南边境县市地区以及当地少数民族的稳定与发展提出了更高要求。

在这一背景下，对国情、区情作进一步了解，以制定相应的政策、措施，显得十分必要。

　　中国社会科学院中国边疆史地研究中心主持的国家社科基金特别项目"当代中国边疆·民族地区典型百村调查"（简称"百村调查"），是一项涉及广西、云南、西藏、新疆、内蒙古、宁夏、吉林、黑龙江等8省区100个村寨的大型调研项目。云南省作为中国边疆少数民族种类最多的省，在本次调查中共选点13个，主要集中在云南沿边一线的各民族边疆村寨，个别分布在非边境县市地区。

二

　　在中国近现代发展史上，对于边疆地区的关注，主要出现在19世纪末20世纪初。一批学者对中国边疆尤其是西南边疆地区进行了调查研究，取得了一定成果。新中国建立后，在相关政府部门、研究机构的推动下，开展了对国内各民族社会历史的调查活动。20世纪五六十年代，根据党中央和国务院的部署，国家有关部门在全国范围内进行了大规模的少数民族社会历史调查，其中也对云南各民族社会历史发展情况进行了全面的调查。该次调查为云南少数民族地区的社会、经济、文化发展起到了重要的推动作用，也为后来的学术研究积累了大量的历史学、民族学、人类学、社会学资料。2003年7月至8月，云南大学组织力量对全国32个少数民族村寨进行了调查，其中包括云南各民族村寨调查。这次调查，也是一次典型的少数民族村寨调查，获得了21世纪初中国各民族典型村寨的珍贵资料，具有重要学术价值。

　　与历次少数民族社会历史调查不同的是，本次由中国社会科学院中国边疆史地研究中心发起的边疆"百村调查"项目，主要是从边疆学的角度考虑，突出了边疆、村落和

现实发展状况三个要点，期望通过深入的田野调查，面向中国边疆农村地区，真实反映现实的中国边疆村寨客观发展状况，为国家宏观把握边疆发展现状，构建和谐、安全、富裕边疆提供参考资料。此次调查虽然并未把少数民族因素作为关键内容予以突出，但由于中国历史上形成的边疆社会人口结构，决定了调查的内容必定要涉及大量的少数民族村寨。因此，云南的调查点与全国其他边疆地区的情况一样，涵盖了大量的少数民族村寨。

云南在本次调查中所选择的 13 个调查点，是根据总体项目的设计，选择具有代表性的 4 个地州，在每个地州选 1~2 个县，每个县选择 1~2 个乡，每个乡选择 1~2 个村（农场），最后完成 12 份村寨调查报告，以及相关的若干份调研咨询报告。通过调研和提交的研究成果，较全面地反映云南省尤其是沿边地区社会与经济发展的状况，以及存在的主要问题，并提出解决问题的基本思路和切实可行的对策建议。

选择什么样的村寨作为调查对象？云南项目组遵循以下原则：第一，尽量顾及民族特点，选择自治州、县的自治民族，即壮族、苗族、彝族、瑶族等；第二，尽量选择不同类型的乡镇、村寨，距离不能太近，避免雷同；第三，所选村寨要尽量大一些，以便进行 50 户问卷抽样。根据上述原则，我们分别选取以下 13 个村寨作为调查对象。

红河哈尼族彝族自治州所属河口瑶族自治县桥头乡下湾子村和老汪山村、河口南溪镇芹菜塘村和红河县迤萨镇跑马路社区安邦村；文山壮族苗族自治州所属麻栗坡县猛硐瑶族乡坝子村和丫口寨、麻栗坡县董干镇八里坪村和马崩村；临沧市沧源佤族自治县勐董镇永和社区和白塔社区、

沧源佤族自治县勐角乡控角村和翁丁村以及玉溪市元江哈尼族彝族傣族自治县甘庄华侨农场。

这些村寨各具特点，例如下湾子村和老汪山村分别是苗族和布依族的村寨，是多元文化融合的典型。在这里我们可以看到内地汉儒文化与边疆苗族、布依族等少数民族文化的融合，是中华民族文化"和谐"与"多元"的实例见证。红河县迤萨镇跑马路社区安邦村素有"侨乡"之称，该村侨眷占绝大多数，分别与老挝、美国、法国、加拿大、泰国、越南等国有侨眷关系，逐渐成为中国看世界和世界看中国的一个窗口。

除以上所说的 13 个少数民族聚居村寨以外，3 个子课题组还对所调研地州的其他一些地区，选择较突出的一些问题进行了调研，并撰写相应的调研咨询报告。

三

本项目的调查和研究，拟在以下方面有所突破：一是云南边疆地区社会经济发展状况的总体评价；二是云南边疆地区社会经济发展趋势预测；三是云南边疆地区社会经济发展存在的突出问题；四是解决云南边疆地区社会经济发展中存在问题的基本思路；五是解决云南边疆地区社会经济发展中存在问题的对策建议；六是对包括云南在内的中国边疆地区，当前和今后一段时期存在的问题及解决办法的思考；七是对今后在边疆地区进行社会经济可持续发展调研的建议。

研究的方法，主要是采取社会学、人类学的基层调查方法，系统收集和整理相关的资料和数据，尤其重视新资料和经过调查得来的第一手资料，同时结合历史学的分析、

演绎和归纳的方法，在此基础上进行全面深入的分析和研究，形成具有较高水平的研究成果。

在调查和研究的过程中，以云南大学西南边疆少数民族研究中心（教育部人文社科重点研究基地）以及云南省的红河学院、文山学院、临沧高等师范专科学校等高校的教师和研究生为基本力量，同时吸收相关地州民族研究所的研究人员和各级政府的有关人员参加。共同协作，博采众长。在调研的过程中，注重依靠各级政府有关部门和乡村两级干部，深入村寨进行调研，实施问卷调查，细心倾听各民族干部和群众的意见，在此基础上形成真实客观、有一定的深度和广度、符合科研规范、有较高学术含量的研究成果。可以说，通过参加者的共同努力，基本上达到了项目所设计的预期目标。

"当代中国边疆·民族地区典型百村调查·云南部分"项目，由以下人员分别担任项目组及子课题组的负责人。

课题主持人：方铁（云南大学西南边疆少数民族研究中心教授，该中心原主任）

课题副主持人：翟国强（中国社会科学院中国边疆史地研究中心副研究员）

红河哈尼族彝族自治州子课题组

组长：金少萍（云南大学西南边疆少数民族研究中心教授）

副组长：何作庆（云南省红河学院教授）

文山壮族苗族自治州子课题组

组长：杨永福（云南省文山学院教授）

副组长：杨磊（云南省文山学院教授，副校长）

临沧市子课题组

组长：邹建达（云南师范大学教授）

副组长：杨宝康（云南省临沧高等师范专科学校教授，副校长）

在调查研究的过程中，得到了云南省政府有关部门、红河哈尼族彝族自治州、文山壮族苗族自治州、临沧市、玉溪市及所属县乡各级政府的大力支持和有效帮助，谨此表示衷心的感谢！

最后，本课题能以专著的形式出版发行，应该感谢中国边疆史地研究中心、社会科学文献出版社等单位提供的机会和付出的努力。在审阅本书稿的过程中，中国边疆史地研究中心李方研究员付出了辛勤劳动，一并表示感谢。

主持人（分卷主编）：方铁　翟国强

2009 年 8 月 20 日

第一章　坝子村地理环境及其影响

第一节　坝子村概况

本报告所说的坝子村为云南省文山壮族苗族自治州麻栗坡县猛硐瑶族乡下辖的一个行政村，为了说明该村情况，有必要先对该村所在县、乡情况作一些介绍，然后再介绍该村概况。

一　坝子村所在的麻栗坡县概况

麻栗坡县位于云南省东南部、文山壮族苗族自治州南部，东经 104°33′～105°18′、北纬 22°48′～23°33′之间，东与本州富宁县相连，南与越南河江省的同文、安明、官坝、渭川、清水河、黄树皮六县接壤，西邻本州马关县，北接本州西畴县和广南县。县城距省会昆明市 450 公里，距州府文山县城 80 公里，距本县国家级天保口岸 40 公里。从天保口岸出发，到越南河江省城约 20 公里，到越南首都河内约 330 公里。全县共辖 12 个乡镇，面积 2395平方公里。

从地形地貌来看，麻栗坡县境内层峦叠嶂，山高谷深，地形几乎全为山地和狭窄河谷，没有平坝，山区面积占全

1

县面积的比例高达 99.9%。其中，东北片多为喀斯特石山区，干旱缺水，土地石漠化很严重；西南片多为土山区，水源条件较好，植被茂密，自然条件相对好一些。

境内最高点为与马关县交界处的老君山主峰，海拔2579 米；最低处为天保口岸盘龙河出境处（又称船头），海拔 107 米。[①]

与云南省的大多数地区类似，麻栗坡县是一个多民族杂居的县，境内主要居住着汉、苗、壮、瑶、彝、傣、仡佬和蒙古共八种民族。根据 2000 年人口普查数据，全县人口总数 267986 人，其中汉族 158092 人，占人口总数的59%；苗族 45655 人，占 17%；壮族 33250 人，占 12.4%；瑶族 18926 人，占 7.1%；彝族 6036 人，占 2.3%；傣族2746 人，占 1%。总计少数民族人口 109894 人，占人口总数的 41%。

麻栗坡县境内国界线长 277 公里，是一个战略位置很重要的边境县，自古以来就是云南内地通往越南的主要通道所在，近代以来发生的多次重要军事行动，如中法战争、中国抗日战争、越南抗法战争、中越边境战争等等，麻栗坡县都是非常关键的地带。特别是 1979～1989 年的中越边境战争，麻栗坡县边界一带成为中越双方争夺得最为激烈的主要战场，20 世纪 80 年代中期牵动全国人民心弦的老山、者阴山、扣林山战斗都发生在这里。1991 年中越关系正常化后，麻栗坡县又重新成为中国云南省与越南贸易往来的主要通道之一，天保口岸成为国家级口岸之一，另外，

---

① 所列数据均来源于《麻栗坡县志》，云南民族出版社，2000，第 61、62 页。

麻栗坡境内还有猛硐、八布、杨万、董干、马崩五个边民互市点。

由于多种原因的制约，麻栗坡县的经济发展极为滞后，是云南的国家级贫困县之一。人民生活水平很低，仅能维持基本的温饱。政府财政非常困难，尽管近几年因采矿业的发展财政状况有很大好转，但仍然很困难。2008 年为财政收入最好年份，完成财政总收入 2.5 亿元，其中地方一般预算完成 1.22 亿元，而财政支出为 6.03 亿元。①

总体来看，与云南省的许多边境县一样，麻栗坡县是一个集少、边、穷、山、战（即少数民族地区、边疆、贫困落后地区、山区、原战区）为一体的县。

二 坝子村所在的猛硐瑶族乡概况

猛硐瑶族乡为麻栗坡县下辖的一个边境民族乡，位于麻栗坡县西南部，东、北与本县天保镇（原南温河乡等地重组而成）毗连，南部与越南河江省清水河县、黄树皮县接壤，西与马关县都竜镇相邻。乡政府驻地猛硐街距县城50 公里（经南温河街），距州府文山县城 130 公里，距天保口岸约 30 公里（最短线路）。全乡下辖昆姆、猛硐、坝子、铜塔、老陶坪五个村委会共 83 个自然村，总面积 215 平方公里。国境线长 37 公里，著名的老山、扣林山都位于本乡国境线上。全乡最高处为与天保镇毗邻处的轿顶山，海拔2378 米，最低处为老陶坪村委会下辖的保垃村处，海拔 246米；全乡平均海拔 1146 米。全乡属土山区，山体高大而陡峭，但部分地段如猛硐乡驻地猛硐街、坝子村委会驻地中

_____

① 数据来源于 2009 年 1 月《麻栗坡县政府工作报告》。

坝自然村等处稍为平缓。全乡属亚热带季风气候，气候温湿，降水丰沛，年均降雨量1700毫米左右，水源条件较好，山有多高，水就有多高。猛硐河横贯境内，水量不大，但水流较急，可资发电，现已建有几处小水电站。植被较好，森林覆盖率达42%。秋冬季节雾较大。①

在麻栗坡县各乡镇中，猛硐瑶族乡自然条件相对较好，可种植多种农作物，是一个农业乡。粮食作物以水稻、玉米为主；经济作物主要有茶叶、草果、八角、笋竹等，乡内现有四个茶叶加工厂，两个竹制品加工厂。矿藏丰富，有钨、锡等矿，近年钨矿开采较为红火，福建紫金矿业集团目前已投入大笔资金，正在本乡整合开采钨矿。

猛硐瑶族乡是一个多民族分布的乡，境内主要分布有瑶、苗、壮、汉、傣五个民族。1996年总人口13038人，其中瑶族人口6664人，占51.1%，是麻栗坡县境内瑶族分布最集中的乡镇；苗族人口4540人，占34.8%；壮族人口1213人，占9.3%；汉族人口498人，占3.8%。总计少数民族人口占96.2%。② 在五个行政村中，东部和东北部的坝子、铜塔、老陶坪三个行政村主要是瑶族人口分布区，而西南部的猛硐和昆垅两个行政村主要是苗族人口分布区。壮、汉、傣等族的分布则较为零散。

猛硐瑶族乡也是麻栗坡县境内一个很有历史的乡。清代雍正年间，此地曾是中国云南省与越南激烈争议的小赌咒河以南大赌咒河以北地带的一部分，1728年，雍正皇帝将小赌咒河以南地区"赐予"越南后黎王朝，在此前后，

---

① 数据来源于《麻栗坡县志》，云南民族出版社，2000，第72~73页。
② 数据来源于《麻栗坡县志》，云南民族出版社，2000，第72~73页。

此地曾长期由越南宣光省谓川州管辖。中法战争期间，此地傣族土司梅光德、苗族首领项从周、瑶族首领盘圣怀等曾率部参与中国军队对法军作战。在中法战争后的中法滇越勘界谈判中，猛硐最初被划在法属越南境内，但由于以项从周为首的苗、瑶等族武装对法军长期而有效的抵抗，前来接管的法军迭遭挫败，对此地心怀恐惧，不敢接管，最终同意此地归属中国，但要求以临安府南部的猛梭、猛蚌等地交换，清政府同意，猛硐最终于1895年正式归属中国，由清政府任命项从周为南防统带世袭管领。1938年，由于国民党地方当局的挑拨离间，此地曾爆发破坏极大的苗瑶械斗事件。1948～1953年期间，此地以苗族首领项朝宗为首的地方武装与国民党地方武装、中共边纵、越南人民军、中国人民解放军在中越边界两侧有过四年多的争战，曾对此地造成很大破坏，最后以项朝宗失败、回国投诚而告结束。1979～1989年的中越边境战争期间，此地又成为主要的战场之一，特别是老山、扣林山都在猛硐乡与越南接壤的边境线上，因而20世纪80年代著名的老山战斗和扣林山战斗实际上就发生在猛硐乡境内。了解中越边境战争的人大多都知道，老山战斗是中越边境战争期间最为激烈的攻防战，中越双方曾先后调动大批部队在老山展开争夺、轮战，持续数年之久，直到80年代末90年代初才恢复平静。有关猛硐乡的这些历史，我们所调查的坝子村都经历过。

三　坝子村概况

坝子村位于麻栗坡县猛硐瑶族乡中部，东部与该乡铜塔村（老山主峰在此村）相连，北部与该乡老陶坪村接壤，西部连着该县天保镇南温河街，西南部为该乡猛硐村（扣林山主峰在该村），东南部与越南河江省清水河县接壤，中国云南与越南边界第二段第12号界碑即在该村与越南边界上。

坝子村所辖范围国土面积44平方公里，主要是土山区，自然条件与猛硐乡整体情况类似，山势稍陡峭于猛硐村。粮食作物主要是水稻和玉米，经济作物主要有茶叶、草果、杉木、八角、笋竹等。

坝子村下辖18个自然村，2005年总人口3428人。各自然村名称、部分民族、户数和人口见表1-1所示。

表1-1 2005年坝子村村委会所辖自然村、部分民族、
户数、人口统计表

村　名	民族	户数	人口	村　名	民族	户数	人口
上埃土	瑶	38	169	岩脚上	苗	52	201
大　塘	瑶	52	230	岩脚下	苗	48	202
磨刀石	瑶	33	152	松　毛	瑶	61	244
长　地	瑶	42	182	荒　田	瑶	47	218
坡脚三	瑶	27	103	大　寨	瑶	38	172
坡脚二	瑶	22	101	中　寨	瑶	43	181
坡脚一	瑶	35	158	楼　梯	瑶	46	203
中　坝	瑶	73	330	雷　厂	瑶	25	120
岩　坝	瑶	84	342*	老河弄	瑶	31	120

* 岩坝村有苗族5户15人，汉族3户12人。

资料来源：坝子村委会2005年报表。

坝子村委会所辖各自然村大多位于半山上，只有岩坝村的一部分居民于1991年中越边境战争结束后迁到村委会

对岸的猛硐河边居住。从村落分布情况来看，除了两个苗族村寨岩脚上、岩脚下分布相对较为集中，迁居猛硐河谷的岩坝村部分人家较为集中外，绝大部分的瑶族村寨都非常分散，往往东一家、西一家地散落在不同的地方，同一自然村的不同人家，相距往往几百米甚至几公里，一家看不到另一家，加上山路崎岖，从一家到另一家往往要走十多分钟、几十分钟甚至一个多小时的路程。

坝子村委会驻地在中坝自然村临猛硐河谷处，与坝子小学、坝子卫生室、坝子茶厂连为一片。该地有两条山溪分别从西北侧的秧鸡棚、东南侧的 12 号界碑处流下来，在此汇入猛硐河，由于山溪常年冲积，形成两百余亩相对低平的地带，"坝子"即由此得名。坝子村委会虽位于中坝自然村，但由于中坝自然村瑶族农户居住非常分散，且大多分布在半山上，因而在村委会驻地附近很难看到中坝村的人家，除了邻近的岩坝自然村（位于猛硐河对岸）和山上的岩脚自然村以外，也很难看到其他村寨。岩坝自然村因为一半左右农户居住得比较集中，离村委会驻地也不过百米左右，步行不过两三分钟路程，不明就里的外人看起来，村委会与坝子小学、卫生室、茶厂等似乎位于岩坝自然村，许多本地人在提到"坝子"一词时，所指的往往就是位于猛硐河畔的岩坝自然村。

坝子村委会驻地离猛硐乡驻地猛硐街 7 公里，离麻栗坡县城 43 公里（经南温河街），离天保口岸 23 公里（最近路线），麻栗坡县城、天保口岸和南温河街通往猛硐街的公路都经过坝子村。

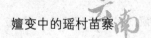
第二节　有记载以来坝子村隶属关系的变迁

一　越南管辖时期

有关坝子村隶属关系的变迁，中国方面较早有文字记载的，可上溯到清代雍正年间。在此之前，历史上虽然有许多关于云南和越南各地政区变迁的记载，但具体涉及坝子村及周边地区的史料特别少，我们尚未找到明确可靠的记载，因而有关清代雍正年间以前坝子村隶属关系的演变，我们还无法勾勒出轮廓。雍正年间及其以后，由于相关史料的增多，有关这一地区隶属关系的演变我们已经可以大致画出一些简单图景。

雍正年间，中国云南省与越南（当时中国称之为"安南"，它自称"大越"，为表述方便，后文一律称为"越南"）就云南开化府南部边界的走向有过激烈争执。云南省根据相关记载认为，中国云南开化府南部边界原在府城（今文山县城）以南 240 里之处，但很多地段已经被越南后黎王朝蚕食，因而云南方面要求将这些地段收回；而越南后黎王朝则认为开化府城南约 130 里的马白关（今马关县城）下小溪即为中越界河，并称其为赌咒河，认为赌咒河以南地段为越南地界。

双方争执的地段大约有 2000 平方公里，今猛硐乡及其下辖的坝子村一带正在双方争执的范围内。若按云南主张，这一带应属云南，但当时这一地区实际上处于越南后黎王朝的控制之下，至于越南何时开始控制这一地区，由于史料的缺乏，笔者不得而知。

中越边界争执，最终由雍正皇帝作出裁决而得以结束。1728 年，雍正皇帝正式将马白关以南双方争执的所有地段"赐予"越南后黎王朝，按越方要求以马白关下小溪即越方所称赌咒河为界，今坝子村一带和猛硐乡其他地方继续由越南管辖，直到 150 多年后的中法战争时期。越南管辖期间，坝子村一带和猛硐乡其他地方主要由越南宣光省渭川州管辖，但越南并未直接派官统治，而由猛硐傣族首领梅氏家族以越南地方土司的身份世袭统治该地区。

二　猛硐等地（含坝子村）划入中国始末

1883～1885 年的中法战争期间，云贵总督岑毓英率中国军队进驻越南北部与法军作战，坝子等地遂在中国军队的控制之下，坝子以及猛硐地区其他村寨的苗、瑶、傣等族人民在傣族土司梅光德、苗族首领项从周和瑶族首领盘圣怀等人的率领下，支持并参与了中国军队对法军的作战。1885 年中法战争结束后，中国军队撤离越南，越南沦为法国"保护国"，但云贵总督岑毓英在撤军时并没有撤到 1728 年的界线之内，而是继续在马白关以南驻军，并请求清朝中央在中法勘界时将 1728 年雍正皇帝"赐予"越南的马白关以南至黑河（又称大赌咒河）地区收回。

但在中法两国勘定滇越边界的过程中，由于各种原因，有关猛硐地区的归属曾有多次反复，历时十年之久，在中国划出大片地区进行交换的情况下，猛硐地区才于 1895 年最终确定归属中国。现将反复情况略述于下。

1886 年，清朝中央派大学士周德润为勘界大臣到云南，会同云贵总督岑毓英与法使狄隆就滇越边界展开勘察，由于法使屡遭越南抵抗者袭击，不能到边界实地踏勘，双方于是就图划界，但在有关马白关以南到大赌咒河地段的归属问题上，双方争议不下，并未划定最终界线。

1886 年底，岑毓英到马白关整顿边境防务和勘察国界时，以都竜傣族土司黄国顺为首的大小头领叩见岑毓英，要求归属中国。岑毓英应允，将马白关以南到大赌咒河地带设置为归仁里，隶属于开化府安平厅，并委任黄国顺为团总，率本地壮丁 2600 名防守。当时归仁里共 5500 余户22000 余人，下辖八甲，每甲设甲长一人，各辖上、中、下三村。在归仁里下辖八甲中，其中奋武甲即今猛硐瑶族乡及邻近地带，当时分为猛硐上、中、下三村，面积约 300 平方公里，今坝子村一带当时即属猛硐下村所辖。

但由于中法两国尚未就滇越边界达成一致，猛硐地区是否归属中国并没有最终确定。1887 年，清朝中央命主管总理衙门的庆亲王奕劻与法国驻华公使恭思当就滇越边界等问题在北京展开谈判，谈判结果，双方签订了中法《续议界务专条》，并在地图上画红线为界，岑毓英所设归仁里大部分划入中国，但由于当时使用的界图并非实地测绘而成，与实地并不相符，导致庆亲王奕劻在与恭思当谈判时，并没有弄清楚归仁里东部的奋武甲即猛硐三村等地、南部的聚仁甲包含了黄树皮等地的事实，在《续议界务专条》和红线界图中，虽然奋武甲和聚仁甲的名称都划在了界内，但实地即猛硐三村和黄树皮等地已经明确地划在了法属越南境内。

1887 年的《续议界务专条》和红线界图下发到地方执行后，地方勘界官员很快发现聚仁甲和奋武甲的大部分并不在界图内的事实，并多次向上反映这一情况。经向云南督臣多次查证，直到 1893 年时，总理衙门才最终弄清了猛碉、黄树皮等地属于奋武、聚仁两甲，但由于条约已经签订，总理衙门因而要求云南地方仍按红线界图执行，将黄树皮、猛碉等地移交给法国，"彼防一到，我军必须照约交割，不可再为延宕，致生枝节"。1894年初，法军接管了黄树皮等地，但在包括坝子村在内的猛碉地区，由于以项从周为首的苗、瑶、傣等族武装对法军进行了有效抵抗，法军并未能接管这一地区。

1894～1895年，中法两国勘界官员对边界走向进行了实地查勘、划界，在查勘划界过程中，发现原红线界图与实地不符之处极多，已经无法按红线界图划界，双方一面重新勘测绘图，一面对有争议地段向本国请示处理意见，由于法军多次被猛碉项从周武装打败，无法进入猛碉，因而法方最终同意猛碉地区归属中国，但要求以临安府南部的猛梭、猛蚌等大片地方进行交换。当时中日甲午战争正在进行之中，中国迭遭惨败，处境艰难，为了避免中法滇越勘界久拖不决造成新的事端，总理衙门急于早日结束勘界事务，最终同意了法方要求。1895年5月，中法签订《续议界务专条附章》，中国将临安府南部面积远远超过猛碉的猛梭、猛蚌等大片地方划归法属越南，而猛碉上、中、下三村在中国设治十年之后，最终正式划归中国，由猛碉下村所辖的今坝子村一带也从此正式成为中国的一部分。

在猛碉地区正式划归中国的过程中，起到关键作用的主要是以项从周为首的本地苗、瑶、傣等族武装对入侵法军的多次有效抵抗，正是这种抵抗使法军在猛碉屡屡受挫，并对接管这一地区产生了畏惧心理。尽管清朝中央和云南地方都已经同意猛碉划归法属越南，并催促法军尽快接管，但法军不敢再要这个地方。正是在这种背景下，猛硐地区才得以最终划归中国。

三　归属中国以来隶属关系的变迁

1895 年正式划归中国以来，随着行政区划的多次调整，坝子村的隶属关系也曾有过多次变更。

（一）清朝末期

正式划归中国之初，坝子村属于开化府安平厅归仁里奋武甲下村。由于猛硐项从周抗法有功，被清政府委任为南防统带，并将猛硐上、中、下三村各寨交由他直接管领，属于猛硐下村的坝子村一带实际上就由项从周及其后代管理，而本地各村寨瑶族首领则为项家下属，这种情况一直持续到民国早期。

1898 年，清政府在云南开化府安平厅境内设河口副督办和麻栗坡副督办，管理边境地区事务。其中麻栗坡副督办署设于麻栗坡街（今麻栗坡县城），下辖茅坪对汛（驻防今马关县金厂镇和小坝子镇一带）、天保对汛（驻防今麻栗坡县天保镇和猛硐乡一带）、攀枝花对汛（驻防今麻栗坡县八布乡一带）、董干对汛（驻防今麻栗坡县董干镇一带）、田蓬对汛（驻防今富宁县田蓬镇一带），后又增加玉皇阁对汛（驻防今马关县都竜镇一带），各对汛派驻汛兵防守。包括坝子村在内的猛硐地区由麻栗坡副督办署天保对汛驻防管辖，直到清朝灭亡为止。①

---

① 参见《麻栗坡县志》，云南民族出版社，2000，第 59~61 页。

（二）民国时期

民国建立后，政府对麻栗坡副督办署管理体制作了一些调整。1914年，外交部拟定《修改对汛办事章程》，经云南省督军兼省长唐继尧批准，麻栗坡副督办署改为麻栗坡对汛督办署，1915年，麻栗坡被划为省辖特别区，麻栗坡对汛督办署改为麻栗坡对汛特别区督办公署，仍辖茅坪、玉皇阁、天保、攀枝花、董干、田蓬六对汛，同时又将各对汛辖区编为第一、第二至第七特别区，其中天保对汛辖区编为第四特别区。包括坝子村在内的猛硐地区仍由天保对汛署管辖，同时也属于第四特别区。[①] 但内部事务仍由猛硐项家和坝子各村瑶族首领直接处理，一般不需对汛处理。

1938年，由于国民党地方政府在对猛硐地区土地清丈确权时处理失当，引发了历时近一年的苗瑶械斗，为了稳定局势，国民党地方政府将天保对汛署由船头移驻猛硐街，副汛署留驻船头，又撤销第四特别区，改建为猛茨乡。坝子村隶属关系未变，仍由天保对汛署管辖，同时也属于猛茨乡。但经过苗瑶械斗事件后，天保对汛署的管辖深入，猛硐项家已经不能对坝子地区进行直接管理而由天保对汛署管理，内部事务则由本地瑶族、苗族首领自行管理。这种局面一直持续到民国结束。

（三）中华人民共和国成立以来

中华人民共和国成立以来，由于政区范围及名称多次变更，坝子村的隶属关系也有过多次变更。

---

① 参见《麻栗坡县志》，云南民族出版社，2000，第59~61页。

1950 年，麻栗坡对汛特别区督办公署撤销，改建麻栗坡市，1955 年又撤销麻栗坡市，改为麻栗坡县，下辖各区。坝子村与猛硐其他地区一样，仍由麻栗坡（市）县管辖，隶属于都竜区。

1958 年政区调整，麻栗坡县并入西畴县，原麻栗坡县都竜区等地划给马关县，坝子、猛硐等地随都竜区一起成为马关县的一部分。马关县管辖期间，在猛硐设猛硐公社，坝子村属猛硐公社。

1961 年政区再度调整，麻栗坡县恢复设置，原猛硐公社一带作为南温河区的一部分，随南温河区一起划还麻栗坡县（此后一直隶属麻栗坡县），坝子与猛硐其他地区一样，隶属于麻栗坡县南温河区。

1970 年政区再度调整，从南温河区划出老陶坪、铜塔、坝子和猛硐四个大队，设立坝子公社，公社驻坝子（今村委会驻地），管辖范围仍相当于今猛硐乡之地。1976 年，坝子公社驻地迁往猛硐街，改名为猛硐公社，今坝子村一带仍为坝子大队，隶属于猛硐公社。

1984 年政区名称变更，公社改为区，大队改为乡，猛硐公社因此改为猛硐区，坝子大队则改为坝子瑶族乡，隶属于猛硐区。

1988 年政区名称再度变更，区改名为乡，乡改名为村公所，猛硐区因此改为猛硐瑶族乡，坝子瑶族乡改为坝子村公所，隶属于猛硐瑶族乡。①

2001 年村公所名称再度变更，改为村委会，坝子村公所因此改名为坝子村委会至今，仍隶属于猛硐瑶族乡。

---

① 参见《麻栗坡县志》，云南民族出版社，2000，第 61 页。

　　总体而言，中华人民共和国成立以来的近 60 年间，坝子村先后隶属于麻栗坡县都竜区、马关县都竜区、麻栗坡县南温河区、麻栗坡县坝子公社和猛硐公社、猛硐区、猛硐瑶族乡。由于隶属关系和政区名称变更频繁，人们很难适应，往往弄不清楚该称呼什么、由哪里管辖。改革开放以来近 30 年中，隶属关系相对较为稳定，除了年纪较大的人有时混淆以外，当地年轻人一般都知道坝子村隶属于猛硐乡，知道猛硐乡隶属于麻栗坡县，也知道麻栗坡县隶属于文山州。

第三节　各民族的源流

　　根据 2005 年的统计报表，坝子村委会所辖 18 个自然村总人口 3428 人。其中瑶族人口 2984 人，占总人口的 87%，是 16 个自然村的主体居民；苗族人口 420 人，占总人口的 12.3%，主要居住在岩脚上村和岩脚下村，是这两个自然村的主体居民；汉族 18 人，占总人口的 0.5%，主要生活在以瑶族人为主的岩坝村；壮族 6 人，占总人口的 0.2%，主要为外村嫁来或上门而来者。

　　就各民族的来源看，除了壮族为近年由外村嫁来或上门而来外，生活在本村境内的各民族人民都有半个世纪以上的历史了。

一　瑶族源流

　　谈到坝子村瑶族源流时，首先要回顾一下滇东南和中印半岛北部瑶族的概况。滇东南和越南北部、老挝北部、泰国北部一带是瑶族的重要分布区之一，现有瑶族人口七

15

八十万人。其中，滇东南的文山州、红河州有瑶族人口十五六万人，占云南瑶族人口的八成左右，是云南瑶族人口最集中的地区，他们主要分布在沿越南边境一带，如富宁县、广南县、麻栗坡县、河口县、金平县等地；越南北部有瑶族人口四五十万人，是国外瑶族人口最集中的地区，他们多数分布在靠近中国云南省文山州和红河州的地区，如高平省、河江省、宣光省、老街省、安沛省、莱州省、山萝省等地，在自然地理上与滇东南的瑶族人口连为一片；老挝北部有瑶族人口数万人，泰国北部有瑶族人口数万人。除了近代以来逐渐明晰的国界线以外，滇东南和中印半岛北部的瑶族分布区并没有明显的自然地理屏障将其分隔开，因而滇东南的瑶族人口与中印半岛北部的瑶族人口历史上有着密切的往来，相互之间的亲戚很多，今天仍然如此。在坝子部分自然村笔者随机抽样的 35 户瑶族农户中，回答"越南是否有亲戚？"这一问题的瑶族农户共 30 户。其中回答"没有"的为 13 户，占回答农户的 43.3%；回答"不清楚"的 1 户，占 3.3%；明确回答"有"的农户共 16 户，占 53.3%。如果这一抽样能反映坝子村瑶族与越南瑶族关系的整体面貌的话，那么，坝子村半数左右的瑶族人家在越南有亲戚，而且相当一部分人家的亲戚是同胞兄妹。坝子村乃至滇东南的瑶族人与东南亚瑶族人联系的紧密程度由此可见一斑。

　　从源流来看，滇东南和中印半岛北部瑶族先民的故乡主要在湖南、广西。清代时，由于躲避战乱、寻找可耕地等原因他们分批迁入滇东南和越南北部的广大湿润山区落籍，成为这些地区民族大家庭的成员之一。剩下一部分人继续向西南迁徙，逐渐分布到老挝和泰国北部一带的湿润山林地带中。瑶族由广西向滇东南和中印半岛北部迁徙，最早可能开始于明代后期，但多数主要在清代特别是清代中后期，那时可能形成过迁徙的浪潮。坝子一带的瑶族人正是在此背景下由广西经云南富宁县、广南县和越南北部一带迁徙而来。

坝子村瑶族人皆为蓝靛瑶，自称"Jin men"，一般用汉字写作"金门"，以李、盘、邓、蒋、黄五姓最多，五姓瑶族人占全村瑶族人口的 98% 左右，其他姓仅有零星分布。根据坝子各村瑶族的家谱推算，坝子瑶族的祖先迁徙到本地定居的时间大多在 19 世纪二三十年代到四五十年代，距今一百六七十年到一百八九十年不等。

根据中坝村李有光老人（中坝村长李国精的父亲，生于 1931 年）介绍，李家家谱能追记的远祖为李显迨。从李家家谱来看，李显迨生于癸巳年（经笔者推算应为 1773 年），其妻子杨氏生于庚寅年（应为 1770 年），家谱中未记载李显迨夫妇居住在何处，以及何时去世。根据李有光老人的介绍，李显迨的老家在广西文安县，后来迁到云南广南居住，李显迨夫妇就在广南去世。到他们的儿子李道禄（生于丁卯年，应为 1807 年）当家时，由于发生战乱，李道禄兄弟于是与同族一起放弃家乡，往西南转战迁徙，由于不准备回到故乡，遂带着父亲的骨灰一起迁徙，李道禄最后与部分同族人来到坝子一带落脚定居，而其兄弟与部分同族人则南下越南，其父亲李显迨的骨灰最终安葬在坝子，李道禄于是成为中坝村李家迁到坝子的第一代。从李道禄到现年 78 岁的李有光，共五代，如果算到李有光的曾孙，则为八代。至于李道禄和同族何时迁到坝子一带，家谱上并没有明确记载，但根据李有光老人的介绍，李道禄的儿子李云光就出生在坝子村，而李云光出生于己丑年（应为1829年），李道禄与同族应在此前不久迁来，时间在1825年前后，距今180余年。

楼梯村65岁的李万品老人介绍的其祖先迁来时间与中坝村李有光老人介绍的时间基本吻合。根据李万品老人的介绍，其曾祖父的祖父母时与族人一起从今富宁县一带经越南北部迁徙而来。李万品家谱中记载：李万品曾祖父的祖母名邓氏嫩，生于庚子年（应为1780年），于己未年（应为1859年）归世。李万品老人介绍说，在邓氏嫩三十七八到四十岁时（1820年前后），由于战乱等原因，她于是带着年幼的儿子李道明（生于甲戌年，应为1814年）等，与族人一起从富宁县一带往西迁徙，途中遭到他族袭击，丈夫去世。随族人几次辗转迁徙后，邓氏嫩和部分族人最终落脚于"哪Sai"（即今坝子中寨自然村）。从李万品家谱来看，从邓氏嫩到李万品，李家落脚中寨、楼梯一带已经六代，若算到李万品孙子则为八代。从李万品老人的介绍推断，其曾祖父的祖母邓氏嫩来到并落脚于哪Sai的时间应在1825年前后，与前述李有光远祖李道禄迁来的时间大体一致。

大塘村邓姓人家（大塘村绝大部分人家为邓姓）迁来的时间稍晚。根据邓廷连村长的介绍，最早迁到大塘村的瑶族邓姓始祖为邓云觐，现今大塘村的邓姓人家几乎都是他的后代。根据邓廷连家谱，邓云觐生于丁丑年（应为1817年），其妻子盘氏朝生于壬午年（应为1822年），从他们到邓廷连（1961年生）前后共六代。至于邓云觐何时迁入大塘村，家谱上并无记载，邓廷连也不清楚，但考虑到他迁来时应该已经是成年人（父母并没有来，可能已经过世），时间应该在 1840 年前后，比上述中坝、楼梯、中寨李姓瑶族人迁来时间稍晚。

瑶族人群迁徙到今坝子一带后，逐渐形成了两个主要的大村和若干小村，两个主要的大村分别是哪 Sai 和哪董，据介绍，"哪 Sai"和"哪董"这两个名称主要来源于迁居此地的瑶族先民原生活在湖南或广西的村寨名称。哪 Sai 即今中寨自然村，而哪董位于 12 号界碑以北一公里左右的地方，现属中坝自然村，已无人居住。今天的坝子各瑶族自然村主要就由过去的哪 Sai 和哪董发展而来。

在瑶族和苗族人口大批迁来以前，今坝子村和猛硐瑶族乡其他地区一样，原来的居民主要是傣族人。瑶族和苗族人民到来后不久，由于滇东南爆发了"白旗军"起事，坝子一带的瑶族和苗族人都参与其中，傣族人没法再待下去，便迁往越南和其他地方，瑶族和苗族人于是成为这些地方的主人。

中法战争时以及稍后，坝子一带的瑶族人在响水村（今属铜塔村委会）瑶族首领盘圣怀领导下，与猛硐苗族首领项从周一起掀起了抵抗法国吞并的斗争，最终在 1895 年于北京签订的中法《续议界务专条附章》中，坝子地区与猛硐其他地方一起正式划入中国版图。

到 1937 年、1938 年时，国民党马关县和麻栗坡对汛特别区官员为了在清丈土地时获取好处，在苗族项氏家族和瑶族之间就猛硐各村（含坝子等地）瑶族所耕种土地的业权归属问题上进行挑拨，从而诱发了历时近一年的苗瑶械斗。在苗瑶械斗中，瑶族在今坝子一带的两个大村哪 Sai 和哪董以及其他村寨如垮土等被猛硐项家为首的苗族人焚毁，损失惨重。但不久后，在盘有林、盘总春等人的率领下，瑶族武装攻占猛硐并焚毁了当地的许多苗族村寨。苗瑶械斗事件平息后，猛硐瑶族和苗族两族人民得以重建家园，但瑶族人从此分散居住，没有再形成集中的村寨。根据坝子村委会李国发副主任和中坝自然村李国精村长介绍，现在的松毛、楼梯、中寨、大寨、岩坝等自然村即由原来的哪 Sai 村居民兴建，而中坝、坡脚一、坡脚二、坡脚三、磨刀石、长地、大塘、上垮土等自然村则由原来的哪董居民兴建。据李国精介绍，原来哪董共有 30 余户人家，哪董被毁后，从哪董搬出来的人家现在已经发展到 300 余户。

二 苗族源流

在谈到坝子村苗族人家的源流问题前，首先要谈一谈滇东南和中印半岛北部苗族人的概况。总体来说，滇东南和中印半岛北部是苗族人的重要分布区，有 200 万左右的苗族人口。其中，滇东南的文山州和红河州有苗族人口近 70 万人，占云南省苗族人口的 2/3 左右，是云南省苗族人口最集中的地区；而越南北部、老挝、泰国北部等地则有苗族人口 100 多万，是国外苗族人口最集中的地区。无论是滇东南还是中印半岛北部，苗族都是当地人数较多、分布较广的少数民族之一。与瑶族分布区一样，滇东南和中印半岛北部的苗族分布区在自然地理上连为一片，除了近代以来逐渐明晰的国界线外，并没有天然的自然地理屏障将它们分隔开，因而滇东南和中印半岛北部的苗族人在历史上来往非常密切，特别是边境线一带，相互迁徙、通婚的情况非常普遍，双方都互相有很多亲戚。在岩脚上、岩脚下两个自然村笔者随机抽样的 16 户人家中，有 15 户就"是否有亲戚在越南？"这一问题进行了回答，其中有 8 户明确回答有亲戚在越南，而且经常来往，占回答户数的 53.3% 。笔者在 2008 年 7 月下旬前往调查时，就遇到好几个来岩脚村走亲戚的越南黄树皮县的苗族人和汉族人，并与他们进行过交流。值得一提的是，在问卷调查中有一个问题是"是否清楚自己是哪个国家的人"，让人意外的是，岩脚村有的老人不敢回答这个问题，因为他们自己就来自越南，对自己到底是越南人还是中国人并不十分肯定。

　　滇东南和中印半岛北部的苗族人有共同的来源，他们大多于 19 世纪时因躲避战乱、开荒等原因从贵州等地长途迁徙而来。从有关史料反映的情况来看，在 18 世纪末以前，滇东南和中印半岛北部是没有苗族人口分布的。苗族最早从贵州迁入滇东南和越南北部沿边一带大约开始于 18 世纪末 19 世纪初。根据 1836 年云贵总督伊里布的奏稿，道光三年（1823 年）时，开化府曾对境内流民进行稽查，发现安平厅（即今马关县、麻栗坡县、西畴县、河口县一带）沿边有来自贵州等地的苗族人口"移居崖箐"、"樵种为生"，"因散在沿边烟瘴之区，仿照边夷不编保甲，仍设头人分别管束"。[1] 同一时期的越南史料《大南实录》也开始提到越南北部邻近中国云南省开化府安平厅的地区有来自中国的苗族人口生活，越南北部地方省臣曾向越南阮朝中央请求对他们进行编户以便收取租税，得到允许。[2]《大南实录》提到的这些苗族人口与云贵总督伊里布提到的安平厅沿边

---

① 伊里布奏稿《遵旨稽查流民酌议章程奏》，载方国瑜主编《云南史料丛刊》卷九，云南大学出版社，1998，第 12～14 页。

② 见《大南实录》正编第二纪卷二百一明命二十年（1839）夏四月"兴化水尾州白猫蛮"条，日本东京庆应义塾大学言语文化研究所，1980，影印版，第 4422 页。

的苗族人口很可能是同一个群体，因为他们都生活在同一个地域，这些苗族人口很可能就是 18 世纪末 19 世纪初从贵州迁入的。自此以后，又有苗族人口不断从贵州流入滇东南及越南北部沿边地区。到了 19 世纪 50～70 年代，由于云南爆发回民起义，全省大乱，清朝云南当局的统治陷入瘫痪状态，全省各地方、各民族纷纷拉起武装，或自卫或相互攻杀，致使云南到处武装派别林立，到处战乱不休。这些武装派别各自以"红旗军"、"白旗军"为旗号，"红旗军"主要指清军和与清军站在一起的地方团练武装，而"白旗军"则主要指回民军及响应回民军的各民族武装，迁入滇东南和越南北部不久的苗族人口大量卷入"白旗军"起事，与"红旗军"对抗。在苗族和其他民族的"白旗军"相继失败后，又有大批苗族难民纷纷从滇东南流入相邻的越南北部和老挝地区。猛硐乡和坝子村苗族的来源应与上述背景密切相关。

坝子村岩脚上、下两自然村的苗族人自称"蒙陪"、"蒙豆"，共 100 余户，以张、王两姓最多，约占两自然村人口总数的一半，其他还有杨、熊、江、项、陶等姓。根据张、王两姓老人的介绍，岩脚上、下两自然村苗族的祖先最早都生活在贵州，由于躲避战乱从贵州迁来，迁徙过程中在其他地方生活过，最后来到岩脚建村居住。最早迁来的是熊姓，其次是杨姓，之后是王姓，再后来是张姓。据 1929 年出生的王有华老人介绍，王姓祖先迁到岩脚之前曾生活在今麻栗坡县八布乡一带，到王有华曾祖父的父亲时从八布迁来今岩脚自然村，当时岩脚已经有熊姓和杨姓共四户人家。王家迁到岩脚生活一段时间后，曾经辗转迁徙到越南其他地方，王有华的祖父即在今越南境内去世，但王家最终又迁回到岩脚村定居。

从王有华曾祖父的父亲迁到今岩脚自然村起，到他这一代已经是第五代，即老祖（第一代）—曾祖父（第二代）—祖父（第三代）—父亲（第四代）—王有华（第五代），王有华后面还有四代人，因此王家迁到本地已经九代。王家最早从本县八布迁来的时间没有明确的文字记载，也没有家谱可查，仅能根据代数作一些大致推断：王有华本人出生于 1929 年，以 20 年一代计算，其父亲出生于 1909 年前后，其祖父出生于 1889 年前后，其曾祖父出生于 1869 年前后，其曾祖父的父亲大约就在此前不久从八布乡迁过来，时间大致在 1865 年前后。比王姓人家早到的熊、杨两姓人家迁入时间应较早，可能在 19 世纪前半期。

比王姓稍晚的是张姓，据 56 岁的张国福老师和 54 岁的张国友介绍，张姓最早来到岩脚村的仅有一个人，名叫佑泽（音译），根据推算，应为张国福、张国友曾祖父的父亲，到他们这一代共五代。据介绍，张家到岩脚村的第四代老人于 1992 年去世，享年 76 岁，应出生于 1917 年。根据 20 年一代推算，第三代应出生于 1897 年前后，第二代应出生于 1877 年前后，第一代佑泽应在此前不久迁来，时间大致在 1875 年前后。

王、张两姓老人在谈到苗族人从内地迁徙到岩脚村的原因时，都提到了"白旗造反"事件，就我们了解的一般情况而言，岩脚上、下两自然村的很多苗族老人都从祖辈、父辈那里听说过"白旗造反"事件，尽管在他们的族群记忆中，"白旗造反"事件已经很遥远而且很模糊，谁都说不清楚是怎样一回事，但他们都知道这是苗族历史上的一场大事变。如前所述，所谓"白旗造反"即 1857～1873 年前

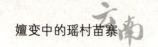

后云南许多民族响应回民起义的事件，当时流入滇东南和越南北部的许多苗族群众加入了"白旗军"，与全省各地的"白旗军"武装一样，主要以被称为"红旗军"的团练武装和清军为对抗的对象。根据有关志书和调查材料的记载，在滇东南地区，文山、邱北、广南、富宁、麻栗坡等地都有苗族武装参与"白旗军"，而在今麻栗坡县城和麻栗坡县董干镇等地，苗族"白旗军"武装曾与"红旗军"武装发生过非常激烈而又残酷的争战。

那是一个充满了暴力和恐惧的时代，也是一个极端混乱和悲惨的时代，在长达十多年的血腥仇杀争战中，难以计数的各族人民要么悲惨地死去，要么成批地逃离故土，远徙他乡，沦为难民。从有关资料来看，当时由越南管辖的猛硐和黄树皮一带曾有很多苗族难民从滇东南流入，如后来称雄于猛硐的项从周就是1863年（当时他7岁）时在其父亲带领下从靠近内地的西畴一带迁徙而来的，而当时正是麻栗坡、西畴等地红白旗之乱最为惨烈的时期。根据岩脚上、下两村王、张两姓老人关于苗族人迁徙到岩脚自然村的时间和原因的追述，岩脚上、下两村的苗族先民无疑也是在此背景下从内地迁徙流入的。

三　汉族源流

坝子村汉族人口很少，2005年仅岩坝村有3户12人，主要由高家一家发展而来。其他村零星地有几个汉族人，多为近年上门而来者。但根据高家老人和瑶族老人的介绍，坝子村的岩坝自然村以前曾有好几户汉族人家，但后来或迁到猛硐，或因没有继承者而绝户，现在只剩下高家和其他少数几人。

　　关于岩坝高家的来源，根据高保荣老人（1943 年生）介绍，其父亲原为文山县平坝乡人，民国时被国民党抓兵到马关，离开了家乡的妻儿，但不久后逃脱，不敢回乡而到猛硐躲避，在猛硐又娶妻生子，即高保荣和其哥哥。后来，中华人民共和国成立，解放军进入猛硐地区，与猛硐项朝宗武装进行了激烈战斗以解放猛硐，高家大小迁到现在的岩坝，当时当地有 8 户人家，其中有几家是汉族人，高家遂定居于此，延续至今。

　　除高家外，中华人民共和国成立初期，岩坝村汉族人家还有邓海河家（四川人，民国末年逃难于此的国民党残兵）和王家，这些人家大多为民国末年逃难而来，但因后来外迁、绝户等原因，最终没有在坝子村传承下来。

第二章　坝子村基层组织及其主要职能

第一节　党政机构及其主要职能

一　中共坝子村总支部委员会

2004 年以前，坝子行政村与其他行政村一样，设有中共党支部。2004 年，中共麻栗坡县委响应中央号召，加强农村基层党组织建设，将各行政村党支部提升为党总支，坝子村党支部也因此提升为坝子村党总支。目前，坝子村党总支书记为磨刀石自然村的李明友，副书记为岩坝自然村的李国发。有关他们的情况如表 2-1 所示。

表 2-1　坝子村党总支书记和副书记情况表

职务	姓名	性别	出生年月	民族	文化程度
书　记	李明友	男	1957.6	瑶	高中
副书记	李国发	男	1960.7	瑶	初中

2008 年笔者前往调查时，坝子村党总支共有 63 名党员，约占全村人口总数的 1.8%，很多党员是在 1996 年文山州工作队到坝子村开展"增百致富"工作期间发展的，当时一共发展了 20 多名党员。坝子村党总支下设 6 个党支

部，10 个党小组，各党支部概况如表 2 - 2 所示。

表 2 - 2 坝子村党总支各支部概况表

党支部	党小组	党员数	男	女	备注
中坝支部	2	16	13	3	
岩脚支部	1	6	5	1	小康示范村
坡脚一支部	2	11			
坡脚二支部	1	3	2	1	温饱示范村
大塘支部	1	6	6	0	小康示范村
中寨支部	3	21	18	3	

下面以岩脚支部、中坝支部为例，对党员构成情况略作分析。

岩脚党支部原属中坝党支部，由于 2008 年时岩脚上、岩脚下两自然村列为小康示范村，进行新农村建设，根据上级党委要求，列为小康示范村的自然村都要设立党支部，于是岩脚支部于 2008 年 5 月从中坝支部中分离出来，成立了岩脚党支部。岩脚党支部的成员来自岩脚上和岩脚下两自然村，共有 6 名党员，占两自然村人口总数（407 人）的 1.5%。从党员构成来看，6 名党员中，有 4 名为现任自然村干部，1 名为原自然村干部，1 名为坝子村卫生室负责人。村干部党员所占比例极高，一方面反映出边疆民族地区比较注重发展村干部为党员，有利于党的方针、政策的贯彻执行，另一方面也反映出普通群众加入党组织的积极性不高。

中坝党支部的情况有所不同。中坝党支部的成员来自中坝自然村和岩坝自然村，共有 16 名党员，占两自然村人口总数（672 人）的 2.4%。与岩脚党支部相似的是，中坝

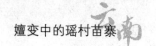

和岩坝两自然村的村干部大多数是党员；不同点在于，中坝党支部中群众党员占一半以上，其中有四人是在部队时入的党。

从以上两个党支部的情况中可以粗略看出坝子村基层党组织建设的大体情况。据总支副书记李国发介绍，2004年以后，坝子村总支下属各支部每年要发展党员 1~2 名；总支每年开两次总支会议，主要由各党支部书记参加；各支部每年开两次支部会议；各党小组每年组织活动四次。开会主要是学习党和国家的政策、法律、法规，并研究各自然村的发展问题。

二 坝子村民委员会

坝子村民委员会由集体化时代的猛硐公社坝子大队演变而来，20 世纪 80 年代时称为坝子乡，后改为坝子村公所，再后来又改为村民委员会，简称村委会（见图 2-1）。

图 2-1 村委会办公楼

坝子村委会驻中坝自然村，与坝子小学、坝子卫生室、坝子茶厂连为一片，与猛硐河对岸的岩坝村有桥连接，至岩坝村仅三四分钟路程。村委会办公楼为两层砖混结构楼房。办公楼门口挂有四块牌子，分别为"麻栗坡县猛硐乡坝子村民委员会"、"中国共产党坝子行政村总支部委员会"、"坝子村集体经济管理委员会"、"民主法制学校"，虽然有多块牌子，但实际上是一套班子。

村民委员会设主任 1 名，副主任 1 名，委员 3 名。从我们了解到的情况来看，麻栗坡县各乡（镇）的村委会主任、副主任主要由村党总支书记和副书记担任，坝子村也是如此，村党总支书记任村主任，副书记任副主任。目前，坝子村委会组成人员如表 2-3 所示。

表 2-3 坝子村委会成员情况表

职务	姓名	性别	民族	所在村寨	文化程度	党团
主任	李明友	男	瑶	磨刀石	高中	党员
副主任	李国发	男	瑶	岩坝	初中	党员
委员（计生专干）	盘万文	女	瑶	大寨	中专	党员
委员（民兵专干）	李朝武	男	瑶	荒田	高中	党员
委员（文书）	张金平	男	苗	岩脚下	高中	—

另外，与其他村委会一样，坝子村委会还设有人民调解、治安保卫、文教卫生、计划生育等工作委员会，但实际上仍是多块牌子一套班子。

村委会之下，在各自然村设立村小组，每个村小组设 3 名负责人：1 名村组长，1 名副组长，1 名妇女组长。

根据麻栗坡县统一制定的《村民自治章程》，村委会主要有以下职责。

（1）教育、组织村民认真贯彻执行党的路线、方针、政策，自觉遵守国家的法律、法规。

（2）执行村民会议和村民代表会议的决定，向村民会议负责并报告工作。

（3）带领村民积极完成本村的行政、经济等各项工作任务。

（4）维护和保障村民的合法权益；教育引导村民履行公民义务。

（5）组织村民发展经济，做好本村村民小组生产的服务协调工作。积极发展本村集体经济，促进集体经济积累。

（6）办理本村公益事业，调解民间纠纷，维护社会治安，保持农村稳定。向上级政府反映村民意见、建议和要求。

（7）发展文化教育，普及科技知识，提高村民的致富本领；促进组与组之间的互助、团结，带领群众开展社会主义精神文明建设。

（8）管理和使用好本村集体所有的土地和其他财产，教育村民爱护公共财产，合理使用和开发自然资源，保护和改善生态环境。

（9）做好优抚优恤、救灾救济、五保供养等项社会保障工作，破除农村封建迷信活动，开展移风易俗教育。

（10）做好计划生育工作，控制人口增长，提高人口素质。

（11）法律、法规规定的其他职责。

《村民自治章程》中规定的村委会上述职责看起来涉及了农村事务的多个方面，但实际上许多职责是虚的，是否已经履行难以考察，而《村民自治章程》中没有提到的职责，如协助县乡政府各部门处理涉农事务，很多时候反而是村委会最主要的工作。从我们了解的情况来看，除了调解纠纷、沟通村民与政府部门的联系外，村委会仍和以前的大队、村公所一样，主要工作就是接受县乡政府安排，处理各种涉农事务。虽然一些村干部很想为本村经济社会发展出力，但由于县乡各部门的涉农事务都要通过他们来处理，而县乡政府部门众多，涉农事务繁杂，"上面千条线，下面一根针"，村委会干部多数时候只能忙于应付县乡政府各部门安排的各种事务，再加上补贴不高，要为自家的生计忙碌，因而很难有时间、精力考虑和处理本村村民关心的各种问题。

根据 1998 年颁布实施的《中华人民共和国村民委员会组织法》，村委会不再是政府的准行政机构，而是"村民自我管理、自我教育、自我服务的基层群众性自治组织"；村委会组成人员也不再是政府的准行政人员，而是由村民民主选举产生并对村民负责的基层自治组织的负责人。但从坝子村委会干部的主要工作来看，坝子村委会与我们所了解的多数村委会一样，仍然是县乡政府处理涉农事务的准行政机构，村民自治组织的成分并不多。从村委会组成人员的提名、选举的组织中也可以明显地看出这一点，因为在这些过程中县乡党委和政府部门实际介入的程度非常高，往往处于主导地位，而村民参与和自主的程度则很低，自治的成分很少。另外，从村委会干部的薪水（补贴）主要来源于政府部门而非本地经济收入、村委会行使职能的依据《村民自治章程》和《村规民约》由县上统一制定而非本地村民根据实际需要制定等事实也可以明显地看出，村委会的婆婆仍然主要是县乡党委和政府而不是村民。

三 村干部补贴与其职能的关系

村干部补贴的来源、发放方式和补贴的多少，对于其职能的履行影响是很大的，它决定了各级村干部实际上在为谁工作、能投入多少精力开展工作。坝子村各级村干部补贴的来源、发放方式和补贴数额，不同时期各有不同。表2-4体现了我们了解到的近些年坝子村委会和各村小组村干部补贴的来源、发放方式和补贴数额的一些情况。

表2-4 村委会组成人员补贴情况表

单位：元

职　　务	补贴（每月）		补贴来源和发放方式
	2004~2006年	2007年以后	
主　　任	370	480	来源于政府财政；有关人员每月定期到乡财务部门领取。
副主任	350	450	
文　书	350	450	
民兵专干	370	420	
计生员	180	240	

资料来源：调查中了解到。

就我们了解的情况来看，由于没有村集体经济，坝子村委会组成人员的补贴并不直接从本村经济收入中产生，而主要由政府财政开支，每月定期从乡政府财务部门领取。从实际的效果来看，这份补贴主要是替政府工作的报酬而不是为村民工作的报酬。从补贴的数额来看，是远远不够养家糊口的，因而村委会干部除了完成政府部门安排下来的任务、处理村民找上门来的事务和轮流值班外，平时必须忙于自家的生计，很少有时间和精力主动为村集体的经济社会发展和公共事业谋划、奔走出力，因而坝子村基本上没有集体经济，许多公共事务如修路、水利建设、电网改造等也很难得到及时有效的处理。对于许多大龄男青年打光棍的问题，村委会也没有能力帮助解决。

从我们粗略了解的情况来看，改革开放以后，由于集体经济瓦解，坝子各自然村村长与大部分地区的自然村村长一样，一般没有补贴，担任自然村村长实际上就是做义务工，不但麻烦事多，经常耽误自家活计，而且还要贴钱接待上级下乡人员，因而很多人都不愿干而辞去职务。为了处理好村里的公共事务，一些自然村采取了每年由各户村民轮流任村长的做法。20 世纪 90 年代初以后，根据上面的要求，各村按规定收取土地延包费，每亩每年 10 元，一部分上交县乡和村委会，一部分留在自然村，作为自然村公务费用，村长也可从中获得些微补贴。近几年来，随着免除农业税政策的推行，农民种田不再上缴各种税费，土地延包费也不再收取，自然村的公务费用有的由村民集资（如 2006 年中坝村人均集资 500 元修建入村公路），有少量集体经济的自然村则主要从集体经济收入中获取，有的则将国家下发的种粮补贴作为自然村公务费用。至于各村小组组长、副组长和妇女组长的补贴，则主要由政府支付，相当于协助政府部门处理涉农事务的一点点误工补贴（见表 2 - 5）。由于近年来农村手机普及，加上坝子各自然村村民居住分散，找村干部办事的很多村民都用手机，使得村干部们每月花销在电话上的费用很高，这让补贴很少的村组长很为难。为解决此问题，有少量集体经济的一些自然村偶尔会同意给村干部一点电话补助，但并非常有，由于多数自然村没有集体经济，村干部只好自己承担这些费用。总之，由于补贴低微，麻烦事多，很多人不愿意担任自然村村干部,只是被村民推选勉强从事而已,一些自然村村干部经常外出打工,上级部门和村民有事时往往找不到人而直接找村委会。

表 2 - 5　村小组（自然村）村干部补贴情况表

单位：元

职　　务	补贴（每月）				补贴来源
	1981～1990	1990～2004	2004～2006	2007 年以后	
村长（组长）	无	5～10	15	20	
副村长（副组长）	无	无	10	15	政府财政
妇女组长	无	无	10	15	

资料来源：调查中了解到。

第二节　社会治安概况

一　治安机构

坝子村的社会治安主要由治安联防大队和护寨队、治保调解委员会和民兵营分别负责,这些机构虽然有不同的名称,但与村委会组成人员、各自然村村干部实际上是同一套班子。

坝子村治安联防大队设大队长 1 人,由中共坝子村总支部书记、村委会主任李明友担任,负总责;设副大队长 2 人,分别由总支部副书记、村委会副主任李国发和村委会文书张金平担任,各负责若干自然村。治安联防大队之下,每个自然村各设 1 个护寨队,由村组长和副组长负责,每个护寨队各 5 人,18 个自然村共 90 人;设治安信息员 18 人,主要由各自然村村组长担任。

联防大队的工作主要依靠各自然村村干部，一般来说，自然村发生治安案件，自然村村干部需及时上报村委会，村委会要及时上报上级部门。至于联防队和各自然村的护寨队平时是否开展治安巡逻，就我们了解的情况来说，麻栗坡县大部分村委会的联防队和护寨队只是在建立初期开展过治安巡逻，后来就组织不下去了。出现这种情况有很多原因：第一，麻栗坡县各村村民的相当部分经济收入来自外出打工，除了春节外，大部分的青壮年都在外打工，留在家里的主要是老人和小孩，要组织护寨队开展治安巡逻不太可能；第二，治安联防队和护寨队没有必要的日常活动经费，治安巡逻无法开展；第三，也是更为重要的一点，即麻栗坡县农村的社会治安并没有恶化到需要护寨队进行治安巡逻的程度，进行治安巡逻没有必要。坝子村虽然外出务工的青壮年不多，但村里社会治安状况向来很好，偶尔有偷盗事件，但并不严重，没必要组织巡逻。因此，虽然设有联防队、护寨队，但除了2004年通缉马加爵时曾在上级要求下组织过巡逻、搜山以防止马加爵出境外，平时并没有多少活动，一般村民也不太了解有这样的机构。

坝子村委会调解委员会成员由村委会组成人员兼任，下设18个调解小组，由各自然村村组长、副组长和妇女组长组成。一般较小的民事纠纷由各自然村调解小组自行调解，自然村调解不了时，上交村委会，由村委会的调解委员会调解。如村委会的调解委员会仍无法调解或调解不服，则上交乡司法所，或由乡司法所派司法员前来调解。一般较小的民事纠纷都能在自然村和村委会调解委员会完成调解，不必上交到乡。从相关纠纷的调解记录来看，村委会调解委员会调解时有专人记录，相关程序较为规范。

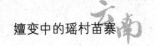

坝子村委会设有民兵营，由乡武装部领导。民兵营设指导员一名，由中共坝子村总支部书记兼任，设民兵专干一名（现任民兵专干为荒田自然村的李朝武），下设200多名民兵。民兵主要由本村部分青壮年村民担任，一般没有报酬，平时忙于自家生计，偶尔会被集中起来进行训练，参与边界巡逻。中越边境战争结束以后，中越两国早已恢复正常关系，边境无事，因而民兵训练和巡逻已经很少。

二 规章制度

坝子村委会办公室的墙上挂有各种成文规章制度，涉及社会治安的主要有《治安联防工作流程图》、《治安联防大队工作职责》、《治安联防员日常工作职责》、《治保小组联席会议制度》、《坝子村社会治安综合治理委员会办公室工作制度》、《邻村委员会周边治安联防联席会议制度》、《治保工作职责及联席会议制度》、《治安信息报告制度》、《矛盾纠纷排查调处工作制度》、《矛盾纠纷月排月报制度》、"猛硐边防派出所·猛硐司法所警务区及责任片区民警详细情况示意栏"。另外，村委会和各自然村还有一些《村规民约》。

从以上各种规章制度和村委会所存《村规民约》的具体内容来看，在社会治安方面制定的各种防范措施和处理办法是比较全面、具体的，发生各种治安案件和民事纠纷时，都可以依照相关规章制度进行较为规范的处理。

据我们了解，以上这些成文的规章制度和村委会《村规民约》，并非村委会自己制定，主要都是麻栗坡县相关部门统一制定下发的，因而麻栗坡县各村委会的成文的规章制度和《村规民约》基本上都是一样的。但在坝子村委会所存《村规民约》中，坝子村也根据自己的实际情况作了一些调整，与其他村委会的《村规民约》有很多不同之处，兹略作举例并对其调整原因简要分析如下。

第六条"不得任意在居民区安装噪声大的机械"中，坝子《村规民约》中添加了"如粉碎机等"。添加这几个字，很显然是为了向村民说明"噪声大的机械"是什么。

第十条"严禁私自砍伐国家、集体或他人的林木，不准在村附近或田边路旁乱挖土，严禁损害庄稼"中，坝子《村规民约》添加了两项内容：

> 违者按市场价赔偿损失外，并处 10～50 元违者罚款约金。在他人田边地角种植高棵植物须离 10 米，矮棵植物须离 5 米远。

添加的两项内容，一项是为了便于操作，另一项是下发《村规民约》中没有提到，但本地村民认为必要，因而添加上去的。

第十一条之后，另添加一条：

> 对违反上述社会治安条款者，按以下办法处理：（一）触犯法律法规的，报送司法机关处理。（二）情节严重，但尚未触犯刑法和治安处罚条例的，由村委会批评、教育外，酌情罚款 10～50 元。

添加此条，无疑是为了在执行中便于操作。

第十六条"不听、不看、不传迷信和淫秽的书刊、音像"中，添加了"不请神弄鬼，不算卦相面，不看风水"。从坝子村的实际情形来看，所添加内容比下发内容更切合实际。

删除了下发的《村规民约》第二十七条，删除内容为，"结婚必须依法登记，严禁非法涉外婚姻和边民非法通婚"。为什么删除这一条？这与坝子村涉外婚姻很多有关。调查中我们了解到，坝子村有很多边民与越南边民通婚，总数约有 60 对之多，都是越南女孩嫁入中国，对于缓解本地"光棍"问题起到了积极作用，受到边民欢迎。但由于制度障碍，这些涉外婚姻都无法登记、无法取得合法手续，面临着许多困境。在此情况下，作为村委会，与其把涉外婚姻纳入管理而自己又无法管理，不如将其从《村规民约》中删除。

第二十九条，将"不打骂配偶"的"配偶"二字改为"妻子"。因为对于大多数村民来讲，"配偶"指什么并不清楚，而且在坝子村丈夫在家庭中的地位相对要高，家庭暴力通常指向妻子，作出这样的修改是适合的。

第三十条，将"保证老人每年有 380 斤口粮，360 元零花钱，2 套衣服"修改为"保证老人每年有 400 斤口粮，200 元零花钱，2 套衣服"。与坝子村村民的习惯做法吻合。

此外，与下发的《村规民约》相比，还有其他修改。

总之，从坝子村委会与其他村委会制定的《村规民约》中，可以看到地方政府对村委会制定《村规民约》有统一规定，并发有统一样本，一些村委会对整套样本只字未改，仅换个村委会名称。由于部分要求与当地实际并不相符，全县统一制定的《村规民约》并不具有地域特点，在实践中无法操作，这样的《村规民约》就只能成为相关领导到村委会检查工作时的摆设，在实践中并不发挥作用，村民对这样的《村规民约》也并不知晓。而坝子村的《村规民约》，虽然从总体上来说仍沿用了全县统一制定的样本，但毕竟结合了本村实际进行了一些改动，虽然有些改动并不规范，有的甚至与法律相冲突，但与全县统一制定的《村规民约》相比，它更适合坝子村的实际，更像"村规民约"。

三　社会治安概况

从我们走访各村小组及村民反映的情况来看，坝子村当前社会治安状况良好。瑶族村民虽然居住分散，大多单家独户，但偷盗事件并不多，村民的住房一般都不建围墙。一些村民的耕牛养在距离住房几十米远的牛棚中，却不担心被盗。在中寨自然村调查时，村组长李云凌所能回忆起来的偷盗案件发生在1996年，一位本村的小伙子偷别人家的狗被发现，被村中人痛打一顿，并罚款100多元，此后就没发生过偷盗事件了；在大塘自然村调查时，村干部反映20世纪90年代时偷鸡的很多，但现在已经很少见；在岩坝村调查时，有村民反映20世纪90年代时曾有很多偷盗现象，有人到越南偷牛卖并埋设地雷阻止失主追索，有人甚至偷部队的猪，但最近这些年已经很少有偷盗事件了。

虽然坝子村当前社会治安状况整体良好，但并非什么事都没有，偶尔也会有治安案件发生。从村委会的相关记录和我们走访了解的情况来看，主要的治安案件有两大类。

一是牛马等财物被盗案件。从坝子村《大牲畜被盗情况登记表》来看，2005～2007年期间发生了四例大牲畜被盗案件，其中两例为马，两例为牛。有三例在被盗次日成功追回，一例没能追回。除了牛马外，从坝子村保留的相关调解协议中，我们还看到一例村民家中钨精矿被盗案件、一例手机被盗案件。

二是村民矛盾纠纷案件。这一类案件比较多，我们在村委会找到的三份《矛盾纠纷排查调处情况登记表》，记录了 2006 年 3～10 月村委会调处的 13 例民事纠纷案件。在村委会保存的部分调解协议书中，我们又看到了几起另外的民事纠纷案件。在这些民事纠纷案件中，各种情况都有，有私人或村寨争地界、争田水、争田地引起的纠纷，有家庭纠纷，有私人老板挖公路破坏了别人田地引起的纠纷，有涉矿纠纷，有生产中发生意外事故引起的纠纷，有喝酒后打群架造成伤害引起的纠纷，有因发生男女不正当关系引起的纠纷，有因诬陷别人放五海（巫术）引起的纠纷等等。在各类民事纠纷案件中，因地界引起的纠纷相对较多，这与村民承包地非常零散、地界犬牙交错的实际情况密切相关。多数纠纷较小，经过自然村或村委会一次调解后得以解决，但有的纠纷经过调解后，后来又再次反复。少数纠纷因事关重大，村小组、村委会无法调解而逐级递交到乡司法所。

总体来看，当前坝子村社会治安处于村委会和各村小组可控范围内，需要乡边防派出所、乡司法所和政府相关部门介入的治安案件不多，村民对社会治安整体上还比较满意。

第三章 坝子村的人口变迁与
人口问题

第一节 人口结构的变迁与相关问题

一 人口增长速度变迁

目前，坝子村委会保存下来的人口统计报表从 1962 年开始，但报表不全，有的年份有，有的年份没有，我们这里主要查到了 1962 年、1985 年、1991 年和 2005 年共四个年份的报表。现将这几个年份的报表数字列举于表 3 - 1 中，以便对各时期的人口增长情况作分析说明。

表 3 - 1 坝子村不同年份的人口统计表

单位：人

年　份	1962	1985	1991	2005
总人数	1499	3040	3303	3428

资料来源：坝子村委会统计报表。

从报表数字看，坝子村 1962 年共 1499 人，到 1985 年时增加到 3040 人，23 年中增加了 1541 人，年均增长率约为 3.1%。这一数字与这一时期的全国平均水平（接近 2.0%）相比，高出 1.1 个百分点，这可能与"大跃进"期间逃往越南的坝子各村人口逐渐回来有关。

1985～1991 年，坝子村人口从 3040 人增加到 3303 人，6 年中增加了 263 人，年均增长率为 1.4%，与这一时期的全国年均增长率（1.4% 稍强）基本相当。

1991～2005 年，坝子各村人口增长率大幅下降。从报表数据看，14 年中仅增加了 125 人，18 个自然村每年才增加 8.9 人，每个自然村每年仅增加 0.5 人。整个行政村人口年均增长率仅为 0.28%，大大低于这一时期的全国平均水平（约 0.86%）。就我们了解的情况来看，造成 1991 年以来人口增长极为缓慢的原因主要有二。

第一，20 世纪 80 年代后期以来，计划生育政策在坝子村得到了严格实施，坝子村已经很少有超生现象。特别是最近几年来，由于云南省对农村户口独生子女户推行"奖优免补"政策，坝子村的一部分年轻夫妇主动放弃了生两胎的权利，在生了一个孩子后就自愿办了独生子女证。正是由于计划生育政策的实施，坝子村人口增长速度大大降低。

第二，20 世纪 90 年代初到最近几年，大量本地女青年或被骗拐到外省，或进城务工并落脚于城镇，导致相当一部分大龄男青年找不到结婚对象，长期单身，无法延续后代。据李国发副主任估计，从 90 年代初到最近的十余年中，坝子各村因被拐、骗或自愿等原因而流往外省的女青年在 250 人左右，这些女青年主要流入浙江、福建、江苏、广东、山东等沿海省份，或被卖给当地人，或自愿嫁在当地，除了极少数人外，大部分外流的女青年都没能回来，导致全村 200 人左右的大龄男青年至今无法找到结婚对象，没有后代。这是造成 1991 年后坝子各村人口增长缓慢、几乎陷人停滞的主要原因。

二　人口性别构成变迁及存在问题

关于坝子村人口的性别构成，笔者有两组不同的数据：第一组为坝子村委会报表数据，分别为 1985 年、1991 年和 2005 年的报表数，有总体性别构成的情况；第二组为笔者根据 2005 年 9 月坝子村文化户口登记表整理出来的数据，内容相对详细一些，可看出不同年龄段的性别构成情况。两组数据角度各有不同，现并列于此，以便对人口性别构成的变迁及存在问题进行分析（见表 3 – 2、3 – 3）。

表 3 – 2　坝子村 1985 年、1991 年、2005 年男女人口及性别比

单位：人

年份	总人口	男	女	男女性别比
1985	3040	1506	1534	98.2：100
1991	3303	1657	1646	100.7：100
2005	3428	1786	1642	108.8：100

资料来源：坝子村委会统计报表 3。

表 3 – 3　2005 年坝子村各年龄段男女人口及性别比

单位：人

年龄段	人口数	男	女	男女性别比
0 ~ 20 岁	1119	578	541	106.8：100
20 ~ 40 岁	1334	770	564	136.5：100
40 ~ 60 岁	701	335	366	91.5：100
60 岁以上	331	164	167	98.2：100
总　数	3485	1847	1638	112.8：100

注：各年龄段统计按下列方式计算：0 ~ 20 岁为 1985 年 9 月至 2005 年 8 月期间出生人口，20 ~ 40 岁为 1965 年 9 月至 1985 年 8 月期间出生人口，依此类推。

资料来源：坝子村 2005 年 9 月文化户口登记表。

有关 2005 年人口数据，坝子村报表数据和文化户口登记表上的数据不太吻合，文化户口登记表上的总人口比村委会报表多出 57 人。原因主要有二：一是统计口径有所不同，坝子村报表数据主要是户口在本地的各自然村人口数，而文化户口登记表中包含了户口不在坝子各自然村的坝子各小学教师及其家属、在读大学生、退休人员的人数等；二是技术误差，即统计人员不同，对相关统计口径的理解把握很难一致，加上统计时间也有所出入，难免出现误差，属于正常情况。

坝子村委会统计报表数据（表 3 - 2）显示了 1985 ~ 2005 年性别构成变化的基本情况。从表 3 - 2 可看出，1985 ~ 2005 年的 20 年中，坝子村人口的性别构成发生了很大的变化，由女多男少变为男多女少，从原来女性人口多 28 人转变为男性人口多 144 人，男女性别比从 98.2∶100 转变为 108.8∶100。若按 2005 年坝子文化户口登记表的数据（表 3 - 3），则男性人口比女性人口多 209 人，男女性别比达 112.8∶100。

就不同年龄段的性别构成来看，差别是很大的。

从表 3 - 3 中可以看出，2005 年 9 月时坝子村各年龄段人口的性别构成情况如下。

60 岁以上（1945 年 9 月以前出生）的老年人口中，男、女比例大体相当，仅有 3 人的差别，男女性别比为 98.2∶100。

40 ~ 60 岁（1945 年 9 月至 1965 年 8 月期间出生）的中年人口中，女多男少，女性人口比男性人口多 31 人，男女性别比为 91.5∶100。这种情况可能与这一年龄段的男性人口在外工作的比女性人口多有关。

20~40岁（1965年9月至1985年8月期间出生）的青年人口中，男性人口远远多于女性人口，多出206人。在所有年龄段中，这一年龄段的男女性别比最大，高达136.5：100。为何这一年龄段人口的性别比如此之大？原因前面已有述及，即20世纪90年代初到前几年大量流入东部沿海各省的女性人口正是这一年龄段的人口。由于这一年龄段人口的性别比极大，这一年龄段的大量大龄男青年至今无法找到结婚对象，这已经成为坝子村一个难以解决的社会问题。

20岁以下（1985年9月以后出生）的青少年人口中，男多女少，男性人口比女性人口多出37人，男女性别比为106.8：100。这一年龄段的人口都是在计划生育政策严格推行期间出生的，之所以出现男性人口多于女性人口的情况，主要是因为这期间出生的人口中，存在一定程度的人为性别选择，特别是随着时间的推移，人为性别选择有加重的趋势。就坝子文化户口登记表记录的情况来看，2000年1月到2005年9月出生的303人中，男孩161人，女孩142人，男孩比女孩多出19人，男女性别比高达113.4：100，人为性别选择的加重是很明显的。

三 人口年龄结构及存在问题

年龄结构是人口构成的一个重要方面，年龄结构是否合理，对一个地区未来的经济、社会发展有着潜在的重要影响。根据坝子村文化户口登记表，2005年9月时坝子村各年龄段人口数及所占比例如表3-4所示。

表 3 – 4　坝子村各年龄段人口数、比例情况表

年龄段（岁）	0~10	10~20	20~30	30~40	40~50	50~60	60~70	70~80	80岁以上	总计
人数（人）	522	597	651	683	416	285	213	90	28	3485
	1119		1334		701		331			
比例（%）	32.11		38.28		20.11		9.5			100

注：人口数据包含了退休回村人员、在读大学生、坝子各小学教师和家属等。

资料来源：坝子村 2005 年 9 月文化户口登记表。

从表 3 – 4 中我们可以看出，2005 年 9 月时，坝子村年满 60 岁及以上人口共 331 人，占人口总数的 9.5%，已经接近 10% 的进入老龄化社会的标准。其中，年满 80 岁及以上的高龄人口共 28 人，占人口总数的 0.8%。年满 90 岁以上者 6 人，年龄最大者为中坝村蒋明文，女，当时已年满 97 岁。从坝子村的具体情况来看，目前的养老情况还不是大问题，因为坝子村老人与全国农村老人一样，并非 60 岁以后就退休并完全由别人供养，而是一直从事力所能及的劳动以减轻家庭的负担，如放牛、煮饭、在地棚中照看茶地和草果地、在地棚中养猪养鸡等。

20~60 岁之间的中青年人口共 2035 人，占人口总数的 58.39%。这些人口中的大部分，即 20~40 岁年龄段的人口主要出生于 20 世纪 60 年代中期到 80 年代中期的人口出生高峰期，目前正是坝子各自然村的主要劳动力，是坝子村经济建设的主要承担者，由于他们在整个人口中所占的比例比较大，从劳动力的角度来说，目前坝子村的劳动力是最为充足的时期。但由于生活在偏僻落后的边疆地区，20~40 岁年龄段的人口面临着很多困境，其中最主要的困境前面已经提及，即这一年龄段的许多大龄男子无法找到结

婚对象，只能长期单身生活。

20 岁以下的青少年和儿童共 1119 人，占人口总数的 32.11%。人口相对太少，对以后坝子各村的经济发展、养老等可能会造成严重问题，特别是这一年龄段的许多人长大后将会流入较远的城镇，坝子村未来的养老问题将会因此变得越来越突出。

四　民族与姓氏构成

（一）民族构成

坝子各自然村的人口主要是瑶族和苗族人，他们的祖先大多于 19 世纪时相继从广西、贵州等地迁来。在瑶族和苗族人到来之前，今坝子村委会一带的原住民主要是傣族人，但瑶族和苗族人大量到来之后，特别是 19 世纪 50 年代后期到 70 年代初期的苗、瑶"白旗军"起事事件之后，傣族人相继迁往越南或其他地方，瑶族和苗族人于是成为这一地区最主要的居民，今天的坝子各自然村已经没有傣族人口。

目前坝子村委会所辖 18 个自然村中，16 个自然村主要为瑶族人分布，而苗族人主要分布在西北部的岩脚上和岩脚下两个自然村（少量杂居在岩坝村），这种局面从 1962 年有统计以来没有发生改变。另外，现有少量汉族和壮族人口杂居于部分村寨，除了岩坝村的汉族高家在中华人民共和国成立前就已生活在坝子村以外，其他的少量汉族和壮族人口多是因最近几年上门或嫁到瑶族农户家而迁入的。在坝子村委会所存报表中，有民族人口统计的是 1985 年、1991 年和 2005 年的报表，兹将 1985 年和 2005 年报表数据

整理为表 3 - 5，以便对民族构成及最近的变化情况作简要
说明。

表 3 - 5　坝子村 1985 年和 2005 年民族情况表

民族 年份	总人口	瑶族		苗族		汉族		壮族	
		人口 (人)	比例 (%)	人口 (人)	比例 (%)	人口 (人)	比例 (%)	人口 (人)	比例 (%)
1985	3040	2646	87.04	388	12.76	6	0.2	0	0
2005	3428	2984	87.05	420	12.25	18	0.53	6	0.17

资料来源：坝子村委会统计报表。

从表 3 - 5 来看，1985～2005 年的 20 年中，坝子各村
民族构成情况变化不大。瑶族人口比例几乎没有变化；苗
族人口比例略有降低，降幅为 0.51 个百分点；汉族人口比
例略有增加，增幅为 0.33 个百分点；壮族人口从无到有，
占全村人口比例从 0 上升为 0.17%。

若按 2005 年 9 月坝子村文化户口统计表，情况大致类
似，但也有所不同。具体情况如下：瑶族 3037 人，占总人
口的 87.14%；苗族 425 人，占总人口的 12.2%；汉族 14
人，占总人口的 0.4%；壮族 7 人，占总人口的 0.2%；彝
族 2 人，占总人口的 0.06%。文化户口统计表与村委会报
表存在一些差异，主要是统计口径不同所致，如不同民族
通婚的子女具体属于哪个民族，不同统计者的把握是有差
异的，家长在不同的时候也会有不同的说法，这些都属于
正常情况。至于文化户口登计表中多出的两个彝族人，主
要是坝子小学老师及其女儿。

（二）姓氏构成

姓氏构成是人口构成中的一个方面，有时可能有研究

意义。现将坝子各村瑶族和苗族人姓氏情况略述如下，以供参考。

（1）瑶族人姓氏：坝子瑶族人的姓氏非常集中，主要有五姓，分别为李、盘、邓、蒋、黄，从2005年9月坝子村文化户口登记表来看，五姓人口占坝子各村瑶族人口总数的98.3%（见表3－6）。

表3－6　坝子瑶族姓氏表

姓氏	李	盘	邓	蒋	黄	总计
人数（人）	1397	771	540	149	128	2985
占瑶族人口比例（%）	46.0	25.4	17.8	4.9	4.2	98.3

资料来源：坝子村2005年文化户口登记表。

李姓是坝子瑶族第一大姓，李姓人口占坝子各村瑶族人口的46%，16个瑶族自然村都有分布。其中，中坝、岩坝、荒田、松毛、长地、坡脚一、磨刀石、中寨、大寨、老河弄、雷厂、楼梯共12个自然村中，李姓是人口最多的姓氏，而在其中的荒田、松毛、中寨、大寨等自然村中，李姓占有绝对多数。

盘姓次于李姓，占坝子瑶族人口的25%强，16个瑶族自然村都有分布，以中坝、岩坝、中寨、楼梯、坡脚三、长地、坡脚二等自然村分布较多，在坡脚二、坡脚三两个自然村中是人口最多的姓氏，在长地、中寨等多个自然村中，都是人口仅次于李姓的姓氏。

邓姓又次于盘姓，占坝子瑶族人口的近18%，大部分瑶族村寨都有分布，以大塘、岩坝、松毛、楼梯等自然村分布较多。其中，以大塘村邓姓人口最为集中，占该村总人口的73%左右；在松毛和岩坝两个自然村中，邓姓人口仅次于李姓，居第二位。

蒋姓又次于邓姓，主要分布在中坝、长地、松毛、岩坝、磨刀石等自然村中，在各自然村中，蒋姓都相对较少，但在长地和中坝两自然村中相对集中，仅次于李、盘两姓而居第三位。

黄姓又次于蒋姓，主要分布在上垮土村和大塘村，其中以上垮土村最为集中，约占该村人口的一半。在其他村寨，黄姓人口则很少。

除了以上主要姓氏以外，坝子各村瑶族中还有少量的陈、冯、赵、高、韦等姓氏，这些姓氏只有零星的一两户，原来可能不是瑶族姓氏，而是汉族、壮族与瑶族通婚后带入瑶族中的汉族和壮族姓氏。

从瑶族姓氏的分布特点来看，各自然村大多以一两个姓氏为核心，其他姓氏则相对较少。处于核心地位的姓氏，大多为最早迁来并建立该自然村的姓氏；人数较少的姓氏，大多为较晚迁来的姓氏。

（2）苗族姓氏：坝子村苗族的姓氏主要有张、王、杨、熊、江、项、陶等姓，与瑶族姓氏相比，坝子苗族姓氏较多而不集中，但其中的张、王、杨、熊四姓较多，占坝子村苗族人口的75.3%（见表3－7）。

表3－7　坝子苗族姓氏表

姓氏	张	王	杨	熊	总计
人数（人）	116	103	61	40	320
占苗族人口比例（%）	27.3	24.2	14.4	9.4	75.3

资料来源：坝子村2005年文化户口登记表。

从表3－7可以看出：张姓和王姓是坝子村苗族的两大

姓，各占坝子村苗族人口的 1/4 左右，两大姓人口超过了坝子村苗族人口的一半；杨姓占全村苗族人口的 14.4%，熊姓占 9.4%，其他各姓人口则相对较少。

第二节　家庭规模变迁与计划生育

一　村民婚姻概况

从部分坝子村民的家谱中可以看出，中华人民共和国成立以前，坝子村少量家庭中曾有一夫多妻现象，但大多数家庭实行一夫一妻制。中华人民共和国成立以来，坝子村各民族都实行一夫一妻制，不再有一夫多妻现象。

坝子村村民以瑶族和苗族为主，恋爱、婚姻相对较为自由，历史上一般不存在包办婚姻，没有汉族人中"父母之命、媒妁之言"的情况，现在也是如此。虽然恋爱、婚姻较为自由，但也要经过一定的程序，遵守相关禁忌和习惯。目前，坝子村各族人民的恋爱、婚姻情况大致如下。

青年男女一般在民族节日（如苗族采花山）、赶街、参加别人婚礼或度戒时相互认识，或通过亲朋介绍相互认识，有好感即多往来，建立恋爱关系。但确定结婚前，男方仍须请媒人到女方家正式提亲，商定结婚日子、彩礼等事项。苗族男方付给女方家庭的彩礼多少不等，一般情况下要2600 元或 3600 元，有的则需 4600～6600 元不等。2008 年 7月前往调查时，我们了解到岩脚村有一户人家彩礼钱花了20600 元，在当地引起轰动，成为人们经常谈论的话题。瑶族男方付给女方家庭的彩礼一般为 60 个法银（20 世纪初法国在其印度支那殖民地铸造流通的银币），折合人民币现值

8000～10000元，但这些银子并非归女方家庭所有，因为女方家庭要用这些银子为即将出嫁的女儿制作一套有很多银饰的盛装，以作为女儿的嫁妆。举行婚礼时一般要办酒席、请客，一般男、女双方家庭各办一天，做客的亲朋一般送礼30～50元。但有的人家，如娶越南女子的人家或家庭经济条件较差的人家，一般不请客。

坝子村苗族和瑶族人在恋爱、婚姻中有一些禁忌。就苗族的禁忌而言，主要是同姓不婚。笔者根据坝子文化户口登记表对岩脚上、岩脚下和岩坝村苗族夫妻姓氏的统计发现，2005年9月时，三个自然村苗族中共有106对夫妻，仅有一对20多岁的年轻夫妻都姓王，其他所有苗族夫妻都不同姓。考虑到坝子村乃至猛硐乡苗族人口同姓的情况很多，坝子村仅有一对苗族年轻夫妻同姓的情况说明坝子苗族人中同姓不婚的禁忌仍然是很严格的。就瑶族而言，虽然没有同姓不婚的禁忌，同姓不同宗通婚的情况很多，但也存在着近亲不婚的禁忌。

在坝子村各民族的婚姻关系中，一般是女方嫁到男方家，由男子当家，子女随父姓，世系按父亲计算。但如果某家老人有几个女儿而没有儿子，则留一个女儿在家招女婿上门，所生子女有的随父姓，有的随母姓，世系有的按父亲计算、有的按母亲计算。在笔者一行随机抽样调查的51户农户中，40岁以下的年轻夫妻共32对，其中女方嫁到男方家的26对，占81.25%；男方到女方家上门的共6对，占18.75%。在所有女方嫁到男方的家庭中，子女都随父姓；而在男方到女方上门的6对夫妻中，其中3户子女随父姓，3户子女随母姓，各占一半。

在选择结婚对象方面，由于语言、宗教信仰、生活方式、风俗习惯和经济条件等方面的原因，坝子村各民族人民一般都选择本民族成员结婚，不同民族通婚的情况也有，但很少。最近十多年来，由于社会变迁等原因，不同民族通婚的情况有所增多。首先是通过各种方式流入沿海各省的大量瑶族、苗族女青年，绝大多数都嫁给了流入地的汉族男子（这也许属于特殊时代的特殊情况，并非常规）。其次是坝子村的一些瑶族和苗族女子嫁给了本地其他村寨的其他民族男子。再次是本村境内有少量瑶族、苗族、汉族、壮族人互相通婚的情况。从 2005 年 9 月的文化户口登记表上看，坝子村境内不同民族通婚的共 16 例，都是改革开放以来发生的情况，占坝子村约 800 户家庭的 2%。其中，瑶族和苗族互相通婚的有七例，其中四例为苗族女子嫁到瑶族家，两例为瑶族男子到苗族家上门，另一例为苗族男子到瑶族家上门；汉族与瑶族通婚的共五例，其中两例为瑶族女子嫁到本村汉族家，两例为外地汉族男子到本村瑶族家上门，一例为汉族女子嫁到本村瑶族家；壮族与瑶族通婚的有四例，两例为壮族男子到瑶族家上门，两例为壮族女子嫁到瑶族家。从户口登记情况来看，瑶族与苗族通婚，其子女一般随父姓，民族成分一般跟随父亲；瑶族与汉族、壮族通婚，其子女一般随父姓，民族成分一般登记为瑶族。

二 家庭规模变迁与家庭关系

（一）家庭规模的变迁

根据坝子村委会历年统计报表，从 1962 年有统计以来，坝子村农户的家庭规模经历了一个很大的变化过程，特别

是改革开放以后，家庭规模整体呈小型化趋势发展。现将
1962 年、1985 年、1991 年和 2005 年坝子村户口统计情况
列于表 3 - 8 中，以资说明。

表 3 - 8　坝子村不同年份的户均人口

情况 ＼ 年份	1962	1985	1991	2005
总户数（户）	289	498	591	796
总人数（人）	1499	3040	3303	3428
户均人口（人）	5.19	6.1	5.59	4.31

资料来源：坝子村委会统计报表。

从表 3 - 8 看，坝子村 1962 年户均人口 5.19 人，到
1985 年达到最高，户均 6.10 人，1991 年时回落到户均
5.59 人，2005 年缩小到户均 4.31 人。

家庭规模变迁，与一系列的政策变动、经济演变、观
念变更和社会变迁有关。

20 世纪 60 年代初以前的户口数据我们没有找到，家庭
规模不得而知，但估计比 60 年代初要大一些，因为 60 年代
初刚刚经历过 1959 ～ 1961 年的大饥荒，一些家庭没能生小
孩，一些已出生的小孩、老人和身体虚弱的人因饥荒而提
前夭折、去世，这些因素无疑会导致家庭规模缩小。

到了六七十年代，由于实行鼓励生育的政策，凡已出
生的人口都由集体分给口粮，每家每户只要能够生都尽量
多生，不存在节育、计划生育等要求，因而，一对夫妇往
往生育四五个甚至更多的小孩，加上医疗条件改善，绝大
部分小孩都能够存活、长大，因而人口规模迅速扩大，家
庭规模也相应扩大。到 1985 年时达到了 6.1 人，平均每户

比 1962 年增加了 0.91 人，达到了有统计以来的最大值。

这里需要提出的是，20 世纪 70 年代后期 80 年代初，国家已经开始推行计划生育政策，为什么到了 1985 年时，坝子村农户的家庭规模还这样大？这里主要有两个原因。其一，计划生育政策开始推行时，本身并不严格，主要以宣传、动员为主，强制结扎、大额罚款等手段还没有采用，因而效果并不明显。其二，也是最主要的原因是，计划生育政策强制推行，以前出生的大批小孩仍没有长大成人，仍和他们的父母生活在一起，坝子村农户的家庭规模因此非常大。

1985 年以后家庭规模开始下降，到 6 年之后的 1991 年，家庭规模从户均 6.1 人缩小到 5.59 人，户均减少 0.51 人。家庭规模的缩小，原因是多方面的。其一，计划生育政策的执行力度越来越大，农户超计划生育必须付出的代价也越来越大，因而多数农户都遵照政策只生两胎。其二，由于包产到户后所生的孩子没有土地也没有口粮，多生孩子意味着这些人家的人均耕地将会大大减少，生活也会变得困难，农户的观念因此也相应发生了一些转变，主动不再多生孩子，出生率因此大幅下降，家庭规模也相应缩小。其三，到 1991 年时，从 60 年代到 70 年代初出生的孩子大多已经结婚、分家另过，这使得 1985~1991 年的短短 6 年间坝子村户数增加了近 100 户，这也是导致家庭规模急剧缩小的重要的原因之一。

1991~2005 年的 14 年中，坝子村农户的家庭规模继续快速缩小，从 1991 年的户均 5.59 人缩小到 2005 年的户均 4.31 人，平均每户减少了 1.28 人。导致这一时期家庭规模快速缩小的原因主要有两个方面。

第一，由于这一时期女青年大量外流，许多男子找不到结婚对象，长期单身，没有妻子儿女，这是造成家庭规模缩小的一个重要的原因。

第二，许多年轻人结婚后与父母分家另过，形成了大量的一对夫妇和一两个小孩的三四口之家。坝子村这一时期户数的增长情况非常能说明这一点，从统计数字看，1991～2005年，坝子村人口仅仅增长了125人，而户数却增加了205户，主要就是大量年轻夫妇与父母分家另过所造成的。

除了以上报表所反映的变化情况外，笔者一行于2008年7月对5个自然村51户随机抽样调查的数据与2005年报表反映的情况基本吻合，现列于此以供参考（见表3-9）。

表3-9　坝子村抽样农户家庭规模情况表

家庭规模	1人户	2人户	3人户	4人户	5人户	6人户	7人户	8人及以上
户数（户）	2	1	9	15	13	9	2	0
比例（%）	3.9	2.0	17.6	29.4	25.5	17.6	3.9	0

资料来源：抽样调查统计。

所抽取的51户中共224人，户均4.39人。其中，家庭规模最小的1人，共2户，都是因为离婚后老婆孩子到别处去了，最后剩下户主一人的家庭；家庭规模最大的为7人，共2户，都是三代同堂并附带照顾生活不能自理的亲人的家庭；3人、4人、4人和6人之家都很常见，共46户，占抽样户数的90.2%，这些人家各种情况都有，既有三代同堂的，也有一对夫妇加一两个小孩的，也有年纪大的父母和已成年但未结婚的两三个儿子共同组成的家庭，也有一些单亲家庭。

（二）家庭关系概况

从笔者了解的情况来看，在坝子村各民族的家庭关系中，一般以男子为主，家中重要事务主要由男子决定，但也有部分家庭由女子做主，这种家庭主要是女方能力很强的家庭。坝子村各民族的家庭关系一般很好，家庭比较稳定、和谐。小的争吵各家各户都会有一些，但大吵大闹或大打出手的情况不多。内地汉族家庭中婆媳关系普遍紧张、难处的情况在以瑶族和苗族人家为主的坝子村一般很少见。离婚的情况有，但不是很多，在 51 户抽样调查农户中，有离婚情况的共 3 户，不到抽样户数的 1/10，都是女方嫌弃男方贫穷或好酒而跟其他男人远走高飞所致。

老人一般跟子女一起生活。如果有的子女已经成家而有的尚未成家，则先成家的子女大多分家另过，老人跟未成家的子女一起生活。如果子女都已经成家，老人跟其中的一户儿子家生活（没有儿子的则招女婿上门且不分家），过去由于小儿子最后成家，一般跟小儿子家一起生活，现在则跟哪一户儿子生活的情况都有。至于分家时的财产（主要是田地）分割，一般做法是：父母留一份养老田地，其余由儿子均分，谁养父母，父母的那一份田地就归谁。也有的父母不留养老田地，而将所有田地平分给儿子（女儿不分），父母在哪个儿子家住，哪家就不用出粮，但过年需买新衣，其他儿子家每年要给老人稻谷若干，老人生病就医，各个儿子共同分担。

老人一般都从事力所能及的劳动，如放牛、找猪食、煮饭等，除了生病外，一般没有在家闲着的情况。有很多瑶族老人到离家很远的地棚中生活，主要是放牛羊、养猪

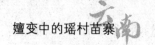

鸡（因离村很远，猪鸡得传染病死亡的情况相对较少），顺便照看自家的茶地或草果地。在远离村寨、四周森林密布、海拔较高的秧鸡棚等地，笔者曾见到一些瑶族老人生活的地棚。

三 计划生育概况与相关问题

（一）计划生育概况及效果

与全国全省基本同步，20世纪80年代初开始，在中越边境的隆隆炮声中，麻栗坡县开始推行计划生育政策，坝子村也不例外。麻栗坡县推行的计划生育政策与云南全省的类似，农村户口家庭允许生两胎，对超生、超怀或间隔时间不到抢生的农户，进行大额罚款，并采取其他强制手段进行处理，如强制堕胎、强制结扎等，而且随着时间的推移，政策越来越严格。2003年以来，随着云南省"奖优免补"政策的推行，计划生育政策的执行趋于人性化，受到了较为普遍的欢迎，坝子村的一些农户受这一政策的鼓励，在生了一个孩子后，即放弃生第二胎的权利，自愿办了独生子女证。笔者2008年7月在5个自然村进行的51户抽样调查统计中，40岁以下的年轻夫妇共有32对，其中已自愿办独生子女证的共4对，占40岁以下夫妇总数的12.5%。

所谓"奖优免补"政策，即云南省于2003年开始试点并逐步推行的一项鼓励一个农户家庭只生一个孩子的政策，即对农村户口的独生子女户进行奖、优、免、补。所谓奖，即对办了独生子女证的农村户口家庭一次性奖励1000元（后来有所增加）；所谓优，即农村户口的独生子女中考和

高考时加 20 分，优先录取；所谓免，即免除农村户口独生
子女义务教育阶段的课本费、杂费、文具费和义务工、劳
动积累工等，这一项后来又调整为给独生子女发放义务教
育奖学金；所谓补，即农村户口独生子女父母年满 60 岁以
后，政府每人每年给予 500 元生活补助，这一项后来又调整
为独生子父母年满 60 岁后每人每年给 600 元，独生女父母
每人每年给 700 元，独生子女死亡没有子女者每人每年给
750 元。

总体来看，计划生育政策的推行，对于降低坝子村人
口的高增长率起到了积极的促进作用，取得了明显的成效。
从坝子村统计报表反映的情况看，坝子村人口增长率 1962 ~
1985 年的年均增长 3.1% 迅速降到了 1985 ~ 1991 年的年均
增长 1.4%，又降到了 1991 ~ 2005 年的 0.28%。虽然 1991
年以来坝子村人口增长率的大幅下降与大量本地女青年外
流有关，但计划生育政策的有效推行无疑也是一个非常重
要的因素。

（二）计划生育政策所带来的问题

虽然计划生育政策对于降低人口增长率有明显的成效，
但计划生育政策是一把双刃剑，它也带来了极大的社会问
题，最主要的问题有二：一是新生人口性别比失调加剧，
使得越来越多的男性人口找不到结婚对象；二是加速了人
口老龄化时代的到来，二三十年后，极有可能出现大量老
龄人口无人赡养的困窘局面。

就新生人口性别比失调加剧而言，坝子村的情况是很
明显的。从 2005 年坝子村文化户口登记表中可以看到，
1985 年 9 月到 2005 年 9 月出生的人口中，男女性别比为

106.8：100，性别失调的严重程度可能不如内地农村，但也是明显存在的。总体来说，与内地农村类似，坝子村多数家庭希望至少生一个男孩，以便将来养老、继承家产、传承家族香火。在前些年，如果前两个孩子都是女孩，很多人家会考虑超生，最近这些年来由于计划生育政策严格推行，加上云南省政府对独生子女家庭推行的"奖优免补"政策，农村独生子女家庭都得到了不同程度的补助，超生现象已经很少，但新生人口性别比失调有加重的趋势。从2005年坝子村文化户口登记表中可以看出，2000年1月到2005年9月出生的人口中，男女性别比高达113.4：100，新生人口性别比失调的加剧是显而易见的。

性别比失调加剧所造成的危害是人所共知的，那就是将有越来越多的男性人口找不到结婚对象而且问题难以解决。对于像坝子这样的边疆山区少数民族贫困村庄来说，还有一个更为雪上加霜的困境，那就是由于性别失调是全国性的问题，内地和沿海发达地区也有大量找不到结婚对象的男性人口，他们对边疆贫困地区的女孩形成了一股强大的吸力，边疆贫困地区的女孩刚刚长大成人就被大量吸往当地（或被拐卖或自愿流入），致使边疆贫困地区的男子成为这种全国性性别比例失调的受害者。坝子村目前有多达200人左右的大龄男子找不到结婚对象，长期单身生活，就是这一困境的最好说明。而且随着时间的推移，这种情况以后会更加严重。

对于计划生育政策所造成的性别比失调及其危害，各级政府也有所认识并采取了一些措施进行遏制，如禁止医疗部门使用超声设备和其他手段对胎儿进行性别鉴定、禁止溺弃女婴行为、开展"关爱女孩"行动、开展"男女平等"宣传、在"奖优免补"政策中向生女孩家庭倾斜等等，但从目前的现实来看，这些措施所产生的效果非常有限，并不能从根本上改变新生人口性别比失调加剧的局面。就我们在坝子村调查了解的情况来看，在目前"奖优免补"政策推行的情况下，如果第一胎是男孩，有的人家会考虑办独生子女证，如果第一胎是女孩，则一定会生第二胎。在我们抽样调查的51户中，已办独生子女证的4户都是生了男孩的家庭，"奖优免补"政策对生女孩家庭的倾斜，对改变新生人口性别比失调并没有起到多大作用，反而因为许多生了男孩的人家办了独生子女证，减少了女孩出生的机会，加大了性别比失调的程度。

由于新生人口性别比失调是一个全国性的问题，其危害也是全国性的，各级政府特别是中央政府应该加大对这一问题的关注和研究力度，以采取更为有效的措施来扭转这种局面，以免这一问题不断恶化导致无法解决的社会危机。

就计划生育政策加速了人口老龄化时代的到来而言，这也是一个全国都面临的严峻课题。一般而言，人口老龄化现象主要存在于西方发达国家，是这些国家社会经济高度发展的产物，而中国由于30年来一直推行严格的计划生育政策，年轻人口比例大大降低，老年人口比例大大增加，60岁以上老龄人口的比例早已超过了10%的人口老龄化标准，已经进入了人口老龄化时代，未富而先老。由于与云南全省一样，坝子农村户口家庭可以生育两个孩子，年轻人口的比例比城市户口或其他省区的略高，进入老龄化时代的时间稍晚，但也已接近进入老龄化时代了。根据坝子村文化户口登记表，2005年9月时，坝子村年满60岁以上的老龄人口共 331 人，占全村人口总数的 9.5％，已经非常接近 10％的进入老龄化社会的标准。

随着人口老龄化时代的到来，坝子村与全国一样，养老问题将会日益凸显，而且将会比全国的情况更为严重，因为随着现代化、城市化的发展，坝子村现在本来就很少的青少年和儿童中的相当大一部分将来无疑会离开坝子村到较远的城市生活，继续生活在坝子村的只是其中的一小部分。再过 20 年左右，现在占人口绝大部分的劳动人口将大批地老龄化，逐渐从经济建设主力军的位置上退下来。在这种情况下，到时候可能会出现大批老人无人赡养的现象，留在村子中的年青人则可能会出现平均一个人要赡养两三个老人并抚养子女的困窘局面。

笔者三次到坝子各自然村调查，见到的小孩都很少，很多家庭都有四五个大人，却只有一两个小孩，现在虽然没有养老问题，但将来肯定会面临难以解决的局面。坝子村青少年和儿童人口所占比例太小的问题并非坝子村独有，但如果不事先采取措施进行有效应对，20 年后，其隐藏的问题和危机将会爆发出来，到时候恐怕没有办法能够应对。

第三节　"光棍"问题与跨国婚姻问题

一　"光棍"问题

如前所述，坝子村目前有大量大龄男青年无法找到结婚对象，据李国发副主任估计，有 200 人左右，每个自然村都有八九个到十几个大龄男青年，占有很高的比例，目前已成为坝子村一个很难解决的社会问题。如果这一问题长期化，将来它极有可能成为社会动荡的诱因。

造成坝子村光棍问题的原因主要有三。第一，坝子村经济社会发展水平很低，生活贫困，无法留住女青年，很多本地女青年刚刚长大就远走高飞，流往经济发达地区。第二，全国性的人口性别比严重失调，使得坝子这样的贫困农村的男青年成为主要的受害者。如前所述，正是这种全国性的性别比失调，使得内地和沿海地区的大量男性人口对边疆农村女青年形成了强大吸引力，致使坝子等地的大量女青年或被拐卖或自愿流往上述地区，坝子村的大量男青年因此只能打光棍。第三，制度障碍特别是户籍制阻断了边疆农村男青年与城镇、沿海地区男青年平等竞争的机会。由于中国特有的户籍制度，边疆农村男青年很难在城镇或沿海发达地区寻找到真正的工作和生活机会，即使有很多人到内地城镇和沿海长期打工，但他们并不被当做城镇和沿海地区的居民，不得享有当地居民享有的各种社会保障和社会福利，最终仍只能回到贫困落后的边疆农村，使得大量边疆农村大龄男青年很难通过选择工作和生活地点来改变自己的命运。

"光棍"问题不仅仅存在于坝子村，各地边疆农村这一问题都很突出，各级政府应该加大关注力度并采取有效措施加以解决，以免因此引发社会动荡。长远来看，应采取有力措施扭转新生人口性别比失调加剧的趋势。但长远措施缓不济急，从现实来看，最紧迫的就是要给边疆农村男青年以平等的竞争机会，具体应该做好两方面的工作。首先，政府应加大对边疆农村经济发展的支持力度，通过快速改变边疆农村地区的贫困落后面貌来减缓女性人口大量外流的趋势。就我们了解的情况而言，由于这几年茶叶涨价、村民开采钨矿获利、紫金公司征地补偿等原因，坝子部分村民的生活条件暂时得到了明显改善，部分大龄男青年的婚姻问题也因此得到了解决。这一事例的启示意义是应该引起足够重视的。其次，政府应该尽快改革阻断农村居民获得公平机会的户籍制度，让农村居民享有与城镇居民同样的社会保障和社会福利的权利，以尽快改变他们在整个竞争中所处的不利地位。

二　跨国婚姻问题

据猛硐乡相关部门的调查，2007 年底时猛硐瑶族乡共有跨国婚姻 59 对，其中苗族 41 对，壮族 18 对，都是近几年形成的，也都是越南女青年嫁到中国，没有在中国婚姻登记机关进行过登记。就我们在坝子村调查了解到的情况来看，实际的跨国婚姻数量远远高于相关部门的调查数据，有村干部估计，仅坝子村委会所属各自然村的跨国夫妻就有 60 对左右，而且不仅限于苗族人家中，相关报告中没有提到的瑶族人家中更多。

包括坝子村在内的中越边境地区跨国婚姻的形成是多种原因造成的。

首先，从民族情况来看，中越边境居民大多属同一民族，如壮、苗、瑶、傣等，他们语言相通，风俗习惯相同，村落相望，土地和山林相连，鸡犬之声相闻，相互来往很容易，历史上牛马经常放到对方土地上，甚至到对方家耕田种地，互相通婚很普遍。在坝子 5 个自然村笔者随机抽样的 51 户问卷调查中，对于"在越南是否有亲戚?"这一问题进行明确回答的共 45 户，其中 24 户回答在越南有亲戚，占回答这一问题农户的比例高达 53.3%。据我们了解，抽样中回答在越南有亲戚的农户，他们所说的亲戚都是老一辈的亲戚，大多是在中越边境战争以前互相通婚、迁徙所形成的。中越边境战争期间，由于边界封锁，双方边民很少来往，也几乎没有互相通婚的情况，但战争结束后双方又恢复了来往，相互赶街、走亲戚的情况很普遍，这为边民互相通婚创造了条件。

其次，是双方各有所求。就中国边境地区的居民来说，如前所述，由于大量女青年流往沿海各省，当地许多大龄男青年找不到结婚对象，而来自越南的女青年正好填补了这一空间，帮助缓解了这一问题，因而受到了中国边境村民的普遍欢迎。就越南边境居民的情况来说，由于过去越南长期处于战争状态，无暇从事经济建设，因而越北边境各民族人民的生活水平低于中国边境同族居民的生活水平，虽然近年来越南政府加大了对其边境的建设力度，投入大笔资金帮助边民修路、建房、修水渠、发展农副业生产，但由于起点较低，贫困面较大，越南边民的生活水平仍没有达到中国边境同族居民的生活水平，嫁入中国是很多越南边境各族女孩提高生活水平的理想选择，因而得到了很多越南边境家庭的支持。正是双方的这种需求，使得中越边境跨国婚姻有了存在的基础。

再次，边境管理相对宽松为边民通婚创造了良好环境。中越边境战争结束以后，中越双方派部队扫除了埋设在边界一带的大量地雷，为中越边民的相互来往创造了条件。另外，中国方面对越南边民入境的管理相对较为宽松，很多越南边民到中国赶街、走亲戚都不带通行证，再加上边界一带并没有天然屏障，因而入境和出境都很方便。据说，嫁到中国的一些越南妇女被遣送回国后，负责遣送他们的人还没有回到乡镇上，这些被遣送回国的妇女已经从小路回到了中国的家中。总之，相对宽松的边境管理为跨国婚姻的形成提供了良好环境。

尽管中越边境跨国婚姻帮助中国边民缓解了性别比严重失调所造成的"光棍"问题，得到了边境居民的欢迎，但这些跨国婚姻面临着很大的困境，最主要的困境有二。

首先，也是最主要的困境是：对于婚姻当事人来说，由于跨国婚姻所涉及的相关法律程序非常复杂，以他们现有的经济和社会条件而言，几乎不可能完成这些法律程序，因而所有跨国婚姻都没有正式登记过，都没有合法的手续，没有法律保障。

就我们了解的情况而言，我国涉外婚姻的登记权限在省一级，州市、县和乡镇无权给跨国婚姻当事人进行结婚登记。另外，跨国婚姻登记需要对方提供很多证件，如护照或国籍证件，中国公安机关签发的入境、居留证件，该国公证机关出具并经该国外交部和中国驻该国使、领馆认证的婚姻状况证明（或该国驻中国使、领馆出具的婚姻状况证明）。就有机会阅读本报告的很多读者而言，要获得这些相应的证件、成功地完成跨国婚姻登记也许并不困难，但对于麻栗坡县和相邻的越南北部边境村民来说，要获得这些证件、成功地在中国进行婚姻登记，以他们现有的经济和社会条件来说，几乎是不可能的，特别是在中越双方政府都不鼓励边民通婚的背景下就更是如此。由于很难通过合法途径进行婚姻登记，加上边疆各族边民历史上很少与官府打交道，过去结婚一般以本民族习惯法认可为准，不一定进行婚姻登记，因而包含坝子村在内的猛硐乡乃至麻栗坡县的中越边民跨国婚姻基本上都没有进行婚姻登记，没有合法的手续。

由于没有合法的手续，从法律的角度来说，这些跨国婚姻都是非法的，没有法律的保障。要生育无法办到准生证，生了小孩被看成非婚生育，面临着被罚款、孩子无法正常落户和上学、相关权益没有保障等困境。对于嫁入中国的越南妇女而言，由于她们无法在中国落户，不仅不能享受到国民待遇，而且属于非法居留，因而相关合理权益很难得到保障，随时面临着被遣返、被迫与自己的子女分离的局面。对于娶越南女子的中国家庭来说，有时会面临着被骗婚而又投诉无门的局面，曾有一些越南女子拿到钱后就跑回国内，被骗的中国家庭只能承受损失而没有办法可想。

其次，就地方政府的管理而言，跨国婚姻也使其管理面临着很多困境。由于跨国婚姻都没有合法手续，嫁到中国的越南妇女大多属于非法居留，这使得计划生育政策的执行、户籍管理、边境管理都面临着极大的困难，如果不按相关政策、法规执行，地方政府等于不作为，违反了相关政策和法规；如果按政策和法规执行，对已生育的婚姻当事人进行罚款、将越南妇女与他们的子女强制分离并遣送回国，又必然违背民意，容易激化边境地区社会矛盾。

鉴于中越边境跨国婚姻的特殊性，鉴于这种跨国婚姻有利于缓解中国边境居民因性别比严重失调所带来的种种问题，在边境地区深得民心，相关部门应该尽早采取切实、有效的措施使这种婚姻合法化，一方面使婚姻当事人的合理权益得到保障，有利于边境地区的稳定；另一方面也有利于县、乡政府和边防机构对边境地区的管理。

第四章　坝子村经济（上）

总体来看，目前坝子村经济呈现传统农业经济、采矿经济、工商业和劳务经济并存而以传统农业经济为主的局面。本章主要陈述坝子村有记录的各历史时期经济体制的演变概况和经济概况、坝子村农业经济的现状，并对当前的坝子村农业经济模式及其影响进行分析。

第一节　各时期经济体制的演变及经济概况

坝子村不同时期经济体制的演变，往往与当时的国家大环境密切相关，特别是中华人民共和国成立以来近60年间，坝子村的经济体制与经济概况往往与全国内地农村的基本同步。现将各时期情况分述如下。

一　中华人民共和国成立之前

中华人民共和国成立之前的坝子村经济体制和经济概况，由于直接资料极少，很难勾勒出具体轮廓，我们仅能根据其他方面的零星材料作出一些大致推断。

（一）属于越南时期

1. 经济体制

1895 年之前，猛硐地区（含坝子村，下同）主要由越南宣光省渭川州管辖，但越南管辖期间，越南政府并没有派流官到猛硐一带进行直接管理，而由猛硐地区傣族首领梅氏家族作为世袭地方官（即土司）直接管领。当时越南宣光省的很多地方都是这种由当地各族土司自行管领的地方，正如越南志书所言："宣光省……民稀俗古，岚瘴最盛，虽称重地，半事羁縻。"[①] 这讲的是宣光省的很多地方都是实行羁縻统治的地方，所谓"羁縻"即中央政府不直接派官而任命当地各族首领为土司世袭管领的统治方式。由于猛硐地区由傣族梅氏土司世袭管领，当地村寨、人民、土地和山林川泽实际上都属于梅氏土司领有，经济体制主要是领主所有制，即梅土司为领主，而普通傣族民众则依附于梅土司，替梅土司耕种土地并承担各种赋役。

到 19 世纪时，大批瑶族和苗族人口从滇东南等地相继迁徙而来，逐渐成为猛硐地区的主要民族，由于猛硐傣族梅土司势力有限，不能对众多的瑶族和苗族人口进行直接统治，也不可能对瑶族和苗族人新开垦的土地进行实际领有，这一地区在经济体制上逐渐演变为瑶族和苗族民众自行开垦耕种、自耕自食的局面，由于瑶族和苗族人中不存在世袭领主，加之傣族人口因迁徙到其他地方而逐渐减少，这一地区的领主所有制逐渐淡化，但新迁来的瑶族和苗族

---

① 转引自黄诚沅 1900 年编成的《滇南界务陈牍》"附录《越志》摘抄"，载方国瑜主编《云南史料丛刊》第十卷，云南大学出版社，2001，第 22～23 页。

民众在自耕自食的同时，仍须向猛硐梅土司缴纳少量租赋并承担一定的劳役，后来称强于猛硐的苗族首领项从周年轻时曾为梅土司服役的事实说明了这一点。

2. 经济概况

越南管辖期间的经济概况，越南志书曾提到："渭川州，有二十四芳渡，诸隘乃财货所聚之地。"[①] 所谓诸隘指进出中越两国的关口，从这条越南志书资料来看，这些关口当时曾是中越边境贸易的主要活动场所，但这种财货所聚的诸隘应指天保口岸和猛硐街等地，而不指坝子村一带，因为坝子村境内除 12 号界碑处有崎岖山道可通越南外，并没有通往越南或内地的重要关口。但坝子村一带邻近这些关口，经过这些关口的中越贸易无疑也对坝子村一带有影响，如坝子村一带居民所需要的食盐和铁农具无疑从这些关口获得，而坝子一带生产的茶叶、杉板等，无疑也通过这些关口进行交易。

在 19 世纪瑶族和苗族人口大量迁来之前，坝子村一带的人口应该很少，土地的开垦程度也应该很低。据坝子村的一些瑶族老人讲，他们的祖先迁来时，这些地区仍到处是原始森林，田地很少。这种说法与邻近坝子村的猛硐村丫口寨壮族老人的说法吻合，根据丫口寨壮族老人所说，当地壮族于 19 世纪中叶从西畴等地迁来时，丫口寨及附近地区仍是原始森林。因此，在瑶族和苗族人口到来之前，除了中坝、岩坝、上垮土和大塘等沿河较平缓的少量地区已经由早先的傣族居民开垦为稻田外，坝子村的多数地区

---

① 转引自黄诚沅 1900 年编成的《滇南界务陈牍》"附录《越志》摘抄"，载方国瑜主编《云南史料丛刊》第十卷，云南大学出版社，2001，第 22～23 页。

应该主要是原始森林地带。

到 19 世纪中后期瑶族和苗族人口大量迁来定居之后，坝子地区开始得到很大程度的开垦，河谷至半山一带逐渐被垦辟为梯田和旱地，种植水稻、玉米、茶叶、杉木等作物，笔者在那董废村、岩脚自然村、中寨自然村等地看到的许多百年老茶树可能都是在这一时期种植的。当然，当地非常丰富的竹林和其他野生动植物资源无疑也得到了较多的利用。

（二）清末到民国时期

1. 经济体制

1895 年归属中国之后，由于猛硐苗族首领项从周抵抗法国吞并有功，清政府委任项从周为南防统带，并将包括坝子村在内的整个猛硐地区交由项从周世袭管领，项氏家族最终取代梅土司，成为猛硐地区的统治家族。项氏家族统治期间，仍在猛硐地区推行领主所有制，相继派人到各民族村寨建立起统治网络，负责收取租赋、征调劳役。今坝子村委会所在地曾是项氏家族统治坝子地区的重要据点，项氏家族在此设有仓库并派驻人员进行管理。1914 年项从周去世后，其子项国恩、项国云先后世袭，而猛硐各村寨则被分给了项从周的众多儿子们各自管领，衣租食税。

但项氏家族统治时期实行的领主所有制并不牢固，因为当地的瑶族、壮族和傣族民众并不完全认可项氏家族的领有权。1937 年国民党政府派员到猛硐进行土地确权并对土地进行清丈时，以前较为模糊的土地业权一下子暴露了出来。项氏家族以清政府将猛硐赏赐给项从周世袭管领为由，坚持猛硐各村土地都归项家领有；而以瑶族人为主的各族民众则以土地是自己开垦的为由，不承认项家的领有权。由于官府挑拨，项家与瑶族民众关于土地业权的争执最终引发了1938年的大规模苗瑶械斗事件。苗瑶械斗事件后，由国民党地方政府出面给出了以下处理决定：猛硐中村（即猛硐村委会等地）土地业权仍归项家；猛硐上村（即今马关县都竜镇的保良街等地）、猛硐下村（即今坝子村委会、铜塔村委会、天保口岸及其附近地带）土地折价后，采用两种办法处理。其一，由耕种土地的瑶族、壮族群众缴纳二成地价，作为向项家购买土地业权的费用；其二，若项家继续保持对这些土地的业权，则项家须出八成地价付给耕种土地的瑶族和壮族群众，作为瑶族和壮族群众开垦土地的费用。项家接受了第一种处理方式，后由麻栗坡督办派人向上、下村瑶族和壮族群众收取了二成地价款，坝子一带瑶族民众耕种的土地最终为耕种者所有。以上事实说明，项氏家族统治时期，猛硐地区（含坝子）的经济体制仍是领主所有制，但这种领主所有制是不稳固的，并没有得到猛硐各族群众的完全认可。

1938年苗瑶械斗事件以后，项氏家族的统治衰落，坝子一带不再由项家统治，而由国民党麻栗坡特别区猛硐对汛管理，土地业权也归属于世代耕种这些土地的瑶族和苗族民众，经济体制实际上变为小自耕农所有制，由瑶族、苗族民众自耕自食，并对国家承担一定的赋役。

2. 经济概况

清末到民国时期坝子一带的经济概况，可从农业、商业两个方面来看。

农业方面，由于大量瑶族和苗族人口的进入带来了很多劳动力，坝子地区得到了很大程度的开垦，现今耕种的多数梯田、部分旱地和许多老茶地都是这一时期开垦的。至于生产方式和水平，当时应是犁耕与锄耕并存，由于没有化肥，水田应主要施绿肥和农家肥，而旱地则实行刀耕火种，经常轮歇休耕。至于生产水平和粮食产量，由于没有具体记录，不得而知。但从一些瑶族和苗族老人的回忆来看，他们的祖先19世纪迁到坝子一带后，并没有完全定居下来，有的还在继续迁徙，有的到越南生活一段时间后，又返回坝子一带。直到20世纪中期，只要坝子及邻近地区出现某种动荡，当地很多瑶族和苗族人口就会逃往越南，有的再也不回来了。这说明，在很长的时间之内，这一带的生产水平并不高，人们并没有积累下多少财富，对这里的土地和房产并没有太多的眷恋，放弃这个地方迁往别处很容易。

商业方面，清末到民国时期应该有所发展，这主要是几个原因促成的。其一，项从周统治猛硐后，猛硐正式开街，内地的部分汉族人口开始到猛硐做生意，购买杉板以及各种特产，并带来内地的各种货物贩卖。特别是1908年前后，由于猛硐地区出产大量秃杉，马关、蒙自、建水等地的许多马帮经常到猛硐驮秃杉板。①坝子一带邻近猛硐街，相距仅七八公里，很多瑶族、苗族民众到猛硐街出卖本地土特产，购买所需物品是很正常的。其二，坝子一带当时已经有很多茶地，而瑶族和苗族民众一般很少饮茶，这些茶地所产茶叶应主要是作为商品投放于市场。其三，清末

---

① 参见《麻栗坡县志》"大事记"部分，云南民族出版社，2000，第14页。

图 4 - 1 村民家中保存的"法银"

到民国时期，越南为法国殖民地，法国对其越南殖民地与中国云南省之间的贸易很重视，生活在边境上的坝子一带瑶族和苗族民众将茶叶等特产卖到法属越南，再从法属越南购回法国工业品、食盐等应是很正常的。坝子一带的瑶族村民中至今保存有很多 20 世纪初法国铸造并在越南等地流通的"法银"的事实说明了这一点（见图4 -1）。总之，清末至民国时期，坝子一带的商业应该有所发展，只是由于资料较为欠缺，具体情况难以描述。

二 1950 ~ 1981 年的演变

（一）经济体制演变

从 20 世纪 50 年代初期到 1981 年，与全国一样，坝子地区先后经历了土地改革、农业集体化的各个过程，坝子地区的经济体制也因此发生了很大变化。具体来说，1957 年前经历了土地改革运动，各村土地基本上被平分给了该村的各族农民，拥有较多土地和财产的富农和上、中农（据笔者了解，坝子村阶级成分划分时并没有地主），其多余的土地和财产都被拿来平均分配。到 1956 年底，土地改革完成，农民实现了耕者有其田，形成了一种较为平均的小自耕农所有制局面。

但与全国一样，坝子村各族农民并没能自由支配分到的土地和财产，因为国家政策很快就发生了巨变：1957 年开始了集体化运动，所有农民和他们原来耕种的土地、主要财产以及分给他们的土地和主要财产都必须加入合作社，农民成为合作社的一员，他们耕种的土地和主要财产成为合作社的集体财产，平均的小自耕农所有制马上转变为以合作社为主的集体所有制。

在集体所有制形成的初期有一些剧烈变动，直到 1962 年以后才最终稳定下来，大概情形如下。

1957 年完成合作化，以合作社为主的集体所有制最终形成，在坝子村，大体以几个自然村为一个合作社。不过，这种体制并没有得到维持，因为 1958 年时又开始建立人民公社，向全民共产、全民所有制方向转变，大办公共食堂，吃大锅饭，实行大集体劳动（大炼钢铁、大修水利），实行"一平二调"，结果导致了严重饥荒，人们只能吃野菜、"山羊头"（一种不能食用的植物块根）充饥，坝子村的许多瑶族和苗族群众为了能够活下去，纷纷逃往越南避难。那是一个充满了激情与恐慌、理想与冤屈的年代。当然，这种剧烈变动并非仅仅发生在坝子村，当时全国各地都是如此。

由于全民共产、全民所有制造成了严重问题，1962 年全国各地都进行了调整，最终形成了公社、大队和生产队三级所有，以生产队为基础的局面。与全国基本同步，坝子村也经历了同样的调整，形成了同样的集体所有制局面。经过 1962 年的调整后，公社、大队和生产队三级所有，生产队为基础的集体所有制局面稳定了下来，在以后 20 年中基本没有发生变动，直到 1982 年开始土地承包到户为止。

这种集体所有制的特点如下。

最基层组织为生产队，土地、山林和其他主要生产资料（牛、马和各种主要生产工具）及财产属生产队集体所有，各种生产劳动由生产队长组织开展。在坝子地区，一般每个自然村为一个生产队，生产队长相当于现在的自然村村组长，但比现在的自然村村组长权力更大，责任更重，因为整个生产队的生产、分配和其他各种事务（如上缴国家公余粮、政治学习、民兵训练等等）都由他来组织完成。各生产队实行集体劳动、集体分配，分配一般实行按劳分配和按人头分配相结合的方式，除了上缴国家的公余粮和留下的籽种外，所有的农产品分为两份，一份按劳分配，另一份按人口分配。按劳分配主要根据各个劳动力在生产劳动中获得工分的多少进行分配，按人头分配则主要根据每户人家人口的多少进行分配。

生产队之上为大队，一个大队管辖的范围相当于现在一个村委会所辖的范围。集体化时代，现在的坝子村委会当时就是一个大队，即坝子大队。大队主要成员有支部书记（一般称"支书"）、大队主任、文书和民兵营长等人，与现在村委会的组成人员基本类似。大队一般不直接组织生产和分配，主要起到沟通生产队和公社、向生产队传达政令和下情上达的作用。

大队之上为公社，所辖范围相当于现在的乡镇所辖范围。现在的猛硐瑶族乡当时就是一个公社，起先称为坝子公社，后搬到猛硐街称为猛硐公社。公社的主要机构与现在的乡镇机构类似，所起作用也与现在的乡镇机构类似，即向生产队征集公余粮和各种提留款，执行国家的各种政策、法规，管理公社下辖的各种集体企业。

在以上这种集体所有制中，与每户农民生活息息相关的集体主要就是生产队。由于国家政策的限制，各个生产队往往不能根据自己的实际情况安排生产和分配，而必须按国家的统一部署来组织生产和分配，因此在生产和分配上全国都是一个模式，同一地区各个生产队的生产生活也基本相同，并没有多大差异。

（二）经济概况

集体化时代的坝子村经济与全国大部分农村地区类似，由于个人的努力与自己所得利益没有联系，农民的生产积极性很低，也没有什么创造性，往往出工一窝蜂，做活磨洋工，收工打冲锋，能混就混，能拖就拖，整个生产效率非常低下。尽管大春之后是小春，尽管开垦的耕地很多，尽管坝子梯田灌溉条件很好，尽管当时人口远远少于现在，但粮食还是不够吃，其他养殖业、经济作物的种植等等虽然大张旗鼓，但并没有多少效益。在猛硐村丫口寨采访时，有老人谈到曾有一年整个生产队几十户人家只有30多斤大豆可分，一家人还分不到一斤，坝子各生产队也好不到哪里去。总之，人们的生活水平非常低下，很多家庭特别是孩子多的人家往往无法维持温饱，穿的是破衣烂裳，住的是茅草房或竹瓦房。当然，集体化时代的这种长期经济困难的局面并不仅仅出现在坝子村，当时全国农村到处如此。

除了生产效率低下造成普遍贫困外，国家征调和征购公、余粮较重而卖到农村的工业品价格太高也是导致集体化时代坝子村农民比较贫困的重要原因之一。从坝子村统计报表看，1962年时，国家从坝子大队各生产队征调的公、余粮共196281市斤，人均负担131市斤；1972年时，坝子

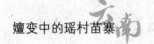

大队各生产队计划负担的公、余粮为 233874 市斤，人均负担 130 市斤。改革开放近 30 年后的今天，坝子村农户的生产积极性有了极大的提高，生产经验也更丰富了，在生产中早已采用增产的杂交优良品种并大量使用化肥和农药。即使如此，坝子村各农户仍没有余粮可卖，而在当时生产效率极低、采用不增产的老品种又很少有化肥和农药的情况下，无论男女老少，人均对国家长期负担如此多的粮食生产责任，而国家卖给他们的各种工业品价格又非常高，经济困难是不言而喻的。

三　改革开放以来的经济体制及其特点

1982 年，在中越边境隆隆的炮声中，坝子大队各生产队与全国广大农村一样，开始将耕地、大牲畜和对国家的公、余粮负担和提留款负担按人口平均承包到户，随后几年，一部分山林和荒山也进行了承包，由每户农户自行耕种和经营、管理，自负盈亏，生产队实际上瓦解了，历时 20 余年的集体化时代也宣告结束了。这样，坝子村与全国广大农村一样，经济体制基本上恢复到了 1957 年合作化以前的状态，实际上形成了一种自给自足的小自耕农经济体制。

与集体化时代相比，1982 年承包到户后所形成的小自耕农体制有着鲜明的特点。

第一，各农户对所承包的耕地和山林自行耕种、管理，所生产的农产品除一部分作为公粮和余粮上缴国家、一部分作为集体提留交给集体（公社、大队和生产队）外，其余部分归自己所有，由自己自由支配。与集体化时代相比，这一特点极大地提高了农民的生产积极性、主动性和创造性。与全国广大农村一样，坝子各自然村的长期饥饿现象迅速消失，各族人民的生活水平得到了迅速改善。

第二，与1957年之前相比，特别是与中华人民共和国成立之前相比，农户对自己承包的土地和山林并没有所有权而只有使用权，所有权属于国家、集体，因此农民不得自由处置所承包的耕地和山林，更不得买卖。

由于所有权不属农民所有，这往往对农村经济的发展造成了很多阻碍，对农民权益也会造成损害。

比如，农户若想扩大经营规模或转而从事其他行业，往往很难实现，因为扩大规模意味着需要很多土地和山林资源，而自家所承包的土地和山林非常有限，又很难从他处获得；要转而从事其他行业，土地和山林资源、对国家承担的负担又很难处理出去，也不能通过处理土地和山林资源获得必要的资金。因此，这种体制极大地限制了农民的经济活动，使农民只能固着在小块土地上从事自给自足的小自耕农生产活动。

再比如，政府为了采矿、修建水电站，往往将承包给农户的土地和山林征用，转卖给采矿企业和水电投资商使用。特别是岩脚上、下两个自然村和中坝自然村，由于地下有钨矿资源，于是这几个自然村所耕种的土地和山林被大量征用，虽然每亩地给了一万多元到两万多元不等的补偿（旱地每亩1.1万元，水田每亩2.2万元，附作物另计），但农户赖以生存的土地资源最终丧失了。因此，这种体制使农民自主经营的权利得不到有效保障，所耕种的土地和山林可能会随时失去。

第三，承包到户时，各村土地和山林一般按人口平均承包，因而每个人承包到的土地和山林基本上是相等的，但随着时间的推移，随着各农户人口的增减，原来较为平均的局面逐渐发生变化，不同农户人均拥有土地和山林的情况已经有了很大差别，有的人家相对较多，有的人家则相对较少。

据中坝村李国精村长介绍，1982年的土地承包和后来的山林承包基本按人口平均承包，但承包以后没有再进行重新承包、调整，近30年后的今天，随着不同农户人口的增减，各农户人均耕种和经营的土地、山林面积差别已经非常大。土地承包时有的农户因人口较多，承包到了很多的耕地和山林，但若干年后由于老人去世，儿女外嫁、上门或外出工作，人口大量减少，土地和山林相应变多了。如中坝李国才家，原来承包时共11人，因而分到了11个人的土地和山林，经过近30年的演变，现分为两家，但两家总共才8人，人均耕地和山林就较多一些。再如中坝李朝忠家，土地承包时共分到7人的土地和山林，现仅有5人，人均耕地和山林也相应增多了。与此同时，一些农户承包时人口不多，但近30年后，由于子女成家，又有很多孩子，往往分为很多户，原有承包地和山林被分为很多份，每家分到的只有很少的一点，往往不够种，粮食也不够吃。如中坝盘祖兴家，土地承包时共有6人，分到了6个人的田地和山林，但现在已经分为4户共14人，人均耕地和山林就变得很少，仅靠经营承包地和山林已经难以维持生计。

坝子各自然村人均耕地的这种分化在全国广大农村普遍存在，而且还会进一步分化、演变。至于这种分化和演变意味着什么，这是一个值得专门探讨和研究的问题。

第二节 农业经济现状

从总体来看，农业是目前坝子村最主要的产业，是家家户户都从事的产业，虽然坝子村也有零星的工商业，偶尔也有采矿业，也有一定的劳务经济，但这些经济成分在目前的坝子村经济中所占比重不大，不够稳定，时有时无，影响有限，坝子各自然村的绝大部分人口仍然主要以农业为生。

坝子各自然村的农业经济，总体来说是一种半自给自足的经济，经营粗放，技术水平不高，整体较为落后，坝子村的大部分农户也因此非常贫困。现将坝子村农业经济按粮食作物种植、经济作物种植、畜禽饲养分别陈述于后。

一 粮食作物种植

（一）粮食作物种植概况

坝子村粮食作物以水稻为主，水稻产量占全部粮食产量的80%左右；另有少量玉米，占全部粮食产量的15%左右；另外还种植少量的木薯和红薯。人们主要食用稻米，而玉米、木薯和红薯则主要作为畜禽饲料。总体而言，坝子各自然村粮食大多够吃，95%的人家不缺粮，但也没有粮食可卖，粮食多的人家粮食主要用来多养猪、鸡、鸭，以改善生活。

1. 水稻

坝子各自然村家家户户都种植水稻。在所有抽样调查的农户中，他们全部种植水稻，没有例外。

坝子各自然村用以种植水稻的耕地主要是梯田，从山脚绵延至半山腰，从某些角度看来较为壮观，可以与元阳梯田媲美。至于坝子各自然村梯田的面积有多少，我们很难获得确切的数字。村委会 1991 年的报表数字是 1655 亩，人均不到 0.5 亩。由于梯田的形状非常不规则，难以丈量，这个数字仅仅是粗略估算数字。由于原来农村大多有少缴公、余粮的考虑，报表数字应少于实际数字。至于实际数字有多少，很难弄清楚，因为所有种田的农户都不知道自家所耕种的梯田到底有多少亩。考虑到坝子各自然村梯田的平均产量并不是很高，而绝大部分人家的稻米都够吃，许多人家还有多余的稻谷用来饲养猪、鸡、鸭，人均少于 0.6 亩田是很难做到这一点的，以人均 0.6 亩计，坝子各自然村约 3400 人，有田应在 2000 亩左右。

如同云南各地山区的梯田一样，坝子各村每丘梯田宽一米至四五米不等。山脚河边梯田较宽，大多宽四五米到七八米不等，田埂较矮，一般从几十公分到一两米不等，耕作相对较为方便一些。山腰梯田则较窄，宽度一般只有一两米，田埂高度则有两三米甚至更高，耕作非常不便。绝大部分梯田耕作时不能使用机械，只能依靠人力、畜力。进入田间多为崎岖小道，须爬上爬下，车辆无法通行，向田间运送肥料（化肥和农家肥）、从田间将收获的水稻搬运回家都只能依靠人力和畜力背负，加之每户人家的梯田往往散在各处，离住处较远，因而非常费力，在目前条件下，提高耕作效率较为困难。

坝子村所处地带较为湿润，猛硐河从中穿过，有几条山溪从两侧山顶顺山沟流下汇入猛硐河，水量充足，村民于半山开有很多水沟引水至梯田，因而坝子村大部分梯田的灌溉较为方便，不必待雨季即可耕种。山溪水质原来较清，但由于近年来许多私人和紫金公司在岩脚上、岩脚下、中坝、岩坝等自然村的山顶采洗钨矿，大量使用硫酸等化学物质，这些自然村的一些山溪水质受到了很大污染，对未来坝子村水稻种植是否有影响，目前尚无独立机构进行评估，但受影响村寨的人们已经很担心了。

坝子村所用稻种多为市场购置的杂交稻种，品种经常更换，没有一定之规。一般不自留谷种，但部分糯谷种村民有自己留种的情况。

一般每年3月中下旬到4月初（公历，下同）整理秧田撒秧，整理秧田时一般犁一道、耙一道，施农家肥和普钙作为底肥。

撒秧一个月后，即每年的4月下旬到5月中旬，开始整理大田并插秧。整理大田一般犁一道、耙一道（据说集体化时代由于没有化肥曾有犁三道、耙三道的情况），大田犁好耙好后，施普钙作为底肥，然后插秧。目前，坝子各自然村拔秧和插秧全用人工，比较费力，因而插秧时节是一年中最忙的时节之一，农户往往要换工或请工，在附近打工的年轻人也要回家帮助栽插。

在水稻生长期间，一般要施追肥一到两次，追肥主要是尿素。原来一般要除草两次，但现在普遍撒除草剂（拌着化肥一起撒），一般除草一次就行了。一般要打农药一到两次，打农药的多少主要根据病害情况而定。农户总体的感觉是：水稻的病害越来越多，农药的用量也越来越大了。当2008年7月下旬我们前往调查时，农户普遍反映当年的水稻病害非常多，难以对付，有的人家已经打三四道农药仍然不能控制。我们看到，此时正是水稻旺盛生长的时节，但一些田块的水稻由于病害影响，秧叶枯黄、植株稀疏，减产已经不可避免。

由于海拔较高，坝子各自然村水稻的生长时间较长，从插秧到收割要四个月左右或更多一点的时间（随海拔高低、水稻品种而定）。

9月间是收割季节。收割工具为镰刀，完全用手工收割。一般当场收割，当场脱粒。脱粒原来普遍使用掼槽，掼槽为斗形木框，可装稻谷几百市斤，收割时将掼槽抬到田中，农户手持谷把在掼槽内侧框壁上摔打，谷粒就脱入掼槽中。由于用掼槽脱粒完全靠手工操作，脱粒的快慢主要看农户力气的大小，较为费力，现在很多人家已经放弃使用掼槽脱粒，转而购置使用踩踏式半自动打谷机脱粒。据中坝自然村副村长盘国权估计，在中坝自然村，现在已经有一半左右的人家购置使用踩踏式打谷机，每台的购置费用400元左右，没有打谷机的人家往往也会向亲朋借用。就一般的了解来看，其他村寨的情况大体相当，大多数村民已使用打谷机。由于劳动量大，加上赶节令，水稻收割时期是又一个农忙时期，和栽插时一样，农户往往要换工或请工，在附近打工的年轻人往往也要回家帮助收割。

关于坝子各自然村水稻的产量，我们无法找到确切的数字，现有三组数据：一为村委会1991年报表数据；二为村委会副主任李国发对岩坝村水稻产量的估计数字；三为笔者抽样调查时得到的农户估算数字。三组数字差别不大，兹并列于此以供参考。

根据1991年坝子村委会报表，该年坝子各村水稻产量为1113835公斤，在1991年以来的报表中，我们没有看到相关的统计数字。需要说明的是，1991年的统计数字虽然具体到了个位，看起来很准确，但并非实际数字。原因主要是坝子各自然村农户在粮食收获后，一般都不过秤，具体产量谁也不清楚，因此以上报表数字只是估算数字。

据李国发副主任对岩坝自然村粮食产量的估计，平均每户年收获水稻1500公斤左右，以每户平均4.5人计算，人均330公斤左右。如其他各村人均水稻产量与岩坝村相当，那么坝子各自然村约3400人，估计每年水稻总产量110万公斤左右，与1991年报表数字较为接近。

笔者一行于2008年7月下旬在5个自然村进行抽样调查得到的估算数比以上数字略低。在调查过程中，我们发现所有被抽样的人家都不知道自家耕种的稻田到底有多少亩，也不清楚每年收获的水稻到底有多少公斤，仅知道大约有多少袋。所谓多少袋，即用以前装化肥的口袋来装，一口袋即为一袋。由于装化肥的口袋大小不一，所装水稻干湿不等，每袋所装水稻的重量也就各不相同。以平均每袋30公斤计算，根据农户自己的估算，我们得到了以下估算数字（见表4–1）。

表4–1　坝子村抽样农户水稻年产量情况表

产量（公斤）	600	900	1200	1500	1800	2100	2400	3000	总计
户数（户）	7	12	12	6	3	6	3	2	51
总计	4200	10800	14400	9000	5400	12600	7200	6000	69600

资料来源：抽样调查时估算。

从抽样调查估算的产量来看，年产水稻900公斤左右到2100公斤左右的农户最多，少于600公斤和多于3000公斤的农户很少。被抽样的51户农户年产水稻约6.96万公斤，平均每户为1360公斤左右，51户农户共224人，人均有水稻 310 公斤左右，可碾米 200 公斤左右。若坝子村村委会所辖各村寨的情况与抽样农户相当，人均年产水稻 310 公斤左右，则坝子全村 3400 人年产水稻约 105 万公斤。

　　抽样调查时农户的估算数字可能比实际数字偏小，但由于农户收获水稻时并不过秤，实际亩积也不清楚，我们暂时只能得到这样的数字。就我们调查的情况来看，被抽样农户基本上都不缺粮，粮食大多够吃，但也没有卖粮的农户。确实有一些粮食较多的人家，当我们 7 月下旬前往调查时，部分水稻已经开始出穗，一个多月后即可开镰收割，但一些人家的谷仓中还有够吃几个月的陈粮。就我们的了解，即使粮食较多的人家也不卖粮，主要是当地农户大多具有存粮以备荒年的准备，另外，饲养猪、鸡、鸭也需要很多粮食。

　　2. 玉米

　　坝子各自然村旱地不多，1991 年的村委会统计报表为 606 亩，人均不到 0.2 亩。旱地主要用于种植玉米，由于不同农户的旱地多寡不等，各农户种玉米的多寡也各不相同。2008 年 7 月下旬 5 个自然村 51 户抽样调查，拥有旱地并种植玉米的共 41 户，占抽样户数的 80.4%；基本没有种的 10 户，占抽样农户的 19.6%。种玉米的农户中，既有只种 0.5 公斤到 1 公斤种子的，也有种 5 公斤以上种子的。

　　坝子村所种玉米主要是杂交玉米，种子从市场上购买，自己不留种。玉米一般在三四月间播种，播种前先将上年犁过的地再翻犁一道，然后以锄头打穴点种，播种时同时施农家肥作为底肥，一般还要在玉米地中套种南瓜、黄瓜、四季豆、芋头等作物以作日常蔬菜或猪食。

　　由于旱地较少且多为坡地，坝子村民播种玉米时全凭手工操作，不使用机械设备。在玉米生长期间，一般要除草两次并施追肥，追肥主要是碳铵，一般不打农药。玉米生长期间，套种在玉米地中的南瓜、黄瓜、四季豆等逐渐长成，成为农户日常蔬菜的主要来源。到了7月下旬8月初开始收获玉米，具体收获时间随海拔高度各有不同，海拔低的地方往往晚种早收，7月下旬已开始收获，而海拔高的地方（半山以上）由于气候凉爽，作物生长较慢，往往早种晚收，有的要到8月下旬9月初才能收获。玉米采收后，用背篮背回家，手工脱粒晒干后装入化肥口袋中或装入粮仓中存放。玉米采收后，玉米地中或种红薯藤等作为猪食，或闲置待来年再耕种。

由于旱地较少，坝子村的玉米产量不多。至于具体产量，由于农户在玉米收获时并不过秤，仅知道收获时大概背了多少背篮。由于背篮有大有小，装多装少各不相同，我们调查时，以平均每背篮可脱15公斤干玉米粒估算，得到51户抽样农户玉米年产量的估算数如表4-2所示。

表4-2 坝子村抽样农户玉米产量情况表

年产量（公斤）	0	50～150	200～350	500	750
农户数（户）	10	14	16	9	2
农户比例（%）	19.6	27.5	31.4	17.6	3.9

资料来源：抽样调查时估算。

从调查估算数字来看，种玉米的农户中，年产玉米从50公斤到750公斤的都有，多数人家年产200～350公斤，年产750公斤以上的农户则几乎没有，41户种玉米农户年产玉米共1.2万公斤左右，户均约300公斤。坝子各村所产玉米，除少量青玉米用于食用外，其他所有玉米都用作猪、鸡、鸭饲料，一般不食用，也不用来出售。玉米秸秆则多用来喂牛。

3. 木薯和红薯

除了种植玉米外，坝子各自然村旱地也多有用来种植木薯和红薯的情况，有的木薯和红薯套种在玉米地中，待玉米收获后木薯和红薯开始快速生长，而有的则单独种。木薯和红薯主要用作猪饲料，一般不用来出售，偶尔也作副食食用。坝子村木薯和红薯的种植面积、产量等，由于不是很多，在经济上一般不作数，调查时没有进行估算、统计。

4. 其他

除了以上粮食作物外，在集体化时代，坝子各自然村往往在水稻收割后于稻田中种植小麦。承包到户以后近30年来，由于粮食够吃和其他原因，坝子村农户已经不种植小麦，水稻收割后，多数稻田即闲置六七个月，待来年再耕种。乡政府曾动员搞冬季农业开发，但由于附近没有消费市场，大家担心没有收益，至今没能开展。

（二）种植粮食作物收益概述

总体来说，坝子村每户农户用以种植粮食作物的田地少而零散，每户不过两三亩、三四亩，而且分散在不同的地方，耕种和管理较为费力，加上各种各样的成本，每户农户种植粮食所得收益是非常有限的。

要弄清坝子村农户从事粮食生产的收益，首先要弄清楚投入和产出情况。由于坝子村农户在粮食生产过程中一般不计算成本，更没有记账的习惯，如前所述，所收粮食也不过秤，仅知道大约有多少口袋和多少背篮，因此，要得到坝子村粮食生产收益的准确数字，那是做不到的，但我们还是可以进行一些大致估算。

从调查中我们了解到，坝子村农户生产粮食的成本可分为两大项，一是劳动力投入，二是资金投入。就劳动力投入而言，由于使用的主要是自家不要钱的劳动力，农户一般不将它计入成本之中，因而最主要的成本是资金投入。就资金投入而言，主要有购买化肥、农药和种子的费用，农忙时节的换工和请工费用，农具和农机的投入费用，修水利的费用等等。在所有成本中，最大项的成本主要是购买化肥、农药和种子的费用。请工费用方面，由于坝子村农户田地不多，除了少数人家偶尔请工外，多数人家都是自己耕种或换工耕种，一般不请工，因而请工费用可忽略不计。换工虽然并不支付工钱，但往往要打酒买肉、宰鸡杀鸭，在酒肉方面有较多耗费，如果将换工时的酒肉耗费看做特殊时期的消费，也可以不计入成本。在农具和农机方面，主要是耕牛和犁、耙、打谷机、掼槽、镰刀、锄头等，置办这些农具、农机，一次投入可多年使用，平均每年的消耗并不算很高，因而平均下来并不算一项很大的成本。修水利方面，由于坝子村水源条件较好，修水利主要是出劳动力，资金投入不大，也不算很大的成本。总之，坝子村农户在粮食生产过程中，最主要的成本就是化肥、农药和种子的投入。

坝子村农户每年在粮食生产中的化肥、农药和种子投入，由于不同时期的农资价格不一样，不同农户的田地有多有少，因而情况各不相同。根据 51 户抽样调查农户的估算，在 2007 年和 2008 年中，抽样农户每年的化肥、农药和种子投入最少在 300 元左右，最高在 2000 元左右，以

900～1500元的最多；51户共投入约6.2万元，平均每户投入约1200元。

从产值来看，51户抽样农户年产稻谷近7万公斤，玉米约1.2公斤，共8.2万公斤左右。如果以每公斤稻谷、玉米平均值1.6元计算（调查时本地价格），则产值约13.12万元，6.2万元的化肥、农药和种子费用占了其中的47.25%。如果不计算其他成本，除去化肥、农药和种子的投入外，还剩6.92万元左右的收益，51户农户平均每户约1360元。这就是一家人在耗费了相当多劳力和精力后，每年从粮食生产中能够获得的收益，仅相当于一个劳动力在外打工一两个月的收入。如果按人均计算，则51户共224人，人均仅310元左右。如果考虑到其他成本，如换工时的酒肉耗费、置办农具和农机的费用、维修水利的投入等等，则农户从事粮食生产所得收益微乎其微，如果遇到农资价格上涨、粮食价格下跌、病害严重等情况，则几乎没有收益可言，甚至可能亏本。

从调查了解的情况来看，坝子村农户所生产的粮食仅够自家食用，一般不卖粮。在51户抽样农户中，没有卖粮的农户，因而农户生产粮食过程中的各种资金投入，都无法从生产粮食的收益中筹措，而必须从打工、经济作物种植和商业零售等方面筹措。也就是说，如果仅靠种粮为生而没有其他收入来源，则坝子各村农户的粮食生产是无法维持的，农户的基本生活也是无法维持的。

二 经济作物种植

（一）经济作物种植概况

坝子村经济作物主要有茶叶、草果、八角、杉木、笋竹等。当地气候、土质和植被均适宜种植以上经济作物。现将种植这些经济作物的情况概述如下。

1. 茶叶

坝子各自然村适宜种茶，而且有悠久的种茶历史。笔者一行在走访调查中，在岩坝、中坝、坡三、岩脚、中寨、大塘、垮土等各村寨都见到很多百年以上的老茶树（见图4－2），说明种茶在这一带曾经很普遍。

坝子村虽然种茶历史悠久，但茶叶的种植管理仍然很粗放，一般种下后

图4－2　山路边的百年老茶树

就很少管理，仅偶尔砍一下荒草，不松土、不修剪也不施肥。笔者走访调查过程中，见到过坝子各自然村的很多茶地，这些茶地大多为陡坡，未整理成台地，茶树稀疏，一些茶地中有很多荒草、杂树，缺乏管理。坝子各自然村茶地离住处都很远，大多在一个小时到两个小时的路程，这可能是疏于管理的一个原因。

坝子村茶叶一年采摘两到三季，三四月间（公历，下同）所采者为春茶，品质较好，价格也较高；五六月间所采者为夏茶，品质不好，价格也低；七八月间所采者为秋茶，价格更低。

坝子村茶叶的总产量缺乏明确可靠的统计，51户抽样调查农户中，有茶地者42户，占抽样农户的82.35%。其余农户，

多数原来也有茶地,只是由于 2007 年后紫金公司上山开矿修路,他们的茶地被紫金公司征用完了。特别是岩脚上村的多数人家、岩脚下村和中坝村的部分人家,有的茶地被全部征用,有的征用了一部分。在紫金公司征用以前,坝子各自然村几乎家家有茶地,既有几十年的老茶地,也有近十几年来新种的茶地。51 户抽样农户对自家每年鲜茶的产量估算如表 4-3 所示。

表 4-3　坝子村抽样农户茶叶产量估算表

鲜茶产量（公斤）	0	50 以下	50~100	150~250	500 上下
农户数（户）	9	4	27	8	3
农户比例（%）	17.6	7.9	52.9	15.7	5.9

资料来源:抽样调查时估算。

从抽样调查情况看,年产鲜茶 50 公斤到 100 公斤及 150 公斤到 250 公斤的农户最多,共 35 户,占抽样农户的 68.6%,年产鲜茶 500 公斤左右者仅有 3 户,占 5.9%。由于农户存在不露富的心理,这些抽样估算数可能小于实际数字。另外,由于抽样村寨茶地被紫金公司征用的较多,其他村寨被征用的较少,因而其他村寨农户的茶叶产量应好于上述抽样数据。

至于茶叶产值,由于茶价波动极大,坝子村茶叶产值各年不同,特别是 2006 年和 2007 年,由于云南炒作普洱茶,致使茶价疯涨,2007 年坝子茶厂春茶收购价曾达到创纪录的每公斤 10 元。有茶地的人家因此广泛获利,特别是茶地多的人家,每年能采 1000 公斤左右茶叶,那就是近万元钱,而且这些钱除了自家的劳动力以外基本不含其他投入和成本,属于净收入,在边疆山区少数民族农村中,这是一笔很不错的收入了。但好景不长,到了 2008 年,茶价大跌，恢复到了平常价位。根据2008年坝子茶厂收购价格，春茶每公斤3元；夏茶，当4月初笔者一行前往采访时，坝子茶厂规定的价格是每公斤2.4元，但到夏茶采收季节，价格又下跌了，为每公斤1.2元；至于秋茶，原定每公斤2元，但到采收季节，茶厂已经不想收购，由于价格太低，农户也多不愿意采摘。

至于整个坝子各自然村总共有多少亩茶地，我们没有确切可靠的数据，一般估计应在4000~5000亩。至于坝子各村年产鲜茶有多少吨，我们也没有确切的数据。由于坝子各村茶地管理粗放，产量不高，如果以每亩年产150公斤鲜茶计算，则全村4000~5000亩茶地年产鲜茶应在600~750吨之间。若以常年平均价格每公斤2元、每吨约2000元计算，则坝子各自然村茶叶年产值120万~150万元，人均350~440元，户均1500~1900元，是坝子各自然村农户的一项重要的收入来源。由于坝子村农户对茶地的经营管理非常粗放，因而茶叶产量和产值都还有很大的提升空间。

2. 草果

草果是滇东南湿润山林地带普遍种植的一种食用香料，一般种植在海拔1300~1800米的湿润山林中，特别是有溪流、土质也较肥沃的山沟中最好。在滇东南各县中，以马关县种植得最为普遍（马关县因此被称为中国草果之乡），麻栗县猛硐瑶族乡也是盛产草果的地方，坝子村委会下辖的一些村寨也有许多适合种植草果的山林，特别是中坝、松毛、岩脚上、岩脚下、坡三、中寨等自然村，都有草果地。

草果的种植相对简单，一般先将森林中的藤蔓和低矮杂树除去，形成稀树林带，然后打塘，种上草果苗就行。一般每亩种植250棵左右，种植密度主要根据山林的肥沃程度而定，如果山林土地肥沃、水分充足，就可以种得稀疏一些；如果山林不够肥沃，水分也不够充足，就要种得密实一些。种植草果的林地一般不用犁，也不用挖，也不用施太多肥；草果种下后，一般也不用打农药，平常管理主要是除草。一般每年除草两次，3月一次，8月一次。如果有适合的林地，种植草果的成本并不很高，主要是秧苗，一般每株0.5~0.8元，一亩适宜的山林约需200元的秧苗钱。草果种下三年后开始开花结果，第五、六、七、八年逐渐达到产量高峰，以后植株开始老化，产量下降，但仍可采收。在草果开始开花结果后，特别是采收季节，要经常有人在山林中照管，以防被盗。

草果采收后，一般在烤房中烤干，一般3.5~4公斤鲜草果可烤为1公斤干草果。草果的亩产量差别很大，鲜草果亩产量从十几公斤到二三百公斤不等，主要与山林土壤肥沃与否、土壤水分充足与否、气候适宜与否、处于盛产期还是低产期等因素密切相关。

坝子各自然村究竟有多少亩草果，缺乏确切的统计。据李国发副主任估算，大概有2500亩，多数农户都有草果地，从一两亩到十余亩不等。笔者所知者，大塘村和上垮土村很少，中寨、中坝、坡三、松毛、岩脚上、岩脚下等村较多，据中寨村组长李云凌介绍，仅40多户的中寨村就有近500亩草果地。但岩脚上、下村的草果地因位于紫金公司采矿的矿山上，基本上被紫金公司征用完毕，所剩已经不多，中坝村在紫金公司采矿带的草果地也被紫金公司征用了一部分，一部分虽没有被征用，但村民抱怨说，由于紫金公司采矿，山林中的水落掉了，这使得他们没有被征用的草果地中的草果也大多枯死了，不再有收入。另外，中坝村和坡三村在12号界碑一带有许多或属于村集体或属于农户个人的草果地，但由于中越勘界，一部分草果地可能会被划归越南，村干部也正为此事不安。笔者抽样调查的几个村中，草果刚好都不太好，现将大体情况介绍如下。

在大塘、上垮土、中坝、岩脚上、岩脚下51户抽样农户中，有草果地的共21户，占抽样户数的41.2%。没有草果地的农户大致有两种情况。一是大塘、上垮土两自然村的地界海拔较低，不太适合种草果，因而两村抽样调查的18户农户中，有草果地的仅2户，占两村抽样农户的11%。二是岩脚上、岩脚下和中坝三个自然村原来虽然有很多草果地，但很多人家的草果地已经被紫金公司征用完了，有的虽没有被征用完，但已经所剩不多。在21户有草果地的抽样农户中，他们自己估算的年鲜草果产量如下：年产鲜草果50公斤以下的12户，占有草果地农户的57.1%；年产鲜草果50公斤左右的5户，占23.8%；100公斤左右的2户，150公斤左右的1户，200公斤左右的1户。

草果的产值，主要与价格、产量有关。草果价格最好的时期主要是20世纪90年代中期，一般每公斤干草果可卖到50~80元，当时草果收成较多的人家，在经济上都一度很宽裕。目前的草果价格已经回落到正常水平，2007年的鲜草果价格为每公斤7元左右，干草果价格为每公斤30元左右。

如果照管得好，草果仍是坝子村部分农户的一项重要的收入来源。据中寨村组长李云凌介绍，该村种得多而且管护好的人家，目前一年在草果一项上可有3000元左右的收入。但由于山林离家较远，且每户拥有的适合种植草果的山林比较零星、分散，经营管理较为费力，效率太低，因而坝子各村的草果地经营管理仍较为粗放，技术不到位、产量不高的情况很普遍，许多人家的草果地亩产鲜草果一般仅为数十公斤（干草果一二十公斤），每亩毛收入 300～500 元，是部分农户的一个重要的收入来源，但不是大部分农户的主要收入来源。从现有情况来看，无论是产量还是产值，坝子村的草果生产仍有较大的发展空间。

3. 八角

八角是滇东南很多地区都有种植的香料作物，主要种于荒山、旱地、房前屋后等处。坝子各村多有种植，既有种植几十年的老树，也有新种不久尚未挂果的幼林，在坝子各自然村行走，经常可见到大小不一的八角树。八角是一种投入不高并且终生可受益的经济作物，种下四五年后可挂果，以后可年年受益，每年采收两次，而且不需要太多的管护，除了采收时稍为费力外，一般不需要其他投入。十多年前，八角的价格很好，八角多的人家大多获利，当时很多人家看好八角的前景，新种了很多八角树。但近几年来，由于市场上的八角价格太低，每公斤仅 1 元左右，而且采摘较为麻烦、费力，需要爬树，且有一定的危险，坝子村农户除了自用外，基本上不再采摘八角到市场上出售了，因而现有八角树在经济上已经不作数，最近几年也没有人种八角了。以后是否会有转机，尚不能断言。

现将 51 户抽样农户拥有八角树的概况略述于后，以供参考。在抽样调查的 51 户农户中，有八角树的共 28 户，占抽样户数的 54.9%。其中，多数人家（25 户）在 1～3 亩，或十几棵，或三四十棵，或六七十棵不等；有一户达十亩左右。从抽样反映的情况看，坝子村有八角树的人家超过半数。如果以后八角价格回升，坝子村的现有八角树也许还会为本地农户带来一些较好的收入。

4. 杉木

杉木是一种生长较快的用材林木，适宜在气候温和湿润的地区种植，可种植在退耕还林的旱地中或荒山上，种植后一般不需太多管护，只需在幼林时砍两三次荒草即可，成林后各种荒草和杂树无法与其竞争，大多死亡，杉木则开始快速生长。杉木种下后，一般十五六年可成材（根据土壤肥力而定）。

坝子各自然村的气候和土壤都适宜杉木生长，因而杉木曾经是坝子各自然村的重要经济林木。在包产到户前后，由于政府提倡，坝子各自然村曾种有较多的杉木，因而各村都曾有很多杉木林地，但这些杉木已在十多年前或数年前长成卖掉，当时卖杉木较多的人家和做杉木生意的人家，在经济上曾经相对较为宽裕。但最近十多年来，坝子村的杉木林地已经不多，成片连绵的杉木林地已经很难看到，已经成材可卖的杉木林很少，新种的杉木林地也非常少。

现在没有大量种植杉木的原因大致有三。其一，杉木的生长周期较长，最少需要 15 年才能见到效益，而且效益只是一次性的，不像茶叶、草果、八角年年有收成，使得农户更愿意种植茶叶、草果和八角等作物而不太愿意种植杉木。其二，杉木市场价格的降低使农户的种植意愿进一步降低。据介绍，杉木价格较好的时候是十多年前和七八年前，当时每亩杉木可卖两三千元（根据生长情况和离公路远近而定），杉木多的人家可以一次性卖到数万元，在当时的情况下，是坝子农户偶尔可获得的一笔较大收入。但现在每亩仅有千元左右，而且买卖杉木的老板已经不多，不太好卖，农户的种植意愿因此大大降低。其三，杉木不能自由砍伐，更不能像其他产品一样可以拿到市场上自由买卖，砍伐、买卖和运输都必须由林业部门许可，关卡太多，使得一般农户只能低价卖给能弄到许可的少数人，这进一步降低了农户种植杉木的意愿。

尽管目前坝子各自然村新种的杉木林已经不多，但各村仍然有一些杉木林，多数农户仍有多少不等、种植年限不同的杉木林，从一两亩到十几亩不等。据李国发副主任估计，目前，全村仍有杉木 4000 亩左右。在 51 户抽样调查农户中，仍有杉木林地者共 37 户，占抽样农户总数的 72.5%，各户拥有杉木林的情况如表 4-4 所示。

表 4-4　坝子抽样农户杉木亩积估算表

杉木亩数（亩）	几乎没有	1~3	10~15
农户数（户）	14	33	4
农户比例（%）	27.5	64.7	7.8

资料来源：抽样调查时估算。

从抽样调查情况看，几乎没有杉木林地的人家占 27.5%，这些人家大致有两类情况：一是老的杉木卖完后，没有新种，因而现在几乎没有杉木林地了；另一种是因为采矿，杉木林地基本上被紫金公司征用完毕，因而现在基本没有杉木林地了。仍拥有杉木林地的农户，大部分在 1~3 亩之间，这类农户占抽样农户的 64.7%。由于大多数农户拥有的杉木林数额不多，这对这些农户的经济发展影响并不大。拥有 10 亩以上杉木林的农户仅 4 户，占抽样农户的 7.8%。

从整体来看，目前，杉木种植对坝子各自然村农户的经济发展来说，促进作用已经不大。

5. 笋竹

坝子各自然村气候湿润，非常适合各类竹子的生长，因而随处都可见到竹林。从山脚到山腰再到山顶，房前屋后，到处都有，既有成片成片的野生竹林（主要是苦竹），也有人工种植的一棚棚的龙竹，竹子大多高大挺拔，郁郁葱葱，景色宜人。

坝子村的竹林大多数已经承包给农户管护，所产竹笋和竹材均属农户所有。总体来看，坝子村的竹林每年应该可以产很多竹笋和竹材，但分给每户农户以后，数量就很有限了，因而所产竹笋大多作为农户的日常蔬菜由农户自己食用，少量用于出售，在经济上的收益并不大。至于竹材，过去大多用来做竹瓦盖房，或用来搭晒台，或用来编簸箕和背篮，或用来拦地，或用作柴火，都用在生产生活之中，一般不用来出售。目前，坝子村农户已经很少用竹瓦来盖房了（少量经济条件有限的人家仍用竹瓦来盖猪圈、牛圈和偏厦），而改用瓦窑烧的陶瓦，但农户仍广泛使用竹材搭晒台、编簸箕背篮，或以其为柴火，仍不用于出售。离坝子村不远的猛碉村境内有一家造纸厂，以竹子生产草纸，曾到坝子村收购竹子，但由于价格太低，加上将竹材从山上竹林中弄到路边较为费力，因而农户多不愿卖，许多竹材任由其老死山林。

（二）种植经济作物收益概述

如前所述，坝子村的经济作物主要有茶叶、草果、八角、杉木、笋竹等几种，这些经济作物的种植概况已如上述。那么，这些经济作物对坝子村农户的经济发展产生了多少效益呢？总体来看，除了笋竹主要为农户的日常生活提供了很多便利但经济上没有产生太大效益外，其他经济作物如茶叶、草果、八角和杉木等都曾对坝子各自然村农户的经济发展产生过积极的影响，为农户带来过很多收入。但这些经济作物的种植有一个鲜明的特点，那就是周期较长，而市场价格波动太大，农户很难把握种植某种经济作物是否能够获利，这对他们的投资意愿产生了非常不利的影响。表现在实际生产中，那就是虽然坝子村农户种植了很多经济作物，但无论是资金投入，还是技术投入和劳力投入都很不到位，耕作管理都很粗放，产出很低。因为在价格波动非常大的情况下，人们往往不知道自己的投入是否值得。

如十多年前八角价格暴涨时，一些人家种了很多八角树，但新种的八角树还没有挂果，八角价格暴跌，几乎一钱不值，投入越大的人家，往往损失越大。再如两三年前云南茶叶价格暴涨，坝子各自然村每户都有多少不等的茶地，农户普遍获利，于是出现了扩大种植规模的势头。很多人家都种了新茶，一些多年闲置、权属模糊的荒山因为几个村子抢着种茶还一度引发了村寨之间的冲突和纠纷；而一些人家则联合起来，通过借款、贷款来开办茶厂。但新种的大片茶地尚未有收成，新办的茶厂还没有开始运转，2008 年茶价暴跌，投入大的人家都遭到了极大的损失。

上垮土自然村村组长盘文金的事例非常能说明这一点。由于 2005 年、2006 年、2007 年云南茶价不断上涨，办茶厂的前景很看好，盘文金村长于是联合几户人家，借了一大笔钱，在公路边盖了一大栋两层砖混结构楼房，在楼房后面打了一大块混凝土地板，准备办茶厂。但房子刚刚盖好，设备尚未购置，茶价暴跌，盘村长等人的茶厂于是成了泡影，原来准备作茶厂的房子只好每户分两格作为住房，大笔投资因此打了水漂，盘村长等人也因此背上了大笔债务。盘村长本来有一手制作银器的好手艺，当我们到上垮土自然村找到他、准备让他带我们到抽样各户家中作入户调查时，他正在新房子的门口打银器，工艺非常精美，但当天带我们调查完上垮土村抽样农户后，他就请来本村道公黄朝胜为他请神问卦，因为他已经决定第二天就要出远门打工，挣钱来还债。虽然他制作银器的手艺非常好，但每天仅能挣十来块钱，收入太低，他已经决定不做了。

　　盘文金村长的事例和大量其他事例表明，由于市场价格波动太大，农户无法预测和加以控制，因而种植和加工经济作物往往存在着很大的风险，投入大意味着损失可能会非常大，因而坝子各村普通农户在种植经济作物上的投入往往不多，经营管理也很粗放，产出很低，平时并没有多少利润，对推动坝子各村经济的持续发展作用不大，影响有限，某种经济作物价格暴涨时偶尔能够获利，价格暴跌时损失也相对较小。

三　畜禽养殖

（一）畜禽养殖概况

　　坝子村几乎所有农户都附带从事养殖业，所养畜禽主要有猪、鸡、鸭、牛、马、羊、狗等，少量农户养鱼、田螺。绝大多数农户养殖畜禽的数量都很小，没有专门从事畜禽养殖的专业户。

1. 猪

猪是坝子各自然村农户普遍饲养的家畜，几乎每户都饲养，在 51 户抽样农户中，养猪的有 50 户，占抽样总数的 98%。但坝子各自然村每户农户饲养的猪都不多，多数农户饲养 2 头，有的饲养 1 头或 3 头，只有少量饲养 5 头或 6 头的。表 4 - 5 是抽样调查农户养猪头数的情况。

表 4 - 5　坝子村抽样农户养猪情况表

养猪头数（头）	0	1	2	3	4	5	6
农户数（户）	1	9	24	11	4	1	1
农户比例（%）	2	17.6	47.0	21.6	7.8	2	2

资料来源：抽样调查中获得。

从抽样农户看，不养猪的仅 1 户，占抽样户数的 2%；饲养 1 ~ 3 头的最多，共 44 户，占抽样户数的 86.3%，其中又以饲养 2 头的最多，共 24 户，占抽样农户的 47%；饲养 5 头、6 头的很少，各有 1 户。51 户农户共养猪 117 头，户均 2.3 头。不养猪的农户为大塘村的邓廷报家，邓廷报家不养猪主要是因为邓廷报本人在马关县的某矿业公司做保安，不能经常回家，家中只有妻子和上小学的儿子，没有劳动力。绝大部分人家之所以仅饲养 1 ~ 3 头而不多饲养，主要是因为坝子各自然村旱地较少，玉米和木薯、红薯不多，多饲养则没有饲料可喂。养猪较多的两户分别为岩脚上村的张国恩家和中坝村的李国玉家。岩脚上村张国恩家因旱地相对多一些，年产玉米在 750 公斤左右，饲料因此相对多一些，劳动力也不是问题，全家 6 口人有 4 个劳动力，因而养了 5 头猪。中坝村李国玉家原在山顶有 10 亩左右茶地，因为太远（约两个小时路程），与其他人家调换，换得近处的 3 亩左右旱地，再加上自家的旱地，旱地就比其他人家多一些，每年要种 6~7 公斤玉米种子，能收玉米 750 公斤以上，因而养猪较多，每年能卖 4~5 头肥猪，是笔者抽样调查农户中养猪养得最好的人家。当笔者 7 月下旬前往调查时，李国玉家猪圈中有 6 头肥猪，都已有 100 公斤以上，毛光水滑，笔者一行三次到坝子，还是第一次见到养猪养得这样好的人家。除了猪以外，李国玉家还养有几十只鸡，十多只鸭子，这都与他家玉米相对较多、饲料相对充足有关。

坝子村多数农户都是从市场上购买子猪回来饲养，很少有养母猪以繁育子猪的人家。养猪大多为自食，很少售卖，只有少数养猪较多的人家有肥猪出售。

由于养猪较少，多数农户的饲养方法总体较为粗放，虽然都是圈养，但猪圈的卫生条件、保暖、通风效果大多很差，猪的粪便大多与猪混在一起。内地普遍用沼气池储存粪便并利用沼气照明、做饭的做法在这里还没有得到推广，除了坡二村在 2007 年的"温饱示范村"建设中建了部分沼气池外，大部分农户都还不知道沼气是什么东西，有什么好处。除了圈舍条件较差外，饲料饲喂方法也不太科学，多数猪食都是从山中找来的各种野菜，剁碎煮熟后拌以玉米面、谷糠饲喂，一般每天饲喂两次，煮猪食非常费柴火，但只有部分人家生喂。多数农户也购买混合饲料混在传统猪食中饲喂，但多数都是在猪还小的时候拌一些混合饲料，长成架子猪以后就不再拌以混和饲料了，只喂传统猪食。由于饲养方法较为粗放，猪的生长速度较慢，一般需要饲养一年多才能育肥出栏，有的甚至须饲养两年才能出栏。

　　至于养猪的效益和利润，由于饲养粗放、周期长、劳动力投入多、成本高，每年饲养两三头猪并没有什么效益和利润可言，甚至还要亏本，但由于坝子各村农户养猪大多不是为了利润，而是为了生活需要，因而几乎家家户户每年都要饲养一两头、两三头猪，养猪农户一般也不计算是否有利润，是否亏本。

　　2. 鸡

　　养鸡也是坝子村农户普遍从事的副业，51 户抽样调查农户中，几乎户户都养鸡，只是调查时有 1 户养的鸡因为鸡瘟死完了，暂时没有养，其他 50 户都养鸡。至于养鸡的数量，一般农户都养十几只、二三十只，多少不等。表 4 – 6 是抽样农户在 2008 年 7 月下旬入户调查时养鸡的大致数量。

表 4 – 6　坝子抽样农户养鸡情况表

养鸡数（只）	0	10 以下	10 ~ 20	20 以上
农户数（户）	1	15	27	8
农户比例（%）	2	29.4	52.9	15.7

　　资料来源：抽样调查中获得。

　　从抽样情况看，多数农户养鸡在十至二十只之间，部分农户养有二十多只，三四十只。养鸡 10 只以下的农户也有相当数量，但这些农户并不是故意少养，而是因为所养的鸡大多得了鸡瘟死掉了，剩余的已经不到 10 只的缘故。

　　坝子村农户所养的鸡基本上都是土鸡，都是自家母鸡下蛋、母鸡自己孵出领大的小鸡，很少有购买鸡苗来饲养的。饲养方法非常粗放，基本上都是放养，而很少圈养，一般也不打预防针，经常发生鸡瘟，死亡率很高。在我们前往调查时，很多人家因为发生鸡瘟，鸡死了只剩下几只，有的连鸡种都没有了。在饲喂上，一般每天只喂一次，所喂饲料主要是玉米粒或稻谷，撒在门前地上由鸡自己啄食，一般不买混合饲料来喂。鸡白天主要在房前屋后或附近竹林中活动，自己找食吃，晚上自己回到主人家栖息。

由于饲养方法粗放，农户所养的鸡生长得都很缓慢，一般要半年左右才能长成，而且鸡很瘦，一般子母鸡（未下过蛋的小母鸡）只有两市斤多到三市斤左右，公鸡只有三市斤多到四市斤左右。但通过这种方法养出来的鸡口味好，卖价也高，价钱一般是饲料鸡的两倍左右。但坝子各自然村农户养鸡主要是为了自食，一般很少售卖，只是偶尔会卖一些，以换取一点零用钱。

3. 鸭

坝子村有一半多农户养鸭，在 51 户抽样调查农户中，养鸭的农户共 31 户，占抽样户数的 60.8%。至于养鸭的数量，多数农户为十多只，也有的仅六七只，养鸭 20 只以上的很少。表 4 - 7 为抽样农户养鸭只数的情况。

表 4 - 7　坝子村抽样农户养鸭情况表

养鸭数（只）	0	10 以下	10 ~ 20	20 以上
农户数（户）	20	10	20	1
农户比例（%）	39.2	19.6	39.2	2

资料来源：抽样调查中获得。

在养鸭方法上，与养鸡一样，坝子村农户的养鸭方式很粗放，都是放养，饲料主要是玉米或水稻，早上喂一次，然后放到稻田中（水稻出穗之前或收割之后）让其自己找食吃，晚上赶回，有的再喂一次。与养鸡一样，农户养鸭主要是为了自家食用，因而一般不卖鸭。当然，有时为了赚点零用钱，偶尔也会卖几只。

4. 牛

坝子村多数农户养牛，主要是水牛，一般每户一头，也有的人家有两头或三头。在 51 户抽样农户中，养牛农户 41 户，占抽样农户的 80.4%，共养牛 60 头。表 4 - 8 是抽样农户养牛的情况。

表 4 - 8　坝子村抽样农户养牛情况表

养牛数（头）	0	1	2	3
农户数（户）	10	24	15	2
农户比例（%）	19.6	47.1	29.4	3.9

资料来源：抽样调查中获得。

牛是坝子村农户所饲养的最主要的家畜，也是大部分农户最值钱的财产，但坝子村农户养牛并不是为了获取利润，而是为了役使和获得农家肥。虽然牛是农户很重要的财产，但由于农户养牛并不是为了卖钱，从经济的角度来说，养牛是非常不划算的，是一个很大的累赘和包袱，因为不但没有任何收入，还要贴入一部分饲料，而且每天都要花费劳动力进行照料（每天都要有一个人放牛），而一年能够役使的时间不过十多天，所获得的农家肥对于生产来说也起不到多大的作用。但是，由于坝子各村都是山区，耕田种地不能使用机械，虽然每户只有三四亩田地，如果没有牛，到耕种时节仍会非常费力，会误农时，正因为如此，虽然养牛非常累赘，而且没有经济上的好处，但大部分农户仍然要养牛。

由于养牛实在费力，好处不多，目前坝子村已经有部分农户放弃养牛，51 户抽样农户中，不养牛的已经有 10 户，占抽样农户的近 20%。这些农户必须要用牛的时候一般采取向亲戚朋友借用或换工的方式来解决，这无疑是一种很好的解决办法。

5. 马

坝子各自然村都处于山区，物资搬运很费力，过去很多农户都靠养马解决这一问题。由于养马和养牛一样很累赘，又不能获得经济上的好处，加之近年来多数村寨修通了人村公路，部分农户因为采矿获利或得到征地补偿款而购置了摩托车，某种程度上解决了物资运输困难的问题，因而大部分人家已经放弃养马。在 51 户抽样农户中，养马的人家仅 5 户，仅占抽样农户的近 10%，5 户养马农户中，每户各养 1 匹，共 5 匹。

6. 羊

坝子各村有少量农户养羊，在 51 户抽样农户中，养羊的农户共 5 户，占抽样农户的近 10%。这些农户所养的羊都是山羊，数量很少，其中养 1 头的有 2 户，养 2 头的有 1 户，养 3 头的 2 户，5 户养羊户共养羊 10 头。坝子村农户养羊主要是为了自食，偶尔会卖。

7. 狗

坝子村农户几乎家家户户养狗，一般为一两只，主要为了看家护院，或陪伴主人上山下地。由于瑶族人禁食狗肉，也不卖狗，养狗并没有经济上的利益，但由于瑶族人居住分散，相互照应不便，在现有情况下，养狗对防贼防盗来说是非常必要的。苗族人家养狗除了看家护院以外，有时也为了食用，特别是到节庆时节，苗族人家往往要吃狗肉。但无论瑶族还是苗族人，都很少卖狗。

8. 其他

除了以上畜禽外，上垮土等村有部分农户在稻田中放养田螺、鱼，主要是为了自食，偶尔会卖一点，由于不是专业饲养，产量很低。

（二）畜禽养殖收益概述

从市场经济的角度来看，坝子村农户饲养畜禽并没有收益可言，甚至长期亏损，因为饲养方法简单粗放，畜禽生长速度很慢，加之防疫不到位，常常死亡。除去粮食和其他饲料的消耗外，农户饲养各种畜禽所得的利润微不足道，而每天都要有劳动力投入其中，特别是放牛、割马草、找猪食、煮猪食、找煮猪食的柴火，这些都要耗费大量劳动力，使农户每天都得不到休息。但农户为什么还要养殖畜禽呢？这里面有以下几个原因。

第一，是为了生产的需要。特别是牛马的饲养，如前所述，饲养牛马实际上是农户的一个非常大的包袱和累赘，不但没有经济上的好处，反而要花费大量劳动力进行照料。但由于山区田地无法使用机械，完全靠人工用锄头来挖将会非常费力，效率很低，在农忙季节往往会误农时，如果不养牛，农业生产将难以进行。因此，虽然累赘，多数农户仍然要养牛。

第二，是为了生活的需要。坝子村农户与云南广大山区半山区的农户一样，远离集市，到集市一趟很不容易，如果不自己饲养猪鸡鸭而完全从市场购买，则非常不便。农户于是利用自家有很多剩余劳动力的实际情况，从事各种家畜家禽的饲养。

第三，从农户的角度来看，饲养畜禽的开支并不是很大，总体来说是划算的。因为对农民来说，自家的劳动力一般是不算成本的（因为农村并没有或很少有出卖劳动力的地方，除非到城镇打工，否则这些劳动力并不会带来其他收入），喂养畜禽的大量野菜、青饲料、稻草、玉米秸等等都是不花钱的。这样，从农民的角度来看，饲养畜禽的成本实际上只有畜禽幼仔（主要是子猪）、粮食和偶尔要买的兽药，除去这些投入外，饲养畜禽并不花钱，花的主要是自家不要钱的劳动力。因此，饲养畜禽在农民看来一般不亏损，一般情况下，除掉资金投入外，往往还会略有结余，而这些结余实际上就是自家大量劳动力投入所得的回报，尽管这些回报很低，每天的劳动力投入可能就是一两元钱的回报，但有总比没有要好。

综合来看，农户饲养畜禽实际上就是将自己的大量剩余劳动力，通过畜禽的饲养，转化为一点点不多的回报，以方便自家的生产和生活。尽管与付出的大量辛劳相比，所得的回报是非常可怜的，但总比闲着无事可做又没有收入要好得多。如果有其他更赚钱的门路，农户当然就不会在饲养畜禽上耗费太多的工夫和精力了。

第四，情感上的收益。农户饲养畜禽也不仅仅是为了生产和生活的方便，他们往往还在其中寄托了自己的情感。看到自己饲养的猪鸡牛马茁壮成长，他们往往会获得满足感、成就感、安全感，会感到生活的幸福和美好，相反则会带来失落感。老人有牛可放，有猪食可找，会感到自己并非无所事事的无用之人，会感到自己在家庭中仍有一定的地位，生活也会相对舒畅得多，并不是让人讨厌、完全要人照顾的人。

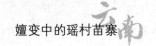

第三节　农业经济的半自给自足模式及其
走向现代化的困境

　　总体来看，目前坝子各自然村的农业经济模式主要是一种半自给自足的经济模式。这种经济模式有其鲜明的特点，和其形成的特殊背景，同时也有其相应的价值和功能。但这种经济模式有着严重的局限性，即立足于传统的自给自足生活，与以市场为中心的现代化经济格格不入，是坝子各自然村农业经济实现现代化的最主要的障碍，也是坝子各村长期贫困落后的重要根源。要消除农业经济走向现代化的障碍，需要各级政府、农户相互协作，采取一系列有效的、综合的措施破除这种半自给自足模式。

一　半自给自足模式的特点

　　坝子各自然村的农业经济模式可概括为半自给自足模式，与其他经济模式相比，这种经济模式有以下一些特点。

　　第一，农户所生产的大部分农产品，主要都是为了自己消费，而不是为了投入市场获取利润。同时，农户所需要的各种生产和生活物资，凡是自己能够生产的都尽量自己生产，而很少从市场上购置。

　　如前所述，坝子各自然村所有农户都种水稻，大部分农户种玉米，但几乎没有农户卖粮。有的农户确实有较多粮食，当新粮收割在望时，粮仓中还有很多陈粮，自家吃不完，但他们要么存粮以备荒，要么用来饲养猪、鸡、鸭以改善生活，除非急等钱用，一般都不卖粮。

　　坝子各自然村几乎家家户户养猪、养鸡，大部分农户养牛，半数以上人家养鸭，还有少量人家养羊、鱼和田螺，但农户饲养畜禽并不是为了投入市场以获取利润，而是为了满足自家的生产、生活所需。各农户饲养的猪、鸡、鸭中的大部分，都是自家食用，只有急等钱用时或自家吃不完时才卖一点点，商品率非常低。大部分农户饲养的牛都是为了自家役使，只有个别养有两三头牛的人家才会偶尔卖一两头。

坝子各自然村农户使用的大量的生活用具和生产工具也是自己制作的，从市场购置的很少。在笔者抽样调查的51户农户中，大部分农户家中使用的桌椅、板凳、床、犁、耙、背篮、掼槽、囤箩、粮仓、晒台、猪槽等等都是自己制作的，很少有农户从市场上购置以上生活用具和生产工具。只有自己不能制作或自己制作实在太困难的生活用具和生产资料，如电视机、衣服鞋袜、食盐、化肥农药等等，才从市场上购买。

在坝子村农户所生产的各种农产品中，也有一部分是专门为市场生产的，现在主要有茶叶和草果，以前还有杉木、八角等，但这些农产品在农户所生产的各种农产品中所占比重不大，这些农产品投放市场后获得的利润，主要用来购买自家不能生产的各种生产和生活物资，以巩固和维持半自给自足的生产、生活。

第二，为了使生活中所需要的各种物资都能尽量自我满足，农户往往要同时从事多种生产，非常忙碌、劳累，但效率很低，收益很少，生活困难。

调查中我们了解到，坝子各自然村的所有农户都同时从事多种生产，既种植水稻、玉米、木薯和红薯，又养牛和猪、鸡、鸭，同时还种植茶叶、草果、八角和杉木，几乎没有专门从事一两项生产的农户。由于每户农户的劳动力都很少，一般就是一两个或两三个劳动力，同时从事多种生产，往往每个人的每一天都是忙碌而劳累的，从早忙到晚，很少有空闲的时候。即使农闲季节，也要每天放牛、到山中找猪食煮猪食，还要砍柴、背柴，打制、维修家具和生产工具，维修水渠、圈舍等等。

由于每个人的能力都是有限的，同时从事多种生产使得农户难以在生产中做到专业，因而农户在各种生产中的技术水平都很低下，都只是一些简单粗放的生产，每种生产的收益也因此微乎其微，有的甚至没有收益，如饲养猪、鸡、鸭和养牛一般都没有收益。因此，农户尽管很忙碌、劳累，但仍然很贫困。

第三，为了满足农户自给自足的需要，土地承包到户时，生产队将各种类型的土地和山林资源按等级细分承包给每户农户，使得每户农户耕种和管理的土地、山林都非常分散、零星，耕种和管理都非常不便。

调查中我们了解到，承包到户时，坝子多数生产队的梯田一般分为三个等级进行承包，每户农户往往承包到一等田若干、二等田若干、三等田若干，而旱地和山林也采用了同样的方式进行承包。结果，每户人家承包的各种土地和山林虽然只有几亩、十几亩，但不集中连片，往往分成很多小块。一般每户人家都有分在不同地方的七八块甚至十几小块土地，每块地块从一两分到几亩不等，每户农户的各类土地往往零星地散布在相距数公里之遥的不同地方，与其他农户的同类土地相杂处，从一处到另一处往往要走几十分钟甚至一两个小时，耕种和管理非常麻烦。另外，由于地界犬牙交错，地界纠纷非常多，成为村民关系不和谐的重要诱因。有的人家因此将一些零星小块土地和山林放荒，不再耕种和管理。

　　我们在 5 个自然村随机抽样的 51 户农户中，调查到承包土地、山林的共 49 户，这 49 户仍耕种和管理的土地、山林块数如表 4－9 所示。

表 4－9　坝子村 49 户抽样农户的土地和山林块数表

土地块数（块）	3	4	5	6	7	8	9	10	11	12	13	14	15	16	17	18
户数（户）	2	1	4	3	5	7	7	4	4	5	3	2	0	0	1	1

　　资料来源：抽样调查中获得。

　　在 49 户抽样农户中，耕种和管理的土地、山林最少的有 3 块，最多的有 18 块，绝大部分人家在 5～14 块之间，这类农户占抽样农户的 89.8%。49 户农户共有 448 小块土地和山林，平均每户 9.1 小块。需要说明的是，上列土地和山林的块数仅仅是农户仍在耕种、管理并且地块较大的（几分以上）土地和山林的块数，至于已经放荒的或者非常小的地块，调查时农户往往并不计算在内。总之，每户农户耕种和管理的土地、山林是非常分散、零星的，很少有集中连片的情况。当然，这种情况并非坝子村独有，就笔者的了解而言，云南广大山区、半山区农村都有类似的情况。

　　第四，由于农户的各类生产主要是为了满足自家生活的需要而不是为了获取利润，因而一般很少计算甚至不计算生产成本和利润，许多生产成本很高，利润很小，甚至经常亏损，但农户往往继续从事这些生产。

　　调查中我们了解到，坝子农户一般都不知道自己耕种和管理的耕地和山林的具体面积，至于收成有多少，更是模糊不清。如收了多少水稻，他们仅知道大约有多少口袋；收了多少玉米，他们仅知道大约有多少背篮。至于这些水稻和玉米有多少斤，值多少钱，除去投入的种子、化肥、农药和换工费用外还有多少利润，则谁也说不清楚。当我们在调查中逐一询问种植水稻和玉米每年需要多少化肥、农药，换工需要多少开支，是否还有利润时，很多农户都感到种植粮食没有利润、不划算，但没有农户打算放弃种植粮食。

再比如牛、马、羊和猪、鸡、鸭的饲养，农户既投入很多劳动力和精力，又投入很多粮食，有时还要购买混合饲料、兽药，付出很大而收入和报酬却很少。由于防疫不到位，坝子地区畜禽的疫病很多，猪、鸡得病死亡是常有的事。由于规模小、饲养粗放，即使没有疫病、不出现死亡也没有利润可言，一旦猪、鸡出现死亡，农户往往就是亏损，但他们一般不计算是否亏损，是否有利润，不因为没有利润可言就不饲养牛、马、羊和猪、鸡、鸭。

坝子村农户之所以很少甚至不计算各种生产的成本和利润，也不因为成本太高利润太低或没有利润就不从事生产，最主要的原因是：坝子村农户从事各种生产主要不是为了获取利润，而是为了满足自家各方面生活所需。

二 半自给自足模式形成的背景及其功能

坝子各自然村的半自给自足经济模式，是多种因素综合作用造成的，既有传统习惯的因素，也有自然条件的因素，还有经济现实的因素和社会体制的因素。

就传统习惯的因素而言，中华人民共和国成立以前，坝子村的瑶族和苗族与云南广大山区、半山区的各民族一样，长期盛行采集、狩猎、粗放农耕、简单手工业相结合的自给自足的小自耕农经济模式，与市场的联系非常少，几乎没有专门以市场为中心组织生产的情况。中华人民共和国成立以后，虽然进行了近30年的合作化和集体化改造，但并没有清除人们头脑中关于传统经济模式的记忆，在合作化和集体化的改造失败以后，坝子各自然村农户与云南广大山区、半山区的无数农户一样，迅速恢复了传统的自给自足的小自耕农经济模式，因为这是他们所熟悉的、能够有效维持基本生存的主要经济模式，在没有其他更好的经济模式可供选择的情况下，选择这种经济模式是非常自然的。

就自然条件的因素而言，坝子各自然村可资利用的土地类型是多种多样的，既有稻田，又有旱地，既有山林，又有荒山，而且某种土地种类都不太连片而分散在各处，具体的自然条件千差万别。

就稻田来说，往往既有灌溉方便的保水田，又有靠天吃饭的雷响田；既有比较肥沃不需太多施肥的良田，又有比较贫瘠产出很低的低产田；既有交通方便、位于大路边的稻田，也有位于深山、交通不便的稻田；既有比较平缓、方便耕作的大田，也有非常陡峭狭窄、耕作不便的山田。就山林来说也是如此，既有适宜种植某类经济作物如草果的山林，也有不适合种植这类经济作物仅能作柴山的山林；既有离村较近，只需几分钟、十几分钟就可以到达的山林，也有需要爬两个多小时山路才能到达的山林；既有以竹材为主的山林，也有尽是杂木的山林。旱地和荒山的情况同样如此。

当改革开放初期土地承包到户时，为了平均公平地将各类土地资源承包给农户，坝子各自然村大多采取了将各类土地资源细分承包给每户农户的办法。各种类型的土地资源，每户农户都能分到一点，因而每户农户都承包到了位于不同地段的不同类型的土地和山林，每户农户承包到的各类土地和山林一般都有七八小块甚至十几小块，往往非常零碎、分散，距离较远的地块之间往往有两三个小时的路程，给耕种和管理带来了极大的不便。

尽管耕种和管理非常不便，但这种承包方式对于维持自给自足的生产生活来说是非常有用和必要的。比如，如果遇到干旱年景，许多旱地和雷响田就不能按时耕种，但因为每家多少都有一点保水田可按时耕种，这使得每户人家多少都还有一些依赖，不至于完全没有生活的希望。遇到多雨的年份，河谷和洼地的庄稼容易被冲毁或淹没，但因为还有山地、梯田，生活也还有希望。再如，如果茶叶、草果涨价，由于每户农户多少都有一些茶地和草果地，大家都多少能够获利，生活多少都有一些改善，不至于有的人家发财而有的人家只能干瞪眼；如果八角、茶叶价格暴跌，卖不成钱，由于每户农户的八角地和茶地并不是很多，农户并不仅仅靠八角、茶叶为生，还有其他经济门类，生活仍然可以维持。

就经济现实的因素来说，改革开放初期，边疆地区的市场发育极不完善，各种商贸活动仍基本由政府控制，主要服务于城镇居民而很少服务于农村居民；加之广大山区半山区交通不便，离集市太远，所生产的农产品特别是新鲜农产品大多很难及时投入到市场中以获取利润，村民也很难随时从市场中获得各种必要的生产生活物资。在此情况下，改革开放初期，坝子各自然村农户只能着眼于现实，在土地承包到户时，坝子村采取了尽量自给自足的安排，使每户农户都尽量承包到各种类型的土地，让每户农户所需的各种粮食、竹木、畜禽产品、经济林果、烧柴等等都能够自我提供、自我满足，因而出现了每户农户都有很多块不同类型的耕地和山林的局面。同时，为了满足各方面基本生活的需要，每户农户都必须同时从事多种生产，既要栽种各种粮食作物、经济林木，同时还要养殖牛、马、猪、鸡等各种畜禽，还要随时上山找猪食、砍柴等等，因为少从事一样生产，基本的生产生活就很难维持，就会遇到困难。如果不经常砍柴，最基本的生火做饭就会遇到问题；如果不饲养牛、马，农忙时节的耕种、运输就会陷入困境，而所需农家肥也无从获得；如果不饲养猪、鸡、鸭，生活中所需的肉类、油脂和禽蛋就无从获得。因此，农户非常忙碌、劳累，因为他们必须亲自生产大部分生活物资。

尽管从事多种生产非常忙碌、劳累，而且效率低下，但在远离市场的条件下，同时从事多种生产对于维持农户的基本生活来说是非常必要而有效的。

就社会体制的因素来说，长期以来，我国一直推行城乡分隔的户籍制度，农村居民被排斥在工业化、城市化的进程之外，同时也被排斥在国家社会保障体制之外，直到今天仍没有必要的社会保障，失业保障、养老保障、医疗保障等等，主要都只服务于城市居民而排斥农村居民，农村居民在遇到各种问题时往往只能自己解决。现在虽然有了少量的医疗保障，但极为重要的失业保障和养老保障仍没有农村居民的份，直到现在为止，政府在计算失业人口时仍只计算城镇居民的失业人口而不计算农村居民的失业人口。

这种社会体制是包括坝子村在内的广大农村半自给自足经济模式得以长期维持的重要原因，由于被排斥在工业化和城市化进程之外，由于没有社会保障，广大农村居民既无法顺畅地向第二产业和第三产业转移，更没有能力抵御专业化和市场化经营的高风险。为了降低风险，农户只好小心翼翼地同时从事多种经营，小心翼翼地与市场若即若离。一旦某项经营失败、亏损，其他方面还可以弥补；一旦市场风险太大，可以很快离开市场而不是深陷其中无法自拔。尽管专业化和市场化经营会更有效益，但对于没有社会保障的农民来说风险太大，一旦经营失败，很容易倾家荡产、走投无路，全家人的生存都会成问题。类似的情况在坝子村和很多地方都时有发生。因此，从事多种经营，拥有多种类型的地块，实际上是一种非常有效的自我保障手段，它虽然使广大农户非常劳累，生活困难，但只要农民继续从事自给自足的生产，即使遇到荒年，即使发生经济危机，这些对他们的影响都不会是致命的，他们都可以生存下来。

三 半自给自足模式对农业现代化的阻碍

尽管半自给自足经济模式有其相应的作用和功能，但它毕竟是立足于古老传统的一种经济模式，与我国的经济现代化进程格格不入，而且正是这种经济模式成为农业经济实现现代化的主要障碍，是包括坝子村在内的广大农村农业经济长期停滞不前的重要根源。具体来说，它对农业经济现代化的阻碍主要表现在以下几个方面。

第一，这种经济模式阻碍了农业的商品化和市场化，也阻碍了市场的培育和发展。

商品化和市场化是经济现代化的必由之路，只有商品化和市场化，才能明晰某种生产是有利润还是亏损，是有效益还是没有效益，是值得生产还是不值得生产；只有商品化和市场化，才能使当地人将经济活动的触角延伸到广泛的范围，让全国各地甚至世界各地的需求成为推动一个地区经济发展的动力，让广阔范围内的资源、技术能为我所用，从而大大扩大一个地区经济活动的空间，提高一个地区经济活动的资源利用效率。总之，只有商品化和市场化，才能推动一个地区经济的现代化。

但半自给自足模式是一种半封闭的经济模式，与商品化和市场化格格不入，农户生产的农产品主要为了自己消费，很少投入市场，农户所需的各种主要生活物资主要依靠自己生产而很少从市场上获得，既不利于市场的培育和发展，也不利于衡量农户的各种生产是否有效益、是亏损还是有利可图，也不利于利用其他地区的需求、技术和资源来为本地经济的发展服务。因此，在自给自足或半自给自足的经济模式下，要实现经济的现代化是不可能的。

第二，这种模式阻碍了农业的规模化和专业化经营，也阻碍了各种科学技术成果的有效应用。

规模化和专业化经营也是经济现代化的必由之路，只有规模化和专业化，才能充分发挥规模效益，减少生产成本和浪费，提高资源利用效率，使收益最大化；也只有规模化和专业化经营，才能更充分地利用各种先进的科学技术成果，从而推动经济的现代化。

由于坝子村在改革开放时立足于自给自足或半自给自足的生产，各类土地和山林被分得非常零碎、分散，东一块、西一块，再加上农户同时从事多种生产和经营，使得各种各样的经济活动都显得非常零碎、简单，技术水平极低，大量劳动力被耗费在效益极低的各种简单生产中，无论是茶叶、草果、八角、杉木等经济作物的种植，水稻、玉米等粮食作物的生产，还是各种畜禽的饲养，都非常简单粗放，技术含量极低，既让农户很劳累，又没有效益。

我们知道，麻栗坡县政府和猛硐乡政府都试图在包括坝子村在内的广大农村推广各种新式种养技术，如冬季农业开发、各种新式养殖技术、沼气池建设等等。尽管各级政府花了极大的力气，但老百姓要么不接受，要么虽然有一定程度的接受，效果却微乎其微。主要就是因为：大量科学技术成果的应用，只有在规模化和专业化的前提下才能产生应有的效益，而在非常零碎、规模极小的生产经营中，许多科学技术成果的应用不但不能产生经济效益，反而增加了农户的成本。

因此，正是坝子村半自给自足经济模式下非常零散、规模极小的经营，使得大量现成的农业科技成果无法得到推广应用，无法产生应有的经济效益，广大农户只能采用几百年前甚至上千年前就已经使用的传统生产方式进行原始的生产（见图4-3、4-4）。

由于不能发挥规模效益、难以减少生产成本和浪费、难以提高效率、难以使收益最大化，由于无法充分利用各种现成的科学技术成果，在半自给自足模式下，坝子村的农业经济要实现现代化是不可能的，坝子各族人民要摆脱贫困面貌也是非常困难的。

第三，半自给自足模式阻碍了坝子各族人民创造精神的培育和人们潜能的有效发掘，是坝子经济、文化、科学

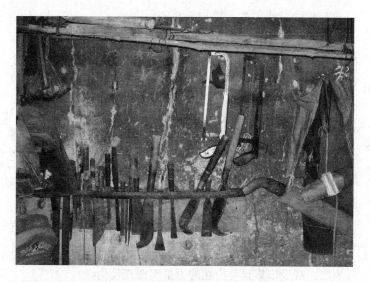

图 4 - 3　村民家中的生产工具

图 4 - 4　仍在使用的水碓

技术和社会事业都非常落后的重要根源。

　　笔者一行在坝子村调查走访的过程中，特别是在对抽样农户进行调查的过程中，询问他们对以后的家庭经济发展有什么打算、想法，结果，绝大部分农户都没有什么打算和想法。从这些回答中，我们可以得出一个很明显的结论，那就是，农户将继续按照传统的生产方式从事生产，继续维持非常辛苦却又非常贫困的半自给自足生活。在经济现代化大潮面前，缺乏必要的创造和进取精神；在传统的简单生产中，人们的潜能也将很难得到有效的挖掘和应用。在科学技术日新月异的今天，坝子村民仍然生活在遥远而古老的时代，当全国各地都在发展的时候，这里仍将是贫困落后地区，难以依靠自身内在的力量实现现代化。

　　今天的坝子村，不仅经济发展很滞后，各种社会事业和文化事业的发展也非常落后，这里有大批找不到结婚对象的"光棍"，却没有相应的民间社会组织或机构来帮助他们，很多越南女孩的嫁入帮助解决了部分问题，但这些越南女孩遇到的问题没有相关民间机构和组织来帮助她们解决。这里的人们文化生活非常贫乏，一堆人聚在一起喝酒成为人们消遣时光的主要手段。

四　破除半自给自足模式的思路

　　如前所述，目前坝子村的半自给自足经济模式是导致这一地区经济发展缓慢，实现经济现代化非常困难的重要根源，也是坝子村长期贫困落后的重要根源。要使坝子村的经济获得发展，逐步实现现代化，仅靠政府的扶持、仅靠时间的推延是无济于事的，必须采取一系列有效措施逐步打破半自给自足的经济模式，逐步构建起有利于坝子村经济向现代化发展的模式。

（一）目标

具体来说，新的经济模式应该朝以下目标转变。

首先，坝子村的各种经济门类逐步向规模化和专业化经营方向转变，最终形成有利于各种科技成果应用、有利于规模效益发挥的经营模式。

其次，各种经济行业逐渐从立足于自给自足、为自家生产各种生活物资向立足于市场、为市场生产各种物资转变，从单纯追求产量向追求利润和效益方向转变，最终建立起以市场为中心，以获取利润为目标的经营模式。

再次，每户农户逐步从同时从事多种生产向从事两三种生产转变，从粗放式生产向节约化、专业化生产转变，放弃面面俱到而每一面都不专业的落后状态，最终成为精通一两门生产技术的专门人才。

（二）条件

要实现坝子村经济模式从半自给自足模式向以市场为中心的模式转变，目前已经具备了一些基本条件。主要条件有四。

其一，随着我国市场经济的发展，市场的发育程度已经很高，加上交通的不断改善，对坝子村农户来说，以市场为中心重构本地经济模式的市场条件已经逐步具备。比如，坝子村所生产的各种农产品如粮食、茶叶、草果、杉木、猪、鸡、鸭等等，绝大部分都可以投入市场，而坝子村农户所需要的各种生活物资大部分都可以从市场上获得。一旦现在正在修缮的麻栗坡县城和天保口岸通往猛硐乡的道路不再晴通雨阻，坝子村经济与市场的联系将变得更加容易。

其二，坝子村在经济发展过程中，已经有一定程度的与市场联系的经验，如茶叶、草果、八角和杉木主要都投入市场中交易，而坝子村也已经有一部分人（虽然很少）以市场为中心从事商贸活动，具备一定的市场经验，对市场的好处、风险和运作模式有一定程度的了解，为坝子村经济模式向以市场为中心转变准备了人才条件。

其三，政府的支持。目前，各级政府对新农村建设非常重视，不仅取消了农业税，而且下拨很多资金用于村庄道路改善、住房亮化、补贴农产品的生产以及支持农村文化活动的开展，如果坝子各自然村能够主动利用这一机会对本地传统经济进行改造，将这些资金中的一部分转而用在支持农村经济向市场化、规模化和专业化转轨，无疑将对半自给自足模式向以市场为中心的模式的转变产生有力的推动作用。

其四，全民基本社会保障的逐步推行对于降低规模化、市场化经营风险造成的危害将起到重要作用，有利于农户经营方式的转变。目前，改革城乡分割的户籍制度、实行全民基本社会保障已经是大势所趋，它们已被逐步纳入国家的议事日程，尽管改革很不顺畅，但如果国家要实现现代化，这些是必须要完成的任务。这无疑会为包括坝子村在内的广大农户转变经营方式提供必要的保障。

（三）基本路径

从当前坝子村的实际来看，首先要进行广泛宣传，使农户逐渐认识到：立足于半自给自足的生产，不仅非常忙碌、劳累，而且效益很低，是农民贫困落后的重要根源。
要摆脱贫困面貌，必须尽量实现规模化、专业化和市场化
经营。通过广泛宣传，农户要逐步树立起改变传统经营方
式的理念，为适应市场需要的经济模式的构建打下思想
基础。

其次，动员一些有条件的农户，让他们在自愿的基础
上对承包土地和山林进行必要的调换，尽量做到集中连片，
以形成适度规模化和专业化的生产经营，为广大农户作示
范。在示范成功的基础上，进一步支持、协调更多的农户
从事类似的适度规模化和专业化经营，以便为以后的进一
步发展打下基础。

再次，在农户适度规模化和专业化经营获得成功的基
础上，鼓励更多农户在自愿、灵活的基础上实现某种程度
的合作，以土地和山林承包权、资金、技术入股的方式逐
步建立起一些公司式经营的农业企业，从而使生产经营活
动更加优化，最终构建起以市场为中心、以获取利润为目
的的经济模式。

（四）应该注意的关键点

在经济模式的转变过程中，有几点是最为关键的，如
果处理不好，要实现经济模式的转变将是非常困难的。

第一，必须遵循农户完全自愿、自主的原则，地方政
府不能有任何的强迫、代劳，否则，集体化时代的痛苦回
忆将使任何美好的目的都无法达到，经营方式转化过程中
的所有失败都会转化成对地方政府的不满甚至是敌对情绪。

第二，政策必须灵活。农户对自家承包土地和山林的
自愿调换，经营承包权的转让，各级政府应尊重当事农户

的意愿，采取鼓励的态度而不要进行阻挠、干涉。

　　第三，也是最为根本的是，各级政府应该集中精力尽快破除城乡分隔体制，尽快建立和健全全民基本社会保障体系，使所有农户和城镇居民一样，享有基本的医疗、养老和失业保障，而不必再依靠半自给自足经济模式来规避风险、实行自我保障。

　　建立健全全民基本社会保障体系对农村经济的现代化和全国的现代化还有一个非常重要的促进作用，那就是它可以使大量农村剩余劳动力真正从农业中转移出去而不是随时回到农村从事自给自足的生产。这一方面可为其他各行业的发展提供充足劳动力，另一方面也使得想扩大经营规模的农户能够有更多的土地和山林可资经营，为农业的适度规模化和专业化发展创造条件。同时，更多的农村人口转移到城镇后，又为农业的发展提供了更多的市场。因此，建立健全全民基本社会保障体系虽然暂时需要花很多钱，需要在第二、三产业创造更多的就业岗位，但从国家实现现代化的目标看，绝对是利大于弊的。

第五章　坝子村经济（下）

第一节　工商业和劳务经济的现状

除了农业和近几年出现的采矿业以外，坝子村还存在一定程度的工商业和劳务经济。在整个坝子村的经济生活中，工商业和劳务经济的影响很有限，仅仅是农业的补充，处于附属地位，但未来可能有较大发展空间。以下分类略述其概况。

一　工业和手工业

目前，坝子村所见的工业和手工业规模极小而且分布得零散，大多为自我满足式的家庭手工业，在整个坝子村经济中并没有多少地位，但也有少量工业和手工业为人们提供了一些就业机会，现分别概述于下。

（一）建筑业

由于近几年来采矿业的带动等原因，坝子村出现了一定程度的建筑业，主要有三个领域：一是坝子村部分村民开始建造砖混结构和砖木结构楼房；二是紫金公司采矿建盖厂房；三是一些外地投资者在坝子村范围内建设四个小水电站。对于坝子村的经济发展来说，建筑业所带来的机会非常有限，因为建筑业所需各种材料都从别处运来，与坝子村无关。但由于这些建筑都在最近几年同时开工，需要较多劳动力，因而为坝子村的剩余劳动力暂时提供了较多的在家门口打工的机会。同时，由于有一些外地人到坝子村从事与建筑相关的施工、运输等活动，这为坝子村的服务业特别是饮食店和旅社提供了一些客源。

（二）茶叶加工

茶叶加工业是坝子村的一个小小的工业，主要由坝子茶厂完成。坝子茶厂建于1960年，原为集体企业，1999年由本村的盘道恩（老河弄自然村人）出资买下，改名为"明宏茶叶加工厂"，成为民营企业，盘道恩兼任厂长。坝子茶厂（即明宏茶叶加工厂，见图5-1）位于村委会所在地，公路边，占地约2亩，建筑面积约1000平方米，有粗制加工机1套，包括杀青机2台、揉茶机4台、解块机2

图5-1　坝子茶厂

台、烘干机 3 台，年产茶叶 30 余吨。据盘道恩厂长介绍，坝子茶厂固定资产约 200 万元，主要包括厂房和机器设备，但厂房占地为村委会所有，还不属于盘道恩个人。坝子茶厂共有技术员四五名，季节性工人十余人。

坝子茶厂主要生产绿茶、普洱茶和碧螺春茶等茶叶，各类茶叶的品牌统称为"瑶君山"，已先后获得云南省农业厅、农业部的无公害农产品认证证书，产品在各地销售（没有具体说明在哪些地方销售），盘道恩厂长曾获得麻栗坡县和文山州优秀企业家的称号（见图 5-2、5-3）。

图 5-2　坝子茶厂放在木架上晾干的普洱茶

对于新茶的收购和成茶的加工、销售，由于坝子茶厂规模太小，猛硐乡境内茶厂又太多，竞争激烈，盘道恩厂长感到压力很大。当 2008 年 4 月初我们前往调查时，盘道恩厂长正为两件事烦恼。一是新茶收购，由于 2007 年的春茶收购价曾达到每公斤 10 元，而 2008 年价格回落到正常水平，仅为每公斤 3 元，差距太大，许多农户不能接受，不愿

图 5-3　坝子茶厂的产品

将新茶卖给坝子茶厂，或准备卖给其他茶厂，或持观望态度，等待涨价，致使茶厂不能正常收购和加工新茶。二是由于茶厂规模小，制作成本高而效益很低，特别是碧螺春茶，主要工序靠手工制作，制成一包碧螺春茶需花工时非常长，致使成本很高，而市场竞争激烈，价格太高卖不出去，价格太低又没有利润。盘道恩厂长谈及目前茶厂的总体状况时，称其"半死不活"，即经营不太顺利，又没有其他更好的办法，只能走一步看一步。由于云南炒作普洱茶引起的全省茶厂过度扩张，这种困难局面看起来一下子还很难缓解，坝子茶厂能够支撑下去不倒闭就算不错了。

（三）其他农产品加工

这里所说的其他农产品加工主要指茶叶加工以外的农产品加工。整体来看，坝子村除茶叶以外的农产品加工规模极小，零零星星，谈不上产业。原因主要是：坝子村所生产的各种农产品主要由农户自己加工，不需要送到专门的加工厂加工。如坝子村多数人家都有小型碾米机兼磨面机（见图 5-4），有少量人家还使用古老的水碓，碾米、磨面等主要由农户自家完成，不需要专门的碾米磨面厂。再如农户生产的草果都由农户自家烤干，不需要送到有专门设备的烤房烘烤。

但坝子村仍有少量从事较多农产品加工的人家，主要从事碾米。51 户抽样农户中有一户，另外，岩坝村还有一

图 5-4　村民家中使用的
小型碾米机兼磨面机

户，其他自然村可能还有零星的几户，他们的客户主要是本村没有碾米机的人家。从已调查的两户来看，每户每年大概有碾 2 万~3 万公斤稻米的机会，碾米收入几百元到千元左右，在他们的家庭收入中并不是主要的收入来源，仅是一笔小小的收入。

（四）普通家用器具制作

坝子村农户大多能从事普通家用器具的制作，如打制桌、椅等家具，制作犁、耙、背篮、掼槽等农具，但这些家用器具制作大多为了满足自家的生产生活所需，一般不拿到市场上销售，很少与市场接轨，因而一般也不计算产值。

（五）民族服饰制作

坝子村居民主要是瑶族和苗族人，大多穿着本民族服装，特别是妇女，主要都穿着本民族服装。过去，本民族服装都依靠自家织布、印染和制作，因而制作本民族服装

曾经是很重要的劳动方式。改革开放以来，由于其他地区的一些苗族和瑶族村寨专门做民族服装卖，猛硐街等地也有了很多专门卖苗族服装和瑶族服装的摊位，到街天时，坝子村民到猛硐街购买民族服装已经很容易，因而多数人家不再从事民族服装制作了。但仍有一些瑶族人家保留了织布机，一些瑶族妇女仍继续自己纺织饰带、制作瑶包（挎包），但主要都是为了自家使用，一般不拿到市场销售，因而也不计算产值和利润。

在民族服饰制作中，与市场接轨的主要是上垮土村和大塘村的银饰手工业。上垮土村和大塘村各有部分人家从事银饰品（有的为铝饰品或锑饰品）加工，当笔者一行于2008年7月下旬前往调查时，正是农活相对较少的时期，好几户人家都有一两人在门口加工银首饰（或锑首饰、铝首饰），使用的工具都很简单，主要有锤子、凿子、剪子等，完全用手工操作，没有任何机械（见图5－5、5－6）。所做首饰主要是瑶族妇女服饰上用到的，有本村人专门收购，拿到瑶族人较多的猛硐街和南温河街贩卖。银首饰主要卖给中国瑶族妇女，而铝首饰和锑首饰由于价格低，越南瑶族妇女比较喜欢，因而大多卖给越南瑶族妇女。

图5－5 银饰品加工桌和半成品

图5－6 村民在加工银饰

经反复询问，加工这些首饰，一般每人每天能挣到 10 元钱左右，技术熟练的可能稍高一些。尽管 10 元钱不算多，但比闲着没事还是要好一些，而且在自己家里做，避免了风吹日晒，劳动量也不是很大，风险也很小，只要有人收购，就不会赔本，上垮土村和大塘村中的一些人家因此都坚持在农闲时节从事首饰加工。

（六）其他

除了以上手工业外，在 51 户抽样农户中，有一户与另几户人家联合，于农闲时在猛硐河中捞沙卖，由于近两年本地盖砖房、修路需要较多的沙，可能会有一些收入；有一户做豆腐卖，由于本地人口少而分散，因而规模很小，仅能赚一点零用钱，为农闲时的小本营生。

二 商业和服务业

坝子 18 个自然村的商业和服务业规模极小，只有零星分布。在 5 个自然村 51 户抽样调查农户中，在农业之外曾经从事或正在从事小商业的 6 户，占抽样农户的 11.8%。6户中，有 3 户瑶族妇女专门收购瑶族服饰到猛硐街和南温河街卖（见图 5-7）。猛硐街和南温河街都是每六天赶一次街，街天互相错开，猛硐街隔两天后是南温河街，南温河街隔两天后又是猛硐街，因而每六天可以卖两天，其余四天则务农。有两户曾经收钨矿卖，但由于政府禁止，现已经停止。另一户主要在学校门口开一个小卖部，与学校门口的另外两户（抽样中没抽到）一样做零售生意，零售对象为坝子小学的 200 余名师生。目前，51 户抽样调查农户中仍在从事小商业的共 4 户，占抽样户数的 7.8%。

图 5 - 7　在猛硐街卖民族服装的坝子村瑶族妇女

　　以上是大塘、垮土、中坝、岩脚上、岩脚下 5 个抽样自然村商业和服务业的大概情况，就我们了解的情况而言，除了较为特殊的岩坝自然村外，另外 12 个自然村的情况与此大同小异，商业和服务业微乎其微，所提供的就业机会、所创造的产值也都是很小的。但岩坝自然村由于地理位置比较有利，在商业和服务业上有相当程度的发展，商业和服务业已经成为该村很多人家的一项重要的经济来源。

　　岩坝自然村位于坝子村委会附近（隔猛硐河相望，相距百余米），麻栗坡县城经南温河街通往猛硐乡的公路、天保口岸通往猛硐乡的公路在此相会，紫金公司所修的矿山公路也由此起程上山，因而是坝子各自然村、紫金公司通往猛硐街的必经之地，虽然没有集市，但具有一定的从事小商业和服务业的便利条件，本村委会各自然村和紫金公司厂部员工所需要的一些商业服务，都可以从此处获得而不必到 7 公里之外的猛硐街。1970 年坝子公社成立时，就在公路边建有供销社，并建有道班。1976 年坝子公社迁往猛硐街改为猛硐公社后，坝子供销社和道班保留了下来。

自从 1991 年中越边境恢复和平、边境居民得以集中精力从事经济建设以来，岩坝村居民逐渐从半山上迁下来，在公路边建房居住，2008 年笔者三次前往调查时，迁到公路边的已经有三四十户人家，还有的人家正在盖房子，准备迁下来。

迁到公路边的岩坝村相当一部分人家利用位于公路边的便利条件，在从事农业的同时兼营商业零售和服务业。2008 年 1 月我们第一次前往调查时，从事商业和服务业的人家已经有 10 余户；2008 年 7 月我们第三次前往调查时，又有几户开张了，从事各种商业服务的人家已有 15 户左右。岩坝村从事商业和服务业的人家，多数同时从事几种经营，有的既零售小百货又修理电器，有的经营百货、农资、建材又开旅社，有的既经营饮食服务业又碾米等，不一而足。

就 2008 年 7 月我们粗略了解的情况来看，主要从事百货零售服务的有 5～6 户，主要销售各种百货和农资；主要从事摩托车修理的有 3 户，其中 1 户修理摩托车的同时还销售摩托车；从事饮食服务的有 5 户（包括兼营），卖米线、包子等等，其中，在道班中开饮食店的汉族人雷老板卖米线的同时，更主要的是卖饭菜，乡镇下乡人员多到他那里用餐；从事旅社服务的有 2 户（都是兼营）；有屠户 1 户，每天杀猪卖；从事运输者 2 户，其中 1 户以面包车从事客运，每天往返于麻栗坡县城至猛硐街之间（我们三次前往调查时，由于道路崎岖无法跑，该面包车没有运营），另 1 户从事货运，以农用车替人运货；从事电器修理者（兼营）1 户；打家具卖者 1 户；开诊所者 1 户。

综合来看，作为一个仅有 80 余户农户的边疆山区村子来说，岩坝村的商业和服务业已经很让人刮目相看了，虽然从业者不算很多且多为附带经营，但种类齐备且粗具规模。据李国发副主任介绍，兼营小商业和服务业的人家，其商业和服务业收入占总收入的一半以上。这些人家的生活也相对宽裕一些，从 2008 年 1 月的岩坝村农户抽样问卷调查情况来看，岩坝村拥有摩托车和电冰箱、住砖木结构或砖混结构房屋的人家，多数是兼营小商业和服务业的人家。

虽然这几年岩坝村的商业和服务业呈现一种"繁荣"的现象，在坝子各自然村中显得很突出，但这并不是岩坝村经济自然发展的结果，而是这几年猛硐地区和坝子村一带有大量外地人涌入开采钨矿所带来的结果，它的繁荣与采矿业的繁荣是联系在一起的。由于政府已经禁止私人开采钨矿，加上钨矿价格下跌，大量外来的钨矿开采者已经离开，岩坝村的商业和服务业是否能继续维持下去，现在已经成为一个很大的问题。

据在此开设饮食店多年的雷老板介绍，前两年采矿热潮时，坝子村经济非常活跃，来往人员较多，平均每天到他的饮食店中用餐的人至少有两桌。2008 年时，由于矿产资源整合，外地来采矿的人大多被赶走了，现在到他的店中用餐的人几天都没有一桌。在坝子调查期间，我们经常看到雷老板一个人坐在他简陋的小小饮食店门口发呆，因为成天没有人上门照顾生意，无事可做。雷老板向我们介绍说，因为这里没有生意，他已经打算带着妻子和儿子回麻栗坡县大坪镇的老家务农。据一户卖米线、包子的瑶族经营户讲，由于流动人口少，本地人口也不多，其饮食店一天很难卖出二三十碗米线，利润微乎其微，但由于没有其他事情可做，又不准采矿，因而他仍坚持每天开张，每天多少有一点点利润，聊胜于无而已。岩坝村高家（汉族人）是本地从事商业和服务业相对较为成功的人家，他家新盖了一栋两层砖混楼房，下层卖百货、农资和建材，兼作厨房，上层作自家卧室和旅社。我们后两次前往坝子村调查都住在他家的旅社中，但除了我们三个人外，仅有第二次偶尔见到有三个人到此住宿了一晚，第三次前往调查时，我们在此住了好几天，没有见到其他人来住宿，生意之冷清是可想而知的。

三　劳务（打工）经济概况

劳务（打工）经济方面，坝子村的情况与全县情况有很大不同。

从麻栗坡全县的情况来看，最近几年来，麻栗坡县农村剩余劳动力向外转移的幅度非常大。根据麻栗坡县劳务输出局 2008 年初提供的数据，2007 年，麻栗坡全县常年在外务工者近 5.5 万人，占全县农村劳动力总数（约 15 万人）的 1/3 强，占全县农村人口总数（25.2 万人）的 1/5 强。其中，在省外务工者达 2 万人，占常年在外务工人数的 36% 左右。

但坝子村常年在外打工者比较少，没有形成规模。从 2008 年 7 月 5 个自然村 51 户抽样农户的调查情况看，曾有一两个劳动力参与打工的共 22 户，占抽样农户的 43%，但多数打工者并非常年在外打工，而是农闲季节时或农活较少时在附近（本村、本乡和附近乡镇）偶尔打打工，农忙时则回家耕种收割，属于这种情况的农户共 16 户，占打工农户的 72.7%，其中有相当一部分人在坝子村内打工，早饭和晚饭都在家中吃，早出晚归，想去就去，不想去就回。有一两个劳动力常年在外打工的农户仅6户，仅占抽样户数的11.8%，占打工农户的27.3%。其中有劳动力常年在县外打工的仅3户，占抽样户数的5.9%，占打工农户的13.6%。如果按人口比例计算，常年在外打工的人口比例就更低了。

总之，与麻栗坡全县的情况相比，坝子村常年在外打工的人数很少，在县外、州外和省外打工的人更少。之所以出现这种情况，主要是以下几个原因。

首先，与麻栗坡县的其他地方相比，特别是与麻栗坡县东部缺水少地的喀斯特石山区相比，坝子村乃至整个猛硐瑶族乡的自然条件要好得多。这里水源条件非常好，有较多灌溉方便的稻田，同时还有很多茶地、草果地，还有一些杉木林和八角林等等。农户的收入来源不仅仅是粮食销售收入，还有很多收入来自经济作物，特别是近几年来茶叶和草果的价格都还可以，许多农户的相当一部分收入主要就来自茶叶和草果销售收入，而采摘茶叶、管理草果地等等都需要劳动力，如果太多的劳动力长期外出打工，这些经济作物的管理和采收无疑都会荒废，损失会很大，因而很多人宁愿在家中经营农业，也不愿长期外出打工。

其次，坝子村乃至整个猛硐乡蕴藏有大量的钨矿资源，而最近这些年来，钨矿价格不断上涨，开采钨矿极易获利，来自全国各地的大量采矿者纷纷涌入猛硐和坝子一带的矿山开采钨矿，本地村民也大量涌入矿山采矿、"拣矿"（拣别人"不要"的矿）。在外地打工的本地人也纷纷回到故乡，涌入矿山采矿，一些远在北京参与奥运工程建设的本地民工也放弃了那边的就业机会，回到家乡参与采矿。尽管政府禁止私人采矿并采取各种措施进行取缔、打击，但由于能够获得厚利，许多人仍不断冒险涌入矿山，到处开采。到 2008 年我们前往调查时，政府的取缔、打击措施已经取得了一定成效，大量外地采矿者被赶走了，但矿山上仍有很多本地人在开采。（具体情况见本章第二节"采矿业"部分）

由于本地有这样好的机会，很多村民不愿意外出打工，而宁愿在家乡的矿山上冒险，寻找致富的机会。

再次，除了冒险采矿这一非正常就业途径外，近几年来猛硐乡和坝子村采矿业发展和水电建设带来的正常就业机会也相对较多。如紫金公司采矿修路、建厂房、挖山洞就需要很多劳动力；再如很多村民拿到紫金公司支付的征地补偿款后或采矿获利后，纷纷建盖新房，也需要很多劳动力；再如最近几年有一些外地老板在流经坝子村境内的猛硐河上建设 4 座小水电站，也需要很多劳动力。正是最近几年采矿业发展和小水电站建设带来的正常就业机会，为坝子村剩余劳动力提供了较多的在家门口打工的机会，而不必到遥远而陌生的外地寻找打工机会。

正是基于以上这些原因，坝子村在外地务工的人不多，与麻栗坡县其他地区特别是麻栗坡县东部地区相比，显得较为特别。由于大多在本地打工，因而可以更多地照顾到家中的农活，农忙时在家务农，农闲时则在附近打工，比较灵活。但这种打工方式也有其弱点，那就是季节性、临时性太强，缺乏稳定性和专业性，他们大多做一些技术含量很低的体力活，而且有时有工可打，有时则无工可打，因为当一个打工者回家种粮食、采茶或守草果时，他的位置往往就被别人代替了。

　　至于劳务收入，由于坝子村民的打工多数是季节性、临时性打工，因而收入并不稳定。就我们了解的情况而言，季节性、临时性打工一般每天可有 30~40 元的收入，短的一年仅打工十多天，收入四五百元，打工较长的一年可打工三四个月，收入则有三四千元，技术熟练的打工者收入可能更高一些。总之，情况各不相同。多数打工者每年劳务收入 1000~2000 元，是这些农户家庭经济收入的重要来源之一，但不是唯一的来源。

　　由于坝子村常年外出务工的劳动力不多，而且多数劳动力在附近从事季节性、临时性打工，缺乏稳定性，因而在坝子村的整个经济结构中，劳务经济是其中的一部分，但所占的地位并不突出。

第二节　采矿业的波动及其影响

一　采矿业概况

　　麻栗坡县猛硐瑶族乡钨矿储量较大，分布较广，开采较为容易，具有发展采矿业的有利条件。坝子村委会辖下的岩脚上、岩脚下、中坝、岩坝、松毛等自然村地界和邻近的乡有林地，也是钨矿资源较丰富的地区之一。远在集体化时代，猛硐等地的钨矿资源就得到了一定程度的开采，但当时钨矿价格不高，并没有得到人们太多的关注。2004年，钨矿价格开始一路暴涨，到 2006 年、2007 年时达到最高，每公斤钨精矿的本地价格达到了 120 元、130 元，钨矿开采于是成为暴利行业。随着钨矿价格的一路暴涨，包括坝子村在内的猛硐乡钨矿资源引起了全国各地采矿者的关注，从 2004 年起，来自全国各地数以千计的采矿者纷纷涌入猛硐矿山，到处从事钨矿开采，大量本地人也跟着进入矿山，参与钨矿开采。当时政策不严，监管较松，致使猛硐村委会和坝子村委会地界内的矿山上，到处是采矿的人群。当地村民描述：一到晚上，整个矿山上到处灯火辉煌，到处是马达的轰鸣声，人们来来往往，比赶街还热闹；在村寨中远远看去，矿山上的灯火密密麻麻，如同天上的星星一样壮观。

当大量来自全国各地的采矿者纷纷涌入猛硐矿山之际，坝子村委会辖下的部分自然村的大量村民也纷纷涌入矿山，参与钨矿开采，大批村干部和教师也加入了采矿者的行列，原来在外省打工的大批本地村民也纷纷回来，加入采矿者行列。笔者一行于 2008 年 7 月下旬对坝子村 51 户抽样农户进行的调查过程中，有 27 户农户承认上过矿山采矿，占抽样农户数的 52.9%；特别是矿山所在地的岩脚上、岩脚下和中坝 3 个自然村，在 33 户抽样农户中，承认上过矿山采矿的农户达 24 户，占这三个自然村抽样农户总数的 72.7%，其中两户还承认曾经收矿转卖。总之，开采钨矿成为这几年坝子各自然村相当一部分村民经济生活中的大事。

在采矿热潮形成初期，本地村民并非一开始就尝到了采矿的甜头。一些村干部介绍，由于本地村民缺乏资金和技术，无力购置相关设备，因而很多本地村民一开始主要是替外地小老板打工，并没有赚到多少钱。后来才以简单方法自己采小矿，或拣矿。采小矿或拣矿的村民，所采或所拣钨矿经过加工后，主要卖给马关县、麻栗坡县的有关矿冶公司和大批到矿山上收矿的各地矿老板。据介绍，当时参与采小矿或拣矿的村民，每年大多能有一两万元的收入，而运气好的甚至可以一晚上弄到买一辆摩托车的钱，因为钨矿很重，运气好的人一晚上挖出含几十公斤、上百公斤钨精矿的矿石是很正常的。

钨矿开采热潮确实给参与采矿的坝子村民带来了经济上的好处，使很多人家的生活很快得到了改善。一些村民向我们介绍说，坝子村盖砖房的、骑摩托车的、买车开的，十有八九都是采矿的。这种说法可能有些夸张，但它反映出了一个事实，即开采钨矿已经成为最近几年坝子村一些人家最主要的经济来源。至于坝子村具体有多少人上过矿山采矿，又有多少人在其中发了财，参与采矿的人家，其采矿收入在整个家庭经济中占有什么样的地位，由于这是一个禁忌和敏感的话题，村干部和村民都尽量避免谈论这一话题，要弄清实际情况是很困难的。

为什么钨矿开采会成为一个禁忌和敏感的话题？原因很简单，因为与全国各地赶来的大批采矿者一样，坝子村民的采矿行动并没有得到麻栗坡县政府的允许，都是无证开采。在笔者一行到坝子村调查当地经济发展状况之前，麻栗坡县政府已经多次派出警力对矿山进行整治，对无证开采进行打击，炸封矿洞、没收矿料、没收或炸毁设备、对采矿者进行处罚等等，当地采矿者与政府的关系因此变得很紧张。当我们前往调查时，坝子村民的采矿行动已经转入半秘密状态，要了解到真实情况很困难。

二 麻栗坡县的矿产资源整合行动及其对坝子村的影响

关于麻栗坡县的矿产资源整合行动及其对坝子村的影

响，由于这是一个过于敏感的话题，在 2008 年上半年的麻栗坡县和坝子村特殊氛围中，我们很难就这一问题展开深入调查，也很难得出明确而客观的结论，因而这一部分主要就我们走访过程中所了解到的一些情况略作陈述，仅供参考。

2008 年 1 月，当我们在坝子村进行首次调查时，偶尔听到了关于村民进山采矿和政府进行矿产资源整合的事，由于这是我们第一次前往该地，事先并没有料到有这样一些事，因而未将它列入调查计划中，由于停留时间较短，听说后也没有太多关注它们。回到文山后，我们感到这是当地经济生活中的一个重要方面，应该列入调查计划。2008 年 4 月初第二次前往调查时，我们将之作为一项内容列入了调查计划中，就这一问题走访了部分村干部、村民和紫金公司坝子项目部，对钨矿开采、麻栗坡县矿产资源整合的情况有了更多的了解。

在走访中，我们了解到，由于采矿热潮导致资源、生态破坏严重，导致政府税收流失严重，再加上其他一些问题，因此，至少从 2006 年开始，麻栗县政府就派出大批警力到矿山进行整治，打击和取缔无证开采的举动，同时对钨矿资源进行整合，于 2007 年初引进福建紫金矿业集团投资，加上政府股本，成立了麻栗坡紫金钨业集团有限公司，包括坝子村在内的猛硐地区钨矿资源的开采权从此完全由紫金公司控制，而其他所有采矿者的开采行为全部被当做非法行为，由政府负责取缔。

随着矿产资源整合的推进，紫金公司也开始进驻矿山并投入大笔资金进行前期投资。紫金公司在麻栗坡的相关机构主要设在麻栗坡县城；钨矿的深加工厂设在县城附近，位于州府文山县城通往麻栗坡县城的公路边，正在建设之中；在猛硐乡境内的采选厂房主要设在猛硐村辖下的洒西自然村和坝子村辖下的岩脚上自然村地界上。设在岩脚上自然村地界上的采选厂房位于山腰地带，习称"坝子项目部"，离山脚的坝子村委会驻地六七公里（矿山公路里程），笔者一行于2008年4月初前往走访了解时，相关采选厂房正在建设之中。坝子项目部基建负责人郭立强向我们介绍说，离此不远的洒西采矿点已正式开采，而坝子项目部已经完成征地，目前正在修路、建厂房，进入矿带的主平洞已经掘进700多米，将来要与洒西连为一片。由于已经投入了大笔资金，郭立强强调说，公司必须在此立足，已经没有退路。

对于资源整合后是否还有本地村民不顾政府禁令进山采矿，2008年4月初我们第二次前往调查时，有村民告诉我们，村民进山采矿仍很普遍，仍像赶街一样热闹。紫金公司坝子项目部基建负责人郭立强也承认有这种情况，但强调说，根据公司与县政府达成的相关协议，取缔本地村民采矿是政府应该负起的责任。

至于政府对村民采矿的取缔行动是否引发了官民冲突，由于这是一个敏感的话题，村干部和紫金公司工作人员都避免与我们谈论这一问题，由于特殊的气氛，我们也没有就这一问题向村民进行请教，因而2008年4月初我们前往调查时并没有得到确实的信息。但在走访过程中，我们确实感到气氛有些异乎寻常。如一些村民对政府的整合行动言辞激愤，抱持着非常不满甚至是敌视的情绪，因为他们无法理解为什么本地资源本地人不能分享，而要让外地人垄断和控制。许多村干部虽然对政府的整合行动表示理解和支持，但也希望政府能采取一种更好的办法，让本地村民能够分享到本地资源的好处。再如紫金公司坝子项目部的主要工作人员都身着迷彩服，让人感受到非同一般的氛围，而且对我们两三个文弱书生保持了足够的警惕，在陪同我们走访时，都避免与我们谈论有关矿产资源整合的任何话题。从这种特殊氛围中，谁都能感受到钨矿资源整合所造成的利益矛盾是非常尖锐的。在我们一行第二次调查结束回到文山后，笔者深感这种矛盾如果不能采取有效手段进行化解，极有可能引发流血冲突。果然，仅仅一个多星期后，"4·20洒西事件"就发生了。

根据从网上看到的消息，洒西事件主要是政府和紫金公司对洒西村民开采的钨矿矿洞实行强制控制所造成的，在强制控制过程中，引发了较大规模的警民流血冲突，一名村民被打死，多人受伤，并引起了较为广泛的舆论关注。洒西事件虽然没有发生在我们调查的坝子村，但由于洒西自然村与坝子村连在一起，因而也对坝子村造成了很大影响。特别是洒西事件发生时，政府调动了大批警力从坝子村前往洒西自然村进行处置，坝子村许多民众对此印象深刻。另外，洒西自然村与坝子的岩脚上、岩脚下两个自然村同为苗族村寨，许多人家互相之间有非常密切的亲戚关系，洒西发生的事情无疑也对岩脚上、下两自然村很多民众产生极大刺激。当笔者一行于2008年7月第三次前往坝子村调查时，洒西事件已经过去了整整三个月，但提到洒西事件时，当地一些人的激愤情绪仍难以平复，并对报纸上关于这一事件的相关报道嗤之以鼻。我们感到，经过洒西事件后，很多本地村民对政府的不满和敌视情绪更加加重了，由这一事件所造成的伤口是很难在短时期内愈合的。

  洒西事件后是否还有村民上山采矿？就我们了解的情况来说，答案是肯定的。

  2008年7月下旬，在坝子调查的最后一天，笔者一行二人在村民的指点下，冒雨步行三个多小时，到秧鸡棚附近的矿山上了解情况。在相对较开阔的秧鸡棚附近，我们看到北侧和西侧的山林中有许多采矿者的窝棚，还有密密麻麻的矿洞。我们顺山间小路爬到林木较少但较为陡峭的北侧矿山上，见到了一些在窝棚中避雨的采矿者，他们大多是中年人和年轻人，男女都有，有的是夫妻，主要都是附近地区的村民。由于连续下雨，山溪很大，很多山溪从矿洞中往外流淌，大家都不敢进矿洞，整天躲在窝棚中，通过打扑克、赌博等方式消磨时光。由于山坡陡峭，雨又下个不停，山间小道非常湿滑，而且采矿者对我们两个人的意图充满怀疑，出于安全考虑，我们仅走访了两个窝棚，没有见到坝子村的村民（见图5-8）。

图5-8 采矿者的窝棚

在矿山上，我们见到矿洞非常密，有的相距不过十几米，有的甚至上下叠压，所见矿洞都小而窄，形状不规则，有的矿洞已经垮塌，有的则较完好并有电线连进去，说明仍在开采。各矿洞口都有大堆从矿洞中挖出的土石，矿洞下方数十米甚至上百米的植被大多被往下流淌的土石毁坏，破坏很严重（见图5-9）。至于采矿设备，大多很简陋，我们见到的较好的设备主要是机动摇床和粉碎机。

图5-9　矿洞口向下流淌的土石

7月份正是本地雨水最多的时节，极易发生矿洞垮塌事故，也有发生山体垮塌和泥石流的危险，这个季节采小矿非常不安全，但矿山上仍有很多村民在采矿的事实说明，钨矿开采的诱惑力仍然是非常大的，政府的取缔行动没能阻止大家继续上山，危险的天气也没能阻止村民继续开采。就在笔者一行二人在北侧矿山冒雨了解情况时，西侧的山林中却不时传来放炮声，说明那里的人正在冒雨开采。

三 村民不顾政府禁令继续采矿的原因

之所以有很多村民不顾政府取缔和打击继续上山采矿，大致有以下三个方面的原因。

首先，也是最主要的一个原因是钨矿开采的利润很高，是目前本地人改善生活条件的最好途径。

据介绍，2008 年 7 月时，钨矿价格最高的时期已经过去，从每公斤 120 元、130 元回落到了 80 元左右，但这个价格仍然很有吸引力，运气好的采矿者一天弄到百余公斤钨精矿的可能性仍很大，那就是几千元乃至近万元钱，比务农一年的收入还多。本地人常用的一个形象的说法是：稍不留意一脚踩下去，可能就会踩到一堆钱。即使拣小矿的人，平均每天也会有四五十元的净收入。这样的利润，在本地是没有其他任何行业可以相比的。我们了解到，一些采矿者曾多次被政府打击，矿洞被封、矿料被没收、设备被炸毁，但政府的人走后，他们又重新上山以简陋设备采小矿。

根据笔者的了解，开采钨矿曾是本地人改善生活的重要途径。邻近钨矿带的岩脚上、岩脚下、岩坝和中坝自然村村民，普遍都有摩托车，岩脚上和岩脚下两个自然村约百户人家，有摩托车七八十辆，有的人家有两辆，中坝自然村不到 80 户人家，据说有四五十辆摩托车，岩坝自然村也有许多人家有摩托车。由于摩托车很多，位于公路边的岩坝自然村已经有三个摩托车修理店，附带有一个摩托车销售店。除了摩托车外，这几个自然村还有很多新盖的砖木结构和砖混结构楼房，一些楼房贴有瓷砖，显得很漂亮。另外有一些人家开车，既有卡车，也有面包车。在发展滞后、连公路都基本不通、没有一寸弹石路、没有一寸柏油路的边疆山区少数民族贫困农村能看到这些情况，我们曾经多多少少感到了一些惊喜。后来我们了解到，这些人家大多是因为开矿才获得了这样相对较好的生活。而没有去采过矿的人家，生活就困难得多，住房大多为土木结构，很少有砖木结构和砖混结构的房子，也很少有摩托车、卡车等交通工具，家用电器更是少之又少。

很显然，对于改变坝子村农户的贫困落后面貌来说，参与钨矿开采所起的作用是显而易见的。

其次，主要是坝子地区的钨矿很容易辨认，也很好开采，将矿料加工成净矿的程序也很简单，并不复杂，人人都会操作。

坝子各自然村上过矿山的人几乎人人知道什么是钨矿，什么是普通的石头，对于矿脉的走向、矿石的成色也有相当的经验。笔者曾从矿山上带回几块样子非常相似的石块让村民辨认，结果，几乎所有被询问的人都一眼就能看出哪些是矿石，哪些是普通的石块，让笔者惊讶不已。至于矿脉的走向、矿石的成色，上过矿山的人都能够讲一通。他们介绍说，采矿首先要找到矿夹（矿脉），然后顺着矿夹开采。他们还知道哪些是麻布矿，哪些是净矿，哪些又是什么点状矿，哪种矿好，哪种矿不好等等。即使从未与钨矿打过交道的人，跟着这些村民在矿山上待上两天，也知道怎样找矿、什么矿好、什么矿不好了。

至于开采，坝子一带的钨矿是很容易开采的。人们只要使用一些简单的工具如锤子、铁钎、铁镐等就可以从事简单的采矿作业了。如果有钻机、炸药和通风设备等，就可以开几十米乃至上百米的矿洞，将山肚子中的矿石开采出来。

至于将钨矿石加工成净矿，也很容易。采到矿石后，将矿石用粉碎机粉碎，然后用摇床选矿。一般村民使用的摇床有两种。一种为柴油机带动的机械摇床，长方形，宽约1.5米，长约3米，上有槽。选矿时，将粉碎后的矿砂倒在上面用水冲洗，同时柴油机带动摇床左右摇晃，石砂由于较轻，被水冲走，而钨砂由于很重，沉到槽中。这种摇床使用效率较高，钨砂的损耗也较小，但投资较大，一张摇床需5000元左右，而且，由于搬运不便，如果政府派人上山打击，则不容易及时搬走隐藏，因而常被没收或炸毁，损失较大。胆子大的一些村民仍使用这种摇床，而一些采小矿的人则使用另外一种简易摇床。简易摇床用木板制成，形状及大小类似于筲箕，刚好够一个人使用，每张50~60元。这种简易摇床两侧较浅，中间较深，选矿时，将矿砂倒在其中，一人抬着一边用水冲，一边左右晃动，石砂被水冲走，而钨砂落到摇床底部。这种摇床价格便宜，使用简便，遇到政府打击时容易带走隐藏，即使被没收或毁坏，损失也不大，因而许多采小矿的人都使用这种简易摇床。但这种简易摇床也有很大的缺点：一是完全靠人工操作，不但人很劳累，而且效率低；二是使用这种摇床，许多钨砂会被水冲走，损耗很大。

钨砂经过摇床选出来后，还不是净矿，因为其中还有许多杂质，特别是含硫量很高，还需要进一步加工以去除杂质。具体加工方法是，用硫酸和磺药浸泡一会儿（20分钟左右），然后一边搅拌，一边用水冲洗，杂质被水冲走，留下来的就是净矿。据一位采小矿者介绍，采用简单方法去除杂质，一公斤钨砂可以得到二公两左右的净矿，收矿的矿老板所收的就是这种净矿。由于钨净矿很重，随便小半口袋就有上百公斤，如果有人骑摩托车从矿山上下来，摩托车货架上绑着一小口袋什么东西，那十有八九就是价值几千元甚至上万元的钨净矿了。

笔者之所以在这里详细介绍采矿者讲述的钨矿采、选和加工方法，是为了说明从事钨矿采、选和将其变成净矿，实际上是一件较为简单、人人都会做的事情，不是很复杂的工作。这是很多人都到矿山采矿的重要原因。

再次，由于天时、地利、人和等因素，政府打击取缔的难度很大。坝子等地的钨矿带大多位于山顶地带，而且就在本地村民的耕地、荒山、山林、茶地、杉木林地、草果地和长期无人管护的乡有林地中。由于交通不便，很多地方车子上不去，加上林木茂密，政府监管控制和打击的难度很大，除非派大批人员长期在山上驻扎、巡逻，否则很难起到完全控制的效果。而采矿的本地人就在自己从小长大、常年劳动的地方采矿，地形地貌非常熟悉，离自家村寨和地块又不太远，加上山林很多，因而很容易躲避政府的打击，并且现在手机很普及，对于采矿者相互联络、躲避政府打击非常有效。一位采小矿者告诉我们，当政府的车辆和人员从山下往山上开来时，下面的朋友就会及时通知，当政府的人很费力地爬到矿山上时，他们的设备和人员都已经转移到其他地方去了。

四　结语

对坝子村部分村民经济条件的改善来说，近几年的钨矿开采无疑起到了极大的促进作用。但钨矿资源整合后，随着紫金公司对钨矿资源控制程度的增强、随着政府对村民采矿取缔和打击力度的加大，猛硐乡和坝子村地界上的钨矿资源是否还能为改善本地各村村民的生活产生积极影响，是否还会引发更多的流血冲突和敌对行动，这是值得各方认真考虑的问题。很显然，如果政府能够采取一些更适宜的措施，让矿山所在地的村民能够合法地分享到本地资源所带来的好处，而不是简单地取缔和打击，不论对于哪一方来说，无疑都是一件好事。

第三节　村民生活水平概况

坝子村民的生活水平，整体上来说是较为落后的。虽然改革开放以来有了很大改善，特别是近几年来，由于茶叶价格较高，又有非常值钱的钨矿可采，且有能种草果的山林，紫金公司采矿征地又使部分人家暂时获得了一笔在当地较为可观的征地补偿款，一些人家的生活条件确实有了明显的改善，这从相当一部分人家有了摩托车和手机、一些人家盖起了十多万元的砖混结构楼房并贴上了漂亮的瓷砖就可以看出来，但由于经济条件整体上仍然很落后，大部分人家的生活水平仍然是很低的。因为各种特殊原因暂时"暴富"起来的人家，生活水平的改善也仅仅是暂时的，现在茶叶价格暴跌、采矿成为非法、征地补偿款不会再有，而土地也减少了，以后这些人家是否能继续维持目前的生活，将是一个值得怀疑的问题。

本节主要从衣食住行等方面对当前坝子村居民的生活水平作大致说明。

一　居住

（一）村寨布局

村寨的布局能从某个侧面反映出该村寨居民的生活状况，坝子各自然村的布局也多少能够反映出当地的生活状况，并对当地社会事业的发展有着很大的影响。

坝子村所辖 18 个自然村中，16 个为瑶族村寨，2 个为苗族村寨，瑶族村寨大多分布在半山腰，少量分布在公路附近，而两个苗族村寨岩脚上和岩脚下则分布在接近山顶的地带。从村寨布局来看，两个苗族村寨和岩坝村的一半相对集中，各农户之间的相互距离往往只有几米、十几米或几十米。而岩坝村的另一半和另外 15 个瑶族村寨布局非常分散，东一户、西一户，各户之间的距离往往几百米甚至几公里。由于山林阻隔，一户往往看不到另一户，加上山路崎岖，从同一自然村的一户人家到另一户人家往往要走十几分钟、二三十分钟甚至一两个小时。进入坝子各瑶族村寨，要一眼看完一个村寨是做不到的，因为看到的往往并不是村寨，而是一户又一户单家独户的人家，与常见的云南其他民族村寨相比，非常不一样。

中坝自然村的情况非常能说明这一点，中坝自然村位于坝子村的中心地带，目前约 80 户人家，是坝子村委会下辖的一个较大的自然村，户数和人数仅次于猛硐河对岸的岩坝自然村。中坝自然村地势相对较为开阔平缓，坝子村委会就驻在本村中，虽然村委会所在地视野较为开阔，但在村委会处人们也很难看到中坝寨子，人们看到的中坝就是零星的几户人家，因为该村 80 户人家并不集中生活在一起，而是散落在东西相距六七公里（山路里程）的半山中。由于山势起伏，竹林密布，无论在哪个角度和位置，看到的都只是几户人家，要看到整个中坝自然村是做不到的。瑶族村寨的这种分散的布局，对瑶族人民的生活无疑有很大的影响。

从居住的舒适程度来看，也许瑶族村寨的这种分散的布局是比较舒适的，因为每户人家的前后都较为宽敞，视野开阔。只要地点适宜又有财力，房子就可以盖得很宽很大，不用担心占了别人的路，遮挡了别人家的视线，而且房前屋后往往就是竹林，空气清新，又没有其他人家的打扰。但瑶族村寨的这种布局，从安全和公益事业建设的角度来说，是很不利的，往往需要很大的投入而效果却很有限，饮水、交通、通电和其他公共事业的投入很能说明这一点。

在饮水方面，坝子各村本来水源条件很好，山中到处有溪流，实行自来水供应应该是很简单的事情，但多数村寨都没有统一、清洁的自来水供应，经济条件稍好的人家往往买来很长的塑料管，将山溪水引到家中，而经济条件较差的农户只能因地制宜，使用传统的竹槽引水。用这些方式引水往往不能保证水源的清洁卫生和安全，特别是竹槽引水，需要经常维护，否则就会供水不畅。

交通建设方面，中坝自然村的入村公路和大塘自然村的入户道路建设非常能说明问题。中坝自然村和大塘自然村都位于天保口岸通往猛硐乡的公路两侧，公路就从村中穿过，交通应该是较为方便的，但因为居住分散，实际上并非如此。

中坝自然村为了使本村农户的交通方便一些，2006 年，所有农户人均出资 500 元，全村 300 多人共集资 16 万元，请挖土机来修入村公路，再加上村民投工投劳，最终于 2007 年修通了一条宽 4 米、长 6.7 公里的入村公路（土路），这条入村公路与前述主干公路交叉，再加上一些小路，基本上把整个自然村串了起来，公路才基本上进了村。但对很多人家来说，车辆仍无法开到门口，因为投入巨资所修的这条公路仅仅是入村公路而不是入户路。

与中坝自然村相比，大塘自然村稍好一些，因为村寨相对集中一些，全村 50 多户人家，各户相距并不是很远，很多人家相互能够看到，而且有一部分人家就居住在公路边。从 2008 年初开始，大塘村正式进行小康示范村建设，政府和相关帮扶部门出资 30 万元，农户投工投劳开始对村寨进行改造，其中最重要的一项就是改造户与户之间的入户道路，将原来的烂泥路改造成一米宽的水泥路，以方便农户出入。但是，一个 50 多户人家的小小自然村，村中的入户道路竟然修了 5 公里多，而且很多人家仍非常不满，因为只是门口前面的一小段修成了水泥路，要到公路边或其他人家，仍要走很长的烂泥路。另外，对大部分人家来说，即使有摩托车或其他车，仍然无法开到家门口。相关部门投入巨资所修的水泥路除了使人们少走一点烂泥路外，对大塘村交通的改善非常有限。

中坝自然村和大塘自然村都位于公路边，地势也相对较为平缓，交通的改善尚且如此困难，其他村寨就更不用说了，其中最主要的原因就是居住分散。

就通电来说，虽然坝子各自然村都已经通电，但电价高昂，每度电的电费在一元左右，这恐怕与线路太长、电的损耗量太大有关。再如电视接收装置方面，虽然坝子村大部分人家都已经有了电视机，但由于居住分散，安装闭路线路不划算，因而这里没有有线电视，每家只好自己购置天锅（电视信号接收装置）以接收卫星电视信号。

在安全方面，目前坝子村的社会治安还不错，整体上并没有什么大问题，但如果出现社会治安较差的情况，瑶族村寨的这种分散的布局将成为一个很大的缺点，因为相互之间很难照应，即使组成联防队巡逻，也很难家家都照顾到。

（二）住房情况

住房的种类、质量是反映人们生活水平的重要方面，坝子村农户的住房情况也不例外。

从住房来看，直到改革开放前后，坝子各自然村的住房仍大多为茅草房或竹瓦房（竹瓦房一般也被当做茅草房），盖房所需材料就地取材，只需付出劳动力而不需要投入太多资金。如墙壁都是用地基附近的泥土夯筑而成，所需木料和竹材就在房前屋后，砍来用就是了，建房时大家帮忙，只需准备饭菜招待，不需支付工钱。这样的住房一般两三百元钱就可建成，但这样的住房每隔几年就要更换草顶和竹瓦，否则就会漏雨，难以居住，而且这样的住房没有窗户，家中光线非常暗，主要起到遮风挡雨的作用。

承包到户以后的 20 多年中，由于经济条件改善，坝子各自然村的茅草房和竹瓦房逐渐被翻建成土木结构瓦房，茅草房和竹瓦房于是成为历史，只有少量猪圈、牛圈和偏厦仍为茅草房或竹瓦房，土木结构瓦房于是成为坝子各自然村农户最主要的住房。在各自然村走访，我们所见到的绝大部分住房都是土木结构瓦房，在 51 户抽样调查农户中，住土木结构瓦房的农户共 38 户，占抽样户数的 74.5%。

坝子各自然村的土木结构瓦房，墙壁仍和以前的茅草房类似，都是以土夯筑而成的土墙，不留窗户，大多在房顶正前方留下一小片，盖以透明玻璃瓦或透明塑料布来采光。有的索性没有考虑采光，住房中的光线总体来说仍然很暗。有一些土木结构瓦房并非新盖，仅仅是将以前的竹瓦换成陶瓦而成。建土木结构瓦房一般要花两三千元甚至四五千元，虽然夯筑土墙主要靠自家劳力，木料也主要用自家的杉木而不需购买，建房过程中乡亲相互帮忙不需请工，但所需要的瓦片要从较远的地方购买，建房过程中招待帮忙的乡亲也需要很多酒肉和蔬菜，没有两三千元是很难建起来的。随着经济条件的改善，部分人家还花上一两千元或更多的钱将门口的数十平方米地面打成水泥地板，不再是雨天稀泥晴天灰尘的泥土地面，居住起来相对较为舒畅。但从笔者入户调查的情况来看，住土木结构瓦房的绝大多数人家，家中的地面仍是泥土地面，并没有打成水泥地面，而且很多人家家中显得很空，我们很少见到家具。

最近四五年来，由于开采钨矿、茶叶价格暴涨加上紫金公司征地补偿等原因，坝子各自然村的一部分人家迅速"暴富"，手中暂时有了几万、十几万元的存款，特别是紫金公司征地补偿较多的岩脚上、岩脚下和中坝等自然村，这样的人家较多，这些钱中的相当大一部分主要被用来建房以改善居住条件，因而很多自然村（特别是紫金公司征地最多的岩脚上村）中都多少不等地建盖了一部分砖混结构和砖木结构的楼房，很多人家在墙面上贴瓷砖，房顶盖彩瓦，在边疆山区少数民族农村显得很亮丽。

坝子各村建盖砖木结构和砖混结构楼房人家的多少，各自然村各不相同。就村长介绍的部分情况来说，大塘村共 11 户，占全村 53 户的 1/5 左右；紫金公司征地补偿最多的岩脚上村 24 户（其中砖木结构 5 户，砖混结构 19 户），占全村 52 户的近一半，还有一部分人家仍在建房过程之中；岩脚下村 12 户，占全村 48 户的 1/4。从 51 户抽样调查农户的情况来看，建有砖木结构和砖混结构楼房的人家共 13 户，占抽样户数的 25.5%。其中，建盖砖木结构楼房的农户共 5 户，占抽样农户的 9.8%；建盖砖混结构楼房的农户共 8 户，占抽样农户的 15.7%。

从抽样调查的情况看，坝子各村农户建盖一栋砖木结构楼房，花费在 2 万~4 万元之间；建盖一栋砖混结构楼房，费用大多在七八万到十四五万元之间，以十二三万元的最多。

坝子村部分农户之所以能够建盖十多万元的楼房，并不是坝子村经济正常发展的结果，而是近几年坝子村的特殊经济环境带来的暂时现象。从抽样调查的情况来看，所有砖混楼房都建成于 2006 年、2007 年和 2008 年上半年，大部分的砖木结构楼房也都建成于这几年，与这几年茶叶价格暴涨、大量村民进山开采钨矿、紫金公司因采矿而大量征地等因素正好吻合。建盖砖混结构楼房最多的岩脚上村刚好就是紫金公司开矿修路征地补偿最多的自然村，据介绍，该村被征用的各类土地共 500 余亩，共补偿 600 余万元，整个岩脚上村所有农户都有土地被征用，大部分人家都得到了几万元、十几万元的补偿，最多的一户有 60 多亩旱地和山林被征用，得到的补偿款达 70 余万元。这些用土地换来的钱相当一部分变成了现在人们所看到的漂亮楼房。

由于这些楼房都是特殊时期特殊情况下所产生的"暴利"带来的成果，而类似的特殊时期和特殊情况并不会长久，"暴利"也不可能持续，因此，以后很难再看到这样的建房热潮了。从 2008 年开始，茶价已经暴跌，恢复到了大体正常的水平，钨矿价格已经下跌而且县政府和紫金公司已经不允许农户进山采矿，至于紫金公司的征地，现在已经完毕。由于以上这些因素，从总体情况来看，坝子村的经济发展大体上又恢复到了正常时期的水平，因此，以后坝子村很难再看到很多人家建盖砖木结构和砖混结构楼房的景象了，现在仍居住土木结构瓦房的农户，按这一地区正常的经济发展水平，要像这几年"暴富"的那些人家一样改善居住条件将是非常困难的。

（三）家用电器和液化气灶具

家用电器的多少和品质也能从某个侧面反映出人们的生活水平。从整体来看，坝子各自然村农户拥有家用电器的数量并不多，从一个侧面反映出人们的生活水平并不高。表 5 - 1 是 51 户抽样调查农户拥有普通家用电器的概况。

表 5 - 1　坝子村抽样农户普通家用电器和液化气灶具拥有情况表

类　别 情　况	电视机 （台）	电冰箱 （台）	电饭煲 （台）	电磁炉 （台）	液化气灶具 （套）	饮水机 （台）
农户数（户）	46	4	27	0	0	2
户数比例（%）	90.2	7.8	52.9	0	0	3.9

资料来源：抽样调查中获得。

由于表格设计缺陷，抽样调查中没有调查到洗衣机拥有情况，但在笔者入户调查的印象中，并没有看到哪户人家有洗衣机，拥有洗衣机的人家应该很少。

从抽样调查的情况来看，在所列的几类普通电器和液化气灶具中，以电视机的普及程度最高，51 户农户中，拥有电视机的农户共 46 户，占抽样户数的 90.2%，仅有少量农户没有电视机，共 5 户，占抽样户数的 9.8%。农户拥有的电视机大部分为彩电，但也有部分农户继续使用老式的黑白电视。从购置时间来看，彩电的购置时间大多在 2002 年以后，而黑白电视的购置时间多在 2000 年以前。彩电的购置费用大多在 1300～2000 元之间。其中电视机大多在 1000 元左右；信号接收装置一般在 300～400 元之间；部分人家购买彩电的同时还购置影碟机，一般 600～700 元之间。黑白电视的购置费用，大多在 400～500 元之间，有部分人家买的是别人家已经不要的二手货，一般 100～200 元之间。从电视的大小来看，坝子各村农户拥有的电视机大多是尺寸较小的电视机，很少看到型号较大的电视机。

电视机之外，普及程度较高的家用电器主要是电饭煲，半数左右的农户拥有电饭煲。至于电冰箱，在抽样农户中仅有四户拥有，不到抽样农户的 1/10。其中两户是因为做生意需要（一户在学校处卖冰棍等物需要电冰箱，另一户做豆腐卖需要用冰箱存放暂时卖不了的豆腐），而非家庭使用；另两户是因为有一个人在单位上班，有稳定的工资收入，因而使用上了电冰箱。至于电磁炉和液化气灶具，在所有抽样调查的农户中，没有一家使用。拥有饮水机的有两户，但其中一户的饮水机已经不使用了。

坝子各村农户拥有家用电器的数量总体来说很少，一方面反映了村民的生活水平不高，另一方面也可能与电价太高有关（每度电一元左右）。

（四）一般家具

拥有家具的情况也能从一个侧面反映出人们的生活水平。从入户调查的情况来看，坝子各村大多数农户使用的家具主要是自己打制或编制的简单家具，很少有从家具店购买家具的情况，桌子、板凳、床、柜子（需要特别说明的是，坝子村有柜子的人家非常少，衣服一般挂在铁线上而不是放在柜子中）等等都很简单，大多是使用自家的木材和竹材自己做成，有少量是请木匠打制而成。从家具店购买家具的情况也有，特别是近两年来一些农户建盖了砖混结构和砖木结构楼房后，为了使家中显得"豪华"一些，部分农户购置了沙发，从抽样调查的情况来看，51 户抽样调查农户中，购置沙发的共 8 户，占抽样户数的 15.7%，大部分农户所购置的沙发都是简易沙发，购置费用大多在300~600 元之间，在所有抽样农户中，仅有一户人家的沙发稍显豪华，购置费用 1000 元左右。

二 饮食

坝子村农户的主食主要是稻米，由于每户农户都种植水稻，因而农户所食用的稻米都是自己种植的，只有少量粮食不够吃的人家需要购买一些。稻米一般用锣锅或电饭煲煮熟后食用，一般每天吃两到三餐。

蔬菜很少，坝子各村农户很少种植蔬菜，也不买菜，日常蔬菜主要是竹笋、瓜、豆和野菜，普通人家每餐饭一般就是一两个蔬菜。

肉食主要有猪肉、鸡鸭肉，苗族节庆时喜食狗肉。平时一般很少吃肉，主要在正月、二月间亲朋互相走访时，瑶族男孩过法时，农忙换工时，节庆时请神问卦时较多吃肉，绝大部分农户每年过年时要杀一头猪，腌制成腊肉以在平时食用，但部分人家在正月、二月、三月亲朋相互走访时基本上就吃掉腊肉了，农忙换工时还要买肉或者杀鸡杀鸭以招待帮忙的亲朋。从51户抽样调查农户的情况看，多数农户不买肉，但也有部分农户因自家的猪肉不够，需要买一部分，抽样农户中每年要买肉的农户共17户，占抽样农户的33%，一般从200元到800元不等，以每年买300~400元的农户较多。

食用油主要是猪油，但由于多数人家饲养杂交猪，产油量很少，猪油不够食用，因而每年要买一些植物油来食用。51户抽样农户中，需买食用油的人家共23户，占抽样农户总数的45.1%，一般买100~400元不等，以买200元左右的居多。

还有部分人家买鸡蛋食用，在51户抽样农户中，曾买鸡蛋食用的人家共15户，占抽样农户的29.4%，一般从几十元到百元左右不等，以几十元的居多。

水果和糖果、糕点，很多人家一般不买，有的人家偶尔买一点，主要是有小孩读书的人家，小孩会在学校附近买一些，有少量生活条件较好的人家则买得较多。表5-2是51户抽样农户在水果和糖果、糕点方面消费的估算情况，列于此以供参考。

表5-2　坝子村抽样农户水果和糖果、糕点年消费估算表

消费额（元）	基本不买	100以下	100~200	200~500	500~1000
户数（户）	20	9	14	4	4
户数比（%）	39.2	17.6	27.5	7.8	7.8

资料来源：抽样调查中获得。

从抽样农户的估算来看，一般不买或偶尔买一点但年均开支在 200 元以下的，共 43 户，占抽样农户总数的 84.3%；每年开支在 200 元以上的仅 8 户，占抽样农户的 15.7%。

饮料主要是酒。坝子各村瑶族和苗族人中，有相当一部分人好酒，亲朋来往、换工帮忙，往往以酒招待，不醉不散；节庆时节、红事白事等更是不能没有酒；甚至平常时下，劳作之余，也常常饮酒。从调查情况看，相当一部分人家每年要饮用一百余斤甚至两三百斤白酒（每斤两元左右），平均一两天就要消耗一斤。除了白酒外，由于部分人家最近几年暂时"暴富"，生活相对宽裕，因此大量饮用啤酒。在入户调查中，我们曾看到很多人家门口堆有大堆啤酒瓶，开始还以为这些人家专门收啤酒瓶卖，后来才知道这些都是他们自家大量饮用啤酒留下的。这些人家买啤酒都不是一瓶几瓶地买，而是一件件、一箱箱地买，一次就买好几件、好几箱。在 51 户抽样调查农户中，根据他们自己的估算，每年饮酒消费的情况如表 5-3 所示。

表 5-3 坝子抽样农户饮酒年消费估算表

消费额（元）	100 左右及以下	300~500	1000 左右	1500 左右
户数（户）	18	23	9	1
户数比（%）	35.3	45.1	17.6	2

资料来源：抽样调查中获得。

从抽样农户的估算来看，年饮酒消费在 100 元左右或 100 元以下的共 18 户，占抽样农户数的 35.3%，这些人家自己很少饮酒，大多是在农忙换工时、亲朋来访时以白酒招待来帮忙或来访的亲朋。消费 300 元以上的共 33 户，占抽样农户的 64.7%，比例非常高，其中 9 户人家酒的消费在 1000 元左右，有户人家甚至在 1500 元左右。这些人家自己时常饮酒，除了饮用白酒以外，还大量饮用啤酒，特别是消费在 1000 元左右及以上的人家，多是时常大量饮用啤酒的人家。从调查情况来看，坝子村群众对酒的消费实在是太高了，远远高于对水果和糖果、糕点的消费，这并不是生活水平高的表现，可能与平时文化生活较为贫乏有关。

三　衣服鞋袜

衣服、鞋袜的消费情况也能从一个侧面反映出人们生活水平的高低。坝子各村农户大多不自己制作衣服鞋袜而主要从市场上购买（包括民族服装），购买时多注重实惠和实用而不在乎品牌。坝子村民一般都购买山区农村常用的简单服装，这类服装价格一般不高，每套衣服三四十元到百元不等；鞋子每双十多元到四五十元不等，他们大多喜欢买十多元一双的"解放鞋"（原来军队中士兵所穿的那种绿色胶鞋），既便宜又实用，走路、干活都很方便，还不用穿袜子，但部分年轻人喜欢买皮鞋。

在多数农户所购置的服装中，较贵的主要是女子穿用的民族服装（猛硐街天时有很多摊位卖苗族服装和瑶族服装），民族服装由于做工复杂而且只能手工制作，再加上往往佩戴有很多花边、珠子和银饰，价格很高，一般要几百元到上千元才能买到一套。由于价格太高，越来越多的瑶族和苗族年轻女子往往只在赶集、节庆时节或参加婚丧等活动时才穿着民族服装，而在平时的生产、生活中则穿着简单的大众化服装。中老年妇女大多仍着民族服装，但日常大多穿旧衣服，只有重要节庆时才穿着新衣服，因而并非每个女子每年都要买新的民族服装，而是几年才买一套，平时收起来，重要场合才穿戴。

由于不同农户的经济条件差别很大，人口多寡不同，不同农户每年购置衣服鞋袜的费用相差也非常大，从100元左右到2000元的都有。以下是51户抽样农户关于自家每年购置服装费用的估算数，列于表5－4内以供参考。

表5－4　坝子抽样农户购置衣服鞋袜年费用估算表

消费额（元）	100左右	300~500	800~1200	1500~2000
户数（户）	1	17	23	10
户数比（%）	2	33.3	45.1	19.6

资料来源：抽样调查中获得。

从农户估算数看，大多数农户每年购置衣服鞋袜的费用在300~1200元之间，这类农户占抽样农户总数的近八成；近两成农户的花费在1500元以上，这部分农户主要是经济条件暂时比较好的人家；每年花费100元左右的只有一户，该户为一人户，经济条件也较差，很少买衣服鞋袜。

四　交通和通信

坝子各村交通很不顺畅，居民出入较为费力，主要是道路条件太差、居住分散等原因所致。本来经过坝子村的公路是很多的，据李国发副主任估计，包括县乡干道、战时公路、矿山公路和入村公路一起，坝子村境内的各类公路约60公里，在44平方公里的范围内有60公里公路，对于像坝子这样的山区来说，路网密度已经非常不错了。不过经过坝子村境内的所有公路全是砂石路和土路，没有1公里柏油路、弹石路或水泥路，往往晴通雨阻，即使麻栗坡县城与猛硐乡之间的交通也往往因为下雨而被阻断，笔者一行三次前往坝子村调查，每一次都为能否顺利进出而费心。目前，相关部门正在对麻栗坡县城经坝子村通往猛硐街的道路进行改造，准备建为弹石路，如果修通，坝子村居民的出行可能会有很大改善。

除了道路因素外，坝子村民拥有交通工具的情况也是本地交通状况的重要组成部分。由于道路路况较差，坝子村拥有的公共交通工具非常少，原来岩坝自然村有一户有面包车，每天往返于麻栗坡县城和猛硐街之间运送旅客，但在笔者一行三次下去调查期间，由于路况太差，它都停放在家中。由于坝子村境内的公共交通工具非常少，居民出行只能依靠两种方式：有摩托车的人家，出行主要靠摩托车；没有摩托车的人家，只能靠每天两三趟来往于县城和猛硐街之间的班车，由于班车只能在主干公路上运行，且车次太少又不太准时，很难乘上，很多没有摩托车的农户只要不出远门，往往就只能靠步行。有摩托车的人家，出行则较为方便。

最近几年来，由于坝子村特殊的经济环境，相当一部分人家已经拥有了摩托车，特别是紫金公司征地较多的岩脚上、岩脚下和中坝自然村，拥有摩托车的情况很普遍。紫金公司征地最多的岩脚上自然村共52户人家，几乎家家有摩托车，有的人家有2台；岩脚下自然村48户人家，多数人家有摩托车（共40余台）；中坝自然村近80户人家，有近半数的人家有摩托车。在大塘、上垮土、中坝、岩脚上、岩脚下5个自然村51户抽样农户中，有摩托车的农户共 24 户（26 台），占抽样农户的47%。这些摩托车绝大部分是最近两三年购置的。虽然其他自然村摩托车较少，没有调查村寨那样高的比例，但多数自然村也都有几台、十几台，就连不通公路的中寨自然村也有 4 台。

由于相当一部分人家有了摩托车，这些人家的出行也变得较为方便，到田地中干活，到猛硐街（或南温河、天保口岸）赶街，到各村寨游玩，到麻栗坡县城乃至周边的几个县和州府文山县城，往往都靠自家的摩托车，想什么时候走就什么时候走，想在哪里停留就在哪里停留。

至于通信方面，由于近几年手机价格非常低，再加上采矿、打工、销售茶叶和草果等没有手机联络不方便，最近三四年来，坝子村有相当一部分农户购置了手机，条件较好的人家甚至购置了两三部，有少量人家还安装了固定电话。在 51 户抽样农户中，拥有手机的农户共 40 户（共有手机 61 部），占抽样农户的比例高达78.4%，安装固定电话的农户 4 户（共安装 4 部）。其他自然村虽然没有抽样村寨这样高的比例，但各自然村都有相当一部分农户拥有了手机。总体来说，由于手机普及程度很高，坝子村的通信联系，现在已经较为便利。

第四节　新农村建设概况及相关问题

一　新农村建设概况

近几年来，随着惠农政策的推行和新农村建设在全国的开展，坝子村也开始出现新农村建设的局面。最为普遍的主要是农村合作医疗的推广，免除农业税政策和种粮补贴政策的推行。就农村合作医疗的推广而言，坝子村的绝大部分农户已经自愿参与了合作医疗，部分农户已经享受到了合作医疗的好处。就免除农业税和种粮补贴政策的推行而言，坝子村与全国全省一样，已经实行这些政策，农户耕田种地已经不用向国家交粮纳税，而且还得到了一定的种粮补贴。笔者 2008 年 7 月前往调查时，种粮补贴已经发到农户手上，虽然每户人家耕地很少，种粮补贴并不多，仅有四五十元钱，对农户的经济发展并没有明显的促进作用，但种田不交粮纳税还得到国家补贴的政策确实改变了坝子村民前些年种田大多亏损的局面，农业生产得以持续，农民的生活也因此稍有改善。

除了农村合作医疗、免除农业税和发放种粮补贴外，新农村建设最突出的举措主要是政府和挂钩扶贫单位开始直接投资，对一些自然村进行改造，以建设"温饱示范村"、"小康示范村"和"整村推进示范村"。2008 年 7 月笔者前往调查时，坝子 18 个自然村中已经有 4 个自然村在进行"温饱示范村"、"小康示范村"和"整村推进示范村"的建设改造，这四个自然村分别是坡脚二、大塘、岩脚上和岩脚下。其中，坡脚二自然村的"温饱示范村"建设已经完成，而大塘自然村的"小康示范村"、岩脚上和岩脚下两个自然村的"整村推进示范村"建设正在开展之中，按计划在 2008 年底之前完成。

"温饱示范村"、"小康示范村"和"整村推进示范村"建设的目的，根据相关文件的说法，主要是为了"打牢农业发展基础，增强农村发展后劲，促进农民增收，逐步使全村农民群众'生活富起来、精神乐起来、生态好起来、村容美起来、班子强起来'，促进全村经济社会快速健康协调发展"。

示范村建设，主要由政府和挂钩扶贫单位出资，不够的部分则主要由农户出资或投工投劳折抵。不同的示范村，政府和挂钩扶贫单位投入的资金也有所不同，大多在 15 万元左右。就我们了解的情况而言，政府在大塘示范村投入的资金为 30 万元（按两组算，每组 15 万元），岩脚上和岩脚下两个示范村则由紫金公司各投入 15 万元、政府各投入 5 万元，各 20 万元。

至于这些不同示范村建设的具体内容，就笔者的了解，除了温饱示范村在道路和住房改造方面要求略低外，其他建设内容都差不多，最主要的建设内容就是对示范村的入户路、住房、厩舍和公共活动场所等进行一定程度的建设和改造，以使这些示范村的居住条件有较大程度的改善。

现以岩脚下村的项目投资计划为例，对示范村的具体建设项目作简要分析说明（见表 5 - 5）。

表 5 - 5 岩脚下村整村推进项目投资计划表

单位：万元

序号	项目名称	项目内容	项目总投资	国家补助	群众自筹（含投劳折资）
一	基础设施		53	16.25	36.75
（一）	入户水泥路	长 1494 米，面积 1792.8 平方米	16.5	4.1	12.4
（二）	厨厩厕改造	共改造 41 户	24.5	4.9	19.6
（三）	沼气池	建沼气池 25 口	5	1.25	3.75
（四）	科技活动室	80 平方米活动室，100 平方米活动场地	7	6	1
二	经济发展		9.2	0.7	8.5

序号	项目名称	项目内容	项目总投资	国家补助	群众自筹（含投劳折资）
（一）	经济作物	种植茶叶 50 亩	5	0.5	4.5
（二）	养殖	养猪 150 头，户均 3 头	4		4
（三）	科技培训	3 期 150 人次	0.2	0.2	
三	社会事业		2.7	1.7	1
（一）	公厕	16 平方米，男女蹲位各二	1.5	0.5	1
（二）	科技室设施	桌椅、音响和电视机	0.5	0.5	
（三）	标志牌	一块	0.5	0.5	
（四）	展板标语	展板二、标语牌二	0.2	0.2	
四	生态环境		4	0.5	3.5
（一）	封山、植树	封山育林 150 亩，植树造林 50 亩	2		2
（二）	节柴改灶	49 口	2	0.5	1.5
五	村容村貌	41 户房屋修整、墙体刷白、庭院美化	16.4	0.65	15.75
六	基层组织及精神文明建设		0.2	0.2	
合　计			85.5	20	65.5

资料来源：猛硐瑶族乡人民政府、麻栗坡县社会主义新农村建设领导小组办公室编制《麻栗坡县猛硐瑶族乡坝子村委会岩脚下队整村推进示范村项目规划及实施方案》。

从表 5－5 可以看出，岩脚下队示范村的建设内容主要是对村中道路、住房、厩舍和公共活动场所等进行改造和建设，以改善村民的居住环境，紫金公司和政府投入的 20 万元主要都用在了这些方面。其中最大一笔开支主要用来建盖科技活动室和配备相关设施，共 7.2 万元：建盖科技活动室 6 万元，配备桌椅、电视机和音响 5000 元，建一个公共厕所5000元，制作展板和宣传标语2000元。第二笔大开支主要用来对村民的住房、厨房、厩舍和厕所进行改造，共6.05万元。其中，对41户农户的厨房、厩舍和厕所进行改造4.9万元，平均每户补助近1200元；对41户农户的住房进行亮化美化（外墙刷白）6500元，平均每户补助近160元；节柴改灶49口，5000元，平均每口补助约100元。第三笔大开支主要用于入户水泥路建设，即将村中主要道路和延伸到每户门口的道路建成水泥路，近1800平方米，开支4.1万元。第四笔大开支主要用来建设25口沼气池，共1.25万元，每口补助500元。以上开支共18.6万元，占紫金公司和政府投入20万元的93%。

当然，单靠紫金公司和政府投入的18.6万元是不可能完成以上建设项目的，从投资计划表来看，完成以上建设项目共需投入73.6万元，紫金公司和政府投入的部分仅占1/4左右，其余55万元主要由农户自筹。从我们了解的情况来看，紫金公司和政府并不是直接把现钱送到村中，而是由工作队购买水泥、砂石、砖瓦和石灰等建筑材料并将其运到村中，因而村干部和农户看到的并不是现钱而是建筑材料，农户所得的补助也不是现钱而是建筑材料。同样，农户自筹55万元的大部分也不是由农户直接拿现钱出来，而是由农户投工投劳折抵，因而农户自筹部分主要是劳动。

除了以上建设项目的投入外，其他建设项目的投入极少。如"经济建设"项目中，紫金公司和政府的资金支持仅有7000元，其中5000元用来支持种植50亩茶叶，平均每亩支持100元；2000元用来举办三次科技培训活动。至于每户平均养猪3头（新农村建设之前每户养猪平均不到2头）、150亩的封山育林和50亩的植树造林等所需费用都由

农户自筹。紫金公司和政府投入的最后 7000 元，其中 5000
元用来在村口制作一块"温饱示范村"（或"整村推进示范
村"）的标志牌，另 2000 元用在"基层组织和精神文明"
建设中。

就我们了解的情况来看，岩脚上示范村、大塘示范村
建设的具体项目与岩脚下示范村类似，麻栗坡县其他示范
村的情况也都差不多。

二 新农村建设的好处

从已建设的情况来看，新农村建设确实给示范村村民
带来了一些看得见的好处。最大的一个好处就是改善了村
民的居住环境，特别是村中水泥路的铺设使村中和农户门
口的道路不再是晴天灰尘雨天烂泥的局面，变得好走多了。
笔者在大塘村看到，在新农村建设中，大塘村已建成约 1 米
宽、近 5000 米长的入户水泥路，从一家到另一家，即使下
雨天，鞋子也是较为干净的，而不再是满脚的烂泥了。在
住房、厨房、厩舍和厕所改造中，虽然政府和挂钩扶贫单
位的投入有限，平均每户不过千元左右的建筑材料，但如
果农户利用这一机会对居住环境进行积极改造的话，仍可
使自家的居住环境有所改善。

另外，"科技活动室"的建盖为村民提供了一个公共活
动的场所，使承包到户以来已经消失的公共活动场所又重
新建立了起来。如果村干部很得力，能够找到钱、时间和
精力来组织村民开展一些公共活动的话，"科技活动室"无
疑会成为一个很好的活动场所。

至于沼气池，在新农村建设中，坝子各村农户不了解
沼气池有何好处，也不清楚如何施工、管理和使用，因而

大多不愿建沼气池。但如果沼气池建得好的话（最关键的是不漏气），如果农户学会了并不复杂的管理和使用方法的话，沼气池建设无疑会使一部分人家享有使用沼气的便利，既可以少砍一些柴，烧火做饭也会有很多便利。

以上这些，都是新农村建设看得见的好处。至于新农村建设能否像《项目规划书》中所宣称的那样增强农村发展后劲、促进农民增收，从现有的新农村建设的实际情况来看，是一个非常值得怀疑的问题。

三　新农村建设中存在的问题

从现实情况来看，目前坝子村乃至很多地区的新农村建设都存在着许多同样的问题，虽然政府投入了很多物力和人力，但对农民增收、对农村经济现代化并没有多少效果。笔者看到的最主要的问题有以下这些。

第一，示范村的选择存在很大问题，不但起不到示范作用，反而加深了未被选中的村寨村民的不公平感和不满情绪。

由于政府和挂钩扶贫单位物力和人力有限，不可能在所有村寨都投资建设新农村，因而采取每年选择一些村寨作为示范村进行投资建设的办法。从投资主体的角度来看，麻栗坡县的示范村大体可以分为两大类：一大类为政府直接投资建设的村寨，另一大类为紫金公司投资建设的村寨。紫金公司投资建设的示范村，大多为矿山所在地的村寨，如猛硐乡坝子村的岩脚上、岩脚下，猛硐村的大树脚、陶家，天保镇城子上村委会和八宋村委会辖下的多个自然村等等，选择这些村寨，显然有紫金公司缓解与矿区村民矛盾、使公司生产顺利进行的考虑，属于正常情况，也值得肯定。至于政府投资建设的示范村，则大多为位于公路边、基础条件相对较好的村寨，如笔者所知的猛硐乡坝子村委会大塘自然村、猛硐村委会丫口寨自然村、董干镇董干村委会八里坪自然村等地，政府选择这些村寨作为示范村，很显然有这些村寨容易完成建设任务、快出"政绩"的考虑。但选择这些村寨作示范村，往往只是锦上添花，而非雪中送炭，虽然它们较容易完成建设任务，能够满足地方政府快出"政绩"的追求，但起不到示范作用，反而加大了不同村寨的贫富差距，加深了未被选中的村寨村民的不公平感和对政府的不满情绪，与建设和谐社会的目标背道而驰。

第二，示范村建设中政府包办代替，忽视村民主体地位和实际需要，不仅费力不讨好，而且造成了村民等、靠、要的思想，遏制了村民内在潜能的挖掘、发挥。

在调查中我们了解到，在各示范村建设中，政府都要派工作队驻村指导、督促，需要完成的建设项目大多由上级统一做好规划并按规划实施，所需建筑材料由工作队买好运来，在整个建设中，村民并没有多少发言权。花钱较多的建设项目如村寨"亮化"、建盖科技活动室、建沼气池等等都不是村民最需要的，因而村民参与建设的积极性并不高。

岩脚上、下两个自然村村民对建设沼气池态度非常冷淡的情况很能说明问题。在两个自然村的示范村建设规划中，上级部门各安排了25口沼气池的建设任务，由于岩脚上、下两村柴山较多，村民获得柴薪相对容易，再加上村民不太相信使用沼气的好处，养猪又少（平均每户不到2头），因而两自然村村民都不愿意花力气和资金来建沼气池，虽然建设一口沼气池有 500 元的补助，但农户都不愿意报名，完成沼气池建设任务于是成为驻村工作队和两自然村村长最为头疼的事情之一。为了完成这一任务，有的村干部甚至提出了这样一个让人哭笑不得的主意：先建，但建在高处，等验收完以后改作水池使用。

由于政府包办代替，忽视了村民的主体地位和实际需要，村民处于"要我干"而不是"我要干"的境地，参与的积极性、主动性不高，因而在具体建设中，政府费力、工作队费力、村干部费力、村民不满意，虽然政府花了很多钱，却很难取得相应的成果。而且，更为重要的是，由于政府过多地包办代替而不是以发掘村民潜能的方式来从事新农村建设，这使得很多示范村和非示范村的村民都在观望，都在等着政府的投入，而不是自己想办法来办自己的事，一旦政府不投入、不督促，许多本来能做好的事情也不愿意做、做不好。

第三，重视容易完成的短期项目的建设，忽视对长期项目的投资，对于农村经济的发展并没有实际效果。

从前述岩脚下队示范村《项目规划书》中，我们可以看到，政府和挂钩扶贫单位投入示范村的建设资金，绝大部分用在了村容村貌整治、建盖科技活动室和做宣传等短期项目当中，用在这些方面的资金占了整个政府和挂钩扶贫单位投入资金的 90% 以上，而用在经济发展等长期项目中的资金不到 10%。这些短期项目虽然对暂时改善村民的居住环境有很大帮助，但对于新农村建设的核心目标即增强农村发展后劲、增加农民收入来说，并没有什么效果。

就我们了解的情况来看，由于各示范村的规划大同小异，类似的问题在其他示范村也普遍存在。农村经济社会发展所面临的各种现实问题，如农户经营的土地和山林规模太小并且过于零散，农户零星饲养畜禽并没有利润，农村剩余劳动力真正向第二、第三产业转移面临着很多障碍，农民很难参与并分享到城市化和工业化所带来的各种成果等等，新农村建设规划中都没有涉及，既没有资金投入，也没有解决办法出台。

这种问题的出现，无疑与短期项目容易完成、见效快、能够很快看到官员"政绩"而长期项目难度大、见效慢、不容易看到官员"政绩"的实际密切相关，更与许多问题并非地方政府所能解决的实际密切相关，如农业实现规模化、专业化经营，农村剩余劳动力真正向第二、第三产业转移，农民分享城市化和工业化成果等等，涉及全国性的制度障碍，而这些是县乡政府所解决不了的。县乡政府所能做的，只是完成一些容易完成的项目，如村容村貌整治，对于农村发展所面临的主要问题，却无能为力。

第四，难有后续支持，终将难以为继。

从我们了解的情况来看，目前的新农村建设虽然是县乡政府的重要工作任务，各地都在其中花费了很大的力气，但由于政府财力人力有限，能够建设的仅仅是少量没有示范作用的示范村，大部分村寨则无法参与其中。如前所述，由于没有调动和挖掘农户的内在潜能来从事建设而由政府包办，由于投入的资金主要用在了短期项目而不是长期项目中，由于政府不可能反复在少数几个条件较好的村寨投钱而不顾及广大贫困村寨的不满情绪，已建成的示范村很难再得到政府的持续投入了，其后续发展也将难以为继，很多村寨建成时是什么样子，今后也将会长期是这种样子，很难有大的改变。而没有被选为示范村的大量村寨，今后被选为示范村、得到政府同样投入的可能性虽然有，但不会太大，按现在的做法，许多村寨现在是什么样子，今后也将长期保持这种样子，不太可能有大的发展。

就我们粗略了解的情况来看，以上这些问题都不仅仅是坝子村或麻栗坡县存在的问题，而是全国新农村建设中普遍存在的问题。如何解决这些问题，无疑是一件值得认真思考的事情。

四　对新农村建设作用的思考

这些年的新农村建设无疑体现了政府对"三农"问题的关注、关心，政府的投入确实给示范村村民暂时带来了一些看得见的好处，特别是对居住环境有较为明显的改善。另外，由于新农村建设需要用到很多建筑材料、需要很多劳动力参与其中，这也对拉动内需、缓解特殊时期的城镇就业压力确实有一定的作用。以上这些，无疑都是值得肯定的，也确实得到了很多好评。但从国家发展战略的高度来看，目前进行的新农村建设不太可能成为解决"三农"问题、促进农民增收、消除城乡二元结构，最终实现农业现代化和国家现代化的根本途径。

从世界各国的经验来看，随着现代化程度的提高，农业产值在整个国民经济中的比重必将不断降低，第二、第三产业产值的比重则大幅度上升。中国的发展也经历了同样的历程：1952 年，农业产值在工农业总产值中的比重高达 64% 左右；而到 1978 年时，农业产值在工农业总产值中的比重已下降到 26% 左右；到 2007 年时，农业产值在整个国民生产总值中的比重已下降到不足 12%，而第二、第三产业的比重则超过了 88%。随着农业产值比重的不断下降，依靠农业为生的人口必须相应大幅度下降，从事第二、第三产业的人口必须相应大幅增加，只有这样才能保持国民收入的均衡增长，才能使国家的现代化顺利实现。已经实现现代化的国家和地区，如西欧、北美、日本、韩国和中国台湾地区等等，都是按照这样的模式实现现代化的，即随着现代化程度的不断提高，大量人口相应地不断从农村转移到城镇，从第一产业转移到第二和第三产业。同时，国民收入也保持了较为均衡的增长，农业也因为从业者的大幅减少而得以不断向规模化、市场化、专业化和科学化方向转变，最终实现了现代化。这些国家和地区的现代化过程中并不存在所谓"三农"问题，因为"三农"问题已经在这一发展过程中自然消解了。

但中国的情况与此不同，随着农业产值比重的大幅度降低和第二、第三产业比重的大幅度增加，以农业为生计的人口却没有以相应的幅度减少，而以第二、第三产业为生计的人口也没有以相应的幅度增加，最终形成了今天的局面：占全国人口绝大部分的农业人口只能分享到很少的国民生产总值，而占全国人口比例很小的非农业人口却分享了绝大部分的国民生产总值。这正是目前我国城乡人均收入差距不断扩大、农民增收非常困难的根本原因。而导致目前困局的原因，则是我国长期推行、至今仍存在的城乡分割制度（最主要的就是户籍制及与户籍制挂钩的各种权利和保障），正是这种人为的制度阻碍了农业人口向城市和第二、第三产业的转移，大量农业人口因此被阻挡在了现代化和城市化的大门之外，无法分享到现代化和城市化带来的各种机会和成果。

最近这些年来，已经有大量农村剩余劳动力到城市打工，为国家、为城市创造了大量财富，为国家的现代化做出了巨大贡献，但城乡分割制度使他们难以获得必要的社会保障，难以在城市立足，往往只能回到本身没有多少机会的农村。最近几年，随着"农民工"问题的日益凸显，中央为解决"农民工"的权益问题做了很多努力，如颁布推行了《中华人民共和国劳动合同法》等。各地还出台了一些具体的政策措施，一些省市还开展了城乡统筹发展试点工作，但由于以户籍制为核心的城乡分割体制仍没有根本改变，这些政策措施往往雷声大雨点小，效果非常有限，大量在城镇打工的"农民工"要么只能继续在城市边缘化生存，要么只能回到农村。由于缺乏必要的社会保障、由于最终要回到农村，虽然许多农村剩余劳动力长时期在城市打工，但他们不敢轻易放弃对故乡小块零星土地的经营承包权，这也使得农村土地经营权非常零散、农户自给自足的局面难以改变，农业的规模化、专业化、市场化经营很难实现，农业现代化也无从谈起。

当前的新农村建设，某种意义上可以说是国家对农村的一点点补偿，是应该的，但这种补偿对于农民增收、对于消除城乡二元结构、对于农业现代化能够起到的作用是微乎其微的，当前新农村建设中存在的种种问题正是这种困局的最好说明。虽然各级政府投入了很多资金，花了极大的力气从事新农村建设，但不可能改变现代化条件下第一产业产值比重必将很小的事实，也不可能从根本上改变全国大部分人口只能分享国民生产总值的极少部分因而只能长期处于贫困落后状态的事实。因此，如果不撤除城乡分割制度的篱笆，继续把绝大部分人口阻挡在现代化和城市化的大门之外，要解决"三农"问题、实现国家现代化是不现实的。

与西欧、北美、日本、韩国等各国各地相比，中国的现代化历程非常艰难，从19世纪60年代初开始现代化历程以来，150年过去了，中国的现代化道路至今仍坎坷不平。而与中国同时开始现代化历程的许多国家，早已在现代化时代生活很多代人了。改革开放以来，中国的现代化建设取得了举世瞩目的巨大成就，面临着极好的历史机遇，但"三农"问题告诉我们，中国的现代化历程仍面临着巨大的困境。导致中国现代化历程非常艰难的原因固然种种，但长期拒绝有利于现代化的各种制度而推行阻碍现代化的制度无疑是根本原因。从历史的经验来看，如果中国不想再次错过现代化的机遇、不想再重复历史上曾经反复出现的社会大动荡局面，破除城乡分割制度、实行公平合理的全民基本社会保障、让所有愿意的人参与到现代化进程中来并分享现代化所带来的各种机会和成果，已经成为应该尽快解决而决不能再拖的任务。

第六章 坝子村教育与医疗卫生事业

第一节 教育事业

一 学校和教师

（一）学校

坝子村境内现有小学三所，即坝子小学、大塘小学和中寨小学。

坝子小学位于中坝村境内，与村委会、卫生室、坝子茶厂连为一片，在坝子村境内位置稍为居中，本村多数自然村适龄儿童到此就学。坝子小学有两层砖混教学楼一栋，砖木结构房屋两栋，水泥地面篮球场一块及花台。校园环境整洁、干净，感觉还不错。教室中桌、凳虽不太好，但可以使用；办公室有电视机一台、音响一套、电脑两台（不能上网）。坝子小学为完小，从学前班到六年级的儿童均可在此就学。2008年7月我们前往调查时，有一个学前班34人，一到六年级六个教学班（每个年级一个教学班）216人，每个教学班人数从二十几个到四十几个不等。由于部分自然村的低年级学生离坝子小学太远而在大塘、中寨小学就读，所以坝子小学低年级学生较少，高年级学生则较多。据坝子小学校长贾崇勇介绍，五、六年级学生需要住校，每个月有25元补助，以菜票形式发给学生，供他们在学校就餐使用。所有学生中，住校者每天在食堂吃两餐饭，不住校者吃一餐，每餐饭一个菜，菜主要是洋芋（马铃薯）、洋瓜、京白菜，偶尔会有茄子，有时煮有时炒。另有咸菜和汤。每星期吃一次豆腐，吃肉主要在学校杀猪时，学校有时也会买肉。

至于教学质量，根据贾崇勇校长介绍，坝子小学的教学质量在猛硐乡属于中上水平。

大塘小学位于大塘自然村（见图6-1），大塘、磨刀石、上垮土三个自然村低年级学生（一至三年级）在此就读，四年级时开始转到坝子小学就读。笔者2008年7月前往调查时，共有二年级、三年级两个教学班38人。其中二年级16人，三年级22人。没有一年级，因为三个自然村2008年达到就学年龄的儿童太少，不足开班（至少10人），

图6-1 周边尽是梯田的大塘小学和大塘村部分人家

须隔年招生。

中寨小学位于中寨自然村，中寨、楼梯、雷厂、老河弄和大寨几个自然村低年级学生大多在此就读，与大塘小学类似，学生四年级时开始转到坝子小学就读。笔者前往调查时，中寨小学共有一年级、三年级两个教学班 26 人，其中一年级 15 人，三年级 11 人，没有二年级，因为人数太少，不足开班，实行隔年招生的规矩。

坝子村学生完成小学阶段教育后，初中一般到猛硐中学上学。猛硐中学位于猛硐乡驻地猛硐街，距坝子各自然村 7～12 公里不等，因为路程较远，交通不便，坝子村学生读初中必须住校。读完初中后，如果考取高中，一般要到麻栗坡县城的县一中或县民族中学上学，有的则到文山州一中就学。由于离家很远，读高中必须住校。

（二）教师和职工

从 2005 年 9 月坝子村文化户口登记表（见表 6-1）的记录来看，2005 年 9 月时坝子各小学共有 20 名教职工。从性别来看，男 18 人，女 2 人；从年龄看，50 岁以上 9 人，30～50 岁 5 人，30 岁以下 6 人；从民族来看，瑶族 9 人，苗族 4 人，汉族 3 人，壮族 3 人，彝族 1 人；从文化程度看，专科毕业 5 人，中专毕业 9 人，高中毕业 1 人，初中毕业 2 人，小学毕业 2 人，1 人情况不明。初中和小学毕业者多为 50 岁以上老教职工，而青年教师大多为中专和专科毕业。从师资数量和学历层次来看，这 20 名职工基本能满足坝子各小学的教学需要。

由于我们三次前往坝子村调查都利用学校放假的时间，而这时也正好是坝子村各小学放假的时间，老师和学生都

表 6 - 1　坝子村 2005 年各小学教职工情况表

姓名	性别	民族	出生年月	文化程度	备注
贾崇勇	男	彝	1976.4	大专	
张　剑	男	汉	1979.4	大专	
杨成宏	男	苗	1966.6	大专	
蒋文全	男	瑶	1951.12	中专	
杨成武	男	苗	1970.12	大专	
李佐周	男	瑶	1950.3	中专	
陆玉智	男	壮	1949.8	中专	
张国福	男	苗	1953	初中	
刘基锐	男	汉	1985.1	中专	
李金刚	男	瑶	1954.9	中专	
张福明	男	苗	1971.12	大专	
冯云星	男	瑶	1962.8	高中	
盘玉亮	男	瑶	1957.7	中专	
李万荣	男	瑶	1949.5	小学	
盘万忠	男	瑶	1952.6	—	
黄朝华	男	瑶	1953.11	小学	
盘云权	男	瑶	1953.3	初中	
田恩荣	男	壮	1983.12	中专	
陆达燕	女	壮	1985.5	中专	
韩俊波	女	汉	1983.6	中专	

资料来源：2005 年 9 月坝子村文化户口登记表。

回家了，很多情况难以了解到。虽然第三次调查时遇到了还没有回家的坝子小学校长贾崇勇老师，但由于他很忙，我们只向他了解了坝子各小学的一般情况，没能了解到教师的具体情况，因而本报告只好列举 2005 年文化户口登记表上的教职工情况以供参考。据我们后来了解，表 6 - 1 所列教职工中，55 岁以上的人（共 7 人）都已经退休，另有

3 位已经调到其他学校，又新分配或从其他学校调来几位。

二 村民受教育概况及原因

（一）成年人（已结束学校教育者）受教育概况及原因

根据 2005 年 9 月坝子文化户口册登记的情况来看，坝子村已经结束了学校教育的人口共 2554 人，绝大部分是成年人，也有少部分未成年人，他们的文化程度如表 6 - 2 所示。

表 6 - 2　2005 年 9 月坝子村已结束学校教育的村民文化程度表

文化程度	文盲	脱盲和半文盲	小学	初中	高中和中专	大专及以上	总计
人数（人）	286	441	1284	480	58	5	2554
比例（%）	11.20	17.27	50.27	18.79	2.27	0.20	100

注：本表数据包含非农业户口的坝子各小学教师、原在外工作退休回村的人员。

资料来源：2005 年 9 月坝子村文化户口登记表。

从表 6 - 2 可以看出，到 2005 年 9 月时，坝子村成年人（指已结束学校教育者，下同）的受教育程度是非常低的。没有受过正规学校教育的文盲、半文盲和脱盲人员共 727 人，占成年人比例高达 28.47%；超过一半的人仅受过小学教育，而受过初中教育者不到两成，受过高中（含中专）及其以上教育的更是微乎其微，不到 2.5%。如果不算坝子小学受过大专教育的 5 位教师，则受过大专及其以上教育的一个也没有。

坝子村成年人受教育水平极低，一方面与过去国家对边疆农村地区的教育重视程度不够、投入太低有关，另一方面也与过去的教育体制的限制和学校教学质量不高等因素密切相关。

从坝子村文盲人口的情况来看，他们绝大多数为 60 岁左右及其以上的老年人，这些人应该在中华人民共和国成立初期开始接受学校教育，但由于当时国家投入不足，边疆地区学校稀缺，所以这些人中接受学校教育的人很少，很多人都是文盲。

从半文盲和脱盲人口的情况来看，1970 年以前出生的共 304 人，占脱盲和半文盲人口的大部分，他们大多出生于五六十年代，应在六七十年代集体化时期接受教育。由于这一时期国家实行农业支持工业、农村支持城市的发展战略，致使国家对农村的各种投入严重匮乏，而农村集体又非常贫困，虽然办有一些学校，但大多非常简陋且不够稳定，难以满足适龄人口受教育的需求。再加上政治运动频繁、很多青少年要抢工分以挣口粮等原因，因而有相当一部分人未能接受学校正规教育，只是在后来的扫盲活动中认识了一些字，聊胜于无而已，最终成为文化户口登记表上的半文盲和脱盲者。

值得注意的是，在半文盲和脱盲者中，有 104 人出生于 70 年代，占有很高的比例。从年龄看，他们应该在改革开放初期接受学校教育，却没能受到正常学校教育，这是什么原因呢？这应该与包产到户政策有关。即当这些人到了接受学校教育的年龄时，国家开始在农村推行包产到户政策，农村集体经济于是瓦解，原来由各生产队开办的许多小学失去了支撑，大多垮台，这一年龄段的相当一部分人于是成为受害者，失去了接受正常学校教育的机会。

从 70 年代出生的半文盲和脱盲者的分布来看，以长地、坡脚一、坡脚二、坡脚三、岩脚上、岩脚下等自然村最为集中，这正好与改革开放初期这些自然村的学校相继垮台有关，而仍有学校可上的大塘、中坝、岩坝等自然村情况就好得多，这些自然村 70 年代出生的人口大多受过小学正规教育。

总之，过去坝子村教育发展水平很低，最主要的原因就是长期缺乏国家投入、只能靠村集体自己解决问题。当然，这样的情况不仅仅存在于坝子村之中，当时全国很多地区的农村教育都是如此。

除了国家投入很低的原因外，过去的教育体制限制和教学质量不高也是坝子村成人受教育程度很低的重要原因。

从表 6-2 可以看出，坝子村超过七成的成年人曾接受过正规学校教育，但大部分仅接受过小学教育，接受过初中及以上教育者仅占成年人的两成，这主要与过去教育体制的限制和教学质量不高有关。在过去的教育体制中，无论小学还是中学，升学都必须经过考试，不能过关者只能留级、淘汰，特别是小学考初中，往往有很多人被淘汰。由于坝子村属于边疆山区少数民族农村，当时各方面的条件都很差，很多教师属于民办教师，仅有初中文化水平，有的甚至仅有小学文化水平，教学质量普遍不高，学生升学过程中被淘汰的比例因此非常大，大部分人只能完成小学阶段的教育，能够升入初中并完成义务教育阶段教育的人只占一小部分，而能够进入高中和大学阶段接受教育的人则寥寥无几。

至于坝子村成年人中没有接受过大专以上教育的人（坝子小学教师除外），除了坝子村上大学的人较少外，还有一个原因，那就是受过大专及以上教育的人都已在外地工作，没有回到坝子村。

（二）在校生受教育概况及原因

从表6-2记录的情况来看，目前坝子村在校生的受教育程度已经比上辈人好得多，正在接受初中和高中教育的人在同龄人中已经占有很高的比重，接受高等教育的人数虽然无法与其他地区相比，但也有一部分青年人正在高校就读。

笔者根据表6-2整理出来2005年9月时坝子村各年龄段青少年人数和在校生人数的情况（见表6-3），从中我们可大体看出当前坝子村青少年受教育程度的一般情况。

表6-3　2005年9月坝子村各年龄段在校生情况表

年龄段	总人数（人）	在校生数（人）	在校生占比（%）
13岁以下	—	218	—
13~16岁	160	155	96.88
16~19岁	211	117	55.45
19~23岁	280	23	8.21
总　数	—	513	—

注：年龄段按如下方法计算：13岁以下指1992年9月及以后出生的人口；13~16岁指1989年9月至1992年8月期间出生的人口；16~19岁指1986年9月至1989年8月期间出生的人口；19~23岁指1982年9月至1986年8月期间出生的人口。

资料来源：2005年9月坝子村文化户口登记表。

从表6-3来看，2005年9月时，坝子村在校生共513人。表6-2上没有登记在校生是在读小学、初中、高中还是在读大学，因而我们只能从年龄段上作一些大致判断。

从在校生年龄段看，13岁以下的在校生共218人，这些学生绝大多数应该是小学生。从文化户口登记表上记录的情况来看，除了个别残障儿童外，坝子各自然村正常学龄儿童都能进入学校接受正规教育。但坝子村部分儿童入学年龄偏大，直到七八岁时才开始读一年级，这主要是两个原因造成的：其一，由于坝子各自然村的很多人家离学校太远，孩子上学要走很远的山路，孩子太小则很不方便，因而一些孩子要大一点才会被送入学校；其二，有的孩子虽然已到入学年龄且居住在学校附近，但由于人数太少不足开班，学校实行隔年招生，因而也要推后一年才能入学。

13～16 岁年龄段的在校生共 155 人，占该年龄段人口总数（160 人，坝子村这一年龄段人口偏少）的 96.88%，比例很高。这一年龄段的人口绝大部分应该在读初中，这一很高的在校生比例反映出，到 2005 年 9 月时坝子村的绝大部分适龄人口已经能够接受初中阶段的教育，受教育程度远远超过了上一辈人。之所以如此，应是多种因素综合作用的结果，其中最主要的原因应是教育体制的改革使得小学生无须经过考试淘汰就能够顺利升入初中，因而，即使学习成绩很差的学生也能够完成义务教育阶段的教育。国家加大对义务教育的投入也是一个重要原因，正是国家投入的加大，使得坝子村乃至猛硐乡的学校已经能够正常运转、师资队伍也趋于稳定、家长也因为很多学杂费被免除而愿意让孩子继续上学。"普九"任务的压力无疑也是一个原因，即地方政府和学校为了完成"普九"任务，想方设法动员已回家的青少年重新回到学校上学，在一段时期内可大幅提高在校生比例。另外，当前农村不缺乏劳动力，初中阶段的学生太小、还不能打工挣钱也是很多学生得以

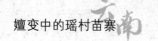

留在学校继续接受教育的重要原因。

16~19岁年龄段的在校生共117人，占该年龄段人口总数的55.45%。这一年龄段的大部分在校生应该是在读高中和中专，从在同龄人中所占的比例来看，这一比例与当年（2005年）全国高中阶段毛入学率52.7%基本相当，高于当年云南省高中阶段毛入学率33.66%，更高于当年文山州高中阶段毛入学率。这可能与猛硐中学教学质量较好因而考取高中和中专的人较多有关，也可能是坝子村这一年龄段的年轻人不太愿意外出打工而选择继续上学使然。从坝子村在外打工人数较少的实际来看，后一种原因的可能性很大。

19~23岁年龄段在校生23人，人数很少，仅占该年龄段人口总数的8.21%。这一年龄段的在校生应该在读大学，从在同龄人中所占比例来看，这一比例远远低于当年（2005年）全国高等教育21%的毛入学率，也低于同年云南省高等教育12.65%的毛入学率。这与麻栗坡县的高中教育教学质量不高、能考取大学的人不多有关，也可能与高等教育市场化、坝子村民无力承受高等教育的庞大开支有关，还可能与大学生就业难、家庭的大笔投入很难获得预期回报有关。总之，目前坝子村能够接受高等教育的人非常少，这种现状对坝子村村民以后的长远发展来说当然是非常不利的。

三　目前的教育问题

坝子村目前的教育问题，由于我们没能深入调查，没法进行深入讨论，仅就现在了解的一些情况作简要分析说明。从粗略了解的情况看，目前坝子村的教育事业中有以下一些问题值得关注。

一是教育投入不足，一些课程无法开设，小学生应该掌握的许多现代科学知识，坝子村小学生都无法掌握到。

改革开放以来，坝子小学的建设无疑取得了很大成果，盖起了一栋两层砖混结构的教学楼，有了一块平整的水泥地面篮球场，校园内还有花台。与普通村民的居住环境相比，坝子小学整体环境显得还不错，但与城镇学校相比，差距还是非常大的。

在坝子小学办公室中，我们看到有两台电脑，主要供教师使用，坝子小学的学生是很少有机会接触到电脑的。虽然有电脑，但由于坝子村没有网络连接，即使教师也没有上网查阅资料的机会，对网络的作用也不太了解，而对于学生来说，网络无疑是一个非常陌生的名词。当城镇的学生早已广泛利用网络进行学习和获取信息，当人们在不断地谈论网络的种种好处和坏处的时候，对于坝子村的小学生们来说，网络仍然是非常遥远的。他们虽然没有受网络不良信息毒害的机会，但也没有利用网络打开视野、获取丰富信息、与各地的人们进行信息交换的便利和机会，缺失之大是不言而喻的。

另外，就我们了解的情况而言，坝子村虽然已经实现"普九"，但由于缺乏投入，"普实"仍没有开始，坝子小学既没有实验室，也没有相关设备。2008年7月我们第三次前往调查时，坝子小学校长贾崇勇正为完成"普实"建设任务而头疼，为了搞到钱购置相关设备，他想到了矿山上的紫金公司，打算找他们的负责人谈谈，希望能从那里获得支持。

总之，由于与城镇小学相比投入差距过大，坝子村的小学生与广大边疆农村的小学生一样，要获得与城镇小学生平等的教育机会还是很困难的，由于基础教育上的缺失，在将来的人生中要与城镇小学生展开竞争也是非常困难的。

二是教学内容中特别缺乏地方性知识，对地方民族文化的传承与发展非常不利。

坝子小学的绝大部分学生都是瑶族和苗族人，坝子各小学的教师也以瑶族和苗族教师为主，是最适合采用双语教学的地区，但由于没有瑶语和苗语教材，因而教学用语都是汉语普通话，只有低年级学生因为难以听懂汉语，有的老师才夹杂使用少量瑶语和苗语辅助教学。这种情况虽然对学生尽快掌握汉语普通话有好处，但对于本民族语文的传承和发展非常不利。

猛硐乡、坝子村瑶族和苗族有丰富的历史、丰富的民族传统文化，如瑶族和苗族在近 200 年前由内地向边疆迁徙、100 多年前项从周抗法和猛硐归属中国、70 年前的苗瑶械斗、富有特色的瑶传道教和苗族采花山等等，但相关教材中完全没有涉及。学生很难从学校教育中获得对这些历史和文化的正确认知，而只能从本民族民间获得对这些知识的模糊的有时甚至是极端的理解，对于正确认识本地历史和民族传统文化非常不利，对于民族传统文化的传承和发展更是没有起到应有的作用。

三是一些家长对孩子的受教育情况重视不够，缺乏与学校的主动配合，甚至对孩子的学习情况不闻不问。

贾崇勇校长向我们讲了两个辍学学生的情况。其一，一位干部的孩子辍学在家，他们上门动员孩子回来上学，孩子母亲在家，看到老师来后，不但不招呼老师，还把老师关在门外，自己则从后门上山了，害得老师在门口等了半天，直到孩子从山上砍竹子回来老师才得以进这个学生家。其二，一位孩子辍学在家，他们前往动员他回来上学，刚到家门口就遭孩子母亲大骂，称"你们要让他读书，你们就必须把我家的活计做完"。事后他们才了解，因孩子父亲受伤不能劳动，于是这家人让孩子辍学回家劳动。

贾校长还介绍说，整个坝子18个自然村考上大学的人还不如他家乡（临近猛硐乡的天保镇南温河村）一个自然村多，他认为这与边疆少数民族家长对子女的教育不重视、不督促、不过问密切相关。

四是一些自然村离学校太远，低年级学生上学较为困难。

如岩脚上村，根据该村在坝子小学教书的张国福老师反映，从该村到坝子小学，路途较远而且难走，学生到校单程需一个多小时，通常是天不亮就出发，晚上天黑了还没有回到家。特别是低年级的学生，由于他们人太小，很不安全，家长很担心。张老师因此建议恢复岩脚村的小学。另外，长地、坡三等自然村也有类似的情况。从目前的实际情况来看，这一问题是很难解决的，因为在一两个自然村办学，生源太少，成本太高，是非常不划算的。

第二节 医疗卫生事业

一 医疗机构概况

坝子村的医疗机构主要是坝子卫生室（见图6-2）。坝子卫生室为两层砖混楼房，与坝子小学、坝子村委会坐落在一起。从卫生室墙上的"功德碑"可以看出，该卫生室于 2004 年到 2005 年之间建成，为新西兰华人王刚捐资 6 万元所建。卫生室面积 320 平方米，设有诊断室、治疗室和观察室。坝子卫生室同时也是坝子村新型农村合作医疗的定点医疗机构，参加合作医疗的村民只有到定点医疗机构看病，相关费用才能按政策报销，到私人诊所看病，则不能享受报销医疗费用的待遇。

图 6-2　坝子卫生室

坝子卫生室有两名乡村医生，一男一女。男医生为 47 岁的杨成林，岩脚下自然村苗族人，当过兵，中越边境战争期间曾参与守卫边界，退伍后被安排任乡村医生，参加过相关卫生培训，他同时也是卫生室的负责人。女医生为 36 岁的李万芬，大寨自然村瑶族人。乡村医生主要负责本村儿童的预防接种工作，平时则轮流在卫生室值班，给前来看病的村民看病、治疗。参加合作医疗的村民前来看病，门诊费用按规定比例给予现场报销。

据杨成林介绍，坝子卫生室的设施基本能满足村民一般小病的看病需要，大病则须到猛硐乡卫生院或麻栗坡县城的医院就医。

除了坝子卫生室外，在邻近的岩坝村中，有一家新开的私人诊所。

二　农村合作医疗概况

自从国家在农村推行合作医疗以解决农民的看病难问题以来，身处边境的坝子村村民也逐渐认识到了新型农村合作医疗的好处，因而参加合作医疗的人日渐增多。据坝子卫生室负责人杨成林估计，整个坝子村委会参加合作医疗的村民约占85%，在他所在的岩脚下村50余户人家中，没有参加的仅有1户。就笔者入户调查的情况来看，实际参加合作医疗的情况可能好于杨成林的估计：在中寨村调查时，笔者得知该村所有农户都参加了合作医疗；而大塘、垮土、中坝、岩脚上、岩脚下的51户抽样农户也都参加了合作医疗，没有例外。

参加合作医疗的好处很多，这也是绝大多数农户都参加了合作医疗的主要原因。特别是费用很高的住院治疗，已经有一部分农户获得了报销部分费用的好处。如2007年春，中寨自然村盘某突发疾病，头痛、肚子痛，家人请车送到麻栗坡县医院，住院共花费1600多元，报销了几百块钱。再如2007年，中寨自然村李某患阑尾炎，到县医院做手术，共花费1000多元，报销了约500元。再如大塘自然村某妇女因病在县里住院，花费约6000元，自家只出了约2000元，等等。

至于坝子村村民参加合作医疗的报销标准，主要按麻栗坡县的有关规定执行。根据坝子卫生室张贴的说明，2008

年补偿方案如下：

一、门诊补偿

（1）门诊不设起付线，村级处方值控制在 25 元（含）以内，县、乡级处方值控制在 35 元（含）以内，每人每年报销封顶线为 200 元。（县妇幼保健院承担麻栗镇新农合工作，凡是麻栗镇的参合人员在县妇幼保健院就医，住院时享受乡级补偿报销标准，麻栗镇以外的参合人员在县妇幼保健院就医，享受县级补偿报销标准。）

（2）门诊报销比例：村级为 35%，县、乡级为 30%，对参合群众门诊就诊需要乡级设备所限不能开展检查的，在县级定点医疗机构门诊的基本辅助检查费用给予 25% 减免补偿，参合人员就诊时在县、乡、村三级定点医疗机构均按比例进行现场补偿。超出处方值部分和县外发生的门诊费一律不予报销。

二、住院费用补偿

（1）起付线：县内乡级定点医疗机构起付线为 30 元，县级定点医疗机构为 100 元；县外及县级以上医疗机构为 300 元；持《农村特困户救助证》、《农村残疾证》及享受低保的农民和农村独生子女及其父母四类参合人员，住院不设起付线；对参合农民在一年内患同一疾病连续转院治疗的，只计算其中最高级别医院一次起付线。

（2）补偿比例：县内乡镇级为 70%；县级为 60%；县外为 35%。

（3）封顶线：每人每年住院最高补偿为15000元。持《农村特困户救助证》、《农村残疾证》的农民和农村独生子女及其父母三类参合人员，每人每年最高补助为18000元。

三、孕产妇住院分娩补偿，单胎顺产住院实行一次性定额补偿

（1）限价　各定点医疗机构对参加新型农村合作医疗的孕产妇单胎顺产分娩，严格按照省卫生厅限价要求执行：乡镇级单胎顺产住院分娩限价为400元，县级单胎顺产住院分娩限价为600元（县妇幼保健院对麻栗镇各村委会辖区范围参加新型农村合作医疗的孕产妇单胎顺产分娩的执行乡级补偿报销及限价政策）。正常单胎住院分娩限价指产妇住院分娩期间发生的一切直接费用，包括床位费、护理费、检查费、化验费、手术费、药品费等。

（2）报销比例　① 在县、乡两级定点医疗机构及县外非营利性医疗机构单胎顺产分娩的每例补偿400元。② 剖宫产手术及难产按照住院费用补偿报销比例执行。③ 不住院分娩的不予补偿。

（资料来源：坝子村卫生室）

三　合作医疗存在的问题

虽然合作医疗对于解决农民看病难问题有很大帮助，但仍存在一些问题，需要进一步解决、完善。就我们初步了解的情况来看，问题主要有以下一些。

一是报账程序较为复杂，村民一般很难弄清楚。在坝子卫生室，我们看到两份麻栗坡县 2008 年的"补偿方案"（其中一份见前述引文），两份方案的内容并不相同，我们研究了一下相关补偿标准和程序，结果是很难看懂。可以想象，识字不多的村民要弄清这些标准和程序是很困难的，看病报账时很难弄清要到哪个医院看、要保留哪些证据、要走哪些程序，因而只好由医疗机构凭良心看着办。

二是看病只能到定点医疗机构看，而定点医疗机构往往是公办医疗机构。在村民眼中，公办医疗机构服务态度差，村级医疗机构中经常没有人，医疗技术不如私人诊所好，但费用很高，因而村民得病大多不愿到定点医疗机构看，更愿到私人诊所看，而在私人诊所看病买药都无法报账。

三是村级卫生员待遇低，没有积极性。据坝子卫生室负责人杨成林介绍，他们从事医疗卫生事业人员的收入主要有两部分：一是工资收入，每月 180 元（县卫生局核准，财政拨款）；二是看病收入。两项合在一起，收入情况较好时，一个月可以有 500~600 元的收入，但这种情况不常有，更多时候仅有 200~300 元。

杨成林每天都要从岩脚下村的家中到卫生室值班，有时则走村串寨打预防针，由于没有摩托车，都是步行。从岩脚下村步行到卫生室，由于是下坡路，需要 30 多分钟到40 分钟的时间；而返回时，由于是上坡路，需 1 个小时左右。另一名村卫生员李万芬所在的大寨村到坝子卫生室，路程与岩脚下村到卫生室路程相当，也要下坡、上坡。我们在坝子村调查期间，曾两次碰到杨成林，第一次在卫生室，他正准备步行到 5 公里外的大塘村给村民打乙脑疫苗；

第二次在岩脚下村回坝子的路上，他正背着药箱抄近路爬坡回家，由于坡很陡，走得非常吃力，走一截歇一截。从岩脚上、下两村多数普通农户拥有摩托车而拿工资的杨成林只能步行上下班这一点，就可明显看出坝子村卫生员的待遇是很低的，没有积极性是很正常的，村民对公办医疗机构不满也是情有可原的。

第七章　坝子村的宗教（瑶传道教）

　　坝子村各族民众中并不存在系统的宗教，各族民众大多仅信奉原始宗教，相信万物有灵，崇拜祖先，既没有系统的宗教组织，也没有明确的宗教节日或公共宗教活动，各族民众的宗教意识和宗教情感相对来说都不浓厚。但瑶族人信奉瑶传道教，宗教活动相对多一些，与本地苗族、汉族、壮族人相比，宗教意识和宗教情感也相对突出一些，而且瑶传道教对瑶族传统文化的传承也有着重要影响，因而本章主要介绍坝子村瑶族人信奉瑶传道教的一些情况。

　　据坝子村的一些师公和道公介绍，坝子村瑶传道教在"文化大革命"初期曾遭到很大破坏，大量经书被焚毁，师公和道公遭到批斗，宗教活动停止。但20世纪70年代中期后，由于村民的需要，活动逐渐得到恢复，瑶传道教现在又重新成为瑶族村民的主要信仰。

第一节　瑶传道教的特点和经书

一　坝子瑶传道教的特点

　　坝子村瑶族村民所信奉的瑶传道教与大多数蓝靛瑶人所信奉的瑶传道教一样，主要是在传统的盘王崇拜、祖先崇拜和万物有灵信仰的基础上，大量吸收道教、佛教和儒教相关内容融合而成的一种瑶族特有的宗教，在这种宗教中，以道教成分最为突出，因而一般称之为瑶传道教或瑶族道教。

与云南其他民族所信奉的伊斯兰教、基督教、上座部佛教、藏传佛教、汉传佛教和汉传道教相比，坝子瑶传道教并不是一种很完备的、系统的宗教，这表现在很多方面。

第一，坝子瑶传道教并没有形成系统的宗教组织。坝子瑶传道教的主要传承者为师公和道公，师公和道公都是农民，并不是专职人员，和普通村民一样，平时从事生产劳动，哪家有事需要举行宗教活动时则请他们前往主持。不同的师公和道公之间并没有专门的组织，只有一些松散的联系，一般是某位师公或道公及其受戒弟子之间自然形成一种松散的"师父—弟子"关系，哪家有重要宗教活动（如男孩"过法"）请道公和师公前往主持时，则师父往往带着懂得相关仪式的弟子一起去主持。除了这种较为松散的"师父—弟子"关系之外，不同的道公和师公之间并没有其他组织。

第二，瑶传道教并没有专门的、固定的宗教活动场所。瑶传道教的各种宗教活动主要都在需要的农户家中举行。从某种意义上来说，这些都属于农户自家的私人活动。瑶传道教一般没有公共集会或公共活动，因而也没有类似于道观或寺庙之类的公共活动场所。

第三，瑶族民众的宗教意识和宗教情感并不像信奉系统宗教的各民族民众的一样浓厚、强烈。比如，虽然坝子瑶族村民全都信奉瑶传道教，但当笔者逐户询问抽样农户所信奉的是什么宗教时，绝大部分人都回答不上来。再如，坝子各村几乎所有成年瑶族男子都过了法（度戒）并接受了相关戒律，他们也知道有戒律，但当笔者询问是哪些戒律时，大部分被调查者都不太清楚，对于自己的哪些行为可能会违反戒律虽然知道一些，但不是很明确。再如，多数瑶族男子都表示读不懂师父写给自己并要求自己终生保存和遵守的"阳牒"。

总之，与其他系统宗教相比，瑶传道教并不是一种很完备的、系统的宗教。但与信奉原始宗教的各民族民众相比，与宗教意识相对更淡的本地苗族、汉族和壮族民众相比，坝子瑶族民众对瑶传道教的信奉程度则高得多，宗教意识和宗教情感也明显更为浓厚，宗教的系统性也强得多，这主要表现在几个方面。

第一，坝子瑶族村民中有很多瑶传道教的传承者师公和道公，几乎每个自然村都有几个。师公和道公虽然都是农民，但也算是知识分子，因为他们都会读经书并懂得各种复杂仪式。在信奉原始宗教的各民族中，我们是很难看到这种情况的。

第二，坝子瑶族道公和师公手中保存有大量瑶传道教经书，并在各种宗教活动中大量使用，说明这种宗教有较为系统的经典和相应的价值体系。有关瑶传道教经书的情况，将在后文中作更多说明。

第三，坝子各村所有瑶族男子都要"过法"（度戒）入教，成为瑶传道教弟子，在日常行为规范中，受瑶传道教观念的影响和约束很大。如禁食狗肉，不偷盗，不杀人，在某些特定情况下不杀生，一般不嫌贫爱富，普遍相信神灵世界的存在并经常献祭神灵以祈福消灾，等等。瑶族民众中的这些观念和行为规范主要来自瑶传道教。

在调查中，许多瑶族老人介绍，新中国成立以前没有官府管治、没有法律，瑶族宗教中的戒条就是官府、就是法律，就是凭着这些戒条的约束，瑶族社会才能在没有官府或土司管治约束的情况下，得以保持内部的稳定和秩序。这种看法是很有道理的。

总之，瑶传道教既不像其他系统宗教那样完备和系统，也不像原始宗教那样缺乏成文经典和不够严谨，大体处于原始宗教和系统宗教之间。

二　经书

坝子瑶传道教中有很多经书，这些经书主要保存在道公和师公手上。笔者见到的所有经书都是手抄本，基本上都是道公和师公们从自己的师父那里辗转传抄而来的，也有的是祖辈传承下来的。经书所用文字主要是汉字繁体字，用毛笔抄写在白棉纸制成的本子上，书写格式与古汉文书写格式相同，从上至下，由右至左（见图7-1）。经文一般不标点（有部分用红点点断的），体裁主要是诗歌和散文。诗歌一般七字一句，押韵，读来朗朗上口。懂得古汉语的人多少能够读懂一些。据介绍，正式使用时既不用本地汉语方言或普通话来念，也不用瑶语来念，而是使用一种特殊的语言"明话"（可能来自粤语）来念。除了师公和道公外，一般瑶族民众都听不懂，懂汉语本地方言或普通话的人也听不懂。

经书本子的封面一般用"山羊头"（一种野生植物的黏质块根）浸染

图7-1　瑶传道教的经书

晒干后的纸张做成，看起来黑糊糊的，但较为牢实，对于保护里面的白棉纸非常有效。有的经书虽然传承了几代，但保存完好，与封面很牢实有关。在抄写方面，虽然抄写经书的道公和师公都是农民，所受的正规教育很少，但多数经书的抄写都很工整，字体规范。当然，由于都是繁体字，加上抄写经书的道公和师公所受的正规教育确实太少，因而经书中也有很多错别字，脱漏的现象也常常见到。有部分文字可能是道公和师公根据需要自己创制的瑶族文字，懂得繁体字的人一般也无法看懂或猜出来，但道公或师公大多会念。

经书种类很多，笔者在上垮土村道公黄朝胜家中看到，黄朝胜道公所使用的经书用竹篾箩筐装了好几箩筐，总数不下几十种，有的是他自己断断续续抄录的，有的则是祖辈传承下来的，现将大体上看得懂名称的部分经书书名抄录于下以供参考：《大部玉皇》上、中、下三卷，《大部阎罗经》，《三官金章经》一卷，《玉枢经》，《尊典经》三卷，《符命式终笔》，《大部北斗诞生经》，《消灾救苦道场经卷》，《大部度人道场经》，《血湖道场经本科》，《血湖经忏》，《存本解煞秘语》，《占男取帝吉凶 婚姻看日子》，《三世箕命书存本》（有很多图画），《集良书》，《关底秘存本》，《存本命书》，《日午青灯贡筵秘语同用也》，《小救患科》，《接圣科》，《开山造路科》，《招兵科》，《红楼米座科》，《告斗科》，《二官同卷用》，《大斋良秘》，《日午书意者》，《祭鬼文》，此外还有许多笔者看不懂名称的经书。据介绍，不同的经书用于不同的宗教活动中，而有的宗教活动如过法往往需要大量的经书。至于哪些场合使用哪种经书，怎么使用，由于没有在这方面进行深入调查，我们暂不得而知。

三 阴阳牒

在各种经书中，瑶族男子人人都有的主要是阴阳牒中的"阳牒"。阴阳牒为已经度戒的瑶族男子加入道教的凭证，由主持度戒的师公或道公制作而成，上面写着过法度戒男孩的基本情况、该男孩入教的原因、主持过法度戒的道公和师公们请求道教神灵世界见证过法男孩入教并收存"阴牒"的话语（师公和道公们在神灵世界前自称"臣"），还写有瑶传道教的主要教义、主要戒律并盖有印章。阴阳牒一式两份，其中一份为阴牒，制作完成后，由主持度戒的道公或师公火化，发送到阴间的神灵世界存档备案；另一份为阳牒，由度戒者终生保存，在度戒者去世时，放在其身上贴胸处随葬，作为其到神灵世界报到的凭证。在坝子瑶族村民观念中，阴阳牒非常重要，特别是须终生保存的阳牒必须妥善保管，不能丢失，否则这个人去世时将无法在另一个世界获得自己的合法身份而成为孤魂野鬼，也将无法找到自己的祖先而失去归属之所，其后代也将无法对其进行供奉。丢失了阳牒的男子，去世后不能按照正常程序安葬，在安葬时也会有很多麻烦。在笔者调查的人中，没有丢失阳牒者。

除了入教并作为到神灵世界报到的凭证以外，阴阳牒还有一个很重要的作用，即作为受戒者日常言行举止的基本准则、规范，对瑶族男子的言行有很大的约束作用。在瑶族民众的观念中，受戒者不得违反阴阳牒所列戒律，否则将在神灵世界被记录在案，当受戒者离开人世到阴间神灵世界报到时，阴间神灵世界将对其在人世间的所作所为进行审查，若违反了戒律，将受到阴间的惩罚和折磨，罪重者将会受到神灵世界的十个皇帝的折磨，长期服刑受苦，难以超升。因此，在平常的言行举止中，虽然多数瑶族男子都不太清楚具体有哪些戒律，但对许多与戒律有关的行为准则都能自觉遵守，不会轻易违反，阴阳牒所列戒条因此成为瑶族道德观、价值观的重要组成部分，对瑶族有节制而不放纵的生活起到了重要影响。

笔者所见到的坝子村部分瑶族男子阳牒上所写戒律主要有九条，称为"九真妙戒"，以下是笔者从一份阳牒中抄录的戒律（部分字不认识，以"△"代替），列于此以供参考：

一戒者不得△天骂地

二戒者不得欺骂父母

三戒者不得骂风骂雨

四戒者不得△骂朋友

五戒者不得杀害生灵

六戒者不得隐经瞒教

七戒者不得贪花爱色

八戒者不得△怒△人

九戒者不得奉戒传△

第二节　瑶传道教的主要宗教活动

瑶传道教的宗教活动很多，最主要的有过法、驱邪解厄、占卜吉凶福祸、婚丧仪式，等等，其中，最隆重的宗教活动是过法。

一　过法

过法又称为度戒，即瑶族男子加入道教并得到道教神灵世界认可的一项宗教手续。过法是坝子村所有瑶族男子都必须经过的手续，也是每个瑶族男子人生中的一件大事。如果一个瑶族男子没有经过过法，一般就不被当做瑶族人，甚至不被看成是一个人，在瑶族社会中将受人鄙视，没有地位。因此，在坝子各村的成年瑶族男子中，一般找不到没有过法的人（包括残障者）。由于过法的地位非常重要，因而每家男孩过法前，往往要提前两年做好准备，到时要杀猪宰羊（杀猪至少三头以上），邀请亲朋前来做客，开销往往要万元以上，比结婚开销还大。

每个瑶族男孩过法的年龄和具体时间由师公或道公根据该男孩的出生时间推算，一般选在11或12岁举行，具体时间一般选在冬月、腊月和正月间。这期间农活较少，而且粮食仍很充足，猪也养肥了，人们有时间参加各种仪式，也有能力承担所需各项开支。

具体过法程序由道公和师公主持，从拜师开始到正式过法完成，需要很多天时间。正式过法前若干天，过法男孩先要拜师并开始接受师父训诫，学习有关经文，进行若干天的闭门修炼。在修炼期间，过法男孩必须遵守有关禁忌，最主要的禁忌为如下这些：只能吃素，不能沾荤腥；不能见天，即使出门上厕所也必须戴帽、打伞、低头，不能抬头；不能与人说话，不能发笑。正式过法一般须两天一夜（根据大度还是小度而不同），由师父即道公、师公各二人（一正一副）及其帮忙弟子在过法男孩家设道场，请来瑶传道教诸神如三清、盘古、玉皇大帝、三元、张天师、雷神及男孩家祖先见证，并伴随有大量不同内容的仪式，仪式中有诵经、舞蹈，各种仪式必须连续进行，中间不能停下（即使夜晚也是如此），整个过程冗长而烦琐（见图7-2、7-3）。最后的仪式为跳"峨莱"。峨莱为在四根圆

图7-2 瑶传道教的部分法器

图7-3 过法（度戒）中的仪式之一

木柱上安放方形桌子组成的高台，过法男孩必须紧抱手脚从高台上滚落到台下藤网中，滚落时手脚不能松开，否则过法失败。由于事先修炼时师父有过交代和必要的训练，一般没有过法失败者。如果滚落时手脚没有分开，师父即在其紧夹的五指、膝盖、头上分别盖上大方印，然后松开手脚，表明过法男孩成功降生，随即由师父喂给糯米饭，糯米饭代表师父的乳汁，喂不完则分给他人食用，师父禁食糯米饭，因为师父不能吃自己的乳汁。最后由师父执牒训导戒律并启用"法名"。取得法名，表明过法受戒男孩正式成为受瑶传道教诸神和祖先保护的人，有资格参与瑶族的各种宗教活动。法名被列入家谱中，将来去世后转为灵名，成为后代子孙敬献时使用的名字。

由于过法仪式隆重，程序复杂而严格，参加活动的人员众多，持续时间长，因此是坝子村每个瑶族男子人生中最重要的大事，对他们的未来人生有很大的影响，特别是过法仪式中师父传给的戒律对瑶族男子的道德观、价值观和行为举止有着很强的规范作用。

过法活动中，家长付给道公、师公及其帮忙弟子的报酬主要是猪肉。最主要的道公和师公（正）各给一只猪前腿、一个猪头；次要的道公和师公（副）各给一只猪前腿；前来帮忙的道公和师公弟子各给一块肉（四五斤）；主人家请来做饭或帮忙的人也各给一块肉（同样是四五斤）。

二 驱邪解厄

坝子瑶族村民在遇到一些危难的事情时，如遭遇不测的灾祸、久病不愈等，往往要请师公或道公来设坛作法，以驱邪解厄，祈求平安。

　　据李国精道公介绍，中越边境战争时期，在林木茂密的 12 号界碑处，有一名解放军营长和其警卫员被越军特务杀死，衣服被剥走，尸体被抛在树林中。为防止越军及其特务由此潜入，中国军队运来大量地雷埋设于当地。1991年中越边境战争结束、和平恢复后，本地一些有经验的村民排除了 12 号界碑附近的大量地雷，清理出大量可用于种植草果的山林。但山林清理出来后，人们却不敢去种草果，并不是害怕还有地雷，而是因为那里发生凶案后，还没有举行驱邪安魂仪式，人们担心阴魂不散，心存畏惧。据李国精道公介绍，后来是他在那里设坛做了几天道场，念了很多经以驱邪安魂，人们对那一带地方的畏惧心理才消失，最终在那里种上了大片草果。

　　当笔者一行随同李国精道公前往 12 号界碑附近参观草果地时，我们发现山林中的草果长势非常好，许多地方比人还高，草果地中有一间用来看草果的小木棚。李国精道公领着我们到小木棚中歇脚时，告诉了我们解放军营长及其警卫员被抛尸的地方。笔者感到，当一两个人夜晚在这里看护草果地时肯定会害怕，因为这一带离村寨很远，很少见到人影，雾又大，白天山林中也非常阴暗，加上让人印象深刻的凶杀事件就发生在这里，这往往容易给人造成一种畏惧的心理。我们了解到，为了防止草果被盗，中坝村常派人轮流到小木棚中看护，而李国精道公因为是村组长，经常一个人夜晚在这里看护，从他的言谈举止中，我们看到他非常坦然，已经没有任何害怕心理，受其感染，笔者也感到被害人的灵魂已经得到安宁，内心也因此感到了安宁、坦然。

　　从这个事例来看，驱邪解厄的宗教活动对于人们消除对不可知世界的畏惧心理从而获得内心安宁的作用是非常大的，这可能也是瑶传道教能够在瑶族民众中长期存在的重要原因。

三　占卜吉凶祸福

坝子瑶族村民在遇到重要事情时，往往要请师公或道公占卜吉凶，以定行止，如建房、出远门、婚丧择日等。

建房必须占卜，特别是选地基。瑶族住房一般建在半山上相对平缓的位置，如果某户人家看中了某个适合建房的地点，先要在这个地点举行一个占卜仪式，看看他家是否能在此建房居住。大致过程是先点香、烧纸、念经，希望土地神指示他家是否能在此建房。然后挖一个小坑，用草纸包一些米粒放在小坑中，用碗盖上，过三个早上后前去揭开看情况。如果放进去的米粒完好无损，这说明土地神保佑这户人家在此建房，这户人家就可以在这里建房居住；如果放进去的米粒被蚂蚁或其他昆虫搬走了，说明土地神不保佑这户人家，这户人家就不能在这里建房了，否则将遭遇莫测的灾祸，如家人非正常死亡或其他灾难；如果米粒被蚂蚁或其他昆虫动过，但没有被搬走，说明这里可以建房，但不是理想的地点，需由道公念经驱邪后方能建盖。如果一户人家通过占卜确定某地点不能建房，而其他人家又看上了这个地点并且占卜没有问题，则这个地点对后来的这户人家来说仍然是一个建房的好地点。根据李国精道公介绍，占卜过程中，米粒被蚂蚁或昆虫搬走的情况还是时有发生，发生这种情况的人家，都不敢在那里建房，而是另选地点。

出远门一般也要请神占卜。当我们在上垮土村调查时，正好盘文金村长决定第二天出远门打工，可能因为心中没底，盘村长杀了两只大公鸡，请来本村道公黄朝胜为其请神占卜，我们于是得以目睹仪式的整个过程。大体过程如下。先是点香、摆酒，然后念经请神，边念边向各处抛撒米粒，重复数次，大概是判断所请之神是否已经到位。然后摆上整只煮好的两只大公鸡献祭。献祭过程中，仍有念经、撒米粒和其他程序，经过一些过程后，黄道公开始边念边用两个牛角做的法器抛掷，并根据牛角法器落地情况判定吉凶。经过多次反复后，仪式完成，送神，大家吃饭。整个过程持续了约两个小时。

事后，黄道公用不太达意的汉语向我们介绍了判定吉凶的方法：如果落地后两个牛角法器内侧同时上翻，表明所问的事会很顺利；如果两个牛角法器内侧朝下仆在地上，表明凶多吉少；如果一翻一仆，吉凶各半。如果一凶一吉或凶多吉少，则需要弄清是什么原因，应该注意些什么问题。先由占卜者提出是否因某种原因导致不顺利，然后抛掷牛角法器验证，如能验证，说明就是因为这种原因造成了不顺利；如果不能验证，则再提出是否因另外的原因，然后再抛掷，直到两个牛角法器内侧同时上翻为止。找到原因后，占卜的道公会告诉事主出远门过程中应该注意哪些问题。经过占卜后，事主往往能够心中坦然，因为他已经心中有数，知道该注意哪些问题了，因而都能放心出门。

坝子瑶族村民除了选地基、出远门要请神占卜外，许多重要事项也往往要请神占卜，由于我们没有作深入调查，了解的情况有限，不再赘述。

第三节　瑶传道教的社会功能及其变迁

一　瑶传道教的社会功能

瑶传道教得以长期传承，与该宗教具有多重社会功能密切相关。对坝子村瑶族村民来说，瑶传道教至少具有以下功能。

首先，瑶传道教为瑶族民众提供了精神上的安慰和寄托。与其他任何民族民众一样，坝子瑶族民众每当面对生死、不测灾祸、结果无法确定的重要事情时，会产生焦虑和恐惧的心理。每当这时，他们都要请师公和道公举行驱邪解厄、超度亡魂、占卜吉凶等等的仪式，这些仪式往往给人们以心灵的慰藉，对于缓解、消除焦虑和恐惧的心理具有十分重要的作用。每当相关仪式举行以后，人们往往获得内心的平静、安宁和坦然，不再为自己和家人百年之后是否有归属之所、不测灾祸是否还会发生、在某地建房是否会导致后来的不顺利、出远门是否安全、凶死人的灵魂是否会因为不安宁而害人等等问题而整天担心，因为在人们心目中，这些问题已经通过宗教仪式解决了。总之，正是瑶传道教的存在，坝子瑶族村民才有了精神的寄托，正像其他信奉宗教的民族一样，无论对人对事，内心都少了几分焦虑和恐惧，而多了几分平和、坦然。

其次，瑶传道教维持了瑶族社会的秩序和稳定。瑶传道教中强调了许多瑶传道教弟子应该承担的社会责任、应该遵守的戒律和道德准则，在每个男孩的过法（度戒）仪式中，这些戒律、社会责任和道德准则都会一再被重申，

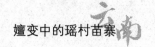

对人们的价值观、道德观、行为举止有着重要的规范和约束作用。从我们了解的情况看，坝子瑶族村民过法仪式中重申和强调的道德准则、戒律和社会责任，不同村寨是有所不同的，而且不够严谨，多数人也记不住具体有哪些戒律。尽管如此，对于相关戒律、道德准则和社会责任的精神，人们都是知道的，都知道是教导人们做好事，都知道它们对于维护人与人之间的关系、维护社会的和谐大有好处，因而多数人能够自觉遵守。一些瑶族老人说，过去瑶族没有官府管治，瑶传道教中的戒律就是官府、就是法律，只要不违犯这些戒律，就不会惹上麻烦事。这种看法是很有道理的，过去瑶族社会在没有政府管治和法律约束的情况下，能够维持内部的秩序和稳定，瑶传道教在其中所发挥的作用是不可忽视的。即使在今天，瑶传道教所宣扬的道德观、价值观和责任意识对瑶族社会的秩序和稳定来说仍有重要意义。

再次，瑶传道教传承了瑶族传统文化。在漫长的历史演变过程中，瑶族积累了丰富的传统文化成果，除了无形的道德观、价值观和各种传说外，还有大量有形的经书、成文诗歌、礼仪、舞蹈、器具、服饰等，这些传统文化成果的相当一部分都因瑶传道教而得以保存和传承下来。

二 瑶传道教社会功能的变迁及原因

随着时代的变迁，瑶族道教能够发挥的社会功能也在减弱。当我们询问李国精道公以及一些瑶族老人道教戒律在瑶族社会中是否都能够得到遵守时，他们承认，有很多人确实存在不遵守戒律的现象，如吃狗肉、不孝敬父母、不尊敬师长、嫌贫爱富、过量饮酒、发生不正当男女关系、违规杀生甚至偷盗等戒律所禁止的事情确实都有发生。李国精道公感慨地说，是否遵守戒律关键看他是否自觉，如果不自觉，也就没有办法了。

确实，通过过法活动等，瑶传道教的道公和师公们自觉不自觉地对瑶族的社会规范作了适当安排，对于维护瑶族社会的和谐、稳定和团结互助，对于瑶族传统文化的传承，对于瑶族有节制而不放纵的生活，对于瑶族人民面对不确定的未来时能够内心平和、坦然无疑起到了积极作用。但让道公和师公们困惑的是，他们的这种安排已经不太灵验了，很多男孩不太愿意过法度戒，如果不是家庭的安排、要求，就很难做到人人过法，即使过了法，接受了戒律，相关戒律也并非人人能够遵守，在政府机关工作的瑶族干部对过法度戒活动也不怎么支持、热心，不主动参与。

瑶族的道公和师公们主要都是农民，虽然他们从师父那里学习了很多经书和仪式，但青少年时代接受的正规教育很少，知识有限，对于戒律逐渐松弛、传统规范作用缩减的背景不太了解。实际上，这主要是他们所控制不了的外部力量造成的，这种外部力量至少有三个方面。

其一，学校中的无神论教育。正是这种教育使大量瑶族青少年不再相信和敬畏道公和师公们所宣扬的神灵世界，而将之当做"封建迷信"予以鄙视，把过法度戒当做迷信活动进行抵制，虽然在家长的安排下不得不参加过法度戒，但由于并非出于自愿，对相关戒律无疑会产生抗拒心理，很难自觉遵守。道公和师公们关于神灵世界对凡人的行为举止进行监督并在将来进行审判的设定或安排自然也无法唤起人们的敬畏心理，附着在这些安排上的道德规范和行为准则所能够发挥的作用和影响自然也会大大降低。

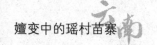

其二，主流社会（主要是汉族社会）的影响。我们知道，由于儒家观念的影响，汉族社会的宗教情感非常淡漠，对神灵世界采取的是一种怀疑和三心二意的态度，有时信，有时不信，有事时信，无事时不信。由于汉族人人数众多，分布广泛，其文化在东亚大部分地方都是主流，对其他各民族有很大影响，瑶族民众虽然生活在较为封闭偏僻的地区，但受汉族主流文化的影响也是很大的。特别是改革开放以后，坝子瑶族村民与外部世界的联系已经很多，与汉族人打交道的情况日渐增多，汉族人对神灵世界的怀疑和三心二意的态度并没有影响到汉族社会经济发展的事实无疑使很多瑶族群众关于神灵世界的信念产生了动摇，对相关戒律的遵守也自然日渐松弛。

其三，电视等媒体的冲击。从调查情况来看，坝子村绝大多数瑶族家庭都已经拥有电视机，可以收看多个频道的。但由于没有专门的瑶语电视节目，坝子各村瑶族民众所看的主要是汉语节目。坝子村民能看到的各种电视节目，无论是哪一类，所反映的世界与瑶传道教所主张的世界都是不同的，所宣扬的价值观与瑶传道教所宣扬的价值观更是有众多冲突之处，而瑶族民众每天都在受这些电视节目的影响，这无疑会使瑶传道教在他们心目中的地位不断受到冲击，影响逐渐淡化。

尽管瑶传道教的地位已经受到冲击，戒律也日渐松弛，难以做到人人遵守，但由于它的一些功能特别是为瑶族民众提供心灵安慰和精神寄托的功能是现代教育、主流文化、电视节目所无法提供的，因而在坝子及邻近地区的瑶族民众中，瑶传道教无疑仍将长期拥有一席之地。

第八章　坝子村民族传统文化

坝子村居民主要是瑶族和苗族人，由于地处偏僻，远离城镇，民族传统文化的保存相对比较完整，除了前述瑶传道教外，在语言、服饰、节庆、婚丧习俗、禁忌等方面都有大量的民族传统保留在其中，因而是研究民族传统文化的理想地域。当然，由于主流文化（主要是汉文化）和现代文化的影响，坝子瑶族和苗族文化中吸纳了大量主流文化和现代文化的因素，民族传统文化也因此发生了很多变异。

本章主要就笔者调查中所了解到的坝子村民族传统文化进行陈述，由于调查不够全面和深入，陈述不一定到位，仅供参考。

第一节　语言文字

一　瑶族的语言

坝子瑶族有本民族的语言——瑶语。据相关文献的说法，瑶语属于汉藏语系苗瑶语族瑶语支，与苗语有某些共同点。由于笔者既不懂瑶语也不懂苗语，不清楚两种语言有哪些共同点，但听起来感觉差别很大。瑶语听起来在音调上类似于越南语或壮语的音调，变化丰富，这可能与瑶族人长期生活在广西和越南北部，与壮族、越族人长期交往有关。据介绍，瑶语中夹杂的汉语词汇很少，瑶族之间相互交流，可以完全不用汉语词汇。当瑶族人之间用瑶语交流时，笔者往往一句也听不懂，不知道他们在谈什么。

不同支系瑶族民众的语言可能有很大差别，据岩坝村邓朝兴寨老（当地对德高望重的人的尊称）介绍，他到过云南的好几处瑶族地区参观，但有些地区瑶族人说的话，他一句也听不懂。不过，坝子各自然村的瑶族人都是蓝靛瑶人，附近的老陶坪各村、老山上的铜塔各村的瑶族人也都是蓝靛瑶人，与此相邻的越南北部的瑶族人也以蓝靛瑶人居多，因而这些地方的瑶族人在相互交流时并不存在语言上的障碍。

除了瑶语外，坝子各村瑶族村民大多能听、能讲云南汉语方言。云南汉语方言属于北方方言，与普通话比较接近，因而坝子瑶族村民大多能听懂普通话，看电视一般也没有问题。至于坝子各村瑶族村民讲汉语的流畅程度，则情况各有不同。少数人特别是经常在外活动的瑶族年轻人和经常与外人打交道的干部，汉语非常流利，从语言上很难区分他们属于汉族还是少数民族。多数瑶族村民虽然会说汉语，但表达不够流畅，有些词语发音不够清晰，感觉上与壮族人说汉语的情况有些类似，比苗族人说汉语的流畅程度要差很多。有些瑶族老人和妇女能听懂一些汉语，但不会说汉语，笔者前往调查时，往往需要瑶族村干部进行翻译，否则就难以交流。除汉语外，少部分经常与苗族人打交道的瑶族干部和青年能听能说苗语，但人数不多。

二 瑶族的文字

坝子瑶族人有文字。瑶族的文字即大量的瑶传道教经书中使用的文字，这些文字的大部分主要是汉字，使用方法、所表达的含义与古汉文相同，书写格式从上至下、由右至左，或标点，或不标点。除汉字外，瑶传道教经书中还夹杂使用许多仿汉字，有些可能是抄写时将原有汉字抄成错别字，以后辗转相传，遂成为仿汉字，有些可能是仿照汉字创制的文字。

由于坝子各瑶族村寨的道公和师公很多，每个自然村都有几个，而每位道公和师公都有相当数量的经书并经常使用，再加上每位瑶族男子在过法时都要由师父教给部分经文，并保存师父写给自己的"阳牒"，因而瑶族文字在瑶族男子中的普及程度相对较高，很多瑶族成年男子都多少认识一些经书文字，特别是瑶族中的道公和师公，虽然他们都是农民，受的学校的正规教育很少，但都从师父那里学会了抄写和使用经书中的文字。

由于瑶语与汉语差别很大，以汉字和仿汉字为主的瑶族文字很难用瑶语来表达，因而瑶族文字并不用瑶语来读，而采用一种被称为"明话"的语言来读。坝子瑶族人所说的"明话"，有时指本地汉语方言，但念唱经书时使用的"明话"并不是本地汉语方言，也不是普通话，可能是两广一带的某种汉语方言。只有通过传习的道公、师公和歌手才能念唱经文和经书中的诗歌，未经过专门学习的瑶族人一般听不懂经文和歌词。

三　瑶族家谱

坝子很多瑶族人家保存了家谱，主要是毛笔手抄本，与经书一样，主要用白棉纸抄写，使用汉字繁体字，书写格式从上至下、由右至左，纪年一般以天干地支合成的六十甲子纪年。家谱主要记载若干代祖先夫妇法名（灵名）、生卒年月，一般从最早迁到本地定居的祖先开始记起，到现在的户主为止，由于瑶族迁到坝子各村定居大约经历了七八代人的时间，家谱中一般都有六七代夫妇的法名（灵名）及生卒年月的情况。家谱的内容相对简单，一般没有祖先事迹的介绍，但就着家谱，一般瑶族老人都能说出从第一代祖先以来各代人的概况，如第一代从何处迁来，为何迁来，坟墓在何处，发生过什么大事，等等，往往都能够说一个大概。坝子各村的瑶族家谱，对于研究这一地区的瑶族历史来说无疑有着重要的史料价值。

至于瑶族家谱，除了用来怀念和追忆祖先事迹外，对瑶族民众来说它还有一个重要的用途，即宗教上的用途。因为坝子瑶族民众的宗教活动很多，每到重要宗教活动如过法、丧葬、节庆、占卜吉凶时，这家人往往要逐一请求在神灵世界的祖先回来，或见证其后代已经入教，或接纳已死的后代灵魂到神灵世界中去，或享受后代对他们的献祭，这时需要逐一念历代祖先夫妇的灵名，请他们到位，而家谱正好能让人们知道祖先夫妇的灵名是什么，以便在念时不致念错，以保证祖先的神灵能真正被请回来见证后代入教或享用后代的供奉。

四　苗族的语言

坝子苗族村民主要使用苗族语言。根据相关说法，滇东南与东南亚的苗族语言都属于汉藏语系苗瑶语族苗语支川黔滇方言川黔滇次方言第一土语。就笔者了解的情况来看，滇东南各地苗族人的语言差别不大，相互之间能够通话，有的虽然一开始难以听懂，但相处一小段时间后就能互相听懂了。

苗语中有大量汉语借词，这些借词已经成为苗语的一部分，离开了这些借词，很多意思就无法表达。另外；与瑶语相比，苗语在语法上也有许多与汉语语法类似之处。由于猛硐乡汉族人很少，苗语中的大量汉语借词和语法上与汉语的类似，可能与苗族人迁到猛硐之前长期与汉族人交错杂居有关。由于苗语中的大量汉语借词，再加上语法上的类似，笔者虽然听不懂苗语，但当岩脚上、下两村的苗族村民用苗语交流时，笔者还是能够听懂一些句子，也基本上能够猜出谈话的大致内容。

除了苗语外，坝子苗族人大多能听、能讲汉语，讲汉语的流畅程度胜过瑶族人。当笔者前往岩脚上、下两村调查时，无论与老人还是年轻人进行交流，都不需要村干部进行翻译，因为他们听得懂本地汉语方言，并能以本地汉语方言准确地表达意思。除了汉语外，由于世代与瑶族人相处，坝子村委会的部分苗族干部和群众能听懂瑶语，并会说一些瑶语，但人数不多。

坝子苗族人没有本民族的文字，国家创制的苗语文字在这里并没有得到推广使用，因而本地苗族人在校学习和使用的文字主要都是汉字。

五　汉语汉字

坝子各村汉族人很少，仅有零星分布，由于长期生活在瑶族和苗族人之中，因而大多能讲瑶语和苗语。但在坝子各村之中，汉语也是主要的语言之一。如前所述，占坝子村人口绝大部分的瑶族、苗族人大多能听、讲汉语，在与其他民族的人交流时，他们往往以汉语作为主要的交流语言；坝子村三所小学的教学语言主要都是汉语普通话，只有在低年级学生（如学前班和一、二年级学生）中教师才夹杂使用瑶语和苗语作为辅助教学语言；人们所收看的电视节目主要是汉语节目（没有瑶语或苗语节目）。

文字方面，坝子村可见的各种文字材料如宣传材料、村委会的各种报表和纠纷调解协议、商品包装上的广告、人们平时书写的各种文字等，都是汉字，如前所述，瑶传道教经书中的大部分文字也主要是汉字。

总之，汉语和汉字在坝子村各民族中是不可或缺的语言和文字，这主要是因为汉语和汉字是全国通用的语言和文字，坝子各民族人民虽然生活在边境地区，本乡和本村境内的汉族人口都很少，但与内地各民族人民的相互往来仍是必不可少的，不懂汉语和汉字，生活中将会遇到很多困难，因此，即使没有上过学的瑶族和苗族人都多少能讲一点汉语，更何况上过学、接受过正规教育的人了。

第二节　传统服饰

坝子瑶族和苗族人有自己的传统服饰，瑶族和苗族妇女主要穿着本民族传统服饰，两族男子着本民族传服饰的人相对较少，但也有。坝子瑶族和苗族人的传统服饰有自己的特点。

一　瑶族人传统服饰

坝子瑶族人的传统服饰以深色为主。男子传统服饰如下：上着蓝黑色圆领长袖对襟外衣或右斜襟蓝黑外衣；下着蓝黑色宽裆长裤；头缠两端绣花蓝黑棉布长帕，穿戴时将绣有红黄蓝等线织成的图案露于一侧或置于顶端，作为瑶族男子的标志；右手常戴一两只银镯。平时赶街、出门，往往肩挎以蓝黑麻布制作的瑶包以便装东西；上山下地时，则在腰间扎上腰带，腰带上挎镰刀或弯刀，以备不时之需。

瑶族女子梳两条长辫盘绕头顶，平时包黑布红彩边长方帕，上佩有银饰和五彩丝线做成的流苏；身着红色或彩色镶边的蓝黑色长袍式长上衣，开右斜襟，镶五彩花边红绒缎条，长衣有规则地提折扎于腰带上，让镶彩边的红绒缎条显露出来；项戴银项圈；下身着蓝黑色裤子。女子盛装由于佩有大量银饰，制作昂贵，打制一身盛装的银饰往往需要五六十个法银，价格在六七千元到万元左右，因此，女子盛装平时一般不穿，只有重要场合如节庆活动、参加过法活动、参加婚礼时才穿。

小孩一般头戴以青黑色基调为主、红蓝相间并佩有银饰和流苏的小圆帽。

每逢有人结婚，做斋的道公、师公及男女双方的媒公，部礼公，男主人，正堂，二府、三府官员等都戴银镯、银链、银项圈、银龙虎等。宗教仪式上，道公、师公的"神衣"也很有特点。如道公、二道士、弟子等衣料选用上好的黑布罗缎底，由道公在斋戒和禁欲生活中用红、黄、蓝、绿、紫丝线在衣服背部绣上图案，如神态各异的盘皇、玉皇、三清等100多个神像在鹤鸣山、龙虎山、玉京山、灵香山、武当山上，胸襟两半还各绣一条龙。无论是师公穿的黄丝绸长衫还是受戒弟子等穿的红绸长衫，都绣有龙、凤、鸟、兽、日、月和三元神将彩像。

由于传统服装制作较为费力，费用太高，再加上洗涤不便、穿在身上也不够柔和等原因，现在，坝子瑶族村民穿着传统服装的情况已经发生了一些改变。在男子中，除了中老年男子偶尔穿着传统服装外，多数男子平时已经不着传统服装，而着普通流行服装了，但节庆时节、参加重要的活动时仍着传统服装。在女子中，中年以上女子仍着传统服装，但在平时的生产中，也着普通流行服装，不过，在着普通流行服装时，中年以上女子仍着传统的长方头帕，人们一看便知是瑶族妇女。年轻女子（由于大量外流，坝子村已经很少见到年轻女子特别是未婚年轻女子了）则往往着普通流行服装，传统服装平时一般收藏起来，到参加重要活动时才穿。

二 苗族传统服饰

坝子村苗族男子的传统服饰主要是麻布制作的对襟衣服，但现在坝子村的苗族男子和滇东南各地的苗族男子一样，已经很少穿着传统服装了，而普遍着普通流行服装，笔者一行在岩脚上、下两个苗族寨子调查的过程中，没有见过穿着传统服装的苗族男子。

坝子苗族妇女的传统服饰与滇东南很多地方的苗族妇女传统服饰类似，色彩鲜艳，图案繁多。头上一般戴盘状包头或着头巾，上身着有蜡染图案的右衽服装，下身着有很多圈蜡染图案的百褶裙，腿上打绑腿，绑腿上一般也有很多蜡染图案。由于图案复杂，苗族妇女的服饰在制作上很费时，她们一般要花上几个月时间才能做成一身服装，特别是盛装，除了很费时的蜡染图案外，还要串上很多珠子。不过，现在坝子村的许多苗族人家已经不自己制作服装了，因为猛硐街、滇东南的很多街道都有苗族服装卖。由于苗族妇女服饰制作较为费时，价格一般较高，一套服装往往要几百元甚至上千元，虽然没有瑶族妇女的盛装贵（瑶族妇女盛装有大量银饰，而坝子和滇东南各地苗族妇女盛装一般不用银饰），但比普通流行服装来说仍贵很多。

从总的情况来看，坝子苗族妇女着传统服装的情况仍非常普遍，平时的生产生活中大多着传统服装，特别是中老年妇女，一般只着传统服装。但由于传统服装制作费时，价格较贵，洗涤不方便，也不够柔和，一部分年轻妇女在平时的生产生活中已经很少穿传统服装了，而是穿着普通流行服装，特别是在外上学或经常在外打工的年轻女孩，在上学和打工期间一般只穿普通流行服装而不穿传统服装。

第三节　主要节日和禁忌

一　瑶族的传统节日

坝子瑶族民众的传统节日主要有春节、正月十五、二月二、三月三、六月六、七月十四，另有少部分人家过八月十五。

春节是坝子瑶族村民最为盛大的传统节日，一般每家要杀一头过年猪并腌制腊肉，要举行献祭祖先的仪式。除夕午夜 12 点以前，每家一人到寨老家拜年，由寨老推算当晚几点关门，祭寨神。大年初一，每家一人到目老家拜年，由目老选择开工的日子。到寨老和目老家拜年，每家要送给寨老和目老一个粑粑、一块肉、三炷香、一刀纸。寨老和目老由抽签产生，三年一届。大年初一当天，男人走亲戚，女人待在家中不能出门。

阴历二月初二祭龙，禁工三天。祭龙由目老主持，在龙树下进行，村中男女都参加，由村干部宣布村规民约（见图 8 –1）。

图 8 – 1　龙树和祭祀龙树

阴历三月初三为清明节，要上坟、献祭祖先，祭品主要是大粽子，由糯米、猪肉、油、草果等混合制成，每个重两斤左右，香味浓郁，富有特色。

阴历六月初六祭谷娘以祈求水稻丰收，由目老主持，一般每家出一人参加，出一块肉、一斤酒、一把香、一刀纸。村上一般要杀六只鸡、一头猪。

阴历七月十四献祭祖先，一般要请师公、道公念经。

坝子瑶族村民一般不过中秋节，但由于此时猛硐街上卖月饼的很多，少量人家也会买月饼来吃。

除了二月二祭龙和六月六祭谷娘为村寨集体活动外，坝子瑶族村民的各种节庆活动主要都由各户家庭自行组织，很少有大型的集体节庆活动，其他地方瑶族人所过的盘王节对坝子瑶族村民并没有影响。

二　苗族的传统节日

坝子苗族村民的传统节日主要有春节、采花山、清明节和七月十四等，除了采花山为苗族人特有的盛大的传统节庆活动外，其他节庆的内容大多与其他民族类似，如过年前夕要杀过年猪，除夕夜献祭祖先香要点到天亮，过午夜后家家挑新水等。

与滇东南各地的苗族民众一样，采花山是坝子苗族人最盛大的传统节日。采花山时间一般在正月初，但过年之前就要立好花杆，以便各村各寨的人们知道今年的花山场在哪里。采花山持续的时间各地略有不同，一般第一年三天、第二年五天、第三年七天，三年以后重新换一个地方举行。由于坝子村苗族寨子很少，又不位于苗族村寨的中间，因而他们一般不自己举办采花山，而到猛硐等地的花山场参加活动。一般正月初一以后，身着盛装的各村各寨苗族男男女女就开始纷纷涌入花山场，参加各种各样的社交娱乐活动，对唱山歌、跳芦笙舞、耍把式（苗族武术）、斗牛、赛马、打陀螺、倒爬花杆，等等，不一而足，丰富多彩。在所有的社交活动中，青年男女通过对唱山歌寻找意中人是不变的主题。正是采花山活动为平时忙于生计、来往较少的人们提供了相互认识、相互交往的平台，许多青年男女通过对唱山歌得以相识、相知，并进而恋爱、结婚，因而，苗族人中的一段段姻缘往往是从花山场上开始的。当然，采花山活动也为分散在各地的苗族同胞提供了一个相互交流、相互联系的平台，对于加强民族认同、对于苗族传统文化的传承和发展都有着重要的意义。

三　瑶族禁忌

坝子瑶族民众有许多禁忌。

禁食狗肉，原因据说人是狗变的。坝子瑶族人中保存了少量盘瓠神话的痕迹，但已经不完整，有关人是狗变的说法应该也来源于盘瓠神话。坝子瑶族经书中还提到盘护，认为盘护是盘王的父亲，所谓盘护应该就来源于盘瓠神话。但从笔者与一些道公、师公交流的情况来看，他们并不清楚盘瓠神话的内容。

老人去世后120天左右烧灵，烧灵之前，禁食动物内脏，禁止杀生，否则被视为不孝子，要遭祖先治罪或雷击。

禁止妇女特别是别家妇女爬自家果树，他们认为妇女爬过的果树不会结果。要吃水果，只能请主人采摘，否则会遭主人记恨。

正月初一禁妇女走亲访友，如有别家妇女不经邀请而进入家门，等于带来了晦气，会遭主人家记恨。特别欢迎别家男子在正月初一未经邀请而进入家门，如有男子未经邀请而在正月初一上门，等于带来了福气，全家人会非常高兴。

另外，如第七章所述，男孩过法期间有很多禁忌，如禁忌见天，禁忌荤腥，禁忌说话和发笑，师公和道公禁食用来喂过法男孩的糯米饭，否则等于吃自己的乳汁。

坝子瑶族妇女生小孩坐月子期间，如有外人进家门，第一个进家门的人要认为小孩的干爹或干妈，干爹或干妈在过年时要送新衣服给小孩。

四 瑶族丧葬习俗

坝子瑶族村民过去盛行火葬，老人死后烧成骨灰，装入陶罐中土葬，或置于家中。据说主要是因为过去瑶族人经常迁徙，居无定所，实行火葬，有利于带着老人的骨灰迁徙，以免仇人乱挖坟。现在，坝子瑶族村民主要实行土葬，但仍有少量实行火葬。实行火葬者，需要架九层柴，遗体置于棺木中，放在九层柴砌成的柴山上火化。

目前，坝子瑶族村民丧葬过程大致如下。

人死后燃放鞭炮报丧，听到鞭炮声，寨中左邻右舍及亲友会相互转告并自行前来帮忙。

男人死后由儿子或女婿剃头、洗身、穿寿衣等，并将过法时留存的"阳牒"置于其胸口处入殓，作为其到阴间神灵世界报到的凭证；女人死后则由女儿或儿媳洗身、梳头、穿寿衣，并将其陪嫁物清单随身入殓。入殓时，棺材底下铺一层纸，死者有几岁就顺纸边点几点灰，再铺白布并撒些粮米后才仰放尸体，让死者两手中拿着纸包的饭，并按子女及女婿总数给死者盖相应层数的白布。只有道公在场时才可封棺。灵柩停在神龛前，脚朝西方，灵柩中间和脚前方各点亮一盏"地狱灯"。孝男孝妇请道公选吉日，祭神敬魂，用白布包36文小钱结襁袍包后，敲锣出发到孝主家中治一夜、两夜或三夜丧，念诵《南宁科》、《大道科》、《丧场科》、《飞章科》等，死者无儿女的只治一夜丧，念《诸品经》，有儿女的治两夜或三夜丧，念《大部经》等召帅打灵棒。孝男孝女各杀猪、鸡分别做"报恩"，齐围跪灵枢前聆听道公诵经和《治丧十王歌》等。

出殡送丧时，孝男孝女排列跪在门前，抬灵枢从头上过出门，一人抱一只红公鸡在前引路，棺前点亮"地狱灯"，鸣枪开路（现改为燃放鞭炮），二道公走前面开路，孝男孝女穿孝服戴孝帽痛哭跟随灵枢送葬，道公持刀剑和救苦引路幡在后念法，护送灵枢到坟地。挖好墓穴后，孝男孝女跪四方天地后死者才下葬，棺灵入穴后，道公先对准亡者胸前点火化"盖材"彩罩，再让每个孝妇用后衣尾接三锄土并倒下之后盖棺，亲友们再挖土盖棺垒坟。

后 记

2007 年 7、8 月间，云南大学西南边疆少数民族研究中心与文山师专（现文山学院）合作，决定在麻栗坡县选择四个村作为"当代中国边疆·民族地区典型百村调查"的调查点，并由我们两人负责坝子村的调查工作。2008 年 1 ~ 7 月间，我们先后三次到坝子村进行了调查，本报告就是这些调查的成果。

这次调查得以完成，得到了多方面的帮助。特别是中共坝子村总支副书记、村委会李国发副主任，我们每一次前往调查，都由他替我们安排和组织好相关人员，他还为我们提供了大量信息，又花很多时间亲自陪我们对岩坝、岩脚上、紫金公司坝子项目部、大塘等地进行走访调查。正是他的大力帮助和支持，这次调查才得以顺利进行。

中坝村组长李国精、岩脚上村组长王金学都花了很多时间和精力对我们的调查提供支持和帮助。坝子村委会民兵专干李朝武、坝子小学校长贾崇勇和调查直接涉及的岩坝、中坝、大塘、上垮土、岩脚上、岩脚下、中寨、坡三等自然村的多位村干部也在百忙中抽出时间协助我们进行调查。

在调查过程中，文山师专（文山学院）政史系 2007 届历史班的熊柱石同学一直陪伴我们走村串户、上矿山、填

231

写问卷、整理资料、做苗语翻译，为调查的完成做了很多工作。

麻栗坡县民宗局、计生委、教育局、林业局、猛硐瑶族乡政府也对我们的调查提供了帮助。调查中涉及的坝子村村民、道公、师公都对调查活动给予了积极配合和支持。

调查报告完成以后，中国社科院中国边疆史地研究中心的翟国强老师和李方老师对报告全文进行了审阅，提出了中肯的修改意见，为报告的进一步完善提供了帮助。

没有以上各方面的帮助，调查和报告不可能顺利完成，在此，谨向给予帮助的各方面表示衷心感谢！

本报告第一章、第三章、第四章、第五章由娄自昌完成，第二章、第六章、第七章、第八章由浦加旗完成，报告全文由娄自昌统稿。

娄自昌　浦加旗

2009 年 8 月 10 日

社会科学文献出版社网站

www.ssap.com.cn

1. 查询最新图书　　2. 分类查询各学科图书
3. 查询新闻发布会、学术研讨会的相关消息
4. 注册会员，网上购书

本社网站是一个交流的平台，"读者俱乐部"、"书评书摘"、"论坛"、"在线咨询"等为广大读
媒体、经销商、作者提供了最充分的交流空间。

"读者俱乐部"实行会员制管理，不同级别会员享受不同的购书优惠（最低 7.5 折），会员购书同
享受积分赠送、购书免邮费等待遇。"读者俱乐部"将不定期从注册的会员或者反馈信息的读者
出一部分幸运读者，免费赠送我社出版的新书或者光盘数据库等产品。

"在线商城"的商品覆盖图书、软件、数据库、点卡等多种形式，为读者提供最权威、最全面的
出版资讯。商城将不定期推出部分特惠产品。

/ 邮 购 电 话：010–59367028　　邮箱：duzhe@ssap.cn

支持（销售）联系电话：010–59367070　　QQ：168316188　　邮箱：service@ssap.cn

地址：北京市西城区北三环中路甲 29 号院 3 号楼华龙大厦　社科文献出版社读者服务中心

：100029

户名：社会科学文献出版社发行部　　开户银行：工商银行北京东四南支行　　账号：0200001009066109151

图书在版编目（CIP）数据

嬗变中的瑶村苗寨：云南省文山州麻栗坡县猛硐瑶族
乡坝子村调查报告/娄自昌，浦加旗著. —北京：社会科
学文献出版社，2010.5
（当代中国边疆·民族地区典型百村调查/厉声主编.
云南卷. 第1辑）
ISBN 978 - 7 - 5097 - 1268 - 9

Ⅰ. ①嬗… Ⅱ. ①娄… ②浦… Ⅲ. ①乡村 - 社会调
查 - 调查报告 - 麻栗坡县 Ⅳ. ①D668

中国版本图书馆 CIP 数据核字（2010）第 036431 号

当代中国边疆·民族地区典型百村调查：云南卷（第一辑）

嬗变中的瑶村苗寨
——云南省文山州麻栗坡县猛硐瑶族乡坝子村调查报告

著　　者／娄自昌　浦加旗

出 版 人／谢寿光
总 编 辑／邹东涛
出 版 者／社会科学文献出版社
地　　址／北京市西城区北三环中路甲 29 号院 3 号楼华龙大厦
邮政编码／100029
网　　址／http://www.ssap.com.cn
网站支持／(010) 59367077
责任部门／编译中心 (010) 59367139
电子信箱／bianyibu@ssap.cn
项目经理／祝得彬
责任编辑／陶盈竹
责任校对／杨俊芳
责任印制／蔡　静　董　然　米　扬

总 经 销／社会科学文献出版社发行部
　　　　　(010) 59367080　59367097
经　　销／各地书店
读者服务／读者服务中心 (010) 59367028
排　　版／北京宝蕾元科技发展有限公司
印　　刷／北京美通印刷有限公司

开　　本／889mm×1194mm　1/32
印　　张／8　插图印张／0.25
字　　数／173 千字
版　　次／2010 年 5 月第 1 版
印　　次／2010 年 5 月第 1 次印刷
书　　号／ISBN 978 - 7 - 5097 - 1268 - 9
定　　价／138.00 元（共 4 册）

本书如有破损、缺页、装订错误，请与本社读者服务中心联系更换

▲▲ 版权所有　翻印必究